多様なリスクへの法的対応と民事責任

大塚 直・米村滋人 編著

商事法務

はしがき

　科学技術の発展によって生ずるリスクに対し、不法行為法はどのように対処するか、科学技術の発展と不法行為法との関係をどう捉えるか。私法学界では、この問題について、これまで必ずしも十分な議論がなされてこなかったと思われる。しかし、わが国では、ここ数十年において、公害、医療・医薬品事故、原発事故、水害による破堤被害等、科学技術の発展に関連するさまざまなリスクを経験し、さらに現在では、AI・自動運転、気候変動、デジタル社会等の新たな課題に直面している。そこには民法上の課題とともに、行政法を中心とする公法上の課題や、ESGに見られるような商法上の課題も存在する。現段階でこのようなテーマを横断的に掘り下げて議論の枠組みを示すことには相当の意義があるものと思われる。

　2015年の私法学会のシンポジウムにおいて、潮見佳男教授は、「近時の社会の変容を受けた不法行為制度の再構築をめぐる議論」として4点をあげられた。すなわち、①社会的厚生等を権利の内実に反映させる動き、②予防原則やリスク理論を帰責原理等の再構築につなげる動き、③不法行為の抑止機能等を損害論の再構築等に結び付ける動き、④事故補償制度のような総合救済システムを希求する動きである。

　これらは、本書が扱う「科学技術の発展に伴う不法行為制度の再構築をめぐる議論」にも、そのまま当てはまる。すなわち、①（科学技術の導入による）社会的厚生・効用と個人の権利とが対立する場面において、不法行為法はどのように対処するか、②科学技術が個人に及ぼす（不確実性を伴う）リスクを、不法行為法の帰責判断においてどのように扱うか、③新たな科学技術導入の際に、その社会における有用性を確保するとともに、市民の基本権を保護するために、不法行為法の事故抑止機能をどのように活用するか、④この③の問題を踏まえつつ、（個人に対する）損害の迅速な填補および萎縮効果防止を目的とする事故補償制度をどのような形で活用するか、が問題となるのである。これらの4点は、≪科学技術の発展に伴うリスクの展開の中で、個人の権利をいかに維持・実現するか≫という課題に集約されるものである。

i

はしがき

　もっとも、新規の問題対応によく見られるように、このような課題を、従来の考え方の延長として扱うか、それとは異なる観点をも重視するかについては、議論が分かれる。この点は、ドイツ法的な考え方を重視するか、ＥＵ法や英米法の考え方を考慮するか、はたまた、法教義学的な考え方を重視するか、他の学問分野の考え方も勘案して議論するかという問題でもある。本書においても、各論文の議論の方向性は必ずしも帰一しているわけではない。むしろ、本書では、不法行為法学に新たな課題が投じられ、新たな挑戦が始まっていることを示すことに力点を置いており、各論文の考え方のどの点に相違があるかに注目していただければ大変ありがたいと思っている。

　本書は、科学研究費基盤研究（B）23K25463「現代社会の多様なリスクへの法的対応と民事責任立法提案」（研究代表・大塚直）の研究会を母体として生み出された成果をとりまとめたものである。研究会の開催は20回を超えた。コロナ禍と重なったこともあり、すべてオンラインであったが、真摯に闊達な議論が行われた。

　しかし、ここでひとこと記しておかなければならないことがある。本研究会のメンバーであった窪田充見教授は、本年2月に帰らぬ人となった。教授は、研究会においても活発な議論、精緻な報告をしてくださり、常に目指すべき途を示す建設的な発言をしてくださった。窪田教授を失ったことは私法学界にとっても本研究会にとっても大きな損失であり、本書にご寄稿いただけないことも大変残念である。ここに謹んで哀悼の意を表したい。

　本書の編集にあたっては、株式会社商事法務の石川雅規社長をはじめ、浅沼亨氏、吉野祥子氏、鳥本裕子氏に大変お世話になった。私法学会大会当日までの発刊という極めて困難な作業をしてくださったことに心より感謝を申し上げたい。

　　　2024年9月

編著者を代表して

大塚　直

目　次

はしがき（i）

● 第1章　総論 ●

1　問題提起
　　──さまざまなリスク、リスク論と不法行為法
　　……………………………………………大塚　　直・2

- I　リスク論の展開（2）
- II　本企画で対象とするリスク（科学技術の発展に伴って増大するリスク）と不法行為法（4）
- III　わが国におけるリスクと不法行為法の関係の変遷（7）
- IV　本企画における横断的視点（12）

2　科学技術のリスクに対する不法行為法の対応
　　──20世紀末までの整理……………………瀬川　信久・13

- I　はじめに（13）
- II　事案類型ごとの検討（14）
- III　小　括（34）

3　科学・技術に関するリスク対応とその公法的制御
　　……………………………………………下山　憲治・38

- I　はじめに（38）
- II　リスクとリスク対応（39）
- III　危険防止・リスク制御の法的制御（46）
- IV　危険防止・リスク制御と国の責任（53）
- V　おわりに（60）

目　次

4　基本権保護義務とリスク・残存リスク…………桑原　勇進・62

　　I　はじめに（62）
　　II　基本権保護義務（62）
　　III　基本権保護義務の射程（66）
　　IV　残存リスク──リスク受容の論理──原子力における残存リスクを
　　　　中心に（68）
　　V　基本権保護義務に関する司法審査
　　　　　　──特に過少禁止的比例原則（80）
　　VI　全体のまとめ（84）

5　リスク責任と経済分析……………………………西内　康人・85

　　I　はじめに（85）
　　II　過失責任・厳格責任の基礎知識（87）
　　III　厳格責任の諸相（89）
　　IV　環境責任の諸相（95）
　　V　新たなリスクの一例と分析
　　　　　　──Society 5.0とリスク、ここへの民事法的対処（101）
　　VI　おわりに（106）

● 第2章　環境・有害物質のリスク ●

6　公害・環境・原発リスクと不法行為法（拡張版）
　　………………………………………………………大塚　直・108

　　I　はじめに（108）
　　II　過失の判断と危険責任（無過失責任）
　　　　　　──科学的不確実性及び比例原則的衡量に関連した過失の判断
　　　　　　枠組みの再構成（112）
　　III　リスク侵害・不安損害と賠償・差止め（139）
　　IV　結びに代えて（151）

目　次

7　アスベストによる健康被害の救済……………渡邉　知行・153
　　　Ⅰ　はじめに（153）
　　　Ⅱ　判例の動向（155）
　　　Ⅲ　建材メーカーの費用負担による補償給付（168）
　　　Ⅳ　今後の課題（175）

8　メキシコ湾油濁事故の賠償責任と紛争処理…大坂　恵里・177
　　　Ⅰ　本稿の目的（177）
　　　Ⅱ　メキシコ湾油濁事故の概要（178）
　　　Ⅲ　メキシコ湾油濁事故の賠償責任と紛争処理（179）
　　　Ⅳ　日本への示唆（196）

9　ESG 投資と会社の目的論
　　　──アメリカにおける議論 ………………………黒沼　悦郎・204
　　　Ⅰ　はじめに（204）
　　　Ⅱ　アメリカにおける議論の状況（208）
　　　Ⅲ　むすびに代えて（223）

● 第3章　医療・医薬品リスク ●

10　医療・医薬品のリスクと不法行為法
　　　──医療 AI を含むリスクに対する責任判断の検討
　　　……………………………………………………米村　滋人・226
　　　Ⅰ　はじめに（226）
　　　Ⅱ　医療・医薬品リスクに関する責任判断（226）
　　　Ⅲ　感染症のリスクと不確実性（236）
　　　Ⅳ　総括的検討（239）
　　　Ⅴ　補論：医療 AI に関する責任（243）
　　　Ⅵ　結びに代えて（248）

v

目　次

● 第4章　AI・自動運転等のリスク ●

⑪ **AIのリスクと無過失責任**……………………… 橋本　佳幸・250
　Ⅰ　問題の所在（250）
　Ⅱ　AIの投入に伴う加害の構造と無過失責任規律（252）
　Ⅲ　AIの出力によって機械が自動運転される場面（254）
　Ⅳ　AIの出力が人の行為に利用される場面（268）
　Ⅴ　結　語（274）

⑫ **自動運転における事故の補償および調査のあり方**
　　――交通と医療における現行制度の比較に基づく覚書
　　………………………………………………… 山口　斉昭・276
　Ⅰ　はじめに（276）
　Ⅱ　交通（自動車）事故における補償・紛争解決制度（278）
　Ⅲ　医療事故における補償と調査に関する議論と制度について
　　　（284）
　Ⅳ　検討：現行制度の考え方について（290）
　Ⅴ　考察：完全自動運転導入の際の補償・調査のあり方について
　　　（296）
　Ⅵ　おわりに（304）

⑬ **「AIと民事責任」をめぐるヨーロッパの動向**
　　――「AIによるリスク」の定位 ……………… 中原　太郎・305
　はじめに（305）
　Ⅰ　「AIと民事責任」に関する議論の本格化（307）
　Ⅱ　「AIと民事責任」に関する理論的動向（318）
　Ⅲ　補足と考察――「AIによるリスク」の内容と帰結（335）
　おわりに（349）

⑭ **AIに関する民事責任をめぐるドイツの議論の概要**
　　………………………………………………… 長野　史寛・350

Ⅰ　はじめに（350）
　　Ⅱ　問題の所在（351）
　　Ⅲ　現行法とその欠缺（353）
　　Ⅳ　立法論（360）
　　Ⅴ　おわりに（370）

15　技術革新・情報科学技術の進展に伴って生じる
　　新たな製造物リスクと欧州製造物責任指令案の応接
　　　──ドイツ法の視点からの検討……………… 前田　太朗・373

　　Ⅰ　はじめに──本稿の問題意識と分析視角（373）
　　Ⅱ　製造物概念の拡張と責任主体の拡張（376）
　　Ⅲ　欠陥概念の可動化──基準時の時間的拡張による機械学習および
　　　　サイバーセキュリティへの対応および開発危険の抗弁との関係
　　　　（381）
　　Ⅳ　証拠開示・立証推定規定（386）
　　Ⅴ　おわりに──残された検討課題（394）

16　電動キックボードと危険責任の正当化
　　　──多様なモビリティの民事責任のあり方を検討する素材として
　　　　………………………………………………… 前田　太朗・396

　　Ⅰ　問題意識──日本法の状況（396）
　　Ⅱ　ドイツ法の状況（398）
　　Ⅲ　日本法への示唆（418）

● 第5章　デジタル社会のリスク ●

17　情報通信サービスにおけるリスクへの対応
　　　………………………………………………… 後藤　巻則・422

　　Ⅰ　はじめに（422）
　　Ⅱ　情報通信サービスにおける私的利益の保護（425）

Ⅲ　情報通信サービスにおける公共的利益の保護（442）
　　Ⅳ　小　括（445）

18　Society5.0のデジタル・リスクとデジタル災害による
　　被害者救済……………………………………… 肥塚　肇雄・447
　　Ⅰ　はじめに（447）
　　Ⅱ　Society5.0における「デジタル災害」の特徴（449）
　　Ⅲ　被害者救済（461）
　　Ⅳ　「デジタル災害保険」による被害者救済の法的課題（468）
　　Ⅴ　結びにかえて（471）

● 終　章 ●

19　総　括
　　──科学技術の発展に伴う多様なリスクと不法行為法（拡張版）
　　……………………………………………………… 大塚　直・476
　　Ⅰ　過失責任・危険責任の判断枠組みの再構成──科学技術の発
　　　　展に伴うリスクへの対応に関する考え方の整理（現行法の下で
　　　　の解釈論）（476）
　　Ⅱ　過失責任と危険責任（ないし厳格責任）──近時のAIに関
　　　　する不法行為責任の議論を素材とした立法論（487）
　　Ⅲ　不法行為法の機能、補償・基金との関係（524）
　　Ⅳ　結びに代えて（532）

執筆者一覧（535）

第1章

総　論

第 1 章 総　論

 問題提起
──さまざまなリスク、リスク論と
　不法行為法

早稲田大学教授　大塚　　直

Ⅰ　リスク論の展開

　(1)　地震調査研究所推進本部の「長期評価」(2002年) では、福島沖の「特定海域」にＭ 8 クラスの津波地震が30年以内に発生する確率は 6 ％とされていたが、なぜ非常用電源確保のための原子炉建屋の水密化措置に思いが至らずに2011年 3 月11日を迎えてしまったのか。機能性表示食品に対する規制緩和の結果生じたともいわれる近時の紅麹問題は、不法行為法にどのような課題を投げかけるのか。AI による完全自動運転が進展した場合、ハッキングによる大規模事故のおそれはないのか[1]。

　1986年、チョルノービリの原発事故の直後、ドイツの社会学者 U.Beck は現代社会の本質を「リスク社会」と喝破したが[2]、その傾向はさらに顕著になっている。Beck によれば、現代社会においては、科学技術の発展によるさまざまな便益が享受されるとともに、科学技術がリスクを増大させており、

＊私法学会の報告論稿でもある NBL1272号の論文と重複が多いことについてはお断りしておきたい。
1) 2024年 7 月、KADOKAWA に対するサイバー攻撃と身代金ウィルスによる被害が発生し、継続している。
2) U. Beck, Risikogesellschaft, 1986.（ウルリヒ・ベック、東廉／伊藤美登里訳『危険社会』〔法政大学出版局、1998〕）。同書発行後に発生したリスク社会に関わる大きな問題としては、気候変動と AI を挙げることができる。

1 問題提起

　他方で、科学技術の発展によりリスクの認識可能性も向上した。すなわち、科学技術の発展の副作用として、存在論的な意味と認識論的な意味の双方でリスクが増大したというのである。リスクは危険と異なり、害悪がもたらす蓋然性を予測できないことも指摘される。

　リスクの定義については、学問分野で重点の置き方が異なっているが[3]、ここでは、環境・技術安全に関するドイツ行政法での「危険（Gefahr）」と「リスク（Risiko）」の概念を基礎としたい[4]。そこでは、「危険」には「十分な蓋然性」が必要であり、損害発生の蓋然性×（発生した場合の）損害の重大さが、十分大きいことが必要であるとされる（反比例定式）[5]。これが十分に大きいとはいえないものが「リスク」（狭義のリスク）とされるのである[6]（なお、「危険」と「リスク」を合わせたものを広義の「リスク」と呼ぶことができる）。

　狭義のリスクには、計算可能なリスクと、計算不可能な（不確実性を伴

---

3) ISOにおいても、リスクの定義は2種類あり、①「危害の発生確率と危害のひどさとの組み合わせ」とするもの（ISO/IEC Guide51:2014, ISO12100:2010）と、②「目的に対する不確かさの影響」（ISO Guide73:2009, ISO31000:2018）とするものがある。経済学分野、金融・保険分野、医療分野、社会学分野で、リスクのどの点に重点を置くかが少しずつ異なっている（日本リスク研究学会編『リスク学事典』〔丸善出版、2019〕）。リスクと不確実性についてはこれを峻別する見解と、一体的に理解する見解がある。また、客観主義的なリスク理解と、主観的なリスク理解がある。中山竜一教授は、計算不可能なリスクに対する対応として、リスク判断の個人化（自己責任化）、リバタリアン・パターナリズム、熟議民主主義を挙げ、いずれについても歪曲のない情報の公開が前提となるとする（中山竜一「リスク社会と法——論点の整理と展望」法哲学年報2009年〔2010〕1頁以下、同「『リスク社会と法』再論——3.11から10年、そして世界的コロナ禍の直中で」法哲学年報2020年〔2021〕43頁以下参照）。筆者としては、熟議民主主義を推奨するが、民主主義の実践においても時間的限界はあるし、特に裁判においては時間的限界は極めて重要な課題となるに注意する必要がある。

4) その理由は、第1に、「十分な蓋然性」があれば法的な対応が求められるべきことから、この点を区別の基礎とすることは重要と考えられること、第2に、主観的な事情は重要な場面があるが、主観的な事情によって概念が変わってしまうのは不都合であり、客観的な状況をまず基礎とした上で主観的な事情を過失の判断などによって検討するのが重要と考えられることにある。

5) わが国における紹介として、桑原勇進『環境法の基礎理論』（有斐閣、2013）194頁以下・260頁以下。そこでは、危険／リスク／残存リスク（回避／削減・低減／受容・受忍）の3段階論または、危険と残存リスクの2段階論が採用されている。

6) 桑原・前掲（注5）259頁以下。

3

う）リスクの双方が含まれるが、今日特に重要課題となっているのは、不確実性を伴うリスクである。

(2) 本企画の核心は、不確実性を伴うリスクと不法行為法の関係にあり、本企画は2015年の私法学会のシンポジウム「不法行為法の立法的課題」で潮見佳男教授が挙げた、近時の社会の変容を受けた不法行為制度の再構築をめぐる議論を一歩進めようとするものである。

科学技術の発展に伴うリスクや不確実性に関して本企画で扱いたいテーマは以下の3点である。

第1に、リスクないし不確実性に対して不法行為法はどのように対応すべきか。その対応において、過失責任と無過失責任（危険責任、厳格責任）はどのように扱われるべきか。

第2に、さまざまなリスクや不確実性に関する事件類型がある中で、不法行為法は、社会における効用や加害者の犠牲にされる利益との関係でどのような衡量を行うべきか、また、行うべきでないか。

第3に、リスクや不確実性に対する対処において不法行為法の損害発生抑止の機能はどのように捉えられるべきか。社会に新たに導入される科学技術が人身侵害を惹き起こし得る場合において、その安全性のために不法行為法はどのような寄与をすべきか。損害発生抑止機能との関係で責任主体をどう考えるべきか。

II 本企画で対象とするリスク（科学技術の発展に伴って増大するリスク[7]）と不法行為法

法分野で取り上げるべきリスクにはさまざまなものが含まれるが[8]、本書では、第1に、ベックのいう「リスク社会」、すなわち、科学技術の発展に

---

[7] この中には、近代において、科学技術の発展に伴って社会における安全の観念がより過敏になってきたという問題（Y.Chartier, La réparation du préjudice dans la responsabilité civile, 1983, p.158.）も含まれる。

[8] 契約給付におけるリスクを含め全体像について、瀬川信久「危険・リスク——総論」ジュリ1126号（1998）141頁。

伴って増大したリスクに対象を限定する。第2に、私法上の、特に民事責任で取り扱われるリスクを取り上げるという観点から、私人の保護法益が存在するとみられるリスクに限定する。

リスクに関する学問分野を横断的に扱っている『リスク学事典』(2019)[9]では、「リスク学を構成する専門分野」として、①環境と健康のリスク、②社会インフラのリスク、③気候変動と自然災害のリスク、④食品のリスク、⑤共生社会のリスクガバナンス、⑥金融と保険のリスクの6分野を挙げる。これらを参照しつつ、上記の観点から、主なリスクを取り上げると、以下の4つのカテゴリーに分類できる。

1 科学技術そのものを原因とする（生命・身体・財産に対する）物理的リスク

この中には、①機械・施設に関する継続的リスク（例：公害、じん肺被害、アスベスト被害）、②機械・施設の事故によるリスク（例：製造物事故、自動車〔自動運転車を含む〕事故、鉄道事故、航空機事故）、③（②のうち）機械・施設の大規模事故のリスク（例：原発事故）、④食品に関するリスク（例：BSE、食品添加物、紅麹問題）、⑤医薬品のリスク、⑥予防接種のリスク、⑦医療事故のリスク[10]（⑤～⑦について米村・本書論文参照）、⑧AIに伴うリスク（AI製品〔例えば完全自動運転車〕による物理的リスクを含む。橋本・本書論文、山口・本書論文参照）、⑨気候変動に伴うリスク、生物多様性等の環境の変化に伴うリスク[11]などが含まれる。

⑤は服用について本人の利益を伴うとともに、リスク（副作用）があることについてコンセンサスがある点に特色があり、患者に対する説明と同意が

---

9) 日本リスク研究学会編・前掲（注3）292頁以下。
10) さらに特殊なリスクとして、（コロナ禍のようなパンデミックによる）災害的な医療リスク、生殖補助医療に関するリスクの問題もある。
11) さらに、環境デューデリジェンス、ESGのように、（⑨に対処するために制度化された）評判や制度を通じた財産的損害等のリスクも問題となる（その一部について、大塚直「新たな環境リスク問題と民事法による対応」早稲田法学99巻3号〔2024〕179頁以下参照）。ESG投資と会社の目的論について、黒沼・本書論文参照。

前提となる。⑧は分類のレベルが異なる。AI は、人ではないものが自律学習をするブラックボックス性と、近い将来（部分的にはすでに）シンギュラリティに達することという特徴を有している。

2　（科学技術の発展の結果としての）通信を介した（財産権、人格権等の侵害の）リスク

この中には、⑩ネットを通じた通信による個人情報漏洩のリスク、情報の外部送信や収集に関連したリスク、⑪ネットによる名誉毀損、プライバシー侵害等、⑫プラットフォーム事業者のシステムに伴うリスク、優越的地位の濫用、⑬情報通信サービスの停止に伴うリスク、サイバー攻撃の複雑化・巧妙化によるリスクなどが含まれる。

⑬については、AI を通じた通信によって発生するリスクが含まれ（完全自動運転、医師の遠隔手術、Chat GPT）、1 とも部分的に重複する。

3　⑭責任無能力者から派生するリスク

例えば、認知症患者が発生させる事故のリスクである。これは、科学技術の発展そのものに基づくリスクではないが、科学技術の発展の結果生じたリスクではある。認知症患者の監督義務者の不法行為責任の可能性が問われることになるが、ここでの主たる問題は、精神障害者の人権（ノーマライゼーション）、家族の在り方と、第三者の（被害からの）保護との関係をどのように解するかである[12]。

4　⑮自然災害に伴うリスク

人為に依らないリスク（水害、津波、噴火など）であるが、ここで取り上げるのは、人為と関連して被害を拡大するリスクである。国民がリスク防止について行政に対して高い期待を持つようになったことから国家賠償訴訟が

[12) 筆者によるものとして、大塚直「責任無能力者と監督義務者責任をめぐる現代的課題——監督義務者責任をめぐる対立する要請への対処」ひろば76巻8号（2023）6頁以下参照。

[1] 問題提起

増大している（下山・本書論文参照）。

このうち、本企画では1を中心に扱う（⑬は1にも含まれる）。その理由は、2以下では、別のやや特殊な要素が含まれるため、問題状況が異なると考えられるからである。

Ⅲ　わが国におけるリスクと不法行為法の関係の変遷

リスクに関する問題は、わが国においても、現代になってから大きな課題となってきた。明治以降の経緯を3つに区分することができよう。各時代区分の状況を、①不確実性を伴うリスクの問題とそれに対する不法行為法上の対応（「過失」の認定に関連する）、②ハンドの定式のような比例原則的衡量[13]の考え方についての検討（「過失」ないし「違法性」の認定に関連する）、③（不確実性を含めた）リスク、さらに不安に関する侵害、損害についての判断、という視点で要約しておきたい（詳細については、各論文で扱われるため、引用については一部にとどめる）。

1　第1期（1950年代まで）：伝統的な不法行為法の形成

(1)　鉄道事故、航空機事故など、事前の配慮が問題となり得る事件は存在したが、不法行為訴訟で、不確実性を伴うリスクの問題はほとんど取り上げられていなかった。

---

13) 過失や違法性の判断において加害者等の犠牲にされる利益等との衡量を行う議論である。ハンドの定式もその一種であるが、ここではより広く、比例原則的衡量として位置づける（なお、大塚直「不法行為法における権利論の展開と限界（序説）」『中田裕康先生古稀記念・民法学の継承と展開』〔有斐閣、2021〕699頁参照）。この衡量因子を（行動の自由を含めて）権利間衡量の因子に置き換えることもできる（潮見佳男『不法行為法Ⅰ〔第2版〕』〔信山社、2013〕292頁、同「責任主体への帰責の正当化」現代不法行為法研究会編『不法行為法の立法的課題（別冊NBL155号）』〔2015〕7頁）。なお、ここでは比例原則の均衡性に着目しており、適合性や必要性に着目しているわけではない（比例原則自体については、下山・本書論文参照）。また、（加害者の）回避コストの考慮については PETL. でも取り上げられている（第4：102条(1)）。

7

第1章 総　論

　(2)　公害に関して、大阪アルカリ事件大審院判決[14]が「相当の設備」論を採用した。これは、後からみると、財産的損害事例に関してハンドの定式・比例原則的衡量を適用したものとみることもできる。

2　第2期（1960年代から1990年代前半まで）：（不確実性を伴う）リスク問題の発生

　(1)　──当時は必ずしも意識されなかったが──、リスクの問題が一部の判決で扱われ、科学的技術的不確実性と調査義務の問題が裁判例にも顕れるようになった。公害に関して熊本水俣病第1次訴訟判決[15]、医薬品に関して一連のスモン病訴訟判決[16]、クロロキン訴訟判決[17]が代表的な例である。また、予防接種国賠訴訟判決[18]は、禁忌者識別における問診義務違反をもって予見義務違反の一態様とした[19]。食品・食品添加物に関しては、チクロ国賠訴訟判決[20]が、食品衛生法6条所定の「人の健康を害う虞れのない場合」に関して、厚生大臣が指定した化学的合成品たる食品添加物の指定を取り消すには、当該食品添加物が人の健康を害するおそれのないことについて積極的な確認が得られないというだけの理由で十分であって、それが人の健康を害するおそれがあることの証明を要するものではないとしたことが注目される。

　(2)　過失の判断におけるハンドの定式・比例原則的衡量に関しては、健康

---

14) 大判大正5・12・22民録22輯2474頁。
15) 熊本地判昭和48・3・20判時696号15頁。
16) 東京スモン判決（東京地判昭和53・8・3判時899号48頁）。金沢スモン判決（金沢地判昭和53・3・1判時879号26頁）、福岡スモン判決（福岡地判昭和53・11・14判時910号33頁）は、過失の予見可能性を推定した。
17) 東京地判昭和57・2・1判時1044号19頁。
18) 最判昭和51・9・30民集30巻8号816頁。その後、最判平成3・4・19民集45巻4号367頁は、予防接種によって後遺障害が発生した場合には、禁忌者を識別するために必要とされる予診が尽くされたが禁忌者に該当すると認められる事由を発見することができなかったこと、被接種者が個人的素因を有していたこと等の特段の事情が認められない限り、被接種者は禁忌者に該当していたと推定するのが相当であるとして、予診の不十分性と本件後遺障害は結びつかないとして請求を棄却した原判決を破棄した。
19) 東大病院輸血梅毒事件判決（最判昭和36・2・16民集15巻2号244頁）の事案も、問題状況は類似していたことについて、米村・本書論文参照。
20) 東京高判昭和53・11・27訟月24巻12号2650頁。

8

被害が問題とされた四大公害訴訟判決[21]が、これを否定したことが重要である。他方、(未改修河川での溢水型の)水害による治水施設の破壊事案に関する国賠法2条訴訟について、大東水害訴訟判決が諸般の事情を考慮[22]し、治水事業の財政的、技術的、社会的制約があるとしたこと、大阪国際空港訴訟最高裁判決が、航空機騒音被害の賠償に関して、公共性を重視はしないが、考慮はする立場を示した[23]ことも、注目された。

3 第3期(1990年代後半から):(不確実性を伴う)リスク問題の主流化

(1) 科学的技術的不確実性と調査義務の問題は拡大した。建設アスベスト国賠訴訟判決[24]はその代表例である。福島原発事故国賠訴訟に関する下級審裁判例では「長期評価」に関してこの問題を取り上げたが、最高裁[25]はこの論点を正面から取り上げることを回避した。他にも、電気ストーブ有害塗料事件判決[26]、(裁判例ではないが)杉並病公害等調整委員会裁定[27]に調査義務の考え方がみられる。また、自然災害について、小学校からの津波避難に関して、校長等および市教育委員会は児童に対する安全確保義務の内容として、それぞれ、危機管理マニュアルの改訂義務、内容の確認および是正の指示・指導義務を負うとし、学校関係者は、ハザードマップにおける浸水予測区域

---

21) ただし、イタイイタイ病訴訟判決を除く(鉱業法109条〔無過失責任〕が適用されたためである)。4判決について、筆者による簡単な説明として、大塚直『環境法BASIC〔第4版〕』(有斐閣、2023) 485頁参照。
22) 改修中の河川管理については、過渡的安全性で足りるとし、当該河川の管理についての瑕疵の有無は、過去に発生した水害の規模、発生の頻度、発生原因、被害の性質、降雨状況、流域の地形その他の自然的条件、土地の利用状況その他の社会的条件、改修を要する緊急性の有無およびその程度等諸般の事情を総合的に考慮し、上記諸制約のもとで同種・同規模の河川の管理の一般的水準および社会通念に照らして是認し得る安全性を備えていると認められるかどうかを基準とすべきであるとした(最判昭和59・1・26民集38巻2号53頁)。
23) 最判昭和56・12・16民集35巻10号1369頁。筆者による簡単な説明として、大塚・前掲(注21) 489頁。
24) 最判令和3・5・17民集75巻5号1359頁。
25) 最判令和4・6・17民集76巻5号955頁。
26) 東京高判平成18・8・31判時1959号3頁。
27) 公調委裁定平成14・6・26判時1789号34頁。

第1章　総　論

外であってもなお津波災害への対処義務を負うとした裁判例（大川小学校津波避難訴訟控訴審判決[28]）が注目された。さらに、御嶽山噴火訴訟判決[29]は、多数の火山性地震の発生がみられたにもかかわらず、噴火警戒レベル1（平常）に据え置いた気象庁の判断[30]を違法とし、ただし、同違法行為と原告らに生じた損害との間に相当因果関係があるということはできないとした。

　他方、医薬品の調査義務に関しては、末期がんに対する分子標的薬であるイレッサの指示警告上の欠陥について、具体的に予見し得る副作用を前提とする判断を行った最高裁判決[31]が顕れている。学説上は、本判決を特殊な医薬品に関しての指示警告上の欠陥という限定した射程をもつとみるか、個別行政法の強化により不法行為法における考え方が変化したものとみるかが論じられている（米村・本書論文参照）。また、コロナ禍のようなパンデミックに対する政府の対応のあり方においても、不確実性に対する対処が課題とされた（米村・本書論文参照）。筆者としては、パンデミックに関しては、予防原則の暫定的適用と、一定期間経過後における通常の判断への切替えが重要な課題となったものと思われる。

　(2)　リスクと比例原則的衡量に関する議論も拡大している。公害差止めに関しては、裁判例上、健康被害の事案ではこの種の衡量を行わないが、それ以外では行う立場がとられている（国道43号線訴訟最高裁判決[32]、名古屋南部訴訟判決[33]など）。他方、公害賠償に関しては、ハンドの定式を用いた東京大気汚染訴訟判決[34]がみられる。他方、原発差止訴訟および石炭火力発電所差

28) 仙台高判平成30・4・26判時2387号31頁。同判決はハザードマップの災害予測としての限界を肯定するが、これは、被害予測に関する「科学的不確実性」を意味し、科学的不確実性を含む法的判断の問題の一環として検討する必要があることを示している（米村滋人「津波災害に関する過失判断」論究ジュリ30号〔2019〕99頁）。
29) 長野地松本支判令和4・7・13（また、被告長野県が、地震計の維持管理について具体的な義務を負っていたということはできないなどとした）。
30) 「平成26年9月10日に52回、同月11日に85回の火山性地震が発生したのであるから、遅くとも同月12日の早朝には噴火警戒レベルをレベル2に引き上げるべき職務上の注意義務を負っていた」とする。
31) 最判平成25・4・12民集67巻4号899頁。
32) 最判平成7・7・7民集49巻7号2599頁。
33) 名古屋地判平成12・11・27判時1746号3頁。
34) 東京地判平成14・10・29判時1885号23頁。

止訴訟に関して、社会的有用性や（電力需要の観点からの）必要性を肯定した一部裁判例が存在している[35]。

　(3)　リスク自体、さらに不安を、権利侵害ないし損害と捉える考え方がさまざまな裁判例でとりあげられたことは、この時期の特色といえよう。詳しくは本書の別論文[36]で扱うが、医療事故における生存の相当程度の可能性侵害に関する損害賠償請求[37]、水俣病未認定患者によるチッソへの損害賠償請求[38]を認容した裁判例、福島原発事故に関する滞在者、自主的避難者等の損害賠償請求を認容した裁判例・中間指針[39]を挙げることができる[40]。

　第3期後半には、さらに新たなリスクが発生してきた。その1つは、AIであり、上記のように、人でないものが自律学習をするブラックボックス性と、近い将来（部分的にはすでに）シンギュラリティに達するという点に、従来にないリスクが存在する。AIに関しては、EUにおいて、危険責任論（ないし厳格責任論）の導入可能性が検討され、現段階では（といっても今後どうなるかは不明であるが）、過失責任の中での変容、また、欠陥責任に関して製造物責任指令の強化が指令案として公表され、手続が進んでいる。もう1つは、気候変動等の環境リスクであり、これについては、各事業者（あるいは各施設）の活動の（地球温暖化への）寄与はわずかであり、そもそも原因者は国内にとどまらないが、果たして事業者の活動の差止めや損害賠償が認められる余地はあるのかが問題とされる。さらに、EUの「企業の持続可能

---

35) 原発について、仙台地判平成6・1・31判時1482号3頁（女川原発訴訟第1審判決）、広島高決平成29・12・13判時2357 = 2358号300頁（伊方原発運転差止仮処分即時抗告審決定。「科学技術の利用により得られる利益」を問題とする）。石炭火力発電所について、仙台高判令和3・4・27判時2510号14頁。
36) 大塚・本書「公害・環境・原発リスクと不法行為法」論文。
37) 最判平成12・9・22民集54巻7号2574頁を嚆矢とする。
38) 東京地判平成4・2・7判タ782号65頁。
39) 原子力損害賠償紛争委員会・東京電力株式会社福島第一、第二原子力発電所事故による原子力損害の範囲の判定等に関する中間指針第1次追補、第2次追補、第5次追補。
40) なお、人身損害自体ではない不安損害に関して、水俣病待たせ賃訴訟の最高裁判決（最判平成3・4・26民集45巻4号653頁）は、認定申請者の「早期の処分により水俣病にかかっている疑いのままの不安定な地位から早期に解放されたいという期待」という利益は、「内心の静穏な感情を害されない利益」として不法行為法上の保護の対象になり得るとした。

第1章 総　論

性デューディリジェンスに関する指令」（CSDDD）およびフランスなどの（一部の）EU 構成国法では、この環境リスクへの（大企業の）取組に関する注意義務違反（不法行為となる）を問題とする[41]。

Ⅳ　本企画における横断的視点

　以上を踏まえつつ、本企画においては、①さまざまなリスク、リスク論と不法行為法との関係に関する問題状況の把握、②過失責任・危険責任（ないし厳格責任）・欠陥責任の判断における、科学的技術的不確実性の考慮と比例原則的衡量、③リスク損害・不安損害の扱い、④責任主体のあり方、⑤科学技術の発展に伴うリスクと不法行為法の機能、補償・基金との関係に関する検討に焦点を当てることにしたい。

　潮見教授は、上述した2015年のシンポジウムで、近時の社会の変容を受けた不法行為制度の再構築をめぐる議論として、ⅰ社会的厚生、公私協働等の考え方を「権利」の内実および私的生活関係における「権利」の配分へと反映させる動き、ⅱ予防原則やリスク理論を帰責原理・損害論の再構築につなげる動き、ⅲ不法行為法の持つ抑止・制裁機能を強調し、この機能を損害論の再構築等に結びつける動き、ⅳ事故補償制度としての総合救済システムを希求する動きを挙げているが[42]、ⅰおよびⅱは②、ⅲおよびⅳは⑤に関連している。

【付記】本書の各論文について、科学研究費基盤研究（B）23K25463「現代社会の多様なリスクへの法的対応と民事責任立法提案」（研究代表・大塚直）の支援をいただいたことに感謝する。

---

41) 大塚・前掲（注11）参照。
42) 潮見佳男「企画の趣旨」前掲（注13）別冊 NBL155号 3 頁。

2 科学技術のリスクに対する不法行為法の対応
——20世紀末までの整理

北海道大学名誉教授　瀬川　信久

I　はじめに

　自動運転、情報通信、AIなどの先端的科学技術にどう対応すべきか、どのような無過失責任を構築すべきか。不法行為法は今この問題に直面している。しかし振り返って、これまでの不法行為法は科学技術の進展にどう対応してきたのか。本稿は、それをリスク学の観点から整理し、今日の問題を考える示唆を得ることを試みる。それは、リスク学の見方が、不法行為法の現況と課題を広い視野から明らかにすると考えるからである。

　無過失責任といっても、責任者、責任根拠、責任要件、責任資産はさまざまである。採るべき無過失責任を決めるには、危険の特性を明らかにする必要がある。また、無過失責任はしばしば責任保険と結びついているが、そこでは加害責任者と保険者の間のリスク・コミュニケーションが重要になる。リスク学は、守りたい価値・保護対象とそれを脅かすリスクの特性を分析し評価する（リスク評価）。他方で、リスクを管理する手法を、賠償請求や差止請求に限らず幅広く検討する。リスク管理の手法は、社会が受け入れるリスクの程度を考え、関係者間のリスク・コミュニケーションを図る[1]。このよ

---

1) 日本リスク研究学会編『リスク学事典』（丸善出版、2019）4頁〜5頁〔リスク学とは何か〕。リスク学は、1960年代以降、欧米諸国と日本で、放射線被曝、医薬品、食品、農薬などの諸問題——その一部は戦後の不法行為法の問題と重なる——に対応する中で

うなリスク学は、不法行為法を再定位し、今日の問題に対する対応に示唆を与えるように思われるのである。

Ⅱ　事案類型ごとの検討

　以下では、これまでの不法行為法事案のうちおよそ20世紀末までを対象とし、自動運転等の最近の問題は適宜参照するにとどめる。また、科学技術のリスクに起因することが強いもの、具体的には公害、交通事故、医療事故を取り上げる。ただ、これらの不法行為責任の特徴を明らかにするために、科学技術との結びつきが弱い事案の中から、名誉毀損などコミュニケーションにおける人格利益の侵害を取り上げて対比する。各類型では、リスク学の考え方を参照に、リスクの特性を検討しつつ、それに対する不法行為法の対応を、過失と因果関係の要件を中心に整理する。

1　公　害

　ここで公害として取り上げるのは、科学技術による有害物質の排出により近隣の財産と身体を侵害する場合である。具体的には、戦前の信玄公旗掛松事件等から、戦後の四大公害、西淀川公害等の都市公害である[2]。

(1)　戦前の公害事案

　明治末から戦前の大阪アルカリ事件、信玄公旗掛松事件、広島ポンプ震動事件[3]では、隣接地の財産を侵害し、被害は長期間継続して発生した（継続蓄積型）。被害は順次顕在化し、加害者Ｙの活動と被害者Ｘの財物の被害との因果関係は明らかであり、ＹはＳの侵害を認識していたが、事業活動の正

　　形成された（同書6頁〜17頁〔リスク概念の展開と多様化〕〔リスク学の歴史〕）。
2）公害事件の歴史については、大塚直『環境法〔第4版〕』（有斐閣、2020）3頁〜18頁、吉村良一『公害・環境訴訟講義』（法律文化社、2018）17頁以下を参照。
3）それぞれ、大判大正5・12・22民録22輯2474頁（1903年〜1904年に受けた損害）、大判大正8・3・3民録25輯356頁（1914年に枯死、1917年に提訴）、大判大正8・5・24新聞1590号16頁。戦前には以上のほか、深川浅野セメント降灰被害（1885年頃以降）、足尾銅山鉱毒事件（1890年代以降）、日立鉱山煙害事件（1906年代以降）がある（大塚・前掲（注2）3頁〜18頁、吉村・前掲（注2）17頁）。

当性を主張した。裁判所は、Yが、「相当ナル防止設備ヲ施シ」たか、「損害ヲ予防スルガ為メニ……最善ノ設備」したかによると考えて、いずれの事案でも不法行為責任を認めた。Yは侵害を認識していたが、判決は故意とせず、問題を過失で受け止めて肯定した。ここでの過失は、主観的な認識可能性ではなく、「相当ナル設備」の懈怠である。その判断では、客観的事情として、被害の大きさのほか、防止措置に要する費用を考えている。戦前の鉄道事故の裁判例はさらに、Yの活動の社会的有用性も考慮していた〔→後述（注20）〕。

　これらの裁判例に対し、我妻ら当時の学説は、Yの故意を認めた上で行為の違法性の問題と捉え、その違法とは、企業の社会性、害毒の種類・程度、四周の状況等を考慮して「損害を填補せずしては許されぬ」ことだとした[4]。我妻らは不法行為責任の要件に「違法性」を導入したが、それは、大学湯事件のように被害者の「権利」侵害要件の拡大に伴う責任拡大を抑制する面のほかに、「故意過失」から客観的事情の考慮を追い出し予見可能性だけで認めることによる責任拡大を抑制する面を持っていた。いずれも、不法行為責任の判断で、被害者の利益のほかに加害者の利益と社会的な利益を考慮しようとするものであった。また、「侵害活動自体は許されるが損害賠償義務は負う」という限定的な違法性を考えていた。

(2)　戦後の公害

　化学的な有害物質の継続的排出による近隣公害は戦後も続くが、侵害の様相が戦前と異なった。それに対し判例は過失と因果関係の判断を変化させた。

　ア　まず、1950～1960年代の水質汚濁公害——①イタイイタイ病（昭46判決・昭47判決）、②新潟水俣病（昭46判決）、③熊本水俣病（昭48判決）——では、第1に、侵害対象が財産ではなく人身であった。そのためか、戦前のような正当な事業活動を理由とする免責は議論されなかった。第2に、その人

4）鳩山秀夫「工業会社の営業行為に基づく損害賠償請求権と不作為の請求権」『債権法における信義誠実の原則』（有斐閣、1955〔初出・1911〕）433頁、末弘厳太郎「適法行為による『不法行為』」『民法雑記帳　下巻』（日本評論新社、1953〔初出・1933〕）323頁、我妻栄『事務管理・不当利得・不法行為』（新法学全集。日本評論社、1937）104頁～105頁。以上につき、中山充「公害の賠償と差止に関する法的構成の変遷」甲斐道太郎ほか編『市民法学の形成と展開（下）』（有斐閣、1980）219頁以下参照。

第1章　総　論

身侵害、疾患は、発症当時には前例がなく、一般的知見がなかった。このために、被告の排出物と原告の疾患の間の因果関係が争点になり、また、権利侵害の予見可能性が過失として争われた。

　因果関係について、①イタイイタイ病1審・2審判決は、当該疾患の原因が未確定だった状況において、Y排出のカドミウムとの因果関係を、臨床医学・病理学・実験医学に疫学の知見を加えて認めた。②新潟水俣病判決は、原因物質の経路を、ⅰ被告企業による原因物質の生成・排出、ⅱその原因物質の被害者への到達、ⅲ被害疾患の原因物質の特定の3段階に分け、ⅱとⅲについては被害者が立証責任を負うが、ⅰは被告企業が立証責任を負うとし、また、ⅱⅲについても、「自然科学的な解明ではなく、状況証拠の積み重ねにより関係諸科学との関連が矛盾なく説明できればよい」とし、被告の排水との因果関係を認めた（因果関係の一応の推定）。（③熊本水俣病事件では、訴訟提起時には廃液中のメチル水銀が原因とされ、また、原告らの症状等から被告企業の廃液に因ることが明らかだったので、因果関係は強く争われなかった。）

　他方、過失について、③熊本水俣病判決は、メチル水銀を排出時に予見できなくても、化学工場の廃液は予想しない危険物を含む可能性があり、動植物や人体に対する危害が予想されるから、最高の知識と技術によって安全性を確認し、疑念が生じた場合には操業中止など必要最大限の防止措置をする注意義務があるとした。また、②新潟水俣病判決も、化学反応が副生する物質はわからないところがあり、排出が生物・人体等に重大な危害を加えるおそれがあるから、化学企業として最高技術の分析検知法を用いて排水中の有害物質を調査し、生物・人体に危害を加えないよう万全の措置をとる義務があり、それでも生命・身体侵害のおそれがあるときは操業停止まで要請されるとした。（①鉱業法が適用されたイタイイタイ病事件では過失は争われなかった。）

　このように因果関係について証明を緩和し、過失については調査予見義務と回避措置義務を著しく高度化することにより、排出企業の不法行為責任を認めた。この過失の裁判例を一つの契機として、学説は1970年代に、予見可能性説から結果回避義務説へ転換し、判例の過失概念に近づいた。

　イ　以上に対し、大気汚染による四日市公害（1972年判決）と、1970年代

〜2000年代初めの都市型公害——西淀川公害（1991年・1995年判決）、川崎公害（1994年判決）、名古屋南部大気汚染（2000年判決）、東京大気汚染（自動車排ガス。2007年判決）など——では、アと同じく化学物質汚染に因る身体侵害であった。裁判例は、過失を、同じ高度の調査予見義務と防止措置義務によって判断したが、被告らの活動が大気を汚染することと、汚染が健康を侵害する可能性は、アの熊本水俣病事件等と違ってある程度知られていた。確かに、操業開始当初は侵害を予測できず「立地の過失」を認めがたい場合があったが、被害が次第に顕在化するので「操業継続の過失」は認めることができた。

しかし、大気汚染公害では別の問題があった。加害企業が、アの水質汚濁では1つだったが、大気汚染ではしばしば複数・多数である。また、汚染地域が広範になり被害者が多数になった。加害者が多数で、各企業の排出物が個々の被害者へ到達したかが明らかでないことは、共同不法行為論、関連共同性論を引き起こし、被害者が多いことは、各被害者の個別的因果関係について疫学的証明を促した。このように、それまでの不法行為法が「1加害者vs.1被害者」を基本にしていたのに対し、大気汚染のリスクの特性は、因果関係の判断に集団的な見方を導入した。

(3) 公害の延長上の問題

今日、わが国では公害訴訟が少なくなった。しかし、福島原発事故や気候変動被害は、環境への有害物質の排出による点で公害と同じである。しかし、原発事故は公害と違い、侵害が継続的ではなく瞬時であり、侵害の蓋然性は極めて小さいが現実化したときの被害は極めて大きい。また、被侵害利益が財産・身体等の個人的な利益でなく、「ふるさと喪失」と呼ばれる社会的環境である（放射線への曝露による身体被害者は限られている）。他方、気候変動被害は、リスクの原因者数と被害者数は公害をはるかに超える。曝露による身体侵害でない点も公害と異なる。そして、原発事故訴訟でも気候変動訴訟でも、水質汚濁・大気汚染公害に比べてはるかに広範な社会的利益を衡量しなければならない。これらは今日的なリスク問題の特性である。

第1章 総　論

2　交通事故——自動車事故を中心に

　交通事故の不法行為責任では自動車事故の比重が圧倒的であり、そこでは自動車損害賠償保障法が安定的な評価を得ている。この自賠法を航空機・鉄道事故の賠償制度と比較して、交通事故のリスクに対する不法行為法の対応を整理してみる。

(1)　自動車事故

　ア　20世紀初めまでの蒸気自動車は、重量による道路破損ゆえに運行が規制されていた。しかし、1880年代の内燃機関と空気入りゴムタイヤの発明、1900年代の大量生産開始（フォード）により自動車が普及した。日本でも自動車保有台数が1920年代半ば以降——戦時・戦後初期の減少を挟みながら——次第に増加した。戦後に保有台数が急増し、交通事故死者数は1970年に１万6,765人のピークに達した。以上の動きの中で、自動車損害賠償補償制度が戦前の台数急増期の1935年頃に一度検討され、戦後再び検討されて1955年の自動車損害賠償保障法制定となった。

　イ　以下では、自動車事故と公害のリスクを対比しつつ、自賠法責任の特性を見てみる。

　第１に因果関係について。まず、公害では排出源や被害者が多数のことがあるが、自動車事故では加害者、被害者は基本的に１人あるいは少数である。関連共同性・加害者不明の共同不法行為は、被害者の死傷が、時間・場所が異なる複数の事故のいずれに因るか分からない場合に限られる。被害者が多数でないので、集団的な因果関係（疫学的証明）を考える必要がない。また、公害では身体の生理機能に対する継続的な侵害であるのに対し、交通事故では瞬時の物理的な侵害であるので、発症の因果関係はほとんど問題にならない。それが争われるのは、被害者の既往症・体質的素因が作用した可能性がある場合、交通事故に因る自殺が考えられる場合に限られる[5]。

5）川井健ほか編『〔新版〕注解交通損害賠償法(2)』（青林書院、1996）19頁以下〔飯塚和之〕。非接触事故については北河隆之『交通事故損害賠償法〔第３版〕』（弘文堂、2023）12頁・85頁を参照。

2　科学技術のリスクに対する不法行為法の対応

　第2に過失について。自賠法3条は、身体侵害につき過失の立証責任を転換し、運行供用者に賠償責任を課すが、加害者が①自動車運行の無過失と②被害者・第三者の故意過失と③自動車に欠陥・障害がなかったことを立証したときには免責する。このほかに、④事故が不可抗力によるときも免責が認められる[6]。ところで、自動車事故の惹起にはさまざまなリスクが関わり得るが、各免責事由はどのリスクを対象とするのか。裁判例を見ると[7]、①は運行供用者の道路交通規範に反する行為のリスクを対象とし、②は主に、道路交通規範に反する被害者・第三者の行為のリスクを対象とし、③は自動車の構造欠陥・機能障害のリスクを対象とし、④は主に自然災害が関わる事故リスクを対象とする。そして裁判例は、④の自然災害のリスクは広く免責するが、③の自動車の欠陥は、工学水準上不可避でない限り免責を認めない[8]。自動車の構造・機能は専ら運行者側の管理事項と考え、物損の場合を含めて、運行者に高度な調査義務を課すのであろう。公害や製造物事故（たとえば、スモン訴訟の東京地判）の高度な調査義務と同じである。以上に対し、①②の免責は、道路交通規範を被告が遵守し被害者・第三者が遵守していなかった場合である。公害では加害者・被害者間に交通規範遵守のような関係がないのでこのような過失判断はない。それに対し、自動車事故では①②の免責を広く認める。その判断は、まず、道路交通法規の遵守を内容とする信頼の原則によっている[9]。そして、道路交通法規に規範がない場合には、当該事故発生の予見可能性と回避措置義務の判断によっている[10]。最後に、最判昭

---

6) 塩崎勤ほか編『新・裁判実務大系(5)交通損害訴訟法』（青林書院、2003）129頁以下〔児玉康夫〕。
7) 以下については、中川善之助ほか監修・遠藤浩編『実務法律大系　交通事故〔改訂版〕』（青林書院新社、1978）171頁以下〔安田実〕、吉田秀文ほか編『裁判実務大系(8)民事交通・労働災害訴訟法』（青林書院、1985）114頁以下〔太田幸夫〕、塩崎勤編『交通損害賠償の諸問題』（判例タイムズ社、1999）177頁以下〔島林樹〕、塩崎ほか編・前掲（注6）135頁以下〔児玉〕。
8) 川井健ほか編『〔新版〕注解交通損害賠償法(1)』（青林書院、1997）101～104頁〔稲田龍樹〕。
9) 塩崎ほか編・前掲（注6）135頁～140頁〔児玉〕、能見善久＝加藤新太郎編『判例民法(8)不法行為Ⅰ〔第3版〕』(2019) 170頁～171頁〔大島眞一〕。
10) 潮見佳男『民事過失の帰責構造』（信山社、1995〔初出・1992〕）10頁以下。横井健太

45・1・22民集24巻1号40頁は、①②③の免責事由のうち当該事故と関係がないものは運行供用者がそのことを主張立証すれば足りるとしたので、実際には①②③のすべてを証明する必要がない。

　以上の免責が認められない場合でも、裁判例は、被害者の過失を理由とする過失相殺の賠償額減額を広く認める。これら免責、賠償額減額が拡大したのは、事故数が増加し賠償額が高額化した1960年代後半以降の時期である。

　第3に事故損害の賠償資金の確保について。自動車事故は公害と比べて発生数がはるかに多く、加害者数と被害者数が膨大である。しかも、事故は恒常的に発生する。他方で、各被害者の被害はその身体と財産的利益に限られ、公害のように「生活環境の侵害」「ふるさと喪失」に広がることがない。このゆえに、自動車事故の損害は、大数の法則に基づく保険制度によって賠償資金を確保し、損害負担のリスクを分散することができる。

　その保険制度として、自賠法は、個々の自動車ごとに責任保険を強制する。この強制責任保険の対象は保有者と運転者が自賠法上負う損害である（自賠法11条1項）。支払保険金額は、人身損害につき国交大臣らが定める支払基準額を上限とする（例えば、死亡は3000万円）。この支払基準額は訴訟外で保険金を公平・迅速に支払うための基準であり、被害者が提訴したときの裁判所はこの基準に拘束されないが、自賠責保険社に命じうる額は支払基準額内にとどまる。基準額をこえる人身損害と物的損害の保険は、任意保険による（2階建て構造）。このように自賠責強制保険では、「責任保険は責任関係に影響しない」という分離原則が若干後退している[11]。

(2) 航空機事故・鉄道事故との比較

　ア　航空機事故では、旅客・運送貨物等の損害と、落下物・墜落・空中衝突・地上衝突による「地上損害」とがある[12]。現在の国内法を見ると、旅

郎「判批」新美育文ほか編『交通事故判例百選〔第5版〕』（2017）52頁〜53頁。
11) 山下友信ほか『保険法〔第4版〕』（有斐閣、2019）215頁以下〔山本哲生〕、甘利公人ほか『ポイントレクチャー保険法〔第3版〕』（有斐閣、2020）156頁以下、北河・前掲（注5）388頁・425頁。ドイツにおける分離原則の後退については、藤岡康宏『損害賠償法の構造』（成文堂、2002〔初出・1973〕）659頁以下を参照。
12) 坂本昭雄＝三好晋『新国際航空法』（有信堂、1999）342頁。

客・運送貨物等の損害については改正ワルソー条約と国内航空運送約款により運送人の過失を推定し、地上損害には民法709条の過失責任を適用する。しかし、実際には航空会社・航空機保有者が無過失を主張せず、地上損害も無過失賠償になっているという[13]。それはどのような事情によるのか。

地上損害が、事実上責任保険で賠償される理由は、①事故損害の巨大性ゆえに[14]、②航空機調達ファイナンスの段階で、投資の安全性を確保するため損害賠償責任を含めて保険・再保険によって担保するからのようである[15]。他方で、③航空運送事業者免許申請の際に責任保険の付保が指導され、さらに、公共の福祉を阻害するときには国交大臣が責任保険を命ずることができる[16]。以上のほか、落下物による損害については、航空当局の指導による航空企業間の特約により、落下させた航空機を特定できなくても補償している[17]。その意味は、公害の裁判例の加害者不明の共同不法行為責任と同じである。

以上のような賠償責任保険の事実上の強制や無過失責任、個別的因果関係の証明免除は、航空機運航者が少数で、行政指導等が可能だからであろう。ここでは、分離原則だけでなく、給付・反対給付均等の原則、収支相等の原則、大数の法則も厳密には妥当していないように思われる[18]。

イ 他方、鉄道事故のリスクとそれに対する不法行為法の対応は多岐に分かれ、不明なところが多い。しかし、おおよそ自動車事故と航空機事故の中

---

13) 浦川道太郎「無過失損害賠償責任」星野英一編集代表『民法講座(6)』（有斐閣、1985）236頁注125のほか、坂本＝三好・前掲（注12）208頁・217頁。
14) 旅客機機体の数百億円、旅客に対する賠償責任の数千億円のほかに地上損害がある（坂本＝三好・前掲（注12）332頁、藤田勝利編『新航空法講義』〔信山社、2007〕260頁）。このほか、航空機運航が多様な業務であることから、オールリスク保険である（藤田編・前掲260頁〜262頁）。
15) 藤田編・前掲（注14）268頁〜269頁、坂本＝三好・前掲（注12）332頁以下。なお、再保険のための日本航空保険プールは、財務大臣の認可を条件として独禁法の適用が除外されている（坂本＝三好・同書333頁）。
16) 坂本＝三好・前掲（注12）349頁。責任保険強制の条約については同書351頁を参照。
17) 坂本＝三好・前掲（注12）298頁。
18) 中出哲「リスクから見た2つの保険制度——保険の基本原則を手掛かりとした問題提起」生命保険論集221号（2022）1頁以下。

第1章　総　論

間に位置するように思われる。

　まず、鉄道事故には、①踏切事故、線路立入り・接触事故（以上が鉄道事故数の大部分を占める）、②ホーム事故、③列車衝突、④脱線事故などがあり、どれかによって不法行為法の対応が異なる[19]。①踏切・接触事故と②ホーム事故は、被害者にも通行ルールの遵守が求められる点で自動車事故と似ている。そして、裁判例は、当初の「従業員の過失＋715条の使用者責任」から、717条の工作物責任、そして、709条の「事業者の過失」と変化しているようである。過失や717条の瑕疵の判断では、当該踏切等での事故の頻度や事故防止費用を考慮している。また、過失相殺も、自動車事故と同様に広く認めている[20]。これに対し、③列車衝突と④脱線事故は件数が少なく──近時では、1991年の信楽高原鉄道事故、2005年の福知山線脱線事故──、事故原因がもっぱら事業者の支配圏内にあり、通行ルールが問題にならない点で航空機事故の地上損害に似ている。このためであろう、一般の論調は衝突・脱線事故を事業者の管理体制の問題と考える[21]。しかし、信楽高原鉄道事故の1・2審判決は、「従業員の過失＋715条の使用者責任」の構成によってJR西日本と信楽高原鉄道の責任を認め、法人自体の709条責任を否定している[22]。

　ウ　そのほか、鉄道事故の件数は自動車事故よりも少ないが、航空機事故より多い。また、鉄道事業者の数は、自動車運行者の数よりもはるかに少ないが、しかし、航空機運航者より多い。これらの点でも鉄道事故は中間にある。このことが、行政指導による責任保険の強制と賠償責任の事実上の無過

---

19) 窪田充見編『新注釈民法(15)』（有斐閣、2017）772頁以下〔山口成樹〕、安田実「電車・汽車による事故」吉岡進編『現代損害賠償法講座(3)』（日本評論社、1972）226頁。
20) 安田・前掲（注19）217頁〜218頁・220頁・222頁・226頁以下。なお、戦前の判例は、過失の判断において、鉄道事業の社会的有用性をも考慮していた（瀬川信久「民法709条」広中俊雄＝星野英一編『民法典の百年Ⅲ』〔有斐閣、1998〕）573〜574頁。
21) 窪田充見「鉄道事故における民事責任」交通法研究37号（2009）43頁以下・48頁〜49頁は、信楽高原鉄道事故（1991年、死者42名、負傷者614名）について、運行事業者の「運行システム全体」の「構造的な欠陥」と捉えるべきだと主張した。
22) 窪田・前掲（注21）45頁。窪田編・前掲（注19）778頁〔山口〕を参照。

失責任化を、航空機事故と比べて難しくしているように思われる。

(3) 交通事故の新たな問題

いま、自動運転による事故をどのような不法行為責任で受け止めるべきか、レベル4、5では責任をシステム運営者あるいは製造者に集中すべきかが議論されている。しかし、この問題を考えるときは、新たな責任制度で受け止めるリスクの種類に注意しなければならない。自動運転の事故でも、上記(1)イでみた被害者の飛び出しや交通規則違反、運行中の地震などがあり、関わるリスクは様々である。自動運転では責任主体が負うリスクの範囲を拡げるとしても——上記(1)イの③に相当する自動走行車・自動走行システムの欠陥・障害のリスクのほかに、①②の免責事由が対象とするリスクの一部を負担させるとしても——、リスクの種類による区分けが必要である。また、自動運転の事故でも過失相殺の問題がある。このほか、わが国では事故抑止を行政規制や刑事責任の問題としてきたが、新たな不法行為責任では損害塡補機能のほかに事故抑止機能をどこまで考えるかという問題がある。問題は多面的だが、自動運転は、運行システム、事故の種類、事業者の数等の点で鉄道事業に近いことから、新たな責任・保険制度は、鉄道事故の場合——現在は実際の運用に委ねられ、制度として明確でないが——に近いものになるように思われる。

3　医療事故

(1) 医療訴訟の変化とその背景

医療事故のリスクとそれに対する不法行為法の対応は、医療の目的が患者個人の治療か公衆の感染対策かで異なる。以下では個別医療の事故のみ取り上げる。なお、生殖補助医療、遺伝子関連医療では、受精卵の取り違えなど、特別の考慮が必要な不法行為事案があるが、取り上げない。

医療事故は、1920年代まで医師の手技上のミスによるもので、訴訟も稀だったようである。しかし、1930年代から、高度だが不確実な医療が少しずつ現れ、患者が医療者を訴えるようになった。その後の戦時期・戦後初期には訴訟がなかったが、1950年代から再び現れる[23]。そして、1960年前後の

第 1 章　総　論

国民皆保険を経て、1970年代に訴訟数が増加し始め[24]、1990年代前半から急増した。

　1970年代以後に訴訟数が増えた理由として、①医療技術の進歩により効能とともに副作用・発生リスクが拡大したこと――リスクの有無が不明で発現した場合の侵害が大きいことは、戦前の公害に対する戦後の公害に似ている――と、②治療に対する期待が増加したことが挙げられる[25]。1990年代前半からの急増については、以上のほかに、④新規の医療過誤事例の報道が医師・医療機関を批判したこと[26]、⑤人減らしによる人手不足の中で、以前より複雑・濃密で危険性の高い治療をしていること[27]も理由として挙げられる。

　しかし、2003年の専門委員の制度、地方裁判所の医療集中部、カンファレンス鑑定、ADR、医療事故調査委員会など通常訴訟以外の解決手続が導入され[28]、2004年以降は医療事故訴訟数は減少している[29]。

---

23) 以上は、丸山正次「医療過誤裁判の今昔」日本医事法学会編『医事法学叢書(3)』(日本評論社、1986〔初出・1981〕) 11頁以下による。初期の裁判例では、明治38年の東京地判（ガーゼ遺留事件。過失を否定）、明治45年の東京地判（子宮病手術のためクロロホルムをかがせて死亡。過失を否定）の後、大正15年の東京地判（静脈注射でショック死）が、効果不確定な新薬の使用、少量から増量せずに大量使用した過失を認めた。

24) たとえば、国民皆保険により筋肉注射が広がり、1961年頃から大腿四頭筋拘縮症が増加した。

25) 全般的に浦川直太郎ほか編『専門訴訟講座(4)　医療訴訟』(民事法研究会、2010) 3頁～4頁〔浦川道太郎〕を参照。1980年代までの医療過誤問題の増加と複雑化につき、唄孝一「現代医療における事故と過誤訴訟」唄孝一ほか編『現代損害賠償法講座(4)』(日本評論社、1974) 29頁以下は、①発達する医学を受け容れる社会的条件（社会保険等）や、それを具体化する技術過程が未整備であるために、医療から生ずる傷害が増加・重大化したこと、②医師に対する国民の期待と実像が依然としてズレていること、③生命身体の侵害に対し訴えることが一般化したことを挙げる。①②は本文の①②と同旨であろう。そのほか、我妻堯「医療紛争・医療過誤」日本医事法学会編・前掲（注23) 3頁以下を参照。

26) 米村滋人『医事法講義〔第2版〕』(日本評論社、2023) 167頁、児玉安司『医療と介護の法律入門』(岩波書店、2023) 23頁以下。

27) 畔柳達雄「医療事故と紛争・裁判」同『医療と法の交錯』(商事法務、2012〔初出・2000〕) 303頁。

28) 米村・前掲（注26) 168頁～169頁、児玉・前掲（注26) 77頁～83頁。

29) 医療事故調査制度によると、2003年以降の医療事故数は年300件台後半である。また、児玉・前掲（注26) 84頁によると、2004年以後は和解勧告による既済件数が急増している。

② 科学技術のリスクに対する不法行為法の対応

(2) 医療事故の責任判断の変化

　医療事故のリスクは、加害者・被害者の数の点でも、被害が患者個人にとどまる点でも、公害ではなく交通事故のリスクに近い。ただ、患者の生理的機能の侵害であり因果関係がしばしば不明である点は公害に近い。しかし、医療事故では、公害、交通事故のいずれとも違って、侵害の第一次的な原因が被害者の疾患であり、それを治療するための活動が被害者を侵害する。この特性は、医療者の診療義務の範囲を問題にするとともに、義務違反の判断において医療の効用・必要性と危険の比較衡量へ導く。そして、医療が急速に進展するとき、その比較衡量の基準の社会的見直しが必要になる。医療事故のリスクの特性とそれに対する不法行為法の対応を見るために、1970年代後半から2000年代初めの「医療水準」をめぐる議論を見てみる[30][31]。

　ア　「医療水準」は、まず1970年代後半から1990年代にかけて、未熟児網膜症光凝固法の事案を中心に議論された。かつては未熟児の死亡が多かったが、諸国に遅れて1960年代に保育器が導入された。ところが今度は生存した未熟児の網膜症が問題になった。同障碍につき1964年に保育器での酸素投与との関連が指摘され、酸素濃度と投与期間が議論されていたところ、1967年に永田医師が光凝固法を実施・発表し、その後その効果を認める報告が続いた。厚生省は1974年に研究班を組織し、1975（昭和50）年の研究班報告で光凝固法に有効性を認めて一応の診断基準を示した。ただ、光凝固法の教育には時間を要した。以上の経緯の中で、1960年代後半から1970年代

---

[30]　「科学技術」という観点から見るとき今1つ注目すべきは、医療の進展が治療を高度化・専門化し、選択肢を拡げ、医師の説明義務を拡大したことがある。しかし、本稿では立ち入らない。

[31]　学説は一般に、「医療水準」論を、医療上の注意義務全般に関わるものとし、1961年の輸血梅毒判決に遡らせる。そして、梅毒輸血事件から乳房温存療法事件（後述アの④判決）までを、注意義務基準の具体化の過程と捉える。しかし、本稿では、科学技術の進展という観点から、光凝固法事案を中心に医療水準論を捉える。なお、学説の中でも、米村・前掲（注26）120頁は、定型的に同一の状況・疾患の治療は医療水準として特定できるが、個別性の大きい医療場面での特定の治療を「医療水準」とすることが難しいとする。また、山口斉昭「医療水準の適用のあり方に関する一考察」原田剛ほか編『民法の展開と構成』（成文堂、2023）507頁・511頁は、医療水準論を医療上の注意義務一般の問題としつつ、新規治療法について形成されたことに留意する。

第1章　総　論

半ばまでに出生し、光凝固法を受けず網膜症となった未熟児から、光凝固法の治療義務、転医義務あるいは説明義務の懈怠を理由とする訴えが続いた[32]。訴訟の口頭弁論終結時には光凝固法が最適治療であることが確定していたので、・診・療・時・に医師が光凝固法の治療をしたり、そのための転医、説明をすべきだったか、その前提として、光凝固法がいつ、何によって医療水準になったかが争われた。最判平成7・6・9（民集49巻6号1499頁）は[33]、原審が、主に厚生省研究班報告により光凝固法を医療水準にしたのを斥け、医療水準になるかは、新規の治療法の有効性と安全性が確認された上で被告医療機関と類似の医療機関に相当程度普及したことによるとした。この判決は、網膜症罹患の予見可能性や光凝固法実施のための設備・教育等の費用の問題には立ち入っていない。

　医療水準論は、1980年代半ばから未熟児網膜症以外の疾患に及んだ[34]。①最判昭和61・10・16（判時1217号60頁〔新生児への筋肉注射による大腿四頭筋拘縮症。昭和40年代前半までの医療水準では筋肉注射は危険でなく、必要で相当だったとした〕）、②最判平成7・5・30（判時1553号78頁〔新生児黄疸に対する交換輸血の遅れ〕）、③最判平成8・1・23（民集50巻1号1頁〔虫垂炎の7歳児が麻酔剤注入後に一時的に心停止・呼吸停止し、脳機能低下症の後遺症〕）、④最判平成13・11・27（民集55巻6号1154頁〔乳房温存療法が診療時に医療水準として未確立だったが、患者の強い関心を知っていた医師は説明義務を負うとした〕）である。過失判断がよるべき医療水準だったかを、①②④の判決は

---

32) 1975～1987年の医療訴訟の新規事件数は328件、その中の新生児関連の事件数は59件、未熟児網膜症の事件数は32件であり、未熟児網膜症の新規事件が多かった（飯嶋重雄「平成時代における新生児診療に関する医療訴訟の分析」浜松医科大学小児科学雑誌4巻1号〔2024〕11頁）。光凝固法の導入・普及の経緯については、田淵昭雄「未熟児網膜症の眼科的管理の変遷」川崎医会誌一般教31号（2005）4頁、最判平成7・6・9の調査官解説（『最高裁判所判例解説民事篇平成7年度』553頁～554頁〔田中豊〕）を参照。未熟児網膜症対する治療法の進展については、1990年頃までは根本久編『裁判実務大系⒄』（青林書院、1990）587頁～590頁〔井上繁規〕を、1990年代末以降については田淵・前掲11頁を参照。
33) 最高裁判決は20件以上あり（調査官解説・前掲（注32）570頁注19・注20の文献）、そのうち本件も含め9件が公刊されている（調査官解説・前掲（注32）560頁～561頁）。
34) 根本編・前掲（注32）175頁～182頁・184頁〔飯田隆〕。

医療知識の普及の程度により、③の判決は医薬品添付文書であることによっている。

　イ　しかし、1990年代になると光凝固法の新規事件がなくなり[35]、2000年代には光凝固法以外でも、最高裁では医療水準の判決は見られない。入れ代わるように、医療水準によらない判決が続いているという[36]。⑤最判平成14・11・8（判時1809号30頁〔？×（○）向精神薬の継続的投与中に、発疹等の過敏症状からスティーブンス・ジョンソン症候群（SJS）へ移行し失明。最高裁は、過敏症状からSJS移行可能性の知見があったから、移行を予見し回避する注意義務の違反が考えられるとした〕）、⑥最判平成15・11・14（判時1847号30頁〔？×（○）食道癌手術で経鼻気管に挿入した管を抜いた直後に、喉頭浮腫により気道閉塞から呼吸停止、心停止となり、食道癌で死亡。判決は、抜管後の胸腔ドレーン逆流の時点で、相当な呼吸困難と心停止を予測でき、その時に再挿管等の気道確保処置をすべきだったとした〕）、⑦最判平成16・9・7（判時1880号64頁〔？×（○）抗生剤の点滴投与開始直後にアナフィラキシーショックで死亡。同抗生剤が発症原因となり得ること、患者からの薬物等アレルギー体質の申告などから、医師は当ショックの可能性を予見し、看護婦に経過観察等、発症後の迅速な的確な救急処置態勢を指示すべきだった〕）、⑧最判平成18・4・18（判時1933号80頁〔○×（○）冠状動脈狭窄のために冠状動脈バイパス手術を受けた翌日夕刻から腹痛。医師は精神的不安と考え抗不安剤を注射し鎮痛剤を投与したが、酸血症が進行し腹痛が継続し、翌々日朝に傾眠傾向、腎機能が低下した。夕刻に開腹手術をし、腸管の壊死部分を切除したが、急性腎不全・急性心不全により死亡〕）、⑨最判平成18・11・14（判時1956号77頁〔○×破棄差戻し。上行結腸ポリープの摘出手術の翌日に発熱し、4日目以後しばしば下血、タール便。6日目

---

[35] 1989年〜2019年の新生児関連の新規事件数は160件であったが、未熟児網膜症事件数は0件である（飯嶋・前掲（注32）11頁）。
[36] 福田剛久ほか編『最新裁判実務大系(2)医療訴訟』（青林書院、2014）291頁〜293頁〔安田仁美〕、手嶋豊『医事法入門〔第6版〕』（有斐閣、2022）263頁、米村・前掲（注26）119頁〜121頁、山口・前掲（注31）514頁〜515頁。以下の各判決の○は損害賠償請求認容、×は棄却、（　）は破棄差戻しを指す。なお、下級審では今日、さまざまなガイドライン、マニュアルにつき過失判断の医療水準になるかを検討する裁判例が少なくないようである（山口斉昭「医事裁判例の動向」『民事判例28──2023年後期』54頁〜58頁参照）。

第1章　総　論

以後に輸液と輸血をしたが、9日目に症状急変し出血性ショックで死亡。8日目に追加輸血すべきだったかが争点］）である。

　これらは注意義務違反をどのように判断しているのか。⑤⑥⑦は、危険な症候を予見できたか、その危険を除去する治療措置をしたかによって判断している。これに対し、⑧は危険の予見可能性と除去措置義務の他に、腹痛に対する開腹手術という追加的治療措置により救命の可能性があり、それが生命の危険性を高めない以上、腸管壊死の予見可能性が不確定であっても、開腹手術を実施すべきだったとし、⑨は、追加輸血という防止措置の必要性を考慮すべきだとする。

　ウ　こうして見ると、1970年代後半から2000年代初めまでの医療水準をめぐる判例の動きは、新たな定型的治療方法の急速な普及と定着に対する不法行為法の対応である。そして、「科学技術とリスク」の観点から見て重要なのは、判例が、新しい治療法の効用とリスクに対応するために、過失・注意義務違反の複数の判断形式を多層的に考え、使い分けていることである。

　医療水準による裁判例は、光凝固法事案でもそれ以外の事案でも、医療水準が規定する診療行為に反していたかのみで注意義務違反を判断し、危険の予見可能性や防止措置義務の懈怠、あるいは、当該診療方法の＋と－の比較衡量や、他の診療方法の±との比較衡量を正面からはしていない。医療水準によって判断するから予見可能性等は問題にならず、比較衡量は医療水準が定まる過程で済まされたと考えるからであろう。比較衡量は、光凝固法では、それが普及する過程――あるいは厚生省研究班報告作成の過程――における専門家集団による検討で、①②では、筋肉注射・交換輸血が臨床医学の医療水準になる過程での専門家集団による検討で、③では、2分間隔の血圧測定を麻酔剤添付文書の注意事項とした専門製薬企業における検討でなされていると考えるのであろう。これに対し、医療水準によらない裁判例は、当該医療者が悪結果を予見できたか当該治療措置の可能性・必要性によって注意義務違反を判断する（⑤⑥⑦⑧）。あるいは、当該悪結果が不確実であるときには、追加的治療措置の必要性（効用の大きさ）と危険性（副作用の小ささ）によって注意義務違反を判断する（⑧⑨）。⑤⑥⑦⑧⑨は個々の治療の注意

義務を判断する中で治療の効用とリスクを比較衡量している[37]。

(3) **医療事故と紛争のこれから**
(1)で見た通常訴訟以外の解決手続が拡がる状況において、不法行為法は裁判以外の手続や医療ガイダンス等に視野に入れる必要がある。当該診療方法の＋と－の比較衡量や他の診療方法の±との比較衡量が、そこでなされると考えられるからである。他方で、診療の場面でAIが利用され、医療行為の一部分を担当するようになると、「医師－患者」関係に「医師－AI」関係、「患者－AI」関係が加わる。そこでは、AIの利用における透明性と説明責任、判断の予期可能性、そして信頼性とリスクの問題が発生する。AIによる診療では、医療水準の問題は、一般医か専門医か、開業医か大病院かという外部的な評価基準ではなく、機械学習の能力を評価する問題の中で受け止めることになるのでないか。

4　コミュニケーションにおける人格利益の侵害

(1) **コミュニケーションにおける科学技術の進展**
以上の公害、交通事故、医療事故では、物質の化学的作用や物の運動が身体や物を侵害し、その侵害の過程でコントロールし難い科学技術のリスクが働いている。これに対し、精神的な人格利益の侵害――その主なものは名誉・名誉感情の侵害――は、加害者の意思的な行為であり、科学技術のリスクは作用しない。しかし、19世紀後半から、科学技術がこれらの人格利益の侵害の場面を変えた。「科学技術とリスク」という観点の意味ないし射程を見るためにも、精神的人格利益の侵害について少し詳しく検討する。

19世紀後半から、写真・映像、音響、印刷、通信の技術進展は、人々の情報・思考の交流の中でマスコミュニケーションが占める地位を重要なもの

---

37) なお、輸血梅毒事件判決（最判昭和36・2・16民集15巻2号244頁）は、高度の調査予見義務を課した公害の裁判例と一括されることがある。しかし、輸血梅毒事件では、被告は問診の省略が医療現場の慣行だったと主張したが、最高裁は問診により結果を予見できたとしつつ、本件輸血の必要性がなかったこともあげている。輸血が追加的治療措置でその品質は医療者側の管理下にあることを考えると、輸血梅毒事件判決は公害の裁判例の過失判断と別に考えるべきであろう。

第1章　総　論

にした。日本では、1920年代に新聞が速報化・日刊紙化し、大衆雑誌が現れ、1930年代にラジオ放送が、1960年代にテレビ放送が急速に普及した。書籍の出版部数も増加した[38]。書籍を含むマスコミを介した社会的交流は、名誉毀損・プライバシー侵害を、それまでのミニコミュニケーションにおける人格利益侵害と違うものとして押し出した。また、写真・映像・音響等の科学技術は、マスコミに限らず、私生活空間・肖像等の侵害を容易にし、その法的保護を要請した。盗聴器・録音機によるプライバシー侵害、写真による肖像権侵害などである[39]。

　以上のように、人格的利益については、科学技術のリスクの発現ではないが、科学技術が作り出したマスコミにおける侵害と科学技術を用いる侵害が重要になった。前者のマスコミにおける侵害では、名誉毀損の責任要件が変化し、プライバシー侵害という新たな型が形成された。

(2)　名誉毀損法の変化とプライバシー保護法の形成

　ア　まず、名誉毀損法の変化は、1930年前後の、名誉毀損罪を真実性の証明により免責する提言から始まり[40]、それは1947年の改正刑法230条の2に結実した。この刑法改正を横に見つつ、1950年代の下級審不法行為訴訟で、出版・報道による名誉毀損に真実性の証明による免責を導入すべきかが問題になった[41]。一部の学説は導入に反対した[42]が、1966年の「署名狂やら

---

38) 加瀬和俊「戦間期における新聞経営の推移と論点」同編『戦間期日本の新聞産業』東京大学社会科学研究所研究シリーズ No.48（2011）。特に、高速輪転機・電光輪転機による大量印刷ついて3頁注3。

39) 五十嵐清『人格権法概説』（有斐閣、2003）210頁以下・169頁以下。ちなみに、桃中軒雲右衛門事件（大判大正3・7・4）も、平円盤複写技術による著作物の複製であった。

40) 小野清一郎「名誉毀損の罪に於ける事実の証明」（初出・1929）、同「刑法に於ける名誉の保護」（初出・1934）である。いずれも『刑法に於ける名誉の保護〔増補版〕』（有斐閣、1970）に所収。小野の目的は、①社会的・外部的名誉と個人的・主観的名誉を区別し、②新聞・出版の名誉毀損を事実の証明によって免責し、③「公正なる論評」の場合の名誉毀損罪を阻却することであった（同書10頁～11頁）。小野は、現代の印刷技術の進歩、新聞雑誌の社会的重要性に言及し（3頁）、それが名誉の刑法的保護の強化を要請しているとする（223頁）。

41) 裁判例は谷口知平＝植林弘『損害賠償法概説』（有斐閣、1964）256頁。

42) 末川博「不法行為の違法と犯罪の違法」（〔初出・1953〕同『権利侵害と権利濫用』（岩波書店、1970）573頁以下に所収。刑事責任は全体対個における制裁と犯罪防止だが、民事責任は個対個における損害の填補だから、特別の違法性阻却事由を認めるべきでない

殺人前科」事件判決は、公共的事項で公益目的であり事項が真実であるときに違法性を阻却し（真実性の法理）、さらに、真実でなくても真実と信じたことに相当の理由があるときは過失を否定した（相当性の法理）[43]。多くの学説は、「公益」として、マスメディア社会における表現の自由、報道の自由、さらに一般市民の知る権利を考えて、判例を支持した[44]。1980年代になると、判例は論評による名誉毀損に対し公正な論評の法理を漸次導入した（1987年のサンケイ新聞意見広告事件、1997年のロス疑惑「極悪人」事件）。そこでも、論評が基礎にした事実について真実性・相当性の法理により違法性、故意・過失を制限する。ただ、人身攻撃など意見・論評の域を逸脱した場合の責任の可能性を残している（「新ゴーマニズム宣言」事件）。

　イ　他方、マスコミにおける私事の公開を見ると、1950年代まで、訴訟では、名誉ないし名誉感情の侵害として争われていた[45]。1960年代半ばに、「宴のあと」事件判決がプライバシーの侵害として謝罪広告・慰謝料を命じた[46]が、その後の訴訟でも名誉・名誉感情の侵害として争われていた。しかし、FRIDAY、FOCUS等の過激な写真週刊誌が拡がった1980年代半ばからプライバシー侵害としての争いが増えた[47]。プライバシーは、覗き見や私的な手紙の開示などマスメディアによらない侵害もあるが、マスコミュニケー

　　〔573頁・578頁〕）、谷口＝植林・前掲（注41）256頁〔植林〕（名誉毀損の違法性は、内容が真実だったかという画一的基準によって決すべきでない）、三島宗彦『人格権の保護』（有斐閣、1965）256頁以下（報道の迅速性の要請を過度に評価すべきでない）。結局、いずれもマスメディアを特別扱いすることに反対している。
43)　最判昭和41・6・23民集20巻5号1118頁。
44)　幾代通＝徳本伸一（補訂）『不法行為法』（有斐閣、1993）92頁など。
45)　例えば、東京地判昭和31・8・8下民集7巻8号2125頁（「東京温泉」事件。浴室で写真撮影し「写真サロン」誌に掲載）、岐阜地判昭和34・3・28判時182号17頁（モデル小説「白い魔魚」事件。原告をモデルとしたかは不明だとして名誉毀損を否定）など。
46)　東京地判昭和39・9・28下民集15巻9号2317頁。大村敦志『不法行為判例に学ぶ』（有斐閣、2011）167頁以下参照。
47)　以上につき、竹田稔『プライバシー侵害と民事責任〔増補改訂版〕』（判例時報社、1998）16頁～18頁、升田純『現代社会におけるプライバシーの判例と法理』（青林書院、2009）27頁以下、内田義厚「プライバシー侵害をめぐる裁判例と問題点」滝澤孝臣編『判例展望民事法Ⅲ』（判例タイムズ社、2009）30頁。

第1章　総　論

ションの場面で、社会的名誉とともに要保護利益として特に重視されるようになった。

　プライバシー侵害の裁判例は、公表されない利益と公表する理由・必要性を比較衡量し、前者が後者に優越する場合に違法性を認め、この違法性を認識しなかったことに相当な理由があるときに免責する[48]。プライバシーは、社会的・外部的名誉と比べると、人々の交流の内的な意味に関わるために、その公表は真実性を証明しても免責されず、また、公表自体よりも公表が被侵害者につき異なる印象を与えることが侵害とされる場合がある[49]。また、比較衡量する諸利益は具体的な事情によって多様であり、定型的な把握が難しい。公表されない利益は、「宴のあと」事件では、一般人の感受性を基準に他に知られたくないと考える事項であったが、「社会復帰のための社会生活の平穏」（「逆転」事件）、「少年の健全育成と少年の社会復帰」（堺通り魔殺人事件）など社会的な要素を含む。他方、公表する利益は、「宴のあと」事件では小説の芸術性、「逆転」事件、堺通り魔殺人事件では「社会の正当な関心事」である[50]。名誉毀損での「表現の自由」「報道の自由」に比べて実質的で、公的利益と私的利益が混在する。これらの利益は、公害、交通事故、医療事故などでの比較衡量と違って数量的な大きさを観念できず、ハンドの定式（$B \times L \geqq P$）を適用しがたい。

　ウ　マスコミュニケーションにおける人格利益保護の以上の変化は2点に要約できる。第1に、外部的名誉と主観的名誉とは別に、プライバシーを保護法益とした。それまでのミニコミ社会での人格利益侵害ではこれらの諸利益を区別せずに保護していた[51]が、マスコミュニケーションでは外部的名

---

48) 五十嵐・前掲（注39）223頁、内田・前掲（注47）43頁以下、特に56頁以下。
49) プロッサーのプライバシー権の第3類型である（伊藤正己『プライバシーの権利』〔岩波書店、1963〕79頁）。窪田編・前掲（注19）538頁〔水野謙〕は、プライバシーの保護が「判断枠組みの変質からの保護」の側面を持つとする。
50)「宴のあと」事件、「逆転」事件、堺通り魔殺人事件については、長谷部恭男ほか編『メディア判例百選〔第2版〕』（2018）82頁・84頁・98頁参照。窪田編・前掲（注19）537頁〜538頁〔水野〕は、私性と公共空間とを媒介する社会的回路としての小説の価値を考える。
51) 末川博＝浅井清信「判例を中心として観た民事上の名誉毀損」〔初出・1934〕末川・

誉・社会的評価の侵害が前面に突出し、またミニコミ社会では意識されなかった私事の伝播の弊害が顕著になったからであろう。第2に、精神的人格利益のどの側面の侵害でも、表現の自由等の公共的・社会的利益との衡量が、不法行為責任の判断において重要になった。以上の2点は、欧米諸国でも19世紀末から20世紀半ばに新聞・出版・放送の大衆化の中で見られたものである[52]。

　なお、名誉・プライバシーの侵害では、調査予見義務や、予見可能性から結果回避義務への移行はなく、事前警戒原則も論じていない。名誉・プライバシーの侵害自体は、公害・交通事故等と異なり、科学技術のリスクの発現ではないからであろう。

(3)　コミュニケーションにおける人格的利益侵害の今日

　20世紀末までの名誉・プライバシー侵害の焦点は、出版を含むマスメディアによるものであった。しかし、1990年代後半からの情報通信技術（ICT）の進展とインターネットの拡大、新聞・書籍・ラジオ・テレビの後退はその状況を大きく変えている。まず、情報伝播の圏域とともに侵害の範囲がさらに拡大し、ミニコミ社会での名誉・名誉感情の侵害がインターネット社会で広がっている観がある[53]。他方で、膨大な個別情報の伝播による侵害では、一度の侵害による被害者の数、侵害に関わる加害事業者の数が大きくなり、それに応じて保護法益の名誉・プライバシーの捉え方も変化しつつあ

　　前掲（注42）719頁以下）の裁判例を参照。栗生武夫『人格権法の発達』（弘文堂書房、1929）64頁は、ドイツ法圏でも19世紀には名誉と名誉感の侵害を区別していなかったとする。

52)　アメリカのプライバシーについて、伊藤・前掲（注49）92頁～95頁。ドイツの名誉侵害について、ケッツ＝ヴァーグナー（吉村良一ほか監訳）『ドイツ不法行為法』（法律文化社、2011）181頁～184頁・188頁～192頁・194頁～196頁。

53)　ちなみに、ミニコミ社会での名誉・名誉感情の侵害は今日でも存続している。大阪地方裁判所民事部配属第57期判事補「名誉毀損関係訴訟について——非マスメディア型事件を中心として」佐々木茂美編『民事実務研究Ⅱ』（判例タイムズ社、2007）173頁によると、1990年以降の大阪地裁の名誉毀損訴訟の裁判例約120件のうち、マスメディア型は数件であり、圧倒的多数が非マスメディア型である。なお、同書221頁～258頁掲載の非マスメディア型裁判例52件のうち、文書、ビラ、口頭等によるものが43件であり、インターネットによるものは9件である。

第1章　総　論

る[54]。また、実損害がない場合の慰謝料賠償は少額のままであり（中央値が50万円）[55]、訴えの主な狙いは削除請求に移りつつある。さらに、通信網を提供するプロバイダーなどを名誉毀損・プライバシー侵害の管理義務者と考えるようになっている。マスコミにおける名誉・プライバシー侵害は上述したようにリスクの問題でなかったが、広大になったミニコミの世界における匿名人による人格利益侵害は、プロバイダーにとって不確実で把捉困難な責任リスクである。それは、医学が治癒・治療の可能性を広げた疾患が、医療者の治療義務を拡げることで、医療者にとりリスクになるのと似ている。

Ⅲ　小　括

(1)　Ⅱでは、科学技術が関わる不法行為事案に絞り、暴力行為、スポーツ事故、不正競争、独禁法違反、不当訴訟などは取り上げなかった。また、製造物事故や労働災害には科学技術のリスクに因るものが少なくないが、検討が及ばなかった。このように限られた検討だが、AI等これからの不法行為法の問題を考えるときの注意点を与えるように思われる。

最も重要な注意点は、各箇所で述べたように、科学技術のリスクと、リスクが現れる社会関係が事案類型によって異なり、それに応じて不法行為法の対応が異なることである。たとえば、不確実性が著しく高いリスクについて、我妻などかつての不法行為法学によれば、予見不可能だとして過失を否定したと思われるが、水質汚濁・大気汚染、自動車の欠陥、スモン事件のような

54）升田・前掲（注47）3頁〜12頁。斎藤修編『慰謝料算定の理論』（ぎょうせい、2010）126頁は、「伝統型のプライバシー」から「個人情報保護型のプライバシー」への変化と捉える。19世紀末から今日までの展開については、堀部政男「情報通信の進展とプライバシー・個人情報保護の展開」同編著『情報通信法制の論点分析（別冊NBL153号）』(2015)　3頁以下を参照。
55）千葉県弁護士会編『慰謝料算定の実務〔第3版〕』（ぎょうせい、2023）74頁〜76頁によると、インターネット上の名誉毀損の認容慰謝料の最高額、最低額、平均値、中央値は、匿名掲示板では200万円、2.7万円、44万円、30万円、サイト、ブログでは300万円、1万円、66万円、50万円、SNSでは300万円、3万円、54万円、30万円である。なお、同書79頁によると、多数の個人情報漏洩事案（インターネットによらない）では1万円以下のものが少なくない。

薬品による人身侵害の裁判例は、高度な調査予見義務を考えて過失を認めた。しかし、自動車の欠陥以外の自動車事故、輸血梅毒事件以外の医療事故、名誉毀損・プライバシー侵害ではそのような裁判例はない。AIについても、AIの種類によるリスクの違いやAIが使われる社会関係に留意して不法行為責任を考える必要がある。

しかし、他方で、異なる事案類型を横断する傾向も見られる。

第1に、科学技術の進展はいくつかの類型で侵害の規模を拡げた。公害は、相隣関係での侵害から広域圏の水質汚染・大気汚染になった。原発事故では範囲がさらに広がり、気候変動は世界規模の侵害である。コミュニケーションにおける名誉侵害でも、社会関係と損害の規模が広がっている。これに伴い、加害者多数、被害者多数、加害者・被害者ともに多数の不法行為が現れる。これに対し、不法行為法は共同不法行為概念の拡大、因果関係の証明（疫学的証明）などで対応してきた。この侵害規模の広がりは訴権の拡大を伴うようになっている（NPOの気候訴訟提訴権。消費者団体の差止請求権・損害賠償請求権）。

第2に、不法行為法が考える被侵害利益・保護利益の拡大がある。交通事故と医療事故では財物・身体等の個体的利益の侵害だが、公害や名誉毀損では、財物・身体等の個体的利益から、外部性のある利益（commons）へ広がる動きがある（原発事故の「ふるさと喪失」）。名誉は性質上外部的な利益だが、その外部性の範囲が小社会から、マスコミュニケーションの社会、さらにグローバルな社会に広がろうとしている。

第3に、過失判断においてさまざまな利益・不利益を比較衡量する傾向がみられる。ただ、実際の過失判断は類型や事案による。戦前の公害事件では防止措置費用を考慮していたが、戦後の公害では被害の大きさを考えてであろう、加害事業活動の有用性はもちろん、調査予見費用・防止措置費用も比較衡量していない。自動車事故では交通規則の遵守を重視して被害の大きさや防止費用を考慮せず、定型的な治療方法が確立している医療の事故では「医療水準」によっている。しかし、一般に個別の医療事故では、当該治療方法の有用性・必要性と危険性・費用を比較衡量し、また、他の治療方法の

第 1 章　総　論

有用性・危険性と比較衡量することが多い。また、マスメディアによる名誉毀損では、違法性判断の中で表現の自由との比較衡量をしている。以上のように過失・違法性判断が異なるのは、加害者・被害者間に交通規則のような行為規範があるか、「医療水準」のような社会的承認を得た行為規範があるかのほかに、不法行為責任の事故抑止機能を考える程度が類型によって異なるからでないかと思われる。

　第 4 に、責任主体を、直接の侵害者のほか、侵害がなされる場・活動の設定者・管理者に広げる動きが見られる（安全配慮義務、専門家責任、プロバイダー責任。さらに、私人間の侵害についての国賠法の危険管理責任、MaaS 型の自動走行システムの管理者の責任等々）。

　以上の動きの中で、不法行為法は公法的な色彩を強めている。

　最後に、科学技術の進展は、名誉・プライバシーの侵害について見たように、社会関係を変えることもある。したがって、医学・医療技術の進展は、これまでのところ、伝統的な医師・患者の関係を大きくは変えていないが、AI により患者が 1 人で利用できる完全自動診断機が作られると、医師・患者関係を前提とする医事責任法を維持することができない。完全自動走行車をめぐる交通法と似た問題に直面することになる。

　(2)　Ⅱで検討した事案類型では、1920年代以降の産業化が新たな侵害形態を作り出し、不法行為法を変えてきた。しかし、公害、交通事故、医療事故では、世紀の変わり目前後から事故数、訴訟数が減少している。不法行為法の焦点も動いている。「産業化」の時代が一段落したのであろうか。

　しかし、21世紀の現在進展中の科学技術は、民法が基礎にする人間観・社会観のさらなる修正を促すように思われる。18世紀から19世紀初めに形成された近代自然法は、一定の判断力と身体的能力をもつ生身の人間（自然人）が、区切られた有体物を支配し、さまざまな危険をコントロールしつつ関係を作る社会を考えていた。意思主義、過失責任主義等はそのような人間観・社会観に立ち、通常の判断力と身体的能力でコントロールできない危険は「不可抗力」として被害者が甘受することを考えていた。しかし、19世紀後半からの産業化は、自然人がその判断力と身体的能力でコントロールで

きない危険を新たに作り出すと同時に、それまでの「不可抗力」の一部をコントロールすることを可能にした。危険責任、厳格責任、社会生活上の義務、さまざまな専門家責任はそれに伴う不法行為法の対応である。このような観点から見ると、20世紀末期からの科学技術には、生殖医療、遺伝子操作のように自然人の身体的能力そのものを変えたり、AIのように自然人の判断力と身体的能力を代替するところへ進んでいる。現在の科学技術は、本稿で取り上げなかった投資取引などの不法行為類型にも浸透しつつある（ロボ・アドバイザー）。これらの問題を、民法・不法行為法が、自然法の人間観・社会観を基礎にしながらどう受け止めるかが今問われているように思われる。

第 1 章　総　論

 科学・技術に関するリスク対応と
そのの公法的制御

早稲田大学教授　下山　憲治

I　はじめに

　社会に内在し、人の営為や自然現象によって発現する「被害発生のおそれ」の管理のあり方、そして、その管理に関する法的制御が課題とされて久しい。伝統的公法学では、公共の安全と秩序の維持を図るため、そのような危険を防止（未然防止、警察規制）することが国（自治体を含む）の重要な役割・責務であると位置づけられてきた。この危険は、個別法令に基づく個別具体的なもののみではなく、個別具体的な顕在化を防止するために危険を予測し、府省令で定型化・類型化されたもの（抽象的危険）もその対象となる[1]。

　この危険防止の典型は、日常生活経験や確定的知見によって直近の危険の存否とその因果関係が判明しており、誰にどのような権限行使をすれば、被害発生を防止できるのかが明確な場合である（未然防止アプローチ）。科学・技術の進展は、従来よりも早期に危険を認識でき、より早い段階で的確にその危険を防止できるようになる側面がある。また、同時に、科学・技術に付随した「リスク」への対応が必要となる側面もある。科学・技術に関する専門知に不確実性があり、また、さまざまな要因が複雑に関係し、潜在する不

---

[1] 公法学における議論として、下山憲治『リスク行政の法的構造』（敬文堂、2007）29頁以下・63頁、米田雅宏『「警察権の限界」論の再定位』（有斐閣、2019）346頁以下参照。

可逆的で重大な被害発生のおそれがある場合には、未然防止アプローチでは不十分と考えられるようになった。そこで、科学・技術に関するリスクが受容可能と認められるまで低減する何らかのリスク管理措置（権利・自由の制限に限らず、調査研究の実施や推進、自主的リスク管理の仕組みや誘導等）によるリスク制御（事前警戒・予防アプローチ）が国・関係者に求められるようになっている。そこでは、いつ、誰にとってのどのようなリスクが論点となるかに留意する必要がある。なぜなら、リスクの捉え方は国、各種団体や個人などの関係者において多様かつ相対的であり、また、リスク配分に過剰な偏在が生じ得るからである。

　以上の視点から、社会に内在・潜在する危険防止・リスク制御に向けた被害発生前の取組みと、仮に被害が発生した場合の事後的処理・後始末に関する公法的制御を検討する。なお、その場合、国による危険防止・リスク制御を誤るおそれ（この誤りによって不利益が生じ得る場合にはこれもリスクとなる）も射程に入れる。

II　リスクとリスク対応

1　リスクとその多様性

　一般に、リスクとは、何らかの原因により自らまたは他人の生命・身体の安全・健康、財産や環境に生じ得る不利益・損害（A）とその発生する見込み・確率（P）の積（ないし関数）と理解される[2]。このようなリスク概念は保険などで典型的に用いられる。しかし、そもそもリスクとは何か、リスクをどのように把握するかは、学問領域やその使用目的によって相違する[3]。たとえば、医学や化学物質管理の領域では、発がんなどの指標（endpoint）Aを与件とした上でPをリスクと位置づける。一方、法学では、不利益の帰

---

[2]　例えば、ISO 31000:2018（JIS Q 31000:2019も趣旨は同じ）においては、リスクを"effect of uncertainty on objectives"と定義している。
[3]　日本リスク研究学会編『リスク学事典』（丸善出版、2019）6頁以下参照〔岸本充生〕。

第1章　総　論

属・負担や損害の程度に注目されることも多い。経営学・意思決定論では、Aが判明し、その確実な発生条件がわかっている場合を「確実」、AとPが判明している場合の問題群を「リスク」、Aは判明しているがPがわかっていない場合の問題群を「不確実」、そして、AとP両方とも不明な場合を「不知」と区分される[4]。確実、リスク、不確実、不知というこの類型化は、さまざまな関係主体による意思決定の合理性担保などに関する分析・評価に当たって役立つ道具概念である[5]。

最近では、AとPに関する「知識状態」について「問題なし」と「問題あり」を指標にしてリスク・不確実性・不知に加え、「多義性」という4領域の「不定性マトリックス」があるといわれる。この「多義性」とは、Pの問題ではなく、「何が起こりうるか、何が起きたかに関する知識が定まっていない」、「『確実性』そのものが対立したり相反しているとき、合理性に基づく分析だけでは決定的な回答を保証できない」領域と位置づけられることがある[6]。このような分析視角も本稿では取り入れていきたい。

もっとも、何らかのリスクの存在が直ちに法的対応の対象となるわけではない。たとえば、具体的危険があるとは言い切れないものの、何らかの対応が必要と社会的に評価される場合や、危険・リスクの存在を誤って評価し、対応してしまうおそれがある場合をも想定し、それをどのように法的に処理するのか等がリスク対応の法的課題となる。法学では、まず、「リスク」は発見的概念であり、リスク対応は未来を見据えた現在の不確実な条件下における意思決定の合理性担保やその制御、民主的正統性のあり方も併せて検討

---

[4] 例えば、酒井泰弘『ケインズ対フランク・ナイト』（ミネルヴァ書房、2015）75頁以下、宮川公男『新版　意思決定論』（中央経済社、2010）89頁以下。
[5] 意思決定論における重要規準に、最大利得が生じる自然状態を仮定し、その際の利得を最大化する選択を行うMaximax規準、最小利得が生じる自然状態を仮定し、その際の利得を最大化する選択を行うMaximin規準、選択肢ごとに最大利得と最小利得を算出し重みづけして選択を行う、前記2規準を混合させたHurwicz規準、後悔の大きさの最大値を最小にする選択を行うMinimax Regret規準、そして、選択肢ごとに利得の算術平均を算出してそれが最大値となる選択を行うLaplace規準があるとされている（馬場真哉『意思決定分析と予測の活用』〔講談社、2021〕50頁以下）。この規準選択は、「未然防止」と「事前警戒・予防」というリスク対応のあり方とも関連する。
[6] 吉澤剛『不定性からみた科学』（名古屋大学出版会、2021）117頁以下。

対象となる。そして、リスクへの法的対応に関する基本的な対応方針の決定は第一次的には立法者の責務である。その立法を受けて、法の解釈・適用等は、行政・司法機関の役割となる。

本稿では、「確実ではない」（確実なものが不確実となる場合も含む）という意味で「リスク」ないし「リスクといわれるもの」に対する何らかの未来対応などを事前に決定しなければならないというジレンマをめぐる法的課題について検討していく。

2　科学・技術の不確実性とリスク対応

先端的な科学・技術を社会実装する場面、各種データ不足などによる知見の不確実性、理想的な条件下ではない現実空間における因果関係の複雑性、対応すべきリスクやその方法の選択などに関する専門家間での評価・判断の多様性がある。これらに対応して生ずる社会的評価・判断の多義性や利害関係の多元性も視野に入れて対応を検討せざるを得ない[7]。

リスク対応を検討する上で、科学・技術の領域では、受容不能リスクと受容可能リスク（unacceptable and acceptable risk）の区分があり、この2つの中間領域として耐容・許容可能リスク（tolerable risk）が設定される場合もある[8]。受容不能リスクは排除ないし回避すべきもの、受容可能リスクは何人も受容できる（すべき）もの、そして、耐容・許容可能リスクは、可及的に低減すべきものと位置づけられる。この区分は、リスクを評価するための前提にある専門知に不確実性は残るものの、各種データの収集・処理、分析等を通じて得られた数値を基に、他のリスクとの対比・比較等を通じて、その大小が段階的に評価される。従前は、専門家の意見・見解は、客観性・合理性・妥当性などを持つ「正しいもの」であり、社会的・規範的決定に不可欠であるとともに、それを基礎とした決定内容の強い正当化根拠となっていた。

7）科学技術社会論学会『科学の不定性と東日本大震災』（玉川大学出版部、2015）および本堂毅ほか編『科学の不定性と社会』（信山社、2017）参照。
8）例えば、甲斐倫明「低線量放射線のリスク評価とその防護の考え方」益永茂樹編『新装増補リスク学入門(5)科学技術からみたリスク』（岩波書店、2013）77頁参照。

第 1 章　総　論

しかし、たとえば原子力利用分野のように不確実性を伴う科学・技術に関わる専門知について、「科学に問うことはできても、科学のみによっては答えることのできない問題群」（トランスサイエンスの問題）が意識され、専門家と非専門家間の知見・認識ギャップを表す「欠如モデル」や「専門家のバイアス」などが科学哲学ないし科学技術社会論において指摘されている[9]。おおむね、同時並行的に、科学・技術の進展と密接に関わるリスク対応について、科学的判定・評価である「リスクアセスメント」と、リスクアセスメントを踏まえたリスク対応に関する価値判断であるリスク評価（risk evaluation）とその対応措置の実施などの「リスク管理」の機能分離、そして、リスクアセスメントとリスク管理全体のプロセスにおける関係者間の「リスクコミュニケーション」が説かれてきた[10]。

　専門知は、一般に、一定の仮定を置いた科学的実験・調査によるデータ・情報の蓄積とそれに合わせて仮説・理論モデルが設定され、検証・再現を通じて客観性が担保されていき確定的知見となっていく。この確定的知見の生成途上にあって、事実関係が十分には解明されておらず、仮説的・暫定的知見が専門家間で論争中であっても、何をリスク対応の対象となるリスクとするのかを含めて、国家に対して何らかの意思決定が求められる場合がある。そのジレンマに対する適切な法的制御を構築することも法的検討課題となる。

　また、リスク評価に関し、2つの立ち位置があるとされる[11]。すなわち、第1に、「どの程度安全であれば十分か」という問題設定自体に「ゼロリスク」がないことを内包し、「どの程度のリスクであれば受容すべきか」という開発・事業推進サイドのものである。この立ち位置では、意思決定者（通常は受益者）とその被影響者（受苦者）が対立・対抗関係にあるにもかかわ

9）例えば、藤垣裕子『専門知と公共性』（東京大学出版会、2003）、小林傳司『トランスサイエンスの時代』（NTT出版、2007）参照。
10）例えば、BSE問題に対する食品安全法制の改革を参考に、下山憲治「食品安全と行政組織」高橋滋＝一橋大学大学院法学研究科食品安全プロジェクトチーム共編『食品安全法制と市民の安全・安心』（第一法規、2019）59頁以下参照。
11）編集委員会「予防原則とリスク論をめぐって」日本科学者会議・日本環境学会編『予防原則・リスク論に関する研究』（本の泉社、2013）6頁以下参照。

らず、被影響者や被害の視点が希薄となる一方で確率値が重視され、また、リスクの受容を被影響者に強いる傾向にある。第2に、被影響者（受苦者）の視点から、重大かつ不可逆的な被害が見込まれるとき、科学的不確実性を理由にしていかなる取組みや対応もしない不作為を正当化しない事前警戒・予防アプローチに重点が置かれる。ここでのポイントは、前記2つの立ち位置の対抗関係、リスクの存否、リスクアセスメントにおける科学的エビデンスの信頼性、リスク評価の価値判断内包性、受益と受苦（負担）の偏在可能性、利害関係の複雑性・多元性などである。本稿では、あらかじめ何らかのリスクの受容を一方的に強いることを前提とはせず、まずは、リスクの回避、低減そして受容（共有・転嫁を含む）というリスク対応の決定に関し、国、団体や個人レベルでの意思決定の相互関連・相互影響性（国対国民のみではなく、国対自治体のほか、地域集団対個人などの対抗関係）を含め、人権・権利保障、民主的意思決定との調和を探る観点から構成されるべきであると考える。

3　リスク水準とその対応手法——制度設計

リスク水準・区分としては、前述のとおり、①受容不能リスク（回避すべき危険）、②受容可能／すべきリスク（残存リスク）、そして、①と②の線引きが一致しせず、①と②の間に差異・領域がある場合の③耐容・許容可能リスクといわれる低減すべきリスクに区分しておきたい。

①の領域では、リスクの原因となる人の行動禁止などの「リスク回避」が行われる。また、③の領域では、確率・頻度の低下やその影響の小規模化等を行い可及的に②まで低減し（「リスク低減」）、②の領域では、保険等を通じてリスクの全部または一部の「リスク共有・転嫁」を行うか、特段の対策を講じない「リスク受容」とのリスク対応方針が一般的である[12]。ただし、先端科学・技術に関わるリスクは、その社会的利活用による利益とそれに付随・潜在する不利益のうち、後者の不利益が第三者に偏在したり、また、複

---

12) 例えば、日本リスク研究学会編・前掲（注3）116頁〔原田要之助〕、138頁〔野口和彦〕参照。

雑・複合・多元的なシステムが構築されることである銀行のシステム障害が他行にも波及し、広域的な影響を及ぼすような複合リスクも生じ得る。そのため、リスク関係者間での連携など、その仕組み作りが不可欠となる。

特に受容すべきリスクの線引き[13]に関し、「自由（経済活動）」と「安全（生命・身体・健康）」が対抗するものと描かれることがある。その場合、「ゼロリスク」論の扱いについて注意が必要である。前述の開発サイド・事業推進サイドでなくても、原理的に「ゼロリスク」はあり得ない。それは、リスクをはらむ化学物質や先端技術の利用を「回避」した場合、その回避に伴って生じる「別のリスク」が問題となり得ること、また、「低減」など別のリスク対応方針を選択しても「元々のリスク」の顕在化を完全に否定し去ることができない。同時に、「ゼロリスク批判論」自体もまた、受苦者が受容すべきことを当然の与件としてしまっている場合もあり得ることには留意が必要であろう。

4　未然防止と事前警戒・予防

リスク対応に当たって、リスクそれ自体が未来を指向した内容を持つから、必然的に「予測」が必要となる。この予測が、入手可能で科学的に信頼されるデータと方法を用いて行われた場合など、適正に行われたと認められるときには、事後において予測の誤りが判明しても、通常、その誤りをもって直ちに、予測時点に遡って違法と評価されることはない。しかし、その予測の後、知見の更新やデータの集積、時間の経過に対応して、予測が誤っていることが判明したとき、それは必要に応じて修正されなければならない[14]。このような順応型制御手法は、計画法制のほか、化学物質管理（特に医薬品）などにも見られる特徴である。

問題は、最初にどのような立脚点に立って、リスク対応の意思決定を行うかである。典型的には2つある。1つは、確定的な専門的知見に基づいて近

---

[13] 「受容すべきリスク」ないし「残存リスク」、「残余リスク」に関する議論については、桑原・本書論文参照。
[14] 下山憲治「行政上の予測とその法的制御の一側面」行政法研究9号（2015）51頁。

い将来被害が発生する相当の蓋然性がある状態（危険）が認められて初めて対応する「未然防止」である。もう1つは、危険があるといえるかどうかはっきりしないが、科学的信頼性のある根拠に基づき安全性に対する合理的疑いがあるときに何らかの対応をする「事前警戒・予防」である。前者のアプローチは、統計用語でいえば、第一種の過誤、すなわち、「せっかち」者の過誤を回避するため、「疑わしきは自由のために」に立脚するものである。それに対し、後者は、第二種の過誤、すなわち、「のんびり」者の過誤を回避するため、「疑わしきは安全のために」に立脚するものである[15]。従来、前者は具体的危険の問題、後者は潜在的危険ないし「仮説段階における危険」の問題とされてきた。なお、特に後者に関連して、科学的不確実性を前提に潜在的危険や仮説的危険の存否を「誤って判断するおそれ」もまた、法的に対応すべきリスクといえる。

5　リスク対応とその順応型制御

　前述のリスク対応の方針とリスク管理に関する手法例としては、国の視点からすれば、リスク回避はリスク管理主体に禁止・不作為義務を設定すること、リスク低減は許認可・各種命令等の規制や自主的取組みなどの制度化、リスク共有は各種保険の制度化、そして、リスク受容では、リスク管理主体は何らの対策を講じないことが典型となる。これらリスクへの対応は、国家・社会・団体・個人などのさまざまなレベルで、相互に影響を及ぼしながら意思決定される。

　リスク対応は、科学的知見に不確実性があるものの、何らかの対応を要する時点において解明されている暫定的知見に基づいて行われるため、その法的制御もその時々の科学・技術水準に依存する。そして、調査結果等のデータ集積や科学・技術の進展によって科学的知見に変化があれば、その変化に適時・適切に対応するために先の意思決定を変更し、従前のリスク管理（各種基準や具体的措置）を修正・改廃する義務が生ずることもある。特に重要

---

15) 下山憲治「リスク言説と順応型の環境法・政策」環境法研究7号（2017）9頁以下。

となるのは、想定される被害の程度が甚大な場合である。そこで、リスク対応に過誤があった場合のコストをも想定して、専門知の進展、社会的なリスクの認知や評価の変化などに適時・適切に対応するための制度枠組みとして、リスク対応における順応型制御がある[16]。

本稿でいうリスク対応における順応型制御は、科学・技術の進展に適時かつ適切に対応するための組織・手続を整備し、可及的な実体法制御の合理性・正当性の確保に向けた法制度を構築したり、分析するための枠組みである。そして、組織・手続法の側面に着目して、科学的不確実性がある場合、その時点における必要な知見・データ等を駆使した上で当該リスクに関する暫定的決定（方針や計画の策定などを含む）を行い、専門的知見の進展や集積に伴い対応戦略を見直したり、再評価し、仮に当初の暫定的決定が誤りであればそれを必要・適切な範囲で適時に是正する（規制強化や規制緩和・撤廃など）という継続的・持続的にリスク対応の合理化を追求するものである。この観点からすると、法的安定性ないし不安定性による各種負担・リスクを、誰に、どのように課すのが妥当かという課題も出てくる。この課題に対する一般的・普遍的指針を示すことは困難であるが、その判断に当たっての義務的考慮事項・要素を指摘することは可能であろう。それらに関する個別の検討結果を積み重ねて、この問題に対する結論を方向づけるほかないと思われる。

Ⅲ　危険防止・リスク制御の法的制御

1　危険防止・リスク制御に関する二面関係と三面関係

実定法において規定される「おそれ」ないしそれに類する文言を用いて権限発動要件とする場合、比較的高い蓋然性（例：警職法4条1項）ないし相当程度の蓋然性（例：食品衛生法6条2号に規定する「疑い」）を意味するもの

---

16) 下山・前掲（注15）1頁以下。

がある。一方、経験的知見等が不足している場合に「おそれ」が存在しないことを規制解除要件としたり（同法12条）、安全性に疑問が生じ、その確証がない場合（同法7条1項）に規制されることもある。それぞれの法制度に応じて、未然防止から事前警戒・予防までの間で、目的達成に必要な手段・手法が立法ないし法の執行段階において選択される。

　国家が危険防止ないしリスク制御を行うため権利・自由の制限等の手段を講じる場合、典型的には二面関係（規制者・被規制者）と三面関係（規制者・被規制者・被保護者）が想定される。すなわち、二面関係では、①公共の安全等を目的とする警察規制を想定して国家（規制者）が私人（被規制者）の権利・自由を制約する場合、また、②発災時等に私人の生命・身体を保護するため国家が当該私人（被保護者かつ被規制者）の権利・自由等を制約する場合が典型となる。他方、三面関係では、③私人間での権利侵害に対し国家が介入することにより加害者（被規制者）の権利・自由制限と被害者（被保護者）の権利保護が併存する。

　①の場合は、一般生活経験則ないし確定的知見に基づき、因果関係が判明し、危険の存在が具体的に認められるとき、その原因者（被規制者）に対し必要最小限度の権利・自由制限を規制者が講じる。例えば、宅建業法事件[17]で最高裁は、取引により第三者に生じた財産被害の国賠責任につき二面関係に重点を置き、個々の国民に対する職務上の義務に違反したかどうかの観点から、この種の被害救済は「一般の不法行為規範等に委ねられている」ため、違法な免許更新等であっても国賠法上違法ではないと判断した[18]。同判決では、その是非は別にして、取引に係わるリスクについて規制法制度がどのような配分を想定しているのかが着目されているといえよう。

　②の場合、国は、危険状況の継続や緊急事態の場合に原因者以外の者に対し避難などの必要な措置を講ずる。例えば、海中に投棄された砲弾類が浜辺に打ち上げられ海岸利用者に危険状態が常時ある場合に警察法2条に定める

---

17) 最二判平成元・11・24民集43巻10号1169頁。
18) 同制度を三面関係と捉え、同判決に対する正当な批判も強い。宇賀克也「判批」『行政判例百選Ⅱ〔第7版〕』(2017) 456頁以下参照。

第1章　総　論

警察の責務と警職法4条1項の趣旨から避難等の措置権限を行使する「職務上の法的義務」があるとされ、国賠責任が認められた新島砲弾爆発事故事件がある[19]。

　③の典型例は、規制者による保護措置等が不十分で被害が発生した場合に国の不作為責任が問われる場合である。立法不作為と規制権限不行使の観点から見ると、後述のアスベスト訴訟における大気汚染防止法改正に関する立法不作為のほか、建築基準法に基づく不燃材等の認定に対する撤回権限の不行使、労働関係法による建材メーカーや雇用主に対する表示や防護措置等に関する規制権限の不行使の違法がそれぞれ争われた。ちなみに、労働安全衛生法では、労働者に重度の健康障害を生ずることが判明し（確実）、その人的コントロールが十分にはできないものは製造等禁止（55条。違反者には懲役3年／罰金300万円）となる。他方、健康障害防止に万全を期すため、労働者に重度の健康障害を生じるおそれのある（高リスク）物（動物実験で発がん性について「おそれなしとしない」物）は一般的禁止を解除する許可制（56条。懲役1年／罰金100万円）、そして、手当の手遅れ等を防止するため、労働者に健康障害を生ずるおそれのある（中リスク）物は人体への影響や取扱上の注意等の表示規制（57条。懲役6月／罰金50万円）が採用されている。このように、科学的知見の確実性／不確実性、技術的制御の可否、かつ、人体に対する影響度も踏まえて、規制手段（権利・自由制約）の強弱が設定されている。

2　生命・身体等の保護と権利・自由の制限

　前記③に関連して、泉南アスベスト訴訟や建設アスベスト訴訟等の下級審判決では、大気汚染防止法の改正等に関する立法不作為による国賠責任については、憲法規定に違反することが「明白であるにもかかわらず、国会が正当な理由なく長期にわたってその改廃等の立法措置を怠る場合」など、個々の国民に対して負担する職務上の法的義務に違反したとき「例外的に」国家

19）最二判昭和59・3・23民集38巻5号475頁。なお、自然現象による砲弾類の打上げに対する警察官の権限不行使が争点となっているので②類型として取り上げる。

賠償法上違法となるとした[20]。一方、行政機関の規制権限の不行使は、「その権限を定めた法令の趣旨、目的や、その権限の性質等に照らし、具体的事情の下において、その不行使が許容される限度を逸脱して著しく合理性を欠くと認められるときは、その不行使により被害を受けた者との関係において、国賠法1条1項の適用上違法となる」。特に、水俣病関西訴訟[21]における漁業調整規則に基づく権限不行使（熊本県）に関し、同規則は「水産動植物の繁殖保護等を直接の目的とするものではあるが、それを摂取する者の健康の保持等をもその究極の目的とするものであると解される」から国賠責任を負うとされた。

　前記事例に関し、私人による違法な生命・身体等の侵害について、国家はその侵害（またはその危険）から被害を受け得る私人を保護すべきであるとする基本権保護義務論[22]がある。第一次的に対応すべき立法者が適切な法規範を設定している場合、行政はその誠実な執行義務を負うこと（憲法73条1号）、裁判官は憲法と法律に拘束される点（同法76条3項）に着目したい。この観点からすれば、立法趣旨・目的等を踏まえ、裁判所は既存私法規定の解釈・適用（いわゆる間接適用を含む）を行い、行政機関は既存行政法規の解釈・適用および裁量権の行使等を適時・適切に行う義務を負う。ただし、危険原因者である私人の権利・自由も保障対象であるから過剰な制約はできず（過剰侵害禁止）、他方で、被保護者の保護も不十分であってはならない（過少保護禁止）[23]。この両方の禁止の間で、行政機関は多種・多様な手段・手法

---

20) 例えば、大阪高判平成30・9・20判時2404号240頁。また、最大判平成27・12・26民集69巻8号2427頁も参照。

21) 最二判平成16・10・15民集58巻7号1802頁。

22) 基本権保護義務論については、桑原・本書論文参照。なお、基本権保護義務論によれば、立法者の形成余地などがあるため、何らかの積極的個別措置・作為導出は困難であるが、裁判所による審査は明白性基準（完全な不作為状態の継続、規定内容等の明白な不適切さ、また、保護目的達成にまったく不十分であること）による。*B. Stepanek-Bühringer*, in: Huber/Voßkuhle, Grundgesetz, 8. Aufl., 2024, GG Art.2., Rn. 407参照。また、*G. Britz*, Grundrechtliche Schutzpflichten in bald 50 Jahren Rechtsprechung des BVerfG, NVwZ 2023, 1449 (1452)、山本敬三「基本権の保護と私法の役割」公法研究65号（2003）100頁以下も参照。

23) 桑原勇進『環境法の基礎理論──国家の環境保全義務』（有斐閣、2013）272頁以下。

第 1 章　総　論

の中から適切なものを選択することになり、実効性が認められれば、当事者間の自律・自主規整の推進、各種振興策やガイドラインによる誘導などの手法も許容される。

なお、国賠訴訟の事例ではないが、事業者が自主回収を進めていた紅麹使用食品（機能性表示食品）について「健康被害との関連性が明らかとはなっていない」ものの、食品衛生法6条2号に該当すると判定され[24]、大阪市保健所長が回収を命じた例もある（同法59条）。

3　危険防止・リスク制御とその公法的制御

過剰侵害禁止は、典型的には危険防止を目的とする警察規制において、目的と手段の関係に関する比例原則により法的評価が行われる。比例原則では、手段が目的達成にふさわしいこと（適合性）、手段が目的達成に必要最小であること（必要性）と手段による利害得喪のバランスが均衡していること（相当性）が審査される。ただ、科学・技術に不確実性がある場合、何ら根拠のない不合理な権利・自由の制限を認めることはできない一方、比例原則における適合性や必要性について厳格に審査されるものとすると、タイミングを逸して目的（被害発生防止）を達成できないというジレンマが生じ得る。そのため、事前警戒・予防の観点から、権利・自由の制約の一時性・暫定性を前提に置き、適合性と必要性に関する厳格な審査を要求しないものの、知見の充実化と必要な場合の変更を留保する「予防的比例原則」論がある[25]。それは、相当性審査に重点を置きつつ、(α) 可及的に利用可能なデータ・資料等の収集・調査の上で適切な事実関係を前提とすること、(β) 予測や評価に当たって科学的信頼性のある手法（専門組織の公正性や中立性などを含む）が認められること、(γ) 不確実性を見込み、法の趣旨・目的等必要な考慮要素を踏まえた上での規制に関する意思決定の根拠に合理性が認められる

---

[24]　大阪市健康局長宛「紅麹を含むいわゆる健康食品の取扱いについて」（厚生労働省健康・生活衛生局食品監視安全課長、令和6年3月26日健生食監発0326第6号）。なお、この事例では、有毒・有害物質が含まれている「疑い」があると判定されたものと推測される。

[25]　下山憲治「リスク制御と行政訴訟制度」行政法研究16号（2017）117頁以下。

こと、(δ) 意思決定後も、継続的に科学的知見の充実等を進めつつ適時・適切に措置内容等を見直す義務（事後改善義務）を課すとするものである。そのほか、事前警戒・予防アプローチをとる場合には、平等原則や一貫性原則などによる法的コントロールも重要となる[26]。

この観点に関連し、「予防原則」（健全な水循環に、長期にわたり極めて深刻な影響または回復困難な影響をもたらすおそれがある場合においては、科学的証拠が欠如していることをもつて対策を遅らせる理由とはせず、その原因となる行為や将来の影響について、科学的知見の充実に努めながら、必要に応じて予防的な対策を講ずる原則）を明文規定する山形県遊佐町水源保護条例に基づく規制措置により既存の採石業者の事業継続が困難となったため、当該措置の合憲・適法性が争点となった事例がある[27]。同条例では、水源涵養保全地域（森林等の水源を涵養する機能を維持するために、保全を図る必要がある地域）等を指定し、「水源涵養機能を著しく阻害し、水源涵養量の減少をもたらすおそれがある事業」を規制対象としている。仙台高裁は、地下水脈の全容解明とその損傷修復の両方が困難であることを前提に、「地下水脈等の損傷を予防する」ことを目的に、一律禁止ではなく、指定地域内で水源に大きな影響を及ぼす特定事業を禁止する規制手段は「目的に照らし合理的」であり、科学的知見の判明等の事情変更により規制内容が変更され得るから「規制が広汎かつ強度」とはいえないとした。この司法審査方法も参考になる。

4 リスクの組織・手続法的制御
——専門性、不偏性・公正性、透明・公開性

専門知は、一定の信頼性・説得力ある多数意見も少数意見も、実証され、再現されなければ科学的客観性が担保された確定的知見とはいえない。日常の生活経験則や確定的専門知に基づく従来の未然防止アプローチとは異なっ

---

26) 例えば、Commission of the European Communities, "Communication from the Commission on the precautionary principle," Brussels. 2. 2. 2000, COM(2000) 1 final, (CELEX:52000DC0001)。
27) 仙台高判令2・12・15判例地方自治485号69頁。同判決に対する原告の上告を、最高裁は棄却した（最三判令4・1・25判例地方自治485号49頁）。

第1章 総 論

て、リスク制御に関するさまざまなレベルでの意思決定に関し、不確実性の条件下においては、実体法による規律には限界がある。そこで、これを専門家の関与等によって補完ないし向上させることが不可欠となる。そのため、専門的判断を行う国における専門家の関与に関する組織・手続のあり方も、意思決定自体の合理性確保や法的評価にとって重要となる。この種の法制度化は、食品安全基本法（食品安全委員会）、食品衛生法（厚生科学審議会、食品衛生基準審議会）[28]や原子力基本法（原子力規制委員会）等の分野で採用されている。以下で取り上げる組織・手続法的要請は、公的組織の意思決定の合理性を担保する前提条件である。

　まず、関与する専門家には、検討課題となる対象に関する専門的知見を有することが必要となる。また、原子力規制委員会のように、推進機関からの独立性が要求される場合もある。さらに、規制基準の設定時に、実践的情報を入手するため被規制者に属する専門家を関与させることもあり得る。その場合、会議体全体の公正性等を担保するため、多元的な利害関係や多様な意見聴取を保証する組織編成と手続が必要である。一方、許認可等の審査段階では、利益相反の排除などの観点から、審議や議決時における利害関係を有し得る専門家の関与制限が必要となる。

　前記の組織・手続法的要請が実現されているかどうかを、それぞれのプロセスの透明性を確保し、各種の情報を開示することにより、事後の検証、また、追跡調査などができるような法的仕組みも不可欠となる。そのため、意思決定に至るまでのすべてのプロセスの会議録や各種資料、比較衡量の際に考慮された利害等に関する記録の作成・保管と、その公開を原則として義務づけることが必要である。

---

28) 例えば、有本建男＝佐藤靖＝松尾敬子＝吉川弘之『科学的助言』（東京大学出版会、2016）77頁以下〔松尾敬子＝佐藤靖〕参照。

3 科学・技術に関するリスク対応とその公法的制御

Ⅳ 危険防止・リスク制御と国の責任

1 「危険責任」論と「危険管理・防止責任」論

　国賠責任について、「危険責任」論と、「危険管理‥防止責任」論が主張されている。前者は、国賠法制定当時の国賠責任（国賠1条1項）について、国家の狭義の権力作用（典型的には警察作用）には国民の権利・自由を「違法」に侵害・制約する危険が内在しており、その顕在化である損害の「公平な負担」という観点も含め、「危険の対外的発現」（「権力組織に内在する危険の発現」）を帰責事由とする「客観化された責任」と理解した。そして、過失も「客観的にとらえられた、公務運営のある様相」、「公務運営上の瑕疵」と理解した[29]。現在では、行政指導、公教育作用などを含めて「公権力の行使」を捉える考え方（広義説）が一般的である[30]ほか、「危険」の意味内容やその背景にある国家像、過失解釈等についてさまざまな批判もある[31]。

　後者は、原因行為が前記「危険の発現」という直接打撃型ではなく、特に1960年代以降、国が私人相互間ないし社会生活に内在する危険を防止する責務・権限があるにもかかわらず、適時かつ適切に遂行・行使しない「不作為」という「守備ミス」型として危険管理責任[32]ないし危険防止責任[33]が説かれてきた。この議論では、「危険」の管理や防止の役割と責任は私人も負うから、国賠責任の第二次性などの議論も登場する。

　本稿では、国賠制度は、「公権力」に内在する危険・リスクの発現として被害が生じる場合に限らず、国が防止・制御すべき社会に内在する危険・リ

---

29) 今村成和『国家補償法』（有斐閣、1957）87頁以下。
30) 宇賀克也＝小幡純子『条解国家賠償法』（弘文堂、2019）57頁以下〔大橋洋一〕。
31) 宇賀＝小幡・前掲（注30）29頁以下〔山本隆司〕参照。
32) 遠藤博也『行政法Ⅱ（各論）』（青林書院新社、1977）147頁以下および同『国家補償法（上巻）』（青林書院新社、1981）90頁等。
33) 阿部泰隆『国家補償法』（有斐閣、1988）176頁以下および同『国家補償法の研究Ⅱ』（信山社、2019）5頁以下。

第 1 章　総　論

スクが顕在化した場合の事後処理・後始末の 1 つとして位置づける。これらは、特に不作為の場合の危険・リスクの負担の議論にも通じる。以下では、裁判例の分析を中心とする。

2　プログラム設定型（事前対応）と個別措置型（応急対応）

　国賠法 1 条 1 項の「公権力の行使」（作為・不作為）に関わる危険防止・リスク制御に伴って国の責任が問われる場合、法律の執行に必要な各種基準・ガイドラインなどの「プログラム」設定[34]とその実施、継続的な監督関係における各種措置等のいずれかが原因行為の核として選択される。その多くは、法令によって私人の権利・自由の制約が許容されるなど、私人間では見られない法的規律や法関係のもとで行われる点に特色がある。したがって、このような原因行為は、基本的に、憲法、個別法令（要件・効果など）に基づき法的評価が行われる。また、原因行為の基になる意思決定は調査・予測・評価や行動選択などの一連のプロセスを経て行われることから、原因行為の違法性の認識・予見可能性が主要争点となることがある。なお、権利等の制約が法令で許容されていない原因行為の場合には、任意性や過失が主たる争点となる。

　危険防止・リスク制御に関する国賠責任を二面・三面関係、プログラム設定型・個別措置型を用いて類型化すると、次のように整理できる。

　まず、二面関係において、①プログラム設定型では、例えば、避難等の準備のような災害予防が原因行為とされる場合、災害リスクに関する各種基準設定、計画策定やマニュアル作成の不備が争点となった。学校保健安全法に基づく適切な危険等発生時対処要領作成とその実施などが争われた石巻市立大川小学校津波事件[35]がその例である。一方、②個別措置型では、災害対策基本法に基づく発災直後の情報提供などが原因行為とされる場合、災害リスクが顕在した「具体的危険」とその予見可能性の存否が争点となった。山元

34）芝池義一『行政救済法』（有斐閣、2022）320 頁以下参照。
35）仙台高判平成 30・4・26 判時 2387 号 31 頁。

54

町立東保育所津波事件[36]、東松島市立野蒜小学校津波事件[37]、名取市閖上津波事件[38]がその例である。この領域では、個別措置型における国賠責任は否定される例が多いといえる。

次に三面関係には、①プログラム設定型では、筑豊じん肺訴訟[39]、泉南アスベスト訴訟[40]、建設アスベスト訴訟[41]などがある。粉じん等に曝露し疾病に罹患する定型的な危害を防止するため、労働関係法律の委任の趣旨等を明確にし、医学的知見や技術の進歩に適時・適切に対応すべく規制基準を改正し、実施すべき義務の違反を基に規制権限不行使の違法が認められた。一方、②個別措置型では、原発事故リスク顕在化の予防措置について、事業者の規制監督を行う国の規制権限不行使の違法が問われた福島原発事故国賠訴訟がある。下級審では規制権限（電気事業法40条等）を定めた法の趣旨等を踏まえ、低頻度の津波地震が発生する確率が示されたことを契機とした事故発生の予見可能性（権限行使要件の充足とその認識）と権限行使による結果回避可能性ないし因果関係等が争点となり、国賠責任の認否の判断が分かれていた[42]。最高裁は、結局、特定の前提条件を設定の上結果回避可能性ないし因果関係を否定した[43]。同判決に対しては批判が多い[44]。

3　科学・技術の不確実性と国賠法1条の責任

不確実な専門知に基づきリスクを評価し、それを制御しようとする場合、継続的で適切な調査・予測・評価（以下、総称して「審査」という）が国に事前ないし事後に義務づけられることがある。たとえば、権限行使（作為）の

---

36) 仙台高判平成27・3・20判時2256号30頁。
37) 仙台高判平成29・4・27判例地方自治431号43頁。
38) 仙台地判平成30・3・30判時2396号32頁。
39) 最三判平成16・4・27民集58巻4号1032号。
40) 最一判平成26・10・9民集68巻8号799頁。
41) 最一判令和3・5・17民集75巻5号1359頁。本判決の調査実施による予見義務も注目される。
42) 下山憲治「原発事故国賠訴訟の現状と論点」法時94巻1号（2022）65頁参照。
43) 最二判令和4・6・17民集76巻5号955頁。
44) 桑原勇進「判批」『令和4年度重要判例解説』（2023）53頁、大塚直「判批」Law & Technology 99号（2023）87頁等参照。

第1章　総　論

場面で、法令で具体的定めがない審査方法等が主要争点となったときは、違法評価に過失要素を組み込んで「職務上通常尽くすべき注意義務を尽くすことなく漫然と」○○をしたと認められる事情[45]があるかどうかによって国賠法上の違法が判断される傾向にある。その際、さまざまな公務員が係わる一連のプロセスの中で意思形成されるため、組織体過失（組織的過失）の存否が重要となる。

　例えば、二面関係に係わる火山の噴火災害による被災者等が国等に対し国賠請求をした御嶽山噴火災害事件[46]では、噴火前に情報提供（噴火警戒レベルの発表）や入山規制が実施されなかったことが争点となった。長野地裁松本支部は、クロロキン薬害事件：最判[47]を参照し規制権限不行使の違法判断枠組みを用いつつも、噴火前に「地殻変動の可能性が否定できない場合」には噴火警戒レベルを引き上げ、「噴火警報を発表すべき職務上の注意義務」があったが、その検討を「漫然と先送りしたもの」で「気象庁の専門技術的判断に基づく裁量の許容される限度を逸脱して著しく合理性を欠く」とされた。しかし、前記引上げや入山規制実施までに要する時間から「火口周辺に立ち入ることがなかったといえる時点までに確実にされたとまで認めることは困難」として因果関係が否定された。ここで判示されている「確実」といえることまで必要かは疑問がある。なお、リスクや危険をあらかじめ知らせなかった不作為に関する事例では、危険情報を提供していれば人的被害は回避可能として国賠責任を認めたもの[48]もあれば、不確実な情報を提供し災害が発生しなければその信頼性を失う等の理由で国賠責任を否定したもの[49]もある。長野地裁松本支判では、信頼喪失に関する点について「噴火予報等の限界を踏まえ、気象庁及びその発表する噴火予報等の果たすべき役割に関する一般への周知、啓蒙により解決すべき事柄」と正当に評価した。

　三面関係における事前警戒・予防の観点から規制権限を行使した結果、国

45）例えば、最三判平成25・3・26裁時1576号8頁（耐震偽装建築確認事件）参照。
46）長野地松本支判令和4・7・13判例集未登載。
47）最二判平成7・6・23民集49巻6号1600頁。
48）高知地判昭和59・3・19判時1110号39頁。
49）仙台高秋田支判平成7・7・7判時1551号17頁。

賠責任が問われたものにチクロ事件がある[50]。人工甘味料（食品添加物）であるチクロは当初「人の健康を害う虞」がないものとして取り扱われていたが、動物実験結果等に基づき発がん性を有するおそれがあるとされ、食品衛生調査会の答申を踏まえて省令改正により、一定の猶予期間を設けて使用が禁止されたため、事業者が国賠請求等をした。東京高裁は、根拠規定の趣旨から前記の指定撤回は「当該食品添加物が人の健康を害する虞れのないことについて積極的な確認が得られないというだけの理由で十分」で、「人の健康を害する虞れがあることの証明」を要しないこと等から違法性を否定した。なお、損失補償請求も「食品添加物に本来内在する制約」等を理由に否定された。チクロ事件では、規制者と被規制者の間で人の健康に対する安全性に対する合理的な疑いの存否、経済的自由の制限が大きな争点となった。

4　国賠法2条1項の責任と予算措置、財政制約

国賠法2条1項の瑕疵責任は、無過失責任であり、危険責任の法理を基にする[51]。そして、設置・管理の瑕疵とは「営造物が通常有すべき安全性を欠いていること」であり、その存否は当該営造物の構造、用法、場所的環境および利用状況等諸般の事情を総合考慮して具体的個別的に判断される[52]。瑕疵責任も危険防止・リスク制御に関わる。

道路の構造は「地形、地質、気象その他の状況及び当該道路の交通状況を考慮し、通常の衝撃に対して安全」で「安全かつ円滑な交通を確保することができる」ことが要請されている（道路法29条、道路構造令）。さらに、道路の場合、危険時には通行止め等の措置も安全確保の上で選択肢となる。道路はこれらハード・ソフトの両面で安全確保が求められ、瑕疵責任の存否が判断される。以上の点から、道路について個別の予算措置に困窮することがあるとしても「直ちに」責任を免れるとは考えられない[53]。ただし、広域に及

---

50) 東京高判昭和53・11・27訟月24巻12号2650頁。
51) 最二判平成7・7・7民集49巻7号1870頁（国道43号線事件）。
52) 最三判昭和53・7・4民集32巻5号809頁（幼児転落事故事件）。
53) 最一判昭和45・8・20民集24巻9号1268頁（高知落石事故事件）。

第 1 章　総　論

ぶ設備の不備のみが争点となった場合では、死亡事故の危険性の程度、運転者による事故回避可能性や設備整備に多額の費用負担が明らか（財政制約）などの事情を踏まえ、責任が否定された例もある[54]。

　一方、河川の場合、河川水の流れをコントロールすることに主眼が置かれ、現行法では、堤防等の河川管理施設（災害除却・軽減施設）は「水位、流量、地形、地質その他の河川の状況及び自重、水圧その他の予想される荷重を考慮した安全な構造」でなければならない（河川法13条 1 項）。たとえば堤防の構造原則は関係する施設と一体となって計画高水位以下の「水位の流水の通常の作用に対して安全な構造」でなければならない（河川管理施設等構造令18条 1 項）。大東水害訴訟：最判[55]に見られるとおり、いまだ通常予測される災害に対応する安全性を備えるに至っていない段階では、過去の被害状況に加え、自然的条件、社会的条件、緊急性の有無等を総合的に考慮し、河川管理における財政的、技術的及び社会的諸制約のもとでの「同種・同規模の河川の管理の一般的水準及び社会通念に照らして是認しうる安全性」を基準に河川管理の瑕疵の有無が判断される。そして、改修中の河川の場合、「過渡的安全性」で足りるとされた。

　瑕疵責任は結果責任ではないことのほか、「通常有すべき安全性」という安全要求水準[56]などを理由として、個別予算措置というよりも、資源配分の観点から見た財政制約は、安易な現状追認などとならないように留意しつつ、否定できないとする見解が一般的となっている[57]。

5　瑕疵責任と科学・技術の進展

　公の営造物は、設置後も、「通常有すべき安全性」を確保するため、危険防止のほか、リスク制御に向け、科学・技術の進展に対応して追加的な安全設備・構造等の対策が求められ、事故等発生時点の科学・技術水準が瑕疵の

---

[54]　最三判平成22・3・2判時2076号44頁（キツネ侵入事故事件）。
[55]　最一判昭和59・1・26民集38巻 2 号53頁。
[56]　西埜章『国家賠償法コンメンタール〔第 3 版〕』（勁草書房、2020）1039頁。
[57]　例えば、宇賀克也『行政法概説Ⅱ〔第 7 版〕』（有斐閣、2021）507頁以下、宇賀＝小幡・前掲（注30）480頁以下〔木村琢麿〕、芝池・前掲（注34）360頁以下。

3 科学・技術に関するリスク対応とその公法的制御

存否に関する重要な判断要素となる[58]。ただし、伊方原発事件：最判で示されたような「最新の科学技術水準に即応」することが求められている[59]わけではなく、下記のように、相応のタイムラグは許容されるようである。

例えば、点字ブロック等の新たに開発された視力障がい者用の安全設備が旧国鉄の駅のホームに敷設されていないことが「瑕疵」に当たるかが争点となった点字ブロック事件がある[60]。最高裁は、事故防止に有効なものとして、素材、形状および敷設方法等において相当程度標準化されて全国ないし当該地域における道路、駅のホーム等に普及しているかどうか、当該駅のホームにおける構造または視力障がい者の利用度から予測される視力障がい者の事故発生の危険性の程度、事故を未然に防止するためその安全設備を設置する必要性の程度および設置の困難性の有無等の総合考慮を要するとした。また、斑状歯事件で最高裁は、被害発生当時、効果的なフッ素の低減技術ないしフッ素除去の方法は確立されていないこと等を考慮して瑕疵はないとした[61]。

下級審判決では日本坂トンネル事故事件がある[62]。東京高裁は、道路の供用開始後の技術の進歩により要設置となった物的設備であっても、すべてのトンネルに直ちに一律に設置が法的に義務づけられるわけではないが、防災目的を達成するために高度に有用である設備は速やかに設置して合理的な運用を図る必要がある等と判示し、合理的かつ妥当なトンネルの安全体制を欠いていたなどと判断し、国賠責任を肯定した。また、阪神淡路大震災時の阪神高速道路3号線倒壊事件がある[63]。神戸地裁尼崎支部は、「新たに得られた知見の内容、知見に対する評価、知見に基づく補修等の技術的可能性、基準の改定の有無、基準の改定の趣旨、それらを総合した当該構造物に対する補強の必要性、緊急性等を考慮して、合理的期間内になすべき補修がなされていたか（その過程にあったか）という観点」を指摘し、耐震補強（鋼板巻立

---

58) 西埜・前掲（注56）1055頁。
59) 最一判平成4・10・29民集46巻7号1174頁。
60) 最三判昭和61・3・25民集40巻2号472頁。
61) 最三判平成5・12・17判時1483号38頁。
62) 東京高判平成5・6・24訟月40巻6号1107頁。
63) 神戸地尼崎支判平成15・1・28判タ1140号110頁。

等）を必要性・緊急性の高いものから順番に実施していたその過程で、本件地震が発生したこと等を理由に国賠責任を否定した。

V おわりに

　科学・技術の進展に伴うリスクの公法的制御には、伝統的な警察規制（未然防止）と事前警戒・予防を両極のアプローチにして、その間にさまざまなものがある。科学・技術に不確実性があり、生命・身体等に対する「受容すべきリスク」があるとは認められない場合、国家は、危険防止措置を講じることはもちろん、リスクがある場合には事前警戒・予防のための調査研究の推進やリスク低減に向けた計画策定や各種規制など、何らかの対応をとる義務がある。

　事前警戒・予防アプローチが法制度化された場合、比較的早い段階における（暫定的な）国家介入や取組みが正当化される。その場合、警察規制の権限行使要件の判断に当たって要求される「おそれ」よりも低い蓋然性の程度で許容されたり、対象者・関係者の範囲が拡張したりする。ただし、その正当化に当たっては継続的な調査研究とその反映等が留保されることには注意が必要である。また、権限行使に当たって安全性に対する合理的疑いがある場合、安全性の存在に関する証拠の提出を被規制者に要求する行政過程（証拠提出責任の転換）が設定されることもある。

　科学・技術のリスクに関する訴訟の場面では、証明負担のあり方も重要となる。処分取消訴訟である前記の伊方原発事件・最判では、第三者である住民が原告であること、専門性が高く、事故発生による人的影響が大きいことが想定され、しかも、証拠の偏在等のため、「事実上の推認」手法を取り入れ、原発設置許可に係わる審査基準と調査審議・判断の過程等に不合理な点がないことを相当の根拠・資料に基づき国が主張、立証を尽くすことが求められた。法律の誠実執行義務やアカウンタビリティなどの観点からの説明も考えられるが、「相当の」根拠・資料の意味内容など論点は多い[64]。ただし、一般的にいえば、国賠責任（特に違法要件）が問われる場合、原因行為の性

3　科学・技術に関するリスク対応とその公法的制御

質、その法制度上の位置づけ（要件、効果や安全要求水準）などを踏まえ、いかなる要件事実が構成されるか等に応じて、伊方原発事件：最判が示した証明負担のあり方がそのまま直ちにすべての規制制度に係わる事案に妥当するわけではないであろう[65]。

---

64) 原子力に関する専門家の判断が前提となっているため、「相当」の程度が「比較的低い」程度で許容されている可能性もあろう。下山憲治「環境公害訴訟と環境リスク管理」淡路剛久ほか編『公害環境訴訟の新たな展開』（日本評論社、2012）155頁（162頁以下）参照。
65) 民事差止については、大塚直「原発民事差止訴訟の意義と判断構造」島村健ほか編『環境法の開拓線』（第一法規、2023）355頁以下が参考になる。

第1章 総論

 # 基本権保護義務とリスク・残存リスク

上智大学教授 桑原 勇進

I はじめに

本稿は、国家の基本権保護義務を前提として、基本権保護義務からどこまでリスク対策が要求されるかということについて述べる。特に残存リスクは社会的に受容すべきものとされるが、その残存リスクの意義、受忍すべきとされる根拠とその当否等を重点的に取り上げることとする。

II 基本権保護義務

1 基本権保護義務とは

まず、基本権保護義務なるものになじみのない方も想定されるため、簡単に基本権保護義務の説明をしておく。

(1) 意 義

国家の基本権保護義務とは、定義ふうにいうと、私人による基本権的利益に対する侵害から、これを保護すべき国家の義務である。基本権は、国家による侵害に向けられた、これの防止を求める権利であるが、基本権保護義務は、侵害の主体が異なっており、基本権で保護された利益に対する私人による侵害から、これを国家が防止し、保護すべき義務である。ドイツ連邦憲法

裁判所が1975年に次のように述べて、基本権保護義務を認めて以来、ドイツでは、基本権保護義務は判例・通説となって今日に至っている。

「国家の保護義務は包括的である。それは、——当然のことながら——生成しつつある生命に対する国家の直接の侵害を禁止するだけではなく、この生命の前に保護的、促進的に立つこと、すなわち、とりわけ、他人による（von seiten anderer）違法な侵害から守ることも、国家に命ずる。」(BVerfGE 39,1)

基本権保護義務を環境問題に適用した場合、環境媒体を通じた私人による基本権的利益の侵害（公害等）から、侵害を受ける私人の基本権利益を国家が保護すべき義務を負う、ということになる（公害規制義務等）。なお、自然災害や、外国からの侵害による場合を含める見解もあるが、学説の一致した見解ではない。社会的保護義務をめぐる議論も（新自由主義、格差の拡大等の背景のもとで）再燃しているが、これを認めるのが一致した見解というわけではない。

(2) **対象基本権利益**

基本権保護義務の対象となる基本権利益は何か、すべての基本権利益かそれとも一部についてのみ認められるにすぎないか。生命・身体は問題なく認められる。職業の自由（BVerfGE 92,26）、所有権、一般的行動の自由（気候決定等）についてもドイツの判例上は認められている。次に見る基本権保護義務の根拠づけとも関わるが、基本的には、他者から侵害され得る基本権的利益全般に保護義務が及ぶと考えてよいと思われる。

2 基本権保護義務の根拠

基本権は、伝統的には、国家に対する防御権（不作為を求める権利）として理解されてきた。では、なぜ、私人による侵害から国家が保護すべき義務（作為義務）が認められるのか。その根拠づけについては、おおむね次のような立場がある。

(1) **基本権の客観的価値・憲法（基本法）の客観的価値秩序**

判例・通（多数）説は、基本権利益の客観的価値を国家の基本権保護義務の根拠とする。基本権として保護されている利益には基本法（憲法）の客観

第1章　総　論

的価値決定が体現されているのであり、その、基本法の認める価値は、国家が侵害してはならないだけではなく、国家が保護しなければならないのだ、ということである。価値があるということとそれを保護すべき国家の義務との間には論理の飛躍があるという批判がある[1]。

(2)　国家目的としての安全

Isensee[2]は、安全のために国家が設立されたという、国家目的（「万人の万人に対する闘争」の克服）から、基本権保護義務を根拠づける。国家が国家の正当性やすべての人の平和義務（実力行使の放棄）を主張できるのは、国家が市民に安全を保障している限りにおいてである、という主張である。Isenseeによれば、国家が取り組むべき安全は、3つの発展段階を経ている、すなわち、国家設立による相互的暴力のおそれの排除（第1段階）→国家の侵害からの市民の安全の確立（第2段階）→社会における経済的危険に対処すべき社会的法治国家（第3段階）である。そして、基本権保護義務は第1段階の国家任務であり、忘れられていたものの再発見なのだ、という。

Isenseeの上記のような議論に対しては、憲法（基本法）自体からの根拠づけではないとの批判があるほか、闘争能力の保持が前提になっている（腕力に劣る者に対する保護義務が根拠づけられない）といった批判がある。

(3)　人間の尊厳・自律的生活形成

基本法1条2項は、基本権を人間共同体の基礎であると位置づけているが、Hermesによれば、基本権の関心事は、自己の責任に基づく自由な生活形成にある。つまり、基本権の中核は、個人の自律である。基本権がこのようなものであるなら、その効力も国家からの防御という消極的なものにとどまらず、第三者による危殆化から保護すべき積極的義務づけも含むということになる。このようにしてHermesは基本権保護義務を根拠づける[3]。人間の尊厳

1）このほか、価値秩序としての憲法という憲法理解に対するカール・シュミット流の異論（価値の専制）もかつてはあったが、省略する。なお、本章の内容に関する詳細は、桑原『環境法の基礎理論』（有斐閣、2013）第一部第4章に述べており、本章の註も原典の明記のみとし、直接の該当頁は省略する。
2）Isensee, Das Grundrecht auf Sicherheit, 1983.
3）Hermes, Das Grundrecht auf Schutz von Leben und Gesundheit, 1987.

は憲法秩序の究極的目標であり、したがって国家は憲法が前提とする人間像（自律した個人）を尊重しなければならないだけでなく、その人間像が可能な限りに展開できるような秩序を用意すべく義務づけられているのだ、というDirnbergerの議論も、基本法１条を根拠として基本権保護義務を論ずるものとして位置づけられる[4]。もともとは連邦憲法裁判所（第一次堕胎罪ケースVerfGE 39,1）も、基本法１条１項に（も）言及していた。

(4) 国家帰責論

私人による基本権的利益に対する侵害を国家が禁止しないことは、国家に帰責される（国家による侵害と同じ）という論法により、基本権保護義務を基礎づける議論もある。「国家による容認（禁止しないこと）＋自力救済禁止＝国家による侵害」という図式が成り立ち、基本権保護義務はその国家による侵害の裏面だ、ということになる。Murswiek[5]がこのような議論の仕方をしていた。このような議論によれば、（私人に対する公害差止請求にかかる）受忍限度内の侵害の容認は国家による侵害と同じだ、ということになる。闘争能力のない者のための保護義務は根拠づけられないとか、国家が禁止しない私人の行為が国家に帰責（Zurechnung）されることにはならない、といった批判がある。

(5) 小 括

理論的根拠づけはまちまちであるが、基本権保護義務の必要性について学説は（基本権保護義務がないと仮定した場合、自由＝「他人の自由・利益を侵害する恣意」になってしまうこともあり）ほぼ一致している。

3　基本権保護義務の履行方法

国家の基本権保護義務は、国家を名宛人としている。主要には、国家は立法により基本権保護義務を履行する（原子力規制立法、公害規制立法、遺伝子組換え生物使用規制立法等）が、その適切な執行により基本権保護義務を履行

---

4) Dirnberger, Recht auf Naturgenuß und Eingriffsregelung, 1991.
5) Murswiek, Die staatliche Verantwortung für die Risiken der Technik, 1985.

第1章 総　論

するのが行政作用である。法律の執行以外にも、法律による行政の原理に反しない限りにおいて、行政指導等により、基本権保護義務が履行される場合がある。裁判所も、その司法作用において、法令の基本権保護義務に適うような解釈・適用を通じて、同義務を履行する。

Ⅲ　基本権保護義務の射程

1　リスクの意義

　本節では、ドイツにおいて、基本権保護義務が、危険を超えてリスクにまで及ぶものとされていることを確認するが、まずは、リスクの意義について述べておく。

⑴　危　険

　リスクの意義を把握するためには危険（Gefahr）の意義を踏まえる必要がある。危険とは、「妨げられることなく推移すれば、十分な蓋然性をもって、保護法益が害されるに至るであろう事態ないし行動」と定義される。放置すれば（介入しなければ）保護法益に係る損害が発生する十分な蓋然性があることが危険であり、蓋然性が危険といえるだけ「十分」かどうかは、損害の大きさ等との相関で決まる。すなわち、予期される損害が大きければ、小さな蓋然性でも「十分」と判断される。

　この危険判断は、現在の事実に経験則（ないし自然科学的法則）を適用して行う将来予測であり（例えば、自動車が猛スピードで現に多くの歩行者が歩いている歩道に突っ込もうとしているという事実から、経験則に照らして、何人かの人が事故に遭い、生命ないし身体に係る被害を生ずるであろうとの将来予測をする等）、現在の事実あるいは経験則（ないし自然科学的法則）のどちらか（両方の場合も）の知見が不足する場合には、危険判断ができず、危険かもしれないし危険でないかもしれない状態に陥る（これを「危険の疑い」と呼ぶ）。

　危険は、基本権保護義務により、防止ないし除去することが要請される。なお、憲法上の危険概念も警察法上の危険概念に依拠して理解されている

(憲法は環境・技術法に依拠し、環境・技術法は警察法に依拠しているので、間接的)。

(2) リスク

リスクは、広義には、危険を包含した損害発生の可能性をいうが、これより狭い意味で、危険と呼ぶことはできないような損害発生の可能性をリスクと呼ぶこともできる。先の、危険の疑いは、この狭い意味でのリスクに含められる。自然科学的知見の不足（あるいは不存在）のために、損害発生に係る将来予測に不確実性を伴う場合も、リスクに含まれる。

2 基本権保護義務とリスク配慮

ドイツ連邦憲法裁判所の判例によれば、基本権保護義務は危険防除およびリスク配慮に及ぶ。例えば、「生命、健康及び財物の損害に関して言えば、立法者は、原子力法1条2号と7条2項に定められた最善の危険防除とリスク配慮により、……基準を定立した」（カルカー決定）とか、「基本権の危殆化に関するリスク配慮も、国家機関の保護義務に含まれうる」（航空機騒音決定[6]）など。

リスク配慮が基本権保護義務によって要請されることについては、Alexy流の原理論に基づき、さしあたり基本権保護にとって理想的なところ（したがって危険のない状態ではなくリスクのない状態）から出発して対立利益（基本権利益を侵害する者の利益。営業の自由等）との衡量をするという議論など、いくつかの根拠づけが考えられるが、近年の論考では、端的に、リスク（不確実性を伴う）が保護義務を発動させないなら国家の保護義務は手遅れ状態になってしまう（例えば、原子炉の炉心溶融が現実のものとなる場合等）、といった議論がなされている[7]。

基本権保護義務がリスク配慮にまで及ぶとしても、残存リスクには及ばず、受忍・受容されるべきものとされる。残存リスクについては、受容されるべ

---

6) BVerfGE 56,54.
7) Geise, Schutzpflichten und Abwehrrechte am Beispiel von Stickstoffdioxidimmissionen im Straßenverkehr, 2023, S120.

第1章　総　論

きリスクとは何かというテーマの重要性に鑑みて、Ⅳでやや詳しく扱うこととする。

Ⅳ　残存リスク──リスク受容の論理──原子力における残存リスクを中心に

1　残存リスクとは何か

　国家はリスクを零にすることはできず、残存リスクは許容され、受忍すべきものとされる。残存リスクとは、その言葉からすると、何らかの後になお残るリスクであるが、実際にはどのような意味で使われる用語だろうか。

(1)　カルカー決定

　ドイツ連邦憲法裁判所がおそらく初めて残存リスクの受容につき憲法的判断をしたのがカルカー決定である。同決定は、正面から残存リスクを定義しているわけではないが、文脈からすると、科学技術の水準に基づき損害発生が実践的に排除された後になお残るリスクという意味である[8]。同決定が引用しているBreuerの論稿によれば、実践的に損害発生の蓋然性が排除されているので、現実的にリスクは零に等しいとされている（「非常に小さいけれども発生蓋然性から損害発生の排除への、法的に要請される『質的飛躍』」[9]）。損害発生が実践的に排除された後になお残るリスクは許容されるということであり、残存リスクだから許容されるという論理である。

(2)　Murswiek

　これに対し、Murswiekは、残存リスクの法的意味につき、「法律上の安全水準を下回り、したがって法的に許容されるリスク」、事実的意味につき、「既存の安全措置によりその現実化が排除されない技術システムのリスク」と定義している[10]。この定義によれば、実践的に排除されているか否かは無

---

8) BVerfGE 49,89, Para. 118.
9) Breuer, Gefahrenabwehr und Risikovorsorge im Atomrecht, DVBl. 1978, S.835.
10) Murswiek, Restrisiko, Handwörterbuch des Umweltrecht 2, 1994, S.1719.

4 基本権保護義務とリスク・残存リスク

関係で、とにかく、何らかの理由で許容されているリスクが残存リスクの意味であるということになる。許容されているから残存リスクだ、という論理の運びになるわけである。このような理解によれば、残存リスクという概念自体には、固有の規範的意義はない。「法的に要請される安全性の程度と、それと同時に、許容されるリスクを定める諸規範の裏面」でしかないということになる。

2　残存リスク許容の論理1──カルカー決定

(1)　カルカー決定の論理

カルカー決定は、先に見たように、残存リスクだから許容されるという論理構造を持つが、ではなぜ、残存リスクは許容されるのだろうか。カルカー決定の残存リスク許容に関する部分には、次のような記述がある。「立法者が、施設の設置・稼働ないし技術手法による将来の損害の可能性を見積もろうとするとき、過去の実際の事象の観察から発生頻度や将来における同種の事象の同種の推移の推測に大きく頼ることになる。そのための十分な経験的基礎が欠けている場合は、シミュレーションからの推測に限定される。この種の経験知は、自然科学的法則に凝縮される場合であっても、人間の経験が完結しない限り、常に近似知でしかなく、それは、完全な確実性を保証するものではないし、新たな経験によって修正され、常に、誤りであることが否定できないような最新の状態（Stand）でしかないものである。保護義務に関して立法者に、技術施設の許可やその稼働から生じるかもしれない基本権危殆化を絶対的な確実性をもって排除するような規律を要求することは、人間の認識可能性の限界を見誤るものであって、技術の利用に対する国家のすべての許容を許さないこととしてしまう。社会秩序の形成のためには、実践理性に基づく判断（Abschätzungen）に留めなければならない」(Para.117)。「立法者は、原子力法1条2号及び7条2項に定める最善の危険防除とリスク配慮の原則により、次のような基準、すなわち、科学と技術の水準に基づき、損害事象の発生が実践的に排除される場合にのみ、許可が許される、という基準を立てた。この実践理性の水準の彼岸にある不確実性は、人間の認

第1章　総　論

識能力の限界にその原因を有する。それは、不可避であり、その限りで社会的に相当な負担としてすべての市民が受忍すべきものである」。下線を引いた部分が残存リスク許容の根拠を端的に表す個所である。まとめると、①損害事象は実践的に排除されている、②①の後になお残るリスクは人間の認識能力の限界の彼方にある、③絶対的安全を要求することは技術利用禁止という帰結をもたらす、ということになろう。これが、なぜ残存リスクが許容されるのかという問いに対するカルカー決定の回答である。以下、これらが本当に回答になっているのかどうかについて、若干の検討を試みる。

(2)　残存リスク許容の根拠に関する諸議論
　ア　実践的排除

　損害発生が実践的に排除されているとはどういうことか。カルカー決定は、実践理性の水準により排除されている旨述べるが、実践理性と対になるのは理論理性であり、理論理性的には排除されていないということを含意する。カルカー決定が引用するBreuerは、原子炉圧力容器の破裂防止措置が必要かどうかを論ずる文脈において「絶対に損害発生が排除されていると言えるのは、それが自然法則ないし論理法則的に不可能である場合だけである。しかし、技術施設はそういうものではない。原子炉圧力容器の破裂防止措置自体が、破裂事故を自然法則ないし論理法則的に排除させるわけではない」と述べている[11]が、これは、理論理性的に排除されることまでは要求できないということを意味する。

　では、どのような場合に実践的に排除されているといえるのか。Breuerは、決定論（Deterministik）に基づき、「事象・事故の認知されているすべての原因に対して効果的な事前配慮がなされなければならない」とする。そして、「とられる事前配慮措置と先端的自然科学者及び技術者の認識水準に基づき、一定の損害事象が発生することが現実的に観念できない場合、損害発生は考慮しなくてよい」と続ける。また、「経験則に適う事象展開によれば起こりえない場合、損害発生は現実的に観念できず排除されている」との記

---

11) Breuer, DVBl. 1978, S.834.

4 基本権保護義務とリスク・残存リスク

述も見える[12]。信頼でき、相互に独立した多重の防護措置がとられている場合などがそうである。

　Breuerによれば、認識可能なすべての損害発生原因に対して効果的な対策がとられている場合に損害発生が実践的に排除されていると判断されるのであるが、その基礎となっている決定論は、トライアル＆エラーにより得られた経験に基づいている。Roßnagelによれば、トライアル＆エラーにより得られた経験に基づく知識が基礎となり、「そのようにして確立された技術的規則が満たされた場合に、技術システムは安全であるとして妥当することになる」。「多くの類似の事例からそうして獲得された経験は、要求が十分な安全性をも保障できるかどうかの判断のための基礎を創設する」からである。そして、「社会全体のこの学習過程において、技術リスクの広い社会的評価が形成され」、それが、リスクの受容可能性に関するコンセンサスを可能にするのである[13]。

　しかし、Roßnagelは、決定論とその基礎なるトライアル＆エラーを、原子炉のような巨大技術システムに適用することには批判的である[14]。第1に、「エラーは稀だが極めて大きい損害を引き起こしうるような技術システム」の場合、「トライアル＆エラーの原則に基づく経験形成がもはや不可能」とされる。「エラーのコストが、トライアルがそもそも有意味であり得る枠組を飛び越えてしまう」からである。しかし、「十分な経験がなければ、リスクの受容可能性に関するコンセンサスのための土台も欠けることになる」ため、適用が困難なのである。第2に、「受容可能性の問題が事実上一部のエキスパートによってのみ」判断されることになってしまう。「採られる安全技術上の措置と先端的な自然科学者・技術者の認識水準に基づいて、一定の損害事象の発生が現実的に想定できない場合に、『実践理性のレベル』に照らして危険は存しないこととなる」とすれば、「法的評価が技術による評価に強く規定され、実践理性の基準が実務者の確信と等置されるとき」、法は

12）Breuer, DVBl. 1978, S.835.
13）Roßnagel, Die rechtliche Fassung technischer Risiken, UPR 1986, S.51.
14）Roßnagel, UPR 1986, S.51-53.

第1章　総　論

その任務を十分に果たすことができなくなってしまう。第3に、第2点と重なるところがあるが、決定論は、結局確率論（Probabilistik）モデルの中を動いている、ということである。「ある設計上の故障の選択と他のありうる事故の排除は、確率の相違によってのみ根拠づけられる。他方、すべての安全措置には失敗の確率が存する。設計上の事故は確実に制御できるとの判断は、したがって、この確率の確認と評価を前提とする。決定論的審査においてこの点を疎かにする者は、合理性の欠如という非難を免れない。安全技術にも拘らずなお残る事故の確率の数値化なしでは、彼が許容するリスクを彼は知りえないからである」。どの程度の確率なら受容すべきなのか（10^{-5}なのか、10^{-6}か、それとも10^{-7}なのか）といったことは、科学者・技術者任せではなく法が定めるべきである、という趣旨の批判かと推察される。

　　イ　認識能力の限界

　カルカー決定は、実践理性により現実的に排除されている損害発生が起きたとしても、それは人間の認識能力の限界の彼岸にある事象であると理解している。ところで、Ladeur の論稿には、実践理性というコンセプトは決定論と結びついている、としつつ、用意しておくべきパイロットの数を例に現実的に排除されているかどうかの判断について説明している個所がある。すなわち、飛行中にパイロットが病気になった時に備えてもう1人パイロットを用意しておくとして、3人目を用意しておくことが必要か、という例である。Ladeur は、2人とも病気になることが可能性としては考えられるが、経験に照らしてその蓋然性は極度に小さいのではないか、と述べている[15]。この設例は、先に見た、決定論は確率論モデルの中を動いている、という指摘を想起させるが、ここでは、パイロット2人が病気になるという事象自体は、想定可能である、つまり人間の認識能力の限界内にある、ということが重要である。2人とも病気になる可能性は抽象的なものでしかないのではないか、という問題もあるが、1人目が病気になることも（持病を抱えている等の事情がない限り）抽象的な可能性にすぎない。Breuer が実践的に排除さ

---

15) Ladeur,"Praktische Vernunft" im Atomrecht, UPR 1986, S.364-365.

れているとした原子炉圧力容器の脆性破壊による破裂という事象も、起こり得るということはすでに認識されている。その意味では、人間の認識能力の限界ということを根拠として残存リスク受容という結論を引き出すことはできないのではないか、という疑問が残る。科学技術の水準によっても認識し得ない原因事象によって事故が起きるということはあり得るにしても、少なくとも「想定外の何かが起こり得る」こと自体は認識されているとはいえる。そうすると、別途、残存リスク許容の理由を見出さなければならない。

ウ　技術利用禁止

　カルカー決定は、絶対安全を求めることは技術利用の禁止を意味する旨述べ、これも残存リスク許容の理由としている。しかし、そうではない、という議論がある。すなわち、Reichは、遍在する技術文明の危険とリスクに晒され、簡単には逃れられない市民にとっては、リスクの法的受容は特別な理由がこれを正当化する場合にのみ肯認し得ると述べる。ここで重要となるのは、技術の社会的効用である。つまり、技術の社会的効用（健康増進、福祉〔Wohlbefinden〕の向上、快適さの創出等）と社会全体における損害総体との衡量がされる。その際、技術に伴う事故原因を、安全対策によってどこまで緩和させるかが考慮されなければならない[16]。ところで、自動車事故のように、技術システムの社会的損害が平均において確認できる限り、技術のメリットとリスク（認識・計算できるリスクだけではなく、認識・計算できないリスクを含む）の十分な利益衡量をすることが、立法者にとって可能になる。しかし、原子力のように、社会的損害の「客観的」発生確率に関する経験的な基礎データが著しく少ない場合には、技術の許容ないし禁止に関する立法者の決定は、客観的にはあり得るがその原因を予見できない損害、そして深刻な場合には国家的カタストロフを、甘受するかそれとも拒否するか、に縮減される。どうするかは立法者の権限に属するが、仮に禁止という決定を立法者が選択したとしても、国家がすべての技術利用を禁止することにはならない。それぞれの技術領域は固有の利益衡量に服するのであって、原子力に関する

16）Reich, Gefahr-Risiko-Restrisiko, 1988, S.168.

第1章　総　論

国家の決定は他の技術領域にそのままでは当てはまらないからである[17]。

(4)　残存リスク＝受容すべきリスクというコンセプトに対する批判

以上、カルカー決定の、残存リスクは受容すべきであるという論理につき、若干の論者による批判的検討を見てきた。これによると、カルカー決定の残存リスク論は必ずしも説得力のあるものとはみなされていない。これらに加えて、カルカー決定の残存リスク論というコンセプト自体に対する批判がある。

受容すべきリスクを残存リスクと呼ぶ立場があるが、この立場によれば、受容すべきかどうかはさまざまな利益衡量を経た後に、評価の問題として決定される。そのような立場に立つ論者の1人である Hermes は、「まずは全危険領域について保護義務を肯定し（したがって、憲法上重要でない残存リスクというものを否定し）、続いて、どの程度そしてどのような目的で国家が包括的な保護から後退してよいのかを問うという場合に初めてそうした審査——受忍すべき残存リスクを利益衡量に基づいて規定すること——に到達する」と述べる。Hermes によれば、「実践的に損害の発生が排除されているかどうか」といったことから残存リスクを定義しようとする「試みに共通しているのは、実践理性へのアピールで、通常、現代の文明化という条件の下ではリスクのない生活は考えられない、という指摘によって支えられるのであるが、これにより、保護義務の枠の中で重要ではないとされる残存リスクの主張は、この問題——どの程度・どのような目的で包括的な保護から後退してよいのかという審査のこと（引用者注）——に前景において答えようとする」[18]と批判する。別言すれば、利益衡量や比例原則等の観点からの審査といった必要な作業を省略して、結論（残存リスク＝許容すべきリスクという結論）を最初から決めてしまうものだ、ということである。Murswiek も、カルカー決定のいうような残存リスクは、「重要な公共の福祉目的の実現のために必要なものとして正当化されることもなければ、より危険性の少ない他の選択肢との比較に耐えるべきこともなく、法外に（außerordentlich）大き

17）Reich, Gefahr-Risiko-Restrisiko, 1989, S.101.
18）Hermes, Das Grundrecht auf Schutz von Leben und Gesundheit, 1987, S.239-240.

な集団的リスクが引き起こされてもよいことになる」と述べる。「法外な潜在的損害を孕む巨大技術施設がその潜在的な損害の広さのために危険なのかどうか、ということに関する議論を阻害してしまう」[19]のである。

次に、利益衡量の結果許容される残存リスクが決まるという諸議論について一瞥するが、その前に、カルカー決定から示唆を受けて独自の議論を展開した論者の議論を簡単に見ておきたい。

(5) 技術的・文明的リスク

カルカー決定は、残存リスクは社会的に相当なリスクとして受容すべきである、という。Degenhart は、そこから、社会的に相当なリスクは受忍されるべしという命題を引き出し、社会的に相当なリスクとは何かを問い、技術的文明的リスクは社会的に相当なものとして受忍すべし、とする。そして、Degenhart によれば、社会的に相当なリスクは「危険」ではなく、その受忍を義務づけられたとしても、それは基本権侵害ではない、とされる。技術的・文明的リスクは時代や場所によって異なるから、基本権保護の度合いは、その時々の技術の状況に応じ変わってくることになる。すなわち、「技術的・文明的発展から新たな形態の基本権リスクが生じることを考慮しなければならない」[20]。自動車普及以前と普及以後とでは、自動車事故のリスクを受容すべきどうかも変わってくる、といったことがその例になろうか。カルカー決定は、原子力法が「科学技術の水準」という概括的な基準を設けることで、科学技術の進展・新たな知見の獲得に伴い、その時々の科学技術の水準に応じた動態的基本権保護について述べているが、保護の水準は実践的に排除されていることであって、技術状況に応じて保護の水準が高くなったり低くなったりすることはない。むしろ、科学技術の発展に伴い、保護の度合いが強くなることがイメージされていたのではないか。Degenhart は、技術状況に応じ保護の水準が変わってくる——当然低くなることもある——という別の意味に動態的基本権保護の内容を変えてしまったわけである。

この点が批判されるところで、Hermes は、動態的基本保護を逆のものに

---

19) Murswiek, Handwörterbuch des Umweltrecht. 2, S.1723.
20) Degenhart, Kernenergierecht, 1981, S.148 註21

第1章　総　論

転換してしまうものと評した上で、技術の発展を憲法の上に置くこととなり、技術リスクが大きければ大きいほど保護請求は小さくなってしまう、と批判している[21]。Murswiek は、技術の発展が幸運にも一般的リスクの減少をもたらす場合にのみ、法的保護請求権が大きくなるにすぎないと批判する。Degenhart のような論法だと、動態的基本権保護は違憲とされなければならない、と述べている。技術的・文明的発展の規範力を通じた憲法の規範的力の駆逐の根拠づけになってしまっているからである[22]。確かに、なぜ、基本権保護の度合いが技術状況に規定されるのか、事実命題としてであればともかく、規範命題としては理由が不明である。

　Degenhart の議論は、原子力に限定ものであったが、これを、状況拘束性というより一般的な議論に「昇華」させたのが、Schmidt-Aßmann である。すなわち、Schmidt-Aßmann は、「受忍できる打撃と基本権侵害の限界を規定するのは、個々人がその人格と共に置かれているところの空間の状況、その既存の負荷若しくはその特別な利点にもかかっている。2条2項——基本法2条2項の人の生命・身体に関する条項のこと（引用者注）——の尺度は、特定の空間の状況との結びつきによって把握可能となる」という[23]。個々人が置かれた社会的・地域的状況等によって、憲法上の保護の内容が変わってくる、ということである。ある個人が置かれた社会的・地域的状況が、相対的にリスクの大きなものであれば、当該個人が憲法上請求できる保護は、他の相対的にリスクの小さな社会的・地域的状況に置かれた人よりも低い水準にとどまることになる。

　Schmidt-Aßmann のこの理論は、土地所有権の状況拘束性のアナロギーとして、基本権の状況拘束性を語るものである。土地所有権の状況拘束性とは、土地所有権に対する制約につき、地域の特性に照らして通常人がとるであろう行為を基準として、外在的制約と内在的制約とを区別する考え方である[24]。

---

21) Hermes, Das Grundrecht auf Schutz von Leben und Gesundheit, S.148f.
22) Murswiek, Die Staatliche Verantwortung für die Risiken der Technik, 1985, S.149.
23) Schmidt-Aßmann, Anwendungsprobleme des Art.2 Abs.2GG im Immissionsschtzrecht, AöR 1981, S.214
24) 遠藤博也『実定行政法』（有斐閣、1989）249頁。より詳細には、同『計画行政法』（学

所有権は、社会的拘束のもとに置かれるものとされ、状況拘束に基づく制約は、内在的制約として補償不要とされてきた。しかし、所有権は社会的義務のもとに置かれるが、生命・身体を含む基本権一般が社会的義務を伴うものではない。「既存の負荷も将来の状況拘束性にも、受忍すべき打撃の正当化としての憲法的意義は与えられない。……生命・健康は社会化できないし、基本法2条2項は、社会的義務の枠内での法律による内容規定を許容しない」[25)]とされることには理由がある。

3　残存リスク許容の論理2──公益・基本権

2(4)で見た議論によれば、何をもって許容するべき残存リスクとするかは、利益衡量等の作業を経て初めて結論を出せるのであって、残存リスクの性質規定から判断することはできない、ということになる。では、何と何を衡量するのか。

(1)　事業者の基本権

まず考えられるのは、事業者の基本権（営業の自由等）である。Kramerは、「基本権から憲法上の保護義務が生じ、原子力の重大な危険に鑑みかすかな蓋然性も考慮されなければならないという連邦憲法裁判所の立場からすると、問題となるのは、保護義務が拡張する限界はどこまでか、ということになる」[26)]と述べ、その上で、原子力法7条2項の憲法適合性審査に当たり、残存リスクとして受容すべきかに関する決定の基底に置かれるのは、申請者の基本権を危険にさらされる市民の基本権と衡量することである旨述べる。そして、危険に曝される市民の基本権に優位が与えられるのであるが、「それにも拘わらず損害発生の蓋然性が小さいために秤が申請者の基本権の方に傾くのは具体的にどのような場合か」という問いを立てる。Kramerによれば、この転換点の彼岸においては、さらなるリスク配慮は不要なのであるが、

陽書房、1976）210頁以下。
25) Hermes, Das Grundrecht auf Schutz von Leben und Gesundheit, S.242-243.
26) Kramer, Die nach dem Atomgesetz erforderliche Schadensvorsorge als Grindrechtsproblem, NJW 1981, S.361.

第1章　総　論

「この点が実践理性という境界に相当し、従って、損害事象の発生が実践的に排除されている場合には、さらなる事前配慮措置は問題とならなくなる」のだとする[27]。

　実践的に排除された後に残るリスクを残存リスクとする点ではカルカー決定と同じであるが、カルカー決定が、実践的に排除されているから受容すべきだという論理であるのに対し、Kramer の場合は、利益衡量のゆえに損害発生が実践的に排除されていることが要請されるのだ、という論理になっている点で異なる。

(2)　公益・基本権

　Kramer は、カルカー決定の理解として、事業者の基本権と保護されるべき基本権との利益衡量の結果残存リスクの受容が憲法上正当化されるとするのであるが、しかし、同じく連邦憲法裁判所のミュールハイム・ケールリッヒ決定は、公益のための一定のリスクの受容に係る憲法的適合性について述べている。すなわち、同決定は、「原子力発電所が、そこに内在する巨大な潜在的危険にも拘らず、エネルギー供給という公益のために許可されるなら、それが意味するのは、第三者の身体の不可侵性を、自らが影響を与えることができず回避することもできないような危殆化に曝すということである」と述べている。公益としてのエネルギー供給を、生命・健康といった基本権的利益に対するリスクを受容させる正当化原因として言及しているのである。この前の部分では、「これにより――国家が原子力エネルギーの利用を実体法的・手続法的諸条件による許可に掛からしめていること（引用者注）――同時に、公共的利益の考慮の下で、危険に曝される市民の基本権的地位と事業者との調整をするという課題を果たすことができる」とも述べているので、基本権保護義務と（事業者の）自由権的基本権、公益とが利益調整の中に取り込まれることになろう[28]。

---

27) Kramer, NJW 1981, S.362.
28) BVerfGE 53,30, Para. 53. もっとも、上記引用部分に続く個所で、「これにより、国家はこの危殆化に対して自らの固有の共同責任を引き受ける。従って、原子力発電所の許可のための実体法的・手続法的規定の憲法判断に当たっては、その基準は、国家による侵害法律の審査の場合よりも厳格さに劣るようなものであってはならないことが要請され

4 基本権保護義務とリスク・残存リスク

　Roßnagel は、「どれほど安全なら十分安全か」という問題は、憲法レベルにおいて完結的に答えることはできない、としつつ、「憲法は、3つの目的規定、すなわち、①危険防除とリスク最小化、②生存配慮、③技術利用者の基本権の顧慮の比例的な整序を要請する」と述べている。①〜③はいずれも憲法的要請（①は基本権保護義務、②は社会国家原理、③は防御権的基本権）であるので、①だけが他を排除して貫徹を要求するというわけにはいかず、リスクの受容（受忍）を強いられても仕方がない場合があり得、それは、カルカー決定がいうような残存リスクには該当しないリスク（実践的に損害発生が排除されていないようなリスク）でもあり得る。しかし、公益に資することもない巨大なリスクをはらむ技術施設等の場合には、カルカー決定のいうような残存リスクも許されない、という判断に至ることもあり得る。

4　小　括

　残存リスクという概念の理解には、損害発生が実践的に排除されているがそれでもなお残るリスクというものと、何らかの考慮（利益衡量等）の結果一定のリスクが排除された後になお残るリスクという2つがある。前者の理解をする場合、残存リスクは残存リスクであるがゆえに許容されるべきであると考えられるのに対し、後者の場合では、許容されるリスクをただ残存リスクと呼ぶにすぎないと考えることになる。カルカー決定は前者の立場に立つところ、残存リスクがなぜ受容されるべきなのかに関するその根拠（実践的に排除、人間の認識可能性の限界、技術の禁止）については、さまざまな疑問・批判が投げかけられ、必ずしも納得が得られているわけではない。後者の立場だと、基本権保護義務の他に、社会国家原理（生存配慮）、事業者の基本権が技術システムのリスクをどの程度許容すべきかに関する国家決定において考慮事項となり、これらの利益衡量により、どこからが法的に許容される残存リスクかが決定される。カルカー決定に示唆を得て技術的・文明的

る」としつつ、その基準が判例のようである限り、すなわち、実践的に排除されているかどうかというカルカー決定の基準のようである限り、憲法上の疑義はない、と述べている。

第1章　総　論

リスクは受容すべきであるという主張、さらに、所有権の状況拘束性の考え方を基本権保護一般に拡張して、受容すべきリスクを社会的・地域的状況に応じて規定しようとする立場が登場したが、一般の賛同を得るには至らなかった。

さて、Hermes は、Roßnagel のいうような憲法の要請としての整序を、比例原則の下で行われるべしと主張するのであるが、これは、国家が基本権保護義務に違反していないかどうかの判断全般の審査基準とも関わる。そこで、基本権保護義務違反に関する審査のあり方について、次節で紹介・検討する。

V　基本権保護義務に関する司法審査
——特に過少禁止的比例原則

1　明白性審査

連邦憲法裁判所は、明白性審査によることが多い。これは、①保護対策がそもそも不存在の場合、②保護対策が存在するけれども明白に不適合、不十分な場合、③保護目標が明白に不十分な場合に、基本権保護義務違反とするものである。基本権保護のために何がしかのことをしていれば保護義務違反とは判断されないので、連邦憲法裁判所が保護義務違反を認定したことは、基本的にはない。

2　比例原則

(1)　比例原則による審査

先述したように、Hermes は、比例原則による諸利益の整序を主張するのであるが、これによると、以下のように①〜④の基準で審査される[29]。

　①　前提問題　　生命・健康への侵害（Beeinträchtigungen）の甘受を正当化する目的・企図が2条2項以外の他の基本法規定に照らして合憲か。

---

29) Hermes, Das Grundrecht auf Schutz von Leben und Gesundheit, S.253.

② 第1段階　基本法2条2項の保護法益への侵害が、対抗する地位の実現に適合的か。
③ 第2段階　生命・健康に対する侵害の許容ないし甘受が、対抗する地位を妥当させるために必要か。すなわち、対抗する利益を保持し、かつ、生命・健康をまったく侵害しないもしくは侵害の度合いが小さいような他の選択肢が欠けているか。
④ 第3段階　生命・健康と対抗する地位の間に適正な比例性が存するか。

上記基準による審査の結果がどうなるかは、具体の事情等に依存しているので一般的には答えられない[30]のは当然として、不確実性を伴うことがしばしばなので、判断が難しい。Hermesの挙げるところによれば[31]、例えば、原子力エネルギーがエネルギー供給の安定に資するのは確かだとしても、経済成長や完全雇用の達成に適合的かどうかは疑わしい（第2段階）。エネルギー需要に関する経済的・技術的予測、原子力エネルギーの国民経済的収益、生命・健康への危険がないかより小さい他のエネルギー構想は、第2段階の審査に当たって直面する不確定性である。Hermesは、これらの不確定性のため、国家機関には、評価大権・予測余地といった概念で性格づけられるところの形成の自由が開かれ、これは基本権保護の場合にも妥当する、としている。第3段階の審査は、評価的性格を有するため、小さな範囲でしか一般的に妥当する基準として機能しない。Hermesは、国家が第三者である人間の死を受忍しようとする場合、「たんなる」健康損害の場合よりも重要な正当化根拠が必要であるとか、絶対的公益と相対的公益との区別等々の留意点を挙げるが、結局のところは、それにとどまっているともいえる。

(2)　比例原則の問題か

比例原則は、自由を侵害する国家行為に対する違法性審査の手段である。つまり、比例原則は、自由権的基本権に対する侵害が過剰な規制であるために違憲・違法となるか否かに関する審査手段であって、基本権保護が過少で

---

30) Hermes, Das Grundrecht auf Schutz von Leben und Gesundheit, S.257.
31) Hermes, Das Grundrecht auf Schutz von Leben und Gesundheit, S.254.

あるために違憲となるか否かに関する審査の手段ではない[32]。したがって、Roßnagelのいう3つの憲法的要請の整序は、これとは別の審査手段が（比例原則と並んで）担うべきであるということになる。

3　過少禁止的比例原則

そこで、基本権保護義務違反の有無の審査のための手段としてCalliesによって提唱されたのが、従来の比例原則を基本権保護義務の側から反転させたものである[33]。従来の比例原則が過剰禁止のための審査方法であることから、過少禁止的比例原則と呼ぶこととする。

(1) 過少禁止的比例原則の内容

過少禁止的比例原則によると、以下のような段階を踏んだ審査がなされる。

① 前提問題　私人の活動によって侵害される、それぞれの基本権によって保護されている法益に関して、そもそも国家の保護構想（Schutzkonzept）が存在するか。

② 第1段階（適合性）　これが肯定された場合、この保護構想は、それぞれの基本権によって保護された法益を効果的に保護するのに適合的か。

③ 第2段階（保護の最大性）　これが肯定された場合、既に妥当している保護構想よりも第三者の権利を強く侵害したり公益を強く害したりすることがなく、しかも、既存の保護構想に比べてより効果的な保護ができるような保護構想が存するか。

④ 第3段階（相当性）　これが肯定された場合、この保護は対抗する法益の考慮のもとで相当（angemessen）か。この場合、妥当する保護構

---

32) この点については、すでに別稿（桑原「環境法における比例原則」高橋信隆ほか編著『環境保全の法と理論』〔北海道大学出版会、2014〕89頁以下）で述べたので、再論しない。

33) Callies, Rechtsstaat und Umweltsstaat, 2001, S.460ff. 邦語文献としては、桑原・前掲（注1）273頁以下。なお、Callies自身は、過少禁止的比例原則という呼称をしていない。また、本稿筆者も、始めは、自由規制をチェックするための比例原則に対抗して、基本権保護義務違反にならないかどうかをチェックするための類似原則として、逆比例原則と呼んでいたことがある。

想の後もなお残る、基本権保護法益に対する危険とリスクは、競合する私益および公益との衡量のもとで、受忍可能かどうかが審査される。

(2) 過少禁止的比例原則の特徴

過基本権保護義務は保護のための作為を国家に求めるため、作為＝保護構想が存しなければ事が始まらない。そこで、保護構想の存否が過少禁止的比例原則の前提問題となる（比例原則の場合は、前提問題は、国家の作為がそもそも違憲でないことであった。過剰禁止的比例原則は、国家の不作為を要求する自由権的基本権を守るための審査手段なので、国家が何もしなければ原則として比例原則違反になることはない）。この点が１つの特徴である。基本権利益に対するリスクが存することが懸念されているにもかかわらず何の対策もとられていないとすると、前提問題となる審査をクリアできず、違憲・違法と評価される。懸念がどの程度の場合に保護構想が制定されなければならないかは、基本権保護義務の憲法的拘束力をどのように理解するかに大きくかかっている。

次に、すでに存する保護構想が基本権的利益の保護に役立たない場合は違憲・違法とされること（第１段階）はある意味当然として、伴うリスクが保護構想により現在許容されている技術システムよりも小さい技術システムにより、同等の私益・公益が実現できる場合には、既存の保護構想は違憲・違法と評価される（代替性審査・必要性審査が行われるべきであるということ。第２段階）。原子力エネルギーの利用が他のエネルギー源で代替できないかどうか、本当に原子力エネルギーの利用が必要か、といったことが例として挙げられよう。第３段階の審査は、比例原則における第３段階の審査と同様である。

すでに述べたように、一定のリスクを残存リスクとして許容すべきかどうかも、この基準に基づいて判断される。

なお、過少禁止的比例原則に基づく審査が、不確実性に伴う予測等の困難性や評価的側面に由来する限界を抱えていることは、過剰禁止的比例原則に基づく審査の場合と同様である。上記基準を満たしているかどうかには裁量ないし判断余地があるということになる。しかし、保護のための構想ないし

第1章　総　論

対応には、緩やかなものから厳格なものまでさまざまあり得、適合性や保護の最大性の基準を満たしているかどうかの審査・判断に当たっては、なぜ、より厳しい措置をとらないのか、と問うことが求められ、これに合理的な理由をもって答えられない場合には過少禁止的比例原則違反の判断がされることが考えられる。こうすることで、裁判所による審査がある程度容易になり、国の裁量・判断余地の統制に資すると思われる。以下に、保護のための構想ないし対応を類型化して示しておく[34]。基本的には、(a)から(g)へと緩やかなものから厳格なものになっていく。

(a) トライアル・アンド・エラー
(b) 知識創出・収集　　調査・研究
(c) ソフトな手法　　行政指導、自主的取組の促進等
(d) 可能な限りのリスク削減　　BAT、必要性・不可欠性審査
(e) 立証責任　　危険でないことの立証責任をリスク惹起者に賦課
(f) 実体要件組み込み　　不確実性の程度、予期される被害の性質・大きさ等を規制要件に組み込む。
(g) （絶対的）禁止

VI　全体のまとめ

最後に、簡単に全体をまとめておく。国家の基本権保護義務は、根拠はさまざまだがドイツの判例・学説により一致して認められており、危険防除だけでなくリスク配慮が基本権保護義務からは要請されるという点についても、広く認められている。判例上、残存リスクは許容されるべきものとされるが、諸利益の較量の結果でしかないという見解も有力であった。基本権保護義務違反の有無についての司法審査や、諸利益の較量の結果何が残存リスクとして許容されるのかの判断については、明白性審査や比例原則に基づく審査（判断）のほか、過少禁止的比例原則に基づくべしという有力な見解もある。

---

34) より詳しくは、桑原・前掲（注1）270頁以下参照。なお、この類型化は、ドイツでそのような議論がされているというわけではないので、留意されたい。

リスク責任と経済分析

京都大学教授 西内 康人

I はじめに

　リスクと責任という問題について、わたし（西内）に与えられた役割は法の経済分析の観点からこういった問題をどう評価するかを分析することである。本稿ではそうしたリスクと責任に関わる一場面である環境責任に関する具体的問題とこの基礎となる抽象的な問題につき、経済分析でどのような特徴があると考えられているのか紹介することを1つの軸としたい。つまり抽象化していえば、加害者・被害者が多数にわたること、加害と被害との時間的間隔が大きいこと、リスクの性質が加害時点どころか被害時点でも明確でない場面があること、これらの特徴を持つ責任につき、経済分析上、特殊なことはあるのか、という問題を扱う。そして、これらをみていく上では、より一般的、基礎理論的な問題（過失責任・厳格責任の差）から、中間的な解像度の問題（厳格責任特有の問題）、解像度の高い各論的な問題（環境責任に即して論じられている問題）という形で、論を展開することにしたい。こうした作業を踏まえて、より現代的なリスクとの関係でそうした経済分析を応用し、経済分析が役立つことの一端を示すことにしたい。
　具体的に以下では、次のように論じる。次のIIでは過失責任・厳格責任の一般的な違いを取り上げる。IIIでは厳格責任に特有の問題をいくつか取り上げる。IVでは環境責任の問題として検討されている特徴的な事項を取り上げ

第 1 章　総　論

る。Ⅴではこうした議論と整合的な議論の 1 つとして、Society 5.0[1]に関するリスクをどのように処理するべきかについての稲谷龍彦の議論[2]を紹介し、以上の分析に広く応用可能性であることを示す。Ⅵで若干のまとめを行う。

　なお、2 点断っておきたい。

　第 1 に、解像度の高い各論的問題として議論する「環境責任の諸相」から得られる知見は、環境責任のみに当てはまるわけではない。そうではなく、環境責任の背景として典型的に生じる特徴につき、これに該当する議論を集めているだけである。だからこそ、そこで論じられている特徴が別の場面でも認められるなら、別の場面にも当てはまる。たとえば、Ⅳ 1 でみる特徴は因果関係が不明となりやすいというものだが、近年のアスベスト問題などこうした特徴が現れる問題領域がある。Ⅳ 3 で論じる加害行為・被害発生時のズレと過失でも同様の問題がある。こういった意味で、基礎理論や中間的問題の特殊問題を扱っているにすぎず、未知で大規模なリスクにつき一般的に当てはまる議論を多く含んでいることにつき、注意を促しておきたい。

　第 2 に、リスクのうち確率が確定できる場合とそうでない場合を区別して、後者を不確実性とする議論[3]に本稿では一応従っておく一方で、そもそもこれを区別するためには確率とは何かを議論する必要があるが、この点に深くは立ち入らない[4]。

1）Society 5.0 とは「サイバー空間（仮想空間）とフィジカル空間（現実世界）を高度に融合させたシステムにより、経済発展と社会的課題の解決を両立する、人間中心の社会（Society）」のことである（内閣府でこれを解説するホームページ（https://www8.cao.go.jp/cstp/society5_0/）（2024 年 7 月 8 日閲覧）を参照）。
2）稲谷龍彦＝プラットフォームビジネス研究会「Society5.0 における新しいガバナンスシステムとサンクションの役割（上）」法時 94 巻 3 号（2023）98 頁。
3）稲谷ほか・前掲（注 2）99 頁が引用する Knight の議論を参照。
4）確率についてのわかりやすいテキストとして、ダレル・P. ロウボトム（佐竹佑介訳）『現代哲学のキーコンセプト　確率』（岩波書店、2019）を参照。私自身は、同書 71 頁〜87 頁で紹介される信念に客観的制限を加える客観的ベイズ主義（これは、同書 1 頁〜12 頁でいう情報ベースの確率理解だが、同書 73 頁がいうように世界ベースの証拠によって制約される）に従っており、ここでいう不確実性の源泉は利用可能な情報の制約にあると理解している。そして、この理解に立つ場合、同書 83 頁〜87 頁で論じられている無差別の原理（ないし不充足理由律）を拡張した最大エントロピーの原理により、分割不可能な結果相互間では等確率であるとして不確実性下でも確率を割り振ることが可能であるという意味で、不確実性を区別する必要はない（無差別の原理によるこうした帰結

II　過失責任・厳格責任の基礎知識

　法の経済分析では、一方で、結果回避義務違反により被害者の損害を賠償すべき過失責任と、こういった義務違反がなくても被害者の損害を賠償すべき厳格責任が対比される。ここには、概説すると次のような特徴がある。

1　過失責任と厳格責任の基本メカニズム

　まず、どちらも、理想的な状況であれば最適な注意を招くが、このメカニズムは異なる。

　過失責任では、いわゆるハンドの公式やこの修正版を用いて、結果回避義務設定によって得られる被害者の利益からこの義務を設定することによる加害者の不利益を控除する形で計算される社会的利益を最も大きくする場面に結果回避義務を設定した上で、この順守は責任なし、不順守は責任ありという形での区分けを行う。これに対して、厳格責任では、被害者の不利益を加害者に内部化させることで、加害者が一定の結果回避行動をとること・とらないことによるメリット・デメリットを同じ人に帰属させ、最も社会的利益の大きい結果回避行動を促している。

2　過剰賠償・過小賠償への耐性

　こうした特徴を持つ過失責任は、厳格責任をベースラインとして考えると、無過失の場合、つまり、結果回避義務を順守した場合に損害賠償額に相当する額の補助金を得ているとの特徴を持つ。結果回避義務を順守すると責任を免れるという利益が大きいからこそ、結果回避義務を順守して行動することが動機づけられるわけである。このため、無過失の場合と過失の場合との利

と、分割不可能な結果を切り分ける際の恣意性の問題点は、同書30頁〜40頁のほか、佐藤真行「予防原則、オプション価格、費用便益分析」植田和弘＝大塚直監修『環境リスク管理と予防原則』〔有斐閣、2010〕228頁〜229頁と同注2を参照。また、確率を割り振れる場合でも、不確実性のある場面では人間の意思決定に影響があることにつき、後掲（注42）と付随する本文を参照。

第1章 総　論

益状態の差は、厳格責任よりも大きくなる。したがって、過小賠償や過剰賠償の場合でも、──極端な過小賠償でない限り──過失責任なら加害者は結果回避義務を守るように誘導される。たとえば、自転車において30キロ以下で走れば過失なしと評価されるという仮設例を考えると、賠償額が3倍・4倍と大きくなっても、30キロ以下で走れば賠償責任がないのなら、賠償額の増加だけで自転車のスピードを過剰に落としたり、自転車運転を控えたりという理由にはならない（もちろん、後述する裁判所のエラーの可能性という問題はあり、この限りで過剰な賠償額は問題を生じさせるのだが）。

　これと異なり、厳格責任は、加害者に損害賠償を通じて費用を内部化させようとすることにより加害者に最適行動の動機づけを与えようとするものであるので、損害賠償を通じて内部化させる費用部分にミスがあると、つまり、過剰賠償や過小賠償が生じると、非効率な行動をとることになる。たとえば、実質的に厳格責任に近い自動車事故賠償につき、保険が使えない状態で賠償額が3倍・4倍になったとすれば、運転者は過剰に注意をするようになるか、あるいは、そもそも自動車を利用しなくなるだろう。

3　結果回避義務の基礎となる認識や情報

　次に、認識や情報の問題を考えると、過失責任で重要なのは裁判所に結果回避義務の基礎となる認識や情報が集まるか否かである。つまり、社会的利益を最大化する結果回避義務やこの違反の設定につき、裁判所に必要な情報が集まらず、エラーが生じ得るなら、加害者の行動もこれに沿って変化する。たとえば、先の自転車の例で、裁判所が誤って20キロが最適な速度だと認定してしまうと、これに従って20キロ以下で走るように加害者は誘導されてしまう。あるいは、30キロで走っているのに誤って35キロで走っていたと認定される場合があるとすると、このような認定エラーにより責任を負うことを恐れて、25キロ・20キロなど裁判所の認定エラーを考慮しても大丈夫な速度で自転車を運転するようになるかもしれない。

　こうした裁判所の認識や情報に関するエラーは、厳格責任では回避できる。というのは、社会的利益最大化の計算を加害者に行わせることで、加害者行

動を誘導することが厳格責任の特徴だからである。

　ただ、社会的利益最大化の計算を加害者に行わせる以上、加害者に計算エラーがあると、厳格責任では問題が生じてしまう。たとえば、自動車で事故を起こす可能性につき、楽観主義バイアスや自信過剰バイアスの影響を受けて事故確率を加害者が過小に見積もったとしよう。この場合、加害者は内部化される被害者費用を低く見積もりすぎてしまうので、自動車運転につき過少な注意や、自動車の過剰な利用が導かれることになる。また、企業の責任を考える場合にも、たとえば、大企業と中小企業ではそうした情報収集や情報分析の能力には差があるとも考えられ、エラーの大きな当事者が混じる可能性がある。

　こういった厳格責任・過失責任の特徴の差は、別の言葉でいえば、加害者の行動基準として、利益不利益を自ら計算させたほうが良い結果となると考えられるのか（厳格責任）、それとも、裁判所に情報を集約して結果回避義務という形で対外的に示させる義務内容を加害者に学ばせるほうが良い結果となるのか（過失責任）、という問題である。そして、裁判所に一定の情報を集めて義務設定や違反認定をさせることに意味があると考えられるなら、過失責任にも意味があることになる。たとえば、会社法ではこういった過失の機能を考慮した上で、訴訟の積極的な理由づけを図ろうとするものがある[5]。

III　厳格責任の諸相

　以上を前提に、厳格責任について特有の問題として、ここでは、環境責任を念頭に厳格責任の特性が関係しそうな問題として、次の3つを取り上げよう。第1にリスク回避傾向、第2に共同不法行為、第3に損害論である。

---

[5] このような裁判所による基準形成の点に注目するわが国の論考として、簡潔に示されたものとしては、髙橋陽一「グループ経営の規律づけにおける多重代表訴訟制度の役割」私法78号（2016）184頁がある（法規範形成機能という名称が用いられている）。

第 1 章　総　論

1　リスク回避傾向

　企業が損害保険を購入することに表れているように、企業がリスク回避的行動をとっているかのようにみえることは 1 つの問題である。というのは、企業は、特に上場企業は、ポートフォリオとして株式が分散保有されている結果として、また、そうした株主が会社の行動を究極的には決めるのだから、リスク中立的と考えられているからである[6]。企業がリスク回避的行動をとる原因にはさまざまな説明があるが[7]、企業がリスク回避的であるかのような行動をとることについては議論の前提としてよいように思われる。とりわけ、日本企業のリスク回避傾向には未積立ての企業年金と関係した制度的要因があり、他国の企業に比べて高い傾向があるとされている[8]。

　では、このように、企業を含めてリスク回避的であることが厳格責任とどのように関係するか。この問題と関係する知見として、少なくとも厳格責任において潜在的に多くの損害賠償額に直面する当事者は、損害保険がないと、過剰な注意をすること、また、社会的観点から望ましい水準より少ない行動しかしないこと、これらが知られている[9]。この結果は、過失責任の場合と

---

6) FRANK H. EASTERBROOK & DANIEL R. FISHEL, THE ECONOMIC STRUCTURE OF CORPORATE LAW 43-44, 119-124 (1991).
7) 1 つの説明は債権者である。すなわち、倒産における債権者保護が強いと、企業のリスクテイクを低下させるという研究がある（Acharya, Viral V., Yakov Amihud, & Lubomir Litov, *Creditor Rights and Corporate Risk-Taking*, 102 J. FIN. ECON. 150-166 (2011)）。関連して、日本企業がリスク回避的であることについては、退職給付にかかる負債が影響を与えているのではないかという研究がある（野間幹晴「なぜ、日本企業はリスク回避的なのか？」(https://www.hit-u.ac.jp/hq-mag/research_issues/430_20210701/)（2024 年 7 月 8 日閲覧））。また、会社債権者のうち、会社に関係特殊的投資を行う経営者や従業員はポートフォリオのように分散投資ができないから、リスク回避的行動をとるという可能性に注目する研究もある（Easterbrook & Fishel, *supra* note 6, at 29-30）。この他の議論の概観として、Gerhard Wagner, *Tort Law and Liability Insurance, in* TORT LAW AND ECONOMICS 379 (Michael Faure ed., 2009) を参照。
8) 野間幹晴『退職給付に係る負債と企業行動』（中央経済社、2020）。
　なお、「責任回避行動」という文脈だが、樋口範雄『アメリカ人が驚く日本法』（商事法務、2021）65頁〜66頁では、他企業の貸付が焦げついた場合に担当者等の責任が明確化することを恐れて損失を現実化させる処理を拒む日本企業の実務傾向が紹介されており、こうした日本企業の文化も損失回避傾向を示す企業行動の一因かもしれない。
9) Wagner, *supra* note 7, at 379-380; STEVEN SHAVELL, ECONOMIC ANALYSIS OF LAW 209-210

は対照的であり、過失責任ではリスク回避的だったとしても過剰注意・過小行動の問題は原則生じない[10]（ただし、過失責任でも適切な注意水準の周辺で過失ありと確率的に判断され得る場面を認めるなら〔たとえば、裁判所のエラー、行為者の行動ミス〕、過剰注意・過小行動の問題が生じ得る。この点は後述のⅣ3も参照）。たとえば、製造物責任について厳格責任化されたとすれば、安全性を高めるための措置が過剰になるか（過剰注意）、あるいは、そもそも危険性のある製品を――医薬品の副作用を効能が上回るように投入が社会的に有用でも――社会に投入しなくなる（過少行動）ということである。そして、こうしたリスク回避傾向による過剰注意・過少行動の問題は、リスクが確率的にも計算しづらい場合、特に危険の規模や確率が未知のリスクについては、特に大きくなるだろう。こうしたリスク回避傾向からくる厳格責任の問題を解決するため、製造物責任における開発危険の抗弁のような過失責任的部分を残すか、あるいは、保険の提供が重要となる。

他方で、過失責任の場合でも厳格責任の場合でも、行為時と損害発生時にかなりの時間的なズレがあるときには、有限責任と絡んで保険を掛けるインセンティブがないまま過小注意や過剰行動の問題をもたらす可能性がある[11]。すなわち、たとえば、株式会社において低水準の注意による注意費用節約や無保険による保険料節約により実現される高い利益を配当した後に、損害が実現した段階では倒産する、ということが株主利益にかなう戦略となる可能性があるわけである。言い換えると、利益が生じるタイミングと損害賠償費用という費用が生じるタイミングのズレを利用して、倒産手続を通じて後者の損害賠償費用を他者に転嫁しつつ、前者の利益のみを獲得する戦略である。この解決策として強制保険がある。つまり、将来の損害賠償費用を保険料という形で利益が生じるタイミングと一致させるという方策である。しかし、後述のように訴訟時が保険期間に入っていなければならないという保険契約

(1987) 参照。日本語文献としてはスティーブン・シャベル（田中亘＝飯田高訳）『法と経済学』（日本経済新聞出版社、2010）297頁参照。
10) シャベル・前掲（注9）297頁。
11) Wagner, *supra* note 7, at 395-397.

になっている場合には結局無保険となり、上記のような戦略が復活してしまうことが懸念されている[12]。

2 共同不法行為

　共同不法行為において厳格責任を採用した場合、過小抑止の問題が生じることが示されている[13]。この直観的なロジックとしては、自分が限界的 marginal に増加させた損害の一部を他の共同不法行為者に転嫁できる場合があることである。たとえば、ある汚染物質につき排出割合に応じて責任を課すが損害の量は排出総量の二乗に比例するという場合を考える。仮にある汚染物質につき10の排出量が最適だとして、加害者ABCは10ずつ排出したとすると、損害の総量は900（30の二乗）であり、各人が300ずつ負担することになる。ここで、Cは20の排出量に変更したとすると、損害の総量は1600（40の二乗）となり、A・Bは400、Cは800の負担に変化する。ここで、排出量を変化させているのはCだけなのに、A・Bも損害の増加分の一部を負担している。このため、Cは自分が限界的に増加させた損害の全部を負担しなくてもよくなる。そして、厳格責任における最適な抑止のために損害を加害者に内部化させる上では、損害の限界的な増加をすべて負担させるべきだから、これより少ない負担量で済む上記の例は、過小抑止の例となってしまうわけである。

　こういった過小抑止の問題は、より一般化することができる[14]。たとえば、厳格責任を徹底させ、求償の場面でも注意の有無を問わないとしよう。つまり、複数の加害者が厳格責任を負う場合に、過失の有無にかかわらず等分で最終責任を負う例を考えよう。たとえば、加害者AとBがおり、1,000の損害を生じさせる事故発生の可能性が、双方不注意だと8％、一方のみ不注意

---

12) Wagner, *supra* note 7, at 397-398.
13) 簡潔には Lewis A. Kornhauser & Richard L. Revesz, *Joint and Several Liability*, in TORT LAW AND ECONOMICS, *supra* note 7 at 122 だが簡潔すぎてわかりにくいので、Lewis A. Kornhauser & Richard L. Revesz, *Sharing Damages among Multiple Tortfeasors*, 98 YALE L. J. 831-884 (1989) を参照したほうがよい。
14) *See*, Shavell, *supra* note 9, at 164-166.

だと7％、双方とも注意すると6％になるとする。そして、注意費用はAが6、Bが8かかるとしよう。この場合、計算は省くが双方注意が最適である。この場合、注意費用は個々の加害者が負担することになるのに対して、この注意から生じる損害減少の利益は複数の加害者間で等分されてしまう。たとえば、Aのみが注意すると、6の費用をかけて損害発生確率を1％下げることになり、損害の期待値を80から70に引き下げることになるが、これによる損害軽減利益10はA・Bへの賠償で等分されてしまい、A自身は5しか享受しない（Aの賠償の期待値は、80の半分である40から、70の半分である35に下がるにすぎない）。この結果、Aは注意しないことになる。Bも同様のロジックで注意しなくなる。なお、この結果を避けるための方策までは書かれていないが、1つの方策として――寄与度を適切に計算した上で――寄与度減責を認めて、個々の加害者が増加させた損害分だけを賠償させるという方策が考えられる。たとえば、上記の例だと、Aのみが注意した場合には、Aの賠償の期待値のみを下げる方向で寄与度減責をする方向、つまり、自分が因果的影響を与えていなかった部分に付き減免責を認める民法719条1項後段型の問題処理をする方向が考えられる。

　以上のような賠償額と自分が生じさせた損害額とが合致しなくなる問題は、他の共同不法行為者が無資力であったり保険をかけていなかったりする場合にも生じ得る[15]。そして、この無資力等による問題は、仮に求償を認めても解決しない。この点で、厳格責任において共同不法行為を認めるとしても、上記同様に民法719条1項後段型を中心に考えるべきかもしれない（さらに、これにより、不確実性が減少し、保険が掛けられる可能性も増大する可能性がある[16]）。つまり、寄与度による減免責を、厳格責任では過失責任以上に認めるべきかもしれない、ということである。

---

15) Kenneth S. Abraham, *Environmental Liability and the Limits of Insurance*, 88 Colum. L. Rev. 942, 959-960 (1988).
16) Abraham, *supra* note 15, at 979.

第1章 総　論

3　損害論

　先述の加害者が無資力であることや被害者が訴えないこと、これらにより損害の全部が内部化されないことに起因する過小抑止とも関係するが、抑止のための適切な賠償額と被害者のリスク回避に対応する適切な賠償額ではズレが出ることが指摘されている[17]。たとえば、非財産的損害は、これについて被害者が保険を掛けることが一般的でないことに表れているように、被害者のリスク回避に対応する適切な賠償額という点からは賠償する必要がないが、抑止のためには賠償させるべきである。また、所得税でとられるはずだった分を賠償すべきか否かという損益相殺の問題についても、被害者を不法行為前の状態に戻すというリスク回避の観点からは賠償の必要がないが、加害者によって生じた社会的損害という意味では賠償により加害者に内部化させることが適切な抑止につながる。さらに、懲罰的損害賠償の理由づけとして有力に主張されているように、被害者が訴えないリスクが過小抑止につながるのを防ぐために、被害者の実損よりも大きな賠償額を認めるべきだという主張がある。抑止のための適切な賠償額と被害者のリスク回避に対応する適切な賠償額がズレるというこういった問題につき、日本法ではたとえば、非財産的損害に対する慰謝料や、所得税額の税負担の軽減分の損益相殺からの除外[18]という形で、一定程度抑止に配慮したものとなっている。ただ、懲罰的損害賠償が認められていないように、完全に抑止に配慮しているとはいいがたい。そして、過失責任に比べて厳格責任では過小賠償が過小抑止につながりやすいので、厳格責任を導入する場合には罰金・監督など刑罰的・行政的規制の重要性が増す可能性がある。

　Ⅳで論じる環境責任を念頭においても、人身などに被害が生じ得る場面のみならず、美観や生活環境など一定の非財産的損害が想定されている場合がある。こうした損害については、帰属者の語りづらさ、算定の困難さの他に、以上のような保険のなさ、ひいては完全な賠償と完全な抑止では適切な賠償

---

17)　Shavell, *supra* note 9, at 228-235.
18)　最判昭和45・7・24民集24巻7号1177頁。

額が異なり得ることを意識する必要があろう。

IV　環境責任の諸相

　ここでは、厳格責任・過失責任の特殊問題として環境責任の文脈で論じられている次の４つの問題を取り上げたい。すなわち、因果関係、規制と不法行為責任との関係、加害行為・被害発生時のズレと過失、責任拡張である。
　また、補論として、財産と経営者・受託者との関係をみていく。

1　因果関係

　環境責任では、因果関係が不明である場面を扱うことが多いことから、これを念頭に置いた因果関係の考え方として、一定の証明度を超えると全責任を負担させる方法と、証明度に応じた責任を負担させる方法の、２つの方策が検討されている[19]。厳格責任の場合、自分が生じさせた損害だけを負担させないと過剰抑止になりかねないという問題を前提とすると、後者のほうが適合的ではある。

2　規制と不法行為責任

　規制と不法行為責任との関係について、環境責任では、事前規制の優位性が説かれることが多い[20]。というのは、行政のほうが情報を容易に入手できること、加害者の倒産リスクがあること（一部賠償と同じことになり、したがって、過小抑止になる）、被害者が拡散しているなど責任追及の訴えがされないことによる過小抑止の問題があること、これらの問題があるからである。
　他方で、不法行為責任も排除されるのではなく、重要な役割を果たしている[21]。というのは、環境規制の実効性はエンフォース面に依存しているがこれが弱いこと（つまり、不法行為被害者という金銭的利害がある者とは異なり、

---

19) Michael Faure, *Environmental Liability*, in TORT LAW AND ECONOMICS, *supra* note 7 at 257-258.
20) Faure, *supra* note 19, at 253.
21) Faure, *supra* note 19, at 253-254.

第 1 章　総　論

行政には規制を行う金銭的利益はないこと)、行政的規制はロビイングの影響を受け得ること、行政による事前の基準設定は時代遅れになることがあり事後的な情報も利用できる不法行為を通じた裁判所による規制にも意味があること[22]、こういった点があるからである。

両者の別の関係として、行政的規制の基準の違反や順守は、過失認定に影響するかという問題がある。一方で、違反は直ちに過失となるのが通例であり、この理由として規制は当事者と裁判所の両者に情報を伝達する機能があることから説明される[23]。他方、規制の順守は必ずしも過失がないということにはならず、これは上記の行政的規制の限界(ロビイング、事前規制と事後規制)から導かれる[24]。

3　加害行為・被害発生時のズレと過失

環境責任では、加害の原因となる危険発生から長時間経過してから損害が発生するといった特性があるため、行為時からみて最適な行動と裁判時からみて最適な行動がズレることがあることにより、ある問題が生じる[25]。つまり、この場合、一方で、不法行為の法と経済学上の目的が、損害賠償を課すことによって、裁判の当事者となっていない人も含めて抑止を将来に向けて動機づけるものであることを想起すると、裁判時における最適な行動を基準として裁判するべきである。他方、現実には過失の基準となるのは行為時における最適行動である。また、厳格責任においても、不可抗力の抗弁が認められ得ることで、行為時における行為可能性、期待可能性に一定の配慮がされている(ただし、アメリカ法上、一定の特別法ではこういった抗弁を認めないものがある[26])。このように、ここでは一定の緊張関係が生じている。

これと関連する問題であるが区別されるべきなのは、行為時からみて将来

---

22) *See also*, Louis Kaplow, *Rules Versus Standards: An Economic Analysis*, 42 DUKE LAW JOURNAL 557-629 (1992).
23) Faure, *supra* note 19, at 254.
24) Faure, *supra* note 19, at 254-255.
25) Faure, *supra* note 19, at 261-263.
26) Abraham, *supra* note 15, at 957-959.

の環境変化まで考慮に入れた上で責任を課すことができるかである。この点については、責任を課すことが、将来の環境変化に対する情報取得や技術革新のインセンティブを与えるとして、賛同する見解が有力である[27]。

では、翻ってなぜ過失は行為時を基準とするべきなのかであるが、もしかしたら、裁判所のエラー可能性を考慮した場合には過剰抑止が生じ得るという議論[28]が応用可能かもしれない。すなわち、この議論では、行為時には裁判所が過失についてどのような判断を下すかどうかは確率的にしか予想できず、一方で過失判断につき分散が大きい場合には過小抑止の問題が生じるが（つまり、過失判断につき予想にあまりに幅がありすぎる場合、どのような行動をとっても責任を課せられる可能性も責任を課せられない可能性もあるなら、最適な行動を予測してこれに従って行動する意味が小さくなる）、他方で、この分散が十分に小さいなら逆に過剰抑止の問題が生じるとする（つまり、たとえば、自動車運転で50キロが最適な注意水準だが、45キロから55キロまで速度違反になる基準値に幅があり得るのだとすると、責任を確実に課せられないようにするために45キロで走るのが加害者にとって有利な行動となる。というのは、仮に50キロで走ると過失ありとされる可能性があり、この場合には自動車事故であれば巨額の損害賠償を負う可能性があるので期待値として大きな費用が生じるが、45キロで走り続ける場合には、一方で、速度低下による〔機会〕費用が生じるが、上記の損害賠償による費用の期待値ほどには大きくないからである）。また、この予想で、最適な注意水準よりも裁判所による過失の注意水準設定が一定の方向にズレる傾向があると予想されるなら、この傾向に従って行動するほうがよくなる。そして環境責任での行為時と裁判時の時間的ズレの問題に戻ると、仮に裁判時における最適注意水準を採用するなら、このモデルと同様の状況となる。したがって、過小抑止あるいは過剰抑止の問題が、行為時の注意水準設定という点では生じてしまうわけである。たとえば、裁判所による裁判

---

27) Steven Shavell, *Liability and the Incentive to Obtain Information about Risk*, 21 J. LEGAL STUD. 259-270 (1992).
28) Charles D. Kolstad, Thomas S. Ulen & Gary V. Johnson, *Ex Post Liability for Harm vs. Ex Ante Safety Regulation: Substitutes or Complements?*, 80 AM. ECON. REV. 888-901 (1990).

第1章　総　論

時での過失判断につき分散が小さい、あるいは、技術革新等を通じて行為時よりも厳しい注意水準が設定される傾向があると予想されるなら、行為時の最適注意水準よりも厳格な注意を払う可能性が、つまり、過剰抑止の可能性が高くなってしまうだろう。

なお、過去の行動について行為時ではなく裁判時の最適注意が適用される結果として生じる以上の問題につき、損害保険の分野でも問題が生じ得る[29]。つまり、行為時点で集めていた保険料ではカバーしきれない形で損害賠償義務が生じ得るということである。そして、この問題は損害保険の引受けを不可能にしてしまい、したがって、Ⅲ1で見たようにリスクのある行動についての委縮効を発生・拡大させるという懸念がある[30]。この問題については、不確実性の問題に対処できるように保険料を課すこと、行為時点ではなく訴訟時点を基準にして保険期間を設定すること、などで対処されているようである（ただし、訴訟時点を基準にした保険期間設定は、被保険者の無保険状態を生み出す危険を高める結果として、被保険者が損害賠償によって倒産状態になることを予期して過小注意や過剰行動の問題を引き起こす可能性があることは前述した）。

4　責任拡張

環境責任では多大な責任を負いうることから、たとえば、これがある製造物に起因する場合に一企業では賠償に応じられない可能性がある。ここで、ある製品を生産する過程で環境問題が生じる場合に、この製品の製造者のみならず、購入者（あるいはこの垂直統合者としての親会社等）も責任を負うという形で垂直的に責任を拡張する場合、一方で、製造者の過小資本問題に対処する形で抑止の効果を拡大することができる。つまり、製造者としては、株式会社のように有限責任なら責任財産を少なくして賠償に応じる財産を不十分なものとすることで、自分の負うべき責任を不法行為の賠償額より実質

---

29) Faure, *supra* note 19, at 265.
30) Abraham, *supra* note 15, at 955-976.

的に限定することが可能になる結果、損害の一部が被害者に残ることになり、損害のすべてが内部化されない結果として過小抑止の問題が生じる。この過小抑止の問題について、購入者にも責任を課すことで、購入者からの契約相手の選択やモニタリングを通じて、製造者が過小資本ゆえに過小な注意や過剰な行動をとることを抑止できるというわけである。

他方、こうした責任には3つの非効率も存在している[31]。

第1に、購入者にも過小資本のインセンティブを与えてしまうことである[32]。すなわち、製造者に過小資本のインセンティブを与えるのと同様のメカニズムで、購入者にも過小資本のインセンティブを与えてしまう。この結果、購入者から製造者に働きかけることによる抑止行動が不十分なものになる可能性のみならず、購入者が最適な資本規模で活動することの妨げになる可能性もあるという非効率も生じ得る。

第2に、製造者を通じた製造者と購入者間の組織化を非効率な方向に誘導するインセンティブを与えてしまうことである[33]。すなわち、仮に製造者を通じて、他の購入者と連帯して共同不法行為責任を負うとしよう。この場合、資本が十分にある購入者は、資本不足の製造者や他の購入者と共同して責任を負わないように製造者を選ぶことが自己利益を最大化する。というのは、資本不足の製造者や他の購入者が払いきれない責任が、自分の負担になる可能性が高くなってしまうからである。こういったインセンティブが生じると、製造者を通じた製造者と購入者間の組織化は非効率となり得る。たとえば、資本が十分にある購入者が製造者を垂直統合した場合に、この製造能力に余力があるとしても、この製造者は資本不足の購入者と取引を行って連帯責任を拡大することを望まない可能性がある。こうなると、製造者の製造能力が十分に利用されず、非効率が生じる可能性があるというわけである。

第3に、購入者の側にも早期退出を非効率な形で促すインセンティブが生

---

31) James Boyd & Daniel Ingberman, *The Vertical Extension of Environmental Liability through Chains of Ownership, Contract and Supply*, in THE LAW AND ECONOMICS OF THE ENVIRONMENT 44-70 (Anthony Heyes ed., 2001).
32) Boyd & Ingberman, *supra* note 31, at 48-59.
33) Boyd & Ingberman, *supra* note 31, at 59-61.

第 1 章　総　論

じてしまうことである[34]。すなわち、前提として、製造者が責任を負うとして環境責任のように製造から損害発生に時間がかかる場合、注意費用を押さえたり過剰な生産をしたりして最大化した利益を配当した上で、こういった活動から生じる責任を免れるために早期に解散することが、製造者（の株主）の利益を最大化する。こうした行動は、過小抑止をもたらしているという意味で非効率である。また、こういった解散の場合、仮に事業譲渡なら不法行為責任が事業承継者にも引き継がれる可能性がある以上、仮に事業用財産のばら売りが非効率であったとしてもこれをばら売りすることが、製造者（の株主）の利益を最大化するという意味でも非効率が生じる。そして、これと同じ行動が、購入者にも責任を課すなら、購入者にも生じるというわけである。

5　補論——財産と経営者・受託者

　環境責任と経済分析との関係で、最近興味深い話題を提供しているのが信託の場面である。つまり、受託財産が環境責任の原因となった場合に、受託者は責任を負うのか、という問題である。

　こうした問題を考える上での前提として、一方で、法人の財産から権利侵害が生じた場合、この経営者は自らの過失がない限り、必ずしも責任を負うわけではない。たとえば、株式会社が保有する土地工作物や自動車から権利侵害が生じた場合、この経営者は仮に自らが株式を保有していたとしても、必ずしも責任を負わない。

　他方これと対照的に、信託の受託者は、信託財産から生じる権利侵害について、仮に自らに過失がなかったとしても責任を負う余地がある。たとえば、信託財産として保有する土地工作物や自動車から権利侵害が生じた場合、受託者は所有者として責任を負う余地がある。

　もちろん、こういった受託者の責任は、責任限定信託により信託財産に限定する余地がある。もっとも、不法行為によって生じた債務による責任をこ

---

34) Boyd & Ingberman, *supra* note 31, at 61-65.

うした形で限定できるかどうかについては、信託法の解釈として大きな争いがある[35]。そして、一方で、この争いでは矯正的正義や危険責任の趣旨からこれを説き起こす見解が多い中で、受託者のガバナンス選択の柔軟性や責任限定によるモラルハザードの危険という、法の経済分析とも共通する抑止の観点を入れる見解もある[36]。また、この延長線上で、土壌汚染対策法上の措置命令にかかる費用も、かりに限定責任信託であったとしても、受託者が責任を負い得る[37]。ただ他方で、——わが国とは不法行為法や信託法の形が違うとはいえ——アメリカ法上の信託では、信託財産から生じた不法行為責任につき受託者に過失がない限り受託者は責任を負わないのが原則であり、この理由として受託者の無過失での責任を認めても抑止に役立つことが少ないと観念されているからではないかと分析する見解もある[38]。

V 新たなリスクの一例と分析
―― Society 5.0とリスク、ここへの民事法的対処

　以上の議論を踏まえて、ここでは Society 5.0から生じるリスク、および、これに対する民事法的対処の問題を扱っている稲谷龍彦の議論を紹介したい。
　稲谷の議論の基本線は、従来の統治客体と統治主体との間よりも深刻な問題として顕出する情報の非対称性や「予期することも計算することも不可能なリスク、いわゆる不確実性」[39]を前提に、従来型の行政による事前規制の限界、および、従来型の裁判所による事後規制の限界という制度論的限界を

---

35) 議論状況として道垣内弘人編著『条解信託法』（弘文堂、2017）873頁〜884頁〔加毛明〕参照。
36) 論拠の1つとして提示するにとどまり、受託者が無過失の場合の信託財産への賠償請求可能性、委託者・受益者への賠償請求可能性、付保可能性や、わが国における受託者の大半が信託銀行であるという専門家性も考慮するが、道垣内・前掲（注35）880頁〔加毛〕を参照。
37) 道垣内・前掲（注35）883頁〜884頁〔加毛〕。
38) 樋口範雄『アメリカ信託法ノートII』（弘文堂、2003）286頁。
39)「予期することも計算することも不可能なリスク、いわゆる不確実性」という言葉やこの意味する内容は、稲谷ほか・前掲（注2）97頁を参照。

第1章　総　論

踏まえて、いわゆるアジャイルガバナンスを通じてこうした情報の非対称性の悪影響を低減することを目指すものである。つまり、――本稿の関心はリスクと責任であって、こうした議論の詳細な紹介ではないためやや乱暴なまとめになるが――統治客体や各種ステークホルダーに収集・蓄積・分析される情報を利活用するためにこれらの者を統治主体に組み込む統治の仕組み、ならびに、不確実性によりこうした情報が日々陳腐化することへの対処としてアップデートを継続的に可能にする統治の仕組み、これらが構想されているわけである。

そして、こうした議論の一環として、民事責任の役割も検討されている。

つまり、一方で、過失責任や、――裁判所が望ましい基準を示すという意味でこれに近い――製造物責任法上の欠陥のような瑕疵責任のような枠組みは、上記のような裁判所の制度論的限界により機能しない[40]。こうしたポイントは、本稿のⅡ3で論じた過失責任で必要となる裁判所の情報やこの処理能力に関する議論と接合するものである。

他方で、厳格責任、つまり、過失どころか瑕疵の存在すら問わない危険責任をメーカー等に負わせるべきか否かについては、厳格責任で萎縮効果が生じる可能性が稲谷により指摘される[41]。稲谷の議論は簡潔に結論が述べてあるにすぎず、萎縮効果が生じるメカニズムは明確ではないところがあるが、

---

40) 稲谷の分析と合致するように、自動運転車に関して製造物責任の限界を指摘して、厳格責任、特に製造企業の厳格責任を採用すべきという見解がある（Kenneth S. Abraham & Robert L. Rabin, *Automated Vehicles and Manufacturer Responsibility for Accidents: A New Legal Regime for a New Era*, 105 VA. L. REV. 127 (2019)）。そこでは、レベル4以降の自動運転車（定義は pp. 130-131。いざというときに人がコントロールすることが求められるレベル3までと異なり、いざというときに人がコントロールするという必要すらなくなる段階。レベル4では一定の状況・環境下で人の介在がまったく必要なくなるが、レベル5になるとあらゆる状況・環境で人の介在が必要なくなる）では、合理的な代替設計 (reasonable alternative design) を示すことで設計上の欠陥を証明するというアメリカ法上一般に認められている製造物責任追及方法が使えなくなるだろうと指摘されている（p. 144）。というのは、多くの点で統一的なソフトウェアが基盤となる自動運転車について、合理的な代替設計が何かについて、決定することがますます困難となるだろうからである。また、機械学習の特徴として、トライアルアンドエラーを通じて継続的な改善やアルゴリズムベースの運転操作をアップデートするような形で運行データの蓄積を行うのであって、ここに代替的設計を語ることは難しいからである。

41) 稲谷ほか・前掲（注2）97頁～98頁。

102

こうしたポイントは本稿のⅢ1で述べたことにより補足できる。つまり、抽象的な法人としての企業自体はリスク中立的である理論的可能性はあるが、現実には債権者としてさまざまなステークホルダーがおり、これらが影響を及ぼすことによりリスク回避的であること、ならびに、厳格責任では一定の確率で損害賠償義務が生じるという意味でリスクになること、しかも、不確実性のあるリスクではこうしたリスクへの萎縮効果（過剰注意・過少行動）は大きくなってしまうこと[42]、こうした点が問題となるわけである。

　そして、稲谷はこうした萎縮効果への対処としてリスクに関する調査をすることを免責条件とする厳格責任を構想する[43]。こうした免責条件は、こうした過失責任に近い義務である。裁判所でも認定可能な形で過失責任の範囲を絞り込むことにより上記の制度論的限界に対処するとともに、Ⅲ1でみたように過失責任ではリスク回避傾向の問題を回避・軽減することができるわけであって、こうした過失責任のメリットを組み合わせようとする構想あるとみることができるわけである。また、抑止を不法行為の目的とするとしても、Ⅳ4でみたように行為時と損害発生時がズレる場合には萎縮行動を防ぐ必要性から、行為時に可能であることを基準にすることが正当化されるわけである。ここでは、民事責任には情報生産に関する機能が担わされており、こうして生産された情報は将来に向けて規制を動的にアップデートさせるために、刑事法・行政法を背景とした司法取引での開示・提供が予定される[44]。

---

42) 不確実性が判断に及ぼす回避的影響につき西内康人『消費者契約の経済分析』（有斐閣、2016）57頁〜62頁参照。
43) 稲谷ほか・前掲（注2）102頁。
44) 稲谷ほか・前掲（注2）102頁〜103頁のDPAに関する記述を参照。
　なお、民事責任を中心として論じてきた本稿との関係では、こうした情報の公的な開示・提供は民事責任では実現不可能なのかにつき、論じておく必要があろう。たとえば、民法719条1項後段のような反証可能な責任推定を通じて、反証のための情報が開示・提供されるといった方法である（西内康人「共同不法行為の法と経済学（下）」NBL1237号〔2023〕22頁参照）。ここでは、DPAが機能する上では、捜査の状況に関する訴追者・会社責任者の非対称情報と、会社責任者のリスク回避傾向がまず重要で（これらにより不安を煽って情報開示・提供をさせる）、この他に、訴追者に金銭等を与えて情報の開示・提供なしで事件を終了させることを許さない制度の存在（賄賂罪など）が効いてくると考えられることを指摘しておきたい。これに対し、私法ではこういった情報開示・提供を公的に行わない形での裁判外・裁判上の和解が許されないわけではない

第 1 章　総　論

　以上のように、稲谷の議論は本稿の議論と整合的であって、本稿は稲谷の論述を補強するものである。そして、だからこそ、稲谷の提示する責任の形が唯一の解ではないこと、また、これを改善する余地があること、これらも本稿からは導ける。たとえば、リスク回避傾向が問題なのだとしたら、——リスクの計算や予測が不可能であることが重大な障害となるが[45]——民間の保険で対処できないのか、また、債権者というステークホルダーの存在の行動が影響を与えているのだとすれば公的保険・社会保障などにより破綻時などの債権者への影響を少なくすることでリスク回避的な企業という問題に対処できないか、こういった対案・改善案を考えることができる。さらに、たとえば自動運転車については、過失責任・厳格責任を誰に課すかにより消費者（運転者）と事業者（製造者）の価格決定や購入選択が変化することにより製造者のR&Dに及ぼす影響を考慮しなくてよいか[46]、また、自動運転車

ので、稲谷の構想では刑事法・行政法の枠組みによってこの機能が実現されているわけである（この種の和解がされた場合にも損害は加害者に内部化され、民事責任を通じた抑止のインセンティブは実現される結果、そうした和解を禁じる必要がない）。
45)　前掲（注16）とここに関連する本文を参照。
46)　従来型自動車と自動運転車につき、消費者（運転者）と事業者（製造者）の価格決定や購入選択をモデル化することにより、厳格責任を運転者と製造者の両者に課すほうが過失責任よりも効率的なR&Dのインセンティブと自動運転車への選好を生み出し得るとした分析がある（Alessandro De Chiara et al., *Car Accidents in the Age of Robots*, 68 INT'L REV. L. ECON. 1 (2021))。
　メカニズムをまとめると次のようなものである。すなわち、一方で、厳格責任だと消費者が注意費用と損害賠償費用を支払わねばならない状態を前提として、自動運転車の購入でこれが回避できるからこの費用を上限として自動運転車を購入することになる。このため、損害賠償費用を減少させる利益は製造者に内部化され、これにより最適なR&Dも誘引される。他方で、過失責任だと注意費用さえかければ運転者は責任を免れるのだから、自動運転車の価格の上限は運転者の注意費用だけであり、損害賠償費用が含まれない結果として、この損害賠償費用を減少させる利益を製造者は価格という形で内部化することができない。こうした損害賠償費用を製造者が内部化しないという悪影響はもちろん、運転者に過失責任、製造者に厳格責任を課すことで軽減できる。しかし、この場合も運転者が自動運転車に支払ってもよいと考える額は、注意費用相当額だけである結果、厳格責任の場合よりも製造者は低い価格で自動車を売らざるを得ない。このため、R&Dに対する制約は厳格責任を両者に課す場合より大きくなるほかに、そもそも自動運転車の販売が従来型の車に比べて利益とならない可能性が生じてしまう。
　この分析については、厳格責任化で自動運転車を購入した場合には、運転者は製造者に責任を転嫁できるという前提条件が置かれており、日本の現実にはあまり調和していない点に注意する必要があろう。

同士の衝突のように加害者相互に被害が生じる場合に特殊性がないか[47]、な

[47) 自動運転車同士の衝突につき、国家への厳格責任という特徴的な枠組みを提案するシャベルの見解がある（Steven Shavell, *On the Redesign of Accident Liability for the World of Autonomous Vehicles*, 49 J. LEGAL STUD. 243 (2020)）。

　メカニズムは大要、次のようなものである。すなわち、過失責任では注意水準は規制できても行動水準は規制できないが厳格責任ではこの両者が規制可能であることを前提に、自動運転車ではどれぐらい乗ることが得られる利益とリスク増加との関係で最適かという行動水準の問題こそ重要だとして厳格責任を支持する。その上で、無関係の第三者同士のような自動運転者同士の事故では、それぞれの加害者が相手方の被害分のみならず自分の被害分をも内部化することで最適な行動水準が導かれるのに（このロジックについては後述）、厳格責任をそのまま当てはめると自分の被害分につき賠償を受けることで過少な内部化しか生じないという問題点を指摘し、この賠償を国家に対して行わせるべきだとする。こうした厳格責任の主体としては、運転者にしても製造者にしても、製造者は自動運転車なら走行距離別にリスクに応じた代金を課すことができる結果して、同じ結果になるとする。

　以上のような国家に対して賠償させるべきとの議論は、新規なように思えるが、シャベルの従来の主張にも表れていた（p. 249）。また、賠償されないことへの懸念は保険で対処すべきであり（p. 279）、こうなると損害場内部化されないようにもみえるが、この保険料が走行距離に応じて調整されることで適正な行動水準が導かれるとする（pp. 279-280）。これらとの比較で、シャベルが懸念しているのは事故当事者同士が結託して事故を隠すことにより国に対する賠償の支払を免れようとする懸念だが、これについてはセンサ等により自動的に情報を集める仕組みがとられるべきだとする（pp. 280-281。プライバシーへの懸念は度外視されている）。最後に、こうした分析の拡張可能性については、センサ等で自動的に情報を集められない場面では事故隠しの懸念があるから使いづらいこと、また、自動車同士の事故のように加害者が被害者にもなる場面以外では厳格責任＋過失相殺のほうが良い可能性もあることが指摘されている（p. 282）。

　なお、一番疑問に感じられる点は、国への賠償責任が課されることに加えて、賠償を得られないことにより自らの損害を負担しなければならないという点で、一般的な賠償の場合に比べて各加害者が約2倍の費用を負担することになる点かもしれない（pp. 257-258）。このロジックは、加害者の各人が生じさせている社会的な限界費用は、加害者が共謀など一体として損害を生じさせているのでない限り、被害者に生じた損害分のみならず自らの損害分も含むという点に求められる（*See e.g.*, Aaron S. Edlin & Piner Karaca-Mandic, *The Accident Externality from Driving*, 114 J. POL. ECON. 931, 932 (2006)）。そして、この指摘が正しいのだとすると、加害者が被害者にもなる自動車同士の衝突事故のような場面では、自賠法が定める実質的な厳格責任は過少な損害しか内部化させていない点で過少注意と過大行動のインセンティブを与えるものであり、適正な注意水準や行動水準のインセンティブは実際のところ保険とこの保険料調整（＋刑罰や行政的規制）によって行われているとみるべきなのだろう。

　以上のようなシャベルの分析を、前掲（注46）のようなR&Dへの影響を考慮して拡張したモデルとして日引聡＝新熊隆嘉＝吉田惇「自動車の完全自動運転下における最適な損害賠償ルール」馬奈木俊介編著『社会問題を解決するデジタル技術の最先端』（中央経済社、2023）207頁〜227頁がある。

どの問題がある。こうした点を考慮して対案・改善案を検討する上で、法と経済学による民事責任の問題分析は今後も展開されるべきで、かつ、有効活用されるべきであろう。

VI　おわりに

　以上、さまざまな観点からリスクに関する責任と経済分析との関係につき、議論を紹介し、分析してきた。こうした議論が今後の議論のたたき台となれば幸いである。

謝辞：本研究はJSPS科学研究費JP22K01230、JP22K01205、JP23K22073の助成を受けたものである。

第 2 章
環境・有害物質のリスク

6 公害・環境・原発リスクと不法行為法（拡張版）

早稲田大学教授　大塚　直

I　はじめに

　公害・環境・原発リスクの代表例としては、化学物質汚染（公害）リスク、原発事故リスク、気候変動（ないし生物多様性）リスクを挙げることができる。これらはリスクの性格が異なっており、それとともに、法的対応が異なっている。（大塚・本書「問題提起」論文で触れたように）前二者は、主に（1950年代までの伝統的な不法行為法の形成からの第1の変革期である）第2期（1960年代から1990年代前半まで）、後者は第3期（1990年代後半から現在進行形で変化している）の例ということができよう。

　(1)　化学物質等による汚染すなわち公害は、継続的侵害であり、科学的不確実性が残されていればその扱いが問題となる。古くて新しい課題として、過失の判断が挙げられる。

　因果関係については、損害賠償に関して門前到達説（新潟水俣病第1次訴訟判決〔新潟地判昭和46・9・29判時642号96頁〕）が採用され、事実上の推定（実質的には部分的な証明責任の分配の変更）が行われ、また、疫学的因果関係が活用され（四日市訴訟判決〔津地四日市支判昭和47・7・24判時672号30頁〕

＊私法学会の報告論稿でもあるNBL1272号の論文と重複が多いことについてはお断りしておきたい。

6 公害・環境・原発リスクと不法行為法（拡張版）

等）、原告の証明の困難の緩和が行われた。差止めに関しても、因果関係に関してその証明困難の緩和のために下級審裁判例が一定の方式を採用しており[1]、この点は科学的技術的不確実性に対する対応といえる。

さらに、都市型複合汚染訴訟や（厳密には環境問題ではないが）近時の（メーカーに対する）建設アスベスト訴訟のように、複合的・競合的な不法行為が問題となる例もある。これは競合的不法行為一般の議論でもあるが[2]、有害物質による汚染は、関連共同性が認められなければ、割合的責任が課される可能性がある点に特色がある。

(2) これに対し、原発リスクは事故リスクであり、継続的侵害である公害リスクとは異なる。

第1に、（原子力事業者については原子力損害賠償法により無過失責任となるが）国家賠償については国の規制権限不行使に関して過失責任が問題となる。その際、――国賠も不法行為の一種と捉えた場合に――予見可能性および結果回避義務をどう判断するか（震災等の科学的不確実性をどのように考慮するか）、回避コストとの関係をどう考えるかが問題となる。

第2は損害論である。放射線に関する不安に基づいて自主的避難をした者、不安の中で自主的避難等対象区域に滞在した者におけるような、不安に基づく損害をどう扱うかが問題とされた。また、いわゆるふるさと喪失損害（生活基盤損害）が問題とされる。

第3は、責任・費用負担に関する論点である。原子力事業者の有限責任論をどう考えるか、原子力損害賠償・廃炉等支援機構法のような費用負担の方式をどう考えるかという問題である。さらに、原子力損害賠償法におけるADR、また（通常と変わらない）訴訟のあり方をどう考えるかという問題もある。第3点については、類似例として、アメリカのメキシコ湾油濁事故が

---

1) 大塚直『環境法BASIC〔第4版〕』（有斐閣、2023）512頁以下。
2) その効果は、全部連帯、一部連帯、限度責任のいずれかとなると考えられる（能見善久「共同不法行為責任の基礎的考察(3)」法協95巻3号〔1978〕524頁、大塚直編『新注釈民法(16)』〔有斐閣、2022〕281頁以下〔大塚直〕、大塚直＝前田陽一＝佐久間毅『民法(6)事務管理・不当利得・不法行為』〔有斐閣、2023〕304頁〔大塚〕）。

あり[3]、これは大規模被害訴訟の扱いをどうするかという問題に関連する。

(3) 一方、近時は、公害でも原発リスクでもない、新たな環境リスクに関する訴訟が問題となっている。

新たな環境訴訟の例としては、気候訴訟（わが国では石炭火力発電所を相手とする差止訴訟）が挙げられる[4]。そこでは、裁判所は、権利侵害を認めるには至っていないが、さらに、違法性をどう捉えるかが問題となる。(2)と性質は異なるが、不安も気候訴訟における権利法益侵害・損害に含まれているとの考え方もある。さらに、不法行為訴訟としての気候訴訟における最大の論点は、被告の行為と、権利侵害（ないし損害）との因果関係の認定であると考えられる。

また、近時の法的な環境対応として注目されるのが環境（企業の持続可能性）に関するデューディリジェンス（DD）（人権・環境DD）である。本年採択されたEU指令（CSDDD）[5]では、サプライチェーンにおける企業間での統制を用いて、環境（公害に関するものもあるが、特に、気候変動と生物多様性に対するリスクが注目されている）に対して負の影響を与える行為を抑制することを企図している。当面は国際環境条約に対する禁止と国際人権文書に定められた禁止（環境媒体への悪影響への禁止、土地に対する個人やコミュニティの権利への侵害を含む）への違反を問題としているが（付属書第Ⅰ部、第Ⅱ部）、将来はEUにおける環境関連の規則等に対する違反を問題とすることが予想される。その場合の抑制の手段としては、民事責任（不法行為責任）および罰則とともに、最終的にはサプライチェーンにおける取引の停止が用いられる。EU指令は域外適用されるため、日本の大企業もこの適用を受ける。これは取引関係という私法的手法を基礎とする環境配慮の統制であり、従来のように、政府が規制的手法等を用いて企業や国民に対して環境配慮を義務づ

3）この点について、大坂・本書論文参照。
4）この点については、大塚直「新たな環境リスク問題と民事法による対応」早稲田法学99巻3号（2024）179頁以下参照。
5）Directive (EU) 2204/1760.（古賀祐二郎＝大塚直「〔翻訳〕企業の持続可能性デューディリジェンスに関する欧州議会及び閣僚理事会の指令」環境法研究19号〔2024〕167頁以下）。

ける公法的手法ではない、新たな環境政策手法と見ることができる[6]。

　上記の気候訴訟および企業の持続可能性DDの問題は、不法行為法の損害概念としての、環境損害ないし生態学的損害の概念（フランス民法典1246条以下参照）にも密接に関連している。もっとも、本稿では、紙数の関係から、環境を通じての人身に対するリスク（不安損害を含む）を中心的課題とすることをお断りしておく。

　(4)　なお、集団的な環境利益に当たるものについての検討は、本稿では対象としていない。本書ではリスク（特に科学技術の発展に伴うリスク）と不法行為法（および差止法）の関係を対象としているが、集団的環境利益に当たるものとリスクの関係はやや希薄であるためである。環境リスクは、主に個人の権利か公益[7]に関する問題となっており、集団的利益に関する問題は必ずしも多くない[8]。今後、集団的な環境利益に当たるものについて民法学で対処するためには、環境保護団体の訴権を認めた上で、環境損害のような概念を立法化することが重要である[9]。わが国の現状ではこの点は立法論的課題となるが、議論のレベルがやや異なるため、本稿で取り上げることは控えたい。

　(5)　上記のように、公害・環境・原発リスクに関する民事責任の問題は多岐にわたるが、以下では、①科学的不確実性および比例原則的衡量[10]に関連

---

6) 大塚・前掲（注4）。
7) 気候変動や生物多様性に関する問題の多くは公益に関連する。公益とまではいえない集団的利益が問題となり得るケースとしては、湿地や付近の景観の保護が挙げられよう。なお、公益と集団的利益は部分的に重複すると考えられるが、その区分は立法がない段階ではかなり難しい。
8) なお、環境権は、主に個人の権利として主張されてきたが、判例上は認められていない状況にある。
9) この点に関する状況についてごく簡単に論じたものとして、大塚直「環境損害責任制度の海外における展開」環境と公害52巻3号（2023）28頁以下。他方、環境公益訴訟に関しては行政事件訴訟法を含めた立法的課題となっているが、こちらも一向に進まない状況にある（島村健「環境法における団体訴訟」論究ジュリ12号〔2015〕119頁以下など参照）。
10) 大塚・本書「問題提起」論文で触れたが、再述しておく。過失や違法性の判断において加害者等の犠牲にされる利益との衡量を行う議論である。ハンドの定式もその一種であるが、ここではより広く、比例原則的衡量として位置づける（なお、大塚直「不法行為法における権利論の展開と限界（序説）」『中田裕康先生古稀記念・民法学の継承と展

第 2 章　環境・有害物質のリスク

した過失の判断枠組みの再構成等（過失の判断と危険責任）、②リスクや不安の扱いに関する権利侵害論および損害論における検討をとりあげ、その他の問題については、紙幅の関係で割愛する。

II　過失の判断と危険責任（無過失責任）
　　　──科学的不確実性及び比例原則的衡量に
　　　　関連した過失の判断枠組みの再構成

1　経　緯

　(1)　戦前から昭和40年代までは、不法行為訴訟で（不確実性を伴う）公害リスクが問題となったことはほとんどない。戦前の著名な大審院判決として、大阪アルカリ事件判決（大判大正5・12・22民録22輯2474頁）を挙げることができるが、その対象は、因果関係が明らかな財産的損害であった。これについては、学界では、被告にはむしろ故意があり、問題の要点は故意過失にではなく、権利濫用ないし違法性にあるとの強い批判が見られた[11]。今日的な観点からすると、同判決のいわゆる「相当の設備」論が、過失の結果回避義務の判断において、加害者の負担を考慮すべきかという、後述するハンドの定式に関連する点を検討したものと見ることもできる。

　(2)　公害リスクに対する損害賠償請求は、昭和40年代のいわゆる四大公害訴訟判決によって大きな展開を見せた。民法709条を根拠として認容された3つの判決（熊本水俣病第1次訴訟判決、新潟水俣病第1次訴訟判決〔新潟地判昭和46・9・29下民集22巻9＝10号別冊1頁〕、四日市訴訟判決〔津地四日市支

開』〔有斐閣、2021〕699頁参照）。この衡量因子を（行動の自由を含めて）権利間衡量の因子に置き換えることもできる（潮見佳男『不法行為法Ⅰ〔第2版〕』（信山社、2009）292頁、同「責任主体への帰責の正当化」現代不法行為法研究会編『不法行為法の立法的課題（別冊NBL155号）』〔2015〕7頁）。なお、ここでは比例原則の均衡性に着目しており、適合性や必要性に着目しているわけではない（比例原則自体については、下山・本書論文参照）。また、（加害者の）回避コストの考慮についてはPETLでも取り上げられている（第4：102条(1)）。
11)　大塚直「生活妨害の差止に関する基礎的考察(1)」法協103巻4号（1986）619頁参照。

判昭和47・7・24判時672号30頁〕）に見られた特色を今日的な観点で検証すると、1つは予見可能性における調査義務（予見義務）の問題、もう1つは結果回避義務の判断における、加害者の経済的・技術的実行可能性の考慮の有無・程度、加害者の回避コストないし社会的要因の考慮（「比例原則的衡量」）の可否の問題を検討した点が注目される。

(3)　昭和40年代以降、公害訴訟に関する上記の動向とともに、不法行為理論一般の問題として、過失の客観化が進んだ。これは、公害のほか、交通事故、製造物責任等の訴訟が提起されたことに起因している。これらの活動は侵害の抽象的危険をはらんでおり、その過程で危険が現実化し、人身侵害に及ぶ場合がある。そこでは、過失を予見可能性を前提とする結果回避義務違反と定式化する学説が多数説となるとともに、危険の程度を社会相当な程度に制御することが課題となり[12]、加害者が行為義務に適合した行為をしていたかによって過失が判断されるに至るのである。

2　不法行為の過失における予見可能性・予見義務の判断
　　　——科学的不確実性の扱い

(1)　**熊本水俣病第1次訴訟判決**

　まず、公害の原点ともいえる水俣病に関する熊本水俣病第1次訴訟判決（熊本地判昭和48・3・20判時696号15頁）を取り上げておきたい。同判決は、昭和31年以来、熊本大学医学部では原因物質に関するさまざまな説が主張され、昭和34年7月に至って有機水銀説が強く提唱されるに至って有力化してきたこと、それぞれについて被告チッソが反論していたことを認定しつつ、「およそ化学工場は、……廃水を工場外に放流するにあたっては、常に最高の知識と技術を用いて廃水中に危険物質混入の有無および動植物や人体に対する影響の如何につき調査研究を尽してその安全を確認するとともに、万一有害であることが判明し、あるいは又その安全性に疑念を生じた場合には、直ちに操業を中止するなどして必要最大限の防止措置を講じ、とくに地

---

12) 窪田充見編『新注釈民法(15)』（有斐閣、2017）330頁〔橋本佳幸〕。

域住民の生命・健康に対する危害を未然に防止すべき高度の注意義務を有する」とした。

　原因物質について科学的不確実性があっても、化学工場については高度の調査義務・予見義務を課する判断を示したものである。熊本大学医学部が、水俣病は水俣湾産の魚介類を摂食することによって生ずる中毒症であり、重金属が原因物質であるとの中間発表をしたのは昭和31年11月であったため（さらに、上記のように、有機水銀説の有力化は昭和34年である）、それ以前に予見義務を認めることについては相当ハードルが高かったと考えられるが、原告のうちには昭和28年以降36年までに発症した罹患者がいるものの、本判決はこれらの者全員に対して過失を認めており、原因物質に対する科学的不確実性に基づく学説の対立を超えた、高度の注意義務を課したといえる。今日的観点からすると、科学的不確実性または未知のリスク段階で、企業が自ら排出するものについて、調査・防止措置の義務を課したものである。

(2)　わが国におけるその後の裁判例等、学説

　(a)　科学的技術的不確実性が存在する段階での行為に対しても、（原因や）責任を認める方向で対処したその後の主要な裁判例等としては、以下のものが挙げられる。──水俣病関西訴訟最判（最判平成16・10・15民集58巻7号1802頁）／電気ストーブ有害塗料事件判決（東京高判平成18・8・31判時1959号3頁）／ホルムアルデヒド建材事件判決（東京地判平成21・10・1 LEX/DB25463720）／杉並病公害等調整委員会裁定（公調委裁定平成14・6・26判時1789号34頁）[13]。

　(b)　さらに、近時、（厳密には公害ではないが、有害物質に関する）建設アスベスト国賠訴訟判決（最判令和3・5・17民集75巻5号1359頁〔神奈川1陣訴訟〕）は、規制権限を有する国の調査義務を判示したものとして注目された。本判決は、予見可能性に関して、医学的知見や規制等の必要性が「明らか」となるよりも早い段階で調査義務を設定したのである[14]。

---

13) 大塚直「不法行為・差止訴訟における科学的不確実性（序説）」高翔龍ほか編『星野英一先生追悼・日本民法学の新たな時代』（有斐閣、2015）803頁以下。
14) 下山憲治「建設アスベスト訴訟最高裁判決と国の責任論」法時93巻11号（2021）61

(c)　学説においては、熊本水俣病第1次訴訟の判決を支持し、科学的不確実性のある段階で過失の予見義務（予見可能性）を認める見解が有力に唱えられており[15]、その中には、抽象的危殆化段階における予見義務および結果回避義務について理論化する見解も主張されてきた（詳しくは、大塚・本書「総括」論文で触れる）。

(3)　近時における科学的不確実性への着目

　熊本水俣病第1次訴訟判決が判示した点は、（環境および健康に関する分野で）科学的不確実性に対する判断として、1980年代後半から広がった世界的な関心事に関連するものとなった。予防原則ないし予防的アプローチ（以下、「予防原則」という）である。

　(a)　予防原則の誕生とリオ宣言

　1976年以来の（当時の）西ドイツの環境政策で用いられた「事前配慮原則」の概念に端を発する予防原則は、1980年代から国際的に議論が広がり、今日、多くの国際環境条約に定められるに至っている。その定義は学説によって分かれるが、代表的な定義は、リオ宣言第15原則（1992年）に定められ、また、その後、EUコミュニケーション・ペーパー（2000年）や、多くの国際条約で用いられている[16]（筆者のいう「節度ある予防原則」の考え方）[17]。

頁、中野琢郎「時の判例」ジュリ1562号（2021）89頁。岡田正則「判批」環境と公害51巻3号（2022）17頁は、本判決の判断を「予防的アプローチを採用した」ものとする。

[15] 潮見・前掲（注10）『不法行為法Ⅰ』298頁、同「『化学物質過敏症』と民事過失論」棚瀬孝雄編『市民社会と責任』（有斐閣、2007）196頁、大塚直「予防原則に関する一考察」城山英明ほか編『法の再構築Ⅲ』（東京大学出版会、2007）115頁以下、同・前掲（注13）824頁、中原太郎「過失責任と無過失責任」前掲（注10）別冊NBL155号44頁。教科書における好意的紹介として、吉村良一『不法行為法〔第6版〕』（有斐閣、2022）73頁。公害の場合、行為時において、原因物質の具体的な特定までは必要ないという形で論じられることが多い。

[16] リオ宣言第15原則「深刻な又は不可逆な被害のおそれがある場合には、十分な科学的確実性がないことを以て、環境悪化を防止するための費用対効果の大きな対策を延期する理由として用いてはならない」。EUコミュニケーションについては、COM（2000）I final。

[17] ちなみに、予防原則は決して科学を否定するものではない（環境基本法4条の文言もその趣旨とみることができる）。科学的知見を充実させていくことは当然の前提であり、（科学的確実性のある段階で）予防原則の下で暫定的な対応がなされることが奨励されるが、後の科学的知見の充実によって政策の変更があることはこの原則の前提となっている。

そして、国連海洋法裁判所（ITLOS）裁判部の勧告的意見（2011年2月1日）において、「予防的アプローチ」を「慣習国際法の一部にする傾向」が認定され、同アプローチが「保証国の一般国際法の相当注意義務（due diligence）の不可分の一部」と位置づけられたこと[18]が注目される。

なお、ここにいう「科学的不確実性」とは、狭義では、リスク評価者の間で、リスク評価の結論に対する合意が形成されていないことをいう。また、広義では、そもそもリスク事象における原因と結果の関係を十分に説明できないことをいう[19]。リスクが未知の段階にある場合は、狭義の科学的不確実性に含まれないことが重要である。

(b) フランス法（私法を含む）における展開

外国法に目を転じると、フランスでは、（環境、健康に関わる）民事責任の分野に予防原則が影響を与え、深刻または不可逆な損害が発生する可能性がある場合には科学的に不確実であっても、一定の場合に損害賠償や差止めが認められるとする裁判例や学説が現れており、相当の議論がなされてきたことが注目される[20]。フランスでは、事実審裁判官に解釈の専権が与えられていること、環境憲章に予防原則の規定が入れられたこと（5条）[21]なども背

---

18) Responsibility and obligations of States sponsoring persons and entities with respect to activities in the Area, Advisory Opinion of 1 February 2011, *ITLOS Reports 2011*, para 131. 邦語訳について、佐古田彰「資料 国際海洋法裁判所『深海底活動責任事件』2011年2月1日勧告的意見(1)(2・完)」商学討究66巻1・2＝3号（2015）。
19) エヴ・トルイエ＝マランゴ「法における科学的不確実性の扱いに関する多角的検討」吉田克己ほか編『環境リスクへの法的対応』（成文堂、2017）24頁。
20) 以下の叙述を含め、この点については、大塚・前掲（注13）で扱った（本稿では、紙数の関係から、引用を省略し、最小限にとどめることをお断りしておく）。なお、やや古いが、フランスのHIV感染事件における民事責任と予防原則について、今野正規「リスク社会と民事責任(1)～(4・完)」北大法学59巻5号（2008）、60巻1号・3号（2009）、5号（2010）。さらにフランスでは、法は「不確実性」にどう対処するかという観点から、機会の喪失論が展開されていると捉えられる（わが国での紹介として、中原太郎「機会の喪失論の現状と課題（2・完）」法時82巻12号〔2010〕121頁）。
21) 淡路剛久「フランス環境憲章と環境法の原則」季刊環境研究138号（2005）148頁、同「フランス環境憲章について」ジュリ1325号（2006）98頁。環境憲章5条「損害の発生が、科学的認識の現状において不確実であっても、環境にして重大かつ不可逆な仕方で悪影響を及ぼし得るときは、当局は、予防原則の適用により、その権限の範囲において、損害の発生を防ぐために、リスク評価手続を実施し、暫定的かつ比例的な措置をとる義務を負う」。

景事情として挙げられよう。裁判例を中心に概観する。
　(ｱ)　損害の賠償
　損害の賠償に関しては、フォートに対する予防原則の影響が見られる。関連する最上級審の裁判例を3つ挙げておく（第1、第2は環境に関する裁判例ではない）。
　第1に、輸血によるHIV感染事件についてコンセイユ・デタ1993年4月9日大法廷判決[22]が、当時における科学的不確実性を認めつつ、国の規制権限不行使のフォートを認め、国の責任を肯定したことが予防原則の適用と解された。
　第2に、流産防止の薬品DESにより、出生した娘が成人になってから癌に罹患したことに対する損害賠償請求について、事実審裁判官は、DESの副作用が知られていなかった期間である、1971年以前の所為についても製薬会社らの民事責任を認めたが、これに対し、製薬会社らが上告し、破毀を求めたところ、2006年3月7日の2つの破毀院判決[23]は、上告を容れず、製薬会社らの注意義務違反を認め（科学的不確実性に直面していたとしても、より注意をすべきであったとする）、民事責任を課する原判決を維持した。この点を予防原則の適用とみることができる。
　第3に、土地所有者が庭に水を引こうとして自己の土地の掘削を行ったため、付近のミネラルウォーターの水源を管理している企業が、地下水汚染のリスクがあるとして損害賠償訴訟を提起した事件において、破毀院民事第3部2010年3月3日判決[24]は、環境法典L. 110-1条2項に由来する予防原則について触れた後、「鑑定によって汚染のリスクは正式に否定された以上、予防原則を適用することはできない」から、土地所有者にはフォートがなかったとして上告を棄却しており、同判決は、予防原則に対する違反（科学的不確実性と、深刻かつ不可逆な損害が問題となる）はフォートを構成し民事

---

22) C.E.Ass., 9 avril 1993, R.F.D.A. 1993, p.583. 今野・前掲（注20）北大法学59巻5号2859頁。
23) Civ 1re, 7 mars 2006, Bull. civ., I, n° 143 ; Civ 1re, 7 mars 2006, Bull. civ.. I, n° 142.
24) Civ 3e, 3 mars 2010, Bull. civ., III, n° 53.

責任が課されることを示したものと解されている[25]。事案に対する具体的結論としては予防原則の適用を認めたものではないが、予防原則という語を用いて判断している点が上記の二判決と異なっている。

このように、フランスの裁判例では、フォートに対しては予防原則が何らかの影響を与えていることが示されている。

(イ) 差止め（損害の予防）

予防原則は、行政機関や私人が損害の発生を回避するために慎重になるよう求めるものであるが、フランスでは、近隣妨害（trouble de voisinage）の分野を除いて、これを差止訴訟に用いる例はほとんどない。近隣妨害に関しては、下級審裁判例において予防原則の影響下に差止めを認容するものがいくつかみられたが、その後、権限裁判所および破毀院が、司法裁判所の権限との関係で、その動きを封じる判断をしたことが学説から批判されている[26]。

1) まず注目されたのは、事実審裁判官による大胆な裁判例の展開であった。携帯電話の中継アンテナの設置者である通信事業者に対し、近隣住民が同アンテナの撤去、操業（電磁波放出）の差止めを求めた事件に関して、いくつかの下級審裁判例はこれを認容した[27]。中継アンテナに関しては健康被害のリスクが科学的に不確実であることが問題とされた。下級審裁判例が差止めを認容した理由は 2 点に分かれる。

第 1 は、フランスの近隣妨害の差止の要件として「異常な妨害（trouble

---

[25] M. Boutonnet, Le principe de précaution en droit français, regard comparatiste sur son influence en droit de la responsabilité civile.（2015年2月28日早稲田大学法学部での講演による）。

[26] この問題については、大塚・前掲（注13）の後、斎藤哲志「フランス法上のいわゆる『不安損害』について」中原太郎編著『現代独仏民事責任法の諸相』（商事法務、2020）88頁以下が、損害賠償請求に焦点を当てつつ詳細に検討された。斎藤教授は、（科学的に不確実な）潜在的リスクと、（科学的に不確実とは言えない）明白なリスクを区別し、後者の例としてアスベスト被害を挙げる。これは、損害賠償については有益な区分であるが、明白なリスクの例は、実際にはすでに暴露は終わっているが今後のリスクを抱えているものであり、差止めは問題とならない。差止めについては、従来からの公害・生活妨害のほかに、科学的に不確実なリスクが問題となるといえよう。

[27] もっとも、近隣住民の請求を棄却したものも多い（斎藤・前掲（注26）94頁）。

anormal)」が必要であるが[28]、本件においてアンテナに健康上のリスクがないことの保障が欠如していることは、異常な妨害に当たるとするものである。リスクが不確実であることが近隣妨害を構成するというのである。従来の「確実なリスクによる妨害」からの転換であり、学説はこれを「侵害可能なリスクの理論（la doctrine du risque préjudiciable）」と呼んでいる[29]。2008年9月18日ナンテール大審裁判所判決[30]、およびこれを維持した2009年2月4日ヴェルサイユ控訴院判決[31]がこの立場に立つ。

第2は、近隣妨害の理論は確実なリスクの場合にのみ用いられるべきであるとし、本件のような不確実なリスクに対しては、予防原則のみを法の一般原則として根拠とするものである。2010年4月22日ヌヴェル大審裁判所判決[32]の立場である。同判決は、科学的に重大なリスクを確認した上で、通信事業者に、アンテナの撤去ではなく、リスクについての追加調査の実施と、調査の結果に照らしてより適切な設置場所をみつけることを命じた。

　2）　もっとも、上述したように、司法裁判所の事実審裁判官によるこのような動きは、その後、裁判所の管轄の問題から、権限裁判所および破毀院によって封じられるに至った[33]。

(c)　**科学的不確実性の下での、調査義務等の予見義務**

　科学的不確実性のある事案に対する予防原則にみられる発想が、過失の予見義務の成否を決める際に問題となったわが国の近時の例としては、福島原発事故の国賠訴訟を挙げ得る。同事故に関し、経済産業大臣が電気事業法40条に基づく規制権限を行使しなかったことにつき、国は国家賠償法1条1項に基づく損害賠償責任を負うか。集団訴訟について、それまで4つの控訴審判決が出され、うち3つが請求を一部認容していたが、最判令和4・

---

28) 1980年代までのフランス法の状況については、大塚直「生活妨害の差止に関する基礎的考察(4)・(5)」法協103巻11号（1986）2210頁以下、104巻2号（1987）315頁以下参照。
29) F.-G. Trébulle, Confirmation de l'accueil du risque préjudiciable, RDI, 2008, p.488.
30) TGI Nanterre, 18 septembre 2008, D.2008 AJ. p.2502.
31) CA Versailles, 4 février 2009, D.2009, AJ. p.499.
32) TGI Nevers, 22 avril 2010, n° 10/00180.
33) Trib. confl, 14 mai 2012, n 3844, 3846, 3848, 3850, 3852 et 3854, D.2012, p.1930.

6・17（民集76巻5号955頁）は、国の責任を否定した。2点のみ指摘しておく[34]。

第1に、下級審裁判例では、福島原発事故国賠訴訟判決の過失（予見可能性に関連する）[35]の判断において地震調査研究推進本部の「長期評価」の信頼性（科学的不確実性）の評価が行われ、さらに、それに基づき国の結果回避義務（結果回避可能性）の有無が判断されたが[36]、最高裁ではこの点を正面から取り上げず、論点を因果関係にずらし、規制権限の不行使の中身に関する検討は行わないまま、国の過失を否定した。下級審裁判例が分かれる中で、学説においては、原発事故の回避措置について予防原則（事前警戒原則。さらにこれと比例原則を合体させた事前警戒的比例原則）の考え方を用いるべきことが指摘されていたが[37]、最高裁は、「長期評価」を判断の根拠にはしつつも、その内容には特に触れていない。原子炉等規制法の趣旨について、科学的不確実性の存在を前提として、予防的対応を国に求める解釈（予防的対応モデル）は、伊方原発取消訴訟最判（最判平成4・10・29民集46巻7号1174頁）で示されていたものであり、従来の判例に基づいていたことには注意を要する。

第2に、「年単位の相当の期間」と相当の費用がかかる防潮堤設置だけで

---

34) 大塚直「判批」Law & Technology99号（2023）87頁（ほぼ同内容の同日の最判令和3年（受）1205号判タ1504号74頁に関する）。
35) もっとも、国家賠償法1条に関しては、過失を違法性に統合する職務行為基準説が判例法理としてほぼ確立していると評価されている（西埜章『国家賠償法コンメンタール〔第3版〕』〔勁草書房、2020〕186頁）。
36) 仙台高判令和2・9・30判時2484号185頁、東京高判令和3・2・19、高松高判令和3・9・29。福島原発事故をめぐる国家賠償訴訟におけるほとんどの下級審裁判例である（清水晶紀「環境リスク行政の不作為と予防原則の採否――最判令4・6・17（福島原発事故国賠最判）を契機として」島村健ほか編『環境法の開拓線』〔第一法規、2023〕392頁）。
37) 下山憲治「原発事故国賠訴訟の現状と論点」法時94巻1号（2022）65頁、同「科学・技術水準への準拠義務と国の責任」『吉村良一先生古稀記念・現代市民社会における法の役割』（日本評論社、2020）29頁以下、同「本判決判批」判評777号（判時2570号）（2023）126頁（規制監督権限付与の趣旨について判示していないこと、（原発の設置許可から廃炉に至るまでの）国の継続的な規制監督の法的仕組みを踏まえる必要があることも指摘する）、清水晶紀「福島原発事故損害賠償訴訟」環境と公害49巻3号（2020）11頁以下。事前警戒の比例原則について、下山・本書論文参照。

6 公害・環境・原発リスクと不法行為法（拡張版）

なく、非常用電源が設定されている建屋の水密化のような、安価に対応できる基礎的技術の導入が問題であり、一部の下級審裁判例ではこの点が重視されているが[38]、最高裁は、海外で「一般的に採用されてい」なかったとし、「防潮堤等を設置するという措置を講ずるだけでは対策として不十分であるとの考え方が有力であったことはうかがわれ」なかったとして、この点を判断しなかった。福島原発に関して「長期評価」では、福島沖の「特定海域」にＭ８クラスの津波地震が今後30年以内に発生する確率は６％程度（三陸沖北部から房総沖にかけての日本海溝寄りの南北に細長い領域に関しては20％程度）とされていたが、さらに震災１年前に貞観地震による過去の大津波の例が判明した際に、非常用電源確保のための原子炉建屋の水密化措置に思いが至らなかったかが問題であったといえよう。

　ここでは、被告が調査義務を果たしたとしても（地震学の状況では）科学的不確実性が残ってしまう場合においても、一定のリスクが存在するときには、ハンドの定式（CBA〔費用便益分析〕といってよい）を踏まえた最小限の措置はとるべきであったかが重要な課題となる。この点は、従来の過失の予見義務・調査義務論では取り上げられていないが、科学的不確実性（予防原則）の問題の一環として取り上げるべき課題であるといえる。この種の問題は、AIを含め、現代における新たな課題となってくると思われる。

(d)　科学的不確実性（予防原則）と過失責任

　上記のように、（予防原則の発想を伴う）科学的不確実性に対する対応は、過失責任を強化する役割を果たす。同原則における（発生した場合の）損害

[38) 例えば、本判決より後に出された、東京地判令和４・７・13（株主代表訴訟第１審判決）。同判決は結果回避可能性を、①当該防護措置が、本件事故前において着想して実施することを期待し得たものであったこと（発想可能性）、②当該防護措置を事故発生時までに講ずることが時間的に可能であったこと（完了可能性）、③当該防護措置が講じられていたとすれば、本件事故の発生の防止に奏功したであること（有効性）の３つに分ける。①は予見可能性・予見義務の問題に含まれよう。本書「総括」論文で触れる、民法709条の過失における「加害段階における類型化論」の「危殆化段階型」における抽象的危険の段階での調査義務の開始時点の議論ともいえる。②および③は結果回避可能性・結果回避義務の問題であり、②はまさに本件において対応が2011年３月に間に合ったかどうか、という問題を扱っている。

の大きさが、予見義務（予見可能性、調査義務）のレベルを引き上げるのである[39]。

国際裁判、さらにフランスの裁判例にもみられるように、予防原則は過失責任の注意義務を高度化するために役割を果たすのであり、リスクの発生源の管理者に対して（科学的不確実性を含めた）安全性向上の努力を義務づける点に意義があるのである。その意味では、科学的不確実性への対応には、単なる事後的な損害塡補にはとどまらない意義があるといえよう。

(e) **科学的不確実性（予防原則）と危険責任**

Vineyが、予防原則の考え方は、多くは危険責任によって対応されていたとする[40]ように、危険責任においては、過失がなくても損害を塡補することにより、新たな科学技術の導入が社会で許容されてきた[41]。

危険責任は定型的なリスクを「特別の危険」として対象とするものであるが、ドイツ・オーストリアでは、危険責任は、一定の場合には、科学的に不確実なリスクや未知のリスクも対象にできるとする立場が有力である[42]。2点指摘しておきたい。第1に、製造物責任に関する開発危険の抗弁は、未知のリスクを欠陥責任の対象から除外していると理解されるが、公害については、未知のリスクとなる有害物質の生成・排出が定型的に生じやすいという性質などから、同抗弁に対応するものは問題とならないことが論じられてい

---

[39] これに対し、情報提供の義務を課することのみを予防原則の民事責任に対する効果と見る考え方もある。この考え方は、行為不法論の展開とも関連づけて論じられている（今野・前掲（注20）60巻5号1310頁）。興味深い考え方であり（予防原則に基づく情報的手法について、大塚直『環境法〔第4版〕』〔有斐閣、2020〕61頁参照）、製造物責任における指示警告上の欠陥はこの考え方の一例ともいえる。
[40] G. Viney, "le point de vue d'un jurist," LPA 239, 2000, p.70.
[41] やや逆説的ではあるが、その意味で危険責任が認められるケースにおいては予防原則を論じる意味は乏しく、過失責任を論じるケースにおいてこそこの概念を用いる意義が生じる（親和性がある）と考えられる（大塚・前掲（注13）823頁。なお、アンヌ・ゲガン＝レキュイエ〔中原太郎訳〕「フランス法における多衆侵害の賠償」法学82巻2号〔2018〕168頁以下参照）。
[42] 橋本佳幸『責任法の多元的構造』（有斐閣、2006）234頁〜235頁、前田太朗「不法行為法における責任原理の多元性の意義とその関係性の検討(1)」中央ロー・ジャーナル18巻3号（2021）63頁以下。なお、ドイツ・オーストリアの議論で用いられる「未知のリスク」の語には、本稿が用いてきた科学的不確実性のあるリスクも含まれると考えられる。

る[43]。第2に、オーストリアの議論では、「特別の危険」では（それ基礎づける要素として）損害発生の蓋然性を問題にすることから、未知のリスクは「特別の危険」の対象外であるとも考えられるが、発生する損害が重大であり、認識可能性を欠くことを認識できる場合には、例外的に「特別の危険」の対象とし得るとする見解が有力である[44]。このようにドイツ・オーストリアでは、少なくとも公害事案では、未知のリスクも危険責任の対象となることが認められていることが理解される。

他方、危険責任の場合、調査可能性や調査義務については、裁判所の判断過程では表に出てこない。この点は、過失責任との相違点として重要であろう。

(f) **不法行為（および差止）訴訟における予防原則の発想の限定的活用**[45]

危険責任については立法が必要であるとの立場を採用すると、解釈論として科学的不確実性に対応するためには、過失責任の強化によるほかない[46]。

─────────

43) わが国での紹介として、橋本・前掲（注42）234頁〜235頁（ドイツの環境責任法では開発危険に関して施設保有者を免責していないことを、未知のリスクについて危険責任が適用される理由の1つとされる）。
44) H. Koziol, Österreichisches Haftpflichtrecht, Bd.1, 4.Aufl., 2020, S. 392f.
45) 予防原則は民事責任との関係では、①（暫定期間における、過少対応に対する）過失判断の厳格化（調査義務の強化）とともに、②（暫定期間における、行政の過剰対応に対する）違法性の減殺の効果を有するといえる。
46) この点は、立法論としての危険責任の導入（拡張）を否定する趣旨ではない。わが国では、1972年に大気汚染防止法および水質汚濁防止法の改正の際に無過失責任の規定が導入されたが（それぞれ25条、19条）、要件が限定されていることもあり、裁判例における適用例は極めて少ない（この点は、わが国の公害訴訟において、裁判所が、民法709条（および国家賠償法1条の）過失の厳格化によって危険責任のかなりの部分を補ってきたことにも関連している）。一方、ドイツでは、1990年に環境責任法を制定し、危険責任を導入した。同法にはいくつかの特色がある。主な点のみ挙げると、第1に、責任主体は施設（付表に掲げられた施設）の保有者であり（1条）、人の行為に対して危険責任を定めている水管理法（22条1項）と異なっている。正常操業にも危険責任は認められる。不可抗力は免責されるが（4条）、開発危険の抗弁は採用されていない。第2に、因果関係の推定規定が置かれている。「ある施設が個別のケースの実情に照らして、生じた損害を惹起する性質を有する場合、その損害はこの施設によって発生したものと推定される」（6条1項）。正常操業の場合（規定に適った方法で事業として操業されていた場合）にはこの推定は働かない（同条2項）。これらの規定は、保護法規違反の事実が証明された場合に因果関係が推定されるという一般的な考え方を修正し、被告企業のほうが正常操業であったことを証明しなければならないとしているのである。もっとも、複数

第2章　環境・有害物質のリスク

　既存の裁判例等で、科学的不確実性に対する過失責任の強化が問題とされた日仏の例としては、未規制化学物質（当初の水俣病。杉並病）、（原発事故に関する）震災の可能性、（当初の）アスベスト、O-157と貝割れ大根（東京地判平成13・5・30判時1762号6頁）、（HIVとの関連での）輸血血液・血液製剤、地下水の水脈の切断可能性（最判令和4・1・25判例地方自治485号49頁）・汚染可能性[47]などがみられるが、今後、AIに関しても問題となり得るであろう。

　この問題は科学技術の発展に伴い重要性を有すると考えられるが、従来の過失責任を強化し、活動の自由に対する制約を与えることにもなるため、予防原則の発想の適用は限定する必要がある[48]。具体的には、この種の過失責

───────────
の施設が損害を惹起する可能性がある場合において、「個々の事例の特性によって、当該損害を惹起するについて他の状況が適合的であるとき」は、原因の推定は働かない（7条1項）。第3に、被害者は、「ある施設が損害を惹起したとの仮説を根拠づける事実が存在する場合」施設保有者ないし官庁に対して情報請求権が定められる（8条1項・9条）。情報格差の是正のために重要な規定である。第4に、責任限度額が定められる（15条）。さらに、原状回復が不相当かの判断（民法251条1項）において、自然の回復に必要な場合には、毀損された物の価値を上回っても原状回復を請求できるとの規定が置かれている（環境責任法16条）。わが国の公害無過失責任立法の今後のあり方に関しては、すでに橋本教授がドイツの環境責任法を参照しつつ、詳細に検討されている（橋本・前掲（注42）274頁以下）。そこでは、環境危険についての無過失責任規律を必要とする領域の存在として、化学物質の取扱施設における突発的な予定外の事故、継続的排出に関して、積極的な調査研究によってもなお顕在化しない危険、事前予測の範囲を超えた加害経過をたどった汚染損害の惹起が挙げられる（橋本・前掲157頁）。工場・事業場のアジア各国への移転、電動車の普及等により、公害は減少しつつあるが（ただし、騒音、PFASなど残された公害は少なくない）、そうした中で、今日、「特別の危険」に当たるものは何かについて再精査することが必要であろう。なお、公害に関して危険責任立法を拡張する場合に、ドイツ法におけるような有限責任との関係も問題になり得るが、ドイツでは、危険責任について有限責任が採用される場合であっても、（有限責任としての）危険責任規定と、（過失責任としての）不法行為法規定が併存して適用されることには注意が必要であろう。

47) なお、携帯電話の中継アンテナについて差止を認容したフランスの下級審裁判例については上述した。わが国の裁判例で、携帯電話の中継アンテナの科学的不確実性に対応して差止を認容したものはない。

48) 憲法上、行政の不作為について予防原則の採用が要請される領域について、①保護法益が人の生命・健康であること、②制約される法益が経済的自由権であること、③事後的対応では手遅れになりかねない損害が見積もられること、という条件を掲げるものとして、清水・前掲（注36）396頁（もっとも、清水教授は、環境基本法19条や21条の対象となる環境リスク行政については、環境基本法が予防原則の採用を要請しているとするため〔同書398頁〕、同原則が要請される領域はかなり広い）。

任の強化は、事前思慮が必要なケースで問題となること、同原則の発想が基礎となることから、①一定以上の幅のある時間における判断状況、および②科学的不確実性（科学者の間で一定の有力説はあるが、支配的見解ではないこと）の存在が当然必要であるが、さらに、③損害の限定（人身侵害の可能性がある場合であり、さらに、その継続性があるか、継続性に匹敵する事情がある場合であること）が必要であろう。②については、科学的不確実性がなくなった場合には、通常の過失判断に移行することにも注意を要する。

⑷　科学的不確実性に関わる事件における過失の予見可能性、予見義務の考え方

過失の予見可能性（予見義務）の判断において、事前の思慮が必要なケース（一定の幅のある時間における判断が問題となる事案）において、抽象的危険（科学的不確実性がある場合を含む）があれば調査義務が発生し、適正な調査の結果、「不合理なリスク」[49]が判明すれば、結果回避義務が発生することについては、従来の有力説[50]から導かれるといってよい。

ここでは、上記の議論を踏まえてさらに、適正な調査の結果、「社会観念上無視できないリスク」しか判明しなかった場合であっても、リスク削減義務が発生するという判断過程を創設したい。「不合理なリスク」は支配的なリスク評価者の見解に基づくのに対し、「無視できないリスク」とは、調査の結果なお科学的不確実性が残る場合を意味しており、このリスクの判断は、少数だが有力なリスク評価者の見解を指す。このような判断過程が用いられるのは、（発生した場合の）損害が人身損害の一定の場合に限定されることは上述した。食品公害、公害、原発事故（国賠）が挙げられる[51][52]。福島第一

---

49)「不合理なリスク」概念については、D.B.Dobbs, The Law of Torts, 2000, p.275; Restatement of the Law second, Torts, 1979, § 829A 参照。「無視できないリスク」の語は、原発差止訴訟に関する女川原発訴訟第１審判決（仙台地判平成６・１・31判時1482号３頁。「無視できない程度を超えるリスク」）に由来する。

50) 潮見佳男『民事過失の帰責構造』（信山社、1995）第１章。大塚・本書「総括」論文参照。

51) 公法の法制度に関する、下山・本書論文の記述（Ⅱ４）との近似性が注目される。

52) ほかに、小学校からの津波避難に関して、学校関係者はハザードマップにおける浸水予測区域外であってもなお津波災害への対処義務を負うとした裁判例（大川小学校津波

原発における建屋の水密化は「無視できないリスク」の削減義務の例である。

3 不法行為に基づく賠償請求における過失（結果回避義務）[53]および差止請求における違法性に関する比例原則的衡量の判断枠組み

(1) 公害・原発リスクに関する裁判例、学説

不法行為に関する過失および差止めの違法性について比例原則的衡量が必要となるのは事前の思慮が必要なケースである。紙数の関係から、簡単に記しておく。

(a) 公　害

公害賠償に関しては、上記のように、公害により、生命・身体に危害が及ぶおそれのある場合には、被告が結果を回避するためにいくら費用がかかるかについてはまったく考慮されるべきでなく、万一被告の活動の安全性に疑問が生じたときには、被告企業の操業停止義務が認められるとする立場が四大公害訴訟判決（特に熊本水俣病第1次訴訟判決）の過失の判断において示された。これは、大阪アルカリ事件大審院判決と異なる点であり、この点に関しては同大審院判決には先例性は認められない。結論が異なった大きな理由は、四大公害訴訟判決が（大阪アルカリ事件とは異なり）健康侵害の事例を扱ったことにあると考えられる。

また、判例は、公害賠償について（違法性判断の一種である）受忍限度論を

避難訴訟控訴審判決〔仙台高判平成30・4・26判時2387号31頁〕）にみられるように、津波被害のリスク評価における予防的対応（少数による有力なリスク評価に対する配慮）も、ここに加えることができよう（大塚・本書「問題提起」論文の本文Ⅲ3および（注28）参照）。このケースに関する過失の判断において予防原則的発想が要請される理由としては、人身侵害の可能性があることのほか、避難の際のコストが基本的に問題とならないことが挙げられる。

53) ここでいう過失の結果回避義務違反と違法性とは重複する部分があり（過失と違法性の関係に関する筆者の見解については、大塚・前掲（注10）691頁以下）、ハンドの定式との関係を議論する際には、両者をまとめて取り上げることが適切であると考える。

用いており（公共性を含めて）種々の要素を総合判断しているが[54]、（空港公害や道路公害を扱った国賠2条の違法性判断について）最高裁判決は、①侵害行為の態様と侵害の程度、②被侵害利益の性質と内容、③公共性、④被害の防止に関する措置の内容を考慮しており、損害賠償請求に関しても③公共性を考慮している（重視はしていない）。学説上は公共性との衡量否定説が多数を占めている[55]。

一方、差止請求に関しては、違法性の判断として、国道43号線訴訟最高裁判決（最判平成7・7・7民集49巻7号2599頁）が被害（上記①および②）と公共性（③）の衡量をしている。もっとも、人の健康被害が生ずる蓋然性の高い場合には、その活動の公共性（社会的有用性というべきであろう）が高度なものであっても、差止めが認められるべきことは、今日、裁判例、学説のいずれにおいても承認されているといえる（尼崎公害訴訟判決〔神戸地判平成12・1・31判時1726号20頁〕、名古屋南部公害訴訟判決〔名古屋地判平成12・11・27判時1746号3頁〕で確認された。国道43号線訴訟最高裁判決は健康被害事案ではなかったことを指摘しておく）。

(b) 原　発

原発に関しては、（原子力事業者に対する損害賠償請求については、原子力損害賠償法が無過失責任を採用しているため、過失の判断は問題とならないが）、国賠訴訟では、国の義務は万一、の危険性への対処を前提とする最新の科学技術水準となると考えられてきた（前掲伊方原発取消訴訟最高裁判決参照）。民事差止訴訟に関しては、発電所の社会的有用性等との衡量をする裁判例が若干存在するが[56]、学説上は反対が強い。また、今日では、川内原発差止訴訟即時抗告事件決定（福岡高宮崎支決平成28・4・6判時2290号90頁）を嚆矢と

---

54) 大塚・前掲（注1）488頁参照。差止めの裁判例でも受忍限度は用いられる（同510頁）。
55) 淡路剛久『公害賠償の理論〔増補版〕』（有斐閣、1978）239頁、澤井裕『テキストブック事務管理・不当利得・不法行為〔第3版〕』（有斐閣、2001）127頁、大塚直「生活妨害の差止に関する基礎的考察(7)」法協107巻3号（1990）489頁。
56) 仙台地判平成6・1・31判時1482号3頁（前掲女川原発訴訟第1審判決）、広島高決平成29・12・13判時2357＝2358号300頁（伊方原発運転差止仮処分即時抗告審決定。「科学技術に利用により得られる利益」を問題とする）。

して、現在の科学技術水準を差止めの判断基準として用いる裁判例が少なくない[57]。

(2) 結果回避義務とハンドの定式

(a) 裁判例、学説

(ア) 「事前の思慮が必要なケース」において、過失の結果回避義務の判断の際に、ハンドの定式（「L（損失）×P（可能性）が、B（負担。犠牲にされる利益）よりも大きいか否かで、過失があるか否かを判断する考え方」）が問題とされることがある。この定式は、アメリカの不法行為法では過失の判断において一般的に用いられている。この定式は、比例原則的衡量の一種であり、事前の思慮が必要な場合についての事前的無価値判断と理解することができよう[58]。上記のうちBの要素については、①加害者の負担のみでなく、②社会等第三者の利益も考慮するとされることが多い[59]。

(イ) 判例上は、上述したように、大阪アルカリ事件大審院判決がこの立場を採用したと見る立場が有力である[60][61]。最近では東京大気汚染訴訟第

---

57) 他の裁判例を含め、大塚直「原発民事差止訴訟の意義と判断構造」島村健ほか編・前掲（注36）355頁以下。

58) なお、加賀山茂「故意又は過失、因果関係における定量分析の必要性」明治学院大学法科大学院ローレビュー15号（2011）27頁は、（社会的費用の最小化を不法行為法の目的としつつ）限界注意費用と限界期待費用が等しくなる点が、過失が認められるかの基準となるとする。第三者の犠牲にされる利益の問題はあるが、その点を除けば、理論的には正しい指摘である。もっとも、裁判所の能力の問題があり、あまり論じられていない点である。

59) Dobbs, *supra* note 49 at 339. 平井教授は②も考慮する（平井宜雄『債権各論II』〔弘文堂、1992〕54頁。これに対し、潮見教授は②を損害帰責の過失判断の評価に当たっての独立のしんしゃく事由とすることに反対する〔潮見・前掲（注50）287頁〕）。この点は、アメリカの不法行為法が被害者の損害塡補だけでなく、不合理なリスクを伴う行為を社会において抑制することも不法行為の主要な目的と考えていることとも関連している（M.A. Geistfeld, Essentials Tort Law, 2008, p43. わが国での紹介として樋口範雄『アメリカ不法行為法〔第2版〕』〔弘文堂、2014〕71頁）。

60) 平井・前掲（注59）55頁。もっとも、差戻後の控訴審判決を含め、「相当の設備」論に立ちつつも、加害者の責任を肯定した事例がその後相次いだことには留意すべきである（潮見佳男「判批」『環境法判例百選〔第3版〕』〔有斐閣、2018〕4頁）。

61) アメリカのハンドの定式に当たる考え方がテリー裁判官を通じてわが国に導入されたことについて、瀬川信久「危険便益比較による過失判断」『星野英一先生古稀記念・日本民法学の形成と課題（下）』（有斐閣、1996）809頁。

1審判決（東京地判平成14・10・29判時1885号23頁）がこの立場をとることを明言した。また、（国賠に関する違法性の判断ではあるが）道路公害に関して、国道43号線訴訟最高裁判決が、上記のように公共性を（重視はしないが）考慮する判断をしている。

　　(ウ)　ハンドの定式は、過失の判断についてある意味で極めてわかりやすい枠組みを打ち出したという点で魅力的な面がある。もっとも、この定式の活用に関しては、批判が少なくない。

　学説上は、肯定説[62]のほか、次の2つの考え方に分かれるといえる。

　第1は、一般的に、個人間の効用を比較できないため、受益者＝被害者となるケースを除き、この定式を用いることはできないとする立場である[63]。

　第2は、裁判所が個人間の効用を比較すること自体はあり得るとしつつ、生命・健康利益を重視し、それを、権利利益の程度が異なる財産的利益のために犠牲にすることは認めるべきでなく、「生命・健康侵害の場合」[64]（または「生命・健康被害の高度の蓋然性があることが予見可能な場合」）および継続

---

62)　平井・前掲（注59）53頁、森島昭夫『不法行為法講義』（有斐閣、1987）199頁以下、窪田充見『不法行為法〔第2版〕』（有斐閣、2018）60頁。
63)　内田貴『民法Ⅱ〔第3版〕』（東京大学出版会、2011）343頁。ハンドの定式の下では、政策的な観点から個人の権利・自由が相対化され、権利・自由の保護とその調整という構想とは異質なものとなるとの指摘（山本敬三「不法行為法学の再検討と新たな展望」法学論叢154巻4＝5＝6号〔2004〕294頁）も、これと類似するといえる。なお、権利の観念が、社会的厚生の増大の観点から生成されてきたことを示すものとして、山本顯治「現代不法行為法学における『厚生』対『権利』」民商133巻6号（2006）875頁（山本顯治教授は、権利論との関係で、過失の判断において、社会的有用性を考慮することを批判的に捉える考え方を示しつつ、他方で、権利の観念自体が厚生（効率性）増大の観点から形成されてきたことを明らかにする。時間をかけて権利が形成される過程と、権利が確立した後の過程を分けて論じる視点も必要であると思われるが、他方で、権利が効率性（厚生）と無関係に存在するものではないことを示しているものといえよう。個人の権利よりも社会的な目標の実現を優先するかという問題（山本顯治・前掲889頁）だけでなく、不法行為法の仕組みにより、加害者にインセンティブを与え、安全性の向上という社会の目標に資する働きをするという視点を提供するものとして注目される）。
64)　生命・健康・生業等といった人間にとって重要な法益を侵害する行為をその公共性によって正当化することは許されないとし、また、加害者における結果回避コストの負担に関して、生命身体との比較衡量に当たってこれを過大視すべきでないとの見解も示されている（四宮和夫『事務管理・不当利得・不法行為（中）』〔青林書院新社、1983〕366頁）。

的侵害の場合（すなわち、一定時期からは加害者に被害の認容があると解される場合）には、ハンドの定式は適用しないとする考え方である[65]。ただし、このような場合であっても、被害者が同時に受益者になるとき（例えば、医薬品、手術などの医療行為のケース）は、この定式を用いることができるとする点は第1説と同様である[66]。

第2の見解に関連して、公害の損害賠償のケースなどを素材としつつ、社会的有用性の考慮に関しては、公共的利益のために被害者個人を犠牲にすることは正義に反するとの見解が多数説を形成している[67]（一方、差止めについては公共性の考慮は必要となることが承認されている）。

(b) 分 析

第2説によれば、生命・健康侵害の場合または継続的侵害の場合には、——被害者が同時に受益者である場合を除き——ハンドの定式を用いるべきでないとすることになる（ただし、より広いパースペクティブで検討する必要があることを後述する）。生命・健康侵害の場合にはLが大きいから過失が認められるともいえなくはないが、このような場合については、憲法上の個人の尊厳（13条）を尊重する観点から、定型的にハンドの定式を用いないものとす

---

65) 大塚直「判批」判タ1116号（2003）35頁以下、同「不法行為における結果回避義務——公害を中心として」『加藤一郎先生古稀記念・現代社会と民法学の動向（上）』（有斐閣、1992）58頁以下。

66) なお、潮見教授は、（個人の行動の自由を権利と捉え）ハンドの定式の衡量を被害者・加害者間の権利間衡量の問題として捉えた上で、事前的評価としての過失の判断に組み込む議論を展開されている（潮見・前掲（注10）『不法行為法Ⅰ』292頁）。巧みな議論と思われる。筆者の上記の見解では、ハンドの定式を用い得ない類型は、権利間衡量においても潜在的権利の要保護性が高く、個人の行動の自由が制約されるべき場面ということになる。（過失判断における）ハンドの定式とこの権利間衡量論の相違点は、次の2点にあると考えられる。第1は、権利間衡量論では、権利といえないものが排除されることである。公共性（社会的有用性）はその例である。その意味ではハンドの定式の方がカバーされる範囲が広い。第2に、権利間衡量と異なり、ハンドの定式には費用便益分析の考え方が含まれることである。もっとも、法の解釈・適用において厳密な費用便益分析が用いられるわけではないことから、第2点はそれほど重視する必要はないであろう。

67) 澤井・前掲（注55）127頁、大塚・前掲（注55）489頁、吉田邦彦「法的思考・実践的推論と不法行為『訴訟』」同『民法解釈と揺れ動く所有権』（有斐閣、2000）198頁、藤岡康宏「私法上の責任」同『損害賠償法の構造』（成文堂、2002）53頁（矯正的正義のために過失という帰責事由が問題となっているとする）。判例は、上述したように、差止め・損害賠償ともに公共性との衡量を行うが、損害賠償については限定的に行っている。

べきであり、また、継続的侵害の場合には、一定の時点からは、加害者の行為は過失行為から故意行為に転換すると考えられる[68]。橋本教授も、間接侵害における危殆化禁止規範は、侵害禁止規範を前倒しすることにより、被害者の権利法益保護に資する反面、加害者の活動の自由に対する制約を伴うとし、ある具体的行為を禁じるか否かの判断に当たっては、当該行為が孕む権利法益侵害の危険の程度と、当該行為についての行為者の具体的行動自由とを比較衡量しなければならないとして、ハンドの定式を一般的には認めつつ、公害事例における「相当な設備」論には慎重を要するとし、類似の見解を述べられる[69][70]。

　第1説に対しては次のようにいえよう。憲法と関連する比例原則においては、一般的には個人間の効用も衡量せざるを得ないのであり、裁判においては場合によっては個人間の効用の比較をすることは不可避である（特に差止請求の場合には、第三者を含めた衡量が特に重要となる）。もちろん、経済学的な比較をするわけではなく、法的観点から規範的に比較するものである。

---

68) 大塚・前掲（注65）『加藤一郎先生古稀記念』57頁。橋本教授も、操業開始後に予想外の健康被害が判明した場面では、それ以降の操業継続が危殆化行為（間接侵害）にとどまるか疑わしいとする。また、操業開始段階では操業の自由は現実化されておらず、重みが小さいとする（窪田編・前掲（注12）347頁〔橋本〕）。
69) 窪田編・前掲（注12）346頁〔橋本〕。山本敬三監修、中原太郎ほか著『民法6』（有斐閣、2022）31頁〔山本周平〕も同趣旨と思われる。
70) 山本顕治教授は、ハンドの定式に対して、合理的行動の仮定に反することがなぜ帰責を正当化するかという疑問を提起し、①合理的計算に失敗したことの愚かさに帰責性を求めているのか、②合理的計算に成功したが、その計算結果に従うべきなのに従わなかった点に帰責性を求めているのか、③「自分が行動を控えると自分には若干の損失しか生じないにもかかわらず、行動すれば多大の損失を他者に生ぜしめるものであれば、我々はその行動を控えるべきである」という考えに帰責性を求めているのかを問われる（山本・前掲（注63）883頁）。これらに関しては、①について「行為者がP・LがBより小さいと考えていたが、実はBを超えた」ような、合理的計算についての錯誤のケースはあり得るが、今日では過失は客観的行為義務違反であることから、この点を必ずしも重視する必要はないであろう。また、上記②および③に対して、Dobbsは、ハンドの定式は、少なくとも他者に対し、自らを律するのと同じ扱いをせよ、という（Dobbs, supra note 49 at 347.）。不法行為法が社会における効用の増加を（も）目的とするという立場を受容するか否かによって、この定式に対する評価は変わってくることになるが、裁判所としても、国の組織として社会の構成員の行動を判断する以上、このような判断を認めざるを得ない場面は存在すると思われる。

第2章　環境・有害物質のリスク

　結局、ここでは、裁判所が個人間の効用を比較すること自体はあり得るものの、生命・健康利益を重視し、それを（権利利益の程度が異なる）財産的利益のために犠牲にすることは認めるべきでないと考えられるのである。ハンドの定式が功利主義に陥っているとする批判に対しては、健康侵害と継続的侵害を例外とすることによって対処する趣旨である。

(3)　結果回避義務の程度に関連する比例原則的衡量のクライテリア

　(a)　（より広く）結果回避義務設定に当たっての回避コスト考慮・不考慮等

　結果回避義務がどこまで求められるかという点についての議論は、ハンドの定式の採否にとどまらない。四日市公害訴訟判決が、被告の損害回避義務は、技術的に最高水準とすべきであるとしているように、学説上は、技術的・経済的にみてどの程度までの損害回避義務が求められるかが論じられてきた[71]。比較法的には、EU 環境法では企業の公害対策として「利用可能な最善技術（BAT）」が求められるが[72]、わが国でこの種の議論をする場合に、その際の「利用可能な」とは、日本全国での利用可能性か、その業界での利用可能性か、当該事業者にとっての利用可能性と捉えるのか等の議論があり得る。一方、新潟水俣病第1次訴訟判決が指摘した、操業停止の可能性まで含めて回避措置を検討するときは、もはや回避コスト一般を度外視することになり、BAT の考え方とは異なることになる。

　このように、損害回避義務の程度の問題は、ハンドの定式の採否のみでなく、より広く、回避コスト[73]の考慮の有無を含めた観点から論じられるべきである。

---

71) なお、過失ではなく欠陥の問題であるが、製造物責任法4条の開発危険の抗弁においても、「製造物を流通においた時点における科学・技術の知識の水準」（「入手可能な最高水準」）、（通商産業省産業政策局消費経済課編『製造物責任法の解説』〔通商産業調査会、1994〕142頁（同旨答弁：衆議院商工委員会議録第5号〔1994年6月3日〕11頁〔経済企画庁坂本（導）政府委員〕、参議院会議録第22号〔同年6月17日〕5頁〔寺澤国務大臣〕））、すなわち、科学的・技術的実行可能性が抗弁を主張する水準とされてきた。
72) IPPC 指令（96/61/EU）。現行の産業排出指令（IED 指令。2010/75/EU）14条3項である（筆者によるものとして、大塚直「統合的汚染防止規制・統合的環境保護をめぐる問題について」法教325号〔2007〕110頁）。
73) ここでいう回避コストには、社会的有用性（公共性）の喪失・減少も含まれる。

この点に関して——他の法分野ではあるが——公法の中でも人の生命・健康の安全の確保を目的とする規定の具体的内容は、被害者の安全を目的とする不法行為法の要求する結果回避義務と共通するとの観点から、人身被害や生活妨害のおそれのある場合（事案類型）について、比例原則的衡量に関連するアメリカの連邦環境個別法における従来の議論を、ごく簡単に参照しておきたい[74]。

(b)　アメリカ連邦環境個別法上の考え方

　アメリカにおける健康・安全・環境の保護を目的とした連邦の環境個別法は、法律の目標、保護の水準、規制の水準などについて、さまざまな異なる基準（考え方）を用いている。それらは、①健康ベース立法（食品〔食品添加物、残留農薬〕に関する法制、当初の大気汚染に関する法制）、②技術（実効性）ベース立法（大気汚染、水質汚濁に関する法律のほか、安全飲料水法、労働安全衛生法など）、③リスク分析ベース立法（連邦殺虫剤・殺菌剤・殺鼠剤法〔FIFRA〕、化学物質に関する有害物質規制法〔TSCA〕など）に分かれる[75]。アメリカの環境個別法のリスクに対する対応は、その時々の社会の要請を反映した議員立法である点のほか、規制の水準に関する異なる考え方が裁判所によって精査され、確定してきた経緯がある点に特色がみられ、アメリカ以外の国においても参照に値すると考えられる。

　不法行為法における過失の判断においても、このような行政法規との関係は参考になる。確かに、行政法規における行為義務は不法行為法上の行為義務とは次元を異にするが、上述したように、安全確保や事故防止を目的とする行政法規については、危険制御を目的とする不法行為法上の行為義務と実際上重なり合うからである。この意味で行政法規の違反があれば過失が推定

---

74) 大塚・前掲（注68）56頁、同「未然防止原則、予防原則・予防的アプローチ(6)」法教290号（2004）87頁、畠山武道『環境リスクと予防原則Ⅰ』（信山社、2016）45頁以下。
75) R.V. Percival et al., Environmental Regulation : Law, Science, and Policy, 7th ed., 2013, pp.258, 259. 畠山・前掲（注74）45頁。なお、大統領令のレベルでは、規制一般に関して、CBAの考慮とBATの採用が支持されてきた（オバマ大統領による大統領令13563号〔76 Fed. Reg. 3821 (Jan. 21, 2011)〕）。

第 2 章　環境・有害物質のリスク

されるとの学説も存在するほどである[76]。

　それらをやや詳細に紹介すると以下のようである――。

　①健康ベース立法は、食品（食品添加物、残留農薬）、さらに、（当社の）大気汚染に関して行われた。食品に関しては、1958年に連邦食品・医薬品・化粧品法（FFDCA）の改正により、発がん性についてゼロリスク基準を採用した、いわゆるデラニー条項が有名である。もっとも、この条項は既存製品には適用されず、法律施行後に審査の申請があった新製品にのみ適用されたことから、結果的により残留農薬量が少ない新製品の使用が禁止され、残留農薬量が多い既存製品が継続して使用されるという問題が発生した。また、ゼロリスク基準が適用されない生鮮農作物等では定量的リスク評価に基づく規制がなされたため、むしろゼロリスク基準が適用される食品よりも厳しい規制がなされるに至った（デラニー・パラドックス）。その後、食品医薬品局（FDA）がゼロリスク基準に反発し、デミニマス基準を採用するものの、第9巡回連邦控訴裁判所が行政の裁量を否定する[77]という経緯を経たのち、1996年に食品品質保護法（FQPA）が制定され、原料食品または加工食品の残留農薬をデラニー条項の対象外とし、「損害が生じないであろうという合理的な確実性がある」[78]という基準（生涯発がんリスクが10^{-6}とされる）が定められた。

　大気汚染に関する有害大気汚染物質に関しては、1990年改正前の大気清浄法（CAA）112条において、環境保護庁（EPA）長官は、有害大気汚染物質ごとの全国排出基準を、「十分な安全性のマージン（安全余裕度）を備えていると判断した水準によって……定めるものとする」としていた[79]。塩化ビ

---

76) 窪田編・前掲（注12）348頁〔橋本〕。加藤一郎『不法行為〔増補版〕』（有斐閣、1974）72頁。
77) Les v. Reilly, 968 F. 2d 985（9th Cir. 1992）.
78) 21 U. S. C. § 346a (a) (1), (2) (A) (i) & (ii).
79) 改正前の42 U. S. C. § 7412 (b) (1) (B). これに対し、全国環境大気質基準（NAAQS）については、十分な安全性のマージンをもって公衆の健康を保護するために必須な基準でなければならないが（42 U.S.C. § 7409(b)(1)。二酸化硫黄、二酸化窒素、粒子状物質（PM）など6つの物質の基準が設定されている）、これについては、条文上費用を考慮してはならないとする連邦最高裁判所の判決が出されている（Whitman v.

ニルについてこの基準を適用するに当たり、EPA は、科学的不確実性の中で明確な閾値を決めることができず、結局、「利用可能な最善の抑制技術 (BACT)」の設定が授権されているとして規則を制定したところ、環境保護団体から、同条は費用と技術を考慮することを禁止しているとして基準の取消しを求める訴訟が提起された。EPA からの和解案の提示および取下げを経た訴訟において、コロンビア特別区巡回連邦控訴裁判所は、和解案を取り下げた EPA の決定を違法とし、同条の基準の判断過程は、①何が安全なのかという決定と、②安全性確保のための実効的なレベルの基準の決定という 2 つの手続に分けられるとし、①については費用や技術的実効性を考慮できないが、②については考慮できるとした[80]。その後、1990年の CAA 改正により、有害大気汚染物質に適用される排出基準は、「当該排出削減を達成するためのコスト及び大気以外のすべての健康及び環境への影響の質、並びにエネルギーの要請を考慮して定めた有害大気汚染物質排出の削減の最高限度(達成可能なときには当該排出の禁止を含む)を要求するものとする」という基準[81]に変更された。これは技術ベース基準への変更といえる。

　②技術ベース立法は、大気汚染、水質汚濁に関する法律のほか、安全飲料水法で行われた。これらの法律では、新規発生源か既存発生源か、基準達成地域か未達成地域か等によって、技術水準を具体的に示している[82]。

　また、労働安全衛生法は、「労働者が著しい健康又は機能的能力の損傷を被ることのないであろうことを、最善の利用し得る証拠に基づき、実効的な範囲で、最大限十分に確保する」という実効性ベースの基準を掲げており(6 条(b)(5))、いわゆるコットンダスト判決[83]でも、費用便益分析 (CBA) は求められていない[84]。

　　American Trucking Associations, Inc., 531 U.S. 457 (2001).)。
80) Natural Resources Defense Council v. EPA, 824 F.2d 1146 (D.C.Cir.1987)(en banc).
81) 42 U.S.C. § 7412(d)(2).
82) この点は、アメリカ環境法の特色といえる。基準の中には、費用と削減レベルの比較の考慮をも求めるものもあるが (BACT)、稀である。
83) American Textile Manufacturers Institute, Inc. v. Donovan, 452 U.S. 490 (1981).
84) 本判決の立場は、1990年代の裁判例でも維持されている (AFL-CIO v. OSHA, 965 F.2d 962 (11th Cir. 1992).

第 2 章　環境・有害物質のリスク

　他方で、③（CBA と結合した）リスク分析ベースの立法を行う法律群もある。連邦殺虫剤・殺菌剤・殺鼠剤法（FIFRA）、化学物質に関する有害物質規制法（TSCA）では、「不合理なリスク」、すなわち CBA が要求され、特に TSCA では、事業者に「最も負担が少ない」という要件が付されていたため（6 条）、EPA は分析に莫大なデータと時間を要することとなり、1989年のアスベスト規則案が第5巡回区連邦控訴裁判所で取り消され[85]、アスベスト規制が頓挫する結果となった。

　そして、学説上は、上記の①健康ベース基準、②技術（実効性）ベース基準は、実効性ベース基準としてひとまとまりに扱われ、これが、③（定量的リスク評価に基づく不合理なリスクの要求および CBA の要求と結合した）リスク分析ベースの考え方と対立して論じられるようになった。実行可能性ベースの考え方と、（CBA と結合した）リスク分析ベースの考え方は、学説上、大いに争われた[86]。

　リスクが未知である場合、不確実性が大きい場合には、定量的リスク評価に至らないため、実行可能性ベースの考え方をとることが適切になることは、私法においても重要な点である。

　いずれも、個々の法律の条文のもとに裁判所が判断しているが、他国から

---

[85] Corrosion Proof Fittings v. EPA, 947 F. 2d 1201 (5th Cir. 1991). その後、TSCA は、この判決に対する対応を1つの要因として2016年に改正された。改正法では、「不合理なリスク」の概念は規制権限発動基準として維持されたが、その存否の判断に当たって費用その他のリスク以外の要素を考慮してはならないこと、および潜在的に暴露される集団（幼児、妊婦、労働者、高齢者など）への「不合理なリスク」を考慮しなければならないことが明記されている（6 条(b)）。また、上記の「最も負担が少ない」要求事項という要件が削られた。もっとも、「費用その他のリスク以外の要素」は、（リスク管理措置の義務付けの成否を決する）「不合理なリスク」の存否の判断においては考慮が禁じられるが、リスク管理措置の選択に当たっては、合理的に利用可能な情報に基づき、実施可能な範囲において考慮されなければならないとされている（6 条(c)）。わが国での紹介として、辻雄一郎ほか編著『判例アメリカ環境法』〔勁草書房、2022〕130頁以下〔赤渕芳宏＝小林寛〕）。

[86] 論理的には、リスク分析ベースの考え方が CBA に直結するわけではない。CBA を行うためには「便益」が定量的に算定される必要があり、リスクが定量的に判断されることが前提となるため、CBA とリスク分析ベースの考え方が結び付きやすかったということができる。結果的に、リスク分析ベースの考え方が規制緩和の一環で論じられるに至ったものである。

⑥ 公害・環境・原発リスクと不法行為法（拡張版）

みて参考になるのは、実効性基準が用いられる場面と、CBA 基準が用いられる場面が区分されていること、実効性基準のあり方についてもケースによって区分していること[87]である。規制における CBA の要請は、ハンドの定式と類似する考え方であるが、アメリカの連邦法において、さまざまな場面を区分することによって、どのような場合に CBA を用いるかを議論してきたことは、今日においても重要な示唆を与えるものと考えられる[88]。

(c) わが国に関する検討

このように、人身被害や生活妨害のおそれのある場合（事案類型）について、上述したアメリカ公法上のクライテリア、さらにアメリカの不法行為法のリステイトメント[89]等[90]を考慮しつつ、回避コストとの関係で整理すると、A（リスクベース基準としての）健康ベース基準（等リスク基準を含む）、B（テクノロジーベース基準としての）経済的・技術的実行可能性基準[91]、C CBA の基準（「損失×可能性」と「犠牲にされる利益」の衡量基準。ハンドの定式、「不合理なリスク」基準）に分けることができる[92]。B、C はともにコスト考慮の基準であるが、両者の相違も重要である。

このような観点から、わが国の事前配慮が必要な被害類型として、公害と

---

87) 経済的技術的実行可能性についても、最善のものか、平均的なものか（水質について BAT と BPT の相違）、標準的な既存の技術で足りる（大気について RACT）か、が問題とされる。
88) なお、ベンゼンの発がん性規制に関して労働長官が技術ベース（又は実効性ベース）の安全基準を定めたことについて、連邦最高裁判決（Industrial Union Department, AFL-CIO v. American Petroleum institute, 448 U.S. 607 (1980).）は、労働安全衛生法が労働安全衛生基準を「合理的に必要な又は適切な諸条件……を要求する基準」と定義していることをもとに、「重大なリスク」が必要であるとの解釈を行い、定量的リスク評価を行うことを指示した。
89) 公害に関しては、Restatement of the Law second, Torts, *supra* note 49, §§821D, 825(b), 826, 828, 829A, 830（経済的実行可能性の考慮を原則とする。大塚・前掲（注68）51頁参照）; Restatement of the Law third, Torts, Liability for Physical and Emotional Harm, 2012, §61a.
90) EU 環境法では、予防原則を採用した上で、上記のように、企業の公害対策として「利用可能な最善技術（BAT）」を求めている。
91) なお、建築確認のように、必要最小限の技術水準が求められる場合もある（建築基準法1条）。
92) 大塚・前掲（注68）56頁、畠山・前掲（注74）45頁以下。

137

第2章　環境・有害物質のリスク

原発事故について検討すると、次のようになろう。

　公害賠償に関しては、①被害者に対する健康被害の可能性はあるとともに、継続的侵害であり一定時間経過後は加害者は被害を認識するため故意責任になること[93]、②被害者に受益がなく、ただ一方的に被害を受ける立場にあることから、A健康ベース基準を用いるべきである[94]。もっとも、B技術的実行可能性基準がAよりも厳格になる場合もあり、その場合にはBが用いられることがある。社会的有用性・公共性に関しては、付近住民の特別な犠牲のもとに、企業や国民一般が利益を受けるのは公平とはいいがたく、公共性は考慮されるべきではないと考える。ただし、被害者の危険への接近がある場合には、損害は被害者が選択したともいえることから、過失相殺されることがある。

　差止めに関しては、一般的には、被害と社会的有用性が衡量されるが（Cの基準となる）、健康被害の高度の蓋然性がある場合には、健康ベース基準（A）が採用されるべきであろう[95]。

　原発事故については、①人身被害の可能性を含む大規模被害であり、②被災者に直接の受益はない。差止めに関しても国賠に関しても、自然災害に基

---

[93] Restatement of the Law second, Torts, *supra* note 49, §825(b). わが国での指摘として、野村好弘「故意・過失および違法性」加藤一郎編『公害法の生成と展開』（岩波書店、1968）391頁、牛山積「故意・過失をめぐる判断について」ジュリ493号（1971）59頁など。

[94] この点は、公害賠償において、公共性を（重視はしないが）考慮はする判例の立場とやや異なる（学説の立場である）。「利用可能な最善の技術」の考え方は、わが国では立法上、VOCおよび水銀規制で用いられているほか、上記のように、原発差止訴訟判決の一部で用いられている（川内原発差止訴訟即時抗告事件決定〔福岡高宮崎支決平成28・4・6判時2290号90頁〕）。

[95] なお、公害訴訟（特に差止訴訟）において、公共性との衡量をする際に留意すべきことがある。かねて公害差止訴訟において公共性との衡量をする際には、原告被害者の被害との衡量をするだけでなく、原告になっていない潜在的被害者の被害との衡量もすべきであるとの考え方が一部の下級審裁判例（大阪高判昭和50・11・27判時797号36頁〔大阪国際空港公害訴訟控訴審判決〕など）で示され、学説上も有力である（例えば、大塚直「生活妨害の差止に関する基礎的考察（8・完）」法協107巻4号〔1990〕581頁）。もっとも、行政法研究者の一部からは強い反対がある。潜在的被害者の利益も第三者の利益に含まれるため、ハンドの定式を活用する際には、衡量の対象とすべきである。一部の行政法研究者の反対は、法廷外の者の利益を考慮する点を問題視するためであるが、このような批判をするのであればそもそも公共性との衡量はできないことになる。

づく事故であっても、(人身損害を含めた) 莫大な損害の可能性があるため、公共性との衡量は行われず、A安全基準 (また、それを超える場合にはB現在の科学技術的基準) に対する対応が要求されると考える[96]。国賠の過失については、地震の発生に関する科学的不確実性についての考慮が必要となり、この点は、予防的対応のところで述べた (→Ⅱ2(4)参照。その他の具体的な事件類型別の比例原則的衡量の検討については、大塚・本書「総括」論文に記す)。

Ⅲ　リスク侵害・不安損害と賠償・差止め

最後に、権利侵害論および損害論におけるリスクや不安の扱いに関する検討を行う。

1　リスクおよび不安[97]に関する侵害・損害についての裁判例等

人身侵害のリスクおよびその不安に関する侵害・損害についてはさまざまな訴訟が提起されてきた。差止訴訟に関する代表例は、廃棄物処分場と原発に対するものである。損害賠償訴訟に関する代表例は、福島原発事故に関する低レベル放射線被曝であり、いわゆる自主避難者および滞在者等の賠償、さらに、福島周辺地域からの災害廃棄物の他の地域への搬入・焼却に関する損害賠償訴訟である。

(1)　事案の類型化

リスクおよび不安に関する侵害・損害に対する何らかの法的対応が必要なことを前提とした場合、被害者の請求については、次の5つ (ないし6つ) の場合に分けることができよう[98]。

---

96) 大塚・前掲 (注57) 375頁、376頁。具体的には安全目標を用いることが考えられるが、現行の安全目標に関してはその根拠づけについて批判が強い。
97) ここにいう「不安」は、ベックの「リスク社会」論の認識論の部分に対応する。
98) この点に関しては、大塚直「平穏生活権と権利法益侵害・損害論」論究ジュリ30号 (2019) 114頁を修正し追加した。

第2章　環境・有害物質のリスク

1) リスク（またはそれに伴う不安）に対する差止請求

　リスクに対する差止請求[99]に関しては、原発の事故リスクに対して、人格権侵害に基づく差止を認容したものがいくつかみられる。また、廃棄物処分場からの汚染漏出のリスクに対しては、その不安を問題として（狭義の）平穏生活権侵害に基づく差止請求を認容した裁判例が少なくない（平穏生活権侵害構成は、暴力団事務所に対する差止請求訴訟を嚆矢とする）。これらの差止訴訟においては、①まず被告が必要な資料を提出しないと安全性の欠如を事実上推認する方法（前掲伊方原発取消訴訟最高裁判決を民事責任に転用した女川原発訴訟第1審判決〔仙台地判平成6・1・31判時1482号3頁〕が打ち出した証明の方法。「伊方型」と呼ばれる）[100]、②相当程度の可能性の証明を原告に要求する方法（相当程度の可能性アプローチ）、③汚染物質が到達する経路を分割し、その一部について被告の証明責任を課する方法（因果関係分割アプローチ）[101]に分かれる。これらの裁判例においては、（一旦発生したら生じるであろう）損害が大きいことから、（科学的に不確実なケースにおける）因果関係に関して予防的な配慮をしたものとみることもできる。他方、携帯電話鉄塔、感染症研究所、遺伝子組換え作物作付け、石炭火力発電所（に対する気候訴訟）[102]については差止めを認めた例はない。

---

[99] この点に関しては、大塚直「公害・環境分野での民事差止訴訟と団体訴訟」『加藤一郎先生追悼・変動する日本社会と法』（有斐閣、2011）641頁、同「環境民事差止訴訟の現代的課題——予防的科学訴訟とドイツにおける公法私法一体化論を中心として」『淡路剛久先生古稀祝賀・社会の発展と権利の創造』（有斐閣、2012）546頁、同・前掲（注57）355頁以下、同・前掲（注1）512頁以下参照。
[100] 原発差止請求の伊方型と呼ばれる判決群は、証明の方法を変更している点で、予防原則に親和性があるともみられるが、その一部の判決群は、規制基準に適合していれば事業者の安全性の証明がなされるとしており、この判決群は予防原則の発想に沿うものとはいえない（大塚・前掲（注57）366頁以下）。
[101] 千葉地判平成19・1・31判時1988号66頁（差止請求認容）。もっとも、控訴審（東京高判平成21・7・16判時2063号10頁）は、原判決後の経済基盤の変化等から、原判決の証明責任の分配は維持しつつ、棄却。最高裁（平成22・9・9）も上告棄却。
[102] 気候訴訟に関して、神戸地判令和5・3・20は、健康平穏生活権の侵害について、「原告らの不安は、不確定な将来の危険に対する不安である」とし、「現時点において、法的保護の対象となるべき深刻な不安とまではいえない」として、差止めは認められないとした。なお、気候訴訟においては、リスク侵害と構成するか、不安侵害と構成するかは、原告団の中で議論が分かれているようである。

2) リスクに対する不安自体に伴う精神的損害の賠償請求

ここで問題となるのはリスクに対する不安（恐怖）自体に伴う精神的損害であり、狭義の不安損害といえる。わが国の裁判例で認められたことのあるケースを挙げると、ⅰ（公害・環境・原発リスクではないが）ヘリコプターの墜落事件における死の恐怖（東京地判昭和61・9・16判時1206号7頁）[103]、ⅱ放射線被曝に対する不安による精神的苦痛（「相当量の線量地域に一定期間滞在し（てしまっ）たことによる健康不安に基礎を置く精神的損害」）[104][105]、ⅲ将来の損害発生に対する不安・恐怖として、アスベスト被災者らの「死に対する恐怖感」（大阪地判平成28・1・22判タ1426号49頁）が挙げられる。一方、ⅱに

---

[103] 本件では、被害者らは、墜落により傷害を負った。本判決に対しては、交通事故基準の他の事故への安易な適用をしなかった点、同基準で切り捨てられてしまう多様な非財産的被害を考慮した点で妥当なものとする見解（吉村良一「判批」ジュリ874号〔1986〕56頁）と、「傷害もなければ……いったん感じた恐怖はいやされ慰謝されたと見るのが社会通念」であるとか、「通常は傷害に対する慰謝料の中に吸収するのが適当」とする見解（西原道雄『「死の恐怖」と慰謝料』法教79号〔1987〕127頁）とが分かれた。

[104] 原子力損害賠償紛争審査会・東京電力株式会社福島第一、第二原子力発電所事故による原子力損害の範囲の判定等に関する中間指針第5次追補（2022）。同追補が従来の自主的避難等の慰謝料を拡充した点は、従来の考え方の単なる延長と見ることができるが、相当線量の被曝に基づく慰謝料については、後からそれについて知らされたため、被曝の不安に基づいて生活上の支障が出たり（滞在者の場合）、自主的に避難をしたり（自主的避難者の場合）したわけではない。いわば不安自体に基づく慰謝料を認定したという点で、第4次追補までの考え方とは異なっている。もっとも、第5次追補は、相当線量とは20mSV/年という、政府が避難指示をした放射線レベルを超えていることを明示しており、そこでは、被災者が若干の放射線を浴びたことだけで不安を感じても賠償請求ができるとの考え方は採用されていない。また、（特定避難勧奨地点を含めて）そのような区域に居住していたことを前提としているため、自ら放射線レベルを測定してその記録に基づいて賠償請求をするような事例は想定されていない。後述する「科学的に不適切とは言えない程度のリスク」に基づく不安があることは前提にされているといえる（詳しくは、大塚直「原子力損害賠償紛争審査会『中間指針第5次追補』について」『河上正二先生古稀記念・これからの民法・消費者法（Ⅰ）』〔信山社、2023〕551頁以下）。

[105] なお、かながわ訴訟第1審判決（横浜地判平成31・2・20裁判所ホームページ）は、福島原発事故の自主的避難等対象区域の滞在者について、将来がんに罹患したとしても、それが放射線被曝を原因とするものなのか、その他の要因によるものなのか判然としないという事態を受忍して生活を続けるということにほかならないとし、「当裁判所が認める自己決定権侵害……を肯認できる者は、このような事態を回避することと引換えに、従前の生活環境を放棄せざるを得なかった」と判断する。強制的避難の場合などにおいて、被曝をほとんどしなくて済んだときは、この損害は他の精神的損害に吸収される可能性もあろう。

第 2 章　環境・有害物質のリスク

関連して、(福島原発事故後) 北九州、大阪に岩手、宮城の災害廃棄物を搬入、焼却することの不安については、裁判例は賠償を認めなかった (福岡地小倉支判平成26・1・30判例地方自治384号45頁、大阪地判平成28・1・27裁判所ホームページ)。大阪地判は放射線被ばくが1mSV/年以下であることを認定している。仮に相当高い放射線量が検出される場合には、認められる可能性もあろう[106]。

　フランス法で裁判例上認められる不安損害[107]をも参照しつつ分類すると、①PTSD、テロ、ヘリコプターの墜落による精神的損害を含め、即死の不安や深刻な集団的な事件における不安 (一時的不安損害)、②低レベル放射性物質への被曝や同物質を含む廃棄物搬入・焼却に伴う潜在的リスクに対する不安損害 (継続的不安損害)、③将来の疾病発生可能性が明らかな場合の不安についての損害 (アスベスト、DES、欠陥ある心筋挿入管など) に分け得る。①の中には、特に不安損害として扱わなくても当然認められるものもあるが、これをその後の死傷に関する損害に吸収して把握するか否かが争われること

---

[106] 他方で、大阪高判平成5・7・9交通民集26巻4号837頁は、Y車がX車運転席に飛び込んでくると思い、死か大怪我の恐怖感を感じた事案につき、「現代社会は危険に満ち満ちており、他人の違法行為によって死ぬかと思ったりヒヤリとさせられたりして、恐怖や驚愕という精神的緊張の瞬間を強いられることが多々あるが、このような場合、被害者の主観的恐怖感ないし驚愕を理由として当然に慰謝料請求が是認されるものではなく、これが認められるか否かは、その加害行為の性質、態様、違法性の程度、生命、身体に対する侵害発生の可能性の有無、程度、発生した被害の内容、程度、恐怖・驚愕の時間と度合い等を総合的に考慮し、一般通常人を基準として、当該状況下において、その恐怖・驚愕を感得したことが、社会通念上、加害行為と相当因果関係のある精神的損害に当たると評価しうるもので、行為者に金銭をもってこれを慰謝させるのを相当とするか否かによって決せられる」とし、請求 (控訴) を棄却した。もし認められれば、一時的損害であり、生命健康侵害に関係する損害である。

[107] 住田守道「不安状況を理由とする被害者の非財産的損害の賠償──フランス・テロ事件を契機とする司法省提出レポートを中心に」大阪府立大経済研究64巻1～4号 (2019) 15頁以下 (住田守道『人身損害賠償法の研究』〔成文堂、2024〕139頁以下所収。ここでは、「大阪府立大経済研究」で引用する) は、司法省の報告書をもとに、テロによる精神的損害を中心とする不安損害に関して、フランス法の状況を紹介する。テロによる精神的損害の性格を特徴づけるものとして、①状況性と②例外性を挙げ、個人を取り囲む状況の異常な変化に着目すべきであるとされ、恐怖体験が共通損害とされる。なお、同報告書は、比較法的には、外傷を惹起する事件への直面に関する不安について賠償の対象となり得るとする国が多いが (米、西、蘭、ルーマニア、ベルギー)、独英は否定的であるとする。

142

になる[108]。③は、死の恐怖・不安であり、フランスでは、「明白なリスク」に対する不安としてこの損害を認めることが学説上も支持されている[109]。②は科学的不確実性を残しているが、③はそうではない点に違いがある。わが国では、①は当然認められるとして（ただし、独立した損害として把握すべきかが問題となる）、さらに、不安損害として②、③が認められ得ることにも問題は少ないと考えられるが、②（上記⑪）については、リスクが科学的に不適切な程度を超えることが必要かが課題となる。

3) リスク自体に伴う損害の賠償請求
──リスクと損害との因果関係が不確実な場合

水俣病未認定患者によるチッソへの損害賠償請求（水俣病東京訴訟判決〔東京地判平成4・2・7判タ782号65頁〕）、（公害・環境以外の問題であるが）医療事故における生存の相当程度の可能性侵害に関する請求（最判平成12・9・22民集54巻7号2574頁を嚆矢とする。このケースはリスクが実現してしまった点に特徴がある[110]）がこれに当たる。被害者の不安は問題とされていない。前者は医学的（科学的）不確実性、後者は医療技術的不確実性が問題となる。前者については上記の裁判例では部分的な賠償がなされている（認容されたのは慰謝料だが、包括慰謝料とみられる）が、後者については慰謝料を認めるにとどまっている[111]。後者は（後述するように）「機会の喪失」論とも類似す

---

108) ヘリコプター事件判決に対する評釈においては、この点の考え方が分かれた（前掲（注103））。
109) 斎藤・前掲（注26）100頁。
110) 米村教授は、相当程度の可能性侵害が発生すればその時点で損害賠償請求権が発生するとされる（米村滋人「『相当程度の可能性』法理の理論と展開」法学74巻6号〔2011〕920頁）。大変興味深いが、最高裁はその意図ではないと思われる。最高裁は相当程度の可能性侵害をリスク侵害（リスク権利侵害）と捉えているとはいえようが、リスク損害とは考えていないであろう。最高裁は、相当程度可能性侵害が発生した時点では権利侵害が発生したのみであり、損害については、その後に実体的な（死亡や重大な後遺症）損害が必要という趣旨であると思われる。
111) 相当程度の可能性侵害という特殊な例を最高裁が医療過誤についてのみ認めている理由を検討することは重要である。米村滋人教授は、①生命の基本的利益性、延命の価値を重視すべきこと、②規制では対処しにくく、司法（私法）で対処することが必要な例であることを挙げる（米村「『相当程度の可能性』法理の展開とリスク発生型不法行為」瀬川信久ほか編『民事責任法のフロンティア』〔有斐閣、2019〕519頁）。②は、医療過誤が個別ケースにおいて発生し、さまざまな状況があり得ることが関連していると思われ

第2章　環境・有害物質のリスク

る[112]。不利益回避機会の喪失が問題とされているのである[113]。

　　4)　リスク、不安を回避する被害者の行動から生じる損害の賠償請求

　福島原発事故による自主的避難者の損害、および滞在者の損害の一部は、これに当たる（平穏生活権侵害と構成される）。また、歩行者が軽二輪車と衝突はしなかったが、軽二輪車の運行が常軌を逸したものであったため、歩行者が驚いて転倒し、傷害を受けた事件（最判昭和47・5・30民集26巻4号939頁〔破棄差戻し〕）も、何らかの回避行動をとろうとしたとすると、このケースといえる。

　　5)　リスク、不安を回避する第三者の行動から生じる損害の賠償請求

　福島原発事故後に福島近辺に起きた農作物等の販売の減少、ホテルの空室率の増加等の風評損害の賠償請求、O-157の原因食材が貝割れ大根である可能性も否定できないと厚生大臣が公表したことに対する貝割れ生産者等の国家賠償請求（東京高判平成15・5・21判時1762号6頁〔一部認容〕など〔その後、原因は断定されていない〕）がこれに当たる。福島第一原発の処理水に関する風評損害もこの例である。

　　6)　その他

　なお、これらとは別に、リスクと損害の境界が不明確なものとして、騒音被害を挙げることができるが、この点については立ち入らない。

(2)　分析

　これらについては3点指摘できる。

　第1に、損害賠償請求について見れば、2)および3)はリスクおよびそれに伴う不安自体の損害にとどまっているが、4)および5)はリスクに伴う不

　　　る。さらに、医療現場において患者が極めて弱い立場にあることが多い点も理由として挙げることができよう。
112)　もっとも、逸失利益の部分的賠償を認めていない点で、機会の喪失論とは微妙に異なる面もある。
113)　なお、建物の瑕疵に関する最高裁判決（最判平成19・7・6民集61巻5号1769頁）のような事案については、リスク（ないし不安）も問題になり得るが、そもそも欠陥があったことが賠償の対象となるものであり、不安損害は通常の損害に吸収されるであろう。修補がなされるまでの期間について不安損害を独自の賠償の対象とするためには、それが法的に独立して対応が必要な損害となることの認定が必要となろう。

安から各主体が回避行動をすることによる損害であり、各主体の通常人としての心理が問題となることである。

　第2に、リスク自体による精神的損害の賠償2) に比べ、リスク回避行動による損害 4) は認められやすいと考えられることである。リスク回避行動による損害については、リスク自体の不安による精神的損害とは別の損害（自主的避難者の避難、滞在者の外出減少、転倒による傷害など）も発生しているのであり、いわば主観的ともいえる不安が明確な形をもって外部の損害として顕れたためである（その意味で、中間指針第5次追補[114]は、〔外部の損害として顕れていない〕2) の不安損害を明確に認めた点で、従来よりも一歩進展を示したことになる）。

　第3に、一般的なリスクによる損害については、（ヘリコプター事件の死の恐怖、軽二輪車転倒事件の転倒などのように）まさにリスクから法的に権利法益侵害・損害といえるほど重大なもの（不安・恐怖を含む）が発生したかを検討すれば足りるのに対し、福島原発事故における相当量の線量地域の滞在者や、自主的避難者のように、科学的不確実性のあるリスクに被害者が巻き込まれ、また、回避行動をとる際には、当該リスクに関して通常人が判断するときに、科学との関係をどう考えるべきかという問題が発生することであり、この点を権利法益侵害に当たるかという形で判断することが考えられるのである。

2　（科学的不確実性が存在するケースにおける）不安と権利法益侵害

(1) リスクに対する差止め・損害賠償

　リスクに対して差止訴訟が提起され得ることは、差止めの性質から当然であるが、リスク自体について損害と構成することはわが国の民法では困難であると考えられており、リスクを、損害賠償の前提としての権利法益侵害と構成できるかが問われることになる（→上記1(1)3)の裁判例はこれを肯定して

---

114)　前掲（注104）参照。

いることになる。3参照)。

(2) リスクに伴う不安に対する差止め・損害賠償

一方、リスクに伴う不安に基づいて権利法益侵害を認めるかについては争いがあり得る。この問題については、一部の民法学者からは、肯定することが支持されているが[115](古くは不安が受忍限度の問題として論じられたこともある[116])、一部の行政法学者からは否定説が主張されている[117][118]。

上記のさまざまな裁判例にみられるように、施設の設置、事業活動等の中には、それらに対する不安感・危惧感が著しいケースもあり、無視できるものではない。一方、不安に基づく賠償を認めるときは、それが主観的利益であることから、憶測に基づく損害の賠償をさせることにより社会活動を停滞させる可能性もある。したがって、両者の中間を探る必要があるとの視点を持ちつつ、不安に伴う損害を不法行為法に取り込むことが考えられる。

リスクに伴う不安に着目して、人格権の一種として主張されたのが、上記の平穏生活権であった（→上記1(1)1)。暴力団事務所、廃棄物処分場に対する差止訴訟)。平穏生活権概念の意義は、周辺住民の不安・恐怖感に着目し、通常の人格権よりも因果関係の帰着点を実質的に前倒しする点にあると評価されている[119]（もっとも、不安・恐怖感はリスク発生時に発生しているから、理論的には因果関係の帰着点を前倒しにしているわけではない)。例えば、廃棄物処分場差止訴訟におけるこの概念の導入は、（処分場からの漏出を経た）汚染

---

115) 特に福島原発事故の損害賠償請求との関係で論じられ、そこには、予防原則の視点も含まれている（吉村良一「福島原発事故賠償訴訟における『損害論』」判時2375＝2376号〔2018〕261頁以下、潮見佳男「福島原発賠償に関する中間指針等を踏まえた損害賠償法理の構築」淡路剛久ほか編『福島原発事故賠償の研究』〔日本評論社、2015〕114頁以下、同「損害算定の考え方」淡路剛久監修、吉村良一ほか編『原発事故被害回復の法と政策』〔日本評論社、2018〕54頁以下)。
116) 田中康久「慰謝料額の算定」坂井芳雄編『現代損害賠償法講座(7)』（日本評論社、1974）270頁。
117) 高木光「原発訴訟における民事法の役割」自治研究91巻10号（2015）23頁以下。
118) 住田・前掲（注107）16頁は、不安に関する損害賠償・差止めについては、学説上「定見がないままに実務が展開されてきた」とされる。
119) 大塚直「予防的科学訴訟と要件事実」伊藤滋夫編『環境法の要件事実』（日本評論社、2009）148頁、同「平穏生活権概念の展開」環境法研究8号（信山社、2018）5頁、窪田編・前掲（注12）365頁〔橋本〕。

物質の（被害者の）井戸水への（現在および将来の）混入についての（地層・地盤、地下水のあり方を含めた）科学的技術的不確実性と、それに伴う不安に関連している。ここでいう不安は、通常人の不安であると解されている（健康リスク型平穏生活権[120]）。平穏生活権構成を用い得る理由としては、原告に生命・健康の侵害発生の具体的危険についての証明を要求することは困難であること、不安・恐怖感の原因を作り出しているのはまさに被告であることを挙げることができる。

その後、裁判例は、リスクに伴う不安に関する平穏生活権の概念を、（差止めの問題だけでなく）損害賠償の事案で用いるに至ったが（→上記1(1)イ4）。なお、1(1)2)）、これは福島原発事故の賠償を契機としており、その嚆矢は中間指針[121]であった。

3 フランス法の状況

上記のように、フランスにおいてもリスク（および不安）を不法行為法でどう扱うべきかという点は、判例、学説上重要な議論の対象となっており、その紹介が比較的最近行われている[122]。その特徴をごく簡単に触れると、第1に、学説はリスク＝損害説（risque préjudiciable の語を用いる）と、リスク＝非損害説に分かれるが、（リスク自体は将来発生するかもしれない不確実性を有するものの）リスクに関する不安[123]を取り上げることによって、リスク＝

---

120) なお、健康リスク型平穏生活権以外の平穏生活権も主張されてきた。1つは内心型平穏生活権であり、判例においても認めるものも存在する（水俣病待たせ賃訴訟最高裁判決〔大塚・本書「問題提起」論文（注40）参照〕など）。もう1つは、包括的生活利益についての平穏生活権であり、福島原発訴訟で原告側が主張した（一部の裁判例はこれを認める）。後者は、狭義の平穏生活権とは別異のものであり、本稿では取り上げていない。
121) 原子力損害賠償紛争審査会・東京電力株式会社福島第一、第二原子力発電所事故による原子力損害の範囲の判定等に関する中間指針第1次追補（2011）、第2次追補（2012）。大塚直「福島第一原子力発電所事故による損害賠償」高橋滋＝大塚直編『震災・原発事故と環境法』（民事法研究会、2013）104頁、中島肇『原発賠償中間指針の考え方』（商事法務、2013）46頁。
122) 斎藤・前掲（注26）81頁以下。
123) なお、似て非なるものとして、実現してしまった体験に関する損害としての不安損害がみられる。テロ被害における不安損害がその例であり、アスベスト被害に関する未実現のリスクから生ずる不安との相違が指摘される（住田・前掲（注107）27頁）。ここで

非損害説においても、（不安という）確実な現在の精神的損害があるとしていることである。

　第2に、不法行為における損害の確実性という要件が問題となるものとして、このリスクに対する損害（不安損害）と、機会の喪失損害が挙げられており、「機会の喪失」は、被害者がすでに有していた機会を、加害者が奪った場合を扱っており、損害を被るリスクに被害者を新たにさらした場合である「リスクの創出」とは異なるとされていることである[124]。

　第3に、判例は、現実化可能性の程度が不安損害の賠償の成否を分けることを肯定していると考えられ[125]、リスクに対する不安損害は、（科学的な因果関係が立証困難な）「潜在的リスク」に対する不安損害（例：低周波の電磁波の長期曝露）と、「明白なリスク」に対する不安損害（例：アスベストの被曝）に区分されている（予防原則と、未然防止原則の相違と対応する）とともに、両者の連続性も指摘されていることである。斎藤教授も、潜在的リスクも、「将来いずれかの時点で」「科学的にみて不安を覚えるに値する段階に達したといえれば、不安は正当なものと認められ賠償の対象となる」とする。他方、フランスの学説の一部においては、不安損害の賠償が認められるのは、明白なリスクに限るべきであるとの主張も行われている[126]。

　第4に、フランスの裁判例では、不安損害について財産的損害（リスクの

　　は、不安というよりも、恐怖に基づくPTSDに対応するような精神的損害が問題とされている。
124)　機会の喪失論が前提とするのは、医療行為との関係では、患者がすでに最終的な不利益が発生するリスクを抱えていたという状況であると整理される（中原・前掲（注20）118頁）。フランスを中心とする機会の喪失論については利益取得機会の喪失と、不利益回避機会の喪失が問題とされること、欧州各国において、その民事責任法の条文や理論的前提との関係で様々な対応がなされているが、部分的賠償が有力な解決として認められつつあること等が注目される。リスクの創出との関係では、第1に本文に記した点のほか、第2に、リスクの創出においては、最終的な悪結果が賠償の対象となるのに対し、機会の喪失はそうではないとされる（中原太郎「『機会の喪失』論の比較法的位相」中原太郎編『現代独仏民事責任法の諸相』〔商事法務、2020〕特に24頁以下）。もっとも、第1の相違点については、被害者が既に有していた機会といえるかが問題となるため、区別が難しい場合が生じ得ると思われる。
125)　斎藤・前掲（注26）87頁注32。
126)　P. Jourudain, ≪ Les préjudices d'angoisse ≫, JCP G2015, p.739.

現実化を防止するためにかかった措置の費用、リスク源が近隣に存在するために下落した不動産価格の下落相当額）の賠償を認めている点も注目される[127]。

わが国の議論との関係では、上述したように、フランスの裁判例上、潜在的リスクに対して差止めを認めたものがみられたことが重要である。

4 （科学的不確実性が存在するケースにおいて）リスクに関連する損害について、どのような場合に権利法益侵害を認めるか

(1) 1(1)3)のケース

まず、上記1(1)3)のケース、すなわち、リスク自体に伴う損害について賠償を認める場合、通常の権利法益侵害（ないしそれに基づく損害）との関係で高度の蓋然性を要求しているルンバール判決との整合性をどう考えるべきか。

最高裁が新たな権利法益を創出した、医療事故における生存の相当程度の可能性侵害に関する判決は、まさにこの問題をクリアすること、つまり、不確実性に伴う損害（損失）の適正な分担[128]を図ることを意図していたといえる。もっとも、他方で、権利法益を変えることによって（生命侵害自体を問題とする場合と比べて）（通常の）因果関係の考え方を潜脱しているとみる余地もあるため、このようなことを行う場面の限定は必要となろう。これを認めた最高裁判決の事案は、ⓘ生命侵害や重大な後遺症を受けない利益が関連する点、ⓘⓘ加害者に高度の注意義務が課されている点、ⓘⓘⓘ医療的技術的不確実性が存在した点に特徴があるといえるが、[129]これを参考にして考察すると1(1)3)のリスク自体に伴う損害については、ⓘ生命侵害や重大な健康上の

---

127) Civ. Ier, 28 nov. 2007, n° 06-19405, Bull. civ. I, n° 372 ; Civ. 2e, 18 déc.1996, n°95-11329, Bull, civ. II, n°287. 斎藤・前掲（注26）86頁注29。
128) 生存の相当程度の可能性侵害に関して、中原・前掲（注20）121頁が指摘する点である。
129) 大塚・前掲（注13）825頁、同「民事訴訟における科学的不確実性の扱い」吉田ほか編・前掲（注19）51頁。中原太郎「機会の喪失論の現状と課題(1)」法時82巻11号(2010) 98頁はⓘⓘとⓘⓘⓘを挙げる。

利益が関連する場面であること、②加害者に高度の注意義務が課されていること、③科学的ないし医療的技術的不確実性があることが必要であると考えられる。

(2) その他のケース

　一方、リスクに対する不安・恐怖自体に伴う精神的損害［1(1)2)］、リスク、不安を回避する被害者の行動から生じる損害［1(1)4)］については、①〜③のほか、④(被害者の不安が)科学的に不適切とはいえない程度の社会的合理性を備えていることが必要であると考える[130]。④は、(不安に対する侵害である)平穏生活権侵害に含まれる要件といえよう(低レベル放射線被曝についてみれば、1mSV/年が一応の基準となるであろう[131])。すなわち、平穏生活権構成のもとでは、権利侵害は「通常人」(合理人)の感覚を基準として捉えられるところ、ここでいう「合理性」に関しては、──ⅰ科学的合理性か、ⅱ社会的合理性かという議論があるが──ⅲ科学的合理性を踏まえた社会的合理性というべきであると考える。この考え方は、(科学者に基づく)リスク評価を踏まえて(社会において)リスク管理を行うという上記のEUコミュニケーションペーパーの予防原則の発想[132](上述した〔Ⅱ2(3)(a)〕、筆者のいう「節度ある予防原則」)と整合する。上述した、限定された予防原則が活用されるべき場面である。

　なお、リスク、不安を回避する第三者の行動から生じる損害の賠償請求［1(1)5)］についても、①〜④が必要と考えられるが、この場面では、④については、第三者には(被害者と異なり)損害拡大防止義務はなく、通常人の心理については、通常人の行動に関する一般的傾向から判断するほかないことから、不安に関する科学的適切性は問題とならないと考えられる[133]。

---

130) 大塚・前掲（注98）110頁。
131) この点については、原告団においては反対の見解が主張される。
132) ここにいう「科学的合理性」は、科学的不確実性を踏まえた合理性であり、科学的不確実性のある場合に何も対応しないことを意味しない（予防原則の発想である）。また、「科学的合理性」のある見解が複数示されることはあり得る。
133) 風評損害について関係当事者の権利・自由から捉えたものとして、潮見佳男「不法行為後の風評による営業損害（逸失利益）の賠償法理」『河上正二先生古稀記念・これからの民法・消費者法（Ⅰ）』（信山社、2023）573頁以下。なお、個人情報漏洩による財産的

6 公害・環境・原発リスクと不法行為法（拡張版）

Ⅳ 結びに代えて

(1) 以上、公害・環境・原発リスクを主な対象として、①科学的不確実性および比例原則的衡量に関連した過失の判断枠組みの再構成等、②リスクや不安の扱いに関する権利侵害論および損害論に関する検討について、概述した。①については、総括で取りまとめを行うことにしたい。

(2) 最後に、結びに代えて一言しておく。公害・環境開発行為は、今後とも民事訴訟の問題として残っていくであろう。人々が営業活動を行い、有害物質を排出し、また、環境を一定程度以上破壊する中で、さまざまなリスク（ここでは継続的なリスク）が発生し続けるからである。他方で、原発の今後の趨勢は予測できないが、（継続的ではない）大規模事故損害の可能性を有する例[134]として、今後も議論されていくべきものであろう。不法行為法における過失の判断は、科学技術の基準の最新化に追いつく形で行われなければならず、この点は今後とも重要な課題であり続ける。また、公害訴訟や近時の原子力損害賠償訴訟は、従来、個々の原告・被告の間の（古典的な）矯正的正義を追求してきた不法行為法に、「多衆損害」という新たな問題に対処することを要請するものであったことをあらためて確認しておく必要があろう[135]。

　損害発生の不安は、生命・健康侵害とは別の重要な損害である。将来にわたり二次被害が発生する可能性はあり、その際には重要な損害となり得るため、独自の考察が必要となると思われる。現在の裁判例では、行為義務違反に対する比較的少額の慰謝料が認められる。もっとも、事案によっては相当額の賠償を認めないと損害発生の防止にはつながらない可能性もあろう。

134) メキシコ湾油濁事故はその例であるし、本年事業法が制定されたCCS（炭素貯留）についても事故の可能性がないわけではない。
135) 福島原発事故に関する不法行為責任を踏まえつつ、特に被害者多数の大規模訴訟においては、そうでない訴訟に比べて、分配的正義の介入がより必要になることを示した論文として、Y.Nomi, ≪ Structuring of Tort Liability from Corrective and Distributive Justice---From the Analysis of Fukushima Nuclear Accident ≫, Archives de Philosophie du droit 2022, p.235 et s. 能見教授は、ふるさと喪失の損害に関して（純粋経済損失と比較しつつ）新たな権利法益として保護されるとし、これを分配的正義の問題として扱う。また、自主避難者と滞在者を平等に扱ったことについて分配的正義に基づく矯正的正義の領域への介

151

第2章　環境・有害物質のリスク

　さらに、本稿では扱えなかったが、（大塚・本書「問題提起」論文Ⅲ3で触れた新たなリスクである）気候変動に対処するための各種の不法行為・差止訴訟（わが国では石炭火力発電所差止訴訟）については、——筆者としては、今後、熱中症患者の増大等により、裁判所が（被害者の）権利侵害を認めることはあり得る[136]と考えているが——、①因果関係の証明の困難、②違法性の証明の困難、③（不法行為責任を問題とした場合においては）個々の被告の発生させる損害が全体の損害のごく一部にとどまること（いわゆる重合的競合問題）への対処、というハードルがあり、——その政策訴訟としての重要性は疑いを容れにくいものの——そもそも民事の不法行為訴訟・差止訴訟で扱うことが可能か、という問題が突き付けられているといえよう[137]。

　　入として説明する。さらに、主として帰還困難区域の避難者の住居確保損害について、新築住宅に必要な費用と旧居宅の損害の差額の75％の賠償を認めたことについて、矯正的正義からは説明しにくいが、居住権の観点から理由づけられるとする。また、ペットの喪失による精神的苦痛の賠償については、判例に基づく通常の扱いと異なるとしつつ、これは、大規模不法行為における分配的正義が賠償を認めやすくした例であるとする。
136) 人格権について具体的な危険性を求められる場合には、そのような危険性のあるカテゴリーの者を原告団に加えることも必要になり得るであろう。
137) 大塚・前掲（注4）186頁以下。

アスベストによる健康被害の救済

成蹊大学教授　渡邉　知行

I　はじめに

　アスベスト（石綿）は、断熱、防火、保温などの効用があり、安価で有用な原料として、1990年代ころまで、建物の建材、水道などの配管、自動車のブレーキ部品、家電製品など多様な製品に使用されていた。他方、アスベストの粉じんにばく露されることによって、石綿肺、中皮腫、肺がん、びまん性胸膜肥厚など、重篤な石綿関連疾患を発症するリスクがある。吹付けアスベストについては、作業に際して粉じんが飛散して疾患を発症させるリスクが高く、1973年にアメリカで禁止され、日本では1975年に含有率5％を超える建材が原則として禁止された。さらに、1983年には、EC指令で青石綿の流通や使用を原則として禁止され、2005年までにすべてのEU諸国で全面的にアスベストの使用が禁止された。日本においても、1995年に茶石綿、青石綿を含有する製品の製造、輸入、使用等が禁止され、2004年にすべての石綿の使用が原則として禁止されている[1]。

　建物の建築、改修・解体などの作業において、アスベストを含有する建材を取り扱う作業従事者らは、石綿関連疾患を発症させるリスクのあるアスベスト粉じんにばく露される。このようなリスクを回避するために、作業従事

1）森永謙二編著『アスベスト汚染と健康被害〔第2版〕』（日本評論社、2006）36頁〜40頁〔古谷杉郎〕。

者が防じんマスクを着用する、作業現場に集じん装置が設置されるなどの措置がとられていなかったために、作業従事者らが重篤な石綿関連疾患を発症する集団的な健康被害が発生している。労災保険では、生活の不利益について十分な補償がなされず、建設現場の作業に従事する一人親方や中小事業者は、労災保険に特別加入をしていない限り、労災保険の補償を受けることはできない。

建材メーカーは、石綿関連疾患を発症させるリスクのある建材を、十分な警告表示をすることなく、大量に製造販売し、これらの建材が作業現場に配送されて、作業従事者は、その建材から発生する大量の粉じんにばく露されている。建材のリスクについて警告表示を怠った過失責任が問われている[2]。国は、労働安全衛生法に基づいて、作業従事者にアスベスト粉じんのリスクを警告したり、粉じんのばく露を防止する対策をとるための規制権限の不行使について、国家賠償法に基づく責任が問われている。

2008年5月以降、作業従事者らは、東京、横浜、大阪、京都、福岡、札幌などにおいて、40数社の建材メーカーらおよび国に対して、損害賠償を求めて提訴してきた。神奈川、大阪、京都の1陣訴訟および神奈川2陣訴訟の判決が最高裁で確定している。

2021年5月17日、最高裁が、国および建材メーカーの責任を限定的に認める判決を言い渡した（Ⅱ【1】最一判令和3・5・17民集75巻5号1359頁）。最高裁判決における、労働安全衛生法に基づく規制権限不行使の不作為による国の賠償責任の内容に従って[3]、同年6月9日に「特定石綿被害建設業務労働者等に対する給付金等の支給に関する法律」（建設石綿給付金法）が成立して、建設アスベスト給付金制度が法制化され、翌年1月19日に施行された。1972年10月1日から1975年9月30日までの期間に石綿の吹付け作業に

2）建材メーカーは、製造物責任法が施行された1995年7月1日以降に製造販売した建材については、製造物責任法3条の適用が問われることになる。後掲の判例においては、設計上の欠陥は認められず、指示・警告上の欠陥は過失責任における警告表示義務違反と同一の内容であると解されて、製造物責任法の適用は認められていない。
3）島村健「建設アスベスト訴訟上告審判決の意義」論究ジュリ37号（2021）176頁～180頁、桑原勇進「判批」法教494号（2021）65頁など参照。

係る建設業務、または、1975年10月１日から2004年９月30日までの期間に一定の屋内作業場で行われた作業に係る建設業務において、アスベスト粉じんにばく露される建設業務に従事することにより、中皮種や肺がんなどの石綿関連疾病に罹患した労働者・一人親方・中小事業主は、認定審査会の審査の結果に基づいて、病態区分に応じて550万円〜1,300万円の給付金が支給されるものである。所定の被害者には、建材メーカーらが被害者の損害額の２分の１を負担することを想定して、国からの拠出金によって損害額の２分の１に相当する金額が給付されている。給付金制度において、建材メーカーは、給付金の財源を拠出することはなく、確定した判決や和解の内容に従って、被害者に賠償金を支払っている。被害者は、訴訟を提起することなく、給付金制度を通じて、建材メーカーらの拠出による補償を受給できない。

　本稿では、最高裁判決を中心に判例の動向を考察し、判例の到達点や未解決の課題を踏まえて、被害者が迅速な救済を受けることができるように、公害健康被害補償制度を参照しながら、既存の給付金制度を規律する法律を改正して、重篤な健康被害が発生するリスクのある建材を製造販売したメーカーらがリスクに応じて拠出して、被害者が十分な医療補償や生活補償を受けることができる制度を検討する[4]。

Ⅱ　判例の動向

　これまでの下級審判決として、［1］横浜地判平成24・5・25（訟月59巻5号1157頁〔神奈川１陣〕）、［2］東京地判平成24・12・5（判時2183号194頁〔東京１陣〕）、［3］福岡地判平成26・11・7（九州１陣）、［4］大阪地判平成28・1・22（判タ1426号49頁〔大阪１陣〕）、［5］京都地判平成28・1・29（判時2305号22頁〔京都１陣〕）、［6］札幌地判平成29・2・14（判時2347号18頁

---

4 ）最高裁判決（後掲【1】【2】【3】【4】）を踏まえて、渡邉知行「建設アスベスト補償基金制度について」成蹊法学95号（2022）67頁以下において検討した。さらに、改修・解体作業従事者に対する警告表示義務について判示した後掲【5】も踏まえて、あらためて検討する。

〔北海道 1 陣〕)、〔7〕横浜地判平成29・10・24（神奈川 2 陣)、〔8〕東京高判平成29・10・27（判タ1444号137頁〔神奈川 1 陣、〔1〕控訴審〕)、〔9〕東京高判平成30・3・14（東京 1 陣、〔2〕控訴審〕)、〔10〕大阪高判平成30・8・31（判時2404号 4 頁〔京都 1 陣、〔5〕控訴審〕)、〔11〕大阪高判平成30・9・20（判時2404号240頁〔大阪 1 陣、〔4〕控訴審〕)、〔12〕福岡高判令和元・11・11（九州 1 陣、〔3〕控訴審)、〔13〕東京高判令和 2・8・28（判時2468＝2469号15頁〔神奈川 2 陣、〔7〕控訴審〕)、〔14〕東京地判令和 2・9・4（東京 2 陣)、〔15〕札幌地判令和 4・4・28（北海道 2 陣)、〔16〕札幌高判令和 4・5・30（北海道 1 陣、〔6〕控訴審)、〔17〕京都地判令和 5・3・23（京都 2 陣)、〔18〕大阪地判令和 5・6・30（判時2591号41頁〔大阪 2 陣・3 陣〕) がある。

　第 1 陣が提訴した段階においては、多数のメーカーらが、粉じんが石綿関連疾患を発症させるリスクを有する、アスベストを含有する大量の建材を製造販売して、多数の作業従事者らが疾患にり患した被害の実態に照らして、原告らは、建材を製造販売した主要な建材メーカーらによる共同不法行為ないし競合不法行為として、40数社のメーカーを被告として、損害賠償を請求したところ、請求が棄却された（〔1〕、〔2〕、〔3〕、〔4〕、〔6〕、〔9〕)。予備的請求において、原告ごとに、損害を発生させた可能性が高い建材メーカーを絞り込んで被告とすることによって、民法719条 1 項後段を通じて、原告らの一部の請求が認められるようになった（〔5〕、〔7〕、〔8〕、〔10〕、〔11〕、「12」、〔13〕、〔14〕、〔15〕、〔16〕、〔17〕、〔18〕)。

　すべての控訴審判決について、最高裁に上告受理が申し立てられたところ、2021年 5 月17日、最高裁は、 4 つの控訴審の上告審の判決を言い渡した。上告を受理した争点について判断して、建材メーカーら、国が賠償責任を負う法的根拠などを判示して、上告を棄却し、あるいは、原判決を破棄して高裁に差し戻す判決を言い渡した（前掲【1】最一判令和 3・5・17民集75巻 5 号1359頁〔〔8〕上告審])[5]、【2】最一判令和 3・5・17民集75巻 6 号2303頁

---

[5] 調査官解説として、中野琢郎「判解」曹時74巻 4 号（2022）75頁。大塚直「建設アスベスト訴訟最高裁判決（令和 3 年 5 月17日）における石綿含有建材メーカーの責任」論究ジュリ37号（2021）182頁、同「建設アスベスト訴訟最高裁判決における製造者の責

（［9］上告審）[6]、【3】最一判令和3・5・17判時2498号52頁（［10］上告審）、【4】最一判令和3・5・17判時2500号49頁（［11］上告審）。

　【1】判決は、建材メーカーの過失責任の内容について、原審（［8］）が認定した事実に基づいて、次のように判示する。結果回避義務違反について、「多数の建材メーカーは、石綿含有建材を製造販売する際に、当該建材が石綿を含有しており、当該建材から生ずる粉じんを吸入すると石綿肺、肺がん、中皮腫等の重篤な石綿関連疾患を発症する危険があること等を当該建材に表示する義務を負っていたにもかかわらず、その義務を履行していなかった」と解し、結果回避義務の前提となる予見可能性について、被告らが製造販売した建材が「建設現場に相当回数にわたり到達して用いられて」おり、被害者が、「建設現場において、複数の建材メーカーが製造販売した石綿含有建材を取り扱うことなどにより、累積的に石綿粉じんにばく露している」ことについて、「建材メーカーにとって想定し得た事態」であるという。

　最高裁は、被告建材メーカーについて、このような過失責任を負うことを前提として、警告表示義務の対象となる作業、民法719条1項後段の類推適用による被告らの責任の範囲や被告の加害行為の危険性（適格性）の判断基準について判示する。さらに、【5】最二判令和4・6・3判時2543＝2544号55頁（［13］上告審）は、警告表示義務の対象となる作業を限定する判断をする。本章では、このような最高裁判決の内容を考察することによって、建

任」環境法研究14号（2022）129頁、瀬川信久「判批」現代消費者法53号（2022）72頁、米村滋人「判批」『民法判例百選Ⅱ〔第9版〕』（2023）178頁など参照。【1】判決のほか、【2】判決も含めて、最高裁判決を総合的に考察する特集として、「建設アスベスト訴訟最高裁判決の意義と課題」法時93巻11号（2021）50頁以下、「アスベスト被害救済と建設アスベスト訴訟最高裁判決の意義」環境と公害51巻3号（2022）2頁以下。建材メーカーの責任を詳細に考察する判例研究として、石橋秀起「建設アスベスト訴訟における建材メーカーの集団的寄与度に応じた連帯責任」立命館法学399＝400号（2022）1頁、吉村良一「建設アスベスト訴訟最高裁判決」末川民事法研究9号（2022）73頁。調査官解説を踏まえて考察する論稿として、大塚直「共同不法行為・競合的不法行為論」民商158巻5号（2022）26頁。

6）調査官解説として、宮崎朋紀「判解」曹時74巻4号（2022）190頁。関連判例を含めて考察するものとして、加藤新太郎「建設アスベスト訴訟における建材現場到達事実の立証・事実認定に関する経験則違反・採証法則違反」NBL1205号（2021）101頁。

設アスベスト訴訟の事案において、判例準則による不法行為による民事責任を通じて、作業従事者が救済される限界を明確にする。

1 建材メーカーの警告表示義務の対象となる作業

(1) 屋外作業

　最高裁は、【3】判決および【4】判決において、作業従事者がばく露される粉じんの濃度の数値による石綿関連疾患を発症するリスクの程度を考慮して、屋外作業について建材メーカーの警告表示義務の前提となる予見可能性を否定して、建材メーカーの警告表示義務の対象を屋内作業に限定した。

　【3】判決の原審（[10]）および【4】判決の原審（[11]）は、屋外作業についても、建材メーカーの警告表示義務違反を認めている。[10] 判決は、屋外においても日本や諸外国の許容濃度を上回る測定結果も多く認められ、「屋外作業でも、屋根工事や外壁工事では、作業者が石綿含有建材の切断等の際に発じん点付近に顔を近づけて作業することがあり、屋根工事では、作業の性質上、風向きによって体勢を変えることは困難であるため、風向きによっては粉じんを直接吸入することもあったことも併せ考えれば、屋外作業における石綿粉じん曝露濃度も、建築作業従事者の健康に有害な影響を及ぼす危険性を有する」ものと解した。また、[11] 判決は、「建材を顔の前で切断するその作業についてみると、切断の場所が屋内か屋外かの差が大きいものとは考えられない」ので、「当然把握しておくべき事柄」であり、「屋内で使用される建材と同様，建築作業従事者が建材の加工時に発生する石綿粉じんに曝露し、石綿関連疾患を発症する危険性について予見可能性があった」ものと判断した。

　このような原審の判断に対して、【3】判決は、「屋外建設作業に係る石綿粉じん濃度の測定結果は、全体として屋内の作業に係る石綿粉じん濃度の測定結果を大きく下回る」、「屋内の作業場と異なり、風等により自然に換気がされ、石綿粉じん濃度が薄められる」として、建材メーカーが「石綿関連疾患にり患する危険が生じていることを認識」できる可能性を否定した。さらに、【4】判決は、【3】の判示した理由のほかに、許容濃度を超える測定結

果について、「屋外建設作業に従事する者が石綿含有建材の切断作業に従事する」「就業時間中の限られた時間」に「個人ばく露濃度を測定した」ので、「就業時間を通じてばく露する石綿粉じんの平均濃度は」「より低い数値となる」として、「就業時間を通じて屋内の作業場と同程度に高い濃度の石綿粉じんにばく露し続けるということはできない」と判示した。

　最高裁は、屋外作業について、許容限度を超える粉じんの濃度が生じることもあり、建材に顔を近づけて切断作業をすることによって屋内作業と同様の濃度の粉じんにばく露することが認められるにもかかわらず、屋内作業と比較してばく露される粉じんの濃度が平均的に低いことを理由として、作業従事者が石綿関連疾患を発症するリスクについて、警告表示義務の前提となる予見可能性が認められないと判断して、建材メーカー警告表示義務を負うことを否定している。

(2)　配線・配管などの後続作業

　最高裁は、【1】判決において、建物新築の作業の後に、建物に据え付けられた建材に配線や配管のため穴を開ける後続の作業の従事者に対して、建材メーカーが警告表示義務を負うものと解した。

　原審（[8]）は、後述する改修・解体作業と同様に、「新規出荷時の警告表示によって伝達された情報を契機としつつも、事業者による安全配慮義務の履行によって確保されるべき」であるとして、建材メーカーの警告表示義務を認めていない。

　これに対して、【1】判決は、「建物の工事の現場において」、石綿関連疾患を発症する「危険があることは、石綿含有建材に付された」「表示を契機として、当該工事を監督する立場にある者等を通じて、一旦使用された石綿含有建材に後から作業をする者にも伝達されるべきもの」であり、建材に「表示がされていなければ、当該工事を監督する立場にある者等が当該建材に石綿が含有されていること等を知る契機がなく」、疾患を発症する「危険があることを伝達することができない」と判示した。

　最高裁は、建材メーカーの警告表示義務について、作業現場に配送された建材を最初に加工して建物を新築する作業の監督者から伝達されることを理

159

第 2 章　環境・有害物質のリスク

由として、その建材から発生する粉じんにばく露されて石綿関連疾患を発症するリスクのある、建物に据え付けられた建材に配線、配管などをする作業の従事者も射程範囲にあるものと判断している。

(3)　改修・解体作業

最高裁は、【5】判決において、改修・解体作業の従事者に対して、原告らが主張した警告表示の方法によって作業従事者に警告情報を伝達できないとして、建材メーカーが警告表示義務を負うことを否定した。

原審（[13]）は、「個々の石綿含有建材自体に警告表示をする方法のほか、施工完了部位に貼付する警告表示材料……と、これを貼付するよう新築工事の施工者に依頼する文書とを建材に添付する方法や、当該石綿含有建材に関する注意書と、これを建物所有者に交付するよう依頼する文書とを建材に添付する方法……など」「結果の回避を可能とする警告表示の方法があると考えられ」、「このような方法をとっておけば、改修・解体工事の事業者は、石綿含有建材の有無、種類及び施工箇所等を事前に把握し、有効な石綿粉じんばく露対策をとることができるから、改修・解体工事作業従事者が石綿粉じんにばく露することを相当程度防止することができたと考えられる」と解して、建材メーカーの警告表示義務違反を認めた。

これに対して、【5】判決は、「石綿含有建材の中には、吹付け材のように当該建材自体に本件警告情報を記載することが困難なものがある上、その記載をしたとしても、加工等により当該記載が失われたり、他の建材、壁紙等と一体となるなどしてその視認が困難な状態となったりすることがあり得る。また、建物において石綿含有建材が使用される部位や態様は様々であるから、本件警告情報を記載したシール等を当該建材が使用された部分に貼付することが困難な場合がある上、その貼付がされたとしても、当該シール等の経年劣化等により本件警告情報の判読が困難な状態となることがあり得る。本件警告情報を記載した注意書及びその交付を求める文書を石綿含有建材に添付したとしても、当該建材が使用された建物の解体までには長期間を経るのが通常であり、その間に当該注意書の紛失等の事情が生じ得るのであって、当該注意書が解体作業従事者に提示される蓋然性が高いとはいえない」「いず

れも解体作業従事者が石綿粉じんにばく露する危険を回避するための本件警告情報の表示方法として実現性又は実効性に乏しいものというべきであり、上告人らが石綿含有建材を製造販売するに当たり、ほかに実効性等の高い表示方法があったということもできない」と判示した[7]。建材メーカーについて、「その製造販売した石綿含有建材が使用された建物の解体に関与し得る立場になく、建物の解体作業は、当該建物の解体を実施する事業者等において、当該建物の解体の時点での状況等を踏まえ、あらかじめ職業上の知見等に基づき安全性を確保するための調査をした上で必要な対策をとって行われるべき」であるという。

最高裁は、上述した建材メーカーによる建材への警告情報の記載や警告情報の文書の交付によるのでは、長期間の経過後に建材の記載の判読が困難になり、また、文書が紛失する可能性があり、改修・解体作業従事者に対して、警告情報を伝達することが困難であるとして、建材メーカーについて、作業従事者が石綿関連疾患を発症するリスクについて予見可能性を認めながら、これらの警告表示の方法による結果回避可能性が認められないとして、警告表示による結果回避義務を負うことを否定している。

(4) まとめ

最高裁は、建材メーカーの警告表示義務の前提となる、作業従事者が石綿関連疾患を発症するリスクの予見可能性について、ばく露される粉じんの濃度を考慮して、屋外作業の従事者に対しては否定し、建物の新築作業において、後続の作業も含めて、屋内作業の従事者に限定して認めた。さらに、このような予見可能性が認められる場合においても、改修・解体作業の従事者については、警告情報が伝達される可能性が低いと判断して、警告表示による結果回避義務を認めていない。

最高裁判決の後の下級審判決（[17]、[18]）は、最高裁の判断を踏襲して、建物新築に際しての屋内作業の従事者に限定して、被告建材メーカーの警告

---

7) 警告表示による方法以外の手段によって、改修・解体作業従事者に警告情報を伝達する手段を検討する必要がある。渡邉知行「建設アスベスト訴訟における改修・解体作業従事者に対する建材メーカーの責任」成蹊法学98号（2023）31頁～33頁。

第2章　環境・有害物質のリスク

表示義務違反による過失責任を認めている。

2　被告メーカーの責任の範囲と加害行為の適格性の判断基準

(1)　被告らの責任の範囲

　原告らの石綿関連疾患の発症について、建材メーカーらがどの程度の影響を与えているのかが不明である。最高裁は、【1】判決において、民法719条1項後段を類推適用して、適格性のある被告らの集団的寄与度の範囲で連帯して賠償責任を負うものと解している。

　原審（[8]）は、民法719条1項後段について、因果関係を事実上推定する規定であると解して、すべての加害者であり得る者を特定すること（加害行為の十分性）を要件としないと解した上で、中皮腫については、「加害行為が単独惹起力を備えるか否か必ずしも明らかでなく、加害行為の寄与度が不明の場合と同様に」、「被災者の全体的な曝露量との関係で、主要曝露建材を製造・販売した企業らの集団的寄与度を定め、これに応じた割合的責任の範囲で、民法719条1項後段を適用して連帯責任を負担させ」、他方、中皮腫以外の石綿関連疾患については、被告らの製造販売行為に単独惹起力がないので、原告らが加害者の一部しか特定しておらず、同項後段を適用できないので、民法709条の「原則どおり、各社の損害発生に対する寄与度に応じた割合による分割責任を負う」と解していた。

　これに対して、【1】判決は、まず、通説的見解に従って[8]、民法719条1項後段の趣旨について、「被害者の保護を図るため、公益的観点から、因果関係の立証責任を転換」する規定であり、「実際には被害者に損害を加えていない者らのみに損害賠償責任を負わせること」がないように、加害行為の十分性を要件とするものと判示した。

　そして、「本件においては、〔被告ら〕が製造販売した本件ボード三種が……本件被災大工らが稼働する建設現場に相当回数にわたり到達して用いられているものの、本件被災大工らが本件ボード三種を直接取り扱ったことに

---

8)　加藤一郎『不法行為〔増補版〕』（有斐閣、1974）211頁、四宮和夫『事務管理・不当利得・不法行為 下巻』（青林書院、1985）423頁・792頁など。

よる石綿粉じんのばく露量は、各自の石綿粉じんのばく露量全体の一部であり、また、〔被告ら〕が個別に上記の本件被災大工らの中皮腫の発症にどの程度の影響を与えたのかは明らかでないなどの諸事情がある。そこで、本件においては、被害者保護の見地から、〔民法719条1項後段〕が適用される場合との均衡を図って、同項後段の類推適用により、因果関係の立証責任が転換されると解する」が、「本件においては、本件被災大工らが本件ボード三種を直接取り扱ったことによる石綿粉じんのばく露量は、各自の石綿粉じんのばく露量全体の一部にとどまるという事情があるから、〔被告ら〕は、こうした事情等を考慮して定まるその行為の損害の発生に対する寄与度に応じた範囲で損害賠償責任を負う」と判示した。中皮腫以外の石綿関連疾患にり患した本件被災大工らについても、中皮腫にり患した本件被災大工らの場合と同様の事情にあるので、「〔被告ら〕は、中皮腫以外の石綿関連疾患にり患した本件被災大工らに対しても、中皮腫にり患した本件被災大工らに対するのと同様の損害賠償責任を負う」と解している。

　最高裁は、建設アスベスト訴訟の事案について、損害が発生する過程から寄与度不明の事案であるとして、加害者不明の事案に民法719条1項後段が適用される場合との均衡という観点から、同項後段が類推適用されて、被告らについて集団的寄与度の範囲で連帯責任を負うものと判示した。原告は、損害の発生に寄与したすべての建材メーカーらを特定する必要はないが、特定したメーカーらの集団的寄与度を基礎づける事実を証明できれば、その集団的寄与度の限度でメーカーらに賠償請求をすることが認められる。

　調査官解説によれば、集団的寄与度は、公平の観点から、原告の粉じんのばく露量における被告らが製造販売した建材による粉じんの割合だけでなく、過失相殺のように、加害者と被害者との関係、加害者らの関係などの諸般の事情が考慮される[9]。

(2)　**被告の行為の適格性の判断基準**

　民法719条1項後段が類推適用されるには、行為の適格性について、被告

---

9) 中野・前掲（注5）162頁〜163頁。

が製造販売した建材が原告の作業現場に到達した可能性によって、被告による原告が石綿関連疾患を発症するリスクに寄与したことが問われる。多数の控訴審判決（［8］、［11］、［12］、［13］）は、被告が製造販売した建材が原告の作業現場に到達した高度の蓋然性があることが必要であると解している[10]。原告らは、被告の行為の適格性を証明するために、国土交通省による建材の市場シェアのデータベースなどを提出した。

　原告らの請求を一部認容した控訴審判決（［8］、［10］、［11］、［12］、［13］）は、被告の行為の適格性について、このような証拠に基づいて、原告が扱った主要建材の市場シェアおよび原告が作業に従事した建設現場の数を踏まえた確率計算を考慮して判断した。他方、【2】判決の原審（［9］）は、国土交通省データベースについて、「石綿含有建材を製造又は販売したことがある企業を網羅しているとはいえず、一審被告企業ら以外に石綿含有建材を製造又は販売していた多数の企業が存在している」として、被告の行為の適格性を判断できないものと解した。

　【2】判決は、国土交通省データベースについて、「官公庁、業界団体、建材メーカー等が公表又は保有していたデータ等を収集して構築された後、相当期間にわたり専門家らにより逐次更新がされてきたものであって、少なくとも石綿含有建材の名称、製造者、製造期間等に係る掲載情報については相応の信用性がある」ので、「掲載情報により、現在までに製造販売された石綿含有建材の名称、製造者、製造期間等を認定」できるものと解した。そのうえで、「特定された石綿含有建材の同種の建材の中でのシェアが高ければ高いほど、また、特定の本件被災者がその建材の製造期間において作業をした建設現場の数が多ければ多いほど、建材現場到達事実が認められる蓋然性が高くなることは経験則上明らかである」ので、「他に考慮すべき個別的

---

10) 民法719条1項後段は、被告の加害行為と被害者の損害との間に個別的な因果関係を証明することができない事案に適用される。被告が製造販売した建材が原告の作業現場に到達した「相当程度の可能性」で足りると解する見解が有力である。大塚直編『新注釈民法(16)』（有斐閣、2022）304頁〜306頁〔大塚直〕、吉村良一『不法行為法［第6版］』（有斐閣、2022）283頁〜284頁。［10］判決は、加害行為の適格性を「相当程度の可能性」によって判断する。

要因が具体的に指摘されていないときには、上記のシェア及び上記の建設現場の数を踏まえた確率計算を考慮して建材現場到達事実を推認」できると判示した[11]。

　最高裁は、民法719条1項後段を類推適用する場合に、被告が製造販売した建材が作業現場に到達した事実を推認する、被告の適格性の判断基準として、国土交通省データベースによる建材の市場シェアを相応の信用性があるものと解して、被告が製造販売した建材の市場シェアと原告が作業に従事した作業現場の数に基づく確率計算によることができることを認めている。

　原告らの請求を一部認容した控訴審判決（［8］、［11］、［12］、［13］）によれば、原告が取り扱った主要建材について、10％程度以上の市場シェアを有するメーカーに行為の適格性が認められている[12]。

(3) まとめ

　最高裁は、建設アスベスト訴訟の事案について、寄与度不明の事案として、民法719条1項後段を類推適用して、行為の適格性がある被告らについて、集団的寄与度の範囲で連帯責任を負うものとする判例準則を定立した。被告の行為の適格性については、国土交通省データベースによる建材の市場シェアに相応の信用性を認めて、被告の建材の市場シェアと原告の作業現場の数による確率計算を通じて判断することを認めた。他方、同項後段が類推適用される場合に、このような確率計算を通じて行為の適格性が認められない、市場シェアの数値が一定程度に満たない建材メーカーは、製造販売した建材から発生する粉じんが作業従事者に石綿関連疾患を発症させるリスクがあることを予見できるにもかかわらず、作業従事者らに対する賠償責任を免れることになる。

---

11)「建材メーカーとして入手可能な様々な資料を提出してその誤りを指摘することは必ずしも困難ではない」ので、被告らが「本件立証手法による認定を妨げる立証活動をしない場合にはそのことも踏まえて、建材現場到達事実を推認することは可能である」という。
12) ［10］判決は、被告の適格性について、被告の建材が作業現場に到達した「相当程度の可能性」を判断基準とするが、確率計算を通じて20％以上の市場シェアを有する被告に認めている。

第2章　環境・有害物質のリスク

　最高裁判決の後の下級審判決（[15]、[16]、[17]、[18]）は、このような判例準則に従って、被告の行為の適格性、行為の適格性がある被告らの責任の範囲を判断する。

　アメリカでは、多数の製薬業者らが関与する薬害の事案において、カリフォルニア州（Sindell v. Abbott Labs. 26 Cal.3d 588, 163 Cal.,Rptr. 132,607 P.2d 924, cert.denied, 449 U.S.912 (1980)）やニューヨーク州（Hymowitz v. Eli Lilly & Co. 73 N.Y.2d 487,539 N.E.2d 1069,541 N.Y.S.2d 941, cert.denied,110 S.Ct.350 (1989)）が採用する判例準則である市場占有率責任（market share liability）に基づいて、被告メーカーらは、製造販売した医薬品の市場シェアに応じて、すなわち、製造販売した医薬品が疾患を発症させるリスクの程度に応じて、原告らに賠償責任を負う。有力説は、民法719条1項後段の解釈を通じて、被告建材メーカーらが製造販売した建材が石綿関連疾患を発症させるリスクに応じて、賠償責任を負うものと解することを主張する[13]。建設アスベスト訴訟の事案では、相応の信用性が認められる国土交通省データベースによる建材の市場シェアによって、被告の製造販売した建材が原告に疾患を発症させるリスクを算定することができる。訴訟においては、このような賠償責任が認められるか否かは、争点とされていない。

3　判例準則による被害者救済の限界

　建設アスベスト訴訟の事案は、多数のメーカーがアスベストを含有する建材を大量に製造販売し、作業現場に配送された建材から発生する粉じんにばく露されて重篤な石綿関連疾患を発症した作業従事者の健康被害の救済が問われている。

　被害者は、民法709条の過失責任に基づいて、加害者である建材メーカーを被告として損害賠償を請求する。被告メーカーには、被害者ら全体の集団でなく、被害者個人に対する結果回避義務違反やその前提となる予見可能性

---

13) 前田陽一「共同不法行為論の展開と平井理論」瀬川信久ほか編『民事責任法のフロンティア』（有斐閣、2019）501頁、大塚・前掲（注10）315頁〜317頁、渡邉知行「建設アスベスト訴訟における建材メーカーの責任（2完）」成蹊法学91号（2019）40頁〜41頁。

が問われて、賠償請求の当否が判断されている。そのために、最高裁判決において、屋外作業に従事した被害者には、予見可能性がないこと理由に、また、改修・解体作業に従事した被害者には、メーカーによる警告表示が伝達される可能性が低く、結果回避可能性がないことを理由に、賠償請求が認められない判断がなされるに至っている。

　粉じんにばく露された建材を製造販売したメーカーらを特定できない原告は、民法719条1項後段の類推適用を通じて、被告が製造販売した建材の市場シェアと原告が従事した作業現場の数による確率計算を通じて、原告の作業現場に製造販売した建材が到達した事実が推認されて、行為の適格性が認められるメーカーらを被告として、被告らによる集団的寄与度の限度で連帯責任を追及できる。このような行為の適格性が認められるのは、控訴審判決によれば、原告が取り扱った種類の建材の市場シェアが10％程度以上であるメーカーである。行為の適格性が認められないメーカーは、製造販売した建材の量に応じて、建材から発生する粉じんによって作業従事者に石綿関連疾患を発症させるリスクに寄与しているにもかかわらず、リスクの程度に応じて賠償責任を負うことはない。他方、被害者は、行為の適格性が認められるメーカーらをすべて被告として提訴しても、被告らの集団的寄与度の範囲を超えて、発生した損害の全額の賠償を得ることはできない。

　不法行為制度は、個別的な被害者について、賠償義務を負う加害者から賠償金の支払を受けることによって損害を塡補する制度である。建設アスベストの事案を全体として公平に解決するには、不法行為制度の限界を超えて、加害者らの集団と被害者らの集団との間で、加害者らに損害の発生に寄与した程度に応じて損害の費用を負担させて、被害者が損害の内容や程度に応じて、補償給付を受けることができる制度を整備する必要がある。

　そこで、次章では、既存の公害健康被害補償制度を参照して、建材メーカーに費用を負担させて被害者に十分な医療補償や生活補償がなされる制度をどのように整備するべきかを検討する。

Ⅲ　建材メーカーの費用負担による補償給付

　本章では、公害健康被害補償の概要を見た上で、疾患を発症した作業従事者に十分な医療補償や生活補償がなされるように、建材メーカーらが製造販売した建材が作業従事者らに石綿関連疾患を発症させるリスクに応じて、補償の費用を負担する制度をどのように整備することが求められるのかを検討する。

1　公害健康被害補償制度

　公害対策基本法に基づいて、1969年に、公害に係る健康被害の救済に関する特別措置法が制定されて、著しい大気汚染または水質汚濁による疾病が多発した地域において、国と産業界とが費用を折半して負担することによって、患者らに医療費が支給された。
　四日市公害訴訟第1審判決（津地四日市支判昭和47・7・24判時672号30頁）において、原告患者らによる被告企業ら6社に対する損害賠償請求を認容する判決が確定したことを契機として、1973年に公害健康被害補償法（以下、「公健法」という）が制定されて、公害健康被害補償制度が確立された。本法は、「健康被害に係る被害者等の迅速かつ公正な保護及び健康の確保を図ることを目的」として、大気汚染または水質汚濁による健康被害を補償する（1条）。本制度による補償は、公害の原因となる汚染物質を排出した者の民事責任を前提とする損害賠償の性質を有し、「原因者集団としての責任を基礎として、環境汚染による健康被害を填補するための補償を行う」「もっぱら被害者の救済を目的とした制度である」[14]。
　本制度においては、公害被害者に対して、汚染原因者らが費用を負担する

---

14) 城戸謙次編著『逐条解説公害健康被害補償法』（ぎょうせい、1975）50頁。

ことを通じて、従前の特措法のように医療費を給付するにとどまらず、逸失利益や慰謝料を考慮した生活補償に関わる給付もなされる。認定患者には、①療養給付・療養費、②障害補償費、③遺族補償費、④遺族補償一時金、⑤児童補償手当、⑥療養手当、および⑦葬祭料が支給される（公健法3条）。

　著しい大気汚染によって疾病が多発する地域として政令で指定される第一種地域（公健法2条1項）においては、都道府県知事は、政令で指定された疾病に罹患していると認められる者の申請に基づいて、当該疾病が当該地域の大気汚染による旨の認定を行う（同法4条1項）。指定疾病は、呼吸器系疾患として、①気管支喘息、②慢性気管支炎、③喘息性気管支炎、④肺気腫である。このような疾病が多発する第一種地域として、東京都内の19区、千葉、横浜、川崎、富士、名古屋、四日市、大阪、尼崎、神戸、倉敷、北九州など41地域が指定された。非特異性である指定疾患は、大気汚染が発生していない地域においても、アレルギーや喫煙などの他の原因によって発症する。第一種地域においては、指定疾患が多発していることを考慮して、一定の期間にわたって居住または勤務する患者は、他の原因によって疾患を発症した可能性があっても、いわゆる因果関係の割切りをして、所定の給付を受けることができる。

　公健法が制定された当時、第一種地域において、大気汚染による健康被害の主要な原因は、まず、工場・事業場から排出される二酸化硫黄などの有害物質を含むばい煙、次いで、二酸化窒素などの有害物質が含まれる自動車排ガスである。このような汚染源に関与する者が、認定患者の補償給付のために公平に費用を負担するように、大気汚染物質を排出する事業者に排出量に応じて汚染負荷量賦課金を課して、事業者らに全体として費用の8割を負担させ、また、自動車排ガスに関して自動車重量税から費用の2割を徴収する。

　汚染負荷賦課金の納付義務者は、ばい煙排出施設を設置して、その施設から指定疾病に影響を与える大気汚染物質を排出する、一定規模以上の事業者である（公健法52条）。対象となる事業場の規模や賦課料率は、地域の大気汚染の程度によって補償給付がなされる可能性が異なるので、地域で被害が発生する可能性に応じて差異を設けている。事業者らは、指定疾病を発症さ

第2章　環境・有害物質のリスク

せるリスクがある大気汚染物質の排出量に応じて賦課金を納付することによって、健康被害を発生させるリスクの程度に応じて費用を負担することになる。

　1987年に公健法が改正されて、第一種地域の指定がすべて解除された。第一種地域の気管支ぜん息など呼吸器系疾患の有症率が改善されていないが、事業者らが脱硫装置などによって硫黄酸化物の排出量を削減することによって、大気中の硫黄酸化物の濃度が改善されたとして、産業界が指定地域を解除する要請をしたことによる。

　公害健康被害補償制度は、大気汚染物質の排出量を基準として、市場占有率責任［→Ⅱ2(3)］のように、事業者らの施設が排出したばい煙について、健康被害を発生させるリスクの程度に応じて、認定患者に給付する費用を排出者に負担させている。多数の事業者が、集団的な健康被害を発生させるリスクのあるばい煙を排出した場合には、認定患者らの健康被害の発生に寄与したリスクの程度に応じて、事業者らに補償給付の費用を負担させることによって、認定患者の補償給付の財源を事業者らから確保し、事業者らに、ばい煙が含有する有害物質を削減して健康被害の発生を回避する行動を促すのである。

2　建設アスベストの被害補償制度

　建設アスベスト訴訟の事案においては、多数の建材メーカーらが、石綿関連疾患を発症させるリスクのあるアスベストを含有する建材を、十分な警告表示をすることなく長期間にわたって大量に製造販売して建設作業現場に配送させて、作業現場で建材を扱う作業従事者らが、建材から発生するアスベスト粉じんにばく露されて石綿関連疾患を発症する被害を受けている。建材メーカーらは、製造販売の実績に応じて収益を得る一方で、作業従事者らに集団的な健康被害を発生させている。このような被害者らを、裁判手続を経ることなく、公平かつ迅速に十分な被害の補償をして救済するには、公害健康被害補償制度を参照して、メーカーらが被害を発生させるリスクに寄与した程度に応じて費用を負担する基金制度を整備することが必要である。

7　アスベストによる健康被害の救済

(1)　建材メーカーによる費用の負担

　建設アスベスト訴訟の事案において、作業従事者らは、建材メーカーらが製造販売した建材から発生する粉じんによって、石綿関連疾患を発症する健康被害を受けている。建材が建物を建築するために使用されて建物が解体されるに至るまで、メーカーらは、作業従事者が粉じんにばく露されて疾患を発症するリスクに寄与している。作業従事者に対して、公平に適うように健康被害を補償するには、アスベスト粉じんが疾患を発症させるリスクや粉じんに作業現場でばく露されるリスクを回避する手段をとることについて、メーカーらが警告表示を怠った過失責任に基づいて、作業の種類や作業の時期を問うことなく、すべての被害者らについて、疾患を発症させるリスクに寄与したメーカーらのリスクの程度に応じた費用の負担によって、健康被害による損害が十分に補償される給付を受ける対象となることが求められる。

　最高裁判決は、建材メーカーらの過失責任について、新築建物の建設作業のうち、後続の配線・配管作業なども含む屋内作業において、高濃度のアスベストを含有する粉じんにばく露されて石綿関連疾患を発症した作業従事者に限定する。不法行為の過失責任は、個別的な被害者に対するメーカーらの警告表示義務違反が問われる。屋外作業の従事者に対しては、屋内作業よりもばく露される粉じんの濃度が非常に低いことを理由として、メーカーらに疾患を発症するリスクの予見可能性を認められないので、メーカーが警告表示義務を負わないと解する。また、改修・解体作業の従事者に対しては、建材に付した警告表示が作業従事者に伝達される可能性が低いために結果回避可能性が認められないことを理由として、メーカーらが警告表示義務を負わないものと解する。

　被害者補償制度において建材メーカーらに問われるのは、個別的な被害者に対する結果回避義務違反ではなく、被害者全体に対する結果回避義務違反である。石綿関連疾患を発症させるリスクのあるアスベストを含有する建材を製造販売して流通させて、作業従事者らが粉じんにばく露されて疾患を発症するリスクに関与しているのであり、このようにして疾患を発症するリスクに寄与したすべての作業従事者に対して、アスベストが疾患を発症させる

171

第2章　環境・有害物質のリスク

リスクやそのリスクを回避する手段について、警告情報を周知させる義務を負うものと解されるのである。補償給付の対象となる作業が、建物新築の屋内作業に限定され、屋外作業や改修・解体作業が除外されることにはならないのである。

　建材メーカーらが費用を負担することを基礎づける、作業従事者全体に対する過失責任を負う始期について、どのように判断することが公平に適うのか。

　控訴審において、［8］判決は、「吹付け作業が高濃度の石綿粉じんを発散させることは明らかであり、昭和46年から昭和47年にかけて、米国全州においてこれを禁止する動きが生じていたこと、昭和47年頃に石綿の発がん性に関する医学的知見が確立したことを勘案」して、「吹付け材が建築基準法上の耐火構造等に指定等されて」違法に使用されていたのではないにもかかわらず、「吹付け材を製造・販売する者において、昭和48年以降、吹付け作業が作業従事者及び周囲の者等に石綿関連疾患を発症させる危険性が高いことを予見し、その安全性を確保するために必要な警告を行う義務が生じた」と判断する。さらに、［10］判決は、アスベストの「曝露濃度は、吹付け工による石綿吹付け作業について、昭和46年時点で当時の許容濃度を大幅に超え」ており、建材メーカーらは、「建築現場における石綿粉じん作業の実態、建築作業従事者の石綿粉じん曝露濃度、有効な石綿粉じん曝露防止対策とその実施状況等を認識し、あるいは建築現場を調査し、石綿粉じん濃度を測定するなどして、容易に認識することが可能であった」として、昭和46年中に予見可能性が認められ、警告表示義務を負うものと判断する。

　このような判例の動向に従えば、遅くとも1971年（昭和46年）ころには、吹付作業の従事者が粉じんにばく露されて石綿関連疾患を発症するリスクを認識することを通じて、建材を取り扱う作業従事者らが粉じんにばく露されて疾患を発症するリスクにさらされていることを認識できたものといえる。遅くとも1971年ころ以降には、建材メーカーらが被害者らに全体に対する過失責任に基づいて、製造販売した建材が作業従事者らに疾患を発症させるリスクの程度に応じて、補償給付の費用を負担するべきであるといえる。さ

らに、1970年以前においても、建材メーカーらは、海外での最新の調査研究の情報にアクセスしやすく、建材を製造する過程においても疾患を発症させるリスクを把握できる立場にあるので、医学的知見が確立されるに至らない時期においても、予見可能性を認めることもできよう[15]。

(2) 建材メーカーが費用を負担する基準

公害健康被害補償制度では、第一種地域の大気汚染による指定疾病について、アレルギー体質や喫煙など他の原因によることも考えられるにもかかわらず、因果関係の割切りをして、ばい煙を排出して疾患を発症させるリスクに寄与した事業者らは、そのリスクの程度の指標となる排出量に応じて、認定患者の補償給付の費用を負担する。

建設アスベスト事案では、作業従事者が発症した石綿関連疾患の原因は、作業現場で大量に使用された、建材メーカーらが製造販売したアスベスト含有建材である。専ら他の原因によるという可能性は考えられない。喫煙歴のある作業従事者が肺がんを発症した場合には、アスベスト粉じんとともに喫煙も寄与している可能性があるが、作業現場でばく露されるアスベストの有害性を考慮すると、その寄与度は低いといえる[16]。

また、公害健康被害補償制度においては、大気汚染の原因として、工場・事業場によるばい煙のほか、自動車排ガスの寄与について、自動車重量税からの拠出金として他の原因者に費用を分担させている。建設アスベスト事案では、石綿関連疾患について、建材メーカーら以外に主要な原因者が存在しない。工場・事業場のばい煙による汚染物質の排出が改善されたことによって指定地域が解除されたように、メーカーらの負担を減免する問題は生じない。作業従事者らが石綿関連疾患を発症することによる損害の全体について、メーカーごとに寄与したリスクの程度に応じて、他の原因者が寄与したリスクを考慮することなく、費用を負担する基準を決めることができる。

---

15) 渡邉知行「建設アスベスト訴訟における建材メーカーの警告表示義務」『吉村良一先生古稀記念・現代市民社会における法の役割』(日本評論社、2020) 287頁～289頁。
16) 原告らの請求を一部認容する判決は、肺がんを発症した者のうち、喫煙歴のある者について、民法722条2項を類推適用して、慰謝料額の1割を減額する。

第2章　環境・有害物質のリスク

　公害健康被害補償制度の第一種地域については、排出事業者は、ばい煙の排出による大気汚染への影響は立地の地形や気象状況などにも左右されるにもかかわらず[17]、総排出量に対する排出量の割合を大気汚染への寄与度、すなわち疾患を発症させるリスクの程度であるとみなして、排出量の割合に応じて汚染負荷賦課金を負担する。建設アスベスト事案の被害者を補償する基金制度においても、各々のメーカーの負担をめぐって紛争が生じることなく、被害者を迅速に補償する資金を徴収できるように、複雑な計算を要しない簡明な基準によることが必要である。

　メーカーが製造販売する建材は、製品の種類・態様、作業の内容、作業現場の状況などによって疾患を発症させるリスクの程度が異なっている。市場占有率責任のように、建材の種類ごとの市場シェアを、疾患を発症させるリスクの程度の指標とすることには合理性があるとはいえない。建材が使用されて建築された建物は、改修などを経て解体に至ることを見れば、建材が含有するアスベストは、建築から解体に至るまでの各々の工事において、作業現場で大気中に粉じんとなって飛散して、作業従事者が疾患を発症するリスクを有するものと評価できる。そこで、建材メーカーらが国内で製造販売した建材に使用したアスベストの総量に対する、各々のメーカーが使用したアスベストの総量の割合を、疾患を発症させるリスクの指標として、被害者を補償する費用を負担させることに合理性があるといえる。

(3)　費用負担の課題

　基金制度における費用の負担には、次のような課題がある。

　第1に、健康被害を補償する費用について、建設石綿給付金法に基づいて負担する国との間で、メーカーらの負担をどのような基準でどのような割合にするべきかを決する必要がある。国は、労働安全衛生法に基づく規制権限の不行使によって、また、建材メーカーは、警告表示義務に違反して建材を製造販売したことによって、賠償責任が認められている。多数の控訴審判決

---

[17] 大気汚染公害訴訟（西淀川第一次訴訟〔大阪地判平成3・3・29判時1383号22頁〕など）では、汚染物質を含有するばい煙を排出した被告について、地形や気象状況などを考慮して、因果関係や寄与度を判断する。

（[8]、[12]、[13]）は、国の責任を二次的・補充的なものであると解して、国がメーカーらと連帯して責任を負う割合を3分の1であると解している。他方、[11]判決は、通常の国の責任が二次的・補充的であると解した上で、建材の普及が国の住宅政策に起因し、国が製造を禁止する規制権限を行使して作業従事者に直接影響を及ぼすことができるとして、国が責任を負う割合を2分の1であると解している。建設アスベスト給付金制度は、国が負担する割合を2分の1とすることを前提とするものである。

　第2に、給付金の財源を十分に確保する必要がある。アスベスト含有建材が建物の新築に使用されることがなくても、石綿関連疾患のうち中皮腫が発症するには30年以上の潜伏期間がある。かつての作業による健康被害が顕在化する事態が生じ、また、かつて使用された建物の改修・解体工事によって新たな健康被害が発生する可能性がある。このような健康被害の実態に対処するには、今後も見込まれる多数の健康被害を補償する費用を確保する必要がある。また、建材を製造販売したメーカーが、廃業または倒産し、あるいは、無資力である場合には、当該メーカーが製造販売した建材が疾患を発症させるリスクに応じて負担すべき費用をどのように賄うのか、国や地方自治体の負担によるのか、メーカーらが負担割合に応じて負担するのかが問題となる。

Ⅳ　今後の課題

　公健法においては、被害者の迅速かつ公正な保護および健康の確保を図るために、健康被害の補償のほか、被害者福祉事業や健康被害予防事業が行われている。旧第一種地域においても、国・地方自治体とともに事業者らが費用を負担して、被害者福祉事業として、リハビリテーション事業、転地療養事業、療養用具支給事業、家庭療養指導事業、インフルエンザ予防接種費用助成事業など、健康被害予防事業として、呼吸器疾患相談などが実施されている。建設アスベスト訴訟の事案においても、被害者の健康被害の補償だけでなく、石綿関連疾患の健康被害の性質に配慮して、被害者福祉事業や健

康被害予防事業を実施することによって、被害者の迅速かつ公正な保護および健康の確保を図ることができる。疾患を発症していない作業従事者は、将来的には潜伏期間を経て疾患を発症する可能性があり、疾患相談、定期検診などの予防事業、早期の診断や治療を確保する保健福祉事業なども必要である。石綿関連疾患に固有の健康被害のリスクに寄与している建材メーカーらに費用の負担が求められる。

　建設業の従事者だけでなく、造船業、製造業、運送業などさまざまな労働に従事して粉じんにばく露されて石綿関連疾患にり患した者についても、このような補償制度を整備することが必要である[18]。建物に使用される建材から、粉じんが飛散することによって、建物の居住者や利用者、建物周辺の住民や就労者が石綿関連疾患にり患する健康被害を救済するためには、石綿健康被害救済法を改正して、医療費のほかに生活補償の給付がなされることも検討する必要がある。

---

18) 森永・前掲（注1）48頁〜64頁〔森永謙二＝篠原也寸志〕。

メキシコ湾油濁事故の賠償責任と紛争処理

東洋大学教授　大坂　恵里

I　本稿の目的

　海底油田の開発は19世紀末に始まるが、大水深での開発となると、それほど遠い昔の話ではない。1975年、シェル石油がメキシコ湾の水深330ｍでコニャック油田（Cognac field）を発見したが、大水深油田・ガス田の掘削が技術的に可能となったのは1990年代に入ってからのことである。いまやメキシコ湾には、廃止したものを除いても約3,200もの石油・ガスプラットフォームが存在するが[1]、同湾内で史上最悪の原油流出事故を引き起こしたディープウォーター・ホライズン（Deepwater Horizon, DH）は、最先端技術を駆使した、水深約2,400ｍの海底でも稼働可能な自動位置保持装置付き半潜水式のプラットフォームであった。

　油田・ガス田の開発が、陸域から海域へ、深水から大深水さらに超深水へと拡大していくのは、世界的なエネルギー需要の増加に対応するための必然的な結果であるが、原油・天然ガスの掘削や生産に用いられる機械・施設の事故リスクは労働者の生命・身体の安全に直結しており、海洋汚染リスクにつながる。そして、一旦原油が流出すると、流出を止める作業や回収・処理

---

1) National Centers for Environmental Information, Gulf of Mexico Data Atlas: Oil and Gas Structures, https://www.ncei.noaa.gov/maps/gulf-data-atlas/atlas.htm?plate=Offshore%20Structures（2024年７月22日閲覧。以下同様）。

177

第 2 章　環境・有害物質のリスク

に従事する人々の生命・身体・健康、海洋・沿岸域における人々の生活、海洋生態系への影響等が生ずる。

　本稿では、このような科学技術の発展に伴うリスクが顕在化した事例である、DH の爆発によって引き起こされたメキシコ湾原油流出事故の賠償責任と紛争処理について、どのような制度設計がなされ、どのように運用されたのかを振り返った上で、日本の大規模事故の賠償責任と紛争処理への示唆を提示する。

II　メキシコ湾油濁事故の概要

　2010年 4 月20日、アメリカ合衆国のメキシコ湾沖合の MC252鉱区内で水深約1,500mにあるマコンド海底油井を掘削していた DH において、掘削パイプから逆流してきた炭化水素ガスが引火爆発した。

　当時、DH では126名が作業中であったが、爆発に巻き込まれて11名が死亡した。DH は炎上し、4月22日に沈没した。その後も海中で折れた掘削パイプから大量の原油の流出が続いた。4万3,884バレル（約697万7,000リットル）の油分散剤 Corexit 9500A および Corexit 9527A が海面散布、油井注入され、海上の411か所で1,100万ガロン（約4,164リットル）の原油が焼却された。9月19日に封じ込めが完了するまでの純流出量は319万バレル（約 5 億717万リットル）と推計されている[2]。

　オバマ大統領の命令で設置された国家委員会による報告書は、爆発の直接の原因は、マコンド海底油井内の炭化水素ガスの圧力を抑えきれなかったことであるとし、それは、MC252鉱区のオペレーターである BP、セメンチングを担当したハリバートン、DH を所有・管理するトランスオーシャンによる複数の失策と見落としの産物であり、規制当局が事故を防止するための権限、必要なリソース、技術的な専門知識を欠いていたためであるとの結論を

---

2 ）*In re*: Oil Spill by Oil Rig "Deepwater Horizon" in Gulf of Mexico, on April 20, 2010, 77 F. Supp. 3d 500, 525 (E.D. La. 2015). 後出のエクソンバルディーズ号座礁事故の原油流出量は約4,200万リットルであった。

178

出した[3]。

　事故後、大深水域での掘削が一時的に禁止されたが、2010年10月12日に禁止は解除された。その間、外縁大陸棚における鉱物資源の利用推進と安全・環境規制という相矛盾する役割を担っていた内務省の鉱物資源局（Mineral Management Services）は、海洋エネルギー管理局（Bureau of Ocean Energy Management）、安全・環境執行局（Bureau of Safety and Environmental Enforcement）、天然資源歳入局（Office of Natural Resources Revenue）に再編された。2024年6月現在、アメリカは世界一の原油生産量を誇るが、そのうち15％はメキシコ湾内の海底油田から産出されている[4]。

III　メキシコ湾油濁事故の賠償責任と紛争処理

1　1990年油濁法

(1)　はじめに

　海底油田開発に関する連邦法には、1953年浸水地法（Submerged Land Act of 1953）、1953年外縁大陸棚法（Outer Continental Shelf Lands Act of 1953）、2005年エネルギー政策法（Energy Policy Act of 2005）、1970年国家環境政策法（National Environmental Policy Act of 1970）、1977年水質清浄法（Clean Water Act of 1977）、1990年油濁法（Oil Pollution Act of 1990）などがある。これらのうち、沖合で事故が発生した場合の民事責任と賠償について定めているのが1990年油濁法である。同法は、1989年のエクソンバルディーズ号座礁事故を契機として制定された。

(2)　油濁の賠償責任

　油濁法上、DHは洋上施設（33 U.S.C.§2701(32)(C)）として使用される移動式

---

3) National Commission on the BP Deepwater Horizon Oil Spill and Offshore Drilling, Deepwater: The Gulf Oil Disaster and the Future of Offshore Drilling: Report to the President (2011) at vii.
4) U.S. Energy Information Administration, Gulf of Mexico Fact Sheet, https://www.eia.gov/special/gulf_of_mexico/

海洋掘削装置（§2701⒅）であり、タンカー（船舶）として扱われる（§2704(b)）。可航水域やそれに接する汀線、排他的経済水域に油を流出させたかその重大なおそれを与える「責任当事者」は、除去費用および「損害」について厳格責任（無過失責任）かつ連帯責任を負う（§§2702(a)・2701⒄）。ただし、事故が天災、戦争行為、第三者行為による場合には免責される（§2703(a)）。

責任当事者とは、船舶の場合は①所有者、②管理者、③用船者であり（§2701㉜(A)）、洋上施設の場合は施設が所在する地区の④借主、⑤被許可者、⑥州法または外縁大陸棚法のもとで付与された使用権・地役権の保有者（§2701㉜(C)）である。

損害とは、①自然資源損害（損害評価にかかる合理的費用も含む）、②不動産・動産の損傷、それらの破壊によって生じた経済的損失、③自然資源の生活利用分（subsistence use）の損失、④不動産・動産・自然資源の損傷・破壊・喪失による税収、ロイヤリティ、賃料、手数料、純利益分配の純損失、⑤不動産・動産・自然資源の損傷・破壊・喪失による逸失利益または収益力の減損、⑥除去活動（原油流出により生じた火災・安全上の問題・健康上の問題からの保護を含む）の最中かその後に増加した公共サービスまたは追加の公共サービスの提供に関する純費用である（§2702(b)）。

洋上施設であり船舶である場合、責任当事者は、除去費用および7,500万ドルを上限とする損害を負担する（§§2704(a)(3)・2704(b)）。この有限責任が適用されるためには、責任当事者は責任限度額を満たすのに十分な賠償資力を有する証拠を維持しなければならない（§2716(c)(1)(A)）。陸と海洋境界の間の海洋境界側にある洋上施設の場合は、原則は3,500万ドル、例外的に1億5,000万ドルを上限として設定される（§2716(c)(1)(B)）。

ただし、事故が重過失や故意、連邦の安全規制に違反して生じた場合、責任当事者の責任制限は阻却される（§2704(c)(1)）。事故の報告、除去活動に関連した合理的な協力・支援、相当な理由なく命令への遵守を怠ったり拒否したりした場合にも、無限責任となる（§2704(c)(2)）。

⑶ 油濁責任信託基金（Oil Spill Liability Trust Fund）

油濁事故の対応のために、アメリカ沿岸警備隊の国立汚染基金センター（National Pollution Funds Center, NPFC）が管理する油濁責任信託基金（Oil Spill Liability Trust Fund）を使用することができる（33 U.S.C.§2712、26 U.S.C.§9509、Executive Order 12777）。

油濁責任信託基金は、緊急基金（Emergency Fund）と基本基金（Principal Fund）からなる。緊急基金は連邦現場調整官の現場対応、連邦自然資源受託者（33 U.S.C.§2706(c)(1)）の自然資源損害評価に使用できる。緊急基金のため、大統領は、議会の承認なく、1年につき5,000万ドルを上限として支出できる。基本基金は除去費用を負担した者・損害を受けた者が責任当事者から賠償されない場合の補償に用いられるが（§2713(d)）、一事故当たりの補償限度額は15億ドルであり、自然資源損害については7.5億ドルである（26 U.S.C §9509(c)(2)(A)）。もっとも、除去費用・損害はまず責任当事者に請求しなければならないため（33 U.S.C.§2713(a)）、本件事故では適用されなかった。基本基金は、石油税、他の基金からの移転、利息、責任当事者からの回収金、責任当事者に対する罰金から構成されている[5]。

2　緊急補償金の支払

2019年4月28日、NPFC は、① BP Exploration & Production, Inc.（MC252のオペレーター。リース権益65%を保有）、② BP Corporation North America, Inc.（①の保証人）、③ Transocean Holdings, Inc.（DH の所有者・管理者）、④ QBE Underwriting, LTD.（③の保証人）に対し、責任当事者に指定する通知を行った（§2714, 33 CFR §136.305）[6]。

---

[5] National Pollution Funds Center, The Oil Spill Liability Trust Fund（OSLTF）, https://www.uscg.mil/Mariners/National-Pollution-Funds-Center/about_npfc/osltf/

[6] 本件事故の補償金・賠償金負担者は、この4社以外にもいる。NPFC は、⑤ Anadarko E&P Company, LP（⑥の100%子会社）、⑥ Anadarko Petroleum Corp.（⑤とともに MC252のノンオペレーター。25%のリース権益を保有）、⑦ MOEX Offshore 2007 LLC（MC252のノンオペレーター。10%のリース権益を保有。三井石油開発の100%子会社）に本件事故にかかる費用を請求した。ハリバートンの賠償責任については後述する。

BPは、NPFCの指示により、全責任当事者に対する補償請求を一元的に受け付けて処理を行う補償制度を立ち上げ、メキシコ湾岸5州（フロリダ、アラバマ、ミシシッピ、ルイジアナ、テキサス）の35か所に現地事務所を置き、2010年5月3日から個人および事業者に対する緊急補償金（emergency compensation）の支払を開始した。

後述のメキシコ湾岸賠償機構（Gulf Coast Claims Facility, GCCF）に移行するまでの期間（5月3日〜8月22日）、BPは、約15万4,000件の請求（請求者数は約3万名）のうち約12万7,000件について合計約3億3,900万ドルを支払った[7]。

3　GCCFを通じた賠償

(1) GCCFの設置

合衆国政府とBPは、事故直後から交渉を開始し、2010年6月16日に合意に至った。合意内容は、①BPが200億ドルを拠出する、②この200億ドルはエスクロー勘定として中立かつ独立の第三者によって管理される、③Kenneth Feinberg弁護士が請求処理手続を管理運営する、④請求を却下された者のための異議申立機関を設置する、⑤加えて、BPはDHの閉鎖によって失業した作業員の補償のために1億ドルの基金を設立する、というものだった[8]。②は、ディープウォーター・ホライズン原油流出信託基金（Deepwater Horizon Oil Spill Trust）となり、③は、基金から賠償金を支払うメキシコ湾岸賠償機構（Gulf Coast Claims Facility, GCCF）となった。

(2) 第1フェーズ（2010年8月23日〜11月23日）

GCCFが請求受付の開始日である2010年8月23日に発表した「緊急前払に関する実施要綱」（Protocol for Emergency Advance Payments）のもとで緊急前払の対象とされた個人または事業者の損害項目は、①除去・浄化費用、②不動産・動産への損害、③逸失利益、④自然資源の生活利用分、⑤傷害・死

---

7) BDO Consulting, Independent Evaluation of the Gulf Coast Claims Facility Report of Findings & Observation to the Department of Justice (2012), at 12.

8) Statement by the President After Meeting with BP Executives, https://obamawhitehouse.archives.gov/the-press-office/statement-president-after-meeting-with-bp-executives

亡である。③と④については毎月請求するか 6 か月分まとめて請求するか選択可能であるとし、後者が選択される場合には、季節調整を適宜行った算定がなされることになった。なお、緊急前払を受け取っても、BP その他に対する損害賠償請求権を放棄したことにはならないとされた。

請求受付は2010年11月23日で終了した。その期間中、GCCF は、47万 5,000件を超える請求を受け付け、16万9,000人超に対して25億ドル超を支払った[9]。第 1 フェーズ終了後も未処理案件の処理を続け、2011年 2 月18日に完了した。2010年11月23日から2011年 2 月18日の間、GCCF は、4 万 2,000人超に対して6,200万ドル超を支払った[10]。

第 1 フェーズは、異議申立てや再審査の申立てのための手続を用意しなかったが、請求が棄却された者は第 2 フェーズであらためて請求することが可能とされた。第 1 フェーズの約 7 万4,000人の棄却対象者のうち、約 3 万 2,000人は第 2 フェーズでも請求を行った[11]。

(3)　第 2 フェーズ（2010年11月24日～2012年 2 月26日）

GCCF は、2010年11月22日に「仮払請求・確定支払請求に関する実施要綱」(Protocol for Interim and Final Claims) を発表した。賠償の対象となる損害項目は緊急前払と同様とされたほか、これらの損害の見積もりにかかる合理的費用は賠償の対象となるが、弁護士費用および請求に係る事務費用は賠償の対象とならないことが明示された。ただし、GCCF は、公益法律事務所のミシシッピ司法センター (Mississippi Center for Justice) と協力関係を結び、2010年12月15日から、希望者に対して無料の法律サービスの提供を開始した[12]。

GCCF は、2011年 2 月 2 日に賠償方法の詳細を定める規則案を発表し、2 月16日までの 2 週間のパブリック・コメント期間を経て、2 月18日に最終規則 (Final Rules Governing Payment Options, Eligibility and Substantiation Criteria,

---

9) BDO, *supra* note 7, at 34.
10) *Id.* at 36.
11) *Id.* at 32.
12) GCCF とミシシッピ司法センターとの合意には、法律サービス・プロバイダによる助言を GCCF との和解の勧奨に限定しないことが明記された。

and Final Payment Methodology）を発表した[13]。パブコメ期間に書面で寄せられた意見は、GCCFのホームページで公開された。

最終規則の概要は以下のとおりである。

ア　請求方法

(ア)　仮払請求（Interim Payment Claim）

　BP、GCCF、または原油流出によって被害を受けた不動産仲介業者への賠償のためにGCCFが第1フェーズで設置した「不動産基金」（Real Estate Fund）から賠償された範囲外の、原油流出によって2010年5月1日以降に生じた損失・損害を請求することができる。請求者は、原則として、3か月分ずつ請求しなければならない。仮払を受ける場合、BPその他本件事故について責任を負う可能性がある者に対する権利放棄・不提訴合意書を提出する必要はない。

(イ)　迅速払請求（Quick Payment Final Claim）

　BPの緊急前払、GCCFの仮払、または不動産基金からの賠償金を受け取ったことがある請求者は、追加の書証を提出することなく賠償金を受け取ることができる。個人には5,000ドル、事業者には2万5,000ドルの一括払である。仮払・確定払と異なり、既払金は控除されない。迅速払を受ける場合、BPその他本件事故について責任を負う可能性がある者に対する権利放棄・不提訴合意書を提出しなければならない。

(ウ)　確定払請求（Final Payment Claim）

　BP、GCCFまたは不動産基金から賠償された範囲外の、原油流出によって生じた過去の損失・損害に加えて、将来の損失・損害――2010年の損失に「将来回復係数」（Future Recovery Factor）を乗じた額――が支払われることになった。確定払を受ける場合、権利放棄・不提訴合意書を提出しなければならない。原則として請求を受理してから30日を経過した後から支払日までの期間について利息が付される（33 U.S.C.§§ 2705(a) and (b)）。

---

13) GCCFは、支払対象者の判定方法と損害の算定方法について恒常的に見直し、修正した。その結果、最終規則も2回修正された。

イ 仮払・確定払における損害の範囲の判定
(ア) 賠償請求権者
GCCF は、賠償請求権者について、以下のとおりとした。

Group 1 ・メキシコ湾の資源・観光に重度に依存し、かつ、湾に接する地域に所在する個人および事業者（郵便番号で判断する） ・過去にGCCFないし不動産基金から支払を受けた者	賠償の対象となる。
Group 2 ・メキシコ湾を囲む5州の郡（Gulf Alliance Counties）のうち、湾に接していない地域に所在する個人および事業者 ・メキシコ湾に接する地域に所在する事業者であるが、メキシコ湾の資源・観光に重度に依存していない	以下の場合に対象となる。 ＜事業者＞財務テスト（Financial Test）を満たすこと＝事故前4か月と比較した事故後の減収幅が、2018年・2019年の同期間の減収幅よりも大きいこと。財務テストを満たさない場合でも、事業が被った損失が原油流出の結果である可能性が高いことを示す証拠書類が提出されていること。 ＜個人＞逸失利益について、原油流出の結果である可能性が高いことを示す証拠書類が提出されていること（雇用主が賠償対象者である場合には、証拠書類は不要）。
Group 3 ・メキシコ湾岸にもメキシコ湾を囲む5州の諸郡にも所在していないし、メキシコ湾の資源・観光にも重度に依存していない事業者およびその被用者	以下の場合に対象となる。 ＜事業者＞財務テストの要件を満たし、かつ、事業が被った損失が原油流出の結果である可能性が高いことを示す証拠書類が提出されていること。 ＜個人＞逸失利益について、原油流出の結果である可能性が高いことを示す証拠書類が提出されていること（雇用主が賠償対象者である場合には、証拠書類は不要）。
Group 4 例）政府機関（BPの基金で対応）、石油プラットフォーム関係事業者（深海石油掘削モラトリアムに関するBPの基金で対応）、流出した原油の清掃員、淡水の水産物の処理加工業者・流通業者、趣味で釣りをする者、GCCFで働く者、趣味でダイビングをする者	賠償の対象とならない。

第 2 章　環境・有害物質のリスク

(イ)　賠償額の算定方法

　請求権者が事業者である場合、請求期間について、2008年の収入、2009年の収入、2010年の原油流出前の収入に基づく2010年の推定年収から割り出した収入のうちで最も高いものを選び、そこから請求者の実際の収入を控除する。ここに、原油流出前の財政状況に関する証拠書類に基づく逸失利益率（LOI percentage）を乗じて、逸失利益を算定する。さらに、既払分を控除する。

　請求権者が個人である場合、請求期間について、2008年の収入、2009年の収入、2010年の原油流出前の収入に基づく2010年の推定年収から割り出した収入のうちで最も高いものを選び（Comparison Year income）、そこから請求者の実際の収入を控除する。さらに、既払分を控除する。

(4)　**不服申立手続**

　GCCFの決定に不服な者は、①GCCFに再審査を請求するか（1度のみ）、②GCCFの不服申立委員会に申立てを行うか、③アメリカ沿岸警備隊による審査を受けるか、④後述のクラスアクションに加わるか独自に訴訟を提起するか、⑤新規に請求し直すこともできるとされた。ただし、②について、申立人は、確定払請求において25万ドル以上を提示されていなければならず、BPが申し立てる場合には、支払請求総額が50万ドルを超えていなければならないとされていた。

(5)　**GCCFの閉鎖**

　2012年3月8日、ルイジアナ東部地区合衆国地方裁判所のCarl J. Barbier裁判官は、GCCFから裁判所の監督による和解プログラム（Court Supervised Settlement Program）への移行命令を出した（その経緯については4を参照）。これにより、仮払および確定払については、2012年2月26日までに請求者がGCCFの提示した支払額を受け入れて請求権を放棄し、かつ、請求者もBPも不服申立てをしていない案件を除き、GCCFは、請求の受理・処理・支払を禁じられた。不服申立委員会の処理も係属中の案件を除いて終了した。ただし、迅速払については、2012年5月7日まで請求することが可能とされた。移行プロセスは2012年6月4日にほぼ終了し、1万6,000件近くの請求

に対して4億500万ドルが支払われた[14]。

GCCFは、活動開始から2011年12月までに、22万件の請求者（個人・事業者）に対して62億ドルを支払い、そのうち第2フェーズの下で処理を開始した2010年11月以降の支払額は、約24億7,790万ドルであった[15]。

4　訴　訟

(1)　広域係属訴訟

2010年8月10日、広域係属訴訟司法委員会（Judicial Panel on Multidistrict Litigation）は、77件のDH関連訴訟を、ディスカバリその他の正式事実審理前手続をまとめて行うため、広域係属訴訟（Multidistrict Litigation）「In re Oil Spill, MDL 2179」として併合し、Barbier裁判官を担当裁判官に任命した[16]。ただし、株主代表訴訟、証券訴訟、ERISA法に基づく訴訟については広域係属訴訟「In re BP p.l.c. Securities Litigation, MDL 2185」として併合し、テキサス南部地区ヒューストン支部合衆国地方裁判所のKeith P. Ellison裁判官を担当裁判官に任命した。

(2)　BPを被告とするクラスアクション和解

ア　訴答の束

2010年10月19日、Barbier裁判官は、大量の訴訟を、請求内容に従って「訴答の束」（Pleading Bundle）に分けて処理していくことを決定した。

原告側弁護団とBPは、個人および事業者の損害に関する請求のうち、経済損害・財産損害に関する請求（訴答の束B1）と医療給付に関する請求（訴答の束B3）について和解交渉を進め、2012年3月2日に基本合意に達し

---

[14] *In re*: Oil Spill by Oil Rig "Deepwater Horizon" in Gulf of Mexico, on April 20, 2010, 910 F.Supp.2d 891 (E.D. La. 2012).

[15] BDO, *supra* note 7, at 59.

[16] *In re* : Oil Spill by the Oil Rig "Deepwater Horizon" in Gulf of Mexico, on April 20, 2010, 731 F. Supp. 2d 1352 (J.P.M.L. 2010). 州法に基づく請求についても、外縁大陸棚法に基づき、ルイジアナ東部地区合衆国地裁が管轄権を行使することになった。*In re*: Oil Spill by the Oil Rig "Deepwater Horizon" in Gulf of Mexico, on April 20, 2010, 747 F. Supp. 2d 704 (E.D. La. 2010). 同裁判所には2014年9月時点までに約3,000件が係属し、原告総数は10万人以上に達した。

た。4月16日、原告側弁護団は、BPを被告として、経済損害・財産損害の賠償を請求するクラスアクション「Bon Secour Fisheries, Inc., et al. v. BP Exploration & Production Inc., et al.」と、医療給付を請求するクラスアクション「Plaisance, et al. v. BP Exploration & Production Inc., et al.」をルイジアナ東部地区合衆国地裁に提起した。クラスアクションとは、共通点を有する一定範囲の集団（クラス）を代表する原告が訴訟を追行し、その判決効または和解効が訴訟手続または和解手続から離脱（オプトアウト）しなかったクラス構成員に対して及ぶものであり、日本の集団訴訟のように、提訴時点で原告全員が特定されている必要がない。

　当事者らは4月18日に各クラスアクションについて和解案を提出し、Barbier 裁判官は、5月2日に各和解案を仮承認し、Patrick A. Juneau 弁護士を経済損害・財産損害賠償プログラムの請求管理人に、Garretson Resolution Group を医療給付プログラムの請求管理人に任命した。そして12月21日に経済損害・財産損害の賠償に関する和解案を承認し[17]、2013年1月11日に医療給付に関する和解案を承認した[18]。経済損害・財産損害の賠償に関する和解案の承認については中間上訴されたが、2014年1月10日、第5巡回区合衆国控訴裁判所は、2対1で原審の決定を維持した[19]。

　イ　経済損害・財産損害賠償プログラム
　(ア) 賠償請求権者
　事業者について対象となるのは、メキシコ湾岸地域（ルイジアナ州、ミシシッピ州、アラバマ州、テキサス州の特定の郡、フロリダ州の特定の郡、それらに隣接する水域）または特定の合衆国水域において取引・業務をしており、かつ、2010年4月20日から2012年4月16日の期間のいずれかの時期に、①メキシコ湾岸地域または特定の合衆国水域において施設を所有・管理・賃貸

---

[17] *In re*: Oil Spill by the Oil Rig "Deepwater Horizon" in the Gulf of Mexico, on April 20, 2010, 910 F. Supp. 2d 891 (E.D. La. 2012).

[18] *In re*: Oil Spill by the Oil Rig "Deepwater Horizon" in the Gulf of Mexico, on April 20, 2010, 295 F.R.D. 112 (E.D. La. 2013).

[19] *In re*: Oil Spill by Oil Rig "Deepwater Horizon" in Gulf of Mexico, on April 20, 2010, 739 F. 3d 790 (5th Cir. 2014).

し、商品を直接または間接的に消費者・エンドユーザーに販売したか、加工販売用に合衆国水域で養殖した海産物を恒常的に販売した者、②メキシコ湾岸地域または特定の合衆国水域においてフルタイムのサービスを行う常勤の従業員が1人以上いたサービス業者、③メキシコ湾岸地域に母港を置く船舶を所有・管理・賃貸していたか、海産物を陸揚げしていた者、メキシコ湾岸地域において不動産を所有・賃貸していた者である。

　個人について対象となるのは、①2010年4月20日から2012年4月16日の期間のいずれかの時期に、メキシコ湾岸地域または特定の合衆国水域において、居住、就労、仕事の提供・引受、不動産・動産の所有・賃貸、停泊または母港とする船舶を所有・賃貸するかその船舶で働いた者か、②2009年4月20日以降に特定の合衆国水域において船舶で働いた者（海産物を陸揚げする船舶の乗組員の請求については、2009年4月20日後にそうした船舶で働いていた者）である。

　これらの事業者・個人は、2012年11月1日までに離脱しない場合、当該和解に拘束されることになった。

　(イ)　賠償・補償の範囲

　賠償対象となるのは、①商業的漁業に関係する活動から生じた経済的損失（海産物補償プログラムの下で賠償される）、②事業者・個人の経済的損失、③自然資源の生活利用分の損害、④臨時救助船プログラムの参加者の負担、⑤沿岸に所在する不動産の損害、⑥湿地帯に所在する不動産の損害、⑦不動産売買の売却益の減少にかかる損害である。

　それぞれについて、請求フォーム、必要な証拠書類、算定方法が定められている。例えば、事業者の経済的損失の算定方法は以下のとおりとされた。

第1段階	請求者は、2010年5月〜12月の間で3か月以上連続した期間を選択する（→Compensation Period）。 その比較対象として、2009年の応当月、2008年〜2009年平均の応当月、2007年〜2009年平均の応当月のいずれかを選択する（→Benchmark Period）。 Benchmark Periodの売上差益とCompensation Periodの売上差益の差を出す。 ただし、緊急救助船プログラムの参加者については、賠償期間の

	売上差益は同プログラムにより発生した収入・費用を考慮しない。
第2段階	2009年の応当月、2008年〜2009年平均の応当月または2007年〜2009年平均の応当月のいずれか（請求者の選択による）と比較した2010年1月〜4月の収入の伸び率に基づき、2010年に生み出すことができたはずの増加利益分を出す。
賠償額の算定	第1段階で算定した額と第2段階で算定した額を合計する。 BP、GCCF、臨時救助船プログラム関係の既払金や収入があれば、控除する。 リスク移転プレミアム（Risk Transfer Premium, RTP）を乗ずる。 RTPは、業種と経済的損失ゾーン（AからDの4地域が設定された）の組み合わせで設定された。

(ウ) 支払状況

　経済損害・財産損害賠償請求センターは、2012年6月4日に受付を開始し、受付締切日の2015年6月8日までに39万783件の請求フォームを受け付けた。①証拠書類が不十分であることを理由に請求を却下された場合には再審査（re-review）を、②請求者が決定に不服である場合には再検討（reconsideration）を、③請求者が再検討を経てもなお決定に不服である場合またはBPが2万5,000ドルを超える賠償を命じられた場合には不服申立てをすることができたが、③については手数料を要することと、請求者が申立てた場合に賠償額が増えなければ逆に5％減額されるものとされた。請求センターは、2012年7月31日から支払を開始し、2018年6月30日までに18万4,097件の請求に対して約116億ドルを支払った[20]。

　ウ　医療給付プログラム

　医療給付プログラムは、浄化活動に従事した者などについて、①2012年4月16日までに所定の症状が生じた者の治療費を負担し、②定期健診プログラムを提供し、③①の期間後に所定の症状が生じた者が個人でBPに対して提起する「バックエンド訴訟」（Back-End Litigation Option）の手続を定め、④メキシコ湾岸地域健康アウトリーチ・プロジェクト（Gulf Region Health

---

20) Final Report by the Claim Administrator of the Deepwater Horizon Economic and Property Damages Settlement Agreement on the Status of Claim Review [Status Report No. 59] (Jul. 31, 2018).

Outreach Projects）の基金を設置した。2012年11月１日までにオプトアウトしなかった者は、この和解に拘束されることになった。

医療給付プログラムは2012年５月７日に受付を開始した。2019年３月31日までの状況報告によれば、請求センターは、①および②について、2012年５月７日から請求受付締切日の2015年２月12日までの間に、３万7,226名からの請求を受理した。①については２万2,833名に総額６億7,200万ドルの支払を承認し、うち２万2,588名に総額６億5,000万ドルを支払った。②については２万7,434名の登録を承認した。③については、受理した6,793件のうち訴訟手続要件を満たしたのは5,118件であった。BPは調停前置を要求することができるが、4,879件についてそのまま訴訟に移行した[21]。

これらの個人によるバックエンド訴訟のほかにも、医療給付プログラムからオプトアウトした者による健康被害クラスアクション等も提起されている。しかしながら、ほとんどの訴訟が、流出した油に含まれる有害物質や分散剤への曝露と健康被害との関係を証明することの難しさから、原告敗訴に終わっているという[22]。

(3) ハリバートンおよびトランスオーシャンを被告とするクラスアクション和解

経済損害・財産損害の賠償に関するクラスアクション和解の下、経済損害・財産損害についてBPから賠償金の支払を受けた者は、油濁法のもとでBPと連帯責任を負うハリバートン、トランスオーシャンに対しても填補賠償金を請求することはできなくなった。しかし、両社に対する懲罰的損害賠償請求権の行使可能性は残った。経済損害・財産損害賠償和解クラスの代理人と原告側弁護団は、2015年５月29日にハリバートンとの懲罰的損害賠償和解案を、同年９月４日にトランスオーシャンとの懲罰的損害賠償和解案をBarbier裁判官に提出した。Barbier裁判官は、同年10月13日にMichael J.

---

21) Status Report from the Deepwater Horizon Medical Benefits Settlement Claim Administrator (May 6, 2019).
22) David Hammer, Meet the only man to win a long-term medical settlement against BP over 2010 oil spill, Nola.com, Feb. 23, 2024.

Juneau 弁護士を請求管理人に任命し、2016年 4 月12日に両和解案を仮承認し、2017年 2 月15日に最終承認した[23)]。

和解内容は、両社からの賠償金の一部である12億4,188万6,667ドルについて、新たに認証するクラス（事故により流出した原油その他の物質と接触したか物理的に被害を受けた不動産・動産の所有者など）に 9 億363万8,743.58ドルを、BP 和解で認証済みのクラスに 3 億3,824万7,923.42ドルを割り当てるものである。請求センターは2016年 6 月15日に受付を開始し、12月15日に受付を終了した。支払処理は2022年で終了し、未請求分は州に移管された。

(4) 合衆国および被災州・被災自治体による責任追及

2010年12月15日、合衆国は、BP、Anadarco グループ 2 社、MOEX、トランスオーシャン・グループ 4 社を含む計10社を被告として、被告らが油濁法に基づき除去費用に関して無過失・無限の責任を負うことの確認、水質汚濁防止法（Clean Water Act）の民事制裁金を請求する訴訟「United States v. BP Exploration & Production Inc., *et al*. (Civ. A. No. 10-4536)」をルイジアナ東部地区合衆国地裁に提起した。湾岸 5 州（アラバマ、フロリダ、ルイジアナ、ミシシッピ、テキサス）も、連邦法・州法に基づき、原油流出への対処費用、自然資源損害、経済損害、税収の減少などに関して、BP ほかを被告とする訴訟を提起した。これらの訴訟は MDL2179に組み込まれた。

2011年 9 月21日、Barbier 裁判官は、本件訴訟について正式事実審理を 3 段階に分けて行うことを決定した。

本件訴訟の両当事者が上述のクラスアクションをはじめとする DH 関連訴訟の動向も気にしつつ準備を進める過程で、2012年 2 月17日に MOEX が、そして2013年 1 月 3 日にトランスオーシャン・グループ 4 社が、合衆国と和解合意した。MOEX については、水質汚濁防止法違反の民事制裁金とし

---

23) *In re*: Oil Spill by the Oil Rig "Deepwater Horizon" in the Gulf of Mexico, on April 20, 2010, Order and Reasons [Granting Final Approval of the HESI and Transocean Punitive Damages and Assigned Claims Class Action Settlements] 2:10-md-02179, Doc. 22252 (Feb. 15, 2017) and *In re*: Oil Spill by the Oil Rig "Deepwater Horizon" in the Gulf of Mexico, on April 20, 2010, Final Order and Judgement Granting Approval of HESI and Transocean Punitive Damages and Assigned Claims Settlement Agreements, 2:10-md-02179, Doc. 22253 (Feb. 15, 2017).

て7,000万ドル（合衆国に4,500万ドル、湾岸5州に2,500万ドル）を支払うこと、また、湾岸域で2,000万ドル規模の補完的環境プロジェクト（Supplemental Environmental Project）を実施することになった[24]。トランスオーシャン・グループ4社は、石油掘削の安全性を向上させることと、水質汚濁防止法違反の民事制裁金として10億ドル支払うことになった[25]。

2012年11月15日には、BPが、11名の死亡に関する故殺罪（18 U.S.C. §1115）、議会妨害罪（18 U.S.C. §1505）、水質汚濁防止法違反（33 U.S.C. §§1319(c)(1)(A) & 1321(b)(3)）、渡り鳥条約保護法違反（16 U.S.C. §§703 & 707(a)）を認め、40億ドルを支払うこと、ならびに、BPのプロセス安全管理・リスク管理および企業倫理の向上のための各種専門家を採用することについて、司法省と合意した[26]。40億ドルの主な内訳は、①米国史上最高額である12億5600万ドルの罰金、②湾岸の環境回復に使用されるための、国立野生生物基金への24億ドルの支払、③原油流出防止・湾岸の環境回復に関する研究資金に充てられるための、米国科学アカデミーへの3億5,000万ドルの支払である。また、同日には、証券取引委員会とも、原油流出量の虚偽報告の民事制裁金として5億3,500万ドルを支払うことで合意した[27]。

2013年1月3日には、トランスオーシャン・グループ4社が、水質汚濁防止法違反（33 U.S.C.§§1319(c)(1)(A) & 1321(b)(3)）を認め、4億ドルの罰金を支払うことで司法省と合意した[28]。

こうした経過を辿ってようやく開始された正式事実審理の第一段階におい

---

24) U.S. EPA, MOEX Offshore 2007 LLC settlement, https://www.epa.gov/enforcement/moex-offshore-2007-llc-settlement
25) U.S. EPA, Transocean settlement, https://www.epa.gov/enforcement/transocean-settlement
26) U.S. Dep't of Justice, BP Exploration and Production Inc. Agrees to Plead Guilty to Felony Manslaughter, Environmental Crimes and Obstruction of Congress Surrounding Deepwater Horizon Incident (Nov. 15, 2012). BPのエンジニアを含む複数の個人に対しても刑事責任が追及されたが、多くが不起訴または無罪に終わり、有罪の場合も実刑に至らなかった。
27) U.S. Securities and Exchange Commission, BP to Pay $525 Million Penalty to Settle SEC Charges of Securities Fraud During Deepwater Horizon Oil Spill (Nov. 15, 2012).
28) U.S. Dep't of Justice, Transocean Agrees to Plead Guilty to Environmental Crime and Enter Civil Settlement to Resolve U.S. Clean Water Act Penalty Claims from Deepwater Horizon Incident (Jan. 3, 2013).

て、各被告の責任の内容が決定された。すでに、2012年2月22日には、原油が油井から漏出したという認定に基づき、油井の所有者であるBPおよびAnadarcoが水質汚濁防止法のもとで厳格責任を負うとの判決[29]が出ていたが、第1段階では、BPに、その重過失または故意ゆえに水質汚濁防止法の下で加重された民事制裁金が課されることが決定された。そして、BPには重過失が、トランスオーシャンとハリバートンには過失があり、それぞれ67％、30％、3％の割合で責任を負うとの判断が下された[30]。第2段階の事実審理においては、純流出量が推計された。水質汚濁防止法では、原油流出の民事制裁金の額は流出量により算出されるため（§§1321(b)(7)(A) and (D)）、不可欠な判断であった。第3段階の事実審理においては、水質汚濁防止法が定める判断要素（§1321(b)(8)）に照らし、BPに対して課すことが可能な民事制裁金の上限を1バレル当たり4,300ドル、Anadarcoに対して課すことが可能な民事制裁金の上限を1バレル当たり1,100ドルと決定したが、具体的な金額については確定しなかった[31]。

　2015年10月5日、合衆国・湾岸5州とBPは、この間の判決内容および訴訟外の動向を踏まえて、以下の合意に達した。BPは、①水質汚濁防止法の民事制裁金として55億ドルを支払うこと、②自然資源損害の賠償として81億ドルを支払い（うち10億ドルは、初期の修復作業費用として支払うことを合意済みであった）[32]、和解の時点で知り得なかった自然資源損害が発見された場合には7億ドルを上限として追加支払を行うこと、③連邦・州の自然資源損害評価費用などについて6億ドルを支払うことになった。また、BPは、④自治体が受けた経済損害に関して、湾岸5州に490億ドル、数百の自治体に

---

[29] *In re*: Oil Spill by the Oil Rig "Deepwater Horizon" in the Gulf of Mexico, on April 20, 2010, 844 F. Supp.2d 746, 757-61 (E.D. La. 2012).

[30] *In re*: Oil Spill by the Oil Rig "Deepwater Horizon" in the Gulf of Mexico, on April 20, 2010, 21 F. Supp. 3d 657, 757 (E.D. La. 2014).

[31] *In re*: Oil Spill by the Oil Rig "Deepwater Horizon" in the Gulf of Mexico, on April 20, 2010, Order [As to the Maximum CWA Per-Barrel Civil Penalty], 2015 U.S. Dist. LEXIS 20324, 2015 WL 729701 (E.D. La. Feb. 19, 2015).

[32] Framework Agreement for Early Restoration Addressing Injuries Resulting from the Deepwater Horizon Oil Spill (Apr. 20, 2011).

10億ドルを支払うことにも合意した。これらの合意案は、損害評価・修復計画とともに、2015年10月5日から12月4日までの60日間のパブリック・コメントに付された後、2016年4月4日にBarbier裁判官の署名を受けて確定した[33]。

最後まで残っていたAnadarcoについては、2015年11月30日、1億5,950万ドルの民事制裁金が課せられた[34]。

その後、BP、トランスオーシャン、Anadarkoから合衆国に支払われた額の80％は、2012年7月に制定済みのメキシコ湾岸州の資源・生態系の持続可能性、観光の機会、活性化された経済に関する法律（Resources and Ecosystems Sustainability, Tourist Opportunities, and Revived Economies of the Gulf Coast States Act, RESTORE Act）のもと、メキシコ湾回復信託基金（Gulf Coast Restoration Trust Fund）となり[35]、メキシコ湾生態系回復評議会（Gulf Coast Ecosystem Restoration Council）の監督のもと、メキシコ湾岸の生態系や経済の回復のために使われている。

(5) 事故関係者間の攻防とその顛末

2011年4月20日、BPは、トランスオーシャン、ハリバートン、Cameron Internationalそれぞれに対して損害賠償請求訴訟を提起した。これら各被告のうち、トランスオーシャンは反訴した。

BPは、MOEXとは2011年5月20日にMOEXがBPに10億650万円支払うことで和解し[36]、マコンド油井の掘削部品を提供していたWeatherford International Ltd.とは同年6月20日にWeatherfordがBPに7,500万ドル支払うことで和解し[37]、Anadarcoとは同年10月17日にAnadarcoがBPに40億ド

---

33) Consent Decree Among Defendant BP Exploration & Production Inc., the United States of America, and the States of Alabama, Florida, Louisiana, Mississippi, and Texas, *In re* Oil Spill, No.10-MDL-2179, Rec. Doc. 16093 (E.D. La. 2016).
34) *In re*: Oil Spill by the Oil Rig "Deepwater Horizon" in the Gulf of Mexico, on April 20, 2010, 148 F. Supp. 3d 563 (E.D. La. 2015).
35) 残り20％は油濁責任信託基金に充当された。
36) BP, Press Release: BP announces settlement with Moex/Mitsui of claims between the companies related to the Deepwater Horizon accident (May 20, 2011).
37) BP, Press Release: BP agrees to settlement with Weatherford of potential claims between the

第2章　環境・有害物質のリスク

ル支払うことで和解し[38]、Cameronとは同年12月15日にCameronがBPに2億5,000万ドル支払うことで和解した[39]。

2015年5月、BPとトランスオーシャンは、BPがトランスオーシャンに弁護士費用として1億2,500万ドル支払うことで和解し、BPとハリバートンも、互いへの支払義務がない形で和解した[40]。

(6)　証券訴訟のクラスアクション和解

In re BP PLC Securities Litigation, MDL 2185のうち、2010年4月26日から5月28日の間に米国預託株式を購入した者を原告とするクラスアクションについては、2017年2月13日、テキサス南部地区合衆国地裁のEllison裁判官が、BPが原告らに1億7,500万ドルを支払うという和解案を最終承認した[41]。

IV　日本への示唆

1　考察の視点

IIIでは、メキシコ湾原油流出事故の賠償責任と紛争処理について、制度設計から運用実態まで概括した。事故が原因だと主張されている健康被害問題への法的対応の不十分さや、メキシコ湾岸地域の回復はなお途上にあるといった問題はあるものの、日本の大規模事故の賠償責任と紛争処理に参考にできる点はないだろうか。

メキシコ湾原油流出事故の翌年、日本でも科学技術の発展に伴うリスクが顕在化した大規模事故が発生した。福島原発事故である。両事故にはいくつ

---

companies related to the Deepwater Horizon accident (Jun. 20, 2011).
38) BP, Press Release: BP announces settlement with Anadarko Petroleum Company of claims related to Deepwater Horizon accident (Oct. 17, 2011).
39) BP, Press Release: BP announces settlement with Cameron International Corporation of claims related to the Deepwater Horizon accident (Dec. 15, 2011).
40) Transocean, Halliburton & BP: Settlement Frenzy, Law.com (Online) May 20, 2015.
41) Stanford Securities Class Action Clearinghouse, Case Summary: BP, PLC Securities Litigation, https://securities.stanford.edu/filings-case.html?id=104493

かの共通点がある。第１に、両事故とも国家のエネルギー政策に後押しされた民間企業の活動から生じた技術的災害である。第２に、米国には油濁法があり、日本には原子力損害の賠償に関する法律（原賠法）があったが、両事故による損害は各法律で用意されていた損害賠償措置額をはるかに超える規模であり、新たな仕組みが必要となった[42]。第３に、紛争処理について複数の制度が設計・運用された。すなわち、米国では、BP 緊急補償金支払プログラム、GCCF、広域係属訴訟から裁判所の監督による和解のためのクラスアクションと順次移行した。日本では、東京電力への直接請求、原子力損害賠償紛争解決センターによる和解の仲介（原賠 ADR）、訴訟が併存することになった。

　原子力事故の賠償責任と紛争処理について、福島原発事故を踏まえて今後発生し得る原子力事故に適切に備えるための原子力損害賠償制度のあり方について検討を行った有識者会議のとりまとめは、原賠法の目的、責任原理（無過失責任、無限責任、責任集中・求償制限[43]）、損害賠償措置額と国の援助等については現状を維持し、また、新たな原子力事故が発生した場合に、現行の被害者救済手続および紛争解決手続を、若干修正して踏襲することを提

---

[42] アメリカで1978年に起きたスリーマイルアイランド原発事故では、被害者への賠償および裁判にかかった費用の総額7,100万ドルは、原子力損害賠償制度を定めるプライス・アンダーソン法（33 U.S.C.§2210）のもと、保険でカバーされた。Nuclear Regulatory Commission Office of Public Affairs, Backgrounder on Nuclear Insurance and Disaster Relief, Apr. 2024. https://www.nrc.gov/reading-rm/doc-collections/fact-sheets/nuclear-insurance.html

[43] アメリカのプライス・アンダーソン法は、責任当事者に対する州不法行為法の適用を除外しないよう、法的責任の集中（legal channeling）ではなく、賠償支払主体の一元化（financial channeling）を採用している。実際、スリーマイルアイランド原発事故において、発災原子力事業者は、事故プラントの設計者に対して、ペンシルベニア州法下で不法行為に基づく損害賠償請求訴訟を提起した。General Public Utilities Corporation, *et al.* v. The Babcock & Wilcox Company*, et al.* Three Mile Island Nuclear Station Unit 1 Docket No. 50-289. 同訴訟は、ニューヨーク南部地区合衆国地裁で審理中に、プラント設計者が原子力事業者に3,700万ドルの和解金を支払うことで終了した。Reactor maker gives Three Mile Island $37 million rebate, UPI.com, Jan. 24, 1983. なお、福島第一原発の原子炉メーカーを被告としてアメリカで提起されたクラスアクションの帰趨については、大坂恵里「Fukushima Class Actions が提示する原子力損害賠償の問題点」環境と公害51巻１号（2021）41頁を参照。

第2章　環境・有害物質のリスク

案する内容であった[44]。実際、その後まもなく成立した改正原賠法（平成30年法律第90号）は、①損害賠償実施方針の作成・公表の義務づけ、②仮払資金の貸付制度の創設、③和解仲介手続の利用にかかる時効中断の特例を導入するにとどまった[45]。

2　大規模事故の賠償責任

　油濁法は、責任当事者の厳格責任（無過失責任）を採用し、また、責任当事者の責任制限を一定の場合には阻却する。これらは油による汚染損害についての民事責任に関する国際条約（International Convention on Civil Liability for Oil Pollution Damage）と同様である[46]。しかし、同法は、同条約が採用する責任集中は採用しておらず、責任当事者が複数いる場合には連帯責任を課す。なお、アメリカは同条約を批准していない。

　責任集中は、原子力損害賠償についても国際条約および多くの国の法律で採用され、日本の原賠法も例外ではない[47]。原賠法制定の際の国会審議では、責任集中を採用する理由として、①原子力事業者のために提供される保険の引受能力を最大化することができる、②被害者が賠償請求の相手方を容易に特定できる、③原子力事業を育成する観点から、原子力事業者と取引する関連事業者を免責することで、そうした取引を容易にさせる、との説明がなさ

---

44) 原子力委員会原子力損害賠償制度専門部会『原子力損害賠償制度の見直しについて』（2018年10月30日）。
45) 原賠法は、政府と原子力事業者間の補償契約に関する規定（10条1項）と政府の原子力事業者に対する必要な援助に関する規定（16条1項）について10年の適用期限を設けているため（20条）、その延長のための改正を繰り返している。
46) ただし、同条約で責任制限が阻却されるのは、損害が故意または無謀な行為により生じた場合であり、油濁法の責任制限阻却事由とは異なる内容となっている。
47) 原子力損害賠償について責任集中を採用してない国として、オーストリアがある。同国は無限責任も維持している。また、インドの原賠法（Civil Liability for Nuclear Damage Act of 2010）は、一定の条件下で原発メーカーへの求償を認めている。さらに、インドでは、原賠法以外の法律に基づく請求も可能であり、不法行為法や環境法の下で負う責任は無限である。
　なお、日本の人工衛星等の打上げ及び人工衛星の管理に関する法律（平成28年法律第76号）も人工衛星等の打上げを行う者への責任集中を採用している。

れた[48]）。

　しかしながら、メキシコ湾原油流出事故や福島原発事故のように、①の理由づけが意味をなさなくなるほどの、損害賠償措置額を超える損害規模の事故は発生する[49]）。それでもアメリカは、メキシコ湾原油流出事故において、被害者への賠償を含む事後対応費用を責任当事者に全額負担させた。BPは、被害者や国・州・自治体に対して総額約800億ドルを支払うことになり、現在も分割払で対応している。一方、日本では、福島原発事故の事後対応費用について、発災原子力事業者の東京電力のみに負担させるのではなく、他の原子力事業者、新電力、需要家にも負担させることとし[50]）、莫大な国費も投入することによって事故の責任を曖昧化した[51]）。責任集中を採用することによって得られる②③の利点よりも、責任集中を廃止して原子力事業者が関連事業者に対する求償を認めることの便益のほうが大きい。被害者への賠償を含む事故対応費用の確保に資するし、事故抑止のインセンティブを関連事業者にも与えることになるからである[52]）。

---

48) 第38回国会参議院商工委員会会議録第27号2頁〜3頁（1961年5月30日）。
49) JCO臨界事故において、水戸地判平成20・2・27判タ1285号201頁は、原賠法4条1項に基づき、住友金属鉱山の責任を否定した。福島原発事故においても、いわゆる原発メーカー訴訟で原発メーカーの責任が否定されている。東京地判平成28・7・13LEX/DB25543723、東京高判平成29・12・8裁判所ウェブサイト、最決平成31・1・23付けで上告棄却・不受理決定 LEX/DB25562618。
50) 「福島復興の加速のための迅速かつ着実な賠償等の実施に向けて」（2023年12月22日原子力災害対策本部決定）、経済産業省「東京電力の賠償費用等の見通しと交付国債の発行限度額の見直しについて」（2023年12月）、東京電力改革・1F問題委員会第6回配布資料「福島事故及びこれに関連する確保すべき資金の全体像と東電と国の役割分担」（2016年12月9日）、「原子力災害からの福島復興の加速のための基本方針」（2016年12月20日閣議決定）を参照。
51) 批判的に検討する論考として、定松淳「東京電力改革・1F問題委員会の分析――新電力への原発事故損害賠償の負担拡大決定の背景」年報科学・技術・社会29巻（2020）69頁、大坂恵里＝大島堅一＝金森絵里＝松久保肇＝除本理史「『東電改革』と福島原子力発電所事故の責任――改革提言に至る議論とその後の検証」経営研究72巻1号（2021）33頁がある。
52) 原子力損害賠償における責任集中および責任制限を廃止すべきとするジョナス・クネッチュ「ヨーロッパにおける原子力損害賠償責任――統一か混乱か」ノモス39号（2016）15頁、油濁損害賠償における責任集中および責任制限を廃止すべきとする Civil Liability and Financial Security for Offshore Oil and Gas Activities (Michel Faure ed. 2017), 313-316を参照。

第 2 章　環境・有害物質のリスク

3　大規模事故の紛争処理

(1)　透明性

　メキシコ湾原油流出事故の紛争処理について参考になるのは、透明性が担保されている点である。GCCF については、賠償手続が適時適切に行われたかどうかの検証が、合衆国司法省の命を受けた独立の組織により行われ、その報告書が公表されている[53]。その検証過程では、GCCF の管理運営体制についても監査の対象となっている。また、裁判所の監督下での 3 つの和解プログラム（経済損害・財産損害賠償プログラム、医療給付プログラム、懲罰的損害賠償プログラム）についても、各請求管理人は定期的に実施状況を公表した。

　福島原発事故においては、東京電力に対する国の支援等の実施状況に関する2013年、2015年、2018年の会計検査院報告の中で、同社の直接請求手続の管理運営体制について若干言及されてはいるものの、詳細は明らかにされなかった[54]。原賠 ADR に関しては、活動実施報告書や原子力損害賠償事例集が公表されているが、東京電力の直接請求手続に関しては、支払総額などの概括的データが公表されているのみである。

(2)　不服申立手続

　福島原発事故において、東京電力は、特別事業計画の中で「和解仲介案の尊重」を約束しているが、その約束が守られているとはいいがたいケースが散見される[55]。早くから受諾義務を法定化すべきとの提案がなされてきたが[56]、実現はされていない。

　GCCF も和解プログラムも、賠償手続の一環として不服申立手続を組み込

---

53) *Supra* note 7.
54) 会計検査院「東京電力株式会社に係る原子力損害の賠償に関する国の支援等の実施状況に関する会計検査の結果について」(2013)、同 (2015)、同 (2018)。
55) 大坂恵里「原発 ADR の実相と課題」『吉村良一先生古稀記念・現代市民社会における法の役割』（日本評論社、2020）123頁。
56) 例えば、日本弁護士連合会「原子力損害賠償紛争解決センターの立法化を求める意見書」(2012年8月23日)。

んだ。そして、被害者とBPとの交渉力の差を鑑みて、不服申立ての諸条件を被害者の利益に重きを置いて設定している。このような片面的不服申立手続も参考になろう。

(3) 弁護士アクセス

メキシコ湾原油流出事故では、GCCFも和解プログラムも、希望者に対して公益法律事務所による無料の法律サービスを提供した[57]。

福島原発事故では、原子力損害賠償・廃炉等支援機構、日本司法支援センター（法テラス）、日本弁護士連合会・単位弁護士会・弁護士会連合会、司法書士会、行政書士会、自治体等が、また、弁護士有志や隣接法律専門職有志が、和解仲介の申立てを含む原子力損害賠償の相談会や個別相談を実施してきたものの、希望者に法律サービスがいきわたったのかは疑問である[58]。その疑問を裏づける証左の1つとして、原賠ADRにおいて、申立人の弁護士代理率は、2023年までの全期間合計で32.6％、2023年度のみでは2.4％に落ち込んだ[59]。

(4) 集団的権利救済

メキシコ湾原油流出事故では、連邦民事訴訟規則に基づき、MDLとクラスアクション和解が用いられた。

福島原発事故では、原賠ADRの集団申立てが行われたが、少なくない件数が打切りで終わった。また、30を超える集団訴訟が全国で提起されたが、判断が分かれている。前出の原子力損害賠償制度の見直しに向けた検討を行った有識者会議では、原子力損害賠償において、①短期間において膨大な数の請求事案が生じ、同時に解決していく必要があること、②多数の事案の

---

57) Mississippi Center for Justice, Disaster Recovery – BP Oil Disaster, https://mscenterforjustice.org/work/bp-oil-disaster/
58) 法テラスは、2012年4月1日から東日本大震災の被災者に対する援助のための日本司法支援センターの業務の特例に関する法律（平成24年法律第6号）に基づき、福島原発事故被害者を含む東日本大震災被災者に、その資力を問わず、震災法律援助業務を実施してきたが、2021年3月31日に終了した。また、法テラス二本松出張所も、同日をもって閉鎖された。
59) 原子力損害賠償紛争解決センター『原子力損害賠償紛争解決センター活動状況報告書〜令和5年における状況について〜（概況報告と総括）』(2024年3月) 5頁。

内容に類似性があり、被害者間の公平の確保を図ることが重要であることなどが指摘されたが、これらは原子力損害賠償に限ったことではない。将来の検討課題とされたクラスアクションに相当する仕組みの導入を、大規模事故リスクの顕在化に備えて、積極的に検討すべきである[60]。

〔参考文献〕本文および注で既出のものを除く。
- Thad W. Allen, National Incident Commander's Report: MC252 Deepwater Horizon (2010).
- MDL‑2179 Oil Spill by the Oil Rig "Deepwater Horizon", https://www.laed.uscourts.gov/OilSpill/OilSpill.htm
- Jonathan L. Ramseur, Oil Spills in U.S. Coastal Waters: Background and Governance, RL33705（2010）.
- United States Environmental Protection Agency, Deepwater Horizon‑BP Gulf of Mexico Oil Spill, https://www.epa.gov/enforcement/deepwater-horizon-bp-gulf-mexico-oil-spill
- U.S. Government Accountability Office, Deepwater Horizon Oil Spill: Preliminary Assessment of Federal Financial Risks and Cost Reimbursement and Notification Policies and Procedures: Briefing for Congressional Requesters, GAO‑11‑90R (2010).
- 大塚直「福島第一原発事故による損害とメキシコ湾油濁による損害」淡路剛久ほか編『公害環境訴訟の新たな展開——権利救済から政策形成へ』（日本評論社、2012）209頁。
- 小林寛「洋上掘削施設に起因する油濁事故に関する責任制度——船舶との比較考察」『船舶油濁損害賠償・補償責任の構造——海洋汚染防止法との連関』（成文堂、2017）205頁。
- 高橋大祐「海洋汚染事故における損害賠償実務と企業の法的・社会的責任——ナホトカ号日本海重油流出事故及びBPメキシコ湾原油流出事故を題材として」環境管理49巻9号（2013）57頁。
- ロバートR. M. バーチック、スティーブン・ブッソウ／監訳：大塚直、訳：原田一葉「BP社による原油流出事故——補償、予防および回復」L&T 56号（2012）

---

60) 原子力委員会原子力損害賠償専門部会・前掲（注44）。

10頁。
・平野望＝住田知也「米国における大規模災害に関するファンド型ADR(3)(4)(5・
　完)」NBL1080号（2016）73頁、1082号63頁、1084号67頁。

ESG投資と会社の目的論
――アメリカにおける議論

早稲田大学教授　黒沼　悦郎

I　はじめに

1　ESG投資

　ESG投資とは、環境（Environment）、社会（Social）、企業統治（Corporate Governance）に優れた企業に集中して投資をすることを意味し、サステナビリティ投資ともいう。ESGの大まかなイメージとしては、環境には、気候変動、環境汚染、資源枯渇、生物多様性、水資源が含まれ、社会には、製品の安全性、データセキュリティ、人権、地域社会、顧客の利益、統治には、法令遵守体制、リスク管理、労働者の健康と安全、給与格差、腐敗防止などが含まれる。

　ESG投資の主体である投資運用業者において、ESG投資は、①一般的な投資運用方針においてESG要素を重視することの表明、②ESG要素を重視したファンドの組成・運用、③スチュワードシップ活動の3つの局面において行われている。ESG投資の理論的な問題点として、そもそもESG投資によって利益を上げつつ投資対象企業の行動を変えることができるのかという問題がある[1]。もっとも、この点は、脱炭素社会の実現に向けた政府の政策

---
1) この点に関する学説の議論の紹介として、黒沼悦郎「地球 sustainability と資本市場――ESG投資の可能性と限界」中村民雄編『持続可能な世界への法―― Law and Sustainability

の推進、気候変動対応に対する社会的な関心の高まりや、機関投資家による上場会社に対する議決権行使やエンゲージメント（対話・働きかけ）によって、ESG 投資が少なくとも企業行動を変える一助になると認識されるようになったといえよう。

　アメリカにおいても ESG 投資は盛んであるが、ESG 投資の前提となる企業の情報開示（サステナビリティ開示）についてさえ SEC が法制化に踏み切れないなど、サステナビリティ開示を法制化した日本や企業に対する直接規制である企業サステナビリティ・デューデリジェンス指令を採択した EU に比べて、法制整備は遅れている。しかし、ESG 投資が進展するにつれ、学界において会社の目的論が盛んになってきた。アメリカにおける近時の会社の目的論は、インデックスファンド（市場全体にあまねく投資するファンド）の隆盛を背景とし、ESG 投資や環境問題に関係している。そこで本稿ではアメリカにおける議論を紹介し、会社法学の永遠の課題ともいえる会社の目的論について示唆を得ることを目的とする。

2　会社の目的論

　会社の目的論（corporate purpose）とは、会社は誰のために経営されるべきかという議論である。アメリカの伝統的な理論では、会社の目的は企業価値の最大化であるが、それは株主価値の最大化を通して行われると考えられている。その理由は、株主は残余権者であるため、株主の利益と会社の利益が比例することに求められている。この説にはさまざまな呼称が付されるが、本稿では株主価値最大化説（Shareholder Value Maximization）と呼ぶ。ただし、株主価値を最大化するために、取締役会の権限を重視すべきであるとする取締役会第一主義（director primacy）[2]と株主の権限を拡大すべきであるとする株主第一主義（shareholder primacy）[3]とが長年にわたって対立してきた。学説

の推進』（早稲田大学比較法研究所、2020）219頁・231頁～234頁を参照。
2 ）Stephen M. Bainbridge, *Director Primacy: The Means and Ends of Corporate Governance*, 97 Nw. U. L. Rev. 547 (2003).
3 ）Lucian A. Bebchuk を単著者または共著者とする数多くの論文がある。

第 2 章　環境・有害物質のリスク

としては後者が有力であるが、比較法的に見ると、アメリカの州会社法上、取締役会の権限は強大である。

　株主価値最大化説以外の説としては、チームプロダクション理論[4]が挙げられる。この理論は、元は会社を契約の束とみる見解の一派である。株主が唯一の残余権者であることを否定し、公開会社は、さまざまなステークホルダーによる企業に特化した投資の束であるとする。会社を形成する目的は、単に資本を集めることではなく、株主、債権者、労働者等の会社の生産に寄与するさまざまなステークホルダーのグループを結集することにあり、取締役会がその要となる。この見解は、後述のステークホルダー主義に分類されることもある。

3　議論喚起のきっかけ

　2 で概観したように、アメリカの学説において、会社の目的はさまざまに議論されてきたが、それは個々の問題の立法論や解釈論においてであった。ところが、最近、会社は株主の利益のために経営されるべきか、すべての利害関係人（ステークホルダー）の利益のために経営されるべきかという根本に立ち返った議論が盛んになっている。筆者の見るところ、議論喚起のきっかけは 3 つある。

(1)　Business Roundtable によるステークホルダー主義の採択

　アメリカの主要な企業の経営者の団体である Business Roundtable（BRT：経営円卓会議）は、2019年にステークホルダー主義を宣言する声明を発した[5]。BRT の声明は、顧客、従業員、取引先、地域社会、環境、株主といった会社のステークホルダーの利益へのコミットメントを列挙した後、われわれはステークホルダーのすべてに価値を配分するようコミットすると宣言した。この声明は、BRT のそれまでの株主利益を第一とする考えと決別した

---

4) Margaret M. Blair & Lynn A. Stout, *A Team Production Theory of Corporate Law*, 85 Va. L. Rev. 247, 280-81 (1999).
5) *Business Roundtable Redefines the Purpose of a Corporation to Promote 'An Economy that Serves All Americans*,' Bus. Roundtable (Aug. 19, 2019), https://perma.cc/XJS9-TTR4.

と受け止められている。

(2) 環境法としての会社法

　Sarah E. Light は、2019年に、今日の環境問題は、気候変動への対応のように、汚染物質の排出者を特定して刑事罰や行政法により規制するという伝統的な環境法では対処できなくなってきており、会社法、証券法、独占禁止法、破産法といった広義の会社法を総動員する必要があると指摘した[6]。このような認識は一般的になっていると思われる。BRT のステークホルダーにも環境が含まれていることは注目に値する。

(3) ポートフォリオ第一主義

　Madison Condon が2020年に、ポートフォリオ第一主義（Portfolio Primacy）を主張する論文を公表した[7]。この論文は、インデックスファンドは、個々の企業のガバナンスを向上させても得られる利益が少ないのに、積極的にエンゲージメントを行っているのはなぜかという問いから出発する。そして、インデックスファンドは、保有するポートフォリオ全体の利益を優先させる（ポートフォリオ第一主義）ため、個々の企業への投資では外部化する費用を内部化できるからではないかとの仮説を立てる。たとえば、世界最大の資産運用業者である BlackRock は Exxon の時価総額2,601億ドルのうち約6.65％（約173億ドル）を、Chevron の時価総額2,060億ドルのうち約6.89％（約142億ドル）を保有している。Exxon および Chevron は、温室効果ガスの排出を40％削減すると株価が20％下落する（約63億ドルの損失）。しかし、ある試算によると、それによって BlackRock はポートフォリオ全体で約97億ドルの損失を回避できる。したがって、ポートフォリオ全体の利益を考慮すれば、BlackRock は Exxon および Chevron に温室効果ガスの削減を働きかけるというのである。

　これらの声明や論文に触発されて、会社法学の分野では会社の目的論に関

---

6) Sarah E. Light, *The Law of the Corporation as Environmental Law*, 71 Stan. L. Rev. 137 (2019). ごく簡単な紹介として、黒沼・前掲（注１）238頁を参照。

7) Madison Condon, *Externalities and the Common Owner*, 95 Wash. L. Rev. 1 (2020). 邦語による紹介・検討として、湯原心一「分散投資と外部性」『JSDA キャピタルマーケットフォーラム（第４期）論文集』（日本証券業協会、2023）147頁以下を参照。

第 2 章　環境・有害物質のリスク

する議論が百花繚乱の状態にある。以下では、それらのうち重要なものを、分類しつつ紹介する[8]。その際、用語の整理として、ステークホルダーとは、従業員、顧客、取引先、地域社会、環境を含む、株主以外の会社の利害関係人を指し、会社はステークホルダーの利益を優先して経営されるべきであるとの立場をステークホルダー主義（Stakeholderism）と呼ぶ。これに対し、会社は株主価値の最大化を目指して経営されるべきであるとの立場を株主価値最大化説ないし株主第一主義と呼ぶ。上述のように、厳密にいうと株主第一主義は株主価値最大化説の1つにすぎないが、ステークホルダー主義に対する批判は主として株主第一主義の主唱者からされているので、以下ではステークホルダー主義に対立する立場として株主第一主義の語を用いる。また、機関投資家がポートフォリオ全体の利益を追求することを通じて会社の目的と社会の目的を一致させようとする立場をポートフォリオ第一主義と呼ぶ。

II　アメリカにおける議論の状況

1　ステークホルダー主義に賛同する見解

(1)　株主価値最大化説に対する批判

　Lynn M. Lopucki は、①会社法は株主価値最大化説を必要としている、②株主が会社の所有者である、③株主は会社の残余権者である、④取締役は株主の代理人である、⑤株主は暗黙に株主価値最大化に向けた契約をしている、⑥株主価値最大化説は株主が株価を通じて取締役を監視することを可能にするという、株主価値最大化説を支えてきた6つの命題はは理論的に誤りであると主張し、株主価値最大化説を反駁する[9]。同論文は、また、⑦株主価値最大化説に従わない EU 企業がアメリカ企業と十分に競争的であること、⑧

8）本稿は、比較的著名なローレビューに2019年以降に公表された論文のみを取り上げた。ただし、Article だけでなく Essay も取り上げている。
9）Lynn M. LoPucki, *The End of Shareholder Wealth Maximization*, 56 U.C. DAVIS L. REV. 2017 (2023).

米国国内の外国企業の数が増加しているのに対し、米国の公開企業の数が減少していること、⑨デラウェア州法は株主価値最大化説をエンフォースしていないことを挙げて、株主価値最大化説を否定すべき例証とする。

【コメント】
　Lopucki は、過去の多くの著名論文を引用しつつ、会社法の基礎的な命題について多角的に論じているが、株主価値最大化説への批判として理論的な新味があるものではない。例証部分に至っては、あまり実証的ではない。

(2)　ステークホルダー主義の達成のために何が必要かを論じるもの
　Christopher M. Bruner は、持続可能なコーポレート・ガバナンスを推進するには、過剰なリスクテイクとコストの外部化を促す企業の基本的特徴の改革が必要であるとする[10]。有限責任や経営判断の原則を重要な要素とする現在のコーポレート・ガバナンスのモデルは、過度のリスクテイクと過度のコストの外部化をもたらす。学者たちは、過度のリスクテイクとコストの外部化は会社外からの規制に頼るだけでは不十分であると認識している。外部化を避ける1つの方法は株主の責任（exposure）を増やすことである。責任に晒される株主は、取締役の責任からの隔離に賛成しないようになるし、リスクの高い事業を行う会社の株式を低く評価するようになる。このことが、企業が生産のコストを内部化し、企業価値を超える害をもたらすようなリスクのある会社行動を減らすように働く。
　他方、ポートフォリオ第一主義に対する批判として、Bruner は、ポートフォリオが社会と一致するわけではなく、投資家にとって理想的な外部性の削減は、一般人にとって理想的な削減レベルよりも低く、削減が足りないとする。そして、インデックスファンドのエンゲージメントは、ミレニアム世代の関心を惹き付けるための競争に起因しているとの研究結果があると指摘している。
　Lisa M. Fairfax は、信頼できるコミットメントの理論（経済主体が約束を守るかどうかの予測に焦点を当てた理論）を用いて、ステークホルダーに対す

---

[10] Christopher M. Bruner, *Corporate Governance Reform and the Sustainability Imperative*, 131 YALE L.J. 1217 (2022).

第 2 章　環境・有害物質のリスク

る信認義務、SEC の開示ルール、社会的目標と連動する経営者報酬を通じて、ステークホルダー主義を標榜する会社がそのコミットメントを実行すると期待できるかどうか検討している[11]。具体的には、経営者にステークホルダーに対する信認義務を課すというだけでは、経営者の裁量を限定することはできないし、ステークホルダー間の利害対立を解消できない。SEC の開示ルールは企業行動に影響を与えるものの、ステークホルダー主義に資するような強制開示はない。任意に作成されるサステナビリティ報告書は、むしろ公式のコミットメントにならないように注意深く作成されている。強制開示化への要求は実現しそうになく、取締役会のダイバーシティ（多様性）の開示につき SEC はダイバーシティの定義を設けなかったように、ルールが明確でない点でも開示には限界がある。社会的目標を経営者の報酬の指標とすることは効果的であるが、社会的目標の数値化・優先順位づけが難しいし、経営者の行動を本当に変えることができるかも疑わしい。Fairfax は、詳細な検討の後、ステークホルダー主義は、会社および会社関係者に対する規範的な期待（normative expectation）と捉えることができ、現在の状況は、ステークホルダー主義という規範の内部化（規範に従うことが手段ではなく目標になる）の条件が揃っているという。

　Kishanthi Parella は、ステークホルダーの「利益」に重点を置いたアプローチではなく、害（harm）の抑止に重点を置いた「契約的ステークホルダー主義」を提唱する[12]。前者のアプローチでは利益が対立したときに、必然的に株主を優先することになってしまう。これに対し、ステークホルダーの害の多くは企業との契約上の選択から生じるので、ステークホルダーのリスクを軽減するために、契約を異なる方法で設計する必要がある。そのような契約設計を奨励するために、企業は、契約当事者として、契約の履行がステークホルダーに害を与えるリスクを生じさせる場合、ステークホルダーの利益を考慮しなければならないという不法行為義務を提案する。

---

11) Lisa M. Fairfax, *Stakeholderism, Corporate Purpose, and Credible Commitment*, 108 Va. L. Rev. 1163 (2022).
12) Kishanthi Parella, *Contractual Stakeholderism*, 102 B.U.L. Rev. 865 (2022).

Gregory H. Shill & Matthew L. Strand は、ステークホルダー主義を推進するためには取締役会の多様化が有効であるとする[13]。アメリカの会社の取締役会の権限は、ますます経営陣から独立し、かつ多様化が進んでいる。多様化した取締役会は、役員の行為を監視する、より大きな力を持ち、多様化を一層推進するようになる。多様化した取締役会は、ステークホルダーからの良い評判を得ることができる。ステークホルダー（例えば労働者）を含む取締役会は、当然、ステークホルダーの利益（例えば労働者の利益）を考慮するようになり、資金配分の決定という取締役会の重要な機能発揮において、株主への配当を減らし労働者の賃金を上げる決定を行うようになる。

【コメント】
　ステークホルダー主義に賛成する学説の中に、ステークホルダー主義に理論的な論拠を付与しようとするものは見当たらず、ステークホルダー主義の達成のために何が必要かを論じるものが多い。そのうち、Burner が有限責任と経営判断原則が企業行動の外部性を引き起こすことを問題視する点は、ポートフォリオ第一主義と共通するが、Burner がポートフォリオ第一主義に否定的であることは注目される。外部性に着目するのは Pallera も同じであり、Pallera は不法行為法による解決を目指している。もっとも、これらは債権者保護の伝統的な手段と共通する手段である。企業にコミットメントを実現させる手段に関する Fairfax の議論は日本でも参考になるが、最終的に規範の内部化に期待しているところは説得力に欠けると感じられ、むしろステークホルダー主義の実現が困難であることを示唆しているように思われる。Shill & Strand の議論は、現象としては当然のことであるが、取締役の義務・規範論（誰のために会社を経営すべきか）の視点を欠いているように思われる。

(3) 社会的責任債の提案

　Dorothy S. Lund は、株主価値最大化の枠組みの中で、企業の社会的な決

---

13) Gregory H. Shill & Matthew L. Strand, *Diversity, ESG, and Latent Board Power*, 46 DEL. J. CORP. L. 255 (2022).

定（prosocial corporate decision）を促す手段を提案する[14]。具体的には、企業が社会的な決定を実施するために、社会的責任債（CSR bond）を発行し、関心のある個人がこれを購入する。企業が当該決定を実施した場合には、社債の返済は免除される。すなわち、出資金は寄付として機能する。この場合、投資家へのリターンはないが社会がベネフィットを受ける。決定が実施されない場合は、元本と制裁的な金利の支払が求められる。このような社会的責任債が実施可能な根拠としてLundは、アメリカ人が毎年GDPの2％に相当する3,000億ドルの寄付をしていることを挙げる。

2　実証研究

(1)　投資家の行動

Hirst, Kastiel, & Krichei-Katzは、人は社会的目的のためにどれだけリターンを放棄するかについて、投資、消費、寄付のチャネルごとに実証実験を行った[15]。その結果、次のような結果が得られたという。①投資家は一般に、社会的利益を促進するために金銭的利益の一部を放棄することをいとわない。②個人は投資するときよりも消費や寄付をするときに、より多くの金額を放棄することをいとわない。③32％の投資家は金銭的利益を最大化することを強く好み、社会目標を促進するためにはたとえ少額であっても放棄することを望まない。④3つのチャネル（投資、消費、寄付）のそれぞれにおいて、個人の意欲には大きな不均一性があり、これは所属政党、性別、収入に関連している。

(2)　株主提案の分析

Roberto Tallaritaは、2010年から2021年までの2,900件を超える株主の社会的提案を分析した[16]。Tallaritaは、株主の社会的提案については、それが多くの株主とは異なる特異な選好を有する個人株主か、労働組合、公的年金基

---

14) Dorothy S. Lund, *Corporate Finance for Social Good*, 121 COLUM. L. REV. 1617 (2021).
15) Scott Hirst, Kobi Kastiel & Tamar Kricheli-Katz, *How Much Do Investors Care About Social Responsibility?*, 2023 WIS. L. REV. 977.
16) Roberto Tallarita, *Stockholder Politics*, 73 HASTINGS L.J. 1697 (2021-2022).

金、宗教団体、環境アクティビストのような利益団体によって行われ、株主の利益にならないとする利益衝突説と、会社の社会的責任は株主価値を増加させるという利益説とが対立しているとする。しかし、利益衝突説の帰結とは異なり、実証研究は、個人株主による提案はごく少数であり、また利益団体が提案する社会的提案の支持率は、2000年代初頭よりも高く、かつ増加傾向にある（2021年で平均35.4％）ことを示している。また、社会的提案は、それが株主の利益になるという提案理由を記載することはほとんどないから[17]、株主価値の増加を動機として行われると見ることはできない。Tallaritaは、株主は、経済的な動機（financial motive）のほか、社会志向の動機（prosocial motive）、自己の道徳的政治的立場を表明する動機（expressive motive）から提案を行うと理解することで、会社の行動が社会に及ぼす影響に株主が関心を持ち、可決されない社会的提案が行われることや株主価値を減少させる社会的提案が行われることを説明できるとする。もっとも、SECによる審査、経営陣との交渉など、株主提案の利用には費用がかかるから、社会志向の動機や表明的動機を有する株主は、会社の決定に影響を及ぼす法的な道具（株主提案権）を有しているが、それを行使する強いインセンティブを持たない。他方、会社外のステークホルダーは、会社の決定に影響を及ぼすインセンティブを有するが、株主として声を上げることができない。

　本稿の調査によると、調査対象の社会的提案の過半数は、株主擁護団体、投資助言業者、宗教団体、政治・社会アクティビスト、労働組合、公的年金基金といった25の機関によるものであった。Tallarita は、リピートプレーヤーであるこれらの株主政治専門家（stockholder politics specialist）が株主と外部のステークホルダーを結びつけているのではないかという。株主政治専門家は、株主提案にアクセスしやすく、特定の争点に関して得た知識を株主提案以外のソートリーダーシップ、エンゲージメント、メディア・キャン

---

[17] 環境に関する提案は規制リスクに言及することが多いが、規制リスクが提案の真の動機であるなら、ロビー活動によって規制を廃止してリスクを減らすことと環境問題を減らして規制のコストを減らすこととは無差別になるはずだが、前者が提案されることはない（*Ibid*., at 1732）。

ペーン、ロビー活動、政策提言、訴訟などに利用できるため、彼らの株主提案の費用は安く済むし、彼らの社会的提案の成否は個々の会社で株主提案が可決されたかどうかではなく、彼らの行動が社会に対して影響力を発揮できたかどうか（表明的な価値）によって測られるので、社会的提案を行う強いインセンティブを有する。

　Tallarita は、株主が政治的、社会的、環境的、または道徳的な争点について信念または価値を有している場合に、経営者はエージェンシー問題のために株主の選好から離れる決定をしてしまう可能性があるところ、株主政治専門家はこのエージェンシー問題を軽減することができるとする。他方、株主の選好を正確に把握することが難しいため、株主政治専門家の活動は、個人投資家の資金を運用する機関投資家において、株主の選好と異なる議決権行使を行ってしまう機関投資家のエージェンシー問題を悪化させる可能性がある。

【コメント】

　本論文は株主提案の実証研究を基礎としているが、株主政治（stockholder politics）の分析は理論研究である。Tallarita は、最近の株主第一主義の提唱者の 1 人であるが、株主が政治上、社会上、または環境上の選好に従って株主提案を行い、議決権を行使し、その結果、ステークホルダーの利益が一定程度確保されることを否定していない点で注目される。ただし、その議論は、株主提案の多くが勧告的提案であり、可決されても取締役会を拘束しないことを前提としている。

3　理論研究

(1) コーポレート・ガバナンス

　Lund & Pollman は、コーポレートガバナンス・マシーンという概念を用いて、ステークホルダー主義がアメリカにおいて成功しない理由を説明しようとする[18]。Lund & Pollman によると、アメリカの公開会社にとってコーポ

---

18) Dorothy S. Lund & Elizabeth Pollman, *The Corporate Governance Machine*, 121 Colum. L. Rev. 2563 (2021).

レート・ガバナンスは、強力な株主志向を持つ多数の機関投資家から構成される「システム（コーポレートガバナンス・マシーン）」になっている。この分析は、なぜ企業の社会的責任運動が株主価値志向の環境、社会、ガバナンス（ESG）基準に変わり[19]、ステークホルダー資本主義がベネフィット・コーポレーションとして知られる新たな別個の形態の組織に追いやられ、公開会社の取締役会が業界全体で均質化されたことの理由を説明する。ゲートキーパーである機関投資家達に方向性の転換を強いる大きなパラダイムシフトがなければ、企業に従業員、地域社会、環境の利益を考慮するよう促す提唱は、そのような取組みが株主の利益を増進するものとして枠組みされない限り失敗する可能性が高いという。

(2) 競争がステークホルダー主義に及ぼす影響

Mark J. Roe は、競争がステークホルダー主義に及ぼす影響を分析している[20]。競争の激しい経済では、企業は費用のかかる会社目的プログラムを、それが株主利益を向上させない限り採用しない。競争の緩やかな経済では、独占企業・寡占企業が超過利益の一部をステークホルダーに振り向けることができる。そこで、Mark J. Roe は、ステークホルダー主義の高まりはアメリカ経済の競争低下から生じているとする。競争の低下と独占企業による利益の増加は、企業内に社会対立が生じる領域を生み出し、株主とステークホルダーがそれぞれの分け前を求める社会を生み出すという。

4　ステークホルダー主義に反対する見解

(1) ESG を指標とする報酬に対する批判

ステークホルダー主義の高まりにより、企業は CEO の報酬に環境、社会、ガバナンス（ESG）のパフォーマンス指標をますます使用するようになった。Lucian A. Bebchuk & Roberto Tallarita は、Ｓ＆Ｐ100企業の CEO の報酬を分析し、ESG のパフォーマンスを指標とする報酬の採用は、むしろステーク

---

19)　この認識は、かつての社会的責任運動と異なり、ESG 投資が投資家に利益をもたらすものとして提唱されている事実をさす。
20)　Mark J. Roe, *Corporate Purpose and Corporate Competition*, 99 WASH. U. L. REV. 223 (2021).

ホルダーの利益にならないという[21]。

　本稿の調査によると、S＆P100構成企業の52.6％でCEOの報酬パッケージにESG指標を採用していた。内訳は、従業員の待遇（80.4％）、従業員の構成（62.7％）、顧客（49％）、環境（39.2％）、地域社会（19.6％）、取引先（3.9％）であり、ほとんどのESG指標は年次ボーナスの査定に用いられる。もっとも、ESG指標に基づく支払の割合を開示している企業は27.4％にとどまり、開示企業においてESG指標に基づく支払の割合は1.5％～3％と低い[22]。

　ステークホルダーごとにその関心は多様であるが、CEOの報酬パッケージに用いられる指標は、たとえば従業員であれば、多様性、健康と労働災害であり、雇用保障を指標とするものはない。地域社会であれば、信頼や評判に焦点を当てる企業は多いが、地域の雇用、恵まれない住民への商品やサービスの無料提供に焦点を当てる企業はない[23]。このようにESG指標を用いる報酬は、一部のステークホルダーの一部の利益を指標とするものであり、全体として見たステークホルダーの福祉には役立たない。他方、指標とするESG要素を増やしたとしても、CEOは、その要素が重要か否かではなく測定しやすいか否かにより、どの要素に焦点を当てるかを選択するため、やはりステークホルダー全体の利益とはならない。

　また、これまでCEOの報酬パッケージは開示が進み、エージェンシー問題を軽減してきたが、現在のESG指標を用いる報酬は、開示が不十分なため、CEOに適切なインセンティブを与えているかどうかを株主が検証することができず、役員報酬に関するエージェンシー問題を悪化させている。

(2) BRT声明に対する批判

　Stephen M. Bainbridgeは、CEO達がBRT声明で言ったことと、彼らが実際にやっていることとはかなりの差があると評する[24]。かつての取締役は役

---

21) Lucian A. Bebchuk & Roberto Tallarita, *The Perils and Questionable Promise of ESG-Based Compensation*, 48 Iowa J. Corp. L. 37 (2022).
22) *Ibid*., at 52.
23) *Ibid*., at 56.
24) Stephen M. Bainbridge, *Making Sense of the Business Roundtable's Reversal on Corporate Purpose*, 46 Iowa J. Corp. L. 285 (2021).

員の言いなりだったが今は違う。株主利益を目指すヘッジファンドの影響も大きい。したがって、役員がステークホルダーの利益を株主利益よりも優先させる経営を実際に行うことは難しい。

　ではなぜBRTのメンバーはあのような声明を出したのか。考えられる理由の第1は、それが株主の長期的な利益に適うと思ったか、ミレニアム世代、Z世代の従業員や顧客にアピールするため、第2の理由は、CEO達は取締役達やヘッジファンドによる頸木から逃れ、経営裁量を確保したかったからだとする。

　Lucian A. Bebchuk & Roberto TallaritaはBRT声明に参加した米国公開企業128社について声明発表後の2年間の企業文書を調査した結果、以下のことが判明したという[25]。①コーポレート・ガバナンス・ガイドライン（日本のCG報告書に相当）を更新した多数のBRT企業は、ステークホルダーの地位を向上させる文言を追加していない。②BRT声明から2年終了時点で、BRT企業のほとんどは株主優先のアプローチを反映したガバナンス・ガイドラインを有している。③BRT企業に提出されたBRT声明の実施を求める40以上の株主提案に対応するSECへの提出書類の中で、ほとんどのBRT企業は、BRT声明への参加にはそのような変更は必要ないと明言していた。④BRT企業はすべて、株主中心の考え方を反映した会社の付属定款を有し、維持していた。⑤BRT声明に続く委任状説明書の中で、大多数のBRT企業はBRT声明への参加について言及しておらず、言及した少数の企業の中で、自社の声明参加がステークホルダーの取扱いの変更を必要としている、または変更を期待されていると記載した企業はなかった。⑥BRT企業はいずれも、自社の利益と株主価値を強く一致させる取締役報酬を払い続け、ステークホルダー指向の指標の使用や支持を避けた。

　以上から、Bebchuk & Tallaritaは、BRT声明はほとんど見せかけのものであり、これに参加したBRT企業は、ステークホルダーの扱い方に重大な変化をもたらすことを意図または期待していなかったと結論づける。

---

[25] Lucian A. Bebchuk & Roberto Tallarita, *Will Corporations Deliver Value to All Stakeholders?*, 75 Vand. L. Rev. 1031 (2023).

(3) ステークホルダーの利益にとって逆効果だとするもの

Lucian A. Bebchuk & Roberto Tallarita は、ステークホルダー主義はステークホルダーの利益にとって逆効果だとする[26]。

ステークホルダー主義は2種類ある。第1は、株主価値最大化のためにステークホルダーの利益を考慮すべきだとするもの。2006年イギリス会社法や現在進行中の ALI コーポレート・ガバナンス原理の改訂はこれに属する。啓発された株主価値（enlightened shareholder value）ともいうが、従来の議論の焼き直しであり、その名に値しない。第2は、ステークホルダーの各グループの福祉はそれぞれ独立した価値があり、ステークホルダーの考慮は株主の犠牲の下で彼らに何らかの便益を与えるとする多元的ステークホルダー主義。80年代・90年代のアメリカ各州の反買収法、Blair & Stout のチームプロダクション理論がこれに属する。Bebchuk & Tallarita は、多元的ステークホルダーの範囲が不明確であるし（競争者の従業員も含むのか）、利益対立が長期的に解消されないこともあるとする。そこで、すべて取締役会の裁量に委ねようとするが、取締役がどうその裁量を行使すべきかには答えていないとする[27]。

Bebchuk & Tallarita は、まず、ステークホルダーへの約束は幻想にすぎないとする。経営者の報酬は株主価値と結びついている。報酬体系を変えることで経営者のインセンティブを変えることはできるが、設計が難しく、効果が薄い上に業績との関連性を弱めてしまう。取締役の選任過程を変える（労働者代表を入れる）という提案があるが、誰の利益をどう実現するかで困難に直面し、結局、経営者の裁量に委ねるしかない。利害関係者条項（constituency provision：反買収条項）のある州会社法の下で行われた買収がステークホルダーの利益を考慮していたか、疑問である。実証研究によると雇用を維持するという約束が守られた例は稀である。

次いで、Bebchuk & Tallarita は、ステークホルダー主義の危険性を次のよ

---

[26] Lucian A. Bebchuk & Roberto Tallarita, *The Illusory Promise of Stakeholder Governance*, 106 Cornell L. Rev. 91 (2020).

[27] これは Blair & Stout のチームプロダクション理論への反論である。

うに指摘する。ステークホルダー主義は、取締役のアカウンタビリティを低下させ、経営の非効率は企業価値を低下させパイを小さくするから、ステークホルダーにとっても害をなす。ステークホルダー主義によってステークホルダーの利益が確保されるならば、会社を名宛人とする外部規制を導入する必要はなくなるが、実際には利益は確保されないため、ステークホルダーはより不利な地位に置かれる。

5 ポートフォリオ第一主義に賛成する見解

(1) システマティック・リスクの減少に着目するもの

　Jeffrey N. Gordon は、分散投資を行う大規模な機関投資家は、分散投資では排除できないシステマティック・リスクを減少させることにより、リスク調整後のリターンを向上させることができるから[28]、システマティック・リスクを減少させるエンゲージメント（Systematic Stewardship）を行うべきだとする。システマティック・リスクは、発現したときにポートフォリオ全体に負の影響を及ぼすものであるが、いつどの程度の規模で発現するかを予測することが難しい。Gordon によれば、金融機関の連鎖倒産リスク（システミック・リスク）、気候変動リスク、社会の安定性に関するリスク（社会不安）がシステマティック・リスクに当たる。アメリカのコーポレートガバナンス・システムは、経済環境の変化に対応しやすいが、経済的変化の調整費用をさまざまなステークホルダー、特に従業員に負担させがちである。このような社会不安は規制やその他の環境変化をもたらし、ポートフォリオ全体に損失を被らせる。そこで、Gordon は社会不安がシステマティック・リスクであるとするのである。もっとも、システマティック・スチュワードシップが社会的な問題のすべてに対応できるわけではない。多くの重要な社会問題はシステマティック・リスクではないし、金融機関の連鎖倒産リスクが発

---

[28] Jeffrey N. Gordon, *Systematic Stewardship*, 47 Iowa J. Corp. L. 627 (2022). システマティック・リスクは、市場ポートフォリオの収益率の変化に対する個々の企業の収益率の変化の反応係数であり、β とも呼ばれる。システマティック・リスクの詳しい説明はファイナンスの教科書に譲る。簡単な説明として、黒沼悦郎『金融商品取引法〔第2版〕』（有斐閣、2020）144頁～145頁を参照。

現した場合の社会的な害は、ポートフォリオに生じた損失をはるかに超えるので、リスクの発現を防止する資産運用者のインセンティブは過少となる。

【コメント】

Gordonのシステマティック・リスク減少論は、Condonのポートフォリオ第一主義と別個に立てられた議論であるが、インデックスファンドのエンゲージメントにシステマティック・リスクの減少という理論的な根拠を与えたことに意義がある。しかし、Gordonの議論は、企業の行為の外部性を捉えるものでない点でポートフォリオ第一主義とは異なり、またシステマティック・リスクの範囲について厳密な議論がされているわけではないことに注意を要する。

(2) ポートフォリオ第一主義の改善をめざすもの

Ronald J. Gilson & Jeffrey N. Gordonは、機関投資家とその受益者との間のエージェンシー問題を取り上げ、アクティビスト株主がエージェンシーコストを引き下げ得ると指摘した[29]。Anna Christieは、これを持続可能性資本主義に応用して、アメリカの三大ファンドが企業のESG活動を促す方策を検討している[30]。

機関投資家は他の投資家の提案に対応するだけで、自らは提案しようとしない（合理的な沈黙）。ビッグ3（BlackRock, Vanguard, State Street）も、インデックス投資家およびESG投資家との間で代理問題があり、企業ごとの介入については合理的な沈黙の態度をとっている。また、ビッグ3には、持続可能性に対する、より高いコミットメントを支持するインセンティブがあるのに、PRI宣言などにおいて自ら一般的に表明したことに比べて、個々の企業向けの株主提案には賛成しないなど偽善的に行動している。合理的な沈黙（rational reticent）と合理的な偽善（rational hypocrisy）が持続可能な資本主義のエージェンシーコストである。

---

29) Ronald J. Gilson & Jeffrey N. Gordon, *The Agency Costs of Agency Capitalism: Activist Investors and the Revaluation of Governance Rights*, 113 COLUM. L. REV. 863 (2011).

30) Anna Christie, *The Agency Costs of Sustainable Capitalism*, 55 U.C. DAVIS L. REV. 875 (2021).

ESGヘッジファンドはビッグ3の持続可能な資本主義に訴え、企業ごとのESGアクティビズム（firm-specific ESG activism）を開始する可能性を秘めている。最も顕著なのは、ESGヘッジファンドが企業の取締役会に気候変動の専門取締役を指名するという独自の役割を果たすことができ、ビッグ3が信頼できる候補者に支援を提供していることである。ESG問題により重点を置いている他の「責任あるアクティビスト」も、同様の役割を果たし得る。特に、合理的な偽善の問題に焦点を当てて、彼らの活動のターゲットをビッグ3自身に向けることが重要である[31]。

6　ポートフォリオ第一主義に反対する見解

(1) 事実上の限界があるとするもの

Roberto Tallaritaは、ポートフォリオ第一主義が気候変動問題の解決に寄与するには事実上の限界があるとするとして、次の諸点を指摘する[32]。

二酸化炭素排出者を含む世界中の多くの企業が非公開企業または支配株主のいる会社であるから、スチュワードシップ活動の効果は疑問である。インデックスファンドは気候変動の社会的コストのうちほんの一部しか内部化していない。上場会社以外の会社、個人に対するコストを内部化していないし、途上国の株式に投資していない。インデックスファンドのマネージャーは、受託者間の対立に直面している。気候変動対策について人々がインデックスファンドの活動に満足すると、レギュレーションをためらうようになり、かえって逆効果である。

---

31) 本稿に紹介されているものではないが、ビッグ3をターゲットとするアクティビストの行動として次の事例が想起される。2021年、The Shareholder Commons (TSC) はBlackRockに対し、たとえ投資先企業の株価を傷つけることがあっても、投資先企業が社会に及ぼしている社会的環境的負荷を減らすように働きかけることを株主提案により要求した。BlackRockは、そのような行為は顧客に対する信認義務に違反すると反論した。SECは、TSCの要求は、BlackRockにその信認義務に違反するよう求めるものでないと判断し、BlackRockの株主は2022年の株主総会でTSC提案に賛成することは妨げられないとした（BlackRock, Inc., SEC No-Action Letter, 2022 WL 225966 (Apr. 4, 2022)）。
32) Roberto Tallarita, *The Limits of Portfolio Primacy*, 76 VAND. L. REV. 511 (2023).

(2) 受託者間の利害対立により実現不可能であるとするもの

　Roberto Tallarita は、(1)の主張のうち受託者間の利害対立によりポートフォリオ第一主義は実現不可能であるという主張を、次のように詳細に展開している[33]。

　BlackRock が Exxon に投資する例を考える。BlackRock は投資顧問としてファンド投資家に対し信認義務を負っている。BlackRock の利益衝突を避ける信認義務から、BlackRock は、あるファンド投資家（BlackRock SP500）の利益のために他のファンド投資家（BlackRock Energy：多くの石油・天然ガス精製会社に投資するインデックスファンド）の利益を犠牲にしてはならないところ、Exxon に排出量削減を求める決定はこの義務に違反する。

　Exxon 株に投資をしている BlackRock 以外のファンドの中にも BlackRock Energy のようにエネルギー部門に特化した投資をしているものもあるし、ヘッジファンドもある。資産運用者間の並行的なスチュワードシップが成功すれば BlackRock は Exxon の支配的株主となり、他の株主に対し信認義務を負うことになるが、上記の決定はこの義務に反する。Exxon の役員は会社および株主に対し信認義務を負うが、BlackRock の要求を拒絶しなければ信認義務に反することになる。このような信認義務の衝突から受託者はどう行動したらよいか決定できない状態（行き詰まり、deadlock）に置かれる。

　これらの信認義務の衝突を調整することが可能か。信認義務の衝突は、利益が融合する（interest convergence）か、利益に優先順位づけすることができる（interest prioritization）か、利益を特定化することができる（interest specialization）場合にのみ、避けることができると考えられる。

　今日の投資家は十分に分散投資しているか、そうすべきであるから、投資家の利益とポートフォリオ全体の利益は一致するとの議論が考えられる。しかし、現実の投資家は、それが利益になると考えて、必ずしも分散投資をしていない。そして、石油・ガス会社に投資するファンドにおける典型的な投資家は、石油・ガス会社の価値の向上を願っている。

---

[33] Roberto Tallarita, *Fiduciary Deadlock*, 171 U. PA. L. REV. ONLINE 1 (2023).

会社法は信認義務に階層づけをしている。BlackRock の取締役・役員の株主に対する信認義務は会社の内部関係であり、BlackRock のファンド投資家および他の Exxon 株主に対する信認義務はエンティティとしての BlackRock を対象とする外部関係である。したがって、BlackRock の取締役・役員の株主に対する信認義務は、BlackRock が第三者に対して負う信認義務による制約を受ける。これに対し、BlackRock の BlackRock Energy に対する信認義務と BlackRock SP500に対する信認義務は同順位である。したがって受託者の行き詰まり（deadlock）は残る。Exxon の取締役・役員のその株主に対する信認義務も、株主にはヘッジファンドを通じて投資している者とインデックスファンドを通じて投資している者があり、両者の間に優先順位をつけることはできないから、受託者間の利害対立は残る。

受託者が個々のファンドごとに行動するのであれば、相互に対立する利益は共存し得る（利益の特定化）。BlackRock は BR Energy のために排出量削減に反対し、BlackRock SP500のために排出量削減に賛成すべきである。このように BlackRock がファンドごとの利益の基準で行動すると、ポートフォリオ全体の観点から排出量の削減を考慮することはできなくなる。同様に、Exxon においては、取締役・役員は Exxon 自身の利益を基準として行動すればよく、排出量削減に反対してよい。Exxon の取締役・役員が SP500を通じて投資をする株主のために行動する必要がないのは、SP500の株主の利益は、その受託者（ファンド運用者）によって図られるからである。

III　むすびに代えて

本稿は、アメリカにおける近時の会社の目的論を、若干の整理を加えて紹介した。個々の学説の紹介において、誤解を生じないために注意が必要な点についてはすでにコメントを付した。ここでは、議論の大きな大きな流れを捉えて、コメントをしたい。

近時のアメリカの議論の隆盛は、BRT の2019年の声明［→Ⅰ 3(1)］に端を発するものであり、BRT がそのような声明を発した背景として、ESG 投資

第 2 章　環境・有害物質のリスク

や環境問題に関する株主提案の高まりがあることは疑いがない。そこで息を吹き返したステークホルダー主義は、しかし、環境・社会問題の解決のためにアメリカ企業の経営者の行動に期待するものにすぎず、確かな論拠を伴うものではなかった［→Ⅱ1⑴⑵］。ステークホルダー主義に対する Bebchuk & Tallarita による反論［→Ⅱ4⑶］は、説得力があると考えられる。この反論は、ステークホルダーの利益の保護を否定するものではなく、そのような利益の保護・考慮は会社を名宛人とする法律やレギュレーションによるべきだというのである。ただし、この見解は、アメリカでは企業のロビー活動により環境・社会問題に関する企業を名宛人とする立法や規制が成立しにくいという現実があること、および気候変動の問題は伝統的な環境法では対処できず広義の会社法の動員が必要であるとする Sarah E. Light の指摘［→Ⅰ3⑵］には対応できていないように思われる。

　インデックスファンドの隆盛を背景として、企業行動によって生じる負の外部性を内部化することにより環境・社会問題の解決を会社法の問題と捉えることを可能にするポートフォリオ第一主義が唱えられ［→Ⅰ3⑶］、一定の支持を得ている。ポートフォリオ第一主義に対する反論として重要なのは、信認義務の衝突に着目する Tallarita の議論［→Ⅱ6⑵］であろう。この議論は、石油・ガス会社は潰れても良いというインデックスファンドのエンゲージメントに石油・ガス会社の経営者が応じるはずがないという直感を精緻化したものであり、説得力がある。ポートフォリオ第一主義は、株主の利益を最大化しない行為であっても、それを株主が望む以上、会社の経営者はそれに従わなくてはならないという議論[34]に通じる。これに対し、Tallarita が、株主の選好が分かれるとき Exxon の経営者は Exxon 自身の利益基準（株主価値の最大化）に従って行動して良いとする［→Ⅱ6⑵］のは、議論の余地があるのではないだろうか。

---

34) Scott Hirst, *Social Responsibility Resolutions*, 43 J. Corp. L. 217, 232-235 (2018). この議論については、黒沼・前掲（注1）235頁〜237頁も参照。

第3章

医療・医薬品リスク

10 医療・医薬品のリスクと不法行為法
——医療AIを含むリスクに対する責任判断の検討

東京大学教授　米村　滋人

I　はじめに

　現代社会では社会活動に伴うさまざまなリスクにつき法的責任の成否が問題となりうるが、医療・医薬品に伴う損害事例は、以前から特殊な考慮を要する不法行為類型として扱われてきた。本稿は、医療・医薬品等に関する判例を中心に検討することにより、従来の責任判断をリスクの観点から再整理するとともに、医療AIに関する法的責任を含め近年出現した新たな問題状況も踏まえつつ、この分野の不法行為責任をどのような責任規範の下で設計することが適切かにつき考察することを目的とする。なお、本稿で「リスク」とは、特段の注記等がない限り不確実性を伴うリスクをいうものとし、検討を進めることとする。

II　医療・医薬品リスクに関する責任判断

1　医療事故リスクと過失評価

　医療は不可避的に一定程度の合併症や過誤のリスクを伴い、それは医学的知見や診断・治療の過程等に内在する不確実性と密接な関連性を有する[1]。従来の医療過誤訴訟においてもこの種の医療リスクへの対処が試みられてき

たものの、医療分野では萎縮医療への懸念などから無過失責任化は好ましくないとされ、もっぱら過失責任の枠組みが用いられてきた。医療過誤における過失は、原則として医療水準によることが判例（最判昭和57・3・30判時1039号66頁）・通説[2]とされてきたが、他の判断枠組みを用いる判例も部分的に出現している。

(1) 判例の検討

まず、①最判昭和36・2・16（民集15巻2号244頁〔東大輸血梅毒事件〕）は、職業的給血者Aからの血液による輸血を受けたXが梅毒に罹患した事案である。Aは血液検査所発行の陰性証明書を有しており、医師は「からだは丈夫か」と質問したのみで採血を行っていた。最高裁は、「梅毒感染の危険の有無について最もよく了知している給血者自身に対し、梅毒感染の危険の有無を推知するに足る事項を問診し、その危険を確かめ」るべきであったとして、問診義務違反の成立を肯定した。

本判決の過失判断は、医療水準論の確立前のものであり先例的意義は高くないことに加え、実質的妥当性の面でも疑問が少なくない。検査手法の発展した現在でも感染症の検査の検出力には限界があり、検査陰性となる感染事例の存在をゼロにすることはできない。本判決の立場は、その種の検査の不確実性を、より不確実性の高い問診で補おうとする考え方であるが、輸血前に確認すべき感染症は10種類近くにも及び、それらすべての存否を問診のみによって判断することは可能でも適切でもない。本判決は今日の医療においては正当化しにくく、医療リスクの低減をもたらさない義務設定がされたという面で、法的にも問題の多い判決であったと言える。

②最判平成7・6・9（民集49巻6号1499頁〔未熟児網膜症・姫路日赤病院事件〕）は、1974年12月11日に未熟児として出生したXが同月27日の眼底検査において問題なしと判断されたところ、翌年4月、手術適期を過ぎた未熟

---

1) 医療リスクと過失判断の詳細については、米村滋人「医学の不確実性と医療過誤判例」判時2443号（2022）97頁参照。
2) 野田寛『医事法（中）〔増補版〕』（青林書院、1994）449頁以下、手嶋豊『医事法入門〔第6版〕』（有斐閣、2022）261頁など。

児網膜症と診断された事案である。原審は、1975年8月の研究班報告書公表前には未熟児網膜症の診断・治療が医療水準となっていなかったとしたのに対し、最高裁は、「医療水準……については、当該医療機関の性格、所在地域の医療環境の特性等の諸般の事情を考慮すべきであり、……すべての医療機関について……医療水準を一律に解するのは相当でない。そして、新規の治療法に関する知見が当該医療機関と類似の特性を備えた医療機関に相当程度普及しており、当該医療機関において右知見を有することを期待することが相当と認められる場合には、特段の事情が存しない限り、右知見は右医療機関にとっての医療水準である」と述べ、1974年12月当時でも当該医療機関（姫路赤十字病院）では医療水準となっていた可能性があるとして、審理を原審に差し戻した。

　本判決は、医療水準論を採用する判例の確立後に、医療水準は全国一律の基準ではなく医療機関の特性等によって異なるとする、いわゆる「相対説」の立場を判示したものである。従来、科学的不確実性を伴う医療に関しても医療水準の枠内で対応してきており、本判決も医学的知見の不確実性につき医療機関間の医療水準の相対化を認める形で妥当な結論を導こうとするものである。もっとも、本判決も、不確実な知見がある時点から確実な知見に変わるという前提を維持したまま対処しようとする点では従来の医療水準論と同様の立場であり、これは医学の不確実性に正面から応接しているとは言いがたい。

　③最判平成18・4・18（判時1933号80頁）は、冠動脈バイパス術を受けた患者に翌日腹痛が出現し次第に増悪したが経過観察が継続され、さらにその翌日に開腹手術が実施されたところ広範囲の腸管壊死が認められ、最終的に患者が死亡した事案である。最高裁は、「当時の腸管え死に関する医学的知見においては、腸管え死の場合には、直ちに開腹手術を実施し、え死部分を切除しなければ、救命の余地はなく、さらに、え死部分を切除した時点で、他の臓器の機能がある程度維持されていれば、救命の可能性があるが、他の臓器の機能全体が既に低下していれば、救命は困難であるとされていたというのであるから、開腹手術の実施によってかえって生命の危険が高まるため

に同手術の実施を避けることが相当といえるような特段の事情が認められる場合でない限り、〔患者〕の術後を管理する医師としては、腸管え死が発生している可能性が高いと診断した段階で、確定診断に至らなくても、直ちに開腹手術を実施すべきであり、さらに、開腹手術によって腸管え死が確認された場合には、直ちにえ死部分を切除すべきであった」として、過失を肯定した。

　本判決は、医療水準論を用いずに過失認定を行う判断例の1つである。この中で注目されるのは、診断や予後予測が不確実な段階でも開腹手術の実施義務を肯定した部分である。医療における不確実性には、医学的知見自体の不確実性がある場合のほか、検査等の限界に由来する診断の不確実性が見られる場合もある。本件は、後者の診断の不確実性が存在し判断の遅れが救命の困難性を招く危険性があるという状況の下で、直ちに開腹手術を実施する義務を肯定したものである。前掲①判決（東大輸血梅毒事件）も診断の不確実性のあった事例だが、同判決は他の診断技法で不確実性を補おうとしたのに対し、本判決は不確実性自体は受容した上で、端的に治療義務を課している点に特徴がある。

(2)　若干の考察

　以上の判例につき若干の整理と分析を試みる。医療過誤類型では、医療水準論の確立により過失標準の定型化が進行した。これは過失判断の予測可能性を高め、萎縮医療に代表されるリスク忌避傾向を防ぐのに有用であったと見られる[3]。もっとも、このような医療水準論による定型化は、医学的知見が確立されている場合には有効に機能しうる一方で、新規の医学的知見の医療水準適合性が問題となる場面では、新規知見の不確実性の評価いかんによる判断の不安定性が避けられない。未熟児網膜症訴訟はその種の不確実性が問題となった事案であり、②判決は下級審の画一的な医療水準認定を戒めたものとも整理できる。とはいえ、②判決も未確立の新規知見が特定時点で確立された知見に変化するという前提を崩してはおらず、しかも、②判決が着

3）医療水準論の確立過程とその意義については、山口斉昭「要件事実論的視点から見た医療水準論について」Law & Practice 4号（2010）117頁参照。

目したのは新規知見の浸透度の多様性のみであり、不確実性への対応としては不十分なものだった。

　そのことを裏から示したのが、③判決である。③判決は医学的知見の不確実性に関わる事案ではないものの、通常の検査等によっては腸管壊死の診断に不確実性が伴うという状況を前提としつつ、開腹手術を行わなければ救命が困難となることを踏まえて開腹手術の実施義務を肯定したものである。ここでは、不確実性を伴う危殆化状況においてある種の予防的措置義務を課したものと言え、医療場面において生じる不確実性につき個別的義務設定での対応を行った事例と位置づけられる。そして、③判決が医療水準を用いずに判断した点も考慮すると、不確実性下では定型的な水準的医療を措定する医療水準論に限界があることも示唆すると言えよう[4]。

2　医薬品のリスクと過失・欠陥評価

　医薬品にも不可避的に副作用リスクが存在する一方で、医薬品による副作用被害の事例は、いわゆる薬害としてたびたび訴訟事案に発展し社会問題ともなってきた。以下では、医薬品副作用被害に関する過失判断と製造物責任法上の欠陥判断につき、リスクの観点からの分析を試みる[5]。

(1)　医薬品の過失判断に関する従来の学説

　従来、薬害事案における過失判断の特徴としては、「予見義務の高度化」を含む責任の厳格化を妥当とする議論が多かった[6]。その中でしばしば引用されたのはスモン訴訟判決やクロロキン訴訟判決であり、たとえば、④東京

---

[4] 従来、筆者は③判決を、何らかの理由により医療水準による解決が採用されなかった事例として位置づけてきた（米村滋人『医事法講義〔第2版〕』〔日本評論社、2023〕119頁以下参照）。そのような解決がされた理由には複数の可能性があるが、救命困難性を背景とする特殊な予防的措置義務の設定が妥当と考えられたとすると、医療水準論の不採用には合理的な理由があると考えられる。

[5] 医薬品のリスクと過失・欠陥判断の詳細については、米村滋人「医薬品の欠陥判断と過失判断」『河上正二先生古稀記念・これからの民法・消費者法（Ⅱ）』（信山社、2023）525頁参照。

[6] 澤井裕『テキストブック事務管理・不当利得・不法行為〔第3版〕』（有斐閣、2001）175頁以下、潮見佳男『不法行為法Ⅰ〔第2版〕』（信山社、2011）330頁以下、吉村良一「『薬害イレッサ』における製薬会社の責任」立命館法学350号（2013）140頁以下など。

地判昭和53・8・3（判時899号48頁〔東京スモン訴訟一審〕）は、「製薬会社は、右予見義務の一環として、副作用に関する一定の疑惑を抱かしめる文献に接したときは、……過去・将来を問わず、当該医薬品の副作用に関する情報を求め、より精度の高い副作用に関する認識・予見の把握に努めることが要請される」。「製薬会社は、予見義務の履行により当該医薬品に関する副作用の存在ないしはその存在を疑うに足りる相当な理由……を把握したときは、可及的速やかに適切な結果回避措置を講じなければならない」と述べており、ここでは、高度の予見義務・結果回避義務を課すことにより過失認定を容易にし、責任の厳格化を図る方向が示されていたと言える。

(2) **医薬品に関する欠陥判断の傾向**

もっとも、近時は医薬品副作用被害につき製造物責任を追及するのが一般化している。医薬品の副作用リスクに関する欠陥は、いわゆる「設計上の欠陥」として扱われるのが中心的であるが、この欠陥判断については、危険効用基準によるとする学説が有力に唱えられているものの[7]、十分な学説が展開されているとは言いがたい。

他方で、医薬品の欠陥判断については複数の裁判例が存在し、それらの判断を概観することで一定の傾向を見出すことは可能と思われる。医薬品副作用被害に関する製造物責任判例の中で重要な先例となっているのは、いわゆる分子標的薬に属する抗癌剤イレッサの副作用（間質性肺炎）が問題となった一連のイレッサ訴訟判決である[8]。

⑤東京地判平成23・3・23（判時2124号202頁〔イレッサ東京訴訟一審判決〕）は、まず一般論として、「医薬品の特性にかんがみれば、……副作用による有害性が著しく、その医薬品の有効性を考慮してもなお使用価値を有し

---

[7] 瀬川信久「消費社会の構造と製造物責任法」岩村正彦ほか編『現代の法（13）消費生活と法』（岩波書店、1997）202頁以下、土庫澄子『逐条講義 製造物責任法〔第2版〕』（勁草書房、2018）90頁以下など。
[8] イレッサ訴訟判決としては、最判平成25・4・12民集67巻4号899頁が著名であるが、この判決はいわゆる「指示・警告上の欠陥」に関する判断を行ったものであり、本稿が着目する「設計上の欠陥」に関しては言及されていないため、正面から検討対象とはしないこととする。

ないと認められる場合に、当該医薬品について設計上の欠陥が認められる」とした上で、イレッサの有効性と副作用の有害性の検討を行う。

具体的には、「イレッサは、……NEJ002試験の結果、ファーストラインのEGFR遺伝子変異陽性患者に対し、標準的治療……に対し、無増悪生存期間と奏効率において統計学的に有意に優越性を示した……。同様の傾向は、EGFR遺伝子変異陽性患者が多いとされる日本人又は東洋人の腺がん患者を対象とするIPASS試験でも見られた。ASCOは、これらの試験の解析結果（NEJ002試験については中間解析結果）の発表後である平成21年11月、Ⅳ期の非小細胞肺がん患者に対する化学療法のガイドラインを作成し、イレッサはドセタキセルなどと並んでセカンドラインの治療薬として推奨され、かつ、EGFR遺伝子変異のある患者に対してはファーストラインにおける使用も推奨されてよいとした」。「全生存期間については、外国の第Ⅲ相試験であるINTEREST試験のほか、主要評価項目としての全生存期間においてイレッサが統計学的に有効性を証明されたものは見当たらないものの、全生存期間については、後治療による評価の困難さが問題とされており、新ガイドラインは、延命効果『等』を主要評価項目とするとし、生存率、生存期間『等』をプライマリーエンドポイントとするとして、後治療の影響を受けない無増悪生存期間等の測定指標を意識して、主要評価項目（プライマリーエンドポイント）の設定に幅を持たせている。また、米国FDAの最近の取扱いでは、無増悪生存期間は、効果の規模等によっては、その改善が直接的な臨床的有用性を示す可能性があるものと考えられている。」と述べた上で、「イレッサは、現在、EGFR遺伝子変異陽性患者に高い有効性を有するものと認められる」とした。

他方で、副作用については、「イレッサの……他の新規抗がん剤に対する間質性肺炎の相対発症リスクは、3.23倍程度（投与後4週間以内では、3.80倍程度）であると認められ、また、発症危険因子や予後不良因子が明らかにされており、本件添付文書等で注意喚起がされ、平成21年の厚生労働省に対する年間副作用死亡例報告数は、34例となっている」と述べられ、他の抗癌剤に関する臨床試験の副作用データや複数の医療機関における抗癌剤一

般の副作用発現率と比較した結果として、「現在の知見において、イレッサの副作用による有害性が著しく、その有効性を考慮してもなお使用価値がないものとは認められず、イレッサに設計上の欠陥があるものとはいえない」と判断されている。

　⑤判決の控訴審である⑥東京高判平成23・11・15（判タ1361号142頁）も、イレッサの有効性と副作用リスクに関する検討を行う。有効性に関しては、「イレッサは、……従来の抗癌剤にほぼ必ず生じる血液毒性、消化器毒性、脱毛等の副作用がほとんど見られないという特徴があり、手術不能又は再発非小細胞肺癌の治療につき有効性がある」とした上で、「非小細胞肺癌の化学療法における有効性すなわち腫瘍縮小と肺癌患者の延命可能性との間に有意な相関があることは、原判決……記載のとおりである」としてイレッサの有効性を肯定した。その上で、副作用との比較での有用性の判断に関しては、「当該疾病又は症状の生命・身体に対する有害性の程度及びこれに対する医薬品の有効性の程度と副作用の内容及び程度の相関関係で決まる」とし、「肺癌は、……年間死亡者数が6万人を超える治療困難な疾病であり、中でも非小細胞肺癌は抗癌剤や放射線治療が効きにくく治療が特に困難であること……、イレッサは、その中でも重篤度の高い手術不能又は再発非小細胞肺癌を適応とするものであり、日本人の非小細胞肺癌患者に対する腫瘍縮小効果が高く、血液毒性、消化器毒性、脱毛等の副作用がほとんど見られないものであること……、間質性肺炎は、……従来の抗癌剤や抗リウマチ薬の投与でも発症する一般的な副作用であり、イレッサによる間質性肺炎の発症については危険因子特定のための研究が進んでいること……の諸事実を総合すると、イレッサの投与による間質性肺炎の発症頻度が日本人に高いという副作用……のゆえに、イレッサの有用性が否定されることはなく、したがって、……イレッサに設計上の欠陥があるということはできない」と述べる。

　また、「当該疾患により直ちに死亡することが通常は予想されない疾患の治療のために医薬品が投与され、その副作用により患者が死亡する場合、すなわち、例えば、帯状疱疹治療のための医薬品ソリブジンを特定の方法で投与することにより副作用が増強し、帯状疱疹患者が死に至ることがあるよう

な場合には、治療効果に対して過大な副作用が生じており、副作用の内容及び程度が有効性を明らかに凌駕するから、相応の規制措置がない限り、当該医薬品の有用性は肯定されない。イレッサによる間質性肺炎の副作用は、……同一に論じることはできない」とも述べている。

以上の2判決では、イレッサにつき、有用性・副作用リスクのいずれについても臨床試験の結果を極めて重視する判断がされ、欠陥が否定されている。加えて、⑥判決ではデータを解釈・分析する論理過程について手厚い判示がされており、特に、ソリブジンを例に治療効果に比して副作用が過大である場合には医薬品の有用性が否定される旨の判示がある。これは医薬品の本来的効能・効果の内容によって許容される副作用リスクの程度が異なる趣旨をいうものとして注目に値し、危険効用基準に親和的な判示とみられる。ここでは、リスク評価の過程を詳細に検証した上で、なお残存するリスクについては危険効用基準によって判断する枠組みが示されていると言えよう。これらが意味するところについては、Ⅳでさらに検討する。

3　予防接種のリスクと過失評価

医薬品に関連して、予防接種の副反応に関する過失判断の問題を取り上げる。この場面も医薬品副作用被害の一環と言いうるものの、従来、予防接種に関しては予防接種法の下で独自の制度が運用されてきた背景などから、一般の薬害事例等とは別異に扱われてきた。

予防接種禍に関する判例は複数存在するが、先例として重要なのは、インフルエンザの予防接種を受けた幼児（当時1歳）が接種翌日に死亡した事案に関する、⑦最判昭和51・9・30（民集30巻8号816頁）である。本判決は、「予防接種を実施する医師としては、問診するにあたつて、接種対象者又はその保護者に対し、単に概括的、抽象的に接種対象者の接種直前における身体の健康状態についてその異常の有無を質問するだけでは足りず、禁忌者を識別するに足りるだけの具体的質問、すなわち実施規則4条所定の症状、疾病、体質的素因の有無およびそれらを外部的に徴表する諸事由の有無を具体的に、かつ被質問者に的確な応答を可能ならしめるような適切な質問をする

義務がある」とした上で、質問の方法としては事前の書面（問診票）の提出や看護師等の代行も認められるとしつつ、「このような方法による適切な問診を尽さなかつたため、接種対象者の症状、疾病その他異常な身体的条件及び体質的素因を認識することができず、禁忌すべき者の識別判断を誤つて予防接種を実施した場合において、予防接種の異常な副反応により接種対象者が死亡又は罹病したときには、担当医師は接種に際し右結果を予見しえたものであるのに過誤により予見しなかつたものと推定するのが相当である」として、過失を否定した原審判決を破棄した。

また、⑧最判平成3・4・19（民集45巻4号367頁〔小樽種痘禍事件〕）は、生後6か月の乳児に対して種痘を行ったところ重度後遺障害が発生した事案につき、「予防接種によって重篤な後遺障害が発生する原因としては、被接種者が禁忌者に該当していたこと又は被接種者が後遺障害を発生しやすい個人的素因を有していたことが考えられるところ、……ある個人が禁忌者に該当する可能性は右の個人的素因を有する可能性よりもはるかに大きいものというべきであるから、予防接種によって右後遺障害が発生した場合には、当該被接種者が禁忌者に該当していたことによって右後遺障害が発生した高度の蓋然性がある」と述べ、「禁忌者を識別するために必要とされる予診が尽くされたが禁忌者に該当すると認められる事由を発見することができなかったこと、被接種者が右個人的素因を有していたこと等の特段の事情が認められない限り、被接種者は禁忌者に該当していたと推定するのが相当である」と判示した。

以上の2判決は、副反応の原因が判明しにくい予防接種禍の事例において、禁忌者を識別するための問診義務を厳格化し（⑦判決）、さらに副反応が出現した場合には特段の事情がない限り禁忌者に該当していたと推定するものとして（⑧判決）、過失認定を容易にする判断を行っているものと見られる[9]。これにつき、①判決と同様に診断の不確実性を問診義務の厳格化によって解

---

[9] 両判決の位置づけについては、宇賀克也「予防接種被害に対する救済」『行政法の争点（ジュリ増刊）』(2014) 162頁以下、山本隆司「判批」『消費者法判例百選〔第2版〕』(2020) 198頁参照。

決するものと見ることも可能である一方で、これらの判決のいう「推定」は、事実上の推定を超える法令の解釈による推定であるとの見解も示されており[10]、実際上、両判決によれば予防接種による副反応出現事例の大多数において責任が肯定される可能性もある。このことを踏まえれば、過失責任の形式をとりつつも、ここでは実質的に危険責任に近い判断枠組みが提示されたものと整理すべきように思われる。

Ⅲ　感染症のリスクと不確実性

1　コロナ感染症に関する問題状況

　通常の不法行為責任の事例ではないものの、医療・医薬品に関連して近時注目される新たなリスク類型として、コロナウイルス感染症（COVID-19；以下、「コロナ感染症」という）を中心とする感染症のリスクがある。コロナ感染症に関しては、特に発生初期の2020年段階ではウイルス特性や感染対策に関する不確実性が大きく、国や自治体の対応の不合理性も相まって社会的に混乱を来した。

　筆者は、これまでに公表した論考の中で、感染症対策を大きく「ミクロ対策」と「マクロ対策」に分類することを提案している[11]。ミクロ対策とは、マスク・手洗い等の感染防御措置、施設内の換気実施・人数制限など、個々の場の感染リスクを低減させる対策をいい、マクロ対策とは、大規模な人流抑制・行動制限措置や事業活動の停止、イベント制限など、接触機会の削減により間接的に感染防止を実現する対策をいう。日本では、コロナ禍を通じてマクロ対策に大幅に依存する感染症対策が実施され、「人流抑制」と飲食店の営業制限が特に重視された。しかし、本稿では詳細な説明は割愛するが、マクロ対策中心の対策は、発生初期にはともかく少なくともオミクロン株の

---

10) 山本・前掲（注9）199頁。
11) ミクロ対策とマクロ対策の比較検討や日本のコロナ対策の問題の詳細については、米村滋人「なぜ日本のコロナ対策は失敗を続けるのか」世界966号（2023）189頁参照。

拡大期以降は感染対策としての合理性に疑問が生じ、しかし在野専門家からの指摘があっても政府は大枠で方針を変更せず、大多数の自治体も政府方針に従っていた。そのような状況下で発生したのが以下の事例である。

⑨東京地判令和4・5・16（判時2530号5頁〔グローバルダイニング事件〕）は、緊急事態宣言期間中であった2021年3月18日、Y（東京都）が新型インフルエンザ等対策特別措置法（特措法）45条3項に基づき飲食店を経営するXに対し20時以降の営業を停止する旨の時短命令（以下、「本件命令」という）を発出したことにつき、国家賠償請求がなされた事案である。Yは、同命令発出日頃の都内での新規感染者数の推移や医療提供体制のひっ迫の状況に基づけば、緊急事態措置として飲食店の営業時間短縮の徹底を図るべきであった（以下、「本件事情」という）などとして、本件命令の発出は感染対策上特に必要だったと主張したのに対し、判旨は以下のように述べた。

都知事が45条2項の「要請を受けた施設管理者がこれに応じないとき、更に〔本件事情〕があれば45条3項命令発出は特に必要があると認められるとすると、対象となる施設の個別の事情とは関わりなく、常に『特に必要があると認めるとき』との要件が満たされることになり、制裁規定の前提となる不利益処分を課すのは慎重でなければならないという観点から、都知事が同命令を発出し得る場合を限定した法の趣旨が損なわれ、不合理といわざるを得ない」。「本件命令発出日の頃、都内の飲食店のうち2000余りの店舗は、営業時間短縮の協力要請に応じず夜間の営業を継続していた……。……上記2000余りの店舗の1％強を占めるにすぎない本件対象施設において、Xが実施していた感染防止対策の実情や、クラスター発生の危険の程度等の個別の事情の有無を確認することなく、同施設での夜間の営業継続が、ただちに飲食につながる人の流れを増大させ、市中の感染リスクを高めていたと認める根拠は見出し難い」。「本件命令は4日間しか効力を生じないことが確定していたにもかかわらず、被告が同命令をあえて発出したことの必要性について、……合理的な説明はされておらず、また、同命令を行う判断の考え方や基準についても説明がない」。「本件命令発出日以降の4日間のうちに、……他の飲食店の夜間の営業継続を誘発する具体的なおそれがあったということ

第3章　医療・医薬品リスク

もできない」。

　「本件命令につき、Xが本件要請に応じないことに加え、本件対象施設につき、Xに不利益処分を課してもやむを得ないといえる程度の個別の事情があったと認めることはできない」。「本件命令の発出は特に必要であったと認められず、違法というべきである」。

2　感染症リスクの評価とリスク回避措置

　コロナ感染症については、発生当初はリスクの程度・内容が十分に判明していなかった上に、たびたび変異株が出現・拡大し、感染症としての不確実性が大きかった側面は否めない。しかしそうであるとしても、特にオミクロン株が拡大した2021年初頭以降は、飲食店に特化した感染対策の有効性に合理的な疑問が発生しており、同時期に中小零細店舗が自主的判断で営業する例が増えていたことと相まって、特定の飲食店に営業制限措置を課すことにどの程度のまん延防止の意義があるかは疑問であるとする見方が有力化していた。そのような状況で、個別の規制措置は当該時点までに判明した科学的知見に根拠を有する必要があることを前提に、自治体の発した命令を違法と判断したのが⑨判決であると言える。これは、不確実性があることは、規制根拠の曖昧化の理由とならず、不正確ないし不十分な根拠による措置は正当化されないことを意味しよう。平等原則・比例原則等の諸原則は当然に適用される上に、「不確実性」を織り込みつつも制御すべきリスクの内容・程度を適正に評価・特定し、必要な範囲でリスク回避措置を実施する必要があると考えられる。以上のことは民事不法行為法でも基本的に妥当すると考えられ、過失等の規範はリスクの適正な評価と特定に基づき提示されなければならない。

　なお、本稿では詳論できないが、感染症の問題状況には災害との相同性がみられ、災害においても、被害予測等の不確実性下で、関係各署の情報連携や相互協力を前提に既知の知見の範囲で災害対策を合理的に構築することが求められる（仙台高判平成30・4・26判時2387号31頁〔大川小学校津波訴訟〕参照）[12]。ハザードマップのような形で一定の専門的知見が提示されていたと

しても、その適用限界や誤差範囲を理解して災害対策に用いる必要がある。いずれも、社会的決定の前提となるリスク評価の適正化を求めるものであり、不確実性があってもその点を曖昧にすることは許されないと考えられる。

IV　総括的検討

1　従来の判例の分析と検討

　以上で検討した各類型に関する判例・学説の状況からは、この領域におけるリスク対応につき以下の指摘が可能である。

　医療事故リスクに対しては、従来過失責任の枠内で対処することとされており、過失標準としての医療水準による解決が原則とされてきた。しかし、医療水準論による限り、医療の不確実性を十分に考慮した責任判断は行えない可能性が高く、不確実性の内容や程度によっては、医療水準によらず個別事情を考慮した予防的措置義務を課す判断を許容すべきである。もっとも、萎縮医療等への懸念から過失責任を維持する以上は、対応可能性に限界があろう。

　医薬品・予防接種のリスクに関しては、従来は一般に責任の厳格化が志向され、医薬品副作用被害では高度の調査・予見義務と結果回避義務を、予防接種禍では高度の問診義務を課す判断が定着していた。もっとも、近時のイレッサ訴訟に代表される製造物責任訴訟においては、やや異なる判断がされている。すなわち、医薬品の有効性・副作用リスクについては臨床試験の結果が極めて重視され、データの分析・評価の内容が欠陥判断において問われる形になっているが、このような判断傾向は過失判断にも影響すると考えるのが論理的である。

　これには、医薬品をめぐる社会状況の変化が存在すると考えられる。治験・臨床試験の手法や評価方法が確立していなかったスモン事件当時とは異なり、現在では確立した手法の下で繰り返し臨床試験が実施され、結果解析

---

12) 災害の法的責任についての詳細は、米村滋人「津波災害に関する過失判断」論究ジュリ30号（2019）92頁以下参照。

の当否を含め相当程度緻密な判断が可能になっていることに加え、現在では医薬品医療機器法を中心とする行政法規により承認審査の内容や手順が細密化され、民事における判断は行政判断の事後審査的性格が強まっている[13]。これは、医薬品のリスク評価が行政規制のもとで体系化・精密化されたことを意味し、現在では個別場面におけるリスク評価の内容を無視した単純な責任厳格化論は採用しにくくなっていると言えよう。

2　今後の責任判断の方向性

以上を踏まえると、医療・医薬品のリスクに関する責任判断に関して、以下のような方向性を見出すことが可能となる。

第1に、リスク評価の内容や手続の事後検証が重要になると考えられる。これは、医薬品に関する近時の裁判例に加え、感染症リスクに関する⑨判決が示す方向性であり、不確実性の大きい場面でも、既知の科学的知見の範囲でのリスク評価と合理的な対策措置が義務づけられることに加え、科学的不確実性の有無や程度自体が一定の評価・判断を要し、その点を責任判断の中で検証することには大きな意義がある。その過程では、既存のリスク評価手法の適否もあわせて問題となろう[14]。

第2に、過失責任によるリスク対応の限界を踏まえて他の枠組みを併用する必要があると考えられる。予防接種に関しては、⑦⑧の2判決を通じて実際上危険責任を導入したのと同様の帰結をもたらしうる判断がされており、また医薬品と予防接種の領域では、被害者に対して行政給付としての給付金

---

13) 以上の分析の詳細については、米村・前掲（注5）544頁以下参照。もとより、このことは、行政判断があれば過失や欠陥が当然に否定されることを意味しない。民事不法行為訴訟では行政過程と独立に責任判断がされるのであり、医薬品の製造販売承認を認める行政判断があったことのみを根拠に、過失や欠陥の不存在は認定も推定もされないと考えられる。しかし、医薬品について過失や欠陥の存在を認定するためには、行政の承認審査の過程で参照された臨床試験データ等の科学的評価自体を問題とせざるを得ず、そのような実質的争点の共通性ゆえに、民事の責任判断が行政判断の事後審査的性格を有する事態は避けがたいと考えられる。
14) 行政機構の観点からリスク評価のあり方を論じるものとして、山本隆司「パンデミックにおける国の意思決定組織」論究ジュリ35号（2020）14頁参照。行政過程におけるリスク評価の手法自体が不法行為訴訟で司法審査の対象となりうる。

を支給する制度が存在する（医薬品副作用被害救済制度・予防接種健康被害救済制度）。過失を認定するには一定の義務を肯定する必要があり、そのためには確立した知見の裏づけが必要であるとすると、不確実性を伴う場面で過失を肯定するのは（不可能ではないにせよ）相当な困難を伴うことも事実である。そうであれば、一定のリスク場面に限定しても、危険責任や行政給付による被害者救済の余地は検討されてよい。それら他制度による補完を前提に、過失責任の枠内での不確実性への対応のあり方も検討すべきであろう。

3　予防原則の適用可能性

今後の責任判断の方向性を考えるに当たり考慮すべき点として、予防原則（precautionary principle）の適用可能性が挙げられる。従来、特に環境法領域において、科学の不確実性との関連で予防原則が掲げられ、完全な科学的確実性がなくとも規制を行うべき場合があるとされてきた[15]。医療・医薬品領域においても科学的不確実性を伴うリスクが問題となるとすると、同様の考え方が成り立つかどうかが問題となる。

一般論としては、医学領域でも事前規制が通用する分野では、リスクの内容・程度の不明確性が大きくとも、発生しうる結果の重大性や反倫理性が大きいことを理由に新規技術等の導入を厳格に規制すべき場合が存在する。そのような例として、クローン技術規制や再生医療規制の分野が挙げられる。クローン技術規制に関しては、クローン・キメラ・ハイブリッド等の技術により「人の尊厳」が侵害される事態を防ぐべく、2000年にクローン技術規制法（ヒトに関するクローン技術等の規制に関する法律）が制定された[16]。同法では、クローン胚・キメラ胚・ハイブリッド胚などの特定胚の作成・譲受等につき厳格な規制がされた上で、クローン胚等の子宮内への移植（個体を発生させる行為）が刑罰をもって禁止されている。再生医療に関しても、2013年に再生医療安全性確保法（再生医療等の安全性の確保等に関する法律）が制

---

15) 予防原則に関しては関連文献が多いが、さしあたり、大塚直「リスク社会と環境法」法哲学年報2009年（2010）号54頁のみを挙げておく。
16) 同法の規制内容の詳細は、米村・前掲（注4）273頁以下参照。

定され、一定の類型の再生医療等に関しては、「再生医療等提供計画」を作成し事前審査を経なければならないなどの規制が実施されている。

　もっとも、このような予防原則類似の考え方が妥当と考えられる領域は、必ずしも広くない。まず、通常の医療過誤に関しては、既述の通り萎縮医療をもたらしかねない厳格な司法規制に対する批判が強く、原則的には確実な科学的知見を前提とする過失責任の枠組みを適用せざるを得ない。上記③判決のように、過失責任の中でも一種の予防的措置義務を課す判断は不可能ではないが、その種の方法により対応可能な事例は多くないと推察される。

　また、感染症についても、既述の通り合理的根拠のない過剰規制は是認されない。これに関しては、感染症のリスクは特に未知の病原体が発生・まん延した場合には不確実性が大きく、確立した科学的根拠のみに基づく規制では感染症危機対策として不十分となるとする批判がありうる。これは一定程度はその通りであるが、科学的根拠は存在するか否かの二者択一ではなく強弱の違いがあり、不確実性下でも薄弱な根拠による規制は許容されないことに加え、科学的知見は時々刻々更新され精緻化される性質を有するため、不確実な知見の下で一旦許容された規制も不断に評価・検証を受ける必要がある。上記⑨判決では、特定の飲食店に対する営業制限措置の根拠が薄弱であったために違法と判断されたと考えられ、この種の措置が予防原則を理由に正当化されるべきではないと考えられる[17]。感染症領域で不確実性に基づく拡大規制が認められるのは、時限的な緊急措置の範囲に限られよう。

　さらに、医薬品に関しても、近時の裁判例が臨床試験データを重視する傾向を示していることは、不確実性下であっても科学的根拠に基づくリスク評価を責任判断の中核に据えていることを示唆すると考えられ、単純な責任厳格化論はとられていないと考えられる。

17）日本のコロナ感染症対策は、ある一時点での根拠の弱さもさりながら、新規知見に基づく再評価・再検証が極めて不十分であり、一度導入された規制は、その後の科学的知見の進展やウイルス特性の変化等があってもほとんど見直されない傾向が見られた。そのことゆえに、有効性が低いにもかかわらず社会経済的損失が大きいマクロ対策中心の対策が継続され、結果として2021年以降の大幅な感染者増を招いたと考えられる。以上につき、米村・前掲（注11）192頁以下参照。

以上のことを踏まえると、医療・医薬品の分野で予防原則が妥当する余地は決して大きくなく、むしろ、現実の事例や科学的知見が積み上がるほどに、責任判断の根拠の確実性を求める傾向が強まると考えられる。クローン技術や再生医療も、先端的分野であり実施件数が極めて少ない状況ゆえに予防原則に近い規制思想が受容されている可能性があり、これを他の医療・医薬品分野に拡大適用することは困難であろう。

V　補論：医療AIに関する責任

　近時、医療においても種々の場面でAIの活用が目指されており、既に実用段階に入っているものも存在する。もっとも、AIの活用には一定のリスクも存在することから、ここでも、当該リスクに関連して責任判断をどのように行うべきかが問題となる。そこで以下では、本稿のこれまでの検討をやや敷衍する形で、医療AIに関する責任につき若干の検討を行いたい（AIのリスク全般に関しては、橋本・本書論文を参照）。

　筆者は、かつて公表した別稿において医療におけるAI機器の使用に関する法的課題を包括的に検討し[18]、その中では「判断支援型AI」と「直接動作型AI」に大きく分類する立場をとった。AIに関する分析方法には複数のものがありうるが、上記の分類法は医療AIの現実の機能を重視したものであるため、さしあたり本稿でも同様の分類を前提に考察を進めることとしたい[19]。

---

[18] 米村滋人「AI機器使用の不法行為における過失判断」法時94巻9号（2022）48頁。なお、本稿の検討の前提として、AI医療機器に関する法律関係の概要に言及する必要があるため、本稿の記述は上記別稿と内容的に重複が存在することをご容赦いただきたい。

[19] この分類法は、一見すると橋本・本書論文における「AIの出力が人の行為に利用される場面」と「AIの出力によって機械が自動運転される場面」の区別に類似しているとも見えるが、筆者の分類は、「直接動作型」の場合もAI動作後の医師の関与がある場面を含んでおり、これは橋本論文では「人の行為に利用される場面」に該当しうる。全般的に、医療においてはAI機器のみの関与によって医療行為が完結する場面は、少なくとも現時点においてはほとんど想定されておらず、大半の場面では、大小の違いはあっても何らかの医師の関与が想定されている（したがって橋本・本書論文の分類法によると「人の行為に利用される場面」に当たる）ことから、医療場面に適した分類法として、筆

第 3 章　医療・医薬品リスク

1　判断支援型AIに関する問題

　まず、判断支援型 AI とは、現実に得られた検査結果等につき、既存のデータベースとの比較ないし照合をもとに AI が異常所見等の存否や適切な健康管理のあり方などを示すものであり、あくまで AI は人間の判断を支援するための情報提供を行う点に特徴がある。この種の AI は、情報が医師等の医療従事者に提供される場合と、一般人に提供される場合の 2 種に分かれ、前者の例としては、AI が医師に対して異常所見等を指摘する画像診断プログラムが、後者の例としては、AI が一般人に対して健康管理のための情報等を提供する健康管理アプリが挙げられる。

　この種の AI が機器使用者に誤った判断を提供し、それにより何らかの損害が生じた場合に、誰にどのような責任が発生するものと解すべきかがここでの問題であるが、その前提として、医療 AI に関する医師法上の規制につき述べておく必要がある。医師法17条は「医師でなければ、医業をなしてはならない」と規定し、医師資格を有しない者による医行為（医師の医学的判断・技術をもってするのでなければ人体に危害を及ぼすおそれのある行為）を禁じている。この種の医行為には、「診断」も含まれるとするのが従来からの行政解釈であり[20]、医師の判断を介さずに、特定の者が有する可能性のある疾患名等を本人に提示することは同条違反となりうる。厚生労働省は2018年の通達において、この解釈を AI にも適用し、「人工知能（AI）を用いた診断・治療支援を行うプログラムを利用して診療を行う場合についても、診断、治療等を行う主体は医師であり、医師はその最終的な判断の責任を負う」ものとした[21]。その結果、医師の最終判断なく AI が直接患者等に対して「診断」に当たる情報を提供することはできないこととなり、一般人に対する情報提供を行う AI の場合は、提供可能な情報にかなりの制約が加わることとなっている。

　者の分類法を提示した次第である。
20) 昭和25年 4 月 4 日医収第219号、昭和47年 6 月 1 日医事77号医事課長通知など参照。
21) 平成30年12月19日医政医発1219第 1 号。

244

この種の規制が存在しても、何が「診断」に当たるかは必ずしも明確でなく、AIによる一般人向けの情報提供が完全に封じられるわけではないため、やはりその種のAIによる損害事例での責任判断のあり方を検討する実益は存在する。もっとも、上記のような規制の存在は、医療AIの機能に関する一定の理解を前提としており、それ自体は責任判断においても考慮に値する。すなわち、上記の医師法等の規制は「医業独占」を定めたものであり、いわゆる医行為[22]を原則としてすべて医師に独占させる規制方式を採用している。AIによる情報提供にもこの規制方式を適用するということは、AIの出力に含まれる過誤は医師（医師の指示を受けた他の医療従事者を含む）によって是正可能であることを前提とするものであり、言い換えれば、AIのリスクを医師の専門的判断によって制御することを意味しよう。

　このような考え方は、医療AIの現状を反映したものであると言える。医療AIが医師の知識をしのぐ精度で情報提供できるようになった場合には、必ずしも医師の判断を介しなければならないとする必然性はないが、現状の医療AIにはそこまでの信頼性がないために、あくまで医師による判断の補助としての役割のみが与えられていると理解できる。

　このような考え方を民事不法行為責任の判断に際しても採用するとすると、AIの作用はあくまで医師の行為の一要素としてのみ評価されることになり、医師が医療行為につき過失責任を負う現行の責任構造を前提とすれば、AIの判断も医師の過失責任の枠内で評価されることになろう。AI機器の製造者やプログラム開発者が責任を負う可能性は皆無ではないものの、かなり限定されると考えられる。

2　直接動作型AIに関する問題

　次に、直接動作型AIとは、ロボット等の医療機器にAIが組み込まれ、

22）医行為の定義については争いがある。従来の通説は「医師が行うのでなければ保健衛生上危害を生ずるおそれのある行為」とされていたのに対し、最決令和2・9・16刑集74巻6号581頁は、上記の定義の前に「医療及び保健指導に属する行為のうち、」という文言を付加し、従来の通説とは異なる定義を採用したとする理解が広がっている。詳細は、米村・前掲（注4）39頁以下参照。

第3章　医療・医薬品リスク

通常は人間が行う動作をAIの指示を受けたロボット等が代替または補助するものである。AIが動作の具体的な内容や速度・量等を決定するため、機器使用者の統御が及ばず、意図しない結果が生じるおそれが否定できない。この種のAIも、補助の対象となる動作が医師等の医療従事者の動作である場合と、一般人の動作である場合に分かれ、前者の例としては医師の動作を代替・補助する手術用ロボットが、後者の例としては一般人の介護動作を補助する介護用ロボットが挙げられる。

　これらのAI機器に関しては、①機器使用者の責任と、②製造者・プログラム開発者の責任の双方が問題となりうる。

　①機器使用者の責任に関しては、この領域において特段の無過失責任立法等は存在しないため過失責任の枠内で検討すべきことになるが、機器使用者が医療従事者か一般人かによって判断が異なる可能性がある。医療従事者には、機器の操作法や特性を十分に把握した上で医療行為の中で使用することが求められるため、AI機器の誤動作があっても、それが事前に予見可能であり、かつ、その危険性に対して医師等の機器使用者が通常対処すべきものと考えられる場合には、機器使用者が過失責任を負うことになろう。もっとも、医師等の対処可能性にも限界はあるため、過失が否定される可能性も相当程度残されている。これに対し、機器使用者が一般人の場合、一般人には高度の機器操作等を求めることは難しいため機器使用者の過失が肯定できる場合は限定されよう。

　②製造者・プログラム開発者の責任に関しては、通常の過失責任に加えて、製造物責任が成立する余地がある。これについては、AIの内包するリスクの不明確性も相まって、容易に責任の成否を論じることができないが、大まかには以下のように言うことができよう。まず、機器使用者が医療従事者である場合には、AI機器が相当程度の危険性を有していたとしても、その内容を医療従事者に対する指示・警告の形で伝達していれば、欠陥とは認定されず過失も肯定されない可能性がある。AIが組み込まれていない医療機器でも一定の危険性が残存することは多く、そのような場合に危険回避のための指示・警告を行っていれば欠陥・過失は否定され、製造者等は責任を負わ

ない可能性が高まる。AI の場合でも、既知のリスクについては（不確実性があっても）同様に考えることができよう。他方で、未知のリスクについてはやや判断が微妙となるが、抗癌剤イレッサに関する最判平成25・4・12（民集67巻4号899頁）は、臨床試験において判明していなかった危険性について指示・警告がされていなくとも欠陥は否定されるものとしており、このような医薬品リスクの考え方を AI 機器のリスクにも適用する場合には、未知のリスクが存在した場合も欠陥は否定される可能性が高くなろう[23]。

　他方で、機器使用者が一般人の場合には、指示・警告を通じた危険回避は困難な場合が多いと予想されることから、相対的に製造者・プログラム開発者の責任負担の余地が大きくなる。製造者に関しては、一般人の使用を前提に十分な安全性を確保した設計が求められることに加え、機器使用者に対して安全な使用方法に関する十分な告知・説明が必要であり、場合によっては取扱説明書などの書面のみならず、説明動画の視聴や対面での直接指導を求めることもありうると考えられる。その種の手厚い安全設計や告知・説明を行ってもなお危険性が回避できない場合には、機器の設計自体に欠陥があるものとされ、あるいは当該機器を製造・販売したこと自体が過失となる可能性もあろう。特に、ディープラーニングが組み込まれた場合のアルゴリズム改変に限界がない場合には、機器使用者がどのような用い方をするかによって動作のあり方が大きく変わることが想定されるため、そのような製造販売後の性能の不安定性が大きい製品設計には問題があるとされる可能性が高いと考えられる。プログラム開発者の責任も基本的には同様であり、機器使用者が一般人であるという前提で十分な安全性を有するプログラムの開発が求められることになろう。なお、プログラム開発は製品開発と並行して行われることが多いと考えられ、プログラム開発者は製造者が責任を負う場合に共同して責任を負うのが一般的であると考えられる。

---

23) 未知のリスクに関して、学説上は開発危険の抗弁（製造物責任法4条1号）の適用可能性が論じられることが多いが、平成25年最判の判示は未知のリスクにつき欠陥を否定することを前提としており、これは下級審を含む日本の製造物責任判例に顕著な傾向である（欠陥を肯定した上で開発危険の抗弁の成否を問題とする事例はほとんどみられない）。

第 3 章　医療・医薬品リスク

3　まとめと分析

　以上の検討を踏まえると、総じて、医療 AI に関する責任は従来的な過失責任・欠陥責任の枠内での責任追及をなしうるにとどまり、AI のリスクに完全に対処しうる責任枠組みは存在しないことが判明したと言える。特に、製造者・プログラム開発者にも未知のリスクが発現した場合や、機器使用者である医療従事者に危険回避措置が期待されていたが、当該使用者が過失なく回避措置を行わなかった場合には、一切の責任が否定される可能性がある。この種の場面での AI のリスクを誰がどのように負担すべきであるかを含め、今後のさらなる検討が必要と考えられる。

VI　結びに代えて

　本稿は、医療・医薬品・予防接種・感染症の各リスク事例に関する判例を中心に分析を加え、今後の不法行為法における判断のあり方を論じた。結論としては、医療・医薬品の分野全体を通じて、過失判断においては既存の評価手法の検証を含む厳密なリスク評価が求められるようになっており、過失責任の枠内で科学的不確実性に対処することは困難である一方で、危険責任や行政給付などの他の制度枠組みによってこのような事態が克服される可能性を示した。他方で、医療 AI の責任に関して、なお流動性が大きいものの現状では従来の過失責任・欠陥責任の枠内での対処のみが可能となると考えられた。本稿は、あくまで現時点までの到達点を素描することができたにすぎず、将来的にどのようにあるべきかにまで深く立ち入った検討はできていないが、AI を含む医療・医薬品分野のリスクへの対処のあり方については、リスクの原因や内容、評価方法や社会的影響の多様性をも踏まえつつ、今日的課題としてさらに検討する必要があろう。なお残された課題は多いことを述べて、本稿を閉じることとしたい。

第 4 章
AI・自動運転等のリスク

11　AIのリスクと無過失責任

京都大学教授　橋本　佳幸

I　問題の所在

1　AIの投入に伴うリスクの無過失責任規律

　AI技術の急速な進展を背景に、AIの利用は、社会生活のさまざまな場面に拡大し、また浸透しつつある。AIの投入場面では、AIによる機械の運転やAIによる判定が、人がする行為や判断に置き換わる。その際、AIの出力には瑕疵が含まれ得ることから、AIの投入は、出力の瑕疵が原因となって権利法益侵害を生じさせるリスクを伴う。

　ところが、AIそれ自体は無形のシステムであって、AIそのものの行為・過失を論じることはできない。また、AIの自律性や不透明性のために、AIの開発者や運用（稼働）者[1]においても、個別の状況における出力の内容を予測し、それを完全に制御することは困難である。そのため、AIの出力の瑕疵については、何人にも過失が存在しない事態が定型的に想定される。

　この理由から、AIの投入に伴って生起する権利法益侵害については、民

---

[1]　本稿にいうAIの運用（稼働）者は、AIの開発者・提供者・利用者の区別（AI事業者ガイドライン検討会「AI事業者ガイドライン〔第1.0版〕」〔総務省・経済産業省（2024）〕5頁参照）とは観点が異なる。AI提供者がAIシステムを運用してAI利用者にAIサービスを提供する場合もあれば、AI利用者がAI提供者から提供を受けたAIシステムを運用する場合もある。

法709条の過失責任による限り、不法行為法による権利法益保護（損害賠償のかたちでの事後的保護）が空洞化するおそれがある。ここには、権利法益保護を実効化するべく、無過失責任[2]による責任規律の拡充、特に無過失責任立法が要請され得る。

2　検討課題と視点

そこで、本稿では、AIの投入に伴うリスクの無過失責任による規律[3]に関して、次のような基本的問題を中心に検討する[4]。すなわち、①そもそも、どのような投入場面において無過失責任による規律が要請されるか。また、②無過失責任による規律に当たって、その成立要件をどのように組み立てるべきか。特に、何に結びついた、どのような内容・範囲の危険を規律し、また、誰をその責任主体とすべきか。

これらの問題の検討に当たっては、以下の2点に留意する。第1に、無過失責任による規律を構想する上では、対象となる危険の分析が出発点となるところ、AIの投入場面には複数の類型が含まれ、類型ごとの分析が要請される。第2に、無過失責任による規律は、規律対象とする危険を（過失の有無にかかわらず）特定の責任主体に割り当てることを意味するため、成立要件の組立てをめぐっては危険割当ての正当化根拠が問われる。

2）無過失責任論の現況に関しては、中原太郎「過失責任と無過失責任」現代不法行為法研究会編『不法行為法の立法的課題（別冊NBL155号）』(2015) 33頁参照。

3）不法行為責任の観点から見たとき、AIの投入に伴うリスクをめぐっては、無過失責任による規律以外に、行為義務・過失判断のあり方や権利法益の保護の範囲も重要な問題となる。白石友行「AIの時代と不法行為法」千葉大学法学論集37巻3号（2022）1頁参照。

4）既存の無過失責任規律である自動車損害賠償保障法や製造物責任法に関しても、立法論的検討が必要な事項は少なくないが、本稿では取り上げない。後者に関しては、EU指令案が問題の所在を知る手掛かりとなる（大塚直＝石巻実穂「〔翻訳〕欠陥製品に対する責任に関する欧州議会及び閣僚理事会指令案」環境法研究17号〔2023〕205頁のほか、柴田龍「AIによる権利侵害と民事責任」新美育文ほか『不法行為法研究4』〔成文堂、2023〕106頁〜114頁、小塚荘一郎「AI製品に対応したEUの製造物責任ディレクティヴ改正」情報法制研究15号〔2024〕37頁参照）。

第4章　AI・自動運転等のリスク

Ⅱ　AIの投入に伴う加害の構造と無過失責任規律

1　AIの投入場面における加害の構造

⑴　AIの投入場面の2類型

　AIの投入に伴って生起する権利法益侵害につき、まずは、その加害の構造から確認する。

　AIは、入力に対して、高度な推論に基づく出力を生成するところ、AIの出力それ自体は、物理空間での作用を意味しない。AIの出力は、むしろ、現実の作用に変換されることによって権利法益の侵害に至る[5]。そして、出力の変換方法という観点からは、AIの投入場面は次の2つを区別することができる[6]。

　1つは、(i) AIの出力によって機械が自動運転される場面であり、組み込まれたAIの出力によって機械の自動的な運転が実現される。ここでは、AIの出力（決定）が、機械の運転操作において現実の作用に変換される。AIによる運転上の決定（瑕疵があるそれ）は、それにより実現される運転操作、ひいては機械の動作において権利法益の侵害を引き起こす。

　もう1つは、(ii) AIの出力が人の行為に利用される場面であり、自己の行為としてAIに出力をさせる、AIの出力を行為の内容に組み込む、AIの出力を基に行為をするなどの場合がある。ここでは、AIの出力（生成物等）が、人の行為において現実の作用に変換される。AIが出力する生成物等（瑕疵があるそれ）は、人がそれを利用する行為において権利法益の侵害を引き起こす。

5）物理的作用による有形的利益の侵害のみを想定するものではなく、広く、現実世界での有形・無形の作用による有形・無形の利益の侵害を指す趣旨である。

6）類似の2分法として、米村滋人「AI機器使用の不法行為における過失判断」法時94巻9号（2022）49頁は、直接動作型AIと判断支援型AIを区別する。

(2) 各場面での加害の構造

各場面は、現実の加害原因（(i)の場面）や AI の出力の利用態様（(ii)の場面）の面から、さらに次のように細分される。それぞれの詳細は、場面ごとの検討の中で後述する。

(i) AI の出力によって機械が自動運転される場面

❶ 自動運転される機械が加害原因となる場合　AI の出力によって自動運転される機械が権利法益の侵害を引き起こした場合

❷ 自動運転される機械以外のものが加害原因となる場合　AI の出力によって自動運転される機械が投入された場面で、当該機械以外のものが原因となって権利法益の侵害に至った場合

(ii) AI の出力が人の行為に利用される場面

❸ 自己の行為として AI に出力をさせる場合　自己の運用する AI に自動出力させた生成物、または判断権者として AI に出力させた最終判定が、他人の権利法益を侵害する内容であった場合

❹ AI の出力を自己の行為の内容に組み込む場合　AI から出力を受けた生成物を他に提供し、または公表する行為をしたところ、当該行為が、生成物の内容の瑕疵のために、他人の権利法益の侵害に至った場合

❺ AI の出力を基に行為を実行する場合　AI から出力を受けた情報・判定を基にしてある行為を実行したところ、当該行為が不相当な危険をはらみ、他人の権利法益の侵害を引き起こした場合

❻ AI の出力を基に自己に対する行為を実行する場合　AI から出力を受けた情報・判定を基にして自己に対する行為を実行したところ、当該行為が不相当な危険をはらみ、自己の権利法益の侵害に至った場合

2　無過失責任の連結点

前記 1 の分析からは、AI の投入に伴うリスクの無過失責任による規律に関して、すでに一定の方向性が導かれる。

前記 1(2)のとおり、AI の投入に伴って生起する権利法益侵害にはさまざまな場合が含まれており、AI の出力から権利法益侵害に至る加害の構造も、

場合ごとに異なっている。このことは、AIの投入に伴う危険を一括りにして、一律の無過失責任によって規律することの当否を疑わせる。

さらに、各場合における現実の加害原因は、(i)AIの出力によって機械が自動運転される場面では当該機械の動作に、また、(ii)AIの出力が人の行為に利用される場面では当該の行為に存する。いずれの場合も、AI・その出力が現実の加害原因となるものではなく、そのため、加害の危険がAIに所在すると見るべきかは大いに疑わしい。

これらの点に照らせば、AI・その出力に無過失責任を結びつける一元的な責任規律は、AIの投入場面での加害の構造に適合しないといわざるを得ない[7]。以下の検討では、(i)AIの出力によって自動運転される機械や(ii)AIの出力を利用する行為に無過失責任を結合する規律を前提として、前記Ⅰ2の問題に取り組む。

Ⅲ　AIの出力によって機械が自動運転される場面

1　機械への無過失責任の結合

まず、AIの出力によって機械が自動運転されることに伴って権利法益の侵害が生起する場面［→前記Ⅱ1(1)(i)］を取り上げて、当該機械に無過失責任を結合すべきか、また、どのような無過失責任規律がふさわしいかを検討する[8]。

---

7) 例えば、民法717条1項ただし書（土地工作物責任）に見られる瑕疵責任をAIシステム全般に拡大すれば、「AIシステムの運用（稼働）者は、（過失の有無にかかわらず）AIの出力の瑕疵によって生じた権利法益侵害に対する責任を負う」とする責任規律を構想することもできる。しかし、瑕疵責任は、従来、瑕疵ある有体物が原因となった物理的加害を規律対象としてきたのであって、これを単純にAIの投入場面一般（前記1(2)のすべての場合）に拡大してよいかは疑わしい。他方、民法715条に関していわれる代位責任の考え方に依拠して類似の責任規律を構想する場合には、AIシステムを人とみなすことの理論的当否が問われる（中原太郎「現代無過失責任論の一断面」法時96巻8号〔2024〕49頁参照）。
8) 以下（特に2）の検討は、橋本佳幸「AIと無過失責任」法時94巻9号（2022）54頁と重なる部分が多い。

11 AIのリスクと無過失責任

　無過失責任が、通例、機械の危険を規律対象とすることに照らせば、この場面での中心的な検討課題は、後者の点、すなわち無過失責任の成立要件をどのように組み立てるべきかにある。とりわけ、①どのような機械に結びついた、どのような内容・範囲の危険を規律し、②誰をその責任主体とすべきかが、問題となる。

　その検討に当たっては、もっぱら、(a)自動運転される機械が現実の加害原因となる類型、すなわち、AIの出力によって自動運転される機械が自動運転中に権利法益侵害を引き起こす類型［→前記Ⅱ1(2)(i)❶］を想定する。例えば、AIによって自動運転される自動車・建設機械・鉄道・航空機等の運行に伴う事故のほか、同じく自動運転される小型の移動・運搬装置や清掃・介護・接客ロボット等の稼働に伴う事故が該当する。

　なお、AIによる機械の自動運転に伴って権利法益の侵害が生起する場面には、これと別に、(b)自動運転される機械が投入されたところ、当該機械以外のものが原因となって権利法益の侵害に至る類型［→前記Ⅱ1(2)(i)❷］も含まれる[9]。

---

[9] (b)の類型は、①自動運転される機械にいわば「不作為」があった場合と、②他の機械の運転の管制に失敗した場合が考えられる。
　　前者（①）は、危険源がはらむ危険を除去し、または他人を権利法益の侵害から保護すべき地位にある者が、危険の除去または侵害の阻止のために、AIの出力によって自動運転される機械を投入したところ、当該機械によって危険が除去され、または侵害が阻止されることがないまま、権利法益の侵害に至る場合である。例えば、㋐大型建造物の管理者が、その保守・管理のために、自動で点検作業を行うロボットを投入したが、劣化箇所が発見されないまま放置された事例（民法717条の適用が可能な場合も多い）や、㋑医療機関が、患者の手術に当たり、自動で病変部を特定し切除するロボットを投入したが、病変部が検出されないまま放置された事例を、想定することができる。
　　次に、後者（②）は、他の機械の運転を管制するために、AIの出力によって自動運転される機械を投入したところ、他の機械が管制に従った運転によって事故を起こした場合である。例えば、航空機・船舶に対する交通管制上の指示が機械化され、かつAIによって自動化された状況において、管制上の指示に従った航空機・船舶が衝突事故に至った事例を、想定することができる。
　　結論のみをいえば、いずれの場合も、瑕疵責任による規律がふさわしい［→（注25）の④参照］。

第 4 章　AI・自動運転等のリスク

2　危険責任および瑕疵責任

(1)　無過失責任の規律対象となる機械・危険

ア　自動運転される機械に特有の危険

　AI によって自動運転される機械に無過失責任（後記(2)(3)の危険責任または瑕疵責任）を結合するに当たっては、まず、規律対象を自動運転される機械（自動運転に特有の危険）に限定するか否かを、問題としなければならない。

　AI の投入に伴うリスクの無過失責任による規律という問題設定からは、規律対象の限定が自明のようにも見える。AI によって自動運転される機械では、運転者（人）による運転上の過失の可能性が排除される反面、自動運転システムによって個別の状況に適合しない運転操作がされるリスクが新たに登場する。これは、いわば自動運転システムの運転ミスであって、自動運転される機械に特有の危険に当たる。ここには、AI によって自動運転される機械を適用対象とする無過失責任を導入して、自動運転に特有の危険を規律することが要請されるともいえる。

イ　機械の稼働における危険

　しかしながら、AI によって自動運転される機械は、すでにその本体部分（自動運転システムを除いた部分）に、機械としての危険が内在している。自動運転される機械も含め、機械は、その動作が人の身体（素手）を超えた強度の作用を発揮するがために危険なのであって、事故の発生はまさに機械の動作の作用による[10]。この意味での機械の危険を無過失責任によって規律しようとするとき、その規律対象を自動運転される機械に限定すべき理由は見当たらない。

　また、そもそも、技術的な施設・機械がはらむ事故の危険をめぐっては、AI・自動運転が登場する以前から、無過失責任の拡大による対応の必要性

---

10) この観点からは、自動運転システムの運転ミスによる事故も、機械の本体部分がはらむ危険（機械の動作による強度の作用）が、個別の状況に応じた運転操作によって適切に制御されないまま、現実化したものにすぎない。

が説かれてきた[11]。この文脈に位置づければ、AIによる自動運転に伴って生起する事故という最先端の事象は、技術的施設・機械を対象とする無過失責任の拡大という長年の立法課題への対応をあらためて要請するものといえる。

これらの理由から、以下では、AIによって自動運転される機械に限ることなく、機械を対象とする無過失責任規律のあり方について検討を進めることとする。

(2) 危険責任による規律
ア 危険責任という責任類型

機械の危険を無過失責任によって規律するに当たっては、物による加害の事故に関する現行法上の無過失責任を参照して、危険責任および瑕疵責任という2つの責任類型に依拠することができる。各責任類型に基づく責任規律のあり方（成立要件の組立て）について、順に検討する。

まず、危険責任は、施設・機械の危険に関する（瑕疵要件すらない）純粋の無過失責任の類型である。現行法上、運行供用者責任（自動車損害賠償保障法3条）のほか、原子力損害賠償責任（原子力損害の賠償に関する法律3条）、ロケット落下等損害賠償責任等（人工衛星等の打上げ及び人工衛星の管理に関する法律35条・53条）が、該当する。

これらの法律が規律対象とする施設・機械は、いずれも、強度の作用を発揮し、また、複雑・技術的な内部構造を持つ。そのため、当該施設・機械の稼働は、施設・機械の強度の作用が外来原因（自然力、第三者の行為や被害者の行為）と結合することにより、または内発原因（構造上の欠陥や機能の障害）のために、定型的に事故発生に至り得る。かつ、それらの事故は、稼働者が注意を尽くしてもなお、相当の頻度で生起し得る。この点において、当該施設・機械の稼働は、高度の、かつ、完全には制御することができない危険（特別の危険）をはらむ。

このような特別の危険は、それが現実化した場合にも、危険の制御不可能性ゆえ、過失責任に基づく責任追及が空洞化せざるを得ない。ここに、当該

---

11) 浦川道太郎「無過失損害賠償責任」星野英一編『民法講座6』（有斐閣、1985）191頁に詳しい。

施設・機械の稼働に伴う事故については、無過失責任による責任規律が必要とされ、また、正当化されるのである[12]。

イ　危険責任の成立要件

前記アの分析を踏まえれば、同じように特別の危険をはらむ施設・機械についても、稼働上の事故を対象とする無過失責任を構想することが要請され、また、正当化されるといえよう。現行法上の危険責任の規律対象を大幅に拡大し、次のような内容の一般的成立要件を導入することが、検討されるべきでないか[13]。

「技術的施設・機械の稼働が特別の危険をはらむ場合において、その危険が現実化した稼働上の事故[14]により他人の権利法益が侵害されたときは、当該施設・機械の稼働者は、過失の有無にかかわらずその責任を負う」[15]。

この成立要件は、特別の危険をはらむ技術的施設・機械を適用対象とする。これには、とりわけ、原動機による強度の運動を伴う施設・機械（自動車・ロケット以外に、鉄道、航空機、建設機械、大型機械など）が該当する[16]。

また、責任主体とされるのは、施設・機械の稼働者である。稼働者は、施設・機械の稼働に対する一般的支配をもって、当該施設・機械の稼働に結びついた定型的危険を割り当てられる。ここにいう一般的支配は、施設・機械の稼働の次元での支配であって、施設・機械の個別の動作の制御（運転）と

---

12) 橋本佳幸『責任法の多元的構造』（有斐閣、2006）229頁～230頁。
13) 橋本佳幸ほか『民法Ⅴ〔第2版〕』（有斐閣、2020）251頁～253頁〔橋本〕のほか、橋本・前掲（注12）166頁～177頁・259頁～260頁参照。
14) 事故の原因面からいえば、技術的施設・機械の稼働における特別の危険（稼働上の事故）には、①施設・機械の性能不足や機能障害（当初からの欠陥や事後の不調・故障）による事故、②運転者の過失や意識喪失等による事故、③外来原因の介入による事故が含まれる。
15) 本文では、危険責任の理念的内容を示す意味で、特別の危険を要件とする一般的成立要件の導入を提案した。法適用の予測可能性の観点からは、特別の危険をはらむ施設・機械を類型化し、類型別の成立要件を複数定める方法（浦川道太郎『ドイツにおける危険責任』〔成文堂、2021〕324頁）も優れている。
16) 危険責任の成立要件の適用対象（特別の危険をはらむ技術的施設・機械）には、①原動機による強度の運動を伴う施設・機械のほか、②強度の作用を伴うエネルギー（原子力、電気、高熱、高圧等）を取り扱う施設、③強度の作用が潜在する物体・物質（爆発性、発火性、放射性等）を取り扱う施設・設備が、該当する。

は次元を異にする。自動車でいえば、自動車を運行に投入するか否かや、投入する運行の内容（目的、行き先・経路、時間）など、自動車の運行それ自体に関する決定力（運行支配）がこれに該当する。

　ウ　自動運転される機械への適用
　　(ア)　責任主体

　前記イの成立要件は、機械がAIによって自動運転される場合にも、そのまま妥当する。これにより、自動車、建設機械、鉄道、航空機等の自動運転に伴う事故について、純粋の無過失責任（危険責任）による規律が実現されることになる。

　その際、責任主体である稼働者の判断は、当該機械がAIにより自動運転されるという事情によって、何ら影響を受けない。AIの出力は、稼働中の具体的状況に応じた運転操作を決定するにとどまり、機械の稼働それ自体や稼働内容の決定は、あくまで人が行うからである。自動運転の自動車でいえば、人が運転する自動車と同様、典型的には所有者や運送事業者が、自動車の運行それ自体に関する決定力（運行支配）をもって責任主体（運行供用者）とされる[17]。もっとも、実態として運行供用者に該当する者の属性は、変化が予想される[18]。

　　(イ)　サイバー攻撃による事故

　AIによって自動運転される機械との関連では、サイバー攻撃によって稼働上の事故が生じた場合に、機械の稼働者が前記イの成立要件による責任を負うのかも、独自の問題となる。所有者Yが稼働する自動運転の自動車がサイバー攻撃を受けた場合を例に、①自動運転システムによる運転操作が妨害されたにとどまる事例と、②自動運転システムが全面的に乗っ取られて運行

---

[17]　「自動運転における損害賠償責任に関する研究会報告書」（国土交通省自動車局、2018）7頁のほか、浦川道太郎「自動走行と民事責任」NBL1099号（2017）32頁、藤田友敬「自動運転と運行供用者の責任」同編『自動運転と法』（有斐閣、2018）134頁参照。
[18]　自動運転の自動車は、無人自動運転による移動サービス（地域公共交通）や、自動運転トラックによる物流サービス等から普及していくことが見込まれる。また、自動運転とは異なる次元で、自動車を含む消費行動では「所有から利用へ」の潮流が生まれつつある。そのため、自動運転の自動車については、個人の所有者ではなく、事業者が多数の車両を稼働して運行供用者となる場合が多数を占めよう。

の決定力も失った事例を分けて検討する。

　まず、①運転操作の妨害の事例[19]では、サイバー攻撃それ自体は外来原因に当たる（第三者の故意）ところ、現に攻撃が成功して運転操作が妨害されたことは、自動運転システムの脆弱性を意味するといえるのでないか。後者の側面を捉えれば、運転操作の妨害による事故は、脆弱性という自動車の内部的要因（内発原因）に帰せられることになって、稼働者Yは、当該事故に対する危険責任（運行供用者責任）を免れない[20]。

　次に、②自動運転システムが全面的に乗っ取られて運行の決定力も失った事例は、いわゆる泥棒運転の事例[21]と同じく考えることができる。乗っ取り後の運行について、Yは運行支配を喪失しており、原則として危険責任（運行供用者責任）を負わない。その例外として、Yが過失により必要なセキュリティ上の対策を講じていなかったときは、Yは、乗っ取り後の運行との関係でも、危険責任の責任主体の地位（運行供用者）を免れない[22]。

(3) 瑕疵責任による規律

ア　瑕疵責任の成立要件

　次に、瑕疵責任に基づく責任規律のあり方[23]については、危険責任との相違点のみを取り上げる。

---

19) 浦川道太郎「自動運転における事故損害と民事責任」交通事故紛争処理センター創立50周年記念論文集『交通事故紛争解決法理の到達点』（第一法規、2024）407頁注20は、この事例を念頭に置くようである。
20) 自動車の稼働（運行）に伴う事故には、内発原因による事故が含まれる［→（注14）の①②］。自動車損害賠償保障法3条ただし書は、「構造上の欠陥又は機能の障害」および「運転者が自動車の運行に関し注意を怠」った過失による事故について免責しないことを定めるが、内発原因による事故全般について同様の取扱いがふさわしい。
21) 最一判昭和48・12・20民集27巻11号1611頁（第三者の自由な立入りを禁止する構造の駐車場に駐車されていた自動車を第三者が窃取して運転中に事故を起こした事案で、所有者の運行供用者責任を否定）、最二判昭和57・4・2判時1042号93頁（公道上に、エンジンキーを差したまま無施錠で駐車されていた自動車を第三者が窃取して運転中に事故を起こした事案で、保有者が運行供用者責任を負うことを前提に、窃取・運転を容認していた同乗被害者の「他人」性を判断し、これを否定）参照。
22) 自動運転における損害賠償責任に関する研究会・前掲（注17）15頁、小塚荘一郎「自動車のソフトウェア化と民事責任」藤田編・前掲（注17）229頁以下、同「自動走行車のサイバーセキュリティと法律問題」損害保険研究81巻4号（2020）63頁以下参照。
23) 以下のほか、橋本・前掲（注8）58頁〜59頁も参照。

11 AIのリスクと無過失責任

　瑕疵責任は、瑕疵を要件とする無過失責任の類型である。現行法上、土地工作物所有者の責任（民法717条1項ただし書）が該当する[24]ところ、判例は、これを広く土地・建物に関係する技術的機械・設備に拡大する傾向にある。

　技術的施設・機械には、強度の作用を通常伴わないため特別の危険があるとまではいえないものの、瑕疵（安全性能の不足や機能の障害）に起因する事故の危険をはらむものも多い。瑕疵責任に基づき、次のような一般的成立要件を導入するならば、それら、危険責任の規律対象から外れる施設・機械の稼働に伴う事故についても、無過失責任による規律を及ぼすことができる。

　「事業に投入された技術的な施設・機械の稼働が、当該施設・機械の瑕疵による事故の危険をはらむ場合において、その危険が現実化した稼働上の事故（瑕疵による事故）により他人の権利法益が侵害されたときは、当該施設・機械の稼働者は、過失の有無にかかわらずその責任を負う」。

　この成立要件は、瑕疵による事故の危険をはらむ技術的な施設・機械を適用対象とする。これには、とりわけ、原動機による運動を伴う施設・機械（小型・低速の移動・運搬機械など）が該当する[25]。もっとも、これらの機械は個人の生活領域においても用いられることから、過大な責任負担とならないよう、事業に投入された場合に限って瑕疵責任の規律対象とすべきである。

---

24) 製造物責任（製造物責任法3条）も、同じく瑕疵責任に当たるが、製造物・製造者以外への一般化になじみにくいため、本文には掲げていない。
25) 瑕疵責任の成立要件の適用対象には、①原動機による運動を伴う施設・機械のほか、②エネルギーの作用を取り扱う施設・設備、③一定の作用を潜在する物質を取り扱う施設・設備が該当する（②③の作用は、①と並ぶ程度のものであれば足りる）。
　　さらに、これらと別に、④施設・機械の稼働に伴う事故であるが、当該施設・機械以外が現実の加害原因となったものについても、瑕疵責任による規律がふさわしい。例えば、㋐危険源がはらむ危険を除去し、または権利法益の侵害を阻止するために投入された機械に瑕疵があった（機械が期待どおりの作用を発揮しなかった）ために、危険が除去されず、または侵害が阻止されなかった場合や、㋑他の機械の運転を管制する施設・機械（道路の信号設備、航空機の管制施設、航路信号等）における瑕疵（故障・誤作動等）のために、他の機械（自動車等）が管制に従った運転により事故を引き起こした場合である［→前記1(b)・(注9)参照］。

イ　瑕疵要件

前記アの成立要件のうち、瑕疵責任に特有の瑕疵要件について、より詳しく見ておく。

瑕疵要件は、民法717条1項の瑕疵要件に依拠するものであって、通常有すべき安全性の欠如を指す[26]。物一般を想定するとき、この意味での瑕疵は、物の構造・性状面[27]において捉えるほかない。しかし、技術的施設・機械において、その本来の機能として特定の動作が組み込まれているときは、当該動作がされないことや異なる動作がされたことをもって当該施設・機械の瑕疵としてよい（動作における瑕疵）。そもそも、当該動作が内部構造の設計や制御プログラムをもって施設・機械に組み込まれていることからいえば、動作における瑕疵は、施設・機械の構造・性状における瑕疵の裏返しでもある。

ウ　自動運転される機械への適用

前記アの成立要件は、機械がAIによって自動運転される場合にも、そのまま妥当する。これにより、小型低速の移動・運搬装置や清掃・介護・接客ロボット等の自動運転に伴う事故について、無過失責任（瑕疵責任）による規律が実現されることになる。

その際、瑕疵要件に関しては、当該機械の動作の側面を捉えることが、通常の機械の場合以上に要請される。自動運転される機械の瑕疵につき、仮に、自動運転システムの内部構造（AIモデルを構成するパラメータ）を問うべきものとすれば、瑕疵責任の追及は事実上不可能になりかねない。

したがって、AIによって自動運転される機械（自動運転システム）の瑕疵は、自動運転システムによって実現される個別状況での運転操作において判断すべきである。その判断基準は、引渡し時の存在という制限がかからない点を除き、製造物の欠陥の判断［→後記3(2)］と共通する。

---

26)　最二判平成25・7・12判時2200号63頁参照。
27)　瑕疵要件は、本来備えているべき性状や設備を欠くことと解されてきた。加藤一郎『不法行為〔増補版〕』（有斐閣、1974）196頁、四宮和夫『不法行為（事務管理・不当利得・不法行為　中・下巻）』（青林書院、1983・1985）733頁など。

3 製造物責任

(1) 製造者を責任主体とする欠陥責任

ア 欠陥要件の位置づけ

　AI によって自動運転される機械が権利法益の侵害を引き起こす場面については、前記 2 に見た危険責任・瑕疵責任とは別に、現行法上、製造業者を責任主体とする欠陥責任が当該機械（製造物）に結合されている（製造物責任法 3 条）。

　製造物の製造者は、引渡し時に製造物に存在した欠陥[28]が原因となって権利法益の侵害を生じた場合に、製造物責任に基づき、欠陥のみを要件とする責任を負う。危険の割当ての観点から見たとき、製造物に関係する危険には、所在・由来の異なる各種の危険が含まれるところ、製造者の支配領域は、製造物の設計・製造過程のみに及ぶ。製造物責任は、（引渡し時の）欠陥要件を通じて製造物の設計・製造段階に由来する危険を切り出し[29]、設計・製造段階に対する支配をもってこれを製造者に割り当てるものといえる。このように、製造物責任における欠陥要件は、責任主体とされる製造者の支配領域と対応関係にある。

イ 製造者の責任の強化可能性

　ところで、AI によって自動運転される機械の稼働に伴う事故につき、稼働者を責任主体とする危険責任と製造者を責任主体とする欠陥責任（製造物責任）とを単純に並立させる責任規律に対しては、次のとおり、リスクのコントロールの所在や、安全性確保のインセンティブの面での問題性が指摘されている。

　すなわち、自動運転システムのリスクについては、製造者が最も大きなコ

---

28) 製造物の欠陥は、製造業者が製造物を引き渡した時に存在しなければならない（消費者庁消費者安全課編『逐条解説　製造物責任法〔第 2 版〕』〔商事法務、2018〕98 頁）。
29) 設計・製造段階に由来するのでない危険として、整備不良・経年劣化による機械の故障、第三者・自然力等による損傷が原因となった異常動作や、機械の使用条件に反したことによる不作動などのほか、機械の正常な動作が外来原因と結合して事故発生に至る場合があり得る。

ントロールを有する。ところが、前記の規律のもとでは、被害者に対する関係において、欠陥を要件としない危険責任を負う稼働者が、事実上、第一次的な責任主体となる。しかも、稼働者から製造者に対する求償のためには、欠陥の証明が必要となり、かつその証明は困難を伴う。その結果、リスクのコントロールを有しない稼働者が最終的にも責任を負担する反面、製造者は、事故の責任を追及されず、安全性の確保・改善に向けたインセンティブを与えられない[30]。

　ここには、製造者の責任の強化が検討課題となろう。もっとも、前記アに見た危険割当ての構造に照らせば、自動運転される機械の製造者に欠陥を要件としない責任を課すことには、慎重を要する[31]。設計・製造過程に対する製造者の支配は、製造物に関係する危険を全面的に製造者に割り当てることまで正当化し得るものではない。製造者に対する責任追及は、欠陥要件を前提に、AIによる自動運転の特性を踏まえた欠陥判断を通じて実現されるべきである。

(2) 自動運転される機械における欠陥

　ア　機械の動作における安全性

　では、AIによって自動運転される機械について、自動運転との関係（自動運転システム）における欠陥[32]はどのように判断されるか。

　製造物の「欠陥」とは、「当該製造物が通常有すべき安全性を欠いていること」をいう（製造物責任法2条2項）。製造物一般はさておき、AIによって自動運転される機械を想定する限り、当該機械（そこに組み込まれた自動運転

---

[30] 藤田友敬「自動運転をめぐる民事責任法制の将来像」藤田編・前掲（注17）275頁〜280頁、後藤元「自動運転車と民事責任」弥永真生＝宍戸常寿編『ロボット・AIと法』（有斐閣、2018）182頁など。
[31] 自動運転の自動車に対する製造者の地位と稼働者の地位の対比につき、浦川・前掲（注17）32頁、山口斉昭「自動走行車における欠陥概念とその責任」『瀬川信久先生＝吉田克己先生古稀記念・社会の変容と民法の課題（下巻）』（成文堂、2018）355頁も参照。
[32] AI（ソフトウェア）それ自体は「製造物」（製造物責任法2条1項）に該当しないものの、AIが組み込まれた機械・部品において「製造物」の欠陥を論じることができる。消費者庁消費者安全課編・前掲（注28）50頁参照。

システム）の欠陥は、機械の構造・性状面ではなく、機械の動作の側面（自動運転システムによって実現される運転操作）において捉えるべきである［→前記2(3)**イウ**も参照］。

なぜなら、事故が機械の動作によって引き起こされる以上は、AIによって自動運転される機械の安全性（その欠如）については、もっぱら機械の動作を問題とすることでよい。また、仮に、当該機械の欠陥を自動運転システムの内部構造において捉えるとすれば、欠陥責任の追及は著しく困難となる。

　イ　個別状況での運転操作における安全性

機械の動作の側面において欠陥（通常有すべき安全性の欠如）を判断する場合には、さらに、①自動運転システムによって実現される運転操作の総体（総体としての運転操作）における安全性と②個別状況での運転操作における安全性のいずれを基準とすべきかが問題となる[33]。

①総体としての運転操作における安全性を基準とする場合[34]には、当該機械の自動運転に関して総体的な事故率（稼働時間当たりの事故率等）を算出した上で、それを基準となる事故率（同種の機械や人による運転における事故率等）と比較して、当該機械における欠陥の有無を判断することになる。

しかしながら、この考え方によれば、自動運転システムによって実現された運転操作が当該の個別状況において明らかに危険であった場合にも、総体的な事故率の低さを理由に欠陥が否定され得ることになる。また、総体的な事故率の高さをもって欠陥が肯定された場合にも、現に発生した事故（権利法益侵害）が当該欠陥（総体的な事故率が基準を超過する部分）に対応するものであるかは確率的にしか判明しないため、欠陥と権利法益侵害の間の因果関係の判断に窮することになる。

したがって、AIによって自動運転される機械（自動運転システム）における欠陥の判断については、むしろ、②個別状況での運転操作における安全性

---

[33] 窪田充見「自動運転と販売店・メーカーの責任」藤田編・前掲（注17）175頁、藤田・前掲（注17）139頁注31参照。
[34] 山口・前掲（注31）350頁以下、栗田昌裕「自動運転車の事故と民事責任」法時91巻4号（2019）32頁は、この理解をうかがわせる。

第4章　AI・自動運転等のリスク

を基準とすべきであろう[35]。問題は、自動運転される機械に対し、個別状況においてどのような運転操作を求めるべきかにある。

　　ウ　自動運転の機械に要求される運転操作

　機械の運転は、人による運転かAIによる自動運転かにかかわらず、他人の権利法益を不相当な危険にさらすことがないよう、個別の危険状況に応じた合理的な危険制御を実現するものでなければならない。人である運転者が、十分な知識・経験や思慮に裏づけられた予測・判断に基づく運転を要求されるのと同じく、自動運転システムもまた、合理的で思慮深い予測・判断に基づく運転操作を要求される。

　もっとも、自動運転システムによって実現可能な運転操作は、そのハード面の性能による制約を受ける。人による運転が、認知・予測・判断・操作に係る運転者の身体的能力によって制約されるのと同じく、自動運転システムによる運転操作もまた、認知・予測・判断・操作を代替する機能をもつ諸装置[36]の機械的性能によって、物理的な上限を画される。そのため、自動運転システムには、当該システムが備える・べ・きハード面の性能[37]を前提に、その性能の限界内において、合理的な危険制御を実現するような運転操作を求めることができるにとどまる。

　以上によれば、AIによって自動運転される機械（自動運転システム）には、当該機械が備えるべきハード面の性能の限界内において、当該の個別状況のもとで事故発生の危険を合理的に制御するための運転操作が要求される。現

---

35) 浦川・前掲（注17）34頁が、この立場をとる。ただし、自然人の平均的運転者よりも安全な運転行動を要求する点は、次述ウの私見と相違する。
36) 道路運送車両法41条2項参照。自動運転の自動車でいえば、レーダー、カメラ、演算処理装置、操舵制御装置、制動・加速制御装置などが該当する。
37) 一般の製造物については、引渡しの時点での技術水準を踏まえ、合理的なコスト増の範囲内で安全性を高める代替設計が実現できる場合には、当該代替設計を採用することが期待される（消費者庁消費者安全課編・前掲（注28）79頁参照）。自動運転システムにおいても、ハード面の性能については、この考え方がそのまま当てはまり、現に備える以上の性能が要求され得る。すなわち、ハード面に関して、総体としての運転操作における安全性［→前記イ①］を高めるような代替設計が存在し、かつ、それが合理的なコスト増の範囲内で実現可能であるときは、自動運転システムのハードは、当該代替設計によって実現される性能を備えることを要求される。

実の運転操作がこの要求を満たさない場合には、そのことが、当該の機械（自動運転システム）の「欠陥」に該当する（個別状況での運転操作における欠陥）。

(3) 運転操作における欠陥に対する責任

　ア　設計段階における過失との関係

　最後に、前記(2)に見た欠陥判断がいかなるリスク割当てを意味しているかを確認しておく。

　AIによって自動運転される機械において、個別の状況での運転操作は、機械（自動運転システム）に組み込まれたAIの出力に委ねられる（AIの自律性）。製造者は、AIモデルの開発（学習用データセットの構築、学習アルゴリズムの選択、学習の実行など）に当たって、AIによる出力の精度・確率の最大化を目指すものの、AIの不透明性や学習の限界のために[38]、AIがいかなる状況でも確実に要求どおりの運転操作を出力する状態を実現するには至らない。

　そのため、前記(2)のように、自動運転される機械（自動運転システム）の「欠陥」を、個別状況における運転操作が要求水準を満たさないことに見い出す場合には、当該欠陥が製造者のAI開発上の過失を伴わないことも多いであろう。これは、製造者にとって文字どおりの欠陥責任（無過失責任）を意味する。

　イ　設計過程の支配に基づく責任

　製造物責任が文字どおりに欠陥責任として機能する状況は、従来、特に製造上の欠陥の類型で見られた[39]。工業的な大量生産の過程では、製造上の注意を尽くしても不良品の発生を完全に防ぐことができない。そのため、製造

---

38) AIにおいて個別の出力を生成するためのパラメータは、学習の実行を通じてAIそれ自体によって調整されることから、AIの出力がどのような推論の結果であるかは、AI開発者であっても完全には理解することができない。また、AIの性能は、学習用データの品質および学習の量に左右されるところ、品質の管理には限界があるほか、現実の世界で生起し得るあらゆる状況に対応できるような学習を実施することは、現実には不可能であろう。

39) 森島昭夫「製造物責任における欠陥概念」名古屋大学法政論集142号（1992）188頁。

第4章　AI・自動運転等のリスク

上の欠陥は必ずしも製造者の過失を伴っておらず、製造者は、実質的にも過失がないまま製造物責任を負うことになる。ここでは、製造上の欠陥のリスクが、製造過程に対する支配をもって製造者に割り当てられている。

　前記(2)の欠陥判断によれば、AIによって自動運転される機械との関係では、同様のリスク割当てが、個別状況での運転操作における欠陥にまで拡大することになる。組み込まれたAIによって動作が決定される機械においては、将来の個別状況での動作までもが、製造者による設計の対象範囲に取り込まれる。そのため、製造者は、製造物の設計過程に対する支配をもって、個別状況での運転操作における欠陥のリスクを割り当てられるのである。

Ⅳ　AIの出力が人の行為に利用される場面

1　行為への無過失責任の結合

　続いて、AIの出力が、それを利用する人の行為において権利法益の侵害を引き起こす場面［→前記Ⅱ1(1)(ⅱ)］の検討に進む。当該行為にも、無過失責任が結合されるべきであるか。

　人の行為が、本来、過失責任の規律対象であることに照らせば、AIの出力を利用する行為に無過失責任を結合することの要否・当否は、無過失責任による規律を要請し、また、正当化するような特別の事情（AIの出力についての制御の限界など）の存否にかかってくる。以下では、AIの出力とそれを利用する行為との関係（出力の利用の態様）に応じて4つの類型を区別しつつ、この問題を個別に検討する[40]。

40）将来的に、AI技術がさらに進展した段階では、AIの性能が人（専門家）の能力を格段に上回る水準に到達する可能性がある。そのような段階では、以下の4つの類型とは別に、人が、自らの行為の決定をAIに委ね、AIによって出力される指示に従って行為を実行する類型も、想定され得る。そこでは、AIの出力によって人の行為が操縦されることになる。当該類型は、(ⅰ) AIの出力によって機械が自動運転される場面［→前記Ⅲ］と(ⅱ) AIの出力が人の行為に利用される場面［→Ⅳ］の中間に位置づけられよう。

2　出力利用行為の類型ごとの検討

⑴　自己の行為として AI に出力をさせる場合
ア　該当事例

第1は、(a) Y が、その運用する AI をして対外的に生成物を自動出力させたところ、ある生成物の内容が X の権利法益の侵害となった類型〔→前記 II 1⑵(ii)❸〕である。

例えば、①Y が生成 AI を運用してテキスト生成のサービスを提供していたところ、当該 AI が、利用者に対し、X のプライバシーの侵害となる情報を自動出力した事例や、②事業者 Y が契約締結の勧誘のために生成 AI を運用していたところ、当該 AI が、相手方 X に対し不実の情報を自動出力した結果、X が誤認により契約締結に至った事例が考えられる。

このほか、(b)判断権者 Y が、その運用する AI をして、Y の最終判断に代わる判定を出力させたところ、ある判定の内容が X の権利法益の侵害となった類型（同上）も、前記(a)の類型に準じる[41]。

イ　自己の行為としての AI の出力

AI の自律性や不透明性のために、この類型において、AI によって自動出力される個別の生成物の内容を制御すること（その内容を予測して違法な内容の出力を阻止すること）は、AI 運用者にとっても困難である。そのため、Y が AI を運用してサービスを提供する行為については、生成物の内容との関連での過失を認めがたい場合が定型的に想定され得る。ここには、当該行為を無過失責任によって規律すべきでないかが問われる。

そこで Y の行為をあらためて吟味すれば、Y は、その運用する AI をして、Y 名義による対外的出力をさせている[42]。もちろん、Y は、Y 名義で違法な

---

[41] (b)の類型として、たとえば、学校 Y が、入学者選抜のために運用する AI の判定をもって X を不合格と決定した（あるいは、会社 Y が、採用選考のために運用する AI の判定をもって X を不採用と決定した）ところ、AI の判定が不当なバイアスを含んだ推論に基づいていたため、Y の決定が X に対する不当な差別となった事例が考えられる。
[42] 出力の名義に着眼する理由として、表現行為における表現内容が誰に帰属するかについては、行為主体性の所在（誰がその行為をしたか）とともに、表現の名義（誰を名義

内容の出力がされることまでは意図していなかったかもしれない。しかし、自律性のある AI に出力内容を生成させる以上、Y は、違法な内容も含め、生成された出力内容を包括的に引き受けなければならない。Y 名義による AI の出力（表現内容）は、法的には Y に帰属し、Y 自らが（その内容を知りつつ）当該内容の表現をする行為として評価される[43]。

この理解によれば、AI による生成物の出力は、Y 自らの表現行為（Y が執筆した文章等）として評価され、当該行為において Y の過失責任が成立することになる。したがって、当該行為につき、無過失責任による規律までは必要ないといえる。

(2) AI の出力を自己の行為の内容に組み込む場合

ア　該当事例

第 2 は、Y が（第三者または自己が運用する）AI から出力を受けた生成物を公表し、または他に提供する行為をしたところ、当該行為が、生成物の内容の瑕疵のために X の権利法益の侵害に至った類型［→前記Ⅱ1(2)(ii)❹］である。

例えば、①Y が、AI に生成させた人物の画像を公表したところ、実在する X の肖像権の侵害となった事例[44] や、②建物設計の依頼を受けた建築士 Y が、AI に出力させた設計図を依頼者に交付したところ、当該設計図の瑕疵のために、建物としての基本的安全性を欠く建物が築造され、建物取得者 X

人とする表現か）が基準となる。名義を表示して表現行為がされたときは、それが権限に基づく限り、当該行為の表現内容は名義人に帰属し、名義人の表現となる。
[43] 同様のことは、(b)の類型にも当てはまる。この類型では、判断権者である Y が、AI が出力する判定をもって自らの最終判断とする。その際、AI の判定に不当なバイアスが作用していたことは、Y の意図に反するかもしれない。しかし、Y は、AI の判定がどのような推論に基づくかを理解しないまま、AI の判定をもって自らの最終判断とするのであるから、当該 AI モデルにおける推論方法（その判断要素や基準）を包括的に採用したものとみなされる。それゆえ、Y が AI に出力させた判定は、Y 自らが当該 AI モデルと同じ推論方法（不当なバイアスを含むそれ）によって判断を下したものと評価される。
[44] ③Y が生成 AI に生成物を出力させ、または生成物を利用する行為（複製、公衆送信等）が、X の著作物の著作権侵害となる事例も、事例①と並ぶ。ただし、事例③では、AI 利用者（Y）における著作権侵害の成否やその要件が、特有の問題となる（文化審議会著作権分科会法制度小委員会「AIと著作権に関する考え方について」〔文化庁、2024〕32頁以下参照）。

11　AIのリスクと無過失責任

の権利法益が侵害された事例が該当する。

　　イ　AIの生成物を内容とする行為

　この類型において、Yは、AIから出力を受けた生成物を、自己の名義で公表し、または自己の成果物として他に提供する。当該の生成物はYの行為内容に組み込まれており、Yは、生成物の内容についても、自己の行為としての責任を免れない。

　そのため、Yは、公表等の行為に当たり、当該生成物の公表・提供が他人の権利法益の侵害とならないかを調査・確認すべき注意義務を負う。この義務は、Y自らが人物の画像や建物の設計図を作成する場合に課せられるものと、質的に相違しない。また、Yの調査・確認は、出力された生成物を対象とするため、AIの出力内容それ自体の制御におけるような困難はない。

　したがって、Yが調査・確認を尽くさないまま生成物を公表・提供する行為においては、それがAIの出力であることとは無関係に、Yの過失責任が成立する[45]。これにより、Xの権利法益は、Yが自ら画像や設計図を作成した場合と同じ水準の保護を受けることができる。そのため、Yの行為につき、無過失責任による規律は要請されないといえる。

⑶　AIの出力を基に行為を実行する場合

　　ア　該当事例

　第3は、Yが、AIから出力を受けた情報・判定を基にしてある行為を実行したところ、当該行為が不相当な危険をはらみ、Xの権利法益の侵害を引き起こした類型［→前記Ⅱ1⑵(ⅱ)❺］である。Yが、AIから出力を受けた情報・判定を基に不作為（Xの権利法益の侵害を阻止するための行為をしないこと）を決定し、その結果、Xの権利法益の侵害が阻止されなかった類型も、これに準じる。

　例えば、①YがAIの勧める方法により山菜を調理してXに提供したところ、調理方法の誤りのため、Xが健康被害を受けた事例や、②医師YがAI

45）事例③においても、過失要件はXの著作物（その表現内容）の認識を内容とするのであって（文化審議会著作権分科会法制度小委員会・前掲（注44）35頁）、Yが生成AIを利用しなかった場合と特に異ならない。

271

の判定に基づき診断を下したところ、当該診断の誤りのため、患者Xに対し医療水準に適合した治療措置がされなかった事例（不作為）が考えられる。

　　イ　AIの出力に基づく行為

　この類型において、Yは、AIから出力を受けた情報・判定を基にしつつも、自らが当該行為を決定し、実行する。

　そのため、Yは、当該行為の決定・実行に当たり、当該行為が不相当な危険を伴わないかを自らの責任において判断すべき義務を負う[46]。また、この判断について、Yは、その職業・地位・立場等の社会生活上の役割に応じた水準の知見・能力を要求される。仮に、基にした情報・判定がYに要求される水準に適合しないものであった場合には、そのリスクはYが引き受けなければならない。これらの点は、YがAI以外から入手した情報・判定を基に行為を決定する場合と、特に異ならない。

　したがって、Yが実行した行為においては、AIから出力を受けた情報・判定を基に行為決定したこととは無関係に、Yの過失責任が成立する[47]。これにより、Xの権利法益については、Yの行為決定がAIの出力以外を基にした場合と同等の水準の保護が実現される。ここでもやはり、Yの行為につき、無過失責任による規律は要請されない。

---

[46] 事例②につき、厚生労働省通知「人工知能（AI）を用いた診断、治療等の支援を行うプログラムの利用と医師法第17条の規定との関係について」（医政医発1219第1号平成30年12月19日）は、AIを利用して診療を行う場合にも、「診断、治療等を行う主体は医師であり、医師はその最終的な判断の責任を負う」とする。AIは、あくまで、医師が行う診断や治療法選択を支援する関係にあり、医師の最終判断の参考となるべき情報を提示するにとどまる。
　　より一般的に、白石・前掲（注3）14頁も参照。

[47] 事例②につき、山口斉昭「日本の民事責任法におけるAIと責任」早稲田大学法学会編『早稲田大学法学会百周年記念論文集　第4巻』（成文堂、2022）225頁〜228頁、米村・前掲（注6）51頁。
　　この場合に、医師の過失責任が実際に成立する範囲は、AIの登場以前よりも拡大するであろう。なぜなら、診療過程でのAIの投入が広まれば、医師は、診断や治療方法の決定に当たって、AIの支援により自己の知見・能力を増強することができる（最新の知見を取り込む、専門外の分野の疾患について診断能力を高めるなど）。そのため、診断や治療方法の決定における医師の過失は、AIによって増強された知見・能力の水準に照らして判断すべきことになる。

⑷　AIの出力を基に自己に対する行為を実行する場合
　ア　該当事例
　第4は、Xが、Yの運用するAIから出力を受けた情報を基にしてある行為を実行したところ、当該行為がX自身に対して不相当な危険をはらみ、Xの権利法益の侵害に至った類型［→前記Ⅱ1⑵(ii)❻］である。
　例えば、①YがAIを運用して投資情報を提供していたところ、Xに提供された情報が不実の内容であったため、Xが誤認に基づく投資行為をして損失を受けた事例や、②YがAIを運用して健康管理アドバイスを提供していたところ、Xに提供されたアドバイスが医学的知見に反していたため、それに従ったXが健康を害した事例が該当する。
　イ　自己の危険における出力の利用
　この類型において、Xが、Yとの間での契約に基づいて情報の出力を受ける場合には、X・Y間の契約に、情報の瑕疵に関するリスク分配の規律が含まれているであろう。Xは、Yに対して、当該規律によるリスク負担を求めることができる。
　これに対して、Xが契約に基づかずに情報の出力を受ける場合には、当該情報はXが自己の危険において利用すべきものといえる。そもそも、AIの文脈を離れても、契約に基づかない（しばしば好意による）情報提供は、原則として、その内容の瑕疵（誤り）をもって責任を生じるべきではない[48]。したがって、XがAIの出力を基に実行した行為から自己の権利法益の侵害に至っても、当該結果はXが負担すべきものに当たる。そのような場合には、民法709条の権利法益侵害の要件の充足が否定されることになる。

---

[48] 岡孝「情報提供者の責任」遠藤浩ほか監修『現代契約法大系第7巻』（有斐閣、1984）306頁・324頁参照。例外的に、取引勧誘に当たって不実の情報を提供した場合や、専門家がその職業上提供した情報が誤っていた場合には、勧誘者・専門家において瑕疵ある情報の提供による過失責任が問題となり得る。これらの場合に、勧誘者・専門家がAIによる自動出力のかたちで当該情報の提供を行うときは、前記⑴の類型に該当し得る。

第4章　AI・自動運転等のリスク

3　無過失責任による規律の不要性

(1)　AIの出力を利用する行為における過失責任

前記2の検討によれば、まず、前記2(1)(2)(3)の類型において、AIの出力を利用する行為については、出力の利用の態様にかかわらず、無過失責任を結合することが要請されない。いずれの類型においても、当該行為における過失責任の追及によって、AIの出力を利用しない行為の場合と同じ水準の権利法益保護が実現される。

さらに、この場合には、AI・その出力についてもまた、無過失責任を結合すべきではない。なぜなら、AIの出力を現実に利用する行為における無過失責任を否定しつつ、（行為に利用された）出力に無過失責任を結合することは、均衡を欠く。また、AIの出力を利用するYの行為において過失責任を追及することができる以上、Yの背後に位置するAI運用者や開発者に出力の瑕疵に対する無過失責任を課することまでは要請されないといえる[49]。

(2)　AIの出力を利用した自己に対する行為

次に、前記2(4)の類型では、他の3つの類型と異なり、XがAIの出力を利用する行為によってX自身の権利法益が侵害される。この侵害は、Xが原則として自ら負担すべきものであって、例えばAI運用者に対する責任追及は認められない。当然、無過失責任による規律も問題となり得ない。

V　結　語

(1)　最後に、以上の検討の結果をまとめて、結語に代える。

AIは、自律性や不透明性のために、その出力を完全に制御することができない。ここには、AI・その出力それ自体に結合される無過失責任を、新たに構想することが要請されるかのごとくである。

しかし、(i) AIの出力によって機械が自動運転される場面と、(ii) AIの出

---

[49] AI運用者や開発者における過失責任の成立範囲（過失判断のあり方）については、別途、検討を要する。

力が人の行為に利用される場面を区別するとき、無過失責任による規律が要請されるのは(i)の場面に限られる。また、その規律に当たっても、従来の危険責任および瑕疵責任の枠組みを応用することができる。

(2) まず、(i)の場面では、AIの出力によって機械が自動運転されることに伴って権利法益の侵害が生起する。これらの事故は、AI（自動運転システム）の運転ミスによる事故も含め、機械の稼働に伴う危険が現実化したものに当たる（AIに特有の危険の問題ではない）。それゆえ、無過失責任による規律に当たっては、その規律対象を自動運転される機械に限定すべきではない。また、成立要件の内容は、既存の危険責任・瑕疵責任の責任類型に依拠して組み立てることができる。

その上で、AIによって自動運転される機械の製造者における製造物責任については、新たな欠陥の類型として、個別状況での運転操作における欠陥を承認すべきである。製造者は、その限りで、AIの制御不可能性のリスクを負担しなければならない。自動運転される機械の製造者は、AIによる個別状況での運転操作までをも設計の対象に取り込んだがゆえに、前記の欠陥にまで責任領域を拡大されることになる。

(3) これに対して、(ii)の場面では、AIの出力が、それを利用する行為において権利法益の侵害を引き起こす。このような権利法益侵害については、AIの出力を利用する行為における過失責任の成否を問題とすれば足り、当該行為に無過失責任を結合することは要請されない。AIの制御不可能性のリスクはもっぱら出力内容に関係しており、出力された生成物や情報等の利用行為には影響がないことによる。

*本稿は、橋本佳幸「AIのリスクと無過失責任」NBL1272号（2024）33頁に、加筆したものである。

12 自動運転における事故の補償およびび調査のあり方
——交通と医療における現行制度の比較に基づく覚書

早稲田大学教授　山口　斉昭

I　はじめに

　NBLに示した別稿[1]で、筆者は、自動運転等（自動運転、MaaS等）における交通事故における責任主体と補償のあり方について検討した。そこでは、自動車および自動車事故が、そのユーザー以上に、他人に危害を与えるものであるという認識のもと、自動運転車にあっても、基本的には、そのユーザー（使用者、稼働者）が責任を負うとして、現行の賠償・補償制度をできる限り維持すべきであることを主張した。

　しかし、この考え方は、とりわけ完全自動運転車においては、その使用（稼働）者に、自動車の制御の可能性がほとんどないにもかかわらず、責任を負わせることになるのではないかとの批判につながる。また、そのことは、従来から指摘されていた「製造物責任の肩代わり」という、現行制度の問題点をより顕在化させ、自ら自動車をコントロールしているという意識がないにもかかわらず、責任を負わせられることとなる自動車のユーザーに、不公平感を生じさせることとなる。

　さらに、このような考え方においては、被害者の補償は図られるものの、

---

1) 山口斉昭「自動運転等における責任主体・補償等のあり方」NBL1272号（2024）23頁。

12　自動運転における事故の補償および調査のあり方

再発防止の観点からの事故原因の究明はなされない。とりわけ、今後、AIが搭載された自動運転車が実用化されることにより、これまではあり得なかった事故が生じるなどした場合には、その原因を究明し、今後の事故防止につなげていくことが重要である。しかし、現行の賠償・補償制度は原因分析の調査や今後の事故予防を目的とした制度ではないため、現行制度を維持しようとする上記の考え方においても、これに対応することはできない。

　他方、医療の分野においては、これまで、事故による被害の補償と、事故調査・原因究明による安全性の向上の両立を目指す議論が、意識的になされてきた。また、補償に関しては、過失責任主義による被害者救済の問題点が意識され、無過失補償のあり方が重点的に検討されてきた。NBLの別稿で述べたように、交通、特に自動車交通は、自動車の運行により実際に利益を得る利用者以上に、他人に危険を与えるという、実は極めて特殊な活動である。これに対し、医療は、それにより利益を得る受益者（患者）がそれによって生じ得る危険をも受けることになる活動の典型的な例である。このため、交通の分野と医療の分野は、その性質は大きく異なり、医療における議論を交通にそのまま当てはめることはできない。しかし、今後自動運転が広く実装され、人の関与が少なくなることになった場合、現実的にだけでなく、観念的にも「避けることができなかった」事故が生じることが想定される。また、上記の通り、AIが搭載された自動運転車が運行することによって、これまで想定されていなかった原因や形態の事故が生じることも考えられ、その調査が必要であることは、絶えず知見や技術が進展し、治験や技術の進展を取り入れながらその実践がなされている分野であるところの医療と共通の要素を有することになる。このため、その思想やそれに基づく仕組みのあり方は、考え方のモデルとして参考になる部分があると思われる。

　そこで、本稿では、現行の自動車事故における紛争解決・補償の制度、および、医療事故における補償・調査の制度を概観することにより、そこでの「考え方」を抽出し、それらを参考にして、今後、自動運転車、特に完全自動運転車が社会に実装された場合に構築しなければならない制度につき、そのあり方を考察する。ただし、ここで示すのはあくまでも制度構築に当たっ

277

ての、極めて雑駁な「アイデア」や「着想」レベルのものであって、現実の制度構築に当たっては、その運営のあり方や財政的基盤等を含め、より綿密な検討が必要であることはいうまでもない。

以下、まず、現行制度における、交通（自動車）事故における補償・紛争解決の制度と、医療事故における補償および調査の制度を概観し、それら制度の考え方や仕組みについて検討する。その上で、ここから抽出した考え方や仕組みを参考に、今後の自動運転における事故の補償や調査の制度のあり方につき、その方向性を考察することとする。

II 交通（自動車）事故における補償・紛争解決制度

1 自動車事故における補償について

(1) 自賠法による人身損害の補償

自動車事故においては自動車損害賠償保障法（以下、「自賠法」という）が存在し、人身損害についてはこれが被害者の損害補償に大きな役割を果たしている。

自賠法は、第3条において、自動車の運行によって人身損害が生じた場合、同条ただし書の示す免責要件の立証がない限り、運行供用者は責任を負うとしている。ただし書の免責要件は、「自己及び運転者が自動車の運行に関し注意を怠らなかったこと」だけでなく、「被害者又は運転者以外の第三者に故意又は過失があったこと」ならびに「自動車に構造上の欠陥又は機能の障害がなかったこと」であるため、これらすべてを立証することは困難であることから、自賠法は実質上の無過失責任であるとされる。

運行供用者は「自己のために自動車を運行の用に供する者」であり、通説的な立場は、これを、自動車の運行を支配し、利益を得ている者（必要な費用等を分担している者を含む）であるとする[2]。これは、自動車が「他人」に

2）運行供用者責任の議論のうち、「運行供用者性」の議論に関しては、さしあたり山口斉昭「判批」新・判例解説Watch25号（2019）101頁、同「判批」民事判例19号（2019）

危害をもたらすものであるとの視点から、危害が生じた際に、自動車の危険を支配し、危険の実現に寄与していた者に責任を負わせるべきとの基本的考え方に基づく。そして、賠償を受ける対象となる者は、運行供用者に比して、自動車の運行につき支配も利益も有していなかったと評価できる「他人」であって、責任主体である運行供用者が、被害者である他人の賠償をすることにより、その救済を実現している。自賠法においては、自動車の運行がある限り、責任主体である運行供用者は必ず存在することが前提とされており、ひき逃げや無保険車の場合の政府保障事業は用意されているものの[3]、運行供用者が存在しないことは想定されていない。

(2) **運行供用者への責任集中**

その上で、自賠法においては、責任を運行供用者に実質上集中し、被害を受けた他人は、運行供用者の責任を追及することによって、その人身損害の補償を受け得るとの仕組みを作っている。実際の交通事故において、その原因としては、自動車自体の問題や、道路状況の問題、気候条件等さまざまなものがある。しかし、それらの事情があったとしても、運行供用者は責任を負い、このことによって、他人である被害者は、過度な立証等の負担なしに、救済を受けられる。上記の通り、自賠法3条に示された免責要件の中には「自動車に構造上の欠陥又は機能の障害がなかったこと」が含まれていた。これは、自動車に欠陥があっても運行供用者が責任を負うということであって、以前より、「製造物責任の肩代わり」として、その問題点が指摘されていた[4]。しかし、これは、被害者の救済の観点から、むしろそのような問題があってもなお、運行供用者に責任を集中させようとしたものとして位置づけられよう。

(3) **自賠責保険による支払確保**

そして、加害自動車の保有者に運行供用者責任が生じる場合には、強制保険である自賠責保険が、生じた人身損害につき、支払限度額内での賠償の支

96頁を参照。
3) 自賠法71条以降。
4) 野村好弘「運行供用者責任についての一考察」ジュリ431号（1969）131頁。

第4章　AI・自動運転等のリスク

払を確保している。自賠責保険の支払については、支払基準が定められて、同基準に従って迅速な支払がなされ、被害者に過失がある場合も、過失相殺は制限的に適用されるため、被害者は、その範囲内でも、かなりの程度手厚い補償を迅速に受けることができる。また、被害者には加害自動車の自賠責保険会社に対し、保険金額の限度で直接に損害賠償額の支払を請求することもできる。なお、わが国では任意保険の普及率も80％を超えているが[5]、これは自賠責保険において、一定程度の補償は迅速確実になされることが見込まれるため、上乗せとしての任意保険を組み立てやすいからという側面がある。

(4)　**物的損害における賠償**

　一方、自動車事故においても、物的損害については、自賠法と同様の法律はない。このため、物損事故においては、一般不法行為により、自動車の運転者等（場合によって自動車整備の義務を負う所有者や使用者）の過失責任を問うことが必要となる。しかし、交通事故の原因として、自動車自体の問題や、道路状況の問題、気候条件等さまざまなものがあるにもかかわらず、それらの事情によって、責任主体である運転者等が免責されることになるわけではないという点は、人身損害の場合と、それほど事情が大きく異なるわけではない。

　これは、運転者は、誰もが運転免許を有し、運転の技量を有し、道路交通法等、運転に必要な知識を有して、安全に運転をする能力を備えていることが前提とされており[6]、道路状況や気候条件等の問題があっても、それらをも踏まえて安全な運転をすることが求められているため、事故が生じた際の責任は、基本的に運転者にあるとされるからである。また、所有者・使用者には、一般的な整備や日常的に点検すべき事項の点検義務が課されており[7]、自動車の運転者（運行する者）には、点検の義務だけでなく、不適切な運転により自動車に不具合が生じないように運転することが、運転に当たっての

---

5 ）損害保険料率算出機構「2023年度（2022年度統計）自動車保険の概況」139頁。
6 ）道路交通法64条。
7 ）道路運送車両法47条以下・58条以下。

基本的な義務と考えられている。例えば、ブレーキが効かなくなるという、ベーパーロック現象やフェード現象も、現在は、「ブレーキの踏みすぎ」が主たる原因とされており[8]、これらの現象が生じたことにより事故が生じたという場合においては、運転者等の過失が認められないということは考えにくい。このため、物損においても、被害者との関係においては、まずは運転者等の責任が問われることになって、補償交渉はその間でなされることが一般的である。

2　交通事故における紛争解決について

(1)　「法的」責任判断と過失相殺による迅速な紛争解決

以上のとおり、自動車事故においては、実際にはさまざまな原因があったとしても、その責任は、自動車の所有者や運転者等や自動車事故に関わる直接の当事者にあるとの処理を行うのが通常である。そして、自動車の不具合や、道路や信号の問題が仮に疑われたとしても、最初から自動車の製造業者や、道路や信号の設置管理者等を巻き込んでの紛争解決が行われることは稀であり、過失相殺も事故に関わる直接の加害者と被害者との間で判断されて、賠償額を認定する。

このことは、自動車事故の紛争解決および被害者の救済を簡便かつ迅速に実現することにも結びつく。なぜなら、和解の斡旋や裁定、裁判などにおいても、自動車事故の直接の当事者に限ってその責任を判断し、それが認められた場合には、損害および因果関係を判断して、その上で、直接の当事者間（加害者と被害者）の過失の割合を判断して賠償の範囲を検討することによって問題を解決することができ、それ以上に、自動車や道路などに不具合があったか、仮にあったとして、その不具合が欠陥や瑕疵に当たるか、それと被害者に生じた損害との間に因果関係があるかなどの、科学的・専門的な判断や評価等までをも行う必要がないからである。それゆえ、交通事故における裁判外での紛争処理手続においても、例えば公益財団法人交通事故紛争処

---

[8] 国土交通省ウェブサイト（https://www.mlit.go.jp/report/press/jidosha08_hh_001357.html）（2024年8月閲覧）などを参照。

理センター[9]の斡旋や裁定においては、科学的・専門的な分析等を自ら行うことはなく、法的な判断を中心に責任判断を行うことによって、迅速な解決を実現している[10]。

(2) 科学的・専門的判断の必要性について

また、このことと重なる点として、一般的な自動車事故の紛争解決手続においては、事故が生じた根本的な原因の分析や、それに基づく事故の再発防止のあり方等も考慮されない。この背景としては、特に裁判外の紛争処理等においては、そのような原因分析等が必要となれば、科学的・専門的な判断や評価等が必要となり、上記のような、簡易で迅速な紛争解決を不可能にしてしまうという点や、現状においては、交通事故の原因が、ほとんどの場合ヒューマンエラーにあり、再発防止といっても、人が事故を起こさないように気を付けることに集約されてしまうから、そもそもその必要がないという点が考えられる。

なお、一般的な交通事故においても、事故によりどの程度の衝撃が加わったか、被害者に生じた損害の程度の判断、その損害と事故との間の因果関係等の判断のために、工学、医学等の専門的判断が必要な場合もあり、そのような場合には、時間やコストをかけてでも訴訟が行われることになるが、訴訟においても、専門的な判断（鑑定等）は、責任の判断、損害の評価等のために行われるものであって、原因分析を将来の事故防止に活かすという目的のために行われるわけではない。

(3) 製造物責任が問題となる際の紛争解決について

他方、自損事故で運転者が被害を受けた場合等については、その被害を賠償する相手がいないため、そのような「被害者」は上記のような枠組みで救済を受けることはできない（自らが任意で加入する傷害保険等によって救済を受けるしかない）。しかし、数としてはそれほど多くないものの、自損事故の

---

9) 同センターについては同センターウェブサイト（https://www.jcstad.or.jp/）（2024年8月閲覧）を参照。
10) むろん、当事者の提出する工学等の鑑定意見書は証拠として参照される。また、科学的・専門的な検討が事案解決において必須と判断される場合には、その必要性を訴訟移行審査委員会において判断した上で、訴訟への移行を認めている。

原因が自動車の不具合にあるとして、製造物責任が問題とされることもある。その場合、当該自動車に欠陥があったことを証明しなければならず、また、自動車に不具合があったとしても、所有者の整備不良や運転者の運転が不適切であったために生じたものである可能性も考えられるため、その欠陥が明確である場合を除けば、自動車に欠陥があったとして自動車メーカーの責任を認めることは困難な場合が多い。わが国においては、自動車の製造物責任が認められる裁判例自体多くないとされているが[11]、その理由としては、自動車にトラブルが生じないように適切に整備・運転することが、所有者および運転者の責任と考えられていることが挙げられよう。

　裁判外での紛争処理をみた場合、わが国の自動車の製造物責任に関するADRとしては、公益財団法人自動車製造物責任相談センターが存在し[12]、自動車の製造物責任にかかる紛争につき、相談、和解斡旋、審査を行っている。相手がある一般的な交通事故を扱う紛争処理機関（例えば上記の交通事故紛争処理センター）では、当該交通事故の被害者が申立てを行うのが通常であるのに対し、同センターでの手続は、自動車のユーザーが相談や申立てを行うことが一般的である。自動車に不具合があるということのみで相談や申立てが行われることも多いが、不具合やトラブルがあったために事故にまで至ったとして相談や申立てがなされる場合は、相談者等がそれによって被害を受け、他人の財産等を損傷したためにその加入していた自動車保険等によりすでに賠償を行ったというケースなども含まれる。そのようなケースにおける手続は、交通事故紛争処理センターにおける斡旋・審査の手続と異なり、欠陥の有無の判断のために、自動車工学的な専門的な見地からの検討が必須となる。

　このため、審査がなされる場合の審査委員会の委員はもちろん、同センターの職員や相談員にも、自動車の専門家が含まれており、審査等の手続に

---

11) 山田卓生「自動車の欠陥による事故」交通法研究31号（2003）6頁、山口正久「判例に見る欠陥」交通法研究31号（2003）37頁以下。
12) 同センターについては同センターウェブサイト（https://www.adr.or.jp/）（2024年8月閲覧）を参照。なお、以下の記述は、同センターの審査委員を務める筆者自身の経験に基づく内容が含まれている。

おいては自動車工学的な分析により、原因の分析が行われる。それゆえ、審査等の手続は交通事故紛争処理センターでのそれよりも、時間やコストもかかることが一般的であるが、これは、人である当事者の過失を前提として、法的責任の有無と過失の割合による損害の分担を図る通常の交通事故の紛争処理手続と、自動車の欠陥の有無を検討して責任判断を行い、紛争を解決する手続との間での当然の違いである。

Ⅲ 医療事故における補償と調査に関する議論と制度について

1 医療における無過失補償および事故調査の議論の経緯[13]

(1) 無過失補償制度の議論と現状

医療事故においては、以前より、裁判を通じた、過失責任による被害者の救済について、問題点が指摘され、無過失補償の導入が目指されていた。古くは東大輸血梅毒事件判決の評釈等において、学説は、いずれも同判決の結論は支持しながらも、実質的には無過失責任を認めたものであるとし、過失責任主義の限界を指摘して、保険制度の導入を提言していた[14]。また、1990年代には、医療事故を含めた人身損害を、無過失で包括的に補償する「総合救済システム」が提唱された[15]ことなどを契機に、医療事故の分野でも「医療事故防止・救済センター」構想[16]が示されるなどして、無過失補償の仕組みに関する議論が盛んになった。

このように、とりわけ医療事故においては、被害者を無過失で補償すべき

---

[13] 以下の記述には、山口斉昭「医薬品副作用被害救済制度が医療事故補償制度の構想に与える示唆について」日法80巻3号（2015）203頁の記述の一部の要約が含まれている。
[14] 四宮和夫「判批」ジュリ120号（1956）28頁、我妻栄「判批」民研50号（1961）4頁等。
[15] 加藤雅信編著『損害賠償から社会保障へ——人身被害の救済のために』（三省堂、1989）。
[16] 「『医療被害防止・救済システムの実現をめざす会』（仮称）準備室」ウェブサイト（http://pcmv.g.dgdg.jp/）（2024年8月閲覧）。

12 自動運転における事故の補償および調査のあり方

との議論が以前から盛んであったが、その理由としては、裁判により過失を立証して賠償を得るには、多大な（時間的、金銭的、精神的）コストがかかること、被害者側が医療側の過失や因果関係を立証することが困難であること、また、過失責任主義に基づく賠償を求める過程で、医療側と患者側の間に深刻な対立関係を生じさせることなどが指摘されてきた。しかし、より本質的には、そもそも医療がリスクを伴うものであり、医療側に過失がなくとも患者に深刻な被害が生じることがあり得、そのような被害は、過失責任主義による賠償の仕組みでは、救済が不可能であるからということがある。

このため、予防接種や医薬品に関しては、比較的早くに予防接種健康被害救済制度や、医薬品副作用被害救済制度が作られ、無過失補償が実現していたが、その後は、2009年に産科医療補償制度が成立したのみで、医療事故を包括的に補償する無過失補償制度はいまだ成立していない。なお、医療ADRに関しては、例えば、各都道府県の弁護士会において、医療機関側代理人の経験がある仲裁委員と、患者側代理人の経験がある仲裁委員が協力し、第三者の医師による意見を聴く制度を設けるなどして話し合いによる解決を行う体制を作っているが[17]、累計申立件数、医療機関側の手続への応諾件数、和解件数など[18]をみるに、地域による差も大きく、一般的に普及した制度とまではなっていない。また、当然ながらこれらの医療ADRは、その手続の中で無過失補償を目指しているものでもない。

(2) 医療事故調査制度

一方、無過失補償の議論から、その後、方向性を変えて、大きな制度改革につながったものとして、事故調査の議論がある。上記のとおり1990年代は無過失補償に関する議論が先行していた。しかし、1999年、横浜市立大学医学部付属病院患者取り違え事件および東京都立広尾病院消毒液点滴事件という、いずれも大きな病院において単純なミスにより患者に重大な結果を

---

17) 日弁連ウェブサイト「医療ADR」(https://www.nichibenren.or.jp/activity/resolution/adr/medical_adr.html)（2024年8月閲覧）参照。
18) 同ページ「全国の運用状況一覧はこちら」より「弁護士会医療ADR 運用状況（2022年7月末時点）」を参照。

もたらした、重大な事故が生じ、医療事故に関する議論は、一気に事故調査とそれによる事故防止の仕組みに関する議論が盛んとなる。

無過失補償の議論と事故調査の議論が絡み、事故調査の議論へと重点がシフトしていった経緯としては、東京都立広尾病院消毒液点滴事件において、病院側に事故に隠ぺいの動きがあったことから、遺族が、医師法21条[19]による異状死の警察への届出を問題とし、その結果、医療事故により患者が死亡した場合、それを警察に届け出なければならないという事故報告の仕組みができてしまったこと、また、2006年に福島県立大野病院産科医逮捕事件が生じ、医療事故による責任追及が医療崩壊をもたらすとの議論が生じたことなどがある。このため、医療事故において法的責任（とりわけ刑事責任）を厳しく追及することは、医療に悪影響をもたらす可能性があるとの主張がなされるようになり、むしろ、法的責任の追及とは別に、医療の質および安全性を高めるため、事故防止の観点から原因分析・調査を行うべきとされた。そこで、その後の厚生労働省における検討会の議論においても、事故調査と関わる「医療の質の向上」と「無過失補償」とが同時に議論されるなどしたが、最終的には、事故調査の仕組みの部分を先に検討すべきとされ、その結果、2014年の医療法の改正（2015年施行）により「医療事故調査制度」が成立することとなる[20]。

同制度の特徴としては、①「学習を目的としたシステム」であって、責任追及を目的とするものではないとされていること、②制度の対象となる医療事故は、「当該病院等に勤務する医療従事者が提供した医療に起因し、又は起因すると疑われる死亡又は死産であって、当該管理者が当該死亡又は死産を予期しなかったもの」であること、③事故調査は、公平性、中立性を確保する観点から、医療事故調査等支援団体の支援を求めることとされ、また、医療事故調査・支援センターが調査を行うこともあり得るものの、基本的には、院内調査として、医療機関自身が行うこと、④事故および調査は医療事

---

19) 医師法21条「医師は、死体又は妊娠4月以上の死産児を検案して異状があると認めたときは、24時間以内に所轄警察署に届け出なければならない」。
20) 詳細は、山口・前掲（注13）210頁以下。

故調査・支援センターへ報告がされ、同センターは収集した情報の整理・分析を行って再発の防止に関する普及啓発等を行うことが挙げられる[21]。ここではとりわけ、同制度が学習を目的とするものであって、このため、「予期しなかった」事故が対象とされていることに注目しておきたい。

2 成立済みの無過失補償制度

(1) 産科医療補償制度

上記医療事故調査制度は、当初目指していた無過失補償の実現が難しく、このため、先に調査制度から構築しようとして成立した制度であるため、未完成の制度であるとの評価もあり得るところである。これに対し、「医療の質の向上」と「無過失補償」とを同時に議論する中で、それを一部の範囲であるが実現したものとして、すでに触れた、産科医療補償制度がある[22]。同制度は、2006年に生じた福島県立大野病院産科医逮捕事件でとりわけそのリスクが注目を集め、医師不足も顕著となっていたため緊急度が高いとされた産科医療の分野で、そのような問題への対応をも目的として、2009年に創設された。

同制度は、日本医療機能評価機構が運営機関となり、児が一定の要件を満たす脳性麻痺で出生した場合に、医療機関等の過失を問わずに補償を行う。日本医療機能評価機構が契約者となり、民間の保険会社が保険を引き受けて、被保険者を分娩機関、受給者を児とする保険の仕組みにより行われている。保険料に当たる掛金は、形式上分娩機関が支払うこととなっているものの、「その負担に伴い掛金相当分の分娩費の上昇が見込まれる」として、健康保険等から給付される出産育児一時金等も、掛金相当分が引き上げられたこと

---

[21] 医療事故調査制度については、厚生労働省ウェブサイト「医療事故調査制度について」(https://www.mhlw.go.jp/stf/seisakunitsuite/bunya/0000061201.html)（2024年8月閲覧）、「シンポジウム／医療事故調査制度について」年報医事法学32号（2017）72頁以下等を参照。

[22] 産科医療補償制度については、日本医療機能評価機構による同制度を紹介するウェブサイト（http://www.sanka-hp.jcqhc.or.jp/）（2024年8月閲覧）、峯川浩子「産科医療補償制度」伊藤文夫編集代表『人身損害賠償法の理論と実際』（保険毎日新聞社、2018）473頁等を参照。

から、健康保険による負担となっており、また、この増額分に対しては国が健康保険組合に財政支援をすることとしたことから、実質的には公費負担となっている。

　同制度においては、補償だけでなく、原因分析も行われることが大きな特徴である。原因分析の対象は、運営組織が補償対象とした重度脳性麻痺の全事例であり、分娩機関から提出された診療録等に記載されている情報および保護者からの情報等に基づき、医学的な観点から原因分析を行うとともに、今後の産科医療の質の向上のために、同じような事例の再発防止策等の提言を行う。そして、原因分析においては、「今後の産科医療の更なる向上のために、事象の発生時における情報・状況に基づき、その時点で行う妥当な分娩管理等は何かという観点で、事例を分析」することとされているが、「検討すべき事項は、産科医療の質の向上に資するものであることが求められており、結果を知った上で振り返る事後的検討も行って、脳性麻痺発症の防止に向けて改善につながると考えられる課題が見つかれば、それを提言」することも想定されている。しかし、「原因分析は、責任追及を目的とするのではなく、『なぜ起こったか』などの原因を明らかにするとともに、同じような事例の再発防止を提言するためのもの」であることも強調されている。

(2)　予防接種健康被害救済制度

　医療の分野においては、他にも、以前から成立していた無過失補償の制度が存在する。

　まず、予防接種健康被害救済制度[23]は、社会防衛上行われる予防措置でありながら、不可避的に健康被害が生じ得るものであることを理由に、国家補償的観点から、法的救済措置が認められたものであり、1948年にすでに成立している。接種と健康被害との間の因果関係が証明されることは必要であるが、接種に関わる当事者に過失があったかどうかにかかわらず救済がなさ

---

23)　予防接種健康被害救済制度については、厚生労働省健康局結核感染症課監修『逐条解説予防接種法』(中央法規、2013)を参照。また、山口斉昭「緊急事態における医薬品等の使用により健康被害が生じた場合の補償について」医事法研究 5 号（2022）56頁以下も参照。

れる。救済給付の費用負担は、市町村、都道府県と国とでの負担割合について定めがあるが、いずれにせよ公費による負担である。

(3) 医薬品副作用被害救済制度

次に、医薬品副作用被害救済制度がある[24]。同制度は、医薬品等が医療上必要不可欠であるものの、その副作用を完全に防止することが困難であることから、副作用等による健康被害を迅速に救済するために、設けられた制度である。サリドマイド、スモンの薬害問題を契機として1980年に創設された。法改正を経て、現在は独立行政法人医薬品医療機器総合機構が運営を行っている。

同制度も、無過失による救済制度であるが、医薬品の製造業者等の損害賠償責任が明らかな場合、医薬品等の使用目的・方法が適正であったとは認められない場合には救済給付の対象とならないこととされており、いわば当事者の無過失を要件として救済がなされる制度である。この点は、同じ無過失補償であっても、当事者の過失の有無にかかわらず救済がなされる、産科医療補償制度や予防接種健康被害救済制度と異なる。同制度は、製薬企業等が拠出する拠出金によってその財源が賄われ、強制保険的仕組みにより成り立っているが、法的責任を前提とする賠償責任保険ではなく、拠出金の強制も、製薬企業の社会的責任を強調することにより正当化されている。そして、救済の要件としては、上記のとおり、許可医薬品が適正な使用目的に従い適正に使用されたという要件の他、医薬品の使用と健康被害との間の因果関係や、重篤な被害であることが必要とされている。ただし、重篤な副作用があっても使用が必要な抗がん剤等の医薬品は、除外医薬品として同制度による救済の対象とはされていない。

(4) 予防接種健康被害救済制度および医薬品副作用被害救済制度の趣旨

予防接種健康被害救済制度および医薬品副作用被害救済制度は、いずれも

---

24) 医薬品副作用被害救済制度については、独立行政法人医薬品医療機器総合機構ウェブサイト「医薬品副作用被害救済制度」(https://www.pmda.go.jp/kenkouhigai_camp/)（2024年8月閲覧）、山口・前掲（注13）203頁、同「医薬品副作用被害救済制度」伊藤編集代表・前掲（注22）462頁等を参照。

事故原因の調査や今後の事故予防を目的とした制度ではない。しかし、医薬品副作用被害救済制度は、まず、救済給付の判定の際に、原因医薬品を特定することから、副作用被害を受けた患者にとっては、これにより、それ以降、同じ医薬品の服用や、服用するか否かの判断の際に注意を促すことになり、以降の事故防止にも役立っているといえる。また、一般的にも、同制度は、適正使用が救済の要件であるため、救済給付の申請がなされたが不適正使用と認定されたために救済給付がなされなかったというケースが多数みられる場合などには、そのことを製薬企業に伝え、再発防止のための通知を促すなどの措置をとるなどのこともある。このため、そのような範囲ではあるが、一部、副作用事故の再発防止の役割をも果たす側面を有している[25]。

以上をもとに、以降では、交通事故における補償・紛争処理制度と、医療事故における補償、調査等の制度を比較しながら、若干の検討を行ってゆきたい。

IV　検討：現行制度の考え方について

1　被害者救済のための仕組み

(1) 迅速な被害者救済を目指した制度

まず、紛争解決と被害者救済については、現状として、裁判外の紛争処理手続を含め、交通事故の分野においては、ある程度完成した仕組みがわが国ではすでに存在する。一方で、医療事故の分野においては、予防接種による健康被害や、医薬品の副作用という特殊な分野において救済制度が存在し、また、比較的最近になって産科医療補償制度等が成立したほかは、まだ全国的な仕組みはできておらず、発展途上であると評価することが可能である。ただ、交通事故においても、医療事故においても、方向性としては、被害者における立証の困難を軽減し、迅速な救済を実現することが目指されている。

---

25) 山口・前掲（注13）235頁以下。

(2) 交通事故と医療事故における仕組みの違い

　もっとも、そのためにそれぞれが創出した、あるいは創出を目指している仕組みは、両者の間で大きく異なる。すなわち、交通事故においては、実質上の無過失責任を軸にして仕組みを作ったのに対し、医療事故においては、無過失補償の制度が目指されているのである。交通事故においては、責任の主体となる加害者側と、救済の対象となる被害者側を分け、加害者側が被害者側を賠償することによって被害の救済を図っているのに対し、医療事故においては、常に加害者となり得る医療側（医師、医療従事者）に、過酷な責任を負わせることが適当でないとの考え方に基づき、無過失補償が目指されているといえよう。

　その理由としては、交通事故、とりわけ自動車事故においては、運転者や所有者等、自動車の使用者側は、その運行には関わりのない他人に危険を生じさせながら自らその運行により利益を得ており、被害者も事故に「巻き込まれる」要素が強いのに対し、医療事故においては、加害の原因となる医療行為が、そもそも医師等の利益のためではなく患者の利益のために行われており、患者も一定の危険性が存在することは承知の上で、自らその医療行為を受けていることが挙げられる。

(3) 迅速な紛争解決を可能とする仕組み

　そして、このような方針は、それぞれの分野において、それぞれ当事者の納得を得られやすく、かつ簡易で迅速な紛争解決、および被害者の救済にもつながる考え方となっている。すなわち、交通事故において、事故に直接関連する当事者には何らかの過失があるとして、被害者に対する賠償義務は認め、その上で当事者双方の過失の割合によって責任を分担する手法は、そもそも自動車が危険な存在であるにもかかわらず人がそれを使用していることからして合理的である。また、工学等の専門的な判断を待つまでもなく法的な判断のみで解決が可能であることからして、迅速な紛争解決および被害者救済にも適した方法であった。

　一方、医療は、医療者の利益のためではなく患者の利益のために行われるものでもあるため、医療者を常に「加害者」として無過失の責任を負わせる

ことは適当でない。また、医療における措置の判断には医学的な専門的検討が必要であるだけでなく、医療はそれぞれの患者に応じた極めて具体的な行為でもあるため、交通事故における過失相殺のような定型的判断もできない。このため、当事者の過失や責任の有無を問わず、一定の要件を満たした場合には、無過失で補償を行うという仕組みのほうが、被害者の迅速な救済のためには明らかに有用であった。

2　医療における調査・事故防止のための仕組み

(1)　医療における3つの制度

しかし、これら迅速な紛争解決は、そもそもの事故原因を明らかにするものではなく、将来の事故防止に役立つものでもない。このため、医療の分野においては、事故の原因を究明し、今後の事故防止に役立てるための仕組みの構築が、紛争解決や被害者救済との関係は意識されながらも、別個のレベルで目指されてきた。上記で示した医療事故調査制度、および産科医療補償制度における原因分析の制度がそれである。また、医薬品副作用被害救済制度においては、制度趣旨として今後の事故防止のために原因分析が行われるわけではないが、原因医薬品を特定し、不適正使用が頻出した場合に注意喚起を促すなどの対応がとられていることも前述した。

これら3つの調査や事故防止のための仕組み（産科医療補償制度、医薬品副作用被害救済制度、医療事故調査制度）は、以下の通り、それぞれ別個の考え方に基づいて構築されていると思われる[26]。

(2)　産科医療補償制度の考え方

まず、産科医療補償制度における原因分析は、同制度において補償対象となった重度脳性麻痺の全事例を対象として行われる。補償の対象は、一定の在胎週数以上で、先天性や新生児期等の要因によらない脳性麻痺であること、身体障害者手帳1・2級相当の脳性麻痺であることであるため、一定の在胎

---

26) なお、上記Ⅲ2(2)においては、予防接種健康被害救済制度を紹介したが、社会防衛上の予防のために行われる措置から生じた被害への救済という特殊性から、参考となるモデルからは一旦外すこととした。

週数を超えた、先天性によらない周産期の要因による重度の脳性麻痺であれば、すべて原因分析の価値があるとみなしていることとなる。

　そして、繰り返しになるが、原因分析は、責任追及を目的とするのではなく、「なぜ起こったか」などの原因を明らかにするとともに、同じような事例の再発防止を提言するためのものである。事例の分析は、今後の産科医療のさらなる向上のために、事象の発生時における情報・状況に基づき、その時点で行う妥当な分娩管理等は何かという観点から行われ、また、検討事項としては、産科医療の質の向上に資するものであることが求められ、結果を知った上で振り返る事後的検討も行って、脳性麻痺発症の防止に向けて改善につながると考えられる課題がみつかれば、それをも提言するとしている。

　このように、ここでは、その時点で行うべき妥当な分娩管理を検討するものの、今後の医療の質・安全性の向上のために、事後的な検討も行って提言を行うことも求められており、このような原因分析が、法的な責任追及における原因分析とは異なることを強調している。そして、原因分析の結果が補償に影響をもたらすものではないため、補償と原因分析は一応別立ての制度ではあるものの、分析の素材となるケースは、補償をインセンティブとして、運営を行う日本医療機能評価機構に集約されることとなっている。

(3)　医薬品副作用被害救済制度の考え方と仕組み

　次に、医薬品副作用被害救済制度は、上記のとおり、あくまでも副作用被害の救済を目的としており、原因分析と事故防止を直接の目的とするわけではないが、ユニークな制度であり、リスクの類型との関係でも興味深い。

　同制度は、医薬品を適正に使用したにもかかわらず重篤な被害が生じた場合に、その救済を行う。すなわち、一定の確率で発生することは予見することができていた副作用を対象としているのであり、同制度は、予見されたリスクの実現に対応して、これを補償するものといえる。このように、同制度は副作用被害が生じたことはやむを得ないとの前提のもと、因果関係のある重篤な被害に対して補償を行うものではあるが、「医薬品が適正に使用されていたこと」も、救済の要件となっている。このため、医薬品の使用者の側における適正（＝安全）な使用を促す制度にもなっており、また、補償をイ

ンセンティブとして、副作用事例が独立行政法人医薬品医療機器総合機構に集まる仕組みともなっていることから、一定程度、医療安全にも寄与する制度となっている。

そして、同制度は、その存在により、医薬品には避けることができない副作用があり得ることを国民に対して公示する機能をも果たしていると考えられることも重要であると思われる。同制度は、医薬品には、一定の確率で副作用による被害が生じることがあることを示し、しかもそれにより重篤な被害が生じた場合には救済給付を行うことによって、医薬品による避けられないリスクを国民に受け入れさせることに成功しているとも評価し得る。

さらに、同制度が、製薬企業等が拠出する拠出金によってその財源が賄われ、強制保険的仕組みにより成り立っていることを先に示したが、この仕組みもユニークである。具体的には、拠出金は、すべての製造業者が前年度における医薬品の総出荷数量に応じて毎年度納付しなければならない一般拠出金と、前年度に発生した副作用被害の原因となった医薬品を製造または輸入した製造業者が、一般拠出金に付加して納付しなければならない付加拠出金とからなっている。詳細は別稿[27]を参照されたいが、一般拠出金は、製造業者が販売する医薬品の副作用被害発生の蓋然性の高低で定まる係数と売上げの金額とを乗じた金額で定まる「算定基礎取引額」に応じて定まり、付加拠出金は、前年度に支給を決定した副作用救済給付の原因医薬品を製造した製造業者が負担するものであって、要するに、賠償責任保険ではないものの、副作用被害の原因となる医薬品を製造した製造業者が保険料を支払い、事故が生じた際に被害者がその保険金を受け取るという、賠償責任保険と同様の構造による保険的仕組みにより運営されているのである[28]。

(4) **医療事故調査制度の考え方**

最後に、2015年より施行されている「医療事故調査制度」は、先にも述

---

27) 山口・前掲（注24）「医薬品副作用被害救済制度」465頁。
28) このような保険をどのように称するかについては、論者によって違いがあるようであるため、ここではその構造を説明するにとどめる。関連する文献として吉澤卓哉「賠償責任保険の費用保険化に伴う法的論点――従来型のファースト・パーティ型保険と従来型のサード・パーティ型保険の中間領域」産大法学57巻2号（2023）35頁参照。

べた通り、「当該病院等に勤務する医療従事者が提供した医療に起因し、又は起因すると疑われる死亡又は死産であって、当該管理者が当該死亡又は死産を予期しなかったもの」を対象としている[29]。

むろん、この表現のとおり、調査の対象となっているのは「管理者が……予期しなかった」死亡または死産であって、客観的にも予期できなかったリスクであるとは限らない。しかし、少なくとも医薬品副作用被害救済制度が対象としているような、予見されたリスクを対象とする制度と異なることは明らかである。そして、同制度は、文字どおり調査制度であって、「医療の安全を確保するために、医療事故の再発防止を行うこと」、「責任追及を目的とするものではな」いことが強調されており[30]、さらには、補償や紛争解決の仕組みなどともまったく関係を有しない。同制度は、あくまでも事故が生じた医療機関において、医療機関が自らその判断、事故の報告を行い、第三者の支援は得ながらも、基本的には自ら調査をして、自ら学習をし、その報告をすることによって、将来の事故防止を図ろうとするものである。

なお、被害者側である遺族との関係については、予期しなかった医療事故であるとの判断がなされて医療事故調査・支援センターへ報告を行い、医療事故調査に入る前に、遺族に対する説明が行われ、また、事故調査の報告後、調査結果を遺族に説明し、医療事故調査・支援センターに報告することとされており、最低限の配慮はなされているが、これ自体が同制度の本質的趣旨に関わるものではない。

(5) まとめ

以上のとおり、医療の分野においては、①一定の要件を満たす被害については過失の有無を問わず補償を行い、その上で、当該事例についてはすべて原因分析のための調査を行うことで、同様の被害の再発防止を目指そうとする制度（産科医療補償制度）、②一定の確率で発生することが予期される被害

---

29) 医療法6条の10第1項。
30) 厚生労働省ウェブサイト「医療事故調査制度に関するQ&A（Q1）Q.制度の目的は何ですか」（https://www.mhlw.go.jp/stf/seisakunitsuite/bunya/0000061209.html）（2024年8月閲覧）。

（医薬品の副作用）について、安全性確保のための適正な使用がなされていたかを確認した上で、適正な使用がなされていた場合には、補償を行うという制度（医薬品副作用被害救済制度）、③予期しなかった事故については、補償や紛争解決とは別に、再発防止のための学習を行うために、自ら調査を行うという制度（医療事故調査制度）が存在している。

　むろん、これらは、理論的・必然的に作られたのものであるということではなく、さまざまな歴史的経緯を経て、たまたまこのような仕組みとして成立したという側面が極めて大きい。しかし、このような仕組みが現実に運用され、実績を積んでいるという点は、医療という、有用であるが一定の危険性を包含し、安全性を含めてその知見や技術が常に進展する中で実践される営みにおける、リスクの対応のあり方のモデルとして参考になるといえよう。

V　考察：完全自動運転導入の際の補償・調査のあり方について

　これらを踏まえ、完全自動運転が導入された場合の補償のあり方について、若干の考察をしておく。

1　完全自動運転車の事故における製造物責任（＝欠陥責任）による補償の是非

　まず、現行制度では、自動車事故における被害の補償は、所有者や運転者など、自動車や自動車事故に直接関わる人に責任を負わせ、実際には他の要因があったとしても、事故の原因は人の過失にあることを前提に、最終的には過失相殺によって責任の割合を認定し、損害の分担を行ってきた。これは、責任の所在や割合の判断を迅速に行うことを可能にし、また、自賠責保険など、関連する制度とともに、被害者をもれなく、かつ、手厚く補償をも実現してきた。

　ところが、完全自動運転車が導入された場合、自動車に対する運転者の制御がなくなるため、過失を想定できなくなるとの考え方が生じる。そうする

と、完全自動運転車を製造した製造業者の製造物責任しか問うことができないとの立場が導かれることになろう。

　しかし、製造物責任は、当該製造物が通常有すべき安全性を欠いていることにより「欠陥」を有しているのでなければ、それを問うことはできない。完全自動運転車が「通常有すべき安全性」をどのように捉えるかについては、最近の「AI時代における自動運転車の社会的ルールの在り方検討サブワーキンググループ」における議論においても、さまざまな考え方が示されているが、結論に至るにはいまだ遠い状況である[31]。また、完全自動運転は今後さまざまな場面で実装されることになると思われるが、どのような条件下で実装されるかによって、求められる安全性能は大きく異なることになると考えられるため、事故が生じたそれぞれの場合において、完全自動運転車に欠陥があったかどうかを判断することは、決して容易ではないであろう。

　さらに、製造物責任法で製造物に求めているのは「安全性」、つまり、性能であって、その性能に基づくすべての判断が、一切の事故を起こさないことまでをも求めているわけではない。どんなに慎重で運転技術の高い人であっても、事故を起こす可能性があるのと同様、どんなに性能の高いシステムが制御する完全自動運転車であっても、その瞬間ごとの判断および挙動によって事故が生じる可能性はあり、また、事故が生じるのはやむを得ないとして、事故が生じた際に人を守る判断をすることこそ求められている安全性能であるという場合もある。このため、事故が生じた際には、過失割合は別としても、原則として相手に対する賠償を認めている現行制度を、製造物責任が代替することはできない。

　そして、現在可能となっている、紛争解決および被害者の救済の迅速な実現も、製造物責任ではおよそ不可能になるであろう。現行制度でも、一般的な交通事故の紛争処理に比べ、製造物責任が関わる紛争処理は、工学的な専門的判断が必要であることなどから、時間がかかっているところ[32]、完全自

---

31) 同サブワーキンググループ第3回会合（https://www.digital.go.jp/councils/mobility-subworking-group/babd7410-cf28-4031-8373-951b068165f8）（2024年8月閲覧）参照。
32) Ⅱ2(3)参照。

動運転車の欠陥判断となると、上記のように、当該自動運転車にどの程度の安全性能が求められていたかを判断すること自体、相当な難問でもあるため、被害者の救済は著しく遅れることになる。

2　製造業者に無過失責任を負わせる考え方について

では、欠陥の有無にかかわらず、完全自動運転車が関わるすべての事故の責任を製造業者に負わせるべきと考えればどうか[33]。この場合、被害者は欠陥の有無にかかわらず、製造業者に対して損害を求めることができるため、被害者の迅速な救済を実現することが可能となろう。加えて、製造業者としては、賠償によるコストを削減するため、事故を起こさないような自動運転車を製造するインセンティブが生じるとの考え方もあり得る。

しかし、先にも述べたように、自動運転車は今後さまざまな場面で実装され、どのような条件下で実装されるかによって、求められる安全性能は大きく異なるはずである。たとえば、ドライバーが不足する過疎地域において、他の交通参加者と自動運転車を分離して完全自動運転化を目指す場合と、多くの交通参加者が混在する道路で完全自動運転化が目指される場合とでは、求められる性能はまったく異なる。それにもかかわらず、具体的な適用場面に応じて求められる安全性能に関する検討がなされずに、ただ無過失責任を負わせることになると、完全自動運転車は相当な低速でしか運行できない、専用道路でしか運行ができないなどの制約が生じるなどして、結局その効用が著しく失われたり、さらには、自動運転の開発そのもののインセンティブが削がれたりすることになろう。

3　現行制度に基づく解決の妥当性

このため、筆者としては、現行制度はできるだけ維持した上で、完全自動

---

[33]「AI時代における自動運転車の社会的ルールの在り方検討サブワーキンググループ」における稲谷龍彦教授の考え方などは、さしあたりここに分類できると思われる。同教授による第1回会合での意見書（https://www.digital.go.jp/assets/contents/node/basic_page/field_ref_resources/9caa67c0-7e96-482d-916d-beb99d1a10d7/0525716a/20240111_meeting_mobility-subworking-group_outline_01.pdf）（2024年8月閲覧）の別紙7頁参照。

運転車もその中に組み込んでいくことを目指してゆくべきと考えている。とりわけ、今後の道路が、自動運転車だけでなく、歩行者や、人の運転する自動車、自転車等、さまざまな交通参加者によって使用されるという状況が続く限りにおいては、そのような取扱いをしなければ、現在、成功しているともいわれるわが国の交通事故被害者の救済制度を、大きく後退させることになるからである。

このため、完全自動運転車についても、従来の自動車と同様運行供用者および使用者を認め、かつ、完全自動運転車の過失を認めて、使用者の過失とし、過失相殺による紛争解決・責任分担を認めてゆくべきと考える。ただし、特に自動運転車の過失を認めてそれをその使用者の過失とする点については、なお理論的に詰める必要があると考えている[34]。

4　製造業者への求償について

また、上記のような考え方は、それだけでは、従来から指摘されていた「製造物責任の肩代わり」を解決しておらず、むしろ、顕在化させることになる。被害者の迅速な救済という観点から、完全自動運転車の使用者による一時的な「肩代わり」は正当化されたとしても、自動運転車に欠陥があると判断される場合においてもなお、肩代わりがなされるとすると、自動車の使用者における不公平感が生じるだけでなく、安全な完全自動運転車を開発することへのインセンティブすら失われ、問題であろう。このため、現在の政府方針においても、保険会社等からメーカーに対する求償権行使実効性確保のために仕組みを検討すべきとしており[35]、その検討は今後必須となるであろう。

---

[34] 山口・前掲（注1）（NBL別稿）30頁では、完全自動運転車であっても、それは人が移動のための手段・道具として用いるものであるから、その使用により他人に対して生じた結果については、その使用者が責任を負うとの考え方を示し、使用者責任や動物占有者責任の類推適用により対応する可能性についても示している。

[35] 国土交通省自動車局「自動運転における損害賠償責任に関する研究会報告書」（2018年3月）7頁、高度情報通信ネットワーク社会推進戦略本部・官民データ活用推進戦略会議「自動運転に係る制度整備大綱」（2018年4月17日）18頁。

第 4 章　AI・自動運転等のリスク

　そこで、その際の方針が問題となるが、そこでも検討が必要とされるのが、やはり完全自動運転車に求められる安全性能がどのようなものかという点であろう。それを踏まえて、欠陥があると判断されれば、その責任は終局的にも製造業者に帰着すべきであり、安全性能が欠けているために生じた事故による損害の責任は、製造業者が負わなければ、安全性能の向上も見込むことができない。

　この点、自動運転車の安全性能がどのようなものであるかは、それがどのように用いられるかによっても大きく異なり、判断が容易でないことは、先にも述べた。しかし、そのために、判断に時間がかかったとしても、被害者に対する賠償がなされた後であれば、被害者の迅速な救済という観点からのデメリットは問題とならなくなる。

　また、従来の自動車であれば、運転者のミスによるものであるか自動車の不具合によるものであるかの区別がつかなかった事故であっても、完全自動運転車が関わることによって、明らかに自動車側の不具合による事故と判断できるケースは、それなりに増えるであろう。たとえば、完全自動運転車と人の操作する自動車との事故、完全自動運転車と歩行者との事故などの場合、完全自動運転車の安全性能が欠けていたと直ちに断定することは難しい。なぜなら、そのような事故は、人の側でのミスや、人と自動運転システムのコミュニケーションの不全によって事故が生ずることもあるため、必ずしも自動運転システムの安全性能によって生じた事故とは判断することができないからである。しかし、完全自動運転車が静止物に衝突した場合、信号を認識しなかった場合などにおいては、そこには、人との関係は生じていない。このため、静止物をも避けることができない、信号をも認識しないような性能しかなかったとして、容易に欠陥を認めることができるようになると思われる。

　もっとも、そのような明らかな欠陥が認められる場合でも、所有者や運転者等、完全自動運転車の使用者に当たる者（実質的にはその保険会社）は被害者である相手方に対して、直ちに賠償をすべきと考える。しかし、そのような場合の責任は、終局的には製造業者にあるのであるから、これに対する求

償は、保険契約者である完全自動運転車の使用者との関係においても、保険会社においてこれを行う義務が生じるといえる。

5 製造業者の被害者救済への関わり：医薬品副作用被害救済制度をヒントに

　一方、欠陥が証明できない場合の責任は、終局的にも運行供用者や運転者などの、完全自動運転車を使用している人が負うことになる。これは、とりわけ事故によって損害を被った相手方である他人に対する賠償責任を、誰が負うべきかという観点からは正しい帰結であると考えられる。しかし、自動車の製造業者とそのユーザーとの関係においては、自動運転車のユーザーが、自ら何のコントロールもしていないのに、その責任を負うこととなり、納得感が得られないことになることは容易に想像される。

　この点は、そのことを理由に法的な責任のあり方の変更を考えるというのではなく、むしろ、メーカーとユーザーとの関係として、保険的な仕組みにより対応することなどが考えられよう。例えば、他人に対する賠償責任は、自動運転車の使用者である運行供用者や運転者が負うとして、現行の仕組みを維持するが、そのための賠償責任保険の保険料部分を、メーカーも負担するなどの方法である。この点、医薬品副作用被害救済制度においても、一定の確率で生じる副作用被害につき、製造業者に法的責任は問わないものの、その原因である医薬品を製造した製造業者に拠出金を拠出させて、賠償責任保険と同様の仕組みにより補償を行っていた[36]。この仕組みと同様、完全自動運転車に欠陥があることを証明できず、それゆえ、製造業者が法的責任を負わないとしても、その自動運転車を原因として生じた損害については、その使用者だけでなく製造業者にも、一定の社会的責任があるとしてその補償のための費用を求め、保険的仕組みにより被害者の救済のために用いるという考え方は、あり得る考え方であると思われる。

　いずれにせよ、法的な責任の枠組みを大きく変えなくとも、保険的仕組み

---

36) Ⅳ2(3)参照。

により、製造業者に、被害者救済のための一定の責任を負担させることが不可能でないことは、医薬品副作用被害救済制度の存在が示している。このため、今後の制度構築においては、そのような可能性も意識されておくべきである。

6　事故調査のあり方・自動運転車の受容の仕方

　また、現行の交通事故の紛争処理の制度は、迅速な紛争解決および被害者の救済は実現できているものの、事故の原因究明や今後の事故防止のための事故分析などは意識していない[37]。これは、現在の自動車および現行制度においては、事故の原因はほとんどの場合人である運転者のミスに帰着することを前提とし、事故防止策といっても、もっぱら人が運転の際に、より注意を払うべきということに帰着してしまうからであるといえる。

　しかし、今後完全自動運転が実装されることになった場合においては、システムが自動車を運行させているのであるから、その原因分析を行い、今後の事故防止に役立てることが必須の作業となるであろう。この点は、医療の分野でも事故調査・原因分析とそれによる今後の事故防止・医療の質（安全性）の向上が目指されているのと同じである。そして、医療の分野においては、事故調査と責任追及は別のものであって、事故調査は、その原因を解明して学習し、将来において同様の事故を防止するために行われるべきことが強調されていた。自動運転車の絡む事故の調査においても、責任追及目的とした調査を行うことになると、調査自体が適切に行われなくなるおそれが生じ、また、事故を生じさせないことのみを重視することによって、自動運転車の効用を失う方向に進む可能性があるため、同様のスタンスは必要であろう。

　一方、「医療事故調査制度」については、「院内調査」が原則であるとされた。これは、事故防止という目的から、自ら事故の調査分析をして学習をすることが、今後のためには効果的と考えられたからであり、現状、医療事故

37）ただし、自動車の製造物責任が問題となる事例では、科学的・専門的見地からの原因解明が必要であることは先述［→Ⅱ 2(3)］のとおりである。

は、病院内や、在宅医療等であっても、少なくとも医師からの何らかの指示等が行われている中で生じていることから、1つの適切な考え方である。この考え方を自動運転車における事故に当てはめた場合、事故調査は自動車メーカーが責任をもって行うべきということになり、自動運転車の性能を単独で考えた場合には、あり得る考え方にみえる。しかし、交通事故は、道路という公共の場で、当該自動車だけでない、他の交通参加者も関わる中で生じる。また、自動運転システムは、道路環境等を常に把握し、それに基づいての判断を行いながら運行するものであり、また、通信インフラや地図情報等にも依存する。このため、原因分析と今後の事故防止策を考える際には、自動車メーカーが自動車に関する工学的見地から検討を行うだけでなく、道路のあり方、まちづくりのあり方、通信のあり方や、歩行者等を含む他の交通参加者の意識のあり方等、それぞれの専門や一般的感覚からの総合的な検討が必要であり、むしろ、そのような関係者が集まるフォーラム的な場所での分析が必要であると思われる。とりわけ、多くの交通参加者が関わる道路上での交通安全は、すべての交通参加者の関与によって維持されるものであり、自動運転車のみに交通における安全性の確保を任せることは不合理であると同時に非効率的でもある。むしろわれわれが、完全自動運転車を新たな交通参加者の一員として受け入れた上で、ともに全体での安全を考えることが今後必要となるであろう。

　なお、自動運転システムが搭載するAIの判断過程のブラックボックス問題についても、判断過程を明らかにしてゆくための努力は必要であると思われるが、一方で、そのような特質を有する交通参加者として、われわれが自動運転車を受け入れるという発想も必要であろう。たとえば、家畜やペットなども、われわれはその思考や判断を理解できているわけではなく、その内実はかなりブラックボックスに近い。それにもかかわらず、われわれが彼らを受容して共生していることからすれば、完全自動運転車も、判断過程が解明できないから安全性に欠けるとは必ずしもならない。むしろ、そのような特質をも踏まえ、われわれがうまく付き合うことができるか、人によるマネジメントが可能であるかという観点から評価し、地域単位でその安全性を高

第4章 AI・自動運転等のリスク

めていくことが必要であると思われる。

Ⅵ　おわりに

　以上において、極めて雑駁ながら、完全自動運転車が実用化された際の事故補償及び調査のあり方について示してきた。現行の交通と医療における補償及び調査のあり方を比較するという、かなり乱暴な手法に基づき、不十分な「着想」「アイデア」レベルのものを示したに過ぎないが、これまでの我々の歴史にはなかった存在を受け入れるにあたっての、将来の制度のあり方を考えるにあたっては、雑駁なものであっても、考えうるアイデアを示し、検討しておくことが必要であると思われる。ここで示した一応の考え方をもとに、今後の技術の進展や、自動運転車の使われ方、期待、国民における自動運転車の受け止め方などをも踏まえ、さらに検討を続けることとしたい。

13 「AIと民事責任」をめぐるヨーロッパの動向
——「AIによるリスク」の定位

東京大学教授　中原　太郎

はじめに

　AIシステムに起因して生じた損害の賠償・補償はどうあるべきか、従来の民事責任その他の損害塡補の規律枠組みに何らかの意味での修正が要請されるか。「AIと民事責任」（不法行為責任を念頭に置く）と総称し得るこの問題は、AIをめぐる法的諸問題の中でも特に重要な地位を占める。日本でも、問題の顕在化が早晩想定される分野、すなわち①自動運転車の普及が見込まれる交通分野や、②AI診断・医療ロボットの活用が期待される医療分野に関して、先駆的に議論が展開されている[1]。こうした個別的検討の一方で、

---

1) ①につき、藤田友敬編『自動運転と法』（有斐閣、2018）、後藤元「自動運転車と民事責任」弥永真生ほか編『ロボット・AIと法』（有斐閣、2018）167頁以下、栗田昌裕「自動運転車の事故と民事責任」法時91巻4号（2019）27頁以下、中山幸二ほか編『自動運転と社会変革』（商事法務、2019）、橋本佳幸「AIと無過失責任——施設・機械の自動運転に伴う事故の危険責任・瑕疵責任による規律」法時94巻9号（2022）54頁以下、近内京太「レベル4・5自動運転をめぐる民事責任の課題と解決の方向性（上）（下）」NBL1260号53頁以下、1261号26頁以下（以上、2024）等。②につき、角田美穂子ほか編著『ロボットと生きる社会——法はAIとどう付き合う？』（弘文堂、2018）421頁以下、弥永真生「ロボットによる手術と法的責任」弥永真生＝宍戸常寿編『ロボット・AIと法』（有斐閣、2018）187頁以下、宍戸常寿ほか編著『AIと社会と法——パラダイムシフトは起きるか？』（有斐閣、2020）143頁以下、米村滋人「AI機器使用の不法行為における過失判断——医療・介護分野での責任判断を契機に」法時94巻9号（2022）48頁以下等。①と②の双方につき、山口斉昭「日本の民事責任法におけるAIと責任」早稲田大学法学会編『早稲田大学法学会百周年記念論文集第4巻』（成文堂、2022）211頁以下。

あるいはそれらの蓄積を前提に、AIシステム全般を想定した議論を展開し得るか、し得るとすればそれはいかなる内容を有しいかなる帰結を導くか。かかる意味での総論的検討も、今後は重要性を増してこよう[2]。

「AIと民事責任」の問題の重要性は、諸外国でも変わらない。本稿は、ヨーロッパにおける議論状況の整理・分析を通じて、上記の問題にアプローチするものである[3]。ヨーロッパにおいては、日本と同様に主要な個別問題につき各国での検討が本格化する一方［→Ⅰ1］、共同体レベルでAIシステム全般を念頭に置いた民事責任の一般法の再検討が推進されている［→Ⅰ2］。こうした気運の高まりを受けて、既存の民事責任の規律枠組みによる対処の可能性［→Ⅱ1］やその外での損害塡補の必要性［→Ⅱ2］に関し、活発な議論が展開されている[4]。日本との実定的前提の相違やヨーロッパ特

---

2) AIシステム全般を念頭に置いた議論として、森田果「AIの法規整をめぐる基本的な考え方」RIETI Discussion Paper Series 17-J-011 (2017)、栗田昌裕「AIと人格」山本龍彦編著『AIと憲法』（日本経済新聞出版社、2018）201頁以下、近内京太「AI搭載ロボットによる不法行為責任のフレームワーク――製造者、所有者、使用者の責任をめぐる一試論」NBL1157号（2019）25頁以下、平野晋『ロボット法――AIとヒトの共生にむけて〔増補版〕』（弘文堂、2019）183頁以下、稲谷龍彦＝プラットフォームビジネス研究会「Society5.0における新しいガバナンスシステムとサンクションの役割（上）（下）」法時94巻3号98頁以下、4号111頁以下（以上、2022）、白石友行「AIの時代と不法行為法」千葉大学法学論集37巻3号（2022）1頁以下等。個別的問題を扱う論稿でも、AIシステム全般への含意を意識するものが見られる。

3) 本稿が扱う素材の一部を検討する先行文献として、栗田・前掲（注2）論文、近内・前掲（注2）論文、福岡真之介「AIと民事責任・製造物責任――EUのAI責任指令案・製造物責任指令改正案を踏まえて」NBL1237号（2023）28頁以下、柴田龍「AIによる権利侵害と民事責任」新美育文ほか編『不法行為法研究(4)』（成文堂、2023）93頁以下、小塚荘一郎「AI製品に対応したEUの製造物責任ディレクティヴ改正」情報法制研究15号（2024）37頁以下等。また、筆者自身によるものとして、中原太郎「現代無過失責任論の一断面――AIシステムに起因する損害の塡補をめぐる議論を素材として」法時96巻8号（2024）45頁以下。

4) もとより、本稿でヨーロッパ全土の議論を本稿でカバーすることはできない。以下の文献に多くを負うことを断っておく。① S. Lohsse, R. Schulze and D. Staudenmayer (eds.), *Liability for Artificial Intelligence and the Internet of Things*, Nomos, 2019； ② S. Lohsse, R. Schulze and D. Staudenmayer (eds.), *Liability for AI*, Nomos, 2023； ③ GRERCA, *Responsabilité civile et intelligence artificielle*, Bruylant, 2022； ④ E. Karner and B. A. Koch, Civil Liability for Artificial Intelligence. Comparative Overview of Current Tort Law in Europe, in M. A. Gesitfeld, E. Karner, B. A. Koch and C. Wendehorst (eds), *Civil Liability for Artificial Intelligence and Software* (De Gruyter. 2023) 1. ①②は主としてドイツ法系の研究者がさま

有の事情（各国法の自律性を尊重したうえでの調和の要請）に留意する必要はあるにせよ、「AIによるリスク」の定位（それが民事責任法上いかなる意義を有し、いかなる帰結を導くかに関する論理的整理）という観点からは示唆に富むように思われる［→Ⅲ］。基礎的考察の1つの素材として提供したい。

なお、AIシステムに起因して侵害される法益は多岐にわたり得る。ヨーロッパでの議論も、人身・財産という古典的法益の侵害の事例から出発しつつ、人格権侵害等の他の事例にも射程を広げていくべきことが、次第に認識されつつある。もっとも、現時点で、法益ごとに法状況を整理し得るほどに議論が成熟するには至っていない。以下では、人身・財産の侵害の事例を念頭に置き、他の法益の侵害の事例には必要に応じて付言・注記するにとどめる。

I 「AIと民事責任」に関する議論の本格化

主要な個別問題への対応が各国で検討される中で［→1］、EUはAIシステム全般を念頭に置いた規律の創設に向けたイニシアチブを発揮している［→2］。実質的検討は適宜Ⅱ・Ⅲに先送りし、ここでは「AIと民事責任」に関する議論が本格化している様子を眺めよう。

1　主要問題に関する各国の動向

検討が特に盛んなのは、自動運転車による交通事故［→(1)］と医療分野の諸問題［→(2)］である。前者では特別の規律枠組み（厳格責任等）による対応が、後者では一般の規律枠組み（過失責任）による対応が、議論の中心となっている。

ざまなテーマにつき寄稿したもの、③はサブテーマをいくつか設定しヨーロッパ各国（フランス法系が多い）の研究者が自国の状況について述べたもの、④はヨーロッパ各国法の横断的検討をするものである。

(1) 交通分野（自動運転車）
——特別の規律枠組み（厳格責任等）による対応

交通事故賠償の制度内容は各国で大きく異なり[5]（ただし、強制保険制度や責任主体の不明・無保険等に備えた補償基金制度は各国で存在する[6]）、おのおのの前提をもとに、自動運転車による事故の賠償・補償のあり方が検討されている[7]。特別の賠償制度を持たない国では通常の過失責任に基づく処理の難点の克服が（下記①）、持つ国では責任主体の問題（運転者と保有者・保管者等の区分の中で、いくつかのレベルが想定される自動運転車に関わる多様な主体にいかなる責任を負わせるか）が課題となっている（下記②③）。立法がされた国でも SAE レベル 5（完全自動運転）は念頭に置かれておらず、なお過渡的な対応にとどまる。

主要国の例を挙げれば[8]、①交通事故賠償の特別制度を持たないイギリスでは、自動運転車事故に際して一般の過失責任の追及には困難が伴うとの認識の下立法がされ（自動運転車・電気自動車法〔2018年〕）、自動運転車（政府が公道使用等を許可された対象車のリストを作成・更新することを予定）により生じた事故につき保険者が補償義務を負い、あり得べき責任主体に対して求

---

5) ヨーロッパ各国の交通事故賠償制度の比較検討として、GRERCA, *L'indemnisation des victimes d'accidents de la circulation en Europe*, Bruylant, 2015等。

6) 多くの国で以前から導入されていたほか、「自動車の使用に関わる民事責任についての保険及びかかる責任についての付保義務のエンフォースメントに関する2009年9月16日の指令」(2009/103/EC) により、自動車の使用に関わる民事責任が強制責任保険によりカバーされること（3条）、保険金額が一定額を上回ること（9条）、加害車両が特定されない場合や付保義務が履行されなかった場合に補償機関による補償がされること（10条）、被害者に保険会社への直接請求権が認められること（18条）等についての調和が図られた。

7) 概観として、GRERCA, supra note 4, p.179 par L. Andreu ; E. Karner et al. (fn 4), 78. また、ヨーロッパ各国を含む主要国の状況につき、H. Steege, I. A. Caggiano, M. C. Gaeta and B. von Bodungen, *Autonomous Vehicles and Civil Liability in a Global Perspective*, Springer, 2024.

8) 日本語文献として、①・②につき、柴田龍「自動運転車に係るドイツおよびイギリスの動向」中山ほか編・前掲（注1）154頁以下等。②につき、金岡京子「自動運転をめぐるドイツ法の状況」藤田編・前掲（注1）35頁以下、同「EU指令改正による自動運転車の製造者責任の拡大と保険への影響——ドイツ法との比較法的考察」損保85巻4号（2024）147頁以下等、③につき、シャルル－エドゥアール・ビュシェ（大島梨沙訳）「ロボットの責任：一般法か特別法か」早法95巻4号（2020）411頁以下等も参照。

償する仕組みが設けられた[9]。②保有者（自動車を所持し自己の計算・費用で常用する者）に厳格責任・運転者に推定された過失責任（いずれも限度額あり）を課すドイツでは、2017年・2021年の道路交通法改正により一定の手当てがされ、（SAE レベル 3 を念頭に）自動運転機能の起動者を運転者とみなすこと、（同レベル 4 を念頭に）技術的監視者（遠隔から車両停止や運転操作をすることができる自然人）が負う責任（一般の過失責任）の付保義務を保有者に課すことといった規律が設けられた[10]。③物の所為による責任の一般原理を基礎として運転者・保管者（自動車の使用・制御・指揮の権限を有する者）に厳格責任を課すフランスでは、委任立法による現行法（1985年）の改正の要否が問われたが見送られ、同原理の適用［→Ⅱ1(2)参照］に委ねられた状態が続いている[11]。

　他方で、事故が自動運転車の欠陥に起因する場合には、製造者への適切な責任賦課が肝要であるとの認識が広く共有され、製造物責任に関する議論［→Ⅱ1(3)参照］が促されている。

(2)　医療分野の諸問題──一般の規律枠組み（過失責任）による対応

　医療分野では、情報収集、診断補助、治療補助、手術、リハビリ、看護、人工器官等において AI の活用が現に進展しているが、現時点で各国で立法動向や裁判例が見られるわけではなく、既存の民事責任の規律枠組みによる対応可能性が論じられるにとどまる[12]。

　現時点における AI の自律性の程度の低さとその使用における人間の役割の大きさゆえ、各国での検討の中心を占めているのが、過失責任の枠組みである［→Ⅱ1(1)参照］。①各国とも、医療従事者の責任の基本的枠組みとして、

---

9 ）GRERCA, supra note 4, p.201 par S. Taylor ; H. Steege et al. (fn 7), 756 by F. Boon.
10）GRERCA, supra note 4, p.179 par J. Knetsch ; H. Steege et al. (fn 7), 464 by B. von Bodungen and H. Steege.
11）GRERCA, supra note 4, p.293 par B. Ménard ; H. Steege et al. (fn 7), 536 by L. Andreu. 1985年法の改正提案として、L. Andreu, *Des voitures autonomes. Une offre de loi*, Dalloz, 2018 ; J. Flour, J. -L. Aubert, E. Savaux et L. Andreu, *Droit civil. Les obligations. Le fait juridique*, 15e éd., Lefebvre Dalloz, 2023, n°407, pp.634-635, n°413, p.647, n°414, pp.649-650 et n°427, pp.670-671参照。
12）概観として、GRERCA, supra note 4, p.21 par P. Jourdain.

過失責任を採用している（強制保険か否かは一致しないが責任保険が普及）。AI使用に伴うリスクに関する情報提供の懈怠、AI使用についての同意取得の懈怠、AIを用いた診療上の過誤（AIの機能の無理解、AI機器の誤使用・操作過誤、不正確な結果解析、AIの使用・不使用に関する判断の過誤、AIを用いた診断自体の適否等）等が論じられる一方、過失・因果関係の証明困難が危惧されている。②過失責任は他の関与者に対する責任追及の手段ともなり得、特に、AIシステムの開発者のあり得べき過失（データ入力の不備、プログラムの過誤、技術基準との不適合、第三者からの攻撃に耐え得る保守・更新の懈怠等）が指摘されている。

他方で、AIを組み込んだ機器の製造者の製造物責任［→Ⅱ1(3)参照］は、医療分野でも重要な問題として捉えられている。なお、物の作用による責任［→Ⅱ1(2)参照］の枠組みを持つ国（フランス、ベルギー等）では、その「保管者」に対する責任追及も検討される。また、医療事故についての補償基金制度を持つ国（フランス）では、その適用可能性も論じられる。

2　AIシステム全般に関するEUの動向

AIの急速な進展・普及は、EU域内の経済活動における法的安定性の確保を要請し、民事責任関連の規律の調和に向けた動きをも生じさせている［→(1)］。AIシステム全般に耐えうる責任体系に関心が向けられ、現行法の微修正にとどまらない提言がされている［→(2)］。

(1)　概　観

欧州委員会は、AI規制を積極的に推進する姿勢を示してきた。『ヨーロッパのためのAI』と題する指針[13]（2018年4月25日）と『AI——卓越と信頼へのヨーロッパ・アプローチ』と題する白書[14]（2020年2月19日）の公表に続き、2021年4月21日には、AI規制の基本的ルールを定める「AI規則案（AI法案）」[15]（規則であり加盟国での直接適用を想定）を欧州議会・理事会に提出し

---

13) European Commission, *Artificial Intelligence for Europe*, COM(2018) 237 final.
14) European Commission, *White Paper on Artificial Intelligence : A European approach to excellence and trust*, COM(2020) 65 final.

た（2024年5月21日に採択[16]）。翌年9月28日付の「AI責任指令案」[17]（指令であり加盟国による国内法化を想定）はこの流れを汲むものであり、同日付の「製造物責任指令案」[18]とともに、2024年の完全発効が目指された（後者は修正のうえ2024年3月12日に欧州議会で可決され、欧州理事会等の承認待ち[19]〔発効後2年以内の国内法化を予定〕。それぞれの内容は→(2)ウ・エ）。

　AI関連の法的諸問題の中でも民事責任は重要なものとして位置づけられ、欧州議会により、欧州委員会に対し積極的な勧告がされてきた。「ロボティクスに関する民事法ルール」[20]と題する決議（2017年2月16日。(2)ア）と「AIに関する民事責任の規律枠組み」[21]と題する決議（2020年10月20日。(2)イ）であり、いずれも製造物責任以外の民事責任の一般法に関わる提案を含む。この間、『AI及び新規デジタル技術についての責任』と題する専門グループ報

---

15) European Commission, *Proposal for a Regulation of the European Parliament and of the Council Laying down harmonized rules on Artificial Intelligence (Artificial Intelligence Act) and amending certain Union legislative acts*, COM(2021) 206 final, 2021/0106(COD).

16) *European Parliament legislative resolution of 13 March 2024 on the proposal for a regulation of the European Parliament and of the Council on laying down harmonised rules on Artificial Intelligence (Artificial Intelligence Act) and amending certain Union Legislative Acts*, (COM (2021)0206 – C9-0146/2021 – 2021/0106(COD)).

17) European Commission, *Proposal for a Directive of the European Parliament and of the Council on adapting non-contractual civil liability rules to Artificial Intelligence (AI Liability Directive)*, COM(2022) 496 final, 2022/0303(COD). 以下「AI責任指令案」として引用。紹介・翻訳として、大塚直ほか「非契約上の民事責任ルールのAI（人工知能）への適合性に関する欧州議会及び閣僚理事会指令（AI責任指令）案」環境法研究16号（2023）207頁以下等。

18) European Commission, *Proposal for a Directive of the European Parliament and of the Council on liability for defective products*, COM(2022) 485 final, 2022/032(COD). 以下「新製造物責任指令案」として引用。紹介・翻訳として、大塚直＝石巻実穂「〔翻訳〕欠陥製品に対する責任に関する欧州議会及び閣僚理事会指令案」環境法研究17号（2023）205頁以下等。

19) *European Parliament legislative resolution of 12 March 2024 on the proposal for a directive of the European Parliament and of the Council on liability for defective products* (COM(2022) 0495 – C9-0322/2022 – 2022/0302(COD)). 以下、本文の通り、正確には未採択であるが、今後大きな修正は予定されていないため、便宜上「新製造物責任指令」として引用。

20) *European Parliament resolution of 16 February 2017 with recommendations to the Commission on Civil Law Rules on Robotics* (2015/2103(INL)), 2018/C 252/25. 以下「欧州議会2017年決議」として引用。なお、同決議では、知的財産、個人情報、安全、交通、看護、教育、雇用、環境等の問題も取り上げられたが、その中でも責任の問題に特に意が払われた。

21) *European Parliament resolution of 20 October 2020 with recommendations to the Commission on a civil liability regime for artificial intelligence* (2020/2014(INL)), 2021/C 404/05. 以下「欧州議会2020年決議」として引用。

第4章　AI・自動運転等のリスク

告書[22]（2019年）と『AI・IoT・ロボティクスの安全及び責任へのインプリケーション』と題する欧州委員会報告書[23]（2020年2月19日）が公表され、特に前者は、上記の2つ目の決議の前提をなすものとして重要である[24]。

　いずれの決議・指令・指令案・報告書も、AI技術が長期的には安全性の向上に資するとの見通しのもと、その開発・実践のインセンティブを確保する必要性がある一方で、ゼロ・リスクはあり得ないゆえに、被害者（消費者であることが多い）の保護のために適切な民事責任の規律を実現する必要があるとの認識に立っている[25]。①指令形式での実現を目指すにせよ各国の民事責任の規律枠組みの根本的変更まで意図するものではないこと、②勧告にとどまる欧州議会決議はもちろん指令案も未採択のものは拘束力を欠くこと、③少なくとも現時点で提案されている規律は断片的なものにとどまることに注意する必要がある。総じて、ヨーロッパ全体としての調和的規律は展開途上にあり、現時点では今後の出発点が形成されているにすぎない。ただ、それでも、現状の問題認識や、政治的背景を一旦捨象したあるべき一般的規律の探求という意味では、貴重な考察素材を提供しよう。

(2)　具体的内容

　主要な素材について、その内容を概観しておく。

　　ア　欧州議会決議「ロボティクスに関する民事法ルール」（2017年2月16日）

　自律性を備えたスマート・ロボットを念頭に置き、その定義や細分類の確立を求めた上で、①人間以外の存在による加害であることのみをもって損害塡補を制限すべきでないこと（52項）、②立法ツールとして厳格責任と過失

---

22) Expert Group on Liability and New Technologies, *Liability for Artificial Intelligence and other emerging digital technologies*, 2019. 以下「専門グループ報告書」として引用。
23) European Commission, *Report on the safety and liability implications of Artificial Intelligence, the Internet of Things and robotics*, COM(2020) 64 final. 以下「欧州委員会2020年報告書」として引用。
24) そのほか、民間のシンクタンクCERREによる報告書『AI時代のためのEUの責任ルール』(Centre on Regulation in Europe, *EU Liability Rules for the Age of Artificial Intelligence*, 2021〔URL：https://cerre.eu/wp-content/uploads/2021/03/CERRE_EU-liability-rules-for-the-age-of-Artificial-Intelligence_March2021.pdf〕．以下「CERRE報告書」として引用）(2021年3月）も知られている。
25) 欧州議会2020年決議B項、同備考(5)、欧州委員会2020年報告書12頁等。

責任のいずれによるかを精査すべきこと（53項）、③責任分配の複雑性に対処するための強制保険制度を確立すべきこと（57項）、④保険でカバーされないケースを補償基金により補完すべきこと（58項）等を提案する。④については、保険でカバーされないケース以外における活用、原資拠出者（製造者・プログラマー・所有者・ユーザー）とその免責、範囲（あらゆるロボットに関する一般的基金か種類別の個別的基金か）、付随的措置（ロボット登録制度の創設）等の検討も要請する（59項b）～e））。さらに、⑤最高度に洗練された自律的ロボットに法人格を付与し、それに対して責任を課すことも、長期的な課題として位置づける（同f）。

イ　欧州議会決議「AIに関する民事責任の規律枠組み」（2020年10月20日）

AIシステムへの法人格付与は不要であること（7項）、製造物責任指令の刷新は別途必要であること（8項）、公的資金の拠出による共同体レベルの補償の仕組みは保険の穴を埋めるのに適切な手段でないこと（25項）等を断わりつつ、現状では過失責任により処理されるAIシステムのオペレーターの責任を特に取り上げ、一定の侵害・損害（提案3条(i)〔人身侵害、財産侵害、および確認可能な経済的損失を生じさせる重大な非物理的害悪〕）のケースにおける民事責任の規律枠組みを具体的に提案する。「AIシステム」としては、物への化体の有無を問わず自律的決定をするものを（同条(a)(b)）、「オペレーター」としては、(i)フロントエンド・オペレーター（AIシステムの作動・機能に伴うリスクにつき一定の制御をしその作動の利益を享受する者）および(ii)バックエンド・オペレーター（継続的に技術仕様を定義しデータおよび重要なバックエンド・サポートを提供することによりAIシステムの作動・機能に伴うリスクにつき一定の制御をする者）を想定する（同条(d)～(f)）。自動運転車でいえば、そのオーナーたるユーザー等が(i)に当たり、クラウド・ナビゲーションの提供等により継続的に自動運転車を制御するサービス提供者等が(ii)に当たる[26]）。

以上の前提のもと、①「ハイリスクAIシステム」（AI法附則での限定列挙を予定する〔4条2項〕）と②「その他のAIシステム」を区別する。①につ

---

26) 専門グループ報告書41頁（MaaSにおいては両者が一致し得るとする）。

いては、オペレーターに厳格責任（過失の有無は問わず〔同条1項〕、不可抗力免責のみが認められる〔同条3項〕）を課しつつ、責任限度額（人身侵害では200万ユーロ、財産侵害・非物理的害悪では100万ユーロ）を定め（5条）、オペレーターに当該額について責任保険の付保義務を負わせる（4条4項）[27]。②については、オペレーターの責任は過失責任であるとしつつ（8条1項）、オペレーターに自己の過失の不存在の証明責任を負わせる（同条2項[28]）。第三者によるAIシステムの妨害に際し、その者が不明・無資力ならば当該システムのオペレーターが責任を負うこと（同条3項）、AIシステムの製造者は、被害者やオペレーターの証明活動に資するよう情報提供義務を負うこと（同条4項）も提案する。また、①にせよ②にせよ、被害者や第三者の行為による責任の減免が認められること（10条）、責任主体たるオペレーターが複数いる場合にはそれらの者の連帯責任となり（11条）、全部賠償をした者は他のオペレーターや製造者に対して求償し得ること（12条〔オペレーター間の負担割合はリスク制御の程度による。製造者への求償は製造物責任指令および国内法で規律〕）が提案されている。

　ウ　欧州委員会「AI責任指令案」（2022年9月28日）

　AIシステムについての民事責任に関し各国で検討が進められていることを前提に、被害者の損害賠償請求に特に困難が伴う過失責任の規律枠組み（保護法益に限定なし）を提示する。以下の2つの手続的規律に絞った慎重な提案であり（より被害者に有利なルールの採用を加盟国に禁じない点〔1条4項〕で、ミニマムな調和のみ意図するものでもある）、特に、欧州議会2020年決議が

---

[27] そのほか、人身侵害において賠償されるべき損害（6条〔医療費用、逸失利益、第三者への扶養等〕）や、賠償請求の期間制限（7条〔人身侵害では害悪発生時から30年、財産侵害・非物理的侵害では害悪発生時から10年又はAIシステムの挙動時から30年〕）も定める。
[28] 責任を免れるには、以下のいずれかの証明により、過失の不存在を証明する必要がある（8条2項）。すなわち、①AIシステムが自己の不知の間に起動され、かつ、オペレーターの制御の外での係る起動を防ぐために合理的で必要なあらゆる措置が講じられたこと、または、②適切なAIシステムを選択したこと、正規の方法でAIシステムを稼働させたこと、その活動を監視したこと、および、すべての可能なアップデートを正常にインストールすることにより稼働の信頼性を維持したことにより、必要とされる注意を尽くしたことである。

提案するようなオペレーターの厳格責任や強制保険制度の要否については、本指令の効果を見極めて将来的に判断することを予定している（5条2項）。

①（ハイリスクAIシステムにつき）証拠の開示および保存に関する規律を設ける。それによれば、(i)加盟国の裁判所は、潜在的原告（事前に証拠の開示を求めたが拒絶された者。賠償請求のもっともらしさを基礎づけるに足る事実や証拠の提示を要する）または原告の請求により、損害を生じさせたと疑われるハイリスクAIシステムの提供者やユーザーに対し、証拠の開示を命じる権限を有する（同条1項）。ただし、原告が被告からの証拠の収集のために、すべての相応な手段をとっていたことが必要である（同条2項）。(ii)加盟国の裁判所は、原告の請求により、証拠の保存のための措置を命じる権限も有する（同条3項）。(i)にせよ(ii)にせよ、命令は必要性・比例性を満たす限度で認められる（同条4項〔特に営業秘密の保護に留意〕）。(iii)証拠の開示・保存の命令が遵守されなかった場合、当該証拠により証明されようとした被告の注意義務違反が推定される（被告は反証可能。同条5項）。

②因果関係の推定に関する規律を設ける。それによれば、加盟国の裁判所は、(i)被告の過失が原告により証明されまたは①(iii)により推定されたこと、(ii)事案の状況に鑑みて当該過失がAIシステムのアウトプットまたはアウトプット不生成に影響を与えた可能性が合理的に考えられること、および、(iii)原告がAIシステムのアウトプットまたはアウトプット不生成により損害が生じたことを証明したことという要件がすべて満たされる場合には、被告の過失とAIシステムのアウトプットまたはアウトプット不生成の間の因果関係を推定する（4条1項。被告は反証可能〔同条7項〕）。ただし、いくつか制約がある。第1に、ハイリスクAIシステムに関しては、提供者に対する請求の文脈でも、ユーザーに対する請求の文脈でも、上記(i)で考慮される義務は限定される（前者では、AI法所定の義務〔品質基準に適合するデータセットに基づいて構成する義務、透明性確保義務、自然人による監視の義務等〕のみが問題とされ〔同条2項〕、後者では、指示に従った使用・監視の義務等の違反や目的不適合のデータにさらしたことの証明が必要とされる〔同条3項〕）。また、原告が証拠や専門知識に合理的にアクセスし得ることを被告が証明すれば、推定

第4章　AI・自動運転等のリスク

は認められない（同条4項）。第2に、非ハイリスクAIシステムに関しては、裁判所が原告による因果関係の証明が著しく困難であると判断した場合のみ、推定が認められる（同条5項）。第3に、被告が非専門的ユーザーである場合には、被告が当該AIシステムの稼働条件を阻害し、または、要求された稼働条件の決定を懈怠したときに限って、推定が認められる（同条6項）。

エ　新製造物責任指令（2024年3月12日欧州議会可決）

AI責任指令案と同日に示された製造物責任指令案は、審議・修正の末、新製造物責任指令として欧州議会で可決された（欧州理事会の承認待ち）。製造物責任の規律全般の更新を目的とするが[29]、中でもAIへの適合は主要課題の1つとされている。旧製造物責任指令（1985年。1999年改正）との相違を意識しつつ、本稿に関連する事柄を拾うと、以下のようにまとめられる。

① 　人身侵害・財産侵害による損害に加え、データの破壊・破損による損害を賠償対象（責任限度額なし）とする（6条1号(c)〔財産侵害と同じく事業目的で用いられるものを除く〕）。

② 　「製造物」の定義にソフトウェアを含める（4条1号。商業活動外で開発・提供されたフリーかつオープン・ソースのソフトウェアは適用除外〔2条2項〕）。

③ 　責任主体を指す概念として「エコノミック・オペレーター」を採用し（1条1項）、製造者・部品製造者・輸入者等のほか、関連サービス（製造物に統合・相互接続され、それが欠ければ製造物の機能が阻害されるもの〔4条3号〕）の提供者等を包摂する（同条15号）。

④ 　「部品」の定義に製造物に統合または相互接続されたアイテム（関連サービスを含む）を広く包摂し（4条4号）、欠陥部品の製造者に責任を課すとともに（8条1項1文(b)）、当該製造物に制御[30]を及ぼす製造者に

---

[29] 新製造物責任指令は、根幹的規律自体の刷新も多く含む。指令案段階での分析であるが、全般的な考察として、J. -S. Borghetti, Adapting Product Liability to Digitalization : Trying Not to Put New Wine Into Old Wineskins, in S. Lohsse et al. (fn 4②), 129 ; G. Spindler, Different approaches for liability of Artificial Intelligence, in S. Lohsse et al. (fn 4②), 41, 43-73 を参照。

[30] 「製造者の制御(manufacturer's control)」とは、製造物の製造者が部品の統合・相互接

も当該欠陥部品について責任を課す（同条項2文）。

⑤　「欠陥」判断の考慮要素として、製造物が継続的に学習しまたは新規の特徴を備える能力が製造物に与える影響（7条2項(c)）、製造者による製造物の制御やその喪失の時点（同条項(e)）、サイバーセキュリティを含む安全要請（同条項(f)）等を加える。

⑥　証拠の開示に関する規律を設け（9条〔裁判所は、(i)原告が賠償請求のもっともらしさを基礎づけるに足る事実や証拠を提示した場合や、(ii)被告が賠償請求に抗するために証拠が必要であることを基礎づけるに足る事実や証拠を提示した場合に、必要性・比例性の制約の下、(i)被告や(ii)原告に対し証拠の開示を命じる権限を有する〕）、((i)の場合につき）不開示に対して欠陥の推定のサンクションを課す（10条2項(a)）。

⑦　欠陥および因果関係につき、それぞれ一般的な推定規定を設けるとともに（10条2項〔欠陥の推定──証拠不開示・強行的安全要請違反・製造物の明白な機能不全の場合〕・3項〔因果関係の推定──発生した損害が製造物の当該欠陥から典型的に生じるものである場合〕。被告は反証可能〔同条5項〕）、両者に共通して技術的・科学的な複雑性ゆえの著しい証明困難が認められる場合における推定規定を設ける（同条4項〔原告は欠陥または・および因果関係が存在する可能性を証明する必要あり〕。被告は反証可能〔同条5項〕）。

⑧　いわゆる「流通開始後の欠陥の抗弁」（11条1項(c)）は、製造者が製造物に制御を及ぼしている場合には、当該欠陥が関連サービス、ソフトウェア、ソフトウェアのアップデート・アップグレードの懈怠等によるものであるときは、認めないものとする（同条2項）。

⑨　いわゆる「開発危険の抗弁」（その採否や国内法化の態様は加盟国の決定に委ねられている〔18条〕）の判断基準時に、製造者の制御下にあった時

続・補充（アップデートやアップグレードを含む）や製造物の変更を自ら行い、または第三者にそれらをさせることを許可・承認すること、および、製造物の製造者が自らまたは第三者によりソフトウェアのアップデートやアップグレードをすることができることをいう（4条5号）。

期を加える（11条1項(e)）[31]。
⑩　責任主体たるエコノミック・オペレーターが複数いる場合にはそれらの者の連帯責任となること（12条1項）、および、賠償をした者は他の者に対して国内法に従って求償し得ること（14条[32]）を定める。
⑪　加盟国は、責任主体の不存在・無資力等により被害者が賠償を得られない場合に適切な補償をするために、既存の分野別補償制度を活用し、または新規制度を創設することができるものとする（8条5項〔公的資金の拠出によらないものが望ましい〕）。

Ⅱ　「AIと民事責任」に関する理論的動向

以上の動向を受けて、あるいはそれらと並行して、AIシステムに起因して生じた損害の塡補に関する議論が、民事責任の規律枠組みの内［→1］・外［→2］について展開している。

1　既存の民事責任の規律枠組みによる対処の可能性

過失責任［→(1)］・厳格責任［→(2)］・製造物責任［→(3)］という既存の民事責任の規律枠組みは、AIシステムに起因する損害の賠償においても直ちに意義を失わない。問題は、既存の法状況に照らして不都合が生じないか、生じるとすればいかに対応すべきかである。製造物責任指令を通じたEUレベルでの調和が既定路線となっている製造物責任と異なり、過失責任と厳格責任では各国の実定的前提が相違するが、主要課題は共通する。

---

31) その結果、開発危険の抗弁の判断基準時としては、製造物が市場に置かれた時点、サービスに供された時点、製造者の制御下にある期間の3種が存在することになるが、もちろん裁判所が自由に選択することができるわけではなく、製造者が制御を喪失した時点（市場に置いた時点、サービスに供した時点またはアップデートをしなくなった時点）または製造者が制御を保持している場合には損害発生時を基準として判断することになるものと考えられる（J.-S. Borghetti (fn 29), 156）。
32) ただし、製造物に欠陥あるソフトウェア部品が組み込まれた場合における製造者の部品製造者に対する求償については、部品製造者が一定の小企業である場合や、求償権放棄の約定がある場合にそれが認められない旨が定められる（12条2項）。

(1) 過失責任

　各国の責任法体系上、過失責任は原則的な規律枠組みをなす。もっとも、AIシステムに起因する損害の責任追及手段として見た場合、実体［→ア］・手続［→イ］の両面で限界がある。

　　ア　実体面——人間の行為の把捉

　AIシステムであっても、その開発・使用・妨害等のどこかには人間の関与を見出しうる。AIシステム自体の行為主体性（法人格［→2(3)参照］）を認めるのでない限り、過失責任の規律枠組みは、そうした人間の行為を捉えるものとなる。AIシステムに起因して損害が生じた場合に、人間のいかなる行為に過失を見出し得るか。各文脈に即した具体化が論じられる一方（医療分野の議論［→Ⅰ1(2)］はその一例）、一般的な問題整理も示される。すなわち、専門グループ報告書は、新規デジタル技術の(i)オペレーターが負う注意義務として、適切なシステムの選択・監視・保守の義務を、(ii)製造者が負う注意義務として、オペレーターが(i)の義務を果たし得るような製造物の設計・説明・売込みと流通開始後の適切な製造物監視の義務を挙げる[33]。しかるに、(ii)は大部分が製造物責任の規律枠組み［→(3)参照］に吸収されるのに対し、そうでない(i)のあり方が、過失責任の規律枠組みの最重要課題として、欧州議会2020年決議［→Ⅰ2(2)イ］やAI責任指令案［→Ⅰ2(2)ウ］のターゲットに据えられた。

　かかる動向については、何点か留保を要する。第1に、各国の過失責任の規律枠組みは、その内容（被侵害利益、違法性概念の存否、注意義務違反を事後的に判断するか事前的に判断するか、注意義務の抽象性の程度等）において、顕著に相違する[34]。EUにおける調和の試みも、現状、過失責任の規律枠組みの基層レベルでの平準化まで意図するものではない（AI責任指令案が手続的規律［→イ参照］の提言にとどまったのはそのためである）。過失責任の規律枠組みが各国で採用されるにしても、具体的解決には相違が生じ得る[35]。

---

33) 専門グループ報告書44頁～45頁。
34) E. Karner et al. (fn 4), 45-53.
35) たとえば、フランスでは、予防原則の発想に基づく「警戒義務（obligation de

第 4 章　AI・自動運転等のリスク

　第 2 に、EU 内での調和の対象として議論される場面（AI システムの挙動自体によって損害が生じる場面）との対比で、医師等の専門家がその判断のために AI システムを使用する場面には特徴があることが、多かれ少なかれ認識されている。後者では、専門家が自らの判断について最終的責任を負うことを前提に、当該専門家による AI システムの使用・不使用や AI システムによる判断の採用・不採用等の決定の適否が問われるのであり、前者のように AI システム自体の制御が問題となるのではない[36]。AI システムを使用する者の過失責任といっても多様な類型があり得、そのすべてが検討対象とされているわけではない。

　第 3 に、人間の行為を捉えること自体に困難が生じ得るという点であり、これが過失責任の規律枠組みの構造的・本質的な限界をなす。高い自律性・学習能力を備えた AI システムにおいては、AI システムが人間による介入可能性なく作動するために、責任追及の観点から有意な形で人間の行為を切り出すことにそもそも無理が生じることが危惧されている。もちろん、人間の一定の行為をなお取り上げ、高度な注意義務を設定することにより、その違反についての責任を問うことはあり得るが、副作用が大きい。たとえば、法益侵害をもたらす危険のある AI システムの挙動を常に監視する義務をユーザーやオペレーターに課すことが考えられるが、かかる注意義務の高度化による対応は、実質的な厳格責任と化する可能性、判例法に委ねられることによる法的不安定性、技術発展との関係で常に対応が後手に回る危険性、AI システムの利便性を損なう危険性等を必然的に伴うことになる[37]。

---

　　vigilance)」の活用が AI システムに起因して生じた損害の文脈でも期待されているが（M. Bacache, « Intelligence artificielle et droits de la responsabilité et des assurances", in A. Bensamoun et G. Loiseau (dir.), Droit de l'intelligence artificielle, 2e éd., LGDJ-Lextenso, 2022, p.79, spec. n° 128, p.85)、こうした解決が他国で妥当する保障はない。

36) GRERCA, supra note 4, pp.24-25 par P. Jourdain ; M. Bacache, supra note 35, n° 130, pp.86-87. 米村・前掲（注 1）論文が（直接動作型 AI との対比で）想定する判断支援型 AI に対応する。

37) G. Borges, Liability of the Operator of AI systems De Lege Ferenda, in S. Lohsse et al. (fn 4 ②), 165, 176-178.

イ　手続面——過失・因果関係の証明

　過失責任の規律枠組みによる責任追及には、手続的・事実的な限界もあることが指摘される。第1が、過失の証明困難である。AIシステムの挙動のパターンは定型的でないために、人間の行為が要求される注意水準を満たしているかいないか（要求される注意水準が何か。そもそも予見可能性があるか）を説得的に示すことが難しい[38]。一般に、業界内の技術基準や公的な安全基準等は過失の認定に資するが、その策定には時間がかかり[39]、技術的進展の著しい分野では、すぐに古びたものとなる。過失一般につき原告に証明責任を課す国の中には、危険源の管理、活動の危険性、定型的な証明困難等に着目して証明責任の転換を図るものがあり、それらのテクニックの活用を通じて妥当な解決が目指されるであろうが、国ごとに具体的解決の相違が生じることは避けられない[40]。

　第2が、因果関係の証明困難である。AIシステムの複雑性・不透明性（何が起きたのか＝AIシステムが誤作動したのか、物に化体するAIシステムや複数のAIシステムの結合の場合に不具合がどこにあったのか、誰の行為がどう作用したのか等の解明が困難）のゆえに、（各国で共通して採用されている）原告が因果関係の証明責任を負うという規律によるのでは、被害者が証明に失敗して賠償を得られない事態が多く生じることが危惧されている[41]。AIシステムが自動学習機能を備える場合には、因果関係探求の困難の度合いがさらに増すと考えられる[42]。各国で因果関係の証明負担の軽減の一般的方策（表見証明、事実上の推定、危険創出による推定、証明度の軽減等）が存在するにせよ、それらの活用には限界があり、また、国ごとに具体的解決の相違が生じることも避けられない[43]。

　以上の認識を前提に、(ⅰ)過失にせよ(ⅱ)因果関係にせよ、特別な証明負担軽

[38) 専門グループ報告書23頁～24頁・54頁、欧州委員会2020年決議9項・11項、同備考(18)。
[39) 専門グループ報告書23頁。
[40) E. Karner et al. (fn 4), 49-50, 56-59.
[41) 専門グループ報告書20頁、欧州議会2020年決議備考(7)。
[42) GRERA, supra note 4, pp.370-371 par O. Gout.
[43) E. Karner et al. (fn 4), 30-33, 37-41.

第 4 章　AI・自動運転等のリスク

減策が EU レベルで積極的に提案されているが、その内容は一様でない。①専門グループ報告書は、(i)注意義務およびその違反の過度の証明困難を指標とする過失の証明責任の転換と、(ii)諸要素の総合考慮による因果関係の証明負担の軽減（表見証明、証明度の軽減等の許容）を提案したが[44]、②欧州議会 2020 年決議は、（ハイリスク AI システムを厳格責任の規律枠組みに服せしめた上で）非ハイリスク AI システムにつき(i)一般的な過失の証明責任の転換（および被害者・オペレーターの双方に対する製造者の情報提供義務）を提案した（(ii)に関する提案はなし）。それに対し、③ AI 責任指令案は、(i)過失については、オペレーターに対する証拠の開示・保存の命令（その違反による過失推定）の制度を設け、(ii)因果関係については、さまざまな制約を課した上での推定を認める旨のより慎重な提案をするにとどまった。③の(i)に対しては、注意義務が特定されている場合にしか機能しないこと、被害者たる原告は得られた証拠の専門的評価のための費用という不利益をなお負うこと等が、(ii)に対しては、国内法で従来から認められてきた証明負担の軽減策を超えるものではないこと、（新製造物責任指令と異なり）AI システムの挙動と損害との間の因果関係に及ぶものではない（オペレーターの過失と AI システムの挙動との間の因果関係の推定にとどまる）こと等が指摘されている[45]。また、(i)・(ii)とも、①において上記と並んで提案されていた安全要請違反による推定やログの保存・提供の義務の違反による推定[46]は、踏襲されていない。潜在的には多くの問題が残されている状況であるといえよう[47]。

---

44) 専門グループ報告書 49 頁〜55 頁。(ii)の考慮要素としては、当該技術が害悪の発生に寄与した蓋然性、当該技術と同一領域の他原因のいずれが害悪を発生させたかの蓋然性、（原因力が自明でないにせよ）当該技術の既知の欠陥、当該技術の作動過程の事後的な追跡可能性・明瞭性の程度（情報の非対称）、当該技術により収集・生成されたデータの事後的なアクセス可能性・理解可能性の程度、発生し得る・発生した害悪の種類・程度が挙げられ、総じて被害者たる原告が証明に際して弱い立場にあるか否かを判断することが意図されている。

45) G. Borges (fn 37), 172-175 ; H. Zech, Liability for AI : Complexity problems, in S. Lohsse et al. (fn 4②) 183, 194-199. E. Dacoronia, Burden of proof – How to handle a possible need for facilitating the victim's burden of proof for AI damage?, in S. Lohsse et al. (fn 4②), 201 も参照。

46) 専門グループ報告書 47 頁〜49 頁。

47) なお、因果関係については、損害を生じさせたと考えられる原因が複数ある場合の択

(2) 厳格責任

　以上のように、人間の過失行為を捉えることによる責任の追及には諸々の困難が伴うゆえに、過失を要件とせず、損害と因果関係[48]の証明のみによって責任を肯定し得る厳格責任の規律枠組みの活用可能性が問われる。厳格責任（危険責任）一般について各国がとる態度は、リスクを制御し得る者（損害を生じさせた物の管理者、活動の遂行主体）の責任を問う点でこそおおむね共通するものの、さまざまである[49]。①特別の危険を有する物・活動について個別の法律が定める場合にのみ厳格責任を認める国（イギリス、ドイツ、オーストリア等）では、新規の事象への対応には（既存規定の類推適用も考え得るが概して消極的であり[50]）立法を要することになる。他方、②特別の危険を備えた物・活動について厳格責任を課す一般条項を持つ国（東欧諸国、バルト3国等）では、AIシステムに起因する損害の賠償も当該条項の適用問題となるが、厳格責任が正当化される危険性の程度は国により異なる。

　③フランスは民法典規定を梃子に「物の所為による責任の一般原理」を判例上開発し、同法典の影響のもと類似の規律を踏襲する諸国とともに、もう1つのグループ（物の作用を独自の責任原因とする一般法理を有する国）を形成している（ただし、フランスでは(i)物の性質を問わずに(ii)厳格責任が妥当しているのに対し、(i′) 物の危険性〔オランダ〕ないし欠陥〔ベルギー〕を要求する国や、(ii′) 反証不可能な過失推定〔イタリア等〕と構成する国もある）。AIシステムに起因する損害の賠償も当該法理の適用問題となる[51]。フランス法に即し

　　一的因果関係の問題も重要であるが（専門グループ報告書22頁。M. Bacache, supra note 35, n° 140, pp.92-93も参照）、当該問題の解決は各国の裁判所に委ねられるものと見られる。
48) 厳格責任においては、因果関係の起点が（被告の領域における不適切な行為ではなく）リスクの現実化にあるために、過失責任の場合よりもその証明が容易になることが多いと理解されている（専門グループ報告書21頁。E. Karner et al. (fn 4), 36-37も参照）。
49) 本文で挙げた責任原因の視点以外にも、免責事由、対象損害、責任限度額、過失責任の規律枠組みとの併用可能性等の諸点において、各国法には著しい相違が見られる（E. Karner et al. (fn 4), 75-77）。
50) 類推適用の可能性を認めるオーストリアでも、具体的事案への適用は慎重であることが指摘されている（E. Karner et al. (fn 4), 74-75）。
51) 物一般について厳格責任の枠組みがあるため、これらの国々では、「ロボットの挙動による責任」（動物責任類似の新たな責任類型。欧州議会2020年決議備考⑽参照）を立てる

て整理すれば、(a)無体物を「物」として扱い得るか[52]（物に化体しないAIシステムの把握可能性）、(b) AIシステムの「保管」を観念し得るか・「保管者」は誰か（自律性を備えたAIシステムにおける伝統的基準〔使用・制御・指揮の権限〕の不適切性、かつて見られた「構造の保管」概念の復活可能性〔製造者・開発者への帰責〕等）、(c) AIシステムの「所為」の捉え方（運動しない物につき欠陥の存在を要求する従来の立場の適否）等が問われており[53]、物の作用を捉える規律枠組みの存在のみによって直ちに問題が解決されるわけではない。

EUレベルでの提案はどう位置づけられるか。欧州議会2020年決議は、①ハイリスクAIシステムによる重要な法益（人身・財産等）の侵害という限定を施しつつ（特別な危険への限定）、②AIシステムのオペレーターの厳格責任（対象の管理者に対する責任賦課）を提案するものであり、過失責任の規律枠組みによる対処の困難性と各国における厳格責任への態度の多様性を前提としつつ、従来の民事責任法的な観点からは穏当な規律を模索するものと評価することができると同時に、AI法が採用するリスク・ベースの規制というEUの全体方針とも符合する[54]。また、③責任限度額を設けるとともに、その範囲での強制責任保険を組み合わせることにより、制度の実効性を高めることも意図されているといえる。

しかし、課題も直ちに指摘することができる。第1は、厳格責任の規律枠組みの妥当範囲である。「ハイリスクAIシステム」の概念はそれを画する意義を有するところ、欧州議会2020年決議は、そのリスト・アップを将来のAI法に委ねつつ（4条2項）、「ハイリスク」の意味を「自律的に稼働するAIシステムにおける、ランダムに、かつ、合理的に想定される程度を超

ことは無益である（M. Bacache, supra note 35, n° 134, pp.89-90）。
52) フランスでは、判例上無体物への適用が肯定される一方、民事責任法改正において適用対象の有体物への限定が検討されている（2017年3月民事責任改正案1243条1項参照）。もっとも、必ずしもAIシステムを念頭に置く改正提案ではなく、あらためて議論が必要とされている。
53) J.-S. Borghetti, « L'accident généré par l'intelligence artificielle autonome », *JCP* G décembre 2017, p.23, spéc. n°s 25-29, pp.26-27 ; GRERCA, supra note 4, pp.451-455 par T. Allain et L. Friant ; M. Bacache, supra note 35, n°s 132-133, pp.87-89等。
54) 欧州委員会2020年報告書20頁。

えて人に対する害悪又は損害を発生させる重大な可能性」に求め、その有無の判断は、あり得べき害悪・損害の重大性、決定の自律性の程度、リスクが実現する蓋然性、使用の態様・状況の相関考慮に基づいてされるとする（3条(c)）。また、同決議に先立つ専門グループ報告書等では、公の空間での稼働が予定されるもの（自動運転車、ドローン、荷物運送機、交通管理サービス、電気供給サービス等）が念頭に置かれている[55]。これらは法益侵害の蓋然性・重大性に着目する点で危険責任論の発想に立つものであるのに対し、最終的にAI法附則Ⅲで「ハイリスクAIシステム」として列挙されたものはきわめて多様であり[56]、これらにおける想定とのズレが生じているように思われる。第2は、責任主体を表す「オペレーター」の概念である。欧州議会2020年決議は、フロントエンド・オペレーターとバックエンド・オペレーターという2類型を示したが、後者は新製造物責任指令における責任主体としての「エコノミック・オペレーター」の概念に取り込まれることとなり、厳格責任を課す必要性は後退した[57]。前者にしても多様な主体を想定することができ（AIシステムを搭載した物の所有者、利用者、それを用いたサービスの提供者等）[58]、一律に責任主体を措定するよりも、問題となるAIシステムに応じた具体化・定型化が重要であるようにも思われる。第3に、強制責任保険制度を採用した場合、責任主体の不明・無保険等に対応する補償基金の制度は当然に必要となってこよう。厳格責任の規律枠組みの採否は将来の課題とされているが、検討されるべき点はなお多く残されている［→Ⅲ2(2)アも参照］。

---

55) 専門グループ報告書40頁、欧州委員会2020年報告書19頁。
56) バイオメトリクス、重要インフラ、教育・職業訓練、雇用・労働者管理等、不可欠な役務へのアクセスとその享受、法の執行、移出入・収容・国境管理、司法・民主的プロセスの運営の各分野で用いられるAIシステムとされている。
57) C. Wendehorst, Product Liability or Operator Liability for AI – What is the Best Way Forward?, *in* S. Lohsse et al. (fn 4②), 118-119. 論者は、進んで、今後AIシステムに起因する損害について厳格責任の規律枠組みが必要であるとすれば、人身・財産の侵害ではなく「基本権リスク」の領域であることを指摘しつつ、責任の枠づけの困難さゆえに悲観的な見方を示す。
58) C. Wendehorst (fn 57), 114-115.

(3) 製造物責任

　製造物責任指令によりすでに EU レベルで調和が図られてきた製造物責任のあり方は、早急な対応が必要な検討課題である。AI システムに起因する損害の賠償の文脈における旧指令の問題点として、さまざまな事柄が指摘されていた[59]。①必ずしも物に化体しない AI システムを把握できるよう、「製造物」にソフトウェアを含む必要がある。②製造物の挙動に影響を与える AI システムの開発者や提供者に責任を負わせるべき場合がある（アルゴリズムの過誤、外部からの攻撃への脆弱性等）。③特に設計上の欠陥を念頭において、「欠陥」の概念や判断基準を AI システムに適合的なものとする必要がある。④特に自動学習の仕組みを備えた AI システムでは欠陥（特に製造上・設計上の欠陥）の証明が困難であるため、欠陥の推定を認める必要がある。⑤物に化体した AI システムにおいて責任を追及するために必要なのは、製造物の欠陥なのか AI システムの欠陥なのかを明確にする必要がある。⑥因果関係の証明困難についても、対応を用意する必要がある。⑦自動学習をする AI システムの場合には、流通開始後の欠陥の抗弁が常に認められる危険性があり、これに対処する必要がある。⑧製造者がアップデート等により制御を及ぼすことができる間は、流通開始後の抗弁を封じる必要がある。⑨（そもそもの妥当性に疑問があり不採用のオプションが認められているにせよ[60]）開発危険の抗弁の基準時は、流通開始時に限定すべきではない。

　新製造物責任指令は、おおむね上記の問題点への対応策を示すものであるということができる。第1に、「製造物」にソフトウェアを包含すること（①）により AI システムの開発者に、また、「部品」の定義拡張により関連

---

[59] B. A. Koch, Product Liability 2.0—Mere Update or New Version?, *in* S. Lohsse et al. (fn 4①), 99 ; GRERCA, supra note 4, pp.376-380 par O. Gout ; M. Bacache, supra note 35, n°s 147-155, pp.96-101; G. Wagner, Software as a Product, *in* S. Lohsse, R. Schulze and D. Staudenmayer (eds.), *Smart Products*, Nomos, 2022, p.157 ; G. Borges, Liability for self-learning smart products, ibid., p.181等。

[60] フランスでは、人体由来の製造物につき開発危険の抗弁は許されないとし（フランス民法典1245-11条）、民事責任法改正により保健衛生関連の製造物一般に適用除外を拡張することが検討されているが（2017年3月民事責任改正案1298-1条）、学説ではさらに進んで廃止論も有力である（M. Bacache, supra note 35, n° 153, pp.98-99参照）。

サービスの提供者に、それぞれ責任を課すことを可能にする（②）。問題とすべき「欠陥」はそれぞれの「製造物」ないし「部品」であることになり（⑤）、また、部品に欠陥があった場合の製造物の製造者の責任も認められる。第2に、「欠陥」の判断要素に製造物の学習能力やサイバーセキュリティを含む安全要請を加えることにより、AIシステムの特徴を適切に考慮することを可能にする（③）。第3に、証拠の開示に関する規律や技術的・科学的な複雑性による欠陥・因果関係の推定規定を定めることにより、被害者による証明の困難が緩和される（④⑥）。第4に、流通開始後の欠陥の抗弁や開発危険の抗弁の成否につき、ソフトウェアのアップデートの要素を考慮することを可能にする（⑧⑨）[61]。なお、⑦への直接の対処はされていないが、当初の製造物と連続性がある限り流通開始時の欠陥と見るなどの解釈論上の対応が可能であると見られる[62]。

　他方で、新指令に物足りなさを感じる点も、数多い[63]。(i)被侵害利益はなお限定され、しかも財産的損害の賠償に傾倒している（たとえば、データ漏洩によるプライバシー侵害に伴う非財産的損害は対象外）。(ii)欠陥判断等を左右する「製造者の制御」の概念は、製造者等によるインプット（アップデート等）の存在を要求しており、それがないままに行われる自動学習を把握するものではない。(iii)流通開始後の欠陥の抗弁に関する規律は製造者における

61）なお、被害者によるアップデートのインストールの懈怠は、被害者の過失として減免責事由となり得ると考えられている（欧州委員会2020年報告書18頁）。
62）GRERCA, supra note 4, p.185 par L. Andreu.
63）特に、指令案段階のものではあるが、J. -S. Borghetti (fn 29)を参照。論者は、新製造物責任指令案の前に公表されたヨーロッパ法協会（ELI）による『改正製造物責任指令案』（European Law Institute, *ELI Draft of a Revised Product Liability Directive*, 2022〔URL：https://www.europeanlawinstitute.eu/fileadmin/user_upload/p_eli/Publications/ELI_Draft_of_a_Revised_Product_Liability_Directive.pdf〕）（2022年4月）の作成に中心的に関わっており、上記論文には同指令案と比較した論評が多く含まれている。同指令案の紹介・翻訳として、中田邦博ほか「ELIの製造物責任法提案の紹介と翻訳」中田邦博ほか編『デジタル時代における消費者法の現代化』（日本評論社、2024）380頁以下。また、ELIによる新製造物責任指令案の論評として、European Law Institute, *European Commission's Proposal for a Revised Product Liabiity Directive. Feedback of the European Law Institute*, 2022〔URL：https://www.europeanlawinstitute.eu/fileadmin/user_upload/p_eli/Publications/ELI_Feedback_on_the_EC_Proposal_for_a_Revised_Product_Liability_Directive.pdf〕（2022年12月）．

アップデート義務の存在を前提としているが、かかる義務の時間的限界は不明である。(iv)開発危険の抗弁で問題とされる科学的・技術的知見がAIシステムでどう措定されるかも、不明である。(v)期間制限の起算点が、製造物にアップデートがされた場合に対応していない。(vi)潜在的原告への証拠の開示が想定されていない。(vii)責任主体が複数いる場合の内部関係（求償）のあり方は何ら規律されておらず、国内法に委ねられている[64]。

　以上の諸点にも増して重大なのは、(viii)「欠陥」判断の基準は手付かずであることである。旧指令における消費者の期待基準は新指令でも維持され、何をもって正当に期待し得る安全性とするかは、依然として解釈論に委ねられる。AIシステムに関しては、特に設計上の欠陥の有無をどう判断するかが問われるところ、これについて詳論する学説は、以下の懸念を示す[65]。各国裁判所の実務によれば、①動作の異常性、②安全基準との適合性、③便益と危険の衡量、④他の製造物との比較が考慮されているが、アルゴリズムの欠陥判断にはいずれも適合しない。①は事実推定則の一環だが、AIシステムではその基礎となる明白な誤動作が認められることは少ない。②は強力な論拠だが[66]、AIのように進展著しい領域では安全基準の策定が追いつかない。③はそもそも守備範囲が限られる（問題とされる便益と危険が異質な場合は適切でなく、それらが同質な製造物〔医薬品等〕についてしか妥当しない）。それゆえ④が重要となり、その一方法として(i)人間（合理人）の挙動との比較が考えられるが、人間がするよりも安全性を向上させることが予定されている

---

[64] この問題に関し、M. Martín-Casals, Recourse among several liable persons – allocating the burden of liabiity, *in* S. Lohsse et al. (fn 4②), 217.
[65] J. -S. Borghetti, How can Artificial Intelligence be Defective?, *in* S. Lohsse et al. (fn 4①), 63. 同種の問題意識に立つものとして、G. Wagner, Robot Liability, *in* S. Lohsse et al. (fn 4①), 27, 44-45 ; ders., Produkthaftung für autonome Systeme (2017) *AcP* 217, 707も参照。また、製造物責任に関する論者の基本認識につき、J. -S. Borghetti, *La responsabilité du fait des produits. Étude de droit comparé*, LGDJ, 2004も参照。
[66] 新製造物責任指令は、欠陥の定義として、旧指令以来の「正当に期待しうる安全性」の欠如に加えて、「EU法又は国内法が要求する安全性」の欠如を挙げるに至った（7条1項）。なお、ELIの指令案（前掲（注63）参照）は、製造物の欠陥に基づく責任と並び立つ責任類型として、製造物安全・市場監視に関する法上の義務の不遵守に基づく責任を提案していた（ELI指令案11条以下。C. Wendehorst (fn 57), 125-126も参照）。

AI システムにおいて、かかる比較は本来的に無意味である。(ⅱ)他のアルゴリズムとの比較の方法が残り、その中にも(a)同一状況でのアウトプットを比較する方法があり得るが、人間の行為について抽象的過失を問題とし得るのとは違い、異なるアルゴリズム間での合理性の共有は語り得ない。(b)他のアルゴリズムとアウトプットの精度を総合的に比較する必要があるが、これでは最良のもの以外は欠陥があることになるし[67]、自動学習をする AI システムでは最初に導入されたもの以外は欠陥があることになる。基準値を設ける方法があり得るが、それをどう設定するか、総合的なアウトプットに関する情報をどう得るか、基準値の前後での悉無律的な扱いは適切なのか等の疑問がわく。論者による以上の原理的な懸念にもかかわらず、現実の欠陥判断は、おそらく消費者の期待基準のもと柔軟になされていくことになるだろうが、いずれにせよ、以上の分析は、「欠陥」を要件とする規律枠組み自体の本来的適否に関わる点で、きわめて重要なものであるということができる。

2 　民事責任の規律枠組みの外での損害塡補の必要性

民事責任の規律枠組みの外での損害塡補制度としては、責任保険[68]［→⑴］と補償基金［→⑵］が考えられる[69]。他方で、話題を呼んだ AI システムへの法人格付与［→⑶］という構成も、その意図によっては、民事責任制度からの実質的乖離を含意しうる。これらの採否という、2 つの欧州議会決議

---

[67] 新製造物責任指令においても、より良い製造物（アップデートやアップグレードを含む）がすでに流通に置かれていること、または、その後流通に置かれたことのみを理由としては欠陥ありとされない旨が定められている（7 条 3 項）。
[68] 損害保険（毀損された財物が AI システムを搭載している場合等）については、財物の価値の変化はリスクの大小を意味するわけではないため、AI 技術の普及による実務への影響は現時点では僅少であると見られている（GRERCA, supra note 4, pp.743-744 par S. Abravanel-Jolly et A. Astegiano-La Rizza ; M. Bacache, supra note 35, n° 142, pp.93-94等）。
[69] 保険や補償基金という「リスクの社会化」の法技術（特に後者）に対する一般的態度は、ヨーロッパ各国で一様ではない。各国法の比較検討として、GRERCA, *La socialisation de la réparation : fonds d'indemnisation et assurances*, Bruylant, 2015 ; A. Fenyves, C. Kissling, S. Perner and D. Rubin (eds.), *Compulsory Liability Insurance from a European Perspective*, De Gruyter, 2016 ; T. Vansweevelt and B. Weyts (eds.), *Compensation Funds in Comparative Perspective*, Intersentia, 2020等。

で提起された問題についての現時点での反応は、概して慎重である。

(1) 責任保険

　前提となる民事責任の規律枠組みのあり得べき変容、開発者・製造者への最終的負担賦課の要請、AI技術の活用による事故確率自体の減少等により、必然的に一定の実務的影響は生じるにせよ、AIシステムに起因して生じた損害の賠償責任が責任保険の対象となり得ること、その活用が被害者の損害填補のために有益であることは、疑われていない[70]。サイバー攻撃に対応するためのサイバー・リスク保険（損害保険と責任保険の複合）も、次第に普及しているとされる[71]。以上の状況下で、EUレベルでの規律の形成に際しても、保険業界との折衝が十分に行われるべきものと指摘されている（欧州議会2020年決議25項等）。

　責任保険について特に問われるのは強制保険化の要否・是非であり、欧州議会は、その導入を示唆する2017年決議に続き、2020年決議においてハイリスクAIにつきオペレーターに付保義務を課すことを提案したが[72]、AI責任指令案は問題を先送りし、新製造物責任指令は同指令の範囲外の問題であるとする（説明11項。ただし、製造物責任保険の利用可能性自体は、将来の検討課題と位置づけられている［20条］）。強制責任保険に関する各国の学説の反応は、おおむね軌を一にする[73]。第1に、すでに強制責任保険が実現している分野（自動車の運転者・保有者の責任保険、一部の国［イタリア、フランス等］では医療従事者の責任保険）については、AIシステムに起因する場合も当該規律が及ぼされるべきである。第2に、新たに強制責任保険を導入することにより、かかる既存の規律に影響が及ぶべきではない。第3に、新たに強制責任保険を導入するに際しては、対象となるAIシステムの確定や責任主体

---

70) GRERCA, supra note 4, pp.732-737 par S. Abravanel-Jolly et A. Astegiano-La Rizza ; M. Bacache, supra note 35, n ゜143, p.94 ; H. Heiss, Liability for Artificial Intelligence（AI）: Solutions Provided by Insurance Law, *in* S. Lohsse et al.（fn 4②）, 245, 247-251.
71) GRERCA, supra note 4, p.745 par S. Abravanel-Jolly et A. Astegiano-La Rizza.
72) 専門グループ報告書の指摘（潜在的害悪が頻繁・重大であればあるほど強制責任保険が有用であるとする。同報告書9・61頁〜62頁）が影響を与えているものと見られる。
73) GRERCA, supra note 4, pp.738-741 par S. Abravanel-Jolly et A. Astegiano-La Rizza.

13　「AIと民事責任」をめぐるヨーロッパの動向

（付保義務を負う主体）の決定という前提問題を解決する必要があること、制度的拘束が強ければ保険会社の協力が望めないこと、単一制度による平準化（人身侵害と財物侵害の同一取扱い等）には無理があること等に留意する必要がある。総じて、AIシステム全般を想定するのでなく、個別分野での導入にとどめるべきであると考えられている。

　強制責任保険が要請されるのは、いかなる場合か。この点を検討する学説によれば[74]、強制責任保険にアプリオリな文脈的な限定（加害事象や責任の規律枠組みの種類〔厳格責任か過失責任か[75]〕等）はなく、（賠償資力の確保という強制責任保険制度の目的と適合的に）責任主体の無資力リスクが現実に存在することが唯一の要請である。①AIシステムのオペレーターの責任に関していえば、それが消費者であるときは、事故発生の頻度が低くても多額の損害が生じる場合には、無資力リスクの存在が認められ得る（その観点からAIシステムを分類する必要がある）。②AIシステムの製造者の責任に関していえば、中小企業が製造者である場合や（国内製造者が競争上の不利益を被ることを防止するという正当な目的に基づいて）製造者と同視されて製造物責任を課される輸入者の場合には無資力リスクが高く、強制責任保険の導入が検討に値する。①につき、害悪の発生頻度と重大性を考慮しつつオペレーターの賠償能力を問うべきとする専門グループ報告書[76]も、同様の理解に立つ。他方、同じく①につき、害悪の重大性やリスクが現実化する蓋然性等に基づいてハイリスクAIシステムを措定し、厳格責任の規律枠組みと強制責任保険の導

---

74) G. Borges, New Liability Concepts: the Potential of Insurance and Compensation Funds, in S. Lohsse et al. (fn 4①), 145, 153-157. そのほか、H. Heiss (fn 70), 256-265は、責任主体の無資力ゆえに損害費用の外部化が生じる場合には強制責任保険制度が導入されるべきであること、かかる場合に当たるかの判断は（AIシステム全般ではなく）分野ごとにのみ可能であること（垂直的規制）、しかし強制責任保険の一般的ルールの策定は必要であること（水平的規制）、強制責任保険の導入は責任制度の調和を論理的前提としないこと、保険契約の内容規制等により責任法の損害防止機能の減退の問題は克服し得ること等を指摘する。

75) 厳格責任であることは、責任を負うリスクを明確なものとすることにより責任主体の無資力リスクを際立たせる意義を持つにとどまり、必須の要素ではない（G. Borges (fn 74), 155）。

76) 専門グループ報告書61頁〜62頁。

第 4 章　AI・自動運転等のリスク

入を説く欧州議会2020年決議の提案は、無資力リスクを正面から考慮しない点で広い射程を持ち得る。もっとも、分野別の検討を志向する上述の議論動向をもあわせて考えた場合、ハイリスクであるとの一事をもってする強制責任保険の導入の主張は、やや肌理が荒いという印象を受ける。

(2) 補償基金

　欧州議会2017年決議が積極的に示した補償基金の創設の提案に対する反応はやはり慎重であり、同2020年決議でも消極的な言及がされるにとどまった（もっとも、新製造物責任指令は、各国における既存制度の活用や新規制度の創設に期待する）。以下の事柄が指摘される[77]。第1に、補償基金の創設は、損害の公的補償をすべき強い社会的要請がある場合にのみ正当化されるが、AIシステムに起因する損害全般についてそうした要請があるとはいえず、既存の補償基金（交通事故、医療事故等）の枠内での対応で十分である。第2に、補償基金の創設は、保険による対応ができない場合のみ要請されるが、AIシステムに起因する損害がアプリオリに付保可能性を欠くわけではない。第3に、補償基金の個別制度をすでに多く有する国（フランス等）では、補償基金に依拠し得る被害者とそうでない被害者の不平等への意識が強く、この問題の文脈でもかかる不平等が生じることが危惧される。

　厳密にいえば、補償基金には、①強制責任保険も含む民事責任制度の間隙を埋めるために機能するものと、②民事責任制度を代替する損害填補制度として機能するものが想定される。欧州議会2017年決議はこの区別を明示しなかった（同2020年決議の消極的言及の対象も明確でない）ために議論が混乱している感があるが[78]、これを意識する論者は、以下のように論じる[79]。①については、既存の制度（責任主体の無保険や不明の場合に交通事故被害者の損害

---

77) GRERCA, supra note 4, pp.741-743 par S. Abravanel-Jolly et A. Astegiano-La Rizza.
78) 専門グループ報告書は、民事責任制度が機能しない場合（責任主体の無保険・不明の場合）に補償基金が有用であるとし、①を想定する（同報告書62頁）。①の類型の補償基金は、自動車事故の補償における補償基金として2009年指令（前掲（注6）参照）で想定されているほか、新製造物責任指令［→Ⅰ2(3)参照］もその活用を加盟国の国内法に委ねている。
79) G. Borges (fn 74), 158-163.

を補償する制度等）をAIシステムに起因する損害にも適用することで、損害塡補を十分なものとする効果がある。②については、長所は明確であるものの（多様な主体〔受益者、国等〕への拠出金賦課、責任要件の証明の不要性等）、AIシステムの製造・稼働という技術変革のリスク（トランスフォーメーション・リスク）が社会全体で負担すべきものであるとの認識の形成が必要であり、また、短所（責任制度が担った損害防止機能の喪失、基金の設計・管理に要する相当のコスト等）をも勘案する必要がある。慎重な検討を要するが、事業者の萎縮効果を防ぎつつ技術変革プロセスのコストを被害者に負担させないようにするために、限度額を伴う責任（付保が容易になる）と組み合わせることが考慮に値する。

　補償基金制度に関する一般的考察[80]に照らしていえば、保険による対応が困難でないリスクについて保険が機能し得る局面で補償基金制度を用いる意義は乏しく、かえって制度創設・運用のコスト面での弊害が大きい。「社会的に条件づけられた損害」としての性格が補償基金制度を正当化するという考え方からは、AI技術のような「現代的な技術の利用に起因する損害」について具体的制度が用意されることは確かに多いが、現時点では交通事故・医療事故・技術的災害等の特定の加害事象に限定されている。デジタル技術の進展による「トランスフォーメーション・リスク」がアプリオリに軽視されることはないにせよ、社会的負担を要するリスクとして現時点で一括することはできず、具体的問題の顕在化に応じて個別に補償基金制度の要否・是非が検討されていくことになろう［→Ⅲ2(2)ウも参照］[81]。

(3) AIシステムに対する法人格付与

　AIシステムに対する法人格の付与という欧州議会2017年決議が示唆した

---

80) J. Knetsch, *Haftungsrecht und Entschädigungsfonds*, Mohr Siebeck, 2012 ; du même auteur, *Le droit de la responsabilité et les fonds d'indemnisation*, LGDJ, 2013. 中原太郎「損害塡補制度としての補償基金に関する基礎的考察——クネチュの所説を中心に」『河上正二先生古稀記念・これからの民法学・消費者法（Ⅰ）』（信山社、2023）511頁以下も参照。
81) 個別分野における補償基金制度のほか、特定の加害事象についての補償基金制度も想定し得る。「犯罪被害者に対する補償に関する2004年4月29日の指令」（2004/80/EC）を念頭に置きつつ、ハッキング被害（被害者は責任主体の特定が非常に困難）についての補償基金制度を提案するものとして、専門グループ報告書62頁〜63頁。

構想は、厳密には、2つの異なる意図を持ち得る。第1はむしろ民事責任制度の内に属するものであり、AIシステムを独立の行為主体と見ることにより、他人の行為による責任の規律枠組みに乗せることを目論む[82]。専門グループ報告書は、①AIシステムが人間たる補助者と同様に使用される場合には、代位責任の規律枠組みの（類推）適用によりオペレーターが責任を負うべきこと、②その際に（補助者の過失として）問題となるAIシステムの挙動の評価は、第一次的には人間たる補助者と同様の基準でされるものの、AIシステムのパフォーマンスが人間たる補助者のそれを凌駕するに至った段階では、オペレーターの適切なシステム選択の義務を考慮しつつ、オペレーターにその使用を期待し得る同種の利用可能なシステムのパフォーマンスを基準としてすべきことを提案する[83]。他人の行為による責任の類型を限定する国が多いこと（①）、AIシステムの挙動の評価は難問であること（②）［→Ⅱ1(3)も参照］から、即時採用には否定的な意見が強いが、将来的な方策として期待する者も多い［→Ⅲ2(2)イも参照］。

第2は、AIシステム自身を独立の責任主体とするというものであり、欧州議会2017年決議はこれを意図していたと見られる。過失責任を問題とするならばここでもAIシステムの挙動の評価の問題が生じるが、厳格責任による場合には民事責任制度によらない損害填補制度の創設に近くなる。責任集中という被害者にとってのメリットが指摘される一方で、支持は少ない[84]。①法人格を与えるべきAIシステムの確定が困難であること、②当該AIシステムの責任財産を確保する必要があるところ、何らかの「背後者」に資金拠出を要求するにせよ資力の問題が生じる（責任限度額を設ければ被害者が不利益を被る）ゆえ責任保険に加入させる必要があるが、背後者でなくAIシ

---

82) GRERCA, supra note 4, pp.375-376 par O. Gout ; M. Bacache, supra note 35, n° 171, p.109 ; E. Karner et al. (fn 4), 69.
83) 専門グループ報告書45頁〜46頁。
84) G. Wagner (fn 65), 53-61 ; GRERCA, supra note 4, pp.543-547 par C. Coulon ; B. A. Koch, Product Liability 2.0 – Mere Update or New Version ?, in S. Lohsse et al. (fn 4①), 99, 115 ; E. Karner, Liability for Robotics : Current Rules, Challenges, and the Need for Innovative Concepts, in S. Lohsse et al. (fn 4①), 117, 123-124 ; M. Bacache, supra note 35, n°ˢ 169-170, pp.108-109. 専門グループ報告書37頁〜39頁も参照。

ステムが保険契約の締結主体となる必然性に乏しいこと、③AIシステム自身に損害発生を防止するインセンティブは働かず、責任制度の防止機能が阻害される（背後者への求償を認めることで当該機能は回復されるが、それならば初めから背後者の責任を認めれば済む）こと、④因果関係の探究による技術改善や責任主体の確定による被害者の満足といった副次的効果を期待しにくくなること等が指摘される。

ただし、この問題を詳論する学説によれば[85]、AIシステム自体を責任主体とするメリットは、「非結束的製造物（unbundled product）」の場合（ユーザーがハードウェアとソフトウェアを別個に購入して組み合わせたり、当初の製造物にソフトウェアを追加したりする場合）に、欠陥を特定して責任主体を明らかにしなければならないという被害者の証明上の困難を回避することができる（責任が「結束される」ことにより端的にAIシステムに損害賠償請求をすればよいとされる）点に見出し得る。しかし、新たな法的主体の創設という制度を設けるコストに見合う解決かは疑わしく、また、デジタル技術の進展は証拠となるデータの記録やそれに対するアクセスの容易化をも促進し得るものである以上、それによる対処が適わないことが確定するまでは電子的主体を認める立法措置をとる必要はないとされる。

III 補足と考察──「AIによるリスク」の内容と帰結

ヨーロッパにおける議論は、さらなる展開の余地を多く残しているとはいえ、「AIと民事責任」に関する基本的な問題認識に資するように思われる。それは、「AIによるリスク」がいかなる内容のものか［→1］・その帰結は何か［→2］ということにほかならない。以下では、適宜補足をしながら、日本法の文脈をも意識しつつ、一定の考察を示したい[86]。

---

85) G. Wagner (fn 65) 60-61. Ders., Roboter als Haftungssubjekte? Konturen eines Haftungsrechts für autonome Systeme, *in* F. Faust/H. -B. Schäfer (eds), *Zivilrechtliche und rechtsökonomische Probleme des Internets und der künstlichen Intelligenz* (2019) 1も参照。
86) 日本法への具体的提言には及ばないが、前提となる整理をしたい。なお、以下［→特に2］では、AIシステムの挙動自体によって法益侵害ないし損害が生じる事例を念頭に

第4章　AI・自動運転等のリスク

1　「AIによるリスク」の内容

「AIによるリスク」の内容（民事責任法上の意義）を同定するには［→(1)］、「AI（システム）」がどのような特徴を備えるものであるかを明確にしておく必要がある［→(2)］。

(1)　「AI（システム）」の定義と特徴

規律対象とされる「AIシステム」の定義は長らく定まっていなかったが[87]、AI法は、「さまざまなレベルの自律性をもって稼働するよう設計された機械ベースのシステムであって、配備後に適応性を示すものを含み、明示又は黙示の目的のために、受領するインプットから、物理的又は仮想的な環境に影響を与えうるような予測、コンテンツ、推奨又は決定等のアウトプットを生成する方法を推論することができるもの」という定義を採用した（3条1号)[88]。もっとも、AI規制全般を念頭に置く包括的な定義であり、この定義そのものによって、民事責任法上の対処が要請されるゆえんが示されるわけではない。

むしろ重要なのは、民事責任法に影響を与えるような要素がどこに見出されるかである。専門グループ報告書は[89]、そのような意味でのAIシステム

置き、専門家の判断にAIが関与する事例［→Ⅱ1(1)ア参照］は考察の対象から除く。

87)　定義の多様性につき、M. Bacache, supra note 35, n° 120, pp.79-80.

88)　AI法案は、「附則Ⅰに列挙された技術及びアプローチの1つ又は複数を用いて開発され、人間が規定する所与の目的のために、当該システムが相互作用をする外部環境に影響を与えるような、コンテンツ、予測、推奨又は決定等のアウトプットを生成することができるソフトウェア」（3条1号）と定義した上で、附則Ⅰにおいて、機械学習のアプローチ、論理・知見ベースのアプローチ、統計的なアプローチを挙げていた。そのほか、欧州委員会AI高度専門グループによる定義（「AIとは、複雑な目標を与えられ、収集された構造化データ又は非構造化データを解析し、こうしたデータから導かれる知見に基づいて理由を形成し、与えられた目標を達成するために（所定のパラメーターにしたがって）最良の動作を決定することにより、物理的世界又はデジタル世界において作動する、人間により設計されたシステムをいう。AIシステムは、自己のこれまでの動作により外部環境にいかなる影響を与えたかを分析することにより挙動を調整するために学習するよう設計されることもありうる」（The European Commission's High-Level Expert Group on Artificial Intelligence, *A Definition of AI : Main capabilities and scientific disciplines* (2019), p.7))も知られている。

89)　専門グループ報告書32頁〜34頁。欧州委員会2020年決議H・Ⅰ・7項、同備考(3)、欧州

の特徴として、①複雑性（相互に作用する複数の構成要素から成ること）、②不透明性（作動の端緒や過程を把握するのが困難であること〔ブラック・ボックス化〕）、③開放性（流通開始後のアップデートや外部との交信等を予定していること）、④自律性（人間の制御・監視なく作動し自動学習により変化すること）、⑤予測困難性（当初プログラムが変化することでアウトプットが予測困難であること）、⑥データ駆動性（外部環境から得たデータをもとに作動すること）、⑦脆弱性（外部からの攻撃の危険性に常にさらされること）を挙げている。

　これらの特徴は、「AIと民事責任」をめぐるヨーロッパの議論において広く援用されているが、以下の諸点に注意すべきであるように思われる。第1に、それぞれの特徴は有無ではなく程度で表されるものであり、その高低や他の特徴との組合せ等が意味を持つ。第2に、それぞれの特徴は異なる観点に立っており、単純な並列関係にはない。それらの整理を試みれば、(i)②は構造的な観点から、⑤は関与する人間の視点から、システムのどこで何が起きているのか・起きたのかがわかりにくいことを表現したものであり、①や⑥は、それらの特徴を増幅する要因を示すものであると見ることができる。(ii)それに対し、③や⑦は、できあがったシステム自体の特徴を表しているといえよう。(iii)諸々の特徴の中で特に意を払うべきは④であり、(i)②⑤を生み出す・増幅する意義を有するだけでなく[90]、システムと人間との位置関係を端的に表現するものとして、本質的な重要性が見出される。多くの文献・資料が④に最重要の位置づけを与えているのは[91]、かかる理由に基づくものといえよう。第3に、以上の特徴に加え、⑧多数の人間がその作動や存立に関

委員会2020年報告書13頁～16頁（①②③④を挙げる）、CEREE報告書25頁～30頁（①②④を挙げる）も参照。

90）特に②は、「自己学習（self-learning）」の発展形態としての「深層学習（deep-learning）」により帰結される特徴として指摘される(H. Zech, Liability for Autonomous Systems : Tackling Specific Risks of Modern IT, *in* S. Lohsse et al. (fn 4①), 187, 189-191 ; G. Borges (fn 37), 168-169)。②は④と並び立つ特徴として挙げられることも多いが、両者は截然と区別されるのではなく、④の程度に応じて生み出される・増幅されるものとして②を捉えるのがよいだろう。

91）AI法（本文参照）やAI法案・欧州委員会AI高度専門グループによるAIの定義（前掲（注88）参照）は、まさに自律性にフォーカスしたものである。CERRE報告書28頁も参照。

与し得る点（多当事者関与性）も重要であり、①の帰結として[92]、あるいは独自の特徴として留意する必要がある。

(2) 「AIによるリスク」の諸相

「AIによるリスク」を同定するには、上記の諸々の特徴が民事責任法上いかなる意義を有するかを明らかにする必要がある。3点に分けて考えられるだろう。第1に、これらの特徴は、AIシステム全般がそれ自体として特別に危険な存在であることを基礎づけるものではない。AIシステムは、一般に、従来の技術と比較して、より頻繁に、あるいは頻繁でなくてもより重大な法益侵害を生じさせるわけではなく、むしろ（少なくとも長期的には）安全性を高めるものであることが認識されている[93]。欧州議会2020年決議が提案する厳格責任の規律枠組み［→Ⅱ1(2)］は、ハイリスクと評価し得る特定のAIシステムに限定して[94]、従来から各国の民事責任法体系上さまざまな形で存在する危険責任の考え方を適用するものであって、古典的な民事責任論の延長線上にあるにすぎない。このように、「法益侵害リスク」という観点では、「AIによるリスク」に新規の特徴が見出されるわけではない。

第2に、上記の諸々の特徴は、従来から各国の民事責任法体系上原則的な規律枠組みとして位置づけられてきた過失責任［→Ⅱ1(1)イ］や、共通して導入されている製造物責任［→Ⅱ1(3)］の適用に困難を生じさせる。実体的ルールの射程に関する困難は、ルールの調整によって対処されることになる（適切な保守の要請を入れることによる開放性・脆弱性への対処等）。より大きな問題は、個別事案における訴訟手続での実践にあり[95]、（複雑性・データ駆動性・自律性により増幅される）不透明性・予測困難性は、因果関係や過失ないし欠陥という、上記の規律枠組みの基本的な構成要素（責任要件）の存在の

---

[92] 専門グループ報告書33頁、欧州委員会2020年報告書14頁。
[93] 欧州議会2020年決議備考(4)、欧州委員会2020年報告書2頁～3頁。
[94] それゆえ、AIシステム全般について厳格責任の規律枠組みを採用することは、合理的でないと評価されている。G. Borges (fn 74), 152（Ders., Rechtliche Rahmenbedingungen für autonome Systeme (2018) NJW 977ff. (981)も参照）。CERRE報告書9・59頁～63頁も参照。
[95] EUレベルでの議論では、訴訟における責任追及が過度に困難であることにより、社会的なコストが生じるという認識が見られる（欧州委員会2020年報告書13頁等）。

証明を困難にする。こうした特徴は、従来の新規技術についてもまったく見られなかったわけではないが、証明困難の程度が許容し得る範囲を超えることにより、証明責任の転換という抜本的な（欧州議会2020年決議）、あるいは、そこまで至らなくとも、推定や証拠の開示・保存といったソフトな立法措置（AI責任指令案、製造物責任指令改正案）が要請されるようになる。換言すれば、こうした「適用困難リスク」は、AIシステムに固有のものとまではいえないにせよ、その程度の高さが危惧されるゆえに、新規の対処を要請する性質のものということができる。

　以上に対し、第3に、自律性という特徴は、人間の関与の余地を少なくすることにより、人間の責任を観念する可能性自体を狭める（民事責任制度の前提を削る）点で異質であり、真の意味での新規性を備える。「責任消失リスク」ともいうべきこうしたリスクへの対処の必要性に対する認識はヨーロッパの議論においても一定しておらず、現状で予想・是認される技術レベルを想定するのか、自律性が相当に高まって人間の活動を代替するに至った段階を想定するのかで、主張に相当程度の温度差があるように見受けられる。いずれにせよ、自律性は、「AIによるリスク」の帰結を考える上で根幹をなす視点であるといえよう。

2　「AIによるリスク」の帰結

　欧州議会2020年決議やAI責任指令案等が、各国の民事責任制度はAIシステムとの関係でも基本的に妥当するとしつつその修正を説く前提には、人間による制御の適否を問う古典的な発想がある［→(1)］。それに対し、既存の民事責任の規律枠組みの変革ないし新たな損害塡補制度を必要とするという主張は、AIの自律性の高まりによってかかる前提自体が揺るがされるという認識に立っている［→(2)］。これらは相対立する立場というよりは、あり得る2つのシナリオにそれぞれ対処するものというべきだろう。

(1)　**第1のシナリオ——民事責任の規律枠組みの更新**

　人間がAIシステムに対し有意な形で基本的な制御・監視を及ぼし得ると考えられる段階では、既存の民事責任の規律枠組みに根本的な変更を加える

には及ばない[96]。旧来の技術に起因して損害が生じた場合よりも被害者が不利に扱われないという点に意を払う必要があるのみであり[97]、その観点からの更新が要請される。EUレベルで現時点でまでに提案されている諸解決は、基本的には以上の認識のもとに示されている（にとどまる）といえる。

　AIシステムの稼働過程における「法益侵害リスク」に対応するには、当該リスクを制御し得る地位にある者に適切な責任を課す必要があり、①過失責任、②厳格責任、③製造物責任という既存の民事責任の規律枠組みがそれを担う。このうち③はAIシステムを作り出した者の責任を問う役割を果たすべきものであるが、その適用対象が有体物（動産）にとどまる限り、適切な責任賦課に困難を伴う。「製造物」の再定義（ソフトウェアの包摂）、それに伴う責任主体の拡張（ソフトウェアの開発者、さらには関連サービスの提供者に対する責任賦課）、責任成否の判断の時的対象の拡張（アップデートの要素の考慮）等、新製造物責任指令で実現が目指された事柄は、洋の東西を問わず喫緊の対応を要するものであろう。

　他方で、AIシステムの稼働に際してその法益侵害リスクの制御を担うさまざまな主体（「オペレーター」と総称される者）の責任については、当該リスクが「特別の危険」といい得る限りにおいて、古典的な危険責任の考え方に基づき、上記②による対処が理論的に可能になる。危険責任の一般条項やそれに代わる厳格責任の一般法理を持たない日本では個別の立法が必要となり、その意味でかかる対処の射程は本来的に限定されている。それでも、交通事故賠償制度は1つの模範を示すものであり、「運行供用者」概念（自賠法3条）の検証等を通じて自動運転車対応が実現されることになろう。むしろ日本における問題は、個別立法を促す危険責任論の推進力がなお弱い（無過失責任立法に消極的であり、過失責任の枠組みへの依存度が大きい）ことにあ

---

96) このことは、もちろん、既存の民事責任の規律枠組みの適用・更新が容易にされ得ること、あるいは一義的に決まることを意味するわけではない。自動運転車事例に関し、国土交通省自動車局「自動運転における損害賠償責任に関する研究会　報告書」(2018)が示す多様な提案・考慮を参照。
97) 欧州議会2017年決議52項等。このこととの関連で、AIが物に化体しているかどうかは本質的でないことも指摘される（欧州議会2020年決議11項）。

り、依然として理論面での発展が期待される状況にあるが、これは以前から存在する問題にほかならない。②′瑕疵責任（「特別の危険」ではなく対象の瑕疵ないし欠陥に着目して危険を支配する者に責任を課す）という別系統の責任[98]の可能性も含め、非AIを含めた一般論レベルの検討が必要であろう[99]。以上のような特別な対応がなされない限り、オペレーターの責任は、日本でも上記①の適用問題となる。

　上記①（過失責任）と上記③（製造物責任）の実践に際しては、「適用困難リスク」への対応が必要となる。実体的な困難（③の規律の不十分性〔前述〕、①における予見可能性の要請[100]等）も去ることながら、責任要件（①における過失・因果関係、③における欠陥・因果関係）の証明という手続的な困難への対処が重要な課題となる。AIシステムの複雑性・不透明性に鑑みると、事実上の推定等の既存の手段の活用には限界があり、早晩思い切った対処が必要とならざるを得ないことは日本でも同様だろう[101]。具体的な制度設計に際しては、証拠開示にとどめるか法律上の推定まで認めるか、証明困難一般に着目するか技術的・科学的な複雑性に着目するか（さらに文脈を区切るか）等が問われるであろうし、むしろ核心はAIシステムの稼働過程の追跡可能性の確保にあることからすれば、ログ保存設計義務を製造者等に課してその

98）橋本・前掲（注1）58頁〜59頁。「事業に投入された技術的な施設・機械（危険源）」に限定されてはいるが、比較法的には、物の所為による責任の一般原理を採用しつつ、物の欠陥を要求する立場（ベルギー法）〔→Ⅱ1(2)参照〕を想起させる。もっとも、当該見解自体意識するように（同59頁）、欠陥の概念や判断については調整が要求されよう。
99）橋本・前掲（注1）論文が提示する危険責任・瑕疵責任の規律は、施設・機械の稼働に伴って生じる損害の帰責についてあり得べき責任の類型を示した上でAIへの適用を論じるものであり、非AIを含めた理論を提示する意義を持つ。
100）ヨーロッパにおける議論では必ずしも強調されていなかったが（もっとも、イギリスでは議論があるようである）、AIシステムが予想外の態様で作動した場合に予見可能性を肯定し得るかが問題となり（自動運転車事例について運転者の予見可能性を検討するものとして、栗田・前掲（注1）27頁〜29頁）、場合によっては予見義務を観念するなどの調整が必要となろう。こうした困難は、自律性の高いAIシステム〔→(2)〕において増幅し、既存の民事責任の規律枠組み（過失責任）による対処自体の適切性に疑問を投げかけることになる。
101）もっとも、福岡・前掲（注3）33頁が指摘するように、実際の制度化に当たっては、さまざまな異論があり得る。

第4章　AI・自動運転等のリスク

違反の効果を推定に結びつけるという対応[102]もあわせて考慮に値する。

　責任主体が複数いる場合の負担分配は、どうあるべきか。全部連帯責任（上記①または③が成立する限り被害者との関係で各人の責任が減じられる理由はない）としつつ、各人がリスクを制御し得る度合いに応じた責任主体間の求償を認める欧州議会2020年決議の提案［→Ⅰ2⑵イ参照］は、十分な合理性を有するものといえる。既存の技術との比較において、オペレーターの制御の度合いが小さいAIシステムにおいては製造者の負担を相対的に大きく捉えるべきであるにせよ[103]、求償の一般理論の適用の問題にすぎず、求償権の実効性確保の方策は別途検討されるべきであることはともかくとして[104]、責任分配の実体法のレベルで特別なルールを設ける必要があるわけではない。

　責任保険・補償基金という民事責任の外での損害填補制度は、それぞれを支える固有の論理によって正当化される限りで、役割を果たす。責任保険の仕組み自体が機能し得ることには障害がなく、定型的な無資力リスクが懸念される限りにおいて強制責任保険が、社会的リスクとして集団による損害填補が要請される限りにおいて責任主体の無保険・不明に備えた補充的な補償基金が機能する。基本的には現行制度の調整が要請されるにとどまる一方（自動運転車事故への自賠法の仕組みの適用がその例）、従来から争点とされる分野（製造物事故補償、医療事故補償等）に関する議論は引き続き残る。これもまた、AI技術により新たに生じる問題ではなく、既存の法制度の更新の問題にすぎない。

---

102) 専門グループ報告書47頁〜48頁。技術面・費用面の制約の範囲においてではあるが、製造者は作動記録が可能となるような設計をすべきであり、その違反は被害者が証明すべき責任要件の推定をもたらすとする。
103) 欧州委員会2020年報告書18頁、CERRE報告書7・36頁等。
104) 過失ないし欠陥や因果関係の証明負担の緩和は、複雑性・不透明性による「適用困難リスク」を、被害者の損害賠償請求の文脈から、賠償金を支払った責任主体による他の責任主体への求償請求の文脈に移動させることになる。日本で自動運転車事例に関し盛んに論じられるこの問題について（国土交通省自動車局・前掲（注96）参照）、ヨーロッパにおけるAIシステム全般を念頭に置いた議論は具体的解決の提言には及んでいないが、問題自体が見過ごされているわけでもない（専門グループ報告書33頁等）。

(2) 第2のシナリオ
　　——民事責任の規律枠組みの変革ないし新たな損害塡補制度の構想
　ヨーロッパでの議論においては、AIシステムに起因する損害であっても、人間に起因する損害と同様に塡補されなければならないとの認識が出発点に据えられる[105]。しかし、AIシステムがその学習能力ゆえによりきわめて高度な自律性を獲得した段階では、その作動過程において法益侵害リスクを制御・監視する人間の行為を有意な形で観念する余地が乏しくなり、過失責任を追及しようにもその前提が削られる［→Ⅱ1(1)参照］。製造者への帰責に関する限り、製造物責任の規律枠組みの存在ゆえに問題は生じないようにも思われるが、欠陥を語ることの技巧性は自律性が高まるにつれて増大し［→Ⅱ1(3)参照］、欠陥判断と過失判断の近接性に由来する困難（予見可能性・義務違反の認定困難、開発危険の抗弁の許否等）も想定される。かかる「責任消失リスク」を前にして、損害塡補を既存の民事責任の規律枠組みで実現すること自体の再考が促される。ヨーロッパにおける現在までの議論からは、いずれもなお課題を抱えるものの[106]、主に3つの方向性（排他的でない）を抽出しうる[107]。

　ア　厳格責任の拡張
　AIシステムに起因する損害を受けた被害者の救済を適切に実現するには、過失や欠陥のような規範的評価を要しない規律枠組みを構築すべきではないか。かかる認識に立つ論者は、試論であると断りつつ、交通事故賠償制度（中でも特に厳格なフランスの制度）を発想源として、「事故（accident）」という客観的事象を責任原因とする規律枠組み（因果関係の起点が後ろ倒しされることでその証明困難も解消される）を提案し、あわせて免責事由の制限、オペ

---

105) 欧州議会2017年決議52項等。
106) 以下につき、筆者自身の見方も含め、中原・前掲（注3）論文も参照。
107) いずれも立法論にまたがり得る。また、現実には、それぞれの方向性の採否が問われるというよりは、さまざまに想定される解決策を全体としてどう組み合わせるかが問われるものであろう。場面に応じた規律枠組み・制度の使い分けを説く見解として、たとえば、G. Comandé, Multilayered (Accountable) Liability for Artificial Intelligence, *in* S. Lohsse et al. (fn 4①), 165 ; A. Beckers and G. Teubner, *Three Liability Regimes for Artificial Intelligence*, Hart, 2021.

第4章　AI・自動運転等のリスク

レーターへの責任賦課（製造者は求償に服する）、強制責任保険制度の併用等を説く[108]。かかるハードな提案まで至らないにせよ、過失責任・製造物責任の規律枠組み内での対処の限界ゆえに、厳格責任の導入に一般論として好意的な見方を示す見解は多い。ただし、その上で責任主体を誰とするのか、上記見解のようにオペレーターとするのは伝統的な考え方に沿うものの、AIシステムによる法益侵害リスクには製造物の特性に由来するものと製造物の使用に由来するものとがあり、前者については製造者を責任主体とすべきこと、また、製造者とオペレーターの両者を責任主体とすべき場合があることも指摘される[109]。

厳格責任の規律枠組みの導入の適否はどのみち分野別（問題となるAIシステムごと）の検討を通じて検討されることになるにせよ、導入論自体の推進に資する一般理論が必要であることはいうまでもない。かかる観点からは、①AIシステムの文脈での厳格責任論が、既存の議論、とりわけ古典的な危険責任論と符合するのか否かが、まず確認される必要がある。AIシステムの稼働全般に（自動車の運行等と同様の）「特別の危険」が見出されるかは疑わしく、また、人身や財産以外の法益（人格権等）をも保護の対象とすることの正当性も問題となる。②古典的な危険責任論からの逸脱がある・望ましいのであるとすれば、それをいかなる理屈により正当化するのか、「特別な危険」概念の解釈を通じた危険責任論の柔軟化によるのか、それとも危険責任論からの解放（それに代わる新たな厳格責任論〔無過失責任論〕の構築）なのか[110]。これらの問いは、ドイツ危険責任論から大きな影響を受けてきた日本

---

[108] J.-S. Borghetti, supra note 53, n°s 34-41, pp.27-28 ; du même auteur, « Civil Liability for Artificial Intelligence: What Should its Basis Be? », Revue des juristes de Sciences Po N °17, 2019, p.76, spec. pp.81-83. ただし、「事故」の概念による制約は働く（外来の突然かつ予測されない事象を指すものであるゆえ、たとえば家庭用ロボットによる事故の事例には適するものの、損害がロボットにより生じたのか個別の患者の状態により生じたのかが問題となる医療ロボットによる事故の事例には適さない）ことも指摘されている点に注意を要する。

[109] G. Borges (fn 37), 186-188（自動運転車による事故を素材として論じる）.

[110] Society5.0における新たなガバナンスモデル検討会「GOVERNANCE INNOVATION Ver.2 アジャイル・ガバナンスのデザインと実装に向けて」64頁で示唆されている「事業者が提供する製品やサービスから生じる法益侵害結果については、過失や製品の欠陥

の民事責任論においても、本質的な重要性を持つ。ヨーロッパでの議論においては、長く危険責任論の柔軟化要請と向き合ってきたオーストリアの論者により、AIシステムに起因する損害の賠償の問題を過失責任と危険責任のグラデーションの中に位置づける試みが示されているが、なお萌芽的なものにとどまっている[111]。いずれにせよ、かかる理論的考察を伴わない限り、単なる厳格責任の導入の主張は、危険責任論を換骨奪胎する（損害賠償を形式上中核としつつも実質的には無過失補償を実現する仕組みに転用する）ものにすぎなくなるように思われる。

イ 代位責任の活用

　AIシステムに起因する損害の賠償において共通して問題となっているのは、AIシステムが化体する物やそれを用いた活動が持つ法益侵害リスクの実現・帰責ではなく、むしろ自律的なAIシステムの個別的決定の過誤の帰責であり、これは«respondeat superior»（上級者をして答責せしめよ）の格言の妥当範囲そのものではないか。代位責任の規律枠組みによる対処の主張［→Ⅱ2(3)参照］はかかる認識に立ち、厳格責任論とは別の方法で既存の民事責任論の活用を図るものである。最も包括的な議論をする見解は[112]、AIシステムと人間の関わりの諸類型の1つとして前者が後者のデジタル・アクタン（補助者）として機能する局面を切り出した上で[113]、AIシステムを介した

の有無を問わず事業者に補償責任を負担させるという、現在よりも拡張された厳格責任（strict liability）制度」や稲谷ほか・前掲（注2）104頁が製造者の責任について示唆するのは、後者の方向性だろう。

111) B. A. Koch, The Grey Zone Between Fault and Strict Liability... and Where to Place AI, in S. Lohsse et al. (fn 4②), 27. E. Karner (fn 84), 122-123も参照。

112) A. Beckers et al. (fn 107) 45-88. なお、日本でも使用者責任の発想を物の挙動の局面に投影する発想が見られるが（錦織成史「医療機器事故に基づく民事責任（2完）」論叢115巻6号（1984）8頁等）、本文で紹介する見解は、AIが自律性を獲得していることをもって他人の行為による責任を語る点で相違するものといえる。

113) 論者は、本文で挙げた①デジタル技術が人間の活動を補助する局面における「自律性リスク」に対応するための代位責任のほか、②人間とデジタル技術が不可分の共同作用をする局面における「結合リスク」に対応するための企業責任、③複数のデジタル技術が組み合わさって集団的な作用をもたらす局面における「相互連結リスク」に対応するための集団基金責任という3つの規律枠組みを提示する。このうち②（A. Beckers et al. (fn 107), 89-110）は、AIシステムは財産を持たないゆえその背後者（製造者、プログラマー、販売業者等）の責任に帰着させるものであり、共同不法行為と類比されるものと

契約締結やAIシステムを介した履行に係る契約責任の問題と同様、AIシステムの稼働により第三者に損害が生じる場面でも、法的解決に必要な限度でアルゴリズムの法人格を観念してその挙動の適切性（注意義務違反）を問題とし、不適切である場合に本人（ユーザー・オペレーター）に責任を課すべきであるとする。専門グループ報告書で提案された構想［→Ⅱ2(3)］に法的構成（使用者責任[114]）を付与するものということができる。新製造物責任指令によりバックエンド・オペレーターの責任が強化された今、代位責任の規律枠組みこそ真剣な議論が必要であると評価する向きもある[115]。

厳格責任（危険責任）の規律枠組みとの対比での代位責任の規律枠組みの特徴は、①「特別な危険」の存否や被侵害利益の種類を問題としない（その結果、あらゆるAIシステムが・人格権侵害等のケースも含めて適用対象となる）点（反面、製造者への帰責はそもそも念頭に置かれず、製造物責任等に委ねられる）、②（責任主体の過失の有無を問わない点こそ同じだが）AIシステムの具体的挙動への否定的評価を要求することで伝統的な責任原因を保持する（過失責任等の既存の規律枠組みとの連続性が認められる）点にある。①のメリットが非常に大きい反面、②につき(i)AIシステムの具体的挙動の評価基準を何に求めるか、その前提として(ii)AIシステムに法人格を認めてよいかがネックとなることは、論者自身強く意識し、自説の正当化を試みる[116]。その主張には人間を中心に据えた形式的な論拠をもって代位責任の構成を断念すべき

いうことができよう。③については、後述ウにおける言及を参照。
114) 使用者自身の過失の不存在による免責証明を認めるか否かの立法主義の相違は、代位責任の規律枠組みの採否の表面的な考慮要素とはなり得るが、免責証明を認める国でも使用者責任全般において克服の試み（ドイツにおける民法典278条類推適用論等（G. Borges (fn 37), 181-182)）が有力に示されており、また、いずれにせよEUレベルでの調和が図られることになる問題であるゆえ、決定的であるとはいえない（E. Karner (fn 84), 120を参照）。
115) C. Wendehorst (fn 57), 121-124.
116) (i)については、アルゴリズムの一般的なパフォーマンスが人間のそれを下回っている段階では合理人との比較により、上回るに至った後は同種のアルゴリズムとの比較（最良性能が要求されるわけではない）で判断するという専門グループ報告書の立場を支持し、(ii)については、帰責という目的を実現するための便宜的なものであることを強調する。

でないとの気概が感じられるが、さらに指摘するならば、(i′)使用者責任と対比した場合、AIシステムとユーザー・オペレーターの間に指揮監督関係を観念しがたいにもかかわらず、後者が前者の挙動につき責任を負うことをいかに正当化し得るかという代位責任そのものの再構成の問題や、(ii′)AIシステムを「人」と見ることで「物」の作用による責任（瑕疵ないし欠陥を責任原因とする規律枠組み）を排斥することの適否という責任体系全体に関わる問題も伏在している。厳格責任論におけるのと匹敵するような根本的な再考察が、代位責任論でも要求されているといえよう。

　　ウ　補償基金による代替

　民事責任制度の限界（過失責任の追及困難性、厳格責任＝危険責任の妥当領域の限定性、代位責任の体系的考察の必要性、いずれにも妥当する製造者の責任追及手段の不十分性等）を前にして、責任制度によらない損害塡補、すなわち補償基金による補償に舵を切ることは考えられるか[117]。責任主体の不明・無保険等の場合に責任制度を補完する補償基金（補充的補償基金）に比して、責任の存在・確認を前提とせずに責任制度を代替する補償基金（一次的補償基金）は、責任制度への侵食がより強度なものであるだけに、ハードルが高い。「トランスフォーメーション・リスク」の社会的負担を是とする世論の醸成の必要性は、被害者の平等待遇の要請（なぜAIシステムに起因する損害を受けた者を特別に保護するのか）と相まって、かかる補償基金創設への難関となる。AIシステムに起因する損害の原因事象は個別性が高く、（責任主体への求償を制度に組み込み得るとはいえ）補償原資拠出の形で第一次的負担を広く潜在的加害者や（場合によって）社会一般に分散することは、一般的には正当化が難しいだろう。個別分野の検討から始めるべきことに異論はないものと思われる。

　それでも、補償基金の一般理論の充実はなお有用かつ必要である。2点を指摘しよう。第1は、補償基金の発動態様に関わる。AIによる「適用困難リスク」および「責任消失リスク」に照らすとき、（自動車事故に関する補充的

---

117) 栗田・前掲（注1）33頁、同・前掲（注2）224頁〜225頁、山口・前掲（注1）236頁〜237頁等。

補償基金で想定されているような）責任主体の無保険（責任が肯定されるとしても実現できない）・不明（現に存在する責任主体を把捉できない）のケースを超えて、責任要件の充足が困難であるケースで広く発動する補償基金の可能性が積極的に検討されてよいように思われる。実際、①「非結束的製造物」に関してAIシステムの法人格を肯定するという選択肢［→Ⅱ2(3)参照］は、責任主体たり得る者の中から責任主体を特定することの困難に対応するものであり、補償基金論に応用可能であろう。この発想を推し進めて、②複数のAIシステムが相互に接続されているケースにおける責任追及の困難について、「基金責任」（当該業種の事業者に市場占有率に基づく拠出負担を課し、当該業種の規制機関が基金を運営する）による対応を説く学説もある[118]。さらに、③補償基金の制度に慣れ親しんでいるフランスにおいて自動運転車事故の補償に関してなされる提言（運転者・製造者・基盤システム管理者・通信管理者・認証者等の責任追及が困難であることを前提に、責任主体を見出し得る場合は既存の賠償・補充的補償の仕組みが働く一方、見出し得ない場合はもっぱら基金による補償がされるという制度を提案）は[119]、より端的に責任要件の充足困難への対応を説くものといえよう。第2は、原資拠出を誰にどれだけ負担させるべきかである。原資拠出者や各自の負担を（潜在的な）民事責任の所在とは独立に設計し得る点が補償基金制度の特長の1つであることは疑いないが、さりとて完全に自由に決定し得るわけではなく、補償基金の正当化原理の拘束を受ける筋合いの問題である。原因者負担・受益者負担等の既存の考え方を精査して具体化する必要があるとともに、特に（新規技術の推進・規制において重要な役割を担う）国等による公的負担の発動の可能性も積極的に考慮すべきであろう。いうまでもなく、AIシステムに起因する損害の塡補に限られない問題であり、議論の深化が望まれる。

---

118) A. Beckers et al. (fn 107), 111-137.
119) M. Monot-Fouletier et M. Clément, « Véhicule autonome : vers une autonomie du régime de responsabilité applicable ? », D. 2018, p.129. フランスにおける医療事故補償の仕組み（医療従事者・医療機関の責任〔原則としてフォートによる責任〕を追求することができない場合に、全国医療事故等補償局（ONIAM）が全部補償をするが、損害の重大性が要求される）がモデルとされている。

13 「AIと民事責任」をめぐるヨーロッパの動向

おわりに

　本稿の内容を繰り返すことはしない。AIシステムに起因する損害の賠償・補償に関するヨーロッパの議論は、ＥＵレベルでの動向に主導されたことにより、活発ではありつつも限界を含むものであることには注意が必要である（人身・財産の侵害の事例を主に対象としていること、AIシステムの挙動自体によって法益侵害ないし損害が生じる事例を主に想定していること、〔製造物責任の調和の一方で一般不法行為法では〕各国法を前提とした穴埋め的・現実的な調和がひとまずは目指されていること、議論が未成熟の問題〔複数責任主体間の求償等〕もなお多いこと等）。それでも、自律性を本質視する問題定位のあり方は、既存の民事責任の規律枠組みやその外での損害填補制度のあり方を、その基礎的な建付けのレベルから再考させるに十分な意義を有する。「第２のシナリオ」を用意すべきか（人間による法益侵害リスクの制御を語るだけでは不十分な状況が訪れるか）は、技術の進展・実践の度合いとそれに対してとられる規制のあり方等に依存するが、いずれにせよ個別問題をにらみつつ民事責任ないし損害填補の体系全体を見据えた視点を持つことが有益であり、そのヒントを見出すことにこそ、この問題に関するヨーロッパの動向をフォローすることの価値が見出されよう。

14 AIに関する民事責任をめぐるドイツの議論の概要

京都大学教授　長野　史寛

I　はじめに

　近時、EUにおけるAIをめぐる立法動向が注目を集めているのは周知のとおりである。現時点における最大の成果は、2024年3月に成立したいわゆるAI規則であり、さらに民事責任に関する2つの指令がこれに続くものと目されている。

　こうしたEUレベルでの動向は、本書に所収の中原太郎教授の論稿において詳しく取り上げられている。そこで、本稿では、特にドイツ国内の議論状況に的を絞り、AIに関する民事責任をめぐってそこで展開されている解釈論および立法論を概観することにしたい。この点についてのドイツにおける議論は非常に盛んであり、ドイツの法学者の議論がEUレベルでの展開を牽引しているといえる面が一方ではあるとともに、他方でドイツに固有の実定法的状況や法伝統が議論を規定している面もあると思われる。そこでの議論状況は、歴史的にドイツ法と密接に関わってきた日本の民事責任法にとって、少なくとも1つの参照軸とはなるだろう。

　なお、本稿で取り上げる対象は、第1に、契約外責任（すなわち、広義での不法行為責任）に限定する。第2に、以上の問題に関するドイツ語圏の文献はすでに膨大な数に上るが、紙幅の制約と実益の観点から、以下では特に影響力が大きいと見られるものを重点的に取り上げることにする。

Ⅱ　問題の所在

　まず、ドイツにおいてAI技術が民事責任との関係でどのような特殊性を有すると理解されているかに触れておく。以下の点は、性質上、ドイツに特有の議論というわけではないものの、出発点として一応確認しておきたい。

1　想定されている事例群

　AIに関して民事責任が問題となり得る場面として想定されているものには、次のようなものがある。

　⑴　**交通・運送——自動運転・ドローン**

　議論の中心は、いうまでもなく自動運転であり、交通手段としての自動運転車や運送手段としてのドローンの使用に起因して人損・物損が生じる場面が典型的に想定されている。

　⑵　**医療・介護——画像診断・療法選択・手術ロボ・介護ロボ**

　それに次ぐ重要場面として位置づけられているのが、医療や介護におけるAIの利用である。AIによる不適切な画像診断や療法選択を参照した医師が誤った判断をすることや、手術や介護を直接に実行するAI搭載ロボットが不適切な動作をすることによって、患者の生命、身体または健康が害される場面が想定されている[1]。

　⑶　**その他**

　さらに、日常生活において想定される卑近な例として、掃除ロボや草刈ロボが誤作動により人損・物損を生じさせる場面がしばしば言及される。以上は人損・物損が問題となる場面だが、その他の法益の侵害が問題となる場面として、保険契約締結や企業の採用、融資の可否の審査などにおいてAIが使用され、そのAIが不当な差別に基づく判断をした結果、人格権侵害や純

---

[1] 議論の概観として、*Oliver Brand*, Haftung und Versicherung beim Einsatz von Robotik in Medizin und Pflege, MedR 2019, 943 ff.; *Christian Katzenmeier*, KI in der Medizin – Haftungsfragen, MedR 2021, 859 ff. 等参照。

第4章　AI・自動運転等のリスク

粋財産損害が生じる場合や、（固有の問題を含む場面として）生成 AI による著作権侵害の場面などが想定されている。

2　AIのリスク

以上のようなさまざまな場面で用いられる AI について、民事責任法上の特別の考慮を必要とするような、それに特有ないし典型的なリスクがいかなる点にあるかについては、さまざまな整理の仕方がある[2]。しかし、実質的には、次の2つのリスクが主要なものであることにつき概ね見解の一致があると見られる[3]。

(1) 自律性リスク

1つは、AI が開発者によって作成されたプログラムを実行するのではなく、機械学習によって自ら行動ルールを形成し、また変更していくことに起因するリスクであり、一般に自律性リスク（Autonomierisiko）と呼ばれる。これには、事前に AI の挙動を完全に予測することが難しいという側面と、実際の挙動について事後的にその原因を解明することもまた難しいという側面がある。前者は、AI を搭載した製造物の欠陥や AI の開発者または使用者の過失を認めることの妨げとなる。後者は、しばしば AI の「ブラックボックス」性と呼ばれ[4]、欠陥や過失と損害結果との因果関係の解明を困難にする。

---

2) 包括的な検討として、*Herbert Zech*, Risiken digitaler Systeme (2020)。
3) 以下の2つを挙げるものとして、*Gerhard Wagner*, Verantwortlichkeit im Zeichen digitaler Techniken, VersR 2020, 717 ff., 724 f.; *Herbert Zech*, Entscheidungen digitaler autonomer Systeme. Empfehlen sich Regelungen zu Verantwortung und Haftung?, Gutachten A zum 73. Deutschen Juristentags (2020) A 31 ff.; *Gerald Spindler*, Haftung für autonome Systeme – ein Update, in: Susanne Beck et al. (Hrsg.), Digitalisierung, Automatisierung, KI und Recht. Festgabe zum 10-jährigen Bestehen der Forschungsstelle RobotRecht (2020) 255 ff., 256 ff.; *Tina Dötsch*, Außervertragliche Haftung für Künstliche Intelligenz am Beispiel von autonomen Systemen (2023) 74 f. 等。
4) これを、自律性リスクと区別してそれと並ぶリスクとして掲げる文献も少なくない。例えば、*Martin Sommer*, Haftung für autonome Systeme. Verteilung der Risiken selbstlernender und vernetzter Algorithmen im Vertrags- und Deliktsrecht (2020) 41 ff.

(2) ネットワークリスク

もう1つは、（AIに「特有」とはいえないが）AIがインターネットを介してさまざまな装置や情報と結びついて作動することに起因するリスクであり、一般にネットワークリスク（Vernetzungsrisiko）と呼ばれる。これにより、一方で、損害結果を生じさせた原因の所在を確定することが困難となる。他方で、外部からもたらされた誤った情報による機械学習による不適切な作動のおそれや、外部からのサイバー攻撃への脆弱性といった問題が生じる。

III 現行法とその欠缺

以上のような問題を前にして、ドイツでは当初、既存の現行法でどこまでの対応ができるのか、そこには立法的対応を必要とするような「責任の空白（Haftungslücke）」が存在するのかどうかが中心的な論点となった。

1 使用者の責任

以下では、まずAIの使用者の責任に関する議論を概観する。

(1) 車両保有者責任

この議論において典型的に想定される自動運転車については、使用者の責任として、日本における運行供用者責任に対応する、ドイツ道路交通法7条に基づく車両保有者責任（Halterhaftung）が問題となる。

　ア　完全自動運転への適用をめぐる議論

これに関しては、とりわけ、完全自動運転の段階に到達した段階を想定して、そこでもなお保有者責任を認め得るのかが問題とされた。これについては、保有者責任は人間が自動車を運転することの危険に着目した責任であり、完全自動運転には適用されないとする見解も見られたものの[5]、少数にとどまった。むしろ、自動車の交通に内在するいかなる危険も保有者責任の対象であり、同責任は完全自動運転についても問題なく認められるとの理解が支

5）*Jan-Erik Schirmer*, Robotik und Verkehr. Was bleibt von der Halterhaftung?, RW 2018, 453 ff., 467 ff.

353

配的となっていった[6]。

　　イ　立法的解決——肯定説の明確化
　こうした動向を受けて、現在では以上の問題は立法的に解決されるに至っている。すなわち、2021年7月に成立し施行された道路交通法改正によって、完全自動運転に対応した「自動運転機能付き車両（Kraftfahrzeug mit autonomer Fahrfunktion）」の定義とその運行が認められるための条件を定める規定が導入された。これにより、「自動運転機能付き車両」による完全自動運転についても同法7条の車両保有者責任が認められることが条文上明確にされたと解されている[7]。

(2)　動物保有者責任（民法833条）の類推
　自動運転車以外のAI技術については、一部に、動物保有者責任に関するドイツ民法833条の類推適用を説く見解がある。

　　ア　前提——ドイツ民法833条
　民法833条は、動物によって生じた人損・物損につき、動物保有者（Tierhalter）に原則として危険責任を負わせる（第1文）。しかし、例外として、いわゆる家畜（Nutztier）については、過失の推定を伴う過失責任を課すにとどめている（第2文）。その結果、第1文の原則が妥当するのは、いわゆる愛玩用動物（Luxustier）に限られることになっている[8]。

　　イ　類推適用肯定説
　この民法833条をAIに類推適用し得ると説く見解は、自律的に行動し、その行動が完全に予測できない点で、動物とAIは共通するということを論拠とする。もっとも、この見解の中にも、第1文の類推により危険責任を認めるものと[9]、AIは愛玩用動物よりむしろ家畜に相当するとして、第2文の

---

6) *Gerhard Wagner*, Produkthaftung für autonome Systeme, AcP 217 (2017) 707, 758; *Zech*, a.a.O. (Fn. 3) Gutachten A. 61 f. 等。
7) *Gerald Spindler*, Neue Haftungsregelungen für autonome Systeme?, JZ 2022, 793, 798.
8) 民法833条については、椿寿夫＝右近健男編『注釈ドイツ不当利得・不法行為法』（三省堂、1990）149頁以下〔青野博之〕参照。
9) *Nico Brunotte*, Virtuelle Assistenten - Digitale Helfer in der Kundenkommunikation. Haftung und Verbraucherschutz, CR 2017, 583 ff., 585 f.

類推により推定された過失責任のみを認めるものがある[10]。

　ウ　問題点

　もっとも、第1文の危険責任の類推可能性に関しては、そもそもドイツでは、法的安定性・予測可能性を重視する見地から、危険責任規定の類推適用は一般に認められていないことが支障となる[11]。実質的にも、動物が本能的・衝動的に加害行為に出る危険とAIが行動ルールの不完全さゆえに損害を加える危険とは異質であり類推の基礎を欠くとか[12]、AIの場合には製造者の責任追及の可能性がある点で動物の場合と異なる[13]といった批判がある。さらに、民法833条の区分に照らすと、事業用のAIについては第2文による推定された過失責任が妥当するのに対し、そうでないAIについては第1文による危険責任が妥当することになりそうだが、これはむしろ逆でないとおかしいとの指摘がある[14]。こうしたことから、以上の見解はそれほど支持を集めていない。

(3)　使用者責任（民法831条1項）の類推

　ア　可能性

　現行法の枠内で可能な対応として、学説上より好意的に受け止められているのが、使用者責任に関する民法831条1項の類推適用である。この点については、完全に行動が予測できない存在を自身の利益のために利用するという点で異ならないとして、類推適用を肯定する見解がかなり有力である[15]。

---

10)　例えば、*Renate Schaub*, Interaktion von Mensch und Maschine. Haftungs- und immaterialgüterrechtliche Fragen bei eigenständigen Weiterentwicklungen autonomer Systeme, JZ 2017, 342 ff., 348; *Brand*, a.a.O. (Fn. 1) 949など。

11)　*Georg Borges*, Haftung für KI-Systeme. Konzepte und Adressaten der Haftung, CR 2022, 553 ff., 557.

12)　*Thomas Schulz*, Verantwortlichkeit bei autonom agierenden Systemen (2015) 156; *Wagner*, a.a.O. (Fn. 3) VersR 2020, 731.

13)　*Susanne Horner/Markus Kaulartz*, Haftung 4.0. Verschiebung des Sorgfaltsmaßstabs bei Herstellung und Nutzung autonomer Systeme, CR 2016, 7 ff., 14.

14)　*Georg Borges*, Rechtliche Rahmenbedingungen für autonome Systeme, NJW 2018, 977, 981; *Zech*, a.a.O. (Fn. 3) Gutachten A 66.

15)　*Horner/Kaulartz*, a.a.O. (Fn. 13) 9; *Michael Denga*, Deliktische Haftung für künstliche Intelligenz. Warum die Verschuldenshaftung des BGB auch künftig die bessere Schadensausgleichsordnung bedeutet, CR 2018, 69 ff., 74 ff.; *Philipp Hacker*, Verhaltens- und

第 4 章　AI・自動運転等のリスク

AI は法人格を有しないためその違法な行為を観念できない[16]という点は、類推によって克服可能なものと解される傾向にある。

　　イ　問題点――免責の可能性

　もっとも、ドイツの使用者責任においては、日本と異なり、使用者が選任・監督に際して注意を尽くしたことの証明による免責が条文どおり認められている。AI に関しては、その挙動の予測困難性ゆえに、使用者に選任・監督上の義務違反なしとの証明が比較的容易に可能と予想され、そうだとすると、使用者責任の類推適用によって得られるものはそれほど大きくない、という限界も指摘されている[17]。

(4)　過失責任

　　ア　一般的理解

　以上に対して、絶対権侵害についての一般的な過失責任を定めるドイツ民法823条 1 項が AI による加害の場面でも適用可能なことには、異論がない。その上で、AI の使用者が負うべき社会生活上の義務（Verkehrspflicht）の具体的内容を解明する作業に精力が注がれている[18]。もっとも、ここでも、AI の挙動の予測困難性ゆえに、使用者の義務違反を認めることができない場合が少なくないと考えられている[19]。

　　イ　過失責任の厳格化？

　もっとも、この点に関して、過失責任の厳格化を指向する見解も一部に見られる。それによると、その挙動が予測・統制できないような危険源を使用

Wissenszurechnung beim Einsatz von Künstlicher Intelligenz, RW 2018, 243 ff., 265 ff.; *Zech*, a.a.O. (Fn. 3) Gutachten A 76 f.; *Sommer*, a.a.O. (Fn. 4) 303 ff. など。

[16]　*Brand*, a.a.O. (Fn. 1) 949など。

[17]　*Herbert Zech*, Zivilrechtliche Haftung für den Einsatz von Robotern – Zuweisung von Automatisierungs- und Autonomierisiken, in: Sabine Gless/Kurt Seelmann (Hrsg.), Intelligente Agenten und das Recht (2016) 163 ff., 190; *Gunther Teubner*, Digitale Rechtssubjekte? Zum privatrechtlichen Status autonomer Softwareagenten, AcP 218 (2018) 155 ff., 190; *Brand*, a.a.O. (Fn. 1) 949; *Wagner*, a.a.O. (Fn. 3) VersR 2020, 730など。

[18]　*Meik Thöne*, Autonome Systeme und deliktische Haftung. Verschulden als Instrument adäquater Haftungsallokation? (2020) 195 ff.; *Dötsch*, a.a.O. (Fn. 3) 132 ff. 等。

[19]　*Wagner*, a.a.O. (Fn. 3) VersR 2020, 734; *Spindler*, a.a.O. (Fn. 7) JZ 2022, 795 f; *Borges*, a.a.O. (Fn. 11) CR 2022, 554等。

することは、継続的な監視を行うなどの危険防止措置を伴わない限り、それ自体原則として義務違反だとされる[20]。

しかし、これに対しては、一般に社会生活上の義務として絶対的な安全性の実現まで求められてはいないとか[21]、その理解の下ではAIの使用に対して差止請求（いわゆる一般的不作為の訴え〔allgemeine Unterlassungsklage〕[22]）ができることになってしまう[23]などの問題点が指摘されており、少数説にとどまっている。

2　製造者の責任

次に、製造者の責任としては、製造物責任法（Produkthaftungsgesetz）に基づく製造物責任と、民法823条1項に基づくいわゆる製造者責任（Produzentenhaftung）とがある。両者の関係については、前者における欠陥（Fehler）と後者における過失とは同一内容であり、したがって、前者において製造上の欠陥が無過失責任である点と、後者においては後述する製造物監視義務が認められるという点を除けば、両者は基本的に同一に帰するというのが通説的な理解である[24]。それを踏まえつつ、以下ではまず製造物責任に関する議論を概観する。

(1)　製造物責任

AIについての製造物責任に関してはさまざまな論点が議論の対象となっているが、以下では特に欠陥と開発危険の抗弁に関する議論を取り上げる[25]。なお、ソフトウェアとしてのAIそれ自体が「製造物」に当たるかという点

---

20) *Zech*, a.a.O. (Fn. 17) Zivilrechtliche Haftung für den Einsatz von Robotern, 194; *ders*., a.a.O. (Fn. 3) Gutachten, A 55 f.
21) *Wagner*, a.a.O. (Fn. 3) VersR 2020, 727.
22) これについては、中井美雄『民事救済法理の展開』（有斐閣、1981）1頁以下，藤岡康宏『損害賠償法の構造』（成文堂、2002）334頁以下等を参照。
23) *Spindler*, a.a.O. (Fn. 7) JZ 2022, 799（もっとも、Zech の見解への直接の言及はない）．
24) *Wagner*, a.a.O. (Fn. 6) AcP 217, 711 ff. 等参照。
25) それ以外にも、前述したAIの「製造物」該当性のほか、「製造者」の範囲、欠陥の有無の基準時などの問題がある。これらはいずれも、後に触れる製造物責任指令改正案において一定の対処が予定されている。

については、現行法の解釈論として肯定に解する見解が多数である[26]。

ア　設計上の欠陥の判断規準——危険効用規準

AIに関して実際に問題となり得る欠陥類型は設計上の欠陥および指示・警告上の欠陥であり、そのうち特に難しい問題があるのは前者である。設計上の欠陥一般について、ドイツでは、より安全な代替的設計を採用することによる効用がそのためのコストを上回る場合に欠陥を肯定する、いわゆる危険効用規準（risk-utility test）が判例・学説上支持されている[27]。

イ　AIの欠陥判断

他方、AIの欠陥の判断に関しては、次の2つの観点からの議論が展開されている。

1つは、システムレベルでの安全性の程度（すなわち、全体としての事故発生率の程度）に着目する議論である。それによると、AIはシステムレベルで機械学習による行動ルールを形成しており、その結果人間がミスをするのとは異なる場面でミスをする。したがって、具体的な場面における作動の適否を問うのではなく、システム全体としての安全性を問う必要がある[28]。

具体的には、AIを使用した場合の事故発生率が、従来と同様の形で人間がそれに対応する活動をした場合の事故発生率を上回る場合には、当該AIには欠陥がある。さらに、その種のAIが実際に社会で利用されるようになった段階では、そうした人間による活動との比較に加えて、それに相当する「合理的な」AIと同等以上の安全性を備えていなければ、やはり当該AIには欠陥があることになる。

---

[26] *Wagner*, a.a.O. (Fn. 6) AcP 217, 716 ff.; *Zech*, a.a.O. (Fn. 3) Gutachten, A 68; *Spindler*, a.a.O. (Fn. 7) JZ 2022, 797.

[27] *Wagner*, a.a.O. (Fn. 6) AcP 217, 731 ff.; *Zech*, a.a.O. (Fn. 3) Gutachten, A 69. いわゆる消費者期待規準（consumer expectations test）については、消費者の合理的な期待とは何かをそれ自体として明らかにすることはできず、結局のところ費用便益分析の発想に行き着かざるを得ないとして、斥けられている。たとえば、*Wagner*, a.a.O.; *Sommer*, a.a.O. (Fn. 4) 232; *Philipp Hacker*, The European AI liability directives – Critique of a half-hearted approach and lessons for the future, Computer Law & Security Review 51 (2023) 105871, 14等参照。

[28] *Wagner*, a.a.O. (Fn. 6) AcP 217, 733 ff.; *Zech*, a.a.O. (Fn. 3) Gutachten, A 69 f.; *Katzenmeier*, a.a.O. (Fn. 1) 862など。

もう1つは、選択可能な具体的な代替設計が存在する場合に、その効用とコストを衡量によりそこからの逸脱が欠陥に当たるかどうかを判断するという議論である[29]。この視点と上記のシステムレベルでの安全性を問う視点との関係は、後者が欠陥なしとされるための最低限の要請であるのに対し、前者が具体的な代替設計が考えられる場合の上乗せだとされる。

　ウ　開発危険の抗弁の可否

　AIに欠陥が認められるとした場合、開発危険の抗弁は原則として認められないとするのが多数の見解である。AIが自律性リスクを有するということ自体はすでにわかっていることであり、同抗弁の排除との関係では、そのような抽象的なレベルの予見可能性さえあれば足りるというわけである[30]。

(2) 製造者責任──製造物監視義務

　製造物責任が製造物を流通に置いた時点での欠陥のみを対象とするのに対し、不法行為法上の製造者責任は、その後の時点でも製造者に製造物監視義務（Produktbeobachtungspflicht）を課すことができる点で、より射程が広い。

　この製造物監視義務に関して、判例は、通常の製造物に関して、事後的に発覚した危険について警告を発することによって損害を防止できる場合には、製造物の回収・修補義務までは課されないとする。しかし、この点は、AIに関しては別異に解すべきだとする見解が支配的である。それによると、AIについては通常インターネットを通じたアップデートの提供が可能なはずであり、また、以降販売する製品のためどのみち問題の解決が必要となる以上、それを既存製品のためのアップデートとして提供することに追加的コストはほぼかからない。そうであれば、そうしたアップデートの提供義務を課すのが合理的だというわけである[31]。

---

29) *Ann-Kristin Mayrhofer*, Außervertragliche Haftung für fremde Autonomie (2023) 267 ff.; *Dötsch*, a.a.O. (Fn. 3) 202 ff. 等。
30) *Wagner*, a.a.O. (Fn. 6) AcP 217, 750; *Zech*, a.a.O. (Fn. 3) Gutachten, A 71; *Mayrhofer*, a.a.O. (Fn. 29) 311; *Katzenmeier*, a.a.O. (Fn. 1) 863等参照。
31) *Wagner*, a.a.O. (Fn. 6) AcP 217, 755 ff.; *Zech*, a.a.O. (Fn. 3) Gutachten, A 72 f. 等参照。

3　証明の困難——特に欠陥、因果関係

以上のほか、手続法レベルでは、AIの自律性リスク（特にブラックボックス性）およびネットワークリスクの帰結として、AIの欠陥や過失ないし欠陥と損害結果との因果関係の証明が被害者にとってきわめて困難であり、表見証明などの既存の証明責任軽減の法理によっても十分な対応は難しいという問題がある。この点については、議論の細部の違いこそあれ、広く認識の一致がある[32]。

4　小括——現状の評価

以上のように、AIがもたらす損害に対して、現行の民事責任法はまったく無力というわけではなく、損害填補機能および抑止機能をそれなりに実現し得る。しかし、特に証明責任の問題まで視野に入れたときには、やはり十分な規律が整備されているとはいいがたく、一定の「責任の空白」があるといわざるを得ない。ドイツの学説は、こうした評価においておおむね一致しているといえる[33]。

IV　立法論

1　議論動向と検討対象

以上のような現行法の解釈論を背景に、また EU の立法に向けた動向にも刺激される形で、ドイツでは AI についての民事責任をめぐる立法論が盛んに展開されてきた。そこでの議論は多様だが、大きく2つのレベルに分ける

---

[32] 包括的な検討として、*Sommer*, a.a.O. (Fn. 4) 343 ff.; *Dötsch*, a.a.O. (Fn. 3) 270 ff., 285; *Mayrhofer*, a.a.O. (Fn. 29) 332 ff., 351 ff. 等参照。
[33] *Wagner*, a.a.O. (Fn. 3) VersR 2020, 734; *Spindler*, a.a.O. (Fn. 7) JZ 2022, 796; *Borges*, a.a.O. (Fn. 11) CR 2022, 554; *Meyrhofer*, a.a.O. (Fn. 29) 384等。もっとも、懐疑的なものとして、*Meik Thöne*, Autonome Systeme und deliktische Haftung. Verschulden als Instrument adäquater Haftungsallokation? (2020) 185 ff.

ことができそうである。1つは、現行法における民事責任の枠組みをひとまず前提とした上で、製造物責任法の射程の拡張や、過失または欠陥、因果関係についての証明責任の規律の合理化を指向する議論であり、いわば「小さな改革」を目指すものといえる。もう1つは、AIに起因する損害について、そもそも誰がどのような枠組みのもとで責任を負うのが適切かを、現行法から離れて根本的に考え直そうとする議論であり、いわば「大きな改革」を目指すものといえる。

　2022年にEU委員会が公表した2つの指令案[34]は、このうち「小さな改革」の路線を進むものであり、その限度では改革の実現がほぼ既定路線となったといえる。その後の議論も、この路線を前提とした上で、その規律の細部にわたる適否に重心が移ってきている。

　こうした議論の重要性にはもちろん疑いがないものの、特に証明責任に関する規律をはじめ、技術的な問題という性格が強い印象を受ける。むしろ、日本における議論の到達度に照らして見たときには、それに論理的に先行する「大きな改革」をめぐる議論のほうがより関心を惹くように思われる。そうした理由から、以下では、ある時点までドイツにおける立法論議の中心をなしていた、「大きな改革」に関連する議論を概観することにしたい。

2　危険責任

　そうした立法論議の中で最も大きな論点の1つが、AIについて新たに危険責任を導入することの当否である。

(1) 要否

ア　前提——既存の危険責任の維持

　まず前提として、自動車事故のように、従来から危険責任が存在する場面では、それを維持した上で、AIによる加害も——実質的に異なる扱いが要請されるのでない限り——その他の加害と同様にその枠内で処理すべきだと

---

[34]　製造物責任指令改正案(COM(2022) 495 final)とAI責任指令案(COM(2022) 496 final)。これらについては、本書所収の中原太郎教授の論稿を参照。

説かれている[35]。加害が AI によるかどうかで責任の枠組みを異ならせるのは、ルールを複雑にするだけで意味がないというのが、その理由である。この点については、明示的に言及しないものも含め、おおむね見解の一致があるものと思われる。

　　イ　新たな危険責任

　そこで、問題は、AI による加害を対象に含む危険責任を新たに導入すべきかどうかだということになる。この点につき、学説は積極論と慎重論に二分している。

　積極論の立場からは、おおむね以下のような、危険責任一般について多かれ少なかれ説かれる理由が挙げられている[36]。これは、危険責任がとりわけ新規の科学技術への望ましい法対応として理解されることが多い[37]ことからは、ごく自然なことといえる。

　①　危険責任によれば、事前予測の不可能な（したがって、過失が認められない）損害結果についても行為者への内部化が実現されるため、AI 技術の使用頻度（いわゆる活動水準）が適切な程度に維持される[38]。

　②　AI のような新規の科学技術については、裁判所の判断能力に限界があり、むしろ開発に携わる私人に合理的判断を委ねるべきである。それにもかかわらず過失責任により対処することになれば、裁判所がいかなる場合に過失を認めるかの予測が困難となり、法的安定性が害される[39]。

　③　AI の開発者または使用者に危険責任を課すことにより、リスクを制御して事故を回避するための研究・開発が促進される（イノベーション

---

35) *Gerhard Wagner*, Haftung für Künstliche Intelligenz - Eine Gesetzesinitiative des Europäischen Parlaments, ZEuP 2021, 545 ff., 562 f.; *Christiane Wendehorst*, Strict Liability for AI and other Emerging Technologies, JETL 2020, 150 ff., 177.

36) おそらくこれらがごく常識的な論拠であることから、危険責任導入を説く際に特にこれらへの言及がされないことの方がむしろ多い。

37) *Herbert Zech*, Gefährdungshaftung und neue Technologien, JZ 2013, 21 ff.

38) *Zech*, a.a.O. (Fn. 3) Gutachten, A 93; *Sommer*, a.a.O. (Fn. 4) 463 f.

39) *Ruth Janal*, Die deliktische Haftung beim Einsatz von Robotern – Lehren aus der Haftung für Sachen und Gehilfen, in: Sabine Gless/Kurt Seelmann (Hrsg.), Intelligente Agenten und das Recht (2016) 141 ff., 155; *Zech*, a.a.O. (Fn. 3) Gutachten, A 92, 94; *Gerald Spindler*, Gutachten zur Haftung und Regulierung von Künstlicher Intelligenz auf nationaler Ebene (2023) 47 ff. 等。

への圧力〔Innovationsdruck〕)[40]。

以上に対し、危険責任の拡張に慎重ないし否定的な見解もかなり有力である。そこでは、次のような問題点が指摘されている。

① 危険責任において一般に想定される、責任主体による注意水準および活動水準の調整は、責任主体によるリスクの予測・統制が可能であることを前提とする。AIのようにまったく予測不能な損害が生じ得る場面では、責任主体が自身の活動の効用とコストを比較した上で合理的に行動するというモデルは機能し得ない[41]。

② 危険責任によって責任主体が事前に予測できない損害リスクを負担させられることになれば、新規技術の開発や利用に対する過渡の萎縮となる[42]。

③ 自動車や飛行機の使用を始め、危険責任による対処が必要と考えられるほど危険な活動は、ほぼ既存の危険責任によってカバーされている。それによってカバーされていない活動は、そもそもそれほど危険なものではなく、そのためにAIを用いているからというだけの理由で危険責任を導入する必要があるか疑わしい[43]。

(2) 責任主体

新たな危険責任の導入が肯定される場合、その具体的な内容として、まず誰にその責任を課すかが問題となる。これについては、さまざまな見解が見られる。

---

40) *Zech*, a.a.O. (Fn. 3) Gutachten, A 93. 危険責任による「イノベーションへの圧力」につき一般的に、*Andreas Blaschczok*, Gefährdungshaftung und Risikozuweisung (1993) 306 ff. 参照。
41) *Denga*, a.a.O. (Fn. 15) 76; *Brand*, a.a.O. (Fn. 1) 948.
42) *Denga*, a.a.O. (Fn. 15) 76; *Katzenmeier*, a.a.O. (Fn. 1) 864. その延長線上に、製造者の製造物責任を逆に軽減すべきだとの主張すら見られるが (*Lennart S. Lutz*, Autonome Fahrzeuge als rechtliche Herausforderung, NJW 2015, 119 ff., 120 f.)、支持する者は見られない (批判として、例えば *Wagner*, a.a.O. (Fn.6) AcP 217, 759 ff.)。
43) *Christiane Wendehorst*, AI liability in Europe - anticipating the EU AI Liability Directive (2022) 15.

ア　製造者に限定する立場

　一方の極には、AIシステムの製造者に責任主体を限定する見解がある[44]。AIの挙動のあり方を決定する立場にあるのは製造者であり[45]、「イノベーションへの圧力」をかけることに意味があるのも製造者である[46]ことが、その理由とされる。逆に、利用者はAIの挙動に干渉できない以上、その責任を厳格化することは不適切だとされる[47]。

　なお、この議論において「製造者」として想定される者の範囲は必ずしも明確でない。当初のシステムの製造者が含まれることは疑いない一方で、アップデートを通じてシステムを管理する者や、自らの利用を通じて情報をAIの機械学習に供する者もこれに含ませる見解もある[48]。

イ　利用者に限定する立場

　他方の極には、もっぱら利用者の危険責任を問題とする見解が見られる[49]。AIを利用するかどうか自ら決定し、その利用によって利益を受けているのは利用者であることが理由として挙げられる[50]。この立場においては、なぜ製造者ではなく利用者なのかという点が説明されることがあまりないようだが、ここでも開発への萎縮効果が懸念されている可能性がある。

ウ　製造者＋専門的利用者とする立場

　中間的な立場の1つとして、製造者に加えて、AIについての専門的知見を有する利用者にも危険責任を課すべきだとする見解も有力である[51]。これは、専門的な利用者であればAIのリスクに対して一定の影響を及ぼし得るとの理由による。他方、消費者や、事業者でも専門的知見を有しない者は、

---

44) *Sommer*, a.a.O. (Fn. 4) 465; *Wagner*, a.a.O. (Fn. 3) VersR 2020, 734 ff.; *Meyrhofer*, a.a.O. (Fn. 29) 373 ff. 等。
45) *Wagner*, a.a.O. (Fn. 3) VersR 2020, 734.
46) *Mayrhofer*, a.a.O. (Fn. 29) 375.
47) *Wagner*, a.a.O. (Fn. 35) ZEuP 2021, 550 ff.
48) *Mayrhofer*, a.a.O. (Fn. 29) 245 ff., 375, 381.
49) *Peter Bräutigam/Thomas Klindt*, Industrie 4.0, das Internet der Dinge und das Recht, NJW 2015, 1137 ff., 1139; *Olaf Sosnitza*, Das Internet der Dinge - Herausforderung oder gewohntes Terrain für das Zivilrecht?, CR 2016, 764 ff., 772; *Schirmer*, a.a.O. (Fn. 5) 473.
50) *Schirmer*, a.a.O. (Fn. 5) 473.
51) *Zech*, a.a.O. (Fn. 3) Gutachten, A 88 ff., A 100 f.; *Spindler*, a.a.O. (Fn. 7) JZ 2022, 799 f.

責任主体から除くべきだとされる。

エ　場面ごとの個別的判断を支持する立場

　もう1つの中間的立場として、AIが用いられる場面ごとに個別に判断する必要を説くものがある。すなわち、それぞれの分野ごとに製造者と利用者のいずれがAIのリスクに対してより大きな影響を及ぼし得るかを特定し、その一方または双方に危険責任を課すべきだとされる[52]。

オ　小　括

　以上のように、見解は多様に分かれているものの、これらはおそらく、――最後の見解に示唆されているように――技術的前提に関する想定の相違に由来する部分が大きい。すなわち、危険源の支配あるところに責任あり[53]との一般的理解は共有された上で、具体的に誰がどの程度の支配を有しているのかについての認識が一致していないにすぎないと思われる。

(3)　責任原因――危険源の範囲

　次に、新たに危険責任を設けるとした場合に、責任原因となる危険源をどのように確定するかという問題がある。これには、危険源の内容をどのように捉えるかという問題と、その範囲をどのようにして画定するかという問題がある。

ア　危険源の内容

　まず、危険源の内容に関しては、表現は多様ながら、要するに「AIに特有の危険」を捕捉しようとするのが一般的な傾向である[54]。これによると、第1に、AIの自律性リスクが含まれるのは疑いがない。もっとも、いかなる場合に自律性リスクの現実化があるといえるのかは微妙な問題に見える。この点、ある見解は、AIの挙動が社会通念上の期待に合致しない場合にそれ

---

52) Borges, a.a.O. (Fn. 11) CR 2022, 559 f.
53) Wagner, a.a.O. (Fn. 3) VersR 2020, 717, 725.
54) たとえば、Janal, a.a.O. (Fn. 39) 158 (「特有の自律性リスク」); Zech, a.a.O. (Fn. 9) Gutachten, A 101 f. (「デジタルシステムの学習能力およびネットワークとの接続に基づくリスク」); Sommer, a.a.O. (Fn. 4) 466 (「特有の自律性リスク」); Wagner, a.a.O. (Fn. 3) VersR 2020, 735 (「AIに特有の危険〔デジタルリスク〕」) 等参照。

を肯定する[55]。第2に、ネットワークリスクも AI に少なくとも典型的なリスクとしてそこに含める可能性がある[56]。外部からの悪意ある攻撃に起因して生じた加害が、その現実化の典型例といえよう。

　他方で、以上とはニュアンスが異なると見られる見解も主張されている。この見解は、既存の危険責任がカバーしない何らかの活動について新たな危険責任を設ける必要があるのであれば、当該活動全般を対象とすべきで、AI による場合のみに限定すべきではないと説く[57]。ここでは、AI に特有の危険に着目しているのではなく、AI を用いて行われる（こともあれば、人間によって行われることもある）具体的な活動それ自体に内在する危険が責任原因とされているようであり、その点で上記の一般的理解とは根本的に異なる見方をしていると考えられる。

　イ　危険源の範囲

　危険源の範囲については、およそいかなる AI についても等しく危険責任を認めるべきではなく、「特別な危険」が認められるものに限るべきだという点において認識の一致がある。もっとも、その上で、その実現方法としては、AI についての一般条項的な危険責任規定を設けた上で具体的な判断を裁判官に委ねる見解[58]と、（ドイツ法の伝統に倣って）立法の段階で特定の活動分野ごとに具体化された危険責任規定を個別に設けるべきだとする見解[59]とに分かれている。

(4)　保護法益

　新たに危険責任を導入する場合の保護法益については、生命・身体・健康

---

55) *Janal*, a.a.O. (Fn. 39) 159.
56) （注54）に掲げた Zech による定式化を参照。
57) *Christiane Wendehorst*, Product Liability or Operator Liability for AI – What is the Best Way Forward? in: Sebastian Lohsse et al. (eds.), Liability for AI (2023) 99 ff., 119.
58) *Schirmer*, a.a.O. (Fn. 5) 476; *Zech*, a.a.O. (Fn. 3) Gutachten, A 99; *Mayrhofer*, a.a.O. (Fn. 29) 402 (「小さな一般条項」)等。
59) *Gerald Spindler*, User Liability and Strict Liability in the Internet of Things and for Robots, in: Sebastian Lohsse et al. (Hrsg.), Liability for Artificial Intelligence and the Internet of Things (2019) 125 ff., 136; *Borges*, a.a.O. (Fn. 11) CR 2022, 557, 560等。

および財産権（いわゆる絶対権）に限定すべきとする立場が支配的である[60]。この点、一方で、AIに関連して特に規律を設ける必要があるとすれば、それは不当な差別による人格権侵害や純粋財産損害の場面であるとの指摘もされているが[61]、そこまで危険責任の保護法益に含めるべきだとする見解はごく少数にとどまる[62]。それでも上記のような限定が維持されるのは、絶対権以外の法益を危険責任の保護対象に含めると責任の範囲が際限なく広がってしまうとの懸念が共有されているからである。

(5) **責任限度額の必要性**

新たな危険責任の導入が肯定される場合であっても、付保可能性を確保するために責任限度額の設定が不可欠だというのが、ほぼ異論のない通説的な見解である[63]。ドイツにおける危険責任は、その多くにつき同様の趣旨に基づく責任限度額の定めがあり[64]、ここでも同様の扱いが当然視されているわけである[65]。

(6) **強制責任保険の要否**

危険責任を新たに導入するとした場合の強制責任保険の要否については、見込まれる損害が莫大で、責任主体倒産による損害の内部化失敗のおそれが典型的に認められる分野に限って導入すべきとの議論が一般的である[66]。

---

60) *Zech*, a.a.O. (Fn. 3) Gutachten A 100; *Spindler*, a.a.O. (Fn. 39) Gutachten, 47; *Wendehorst*, a.a.O. (Fn. 57) Product Liability or Operator Liability for AI, 119等。
61) *Wendehorst*, a.a.O. (Fn. 35) JETL 2020,170; 179; *Hacker*, a.a.O. (Fn. 27) Computer Law & Security Review 51, 28等。
62) *Sommer*, a.a.O (Fn. 4) 465 f.（人格権侵害）; *Hacker*, a.a.O. (Fn. 27) Computer Law & Security Review 51, 31（純粋財産損害）等。
63) *Zech*, a.a.O. (Fn. 3) Gutachten, A 103; *Spindler*, a.a.O. (Fn. 59) User Liability and Strict Liability in the Internet of Things and for Robots, 137等。
64) 浦川道太郎『ドイツにおける危険責任』（成文堂、2021）186頁以下参照。
65) ここには、危険責任を、個人責任というより潜在的加害者集団の責任として捉える見方がうかがわれる。
66) *Georg Borges*, New Liability Concepts: the Potential of Insurance and Compensation Funds, in: Sebastian Lohsse et al. (eds.), Liability for Artificial Intelligence and the Internet of Things (2019) 145 ff., 153 ff.; *Helmut Heiss*, Liability for Artificial Intelligence (AI): Solutions Provided by Insurance Law, in: Sebastian Lohsse et al. (Eds.), Liability for AI (2023) 245 ff., 259 ff.

3 使用者責任——「デジタル補助者責任」の可能性

(1) 内　容

以上の危険責任とは区別して論じられているのが、AIの不適切な作動によって損害が生じた場合に、その使用者に無過失責任を負わせるべきではないかという問題である。この責任は、日本法における意味での使用者責任や英米法における respondeat superior に対応するものであるが、ドイツ法においては、履行補助者責任（民法278条）に対応する扱いということになるため、その提唱者はこれを「デジタル補助者責任（digitale Assistenzhaftung）」と称している[67]。

この見解は、AIによる損害につき使用者に免責の余地のない責任を認めるべきだとしつつ、その責任と危険責任との相違を強調する。それによると、危険責任が適法な危険行為についての責任であるのに対し、AIの使用者の責任はAIの「違法な」行為を前提とする点で、両者の間には根本的な相違がある[68]。

AIの違法な行為という要件に関しては、人間の注意水準が最低限である一方、AIの判断レベルが向上してくればより高度の注意水準が求められ得るとされる。

(2) 批　判

これに対しては、AIは権利能力を有しないがゆえに「違法な」行為を犯し得ないといった（あまり重要とは思われない）批判[69]のほか、人間とAIとでは犯すミスの内容が異なるため両者の比較は適当でないのではないかといった指摘がある[70]。

理論的にはより重要と思われる指摘として、指摘される危険責任との相違

---

67) *Teubner*, a.a.O. (Fn. 17) 189 ff. 実質的に同旨を説くものとして、*Wendehorst*, a.a.O. (Fn. 57) Product Liability or Operator Liability for AI, 121 ff.
68) *Teubner*, a.a.O. (Fn. 17) 191 ff.; *Katzenmeier*, a.a.O. (Fn. 1) 864.
69) *Brand*, a.a.O. (Fn. 1) 949等。
70) *Zech*, a.a.O. (Fn. 3) Gutachten, A 79. しかし、具体的な挙動の適否ではなく製品それ自体の欠陥が問われる製造物責任の場面との混同があるようにも思われる。

を疑問視するものもある。それによると、AI の自律性リスクに鑑みると、AI が判断ミスを犯すというのは、まさにそうしたリスクの現実化にほかならず、そうであればやはり危険責任として捉えるべきではないかとされる[71]。

4　補償基金による対処

以上のほかに、民事責任に代えて、あるいはそれを補完するものとして、補償基金（Entschädigungsfonds）による被害救済の必要性を説く見解もある。これには、民事責任の代替手段として構想されるものと、それを存続させた上でその補完を目指すものとがある。

(1)　代替的基金

前者の見解の問題意識は、ネットワークリスクの結果として、将来的に、AI を構成要素とするシステム全体のリスクを適切に統制できる者が誰もいないという事態が生じ得るのではないかという点にある。こうした場合には、民事責任による行動統制はもはや望めない。そこで、それを廃止してむしろ損害の社会的分散を目指すのがよいというわけである。

細部にわたって詰めた議論がされているわけではないものの、大まかな制度内容としては、活動分野ごとに別個の基金を創設し、そのための財源の拠出者はそれぞれの AI からの受益を規準に画定し、危険責任におけるのと同等の要件・内容の給付をするということが想定されている[72]。

(2)　補完的基金

以上に対し、上述の後者の見解は、民事責任と併存する形での補償基金を構想するものである。これに属するものとして、民事責任の発生自体は認められるものの、何らかの理由で被害者が責任主体からの損害賠償（あるいは責任保険からの支払）を受けられない場合に、基金によるいわば肩代わりの必要を説く見解[73]や、危険責任に責任限度額が設けられることを前提に、そ

---

71) *Schirmer*, a.a.O. (Fn. 5) 473 f.
72) *Zech*, a.a.O. (Fn. 3) Gutachten, A 105 ff. これに好意的なものとして、*Katzenmeier*, a.a.O. (Fn. 1) 866 f.
73) *Borges*, a.a.O. (Fn. 66) New Liability Concepts, 158 f.; *Sommer*, a.a.O. (Fn. 4) 468 f.; *Heiss*, a.a.O. (Fn. 66) Liability for Artificial Intelligence (AI) 245 ff.

れを超える損害について基金からの上乗せ的な補償を説く見解[74]が見られる。

5　補論——AIの法人化

最後に、すでに決着済みの議論となっているものではあるが、AIの法人化の是非という問題にもごく簡単に触れておく。

この問題が広く論じられるようになったのは、2017年のEU議会決議[75]において、高度の自律性を備えた一定のAIに法人格を付与し、損害についても自ら責任を負わせるという制度の可能性に言及したことを契機とする。しかし、これを受けたその後の議論では、①AIに責任を負わせる前提として、誰かがAIに財産を拠出しておく必要があり、だとすれば初めからその誰かに責任を負わせるほうが早いとか、②損害賠償がAIの資力を上限とすることになり、事実上、背後者の責任制限が認められたのと同じ帰結となる、責任制限が妥当なのであればそれを正面から認めるべきだといった批判が展開された[76]。この提案を支持する見解は皆無であり、結果としてこの議論は現在では完全に立ち消えとなっている。

V　おわりに

本稿は、AIに関する民事責任をめぐるドイツの議論状況を紹介するものにすぎず、それを踏まえた独自の検討をする余裕はもはやない。そこで、最後に、特にそこでの立法論に触れての若干の所感を述べて結びに代えることにしたい。

1　議論の性格

ドイツの立法論において見られる見解の相違には、一方で、——特に危険

---

74) *Borges*, a.a.O. (Fn. 66) New Liability Concepts, 163.
75) European Parliament Resolution of 16 February 2017 (2018/C 252/25).
76) *Gerhard Wagner*, Robot Liability, in: Sebastian Lohsse et al. (eds.), Liability for Artificial Intelligence and the Internet of Things (2019) 27 ff., 53 ff. 等参照。

責任の望ましい主体に関する議論に見られるように——見解の相違が各論者の想定する具体的な技術的前提の相違に由来しているにすぎないと思われるものがある。これは、単なる議論のすれ違い（あるいは、時期尚早な議論のリスク[77]の現実化）にすぎないといえよう。しかし他方で、危険責任というものの理解やその望ましさに関する一般的かつ潜在的な認識の相違が、AIに関する立法論という舞台の上で表出しているとの印象を与えるものもある。こうした点に関しては、危険責任に関する原理的・根本的な再検討が求められているといえる。

2　危険責任に関する課題

そうした再検討を要する点として、本稿での概観の限りでも、次のような諸点が挙げられるように思われる。

① 危険責任において、リスクの予測・統御可能性は前提となるのか。ドイツでは、これを欠く場面での危険責任は過度の萎縮をもたらすとの議論と、逆にこれらのゆえに過失責任が機能しない場面でこそ危険責任がふさわしいとの議論が見られ、危険責任の性質についてまさに同床異夢の様相を呈している。

② 危険責任における責任原因は、行為の不当性や瑕疵・欠陥といった要素を含み得ないのか。責任原因であるリスクの内容によっては、それがそうした要素の形態をとって現実化することがあるのではないか。これは、（日本法における意味での）使用者責任などの位置づけにも関わってくる。

③ 危険責任は、いわゆる絶対権以外の法益を保護対象としえないのか。人格権や純粋財産損害を含めると責任が際限なく広がってしまうとの問題意識は、絶対権以外の法益の限界づけをもっぱら行為の保護法規違反性や良俗違反性といった行為不法的要素によって図るドイツ法の構造と密接に関連しているように思われる[78]。そして、いわゆる相関関係説を

---

77) こうした傾向に対し批判的なものとして、*Wagner*, a.a.O. (Fn. 35) ZEuP, 2021, 546 f. 等。
78) *Wendehorst*, a.a.O. (Fn. 35) JETL 2020, 156が、人格権保護は保護法規違反による責任に

介してこの構造を事実上継受している日本法においても、同じ問題がありそうである[79]。

これらの諸点を今後の課題として確認しつつ、稿を閉じる。

委ねるべきだと説くのには、まさにこうした思考様式の刻印を見てとれる。
[79] この点につき、長野史寛「危険責任の拡張と権利論」法時96巻8号（2024）37頁以下参照。

15 技術革新・情報科学技術の進展に伴って生じる新たな製造物リスクと欧州製造物責任指令案の応接
——ドイツ法の視点からの検討

中央大学教授　前田　太朗

I　はじめに——本稿の問題意識と分析視角

　2022年9月28日に、欧州連合（以下、「EU」とする）において、製造物責任指令の改正草案（以下、「指令案」とする）が示され（Proposal for a DIRECTIVE OF THE EUROPEAN PARLIAMENT AND OF THE COUNCIL on liability for defective products（COM/2022/495 final））、欧州議会の第一読会まで進み、将来におけるEU製造物責任指令の「最終の折衷テキスト」とされる案が、2024年1月24日に、欧州理事会から欧州議会に送られた[1]。EUにおける製造物責任に関する規律は、EU域内市場の円滑な機能性の促進と、競争の歪曲の是正、そして商品流通の円滑さの確保という目的を有しており、指令案は、1985年の製造物責任指令（EWG85/374以下、1985年指令とする）よりも、より強力な調和をもって、この目的を実現させ、かつ、消費者その他自然人の健康および所有権のより良い保護を達成しようとするものとする[2]。

1）Benedik Rohrßen, ZfPC 2024, 2.
2）ErwGr.1.（2022年9月に提案され、その理由説明（Vorschlag für eine RICHTLINIE DES EUROPÄISCHEN PARLAMENTS UND DES RATES über die Haftung für fehlerhafte Produkte (Text von Bedeutung für den EWR) {SEC(2022)343 final} - {SWD(2022)315 final} - {SWD(2022)316 final} {SWD(2022)317 final}）は、欧州議会までの手続において、規定文およびその理由説明が変更されている。本稿は、2024年3月12日に、欧州議会の第一読

この目的を達成するため、指令案は、1985年指令のオーバーホールを行っている。

　指令案は、1985年指令をオーバーホールしているため、その改正の対象領域は非常に広い[3]。本書の全体のテーマの１つとして、新しい技術により生じるリスクに対し民事責任のあり方を念頭に置くことから、本稿は、AI技術・情報科学技術の進展により生じる新たな製造物リスクへの対処との関係性が強いと考えられる、製造物および責任主体［→Ⅱ］、欠陥［→Ⅲ］、そして証拠開示および立証責任［→Ⅳ］の各規定に対し、分析・検討の焦点を当てたい。また、この分析・検討に当たり、特にドイツ法において指令案がどのように受け止められているかを機軸にする。その理由として、第１に、ドイツの製造物責任法 ProdHaftG における解釈が、日本の製造物責任法の解釈において、その示唆を与える対象として、比較法の対象[4]とされ、今後も、日本法における製造物責任法の解釈の発想源となることが期待されること、そして、第２に、指令案が出される前後において、ドイツ法では非常に活発に、AIシステムが導入された場合のように、技術革新に伴う新たな製造物リスク（例えば、AIシステムによる機械学習機能において、AIシステムが何らかの原因で誤学習をしてしまい、それに基づいて製造物が誤作動を起こし、第三者に損害を惹起した場合や、サイバーセキュリティの問題として、製造物を流通に置いた後に発覚したセキュリティホールを介したサイバー攻撃により、製

　　会で示された規定案および理由説明（P9_TA（2024）0132 Haftung für fehlerhafte Produkte Legislative Entschließung des Europäischen Parlaments vom 12. März 2024 zu dem Vorschlag für eine Richtlinie des Europäischen Parlaments und des Rates über die Haftung für fehlerhafte Produkte（COM（2022）0495–C9-0322/2022–2022/0302（COD）））を用いる。この引用に際して、ErwGr.（Erwägungsgrund の略である）とする。なお根拠づけの説明は修正されていないため、これについては、前者での Bg.（Begründung の略である）として引用する。

３）指令案による1985年指令のオーバーホールにより、製造物の概念の拡張、責任主体の多様化・複層化、責任の対象の拡大、欠陥の柔軟化、立証責任の緩和、賠償限度額の廃止などを挙げることができる。vgl., Münchener Kommentar zum BGB, 9.Aufl., 2024, Einl. ProdHaftG, RdNr.14（以下、Wagner-MK ProdHaftG［条文数］とする）und Ulrich Foerste/ Friedrich Graf von Westphalen, Produkthaftungshandbuch, 4.Aufl., 2024, §59 RdNr.39,S.1130f. ［McGuire］.

４）米村滋人「製造物責任における欠陥評価の法的構造(1)～（3完）」法学72巻１号（2008）１頁、同73巻２号（2009）224頁、同73巻３号400頁参照。

15　技術革新・情報科学技術の進展に伴って生じる新たな製造物リスクと欧州製造物責任指令案の応接

造物が誤作動を起こし、第三者に損害を惹起した場合など）に対する民事責任について、活発な議論が行われており[5]、指令案が示されて以降もそれに対する議論の進展が見られることを挙げることができる。今後、製造物責任指令が採択されて各構成国において製造物責任法が改正されることで、それまでに展開された議論が制定法の解釈に大きな影響を与えると考えられるところ、従前のドイツ法の解釈の日本法への影響を踏まえると、指令案に対するドイツ法での受止め、そして場合によっては批判的な立場の登場が、今後同様の問題に対し製造物責任法の改正も含めた対応が求められる日本法にとって非常に重要な示唆を得ることが期待できると考えられるのである。

　さらに、本稿について、以下のことについて、ご海容いただきたい。筆者は、すでに国民生活研究[6]（以下、「前稿」とする）において、ドイツ法に示唆を得て指令案についていくつかの設例を挙げながら概観を行っている。筆者の能力の限界ゆえ、検討素材や検討アプローチを短期間で変えることは難しく、本稿の問題意識を踏まえつつ、前稿のダイジェスト版ともいえる形で指令案の分析・検討を行うことをお許しいただきたい。本稿の執筆および本書への掲載に当たり、国民生活研究の編集委員の先生方および編集委員の方にご協力いただき、また、ご快諾いただいた。この場を借りてお礼を申し上げたい。そして、本稿の本書への掲載につき、本書の編集責任者である大塚直先生にも、許可いただき、心より感謝する次第である。

5）Gerhard Wagner, VersR 2020,717,718は、ドイツ法において、「デジタル技術に対する責任の問題に対する論考は爆発的に増え」ているとする。2020／2022年には、ドイツ法曹大会においても、AI技術に対する民事責任がテーマとなっていたように、AIシステムと民事責任、特に製造物責任との関係や危険責任との関係性などについて、非常に活発な議論がなされていた。

6）前田太朗「EUにおける製造物責任指令改正案のドイツ法を踏まえた概観」国民生活研究64巻1号（2024年7月刊行予定）。ドイツ法における諸文献について、本稿では、紙幅の関係もあり引用を最小限にとどめ、詳細は前稿に委ねることをご海容いただきたい。指令案については、すでに先行業績が多く見られるが、前稿での注3に挙げられる各文献参照。本稿は、指令案の規定訳について、特に、大塚直＝石巻実穂「〔翻訳〕欠陥製品に対する責任に関する欧州議会及び閣僚理事会指令案」環境法研究17号（2023）205頁に負うところが大きい。

第 4 章　AI・自動運転等のリスク

II　製造物概念の拡張と責任主体の拡張[7]

1　製造物責任の対象となる製造物概念
　　　――ソフトウェアおよびデジタル上の役務提供の製造物性

(1)　ソフトウェア

　ソフトウェア（以下、「甲」とする）の中の AI システムのプログラムに欠陥があり、それに基づいて製造物（以下、「乙」とする）が誤作動し、第三者が損害を被ったとする。この場合、誤作動の原因となった甲が乙に組み込まれているならば、こうしたソフトウェアは、最終的に完成する製造物の構成要素と捉えることができ、かつ、このことで、ハードウェアを含む全体として製造物として捉えることができる。そして、ソフトウェアが誤作動を起こしたことから、当該製造物に欠陥があったと評価することに問題はないであろう[8]。

　これに対し、技術革新、さらに情報科学技術の進展やインターネット高速網の発展により、AI システム等のソフトウェアは、製造物に組み込まれない形でも利用可能となる場合がある。上記例において、甲がオンライン上のクラウドにあり、乙がインターネット接続を介して、その甲を利用し、上記と同様の欠陥があった場合にはどうか。この場合には、甲は、誤作動を起こした乙に組み込まれていないことから、乙それ自体の欠陥が問題となるが、そもそも ProdHaftG における製造物と評価されるかが問題となる。これを消極的に解するならば、技術革新や情報科学技術の進展に伴い登場する新しい製造物リスクに対し、欠陥に基づく製造物責任は十分にその機能を果たせないことになる。

　ProdHaftG 2 条は、同法における物を、他の動産あるいは他の不動産の一部を構成するとしても、あらゆる動産であること、または、電気もこれに含

7）前稿での I 一 3 ①、③および④の検討参照。
8）Wagner-MK ProdHaftG §2(Fn.3), RdNr.24. 前稿での注 26 に挙げられる各文献も参照。

376

まれるとしており、同規定においてソフトウェアが含まれるかは、学説の対立がある。

　一方で、有体物としての製造物とソフトウェアの分業的製造工程を経て製造される点で類似することや、ProdHaftG 2条において有体物ではない電気を挙げていること、さらに、欠陥を有するプログラムが、ハードウェアに組み込まれて利用されていたか、それとも、オンラインを介して利用されていたかで、結論が異なることの不当性などを理由にして、この規定における動産を類推解釈して、ソフトウェアも、ProdHaftG の規律に服することが可能であるとする見解がある[9]。他方で、ProdHaftG 2条において同法の規律対象を動産と限定する原因となった1985年指令の立法者の趣旨を踏まえると、これをソフトウェアに広げることはできず、製造物責任指令の改正がなければ、製造物責任の対象を広げることはできないとする慎重な見解も見られた[10]。学説上は、前者が有力な立場とされたものの、連邦通常裁判所の立場が明確ではなく、理論上の対立が見られた[11]。さらに、欧州レベルにおいて、欧州司法裁判所（2021年6月10日 C-65/20　Krone 判決）が、新聞に掲載された情報が誤っていた事例において、情報は製造物責任指令における製造物には当たらないと判断しており、無体物へ製造物責任の規律が及ばないとする可能性もあった。このように、ProdHaftG の枠組みにおいて、ソフトウェアを規律の対象とするか、理論上不透明な状況が続いていた。このように、技術革新・情報科学技術の進展を前に、現行の ProdHaftG では、十分な解決を図ることができない状況にあったといえる。

　指令案は、デジタル技術の時代を迎え、ソフトウェアもそのバリエーショ

---

9 ）Gerhard Wagner, AcP 217,707,713-717 und Wagner-MK ProdHaftG §2(Fn.3), RdNr.21-26. dazu auch Ermann, BGB Kommentar, 17.Aufl., 2023, ProdHaftG §2 RdNr.3 ［Whilhelmi］. さらに前稿での注33に挙げられる文献も参照。

10）J. von Staudingers Kommentar zum Bürgerlichen Gesetzbuch: Staudinger BGB - Buch　2 : Recht der Schuldverhältnisse: §§ 826-829; ProdHaftG, 2022, ProdHaftG §2 RdNr.64. ［Jurgen Oechsler］.

11）Georg Borges, CR 2022,553,558 (dazu auch ders., DB2022,2650,2652).学説状況について、Benedikt Beierle, Die Produkthaftung im Zeitalter des Internet of Things, 2021, S.111-164 が詳細である。

第4章　AI・自動運転等のリスク

ンを増やして市場で普及しており、さらに、ソフトウェアが、製造物の安全性において重要な役割を担っていると、現状を把握する。そして、指令案はこうした状況を踏まえ、ソフトウェアが、ハードウェアに組み込まれるか否かといった提供・利用方法に関係なく、有責性に左右されない製造物責任の対象とすべきとし[12]、指令案4条1項において、ソフトウェアを明確に製造物に含めることとした。指令案により、ソフトウェアが明確に製造物に含まれることとなったことから、この問題は、「クリアになった」と評価される[13]ように、従前見られた立場の対立は、今後指令案が採択され、国内法に置換されることで解消されることになろう。

(2) デジタル上の役務提供

モノのインターネットIoT化が進むと、製造物が自律的に稼働するに際してそれが安全に遂行されるために、デジタル上の役務提供が、欠かせないと考えられる。例えば、自動運転車両におけるカーナビゲーションシステムにおける地図データが想起しやすいであろう。また3Dプリンターのための設計に関するデジタル上の製造データも同様の機能を担うと考えられる。こうしたデータに誤りがあり、第三者に損害が生じた場合に、ProdHaftGの規律対象となる動産と認められるかは、ソフトウェアの場合同様に争いがある[14]。

---

[12] ErwGr.13. 指令案4条1項は、「『製造物』とは、すべての動産を意味し、それが他の動産または不動産に統合され、あるいはこれと結合している場合も含む。製造物には、電気、デジタル上の製造に関するファイル、原材料及びソフトウェアも含まれる」とする。

[13] Gerhard Wagner, NJW 2023,1313,1318 und Ulrich Foerste/Friedrich Graf von Westphalen, Produkthaftungshandbuch, 4.Aufl., 2024, §48 RdNr.43, S.936.［Graf von Westphalen］さらに前稿での注35に挙げられる文献参照。

[14] Wagner-MK ProdHaftG §2(Fn.3), RdNr.27f. Beck OGK ProdHaftG §2 RdNr.37［Rebin］は、「ProdHaftGに基づく〔製造物とは〕遊離されている役務提供に対する責任は、考慮されない」としている。ソフトウェアでも指摘されたように（1(1)アで述べたところ参照）、データがネットワークを介してダウンロードと等により製造物に取り込まれ、そのデータの誤りにより製造物が誤作動を起こし、第三者に損害を惹起した場合には、ProdHaftGの規律対象となる（Rebin, a.a.O., RdNr.38）のに対し、製造物の稼働に当たり、クラウド上にあるデータを利用し、製造物が誤作動を起こした場合には、ProdHaftGの規律が及ばないこととなるが、データの誤りによる製造物の誤作動という点で共通するにもかかわらず、データがどこにありどのように利用されるかで、ProdHaftGの適用を以上のように区別することは、理論上正当化するのは難しいであろう。

指令案は、デジタル上の役務提供（データの提供）に関して、製造物の安全性にとって物理的構成要素・デジタル的構成要素となることから、製造物責任の規律対象となるとする。その上で、指令案4条3項で明らかにされるように、対象となる役務の範囲を限定し、「製造物が、この役務なしでは、1つまたはより多くのその機能を遂行できないほど製造物に統合されており、あるいは、そうすることで、その製造物と結び付けられて」いる必要があるとする[15]。デジタル上の役務提供と製造物概念を連続させることは、EU法の歴史から見ると非常に重要なものと考えられる[16]。その上、やはり製造物責任であることから、デジタル上の役務一般とせず、製造物の機能との密接な関係性を要求することで、その範囲を画し、この限りで、製造物責任の従来の枠組みをはみ出さないようにしていると考えられる[17]。

2　責任主体の多様化

こうした製造物概念のソフトウェアおよびデジタル上の役務提供への拡張に応じる形で、責任主体も拡張され、ソフトウェア製造者およびデジタル上の役務提供者も、最終製造物の製造者とともに、製造物責任を負い、これらの責任主体は全額について連帯して責任を負う（指令案8条1項a号・b号・12条1項参照）。被害者は、最終製造物の製造者に責任追及が可能であれば、ソフトウェア製造者やデジタル上の役務提供者に責任追及する必要性は低いかもしれないが、最終製造物の製造者に資力が乏しい場合も考えられ、こう

---

15) vgl., ErwGr. 17.
16) Gerald Spindler, CR 2022,689,690は、指令案のこうしたアプローチを小さな革命と評する。このSpindlerの説明において、かつて提案され、結局指令にはならなかった（vgl., Beck OK §2 ProdHaftG, RdNr.37.1［Förster］）役務提供における責任に関する欧州理事会指令案（ABl.EG19991C9）を、——この草案で対象となっていた役務提供は、物の製造に直接的かつ排他的に対象とするものものではなかったが——製造物責任と関係する限りで実現することが含意されているであろう。
17) Gerhard Wagner, JETL 2022, 191,202f. が、カーナビゲーションにおける地図データと、スマートフォンにおけるアプリケーションソフトを対比し、前者についてカーナビゲーションの製造者の製造物責任が肯定され、後者についてスマートフォンの製造者の製造物責任を否定されると説明しており、指令案の理由および基準に対応して製造物責任の振り分けを行うものであって、わかりやすい説明である。

第4章　AI・自動運転等のリスク

した責任追及のアプローチがあることは被害者の救済にとっては重要なことと考えられる。こうした全額についての連帯責任は、「製造過程に関与したすべての製造者は、その製造物またはそれに対して提供された構成要素に欠陥がある場合には、責任を負わされうる」[18]と考え方に根拠が求められることになろう[19][20]。

　指令案により、現行の製造物責任の枠組みでは十分にアプローチできないソフトウェアやデジタル上の役務提供による欠陥の問題を前にして、これらが規律対象となることを明確にし、あわせて責任主体も多様化させている。こうしたことで、指令案は、AI技術の進展や情報科学技術の進展に伴い登場する新しい製造物リスクに対する対処可能性が開かれたと考えられる。その上で、問題となるのは、技術革新や情報科学技術の進展によって、新しい製造物リスクとして登場することが予想され、指令案はこうしたリスクに対し、欠陥概念をどのように組み立てて対処すべきか、ということである。次に見ていこう。

---

18) ErwGr.36.
19) さらに、指令案は、製造者やプログラム製造者、輸入者、フルフィルメントサービス提供者以外でも、販売者とともに、オンラインプラットフォームの提供者（指令案4条16項）も、一定の要件下副次的に責任主体となるとする（指令案8条3項および4項参照。vgl., ErwGr. 38）。特に後者に関する指令案の責任規律は、一方で、流通の現代的変容および消費者の信頼（消費者から見たときに、オンラインプラットフォームの提供者が当該製造物の製造者またはそれを製造させていると考えられること）、そしてこのことに基づく被害者保護の要請の確保と、他方で、オンラインプラットフォームの提供者が製造物の欠陥によるすべての責任を負担することで過剰なものとなることのバランスを衡量して、副次的な責任として構成しているものと考えられる。オンラインプラットフォーム提供者の責任主体性の意義について、前稿でのⅠ―3①での検討も参照。指令案は、技術的な変容とともに、流通の変容を踏まえて、責任主体について、多様化し、かつ、複層化していると考えられる。
20) 被害者との関係で製造者側の対外的責任とともに、責任を負担した製造者側内部での求償の問題も重要な検討課題である。これについて、指令案12条2項が、中小企業の技術革新の能力の保護の観点を考慮して、求償レベルでは、求償の放棄や制限の合意――ただしこの合意の効力を被害者に主張することはできない――を認める規律を定めることが注目される（vgl., ErwGr. 53f.）。前稿での注43参照。

Ⅲ　欠陥概念の可動化——基準時の時間的拡張による機械学習およびサイバーセキュリティへの対応および開発危険の抗弁との関係[21]

1　欠陥の可動化

　AIシステムの1つの特徴として、機械学習により、AIシステムが自律的に自身のシステムを変化させていくことが挙げられる。そのため、機械学習の中で誤った学習をする可能性もあり、しかし、なぜそうした結果に至ったか、AIシステムの判断プロセスは明確なものではなく、そのプロセスは、ブラックボックスの中にあるともいえる[22]。さらに、AIシステムによる誤学習とそれによる誤作動の危険性は製造物が流通に置かれた後に発現することが予想される。同様に、サイバーセキュリティ上の脆弱性・セキュリティホールについて、製造物が流通に置かれた後に、情報科学技術の進展により、その存在が判明することが予想される。技術革新、特に情報科学技術の進展やIoT化により、デジタルの構成要素を有する製造物については、製造物を流通に置いた後も製造者またはプログラム製造者は、引き続き支配可能性を有しているとも考えられ、製造物の誤作動や対処可能性を有していると考えられる[23]。しかし、ProdHaftG 3条は、欠陥の判断基準時を、製造物を流通に置いた時点に置いていること、そしてその時点をもって開発危険の抗弁を考慮することになることから（ProdHaftG 1条2項5号）[24]、製造物を流通に置いた後に顕在化する機械学習における誤学習を原因とする誤作動やセキュリティホールに対し、同法での欠陥を認めることは難しい。こうした問題に対しては、過失責任の枠組みで、製造物監視義務の問題として対応しなけれ

---

21) 前稿でのⅠ－3②、⑥、⑦および⑧の検討参照。
22) Franz Hofmann, CR 2020, 282, 283.
23) Wagner, a.a.O.(Fn.5), 728, 734 und Wagner-MK ProdHG §3(Fn.3), RdNr.42. さらに、前稿での注46も参照。
24) Foerste/Friedrich Graf von Westphalen, Produkthaftungshandbuch, 4.Aufl., 2024, §57 RdNr.51, S.1096〔Oster〕.

第 4 章　AI・自動運転等のリスク

ばならない[25]。このように、技術革新や情報技術の進展に伴って生じる新しい製造物リスクに対し、現行の ProdHaftG の欠陥概念の判断枠組みでは、十分に対処できないと考えられる。

　指令案は、AI 技術の進展・情報科学技術の進展に伴って新たに生じる製造物リスクに対し、欠陥概念を拡張し[26]、欠陥概念を「可動化」[27]した[28]。すなわち、デジタル技術の進展およびインターネットによるネットワーク接続により、製造者は製造物に対し、これを流通に置いた後も、コントロール可能性を持つため、製造物の欠陥と「コントロール下にあるソフトウェアまたは役務提供との間において、アップデート・アップグレードの形式であれ、機械学習のためのアルゴリズムの形式であれ、因果関係を有する場合に」は、製造者は、当該製造物の欠陥について、製造物を流通に置いた時点以降であっても責任を負う旨を説明する[29]。これに対応する形で、指令案 7 条 2 項 e 号および f 号において、以上のことを踏まえた考慮事由を置く。また、指令案は、同 7 条 2 項 c 号において、欠陥判断の基準時として、製造物を流通に置いた時点とともに、それ以降も、製造者のコントロール下にあることが認められるならば、その時点も基準時となるとする。

　このように指令案は、製造物を流通に置いた後でも製造者が製造物に対するコントロール可能性を有することを踏まえて、欠陥の判断基準時を柔軟に判断することを可能とした[30]。

　こうした欠陥概念の可動化は、以下に示すように、正当なものである。す

---

25) vgl., Wagner, a.a.O.(Fn.5), 728 ;Wagner-MK ProdHG §1(Fn.3), RdNr.63. dazu auch Oster, a.a.O.(Fn.24), §57 RdNr.24, S.1087,und RdNr.50, S.1095f.（アップデート・アップグレードに関して同旨を説く）.
26) Wagner, a.a.O.(Fn.13),1318
27) Wagner-MK ProdHG §3(Fn.3), RdNr.42 und Gerhard Wagner, JZ 2023,1,6 .dazu auch McGuire, a.a.O.(Fn.3), §59 RdNr.36, S.1128f.
28) 指令案 7 条 2 項各号における欠陥の考慮事由の詳細について、前稿でのⅠ－3②から⑧での検討参照。
29) 機械学習のリスクとそれに対する対応の必要性について、ErwGr. 50. und ErwGr. 40、サイバーセキュリティに関して、ErwGr.51。
30) Wagner, a.a.O. (Fn.13), 1318は、指令案が、デジタル製造物に特に照準を合わせるべきという要請に適うために、欠陥判断にとって重要な基準のカタログを増やしているとする。

なわち、製造者は、製造物へのコントロール可能性の内容として、最終的には製造物の稼働の停止までをも想定する立場[31]もあるほど厳格なものである。これに対し、製造物の所有者／利用者や被害者は、製造者と比べるならば、こうしたコントロール可能性をそもそも有さないと考えられる。機械学習による誤学習とそれに基づく作動のリスクやサイバーセキュリティのリスクは、製造者が製造物の稼働停止までをも想定するコントロール可能性を有し、そうした対処が可能であることから、このリスクおよびこれに基づく損害について製造者へ帰責することは正当化されるべきと考えられるのである[32]。また、一般公衆も、製造者には、そうしたコントロールが可能であると信頼することから、上記リスクおよびこれに基づいて発生した損害について、製造者へ帰責することを支持しよう。

　指令案による欠陥概念の可動化は、AIシステムやIoTなど、技術革新・情報科学技術の進展に伴って生じる新しい製造物リスクを製造者へ帰責することを目的とし、これを可能とするものであって、こうしたリスクの製造者への帰責は、以上に述べたことから、正当なものである。以上のように、指

---

31) Beierle, a.a.O. (Fn.11), S.208f. は、製造者のコントロールに関し、製造物の稼働停止まで及ぶことについて、伝家の宝刀 ultima ratio として認める（dazu auch Wagner-MK§823 (Fn.3), RdNr.1133 und Oster, a.a.O.(Fn.24), §57, RdNr.30, S.1089）。このように製造者のコントロールが稼働停止にまで及ぶと考えられるほど広範で厳格な内容を持つものとすれば、機械学習における誤学習のリスクやセキュリティホールによるサイバーセキュリティ上のリスクに基づく損害の発生については、上記内容を有する製造者のコントロール上のリスクの発現と理解できることから、これを製造者に課すことが正当化されると考えられる。詳細について、前稿での注56参照。

32) 機械学習のリスクを製造者が負うべきとすることについて、von Westphalen, a.a.O.(Fn.13), §48 RdNr.83, S.970f. この詳細について、前稿での注57も参照。また、サイバーセキュリティのリスクを製造者が負うべきとすることについて、Spindler, a.a.O.(Fn.16), 698. この詳細について、前稿での注65参照。なお、製造者がセキュリティホール対策のため、ソフトウェアのアップデートプログラムを提供していたが、製造物の所有者／利用者が必要な対応をしなかったため、セキュリティホールを介して、プログラムが改竄され第三者に損害が生じた場合には、製造者のコントロール外の事情によるものであるため、製造者は製造物責任を負わないと考えられる（vgl., ErwGr.51）。ただし、製造物の所有者の行為を介さず、製造者側での対処の方法も多様にあることから、こうした理由での製造者の免責は実際には難しいと理解する立場（Ann-Kristin Mayrhofer, Außervertragliche Haftung für fremde Autonomie, 2023, S.296f.）もある。詳細について前稿での注69参照。

令案の欠陥概念の可動化を支持することができる。

2　欠陥の可動化と開発危険の抗弁との関係性
　　──開発危険の抗弁の意義は低下するか？

　このように、AIシステムの誤学習やIoT化による製造者のコントロールの時間的範囲の拡大に対応した欠陥の判断時期の時間的拡張は、欠陥の判断基準時を製造物の流通時から解放するものであり、この時点以降の科学技術の進展をも踏まえて、欠陥判断が可能となることから、これに対応して開発危険の抗弁の基準時も、製造物を流通に置いた時点からさらに時間的範囲を拡大することになる（指令案11条1項e号・2項b号およびc号）。このことで、実際上の観点からすると、欠陥の判断基準時が、現在の時点に近くなり、それだけ科学技術の知見も高まることから、開発危険の抗弁が認められる余地も狭まる可能性があり、これに応じて被害者救済が確保される可能性も高まったと考えられよう[33][34]。その一方で、製造者が製造物に対し、永続的に

---

33) Spindler, a.a.O.(Fn.16), 693は、これまで開発危険の抗弁による免責の可能性を有する構成国においても、指令案7条2項c号により、この問題に対処することができるようになった旨を解く。つまりSpindlerのこの指摘は、指令案の欠陥の考慮事由を踏まえると、開発危険の抗弁による免責の余地が、現行の製造物責任指令およびProdHaftGよりも狭くなる、それだけ被害者の救済が図られることを示唆するものといえよう。

34) なお、機械学習による誤学習や、サイバーセキュリティにおけるセキュリティホールについては、製造物を流通に置いた時点でも、AIシステムを搭載した製造物やIoT化した製造物では、抽象的なレベルで想定し得るリスクとも考えられ（vgl., Malte Grützmacher, CR 2016, 595,596）、学説において、こうしたリスクは、開発欠陥として想定できるリスクであるが対処可能性がないだけであるため、現行法においてもProdHaftGの欠陥として評価し、対処可能とする立場（vgl., Christian Haagen, Verantwortung für Künstliche Intelligenz, 2021, S.320 und Beierle, a.a.O.(Fn.11), S.282）もある。しかし、基準時を製造物を流通に置いた時点に固定してしまうことで、こうしたリスクとしての存在は抽象的に認められるレベルにとどまり、適切な措置を講じることが難しく（Martin Sommer, Haftung für autonome System, 2020, S.260 und S.263f. が、自律リスク、ネットワーク化のリスク、そして不透明性のリスクは、自律（AI）システムにおける一般的なリスクとして知られており、製造者に甘受可能なものとする一方で、こうしたリスクにより、そうしたシステムがいかなる特殊な行為をするか、それがいつ現実化するかが認識できない旨を指摘する）、抑止・予防の観点から見れば、過剰抑止となることも懸念されよう。この問題について、前稿でのⅠ─3⑥での検討およびそこでの注58に挙げられる各文献参照。

管理することは製造者側にとって過剰な負担となることが考えられることから——いずれにしても製造者は責任を負わされるとすると、製造者側は製造物の欠陥に配慮するインセンティヴが削がれるともいえよう——、製造者のコントロールは、一定期間は継続するとしても、その永続性は認められるべきではないであろう[35]。このように、製造者のコントロール可能性を時間的に限界づけるとすれば、製造者のコントロールが尽きる時点をもって、欠陥判断の基準時となるとともに、この時点以降に欠陥が顕在化した場合には、開発危険の抗弁の可否を検討する意味があると考えられる（指令案7条2項e号および11条2項b号およびc号）[36]。

なお、本指令は、——1985年指令同様に——指令案7条3項を置くことで、すでに流通に置かれている製造物が、事後により良い製造物が置かれ、あるいは、より安全なプログラムが提供されるとしても、事後的に欠陥があるとは評価されないことを明らかにしていることにも留意されるべきである[37]。例えば、製造物がハードウェアとソフトウェアとで構成される場合、ハードウェアについては、製造者のコントロールは、通常は、——これは伝統的な製造物と変わりなく——当該製造物を流通に置いた時点以降は及ばなくなると考えられるため、この時点を欠陥の基準時とすることで、1で検討したソフトウェアの機械学習やセキュリティホールで問題となる欠陥の判断基準時とは、異なる可能性がある[38]。

---

35) 製造者側のセキュリティ対策の期間として、学説においてはサイバーデジリエンス法案を参照して5年という案も示される（vgl., Spindler, a.a.O.(Fn.16), 694）が、指令案では明確ではない。この問題について、柴田龍「AIによる権利侵害と民事責任」新美育文ほか編『不法行為法研究4』（成文堂、2023）111頁も参照。
36) 開発危険の抗弁による免責の可否について、指令案では、構成国に任せる方向性が示されている（vgl., ErwGr.39）。前稿での注24参照。
37) しかし、Wagner-MK ProdHaftG §3(Fn.3), RdNr.40は、この規定にあまり積極的な意味を見出さず、本文で示したことにだけ意味があるものとする。指令案7条2項各号で、デジタル製造物に対応する形で、欠陥の基準時の時間的拡張が可能となり、今後、AIシステムやIoT化が進んだ製造物の普及とそれによる製造物事故により、流通に置いた時点以降の欠陥であっても、製造物の欠陥と認められるようになるとすれば、同条3項についてあまり積極的な意味を持たないとも考えられ、この規定の位置づけは流動化するとも考えられよう。
38) vgl., Wagner, a.a.O.(Fn.17), 206 und ders., a.a.O.(Fn.13), 1318. 前稿での注68も参照。

指令案は、AI技術の進展・情報科学技術の進展に伴って生じる新しい製造物リスクに対し、欠陥概念を可動化することで、欠陥に基づく製造物責任の枠組みにおいて、対処することが可能となったといえる。こうした技術革新・情報科学技術の発展により、一方で、新たな製造物リスクを生み出す危険性はあるものの、他方で、製造者のコントロール可能性をも拡大するものであり、まさに新しい技術によるマイナスの可能性とプラスの可能性とが相まって、欠陥概念を可動化する要請を生み、同時に欠陥概念を可動化することが可能となったといえよう。

IV 証拠開示・立証推定規定[39]

製造物事故により損害を被った被害者が、製造者側に責任追及するためには、欠陥の存在、欠陥と損害との間の因果関係の立証責任を負担する[40]。指令案でも、指令案10条1項においてこのことは明確に定められており、ここで、立証責任の原則・出発点が確認されているといえよう。しかし、例えば、AIシステムにおけるように、技術的な複雑さを有することや、損害を惹起するまでのプロセスに関して、ブラックボックス化していることなどを踏まえると、被害者に、上記立証責任を課すことで立証負担を負わせることは、いくら製造物概念を拡張し、責任主体を多様化し、欠陥概念を可動化しても、結局のところ被害者救済を閉ざすことを意味しよう。

指令案は、一方で、被害者および製造者側の証拠開示の規定を整備し、他方で、欠陥および因果関係に関する立証責任の推定規定を整備することで、被害者の立証負担の軽減を図っている。

1 証拠開示の規定[41]

本指令は、被害者と製造者との間で情報の非対称性があり、かつ、特に

---

39) 前稿でのⅠ二での検討参照。
40) Wagner-MK ProdHG §1(Fn.3), RdNr.78.
41) ①につき、詳細は前稿でのⅠ二1参照

15　技術革新・情報科学技術の進展に伴って生じる新たな製造物リスクと欧州製造物責任指令案の応接

　AIシステムや医薬品を原因とする事故において、技術的・経済的複雑さがある場合には、被害者が立証責任を果たせず、正しいリスク配分ができなくなってしまうことを懸念する[42]。AI技術の進展・情報科学技術の進展により生じる新しい製造物リスクに関し、被害者は立証においても、損害賠償請求が遮断されるという大きなリスクにさらされているといえよう。そこで、本指令は、被害者である原告に、被告である製造者側に対する証拠開示の請求を認めることで、被害者に立証手段を得られるように手当を行った（欧州議会の第一読会で追加された規定案で、被告から原告に対する証拠開示の請求も認められており、ここでも当事者間の情報の非対称性に配慮したものと考えられる。指令案9条2項参照）。

　証拠開示に当たっては、原告が、損害賠償請求を十分に基礎づけるほどの事実と証拠を提示した場合に、被告は、指令案9条1項で設定される要件に基づき、被告が処分権限を有する重要な立証手段の開示を行わなければならないとされる。

　もちろん、開示される証拠の範囲や人的範囲を定めなければ営業秘密や企業秘密が漏洩する危険性があるため、それに対応するために、必要かつ相当の範囲での制限も認められ、営業秘密指令での同種の問題への対応も参考にして、営業秘密や企業秘密に関する情報について、裁判手続の経過の中で用いられ、あるいは、関係づけられる場合には、情報の秘密性を守るために、被告の十分に根拠づけられた申立または特別な理由に基づいて、あるいは、裁判所自らにより、必要な措置を講じることも認めている（指令案9条3項・4項および5項）。

　ドイツ法では、本指令が示した証拠開示の方法により、立証に関して窮状に陥りやすい被害者にとって、適切な回答であると評価する立場[43]がある。これに対し、証拠開示の範囲の限定の確保や、濫訴の懸念が指摘され[44]、こ

---

42) ErwGr.48.
43) Wagner, a.a.O.(Fn.17), 216 und ders., a.a.O.(Fn.27), 9.
44) Tina Dötsch, Außervertragliche Haftung für Künstliche Intelligenz am Beispiel; von autonomen Systemen, 2023, S.406f. und Spindler, a.a.O.(Fn.16), 697,704.

うした批判の前提には、本指令は、ドイツ法では採用されていないアメリカ法の開示手続を導入することは、ドイツ法にとっては異物を受け入れること[45]になりかねず、それに対する否定的反応[46]とも考えられよう。このように、証拠開示に関する規定に対する評価は分かれている。

　その後、欧州議会の第一読会で追加された規定案において、証拠手段の開示についてはEUレベルで調和を目指す一方で、規定の定め方、具体的な開示方法、開示請求を順守しない場合のサンクション等については、構成国に任されていることが明示されている（指令案9条7項）。

　ここからも明らかなように、開示請求の規律自体は指令案において維持されている。今後、指令案が採択され、EU指令となった後、ドイツ法においてどのように置換されるか、そしてどのように運用されるか、こうしたことについて今後の展開が待たれるところである。指令案では、原告による開示請求とともに、企業秘密・営業秘密への配慮も示されており、証拠の開示とのバランスをとることは適切と思われる。しかし、その一方で、製造物の事故においては経済的損失のみならず、人身侵害を伴うことも当然に考えられるのであり、また、AI技術の進展・情報科学技術の進展により生じる新たな製造物リスクは、たとえばクラウド上で稼働するソフトウェアに誤りがあり、インターネット接続を介してそのソフトウェアで稼働する無数の製造物が誤作動を起こす場合のように、非常に大きな範囲での人損を生じさせるとも考えられ、そうした場合にまで、企業秘密や営業秘密の保護を踏まえて、証拠開示の方法や開示される範囲が限定されることは果たして適切かが問題となろう。指令案では営業秘密指令を踏まえてこの問題を考えることが示されているが、営業秘密指令でのアプローチをそのままスライドさせるという

---

45) Arun Kapoor/Thomas Klindt, BB 2023,67,70 und Veronika Wolfbauer, ecolex 2023,105,107（オーストリア法での指摘であるが、アメリカ法を模範とした開示手続であって、オーストリア法にとって異物である旨の指摘を行う）。
46) Wagner, a.a.O.(Fn.17), 216が、上記反論に対して、アメリカ法の手続を導入するという趣旨での反論と捉え、反射的な批判であって根拠がない旨批判する。このWagnerの批判から、上述の反論が開示請求の内容に踏み込んでいない表面的なものであり、指令案に対する反論がある種のアレルギー的な拒絶反応の性格を帯びていることが伺える。

のではなく、製造物責任の事故の特性・特徴、特にAI技術の進展や情報科学技術の進展による損害が大規模に拡大する可能性もあり得ることも踏まえて、証拠開示の方法・範囲について適切なアプローチを検討することが求められているのではなかろうか。

2 推定規定[47]

(1) 欠陥に関する推定規定

指令案は、欠陥について、①被告が証拠開示に応じない場合（指令案10条2項a号）、②発生した損害の保護を目的とする製造物安全に関する強制的な要請を製造者が懈怠した場合（同項b号）、③問題となる製造物の合理的な形で予想される使用または通常の事情下において、製造物が明らかに機能障害を起こし、損害を惹起した場合（同項c号）に、欠陥の推定を認める。

③に関しては、AIシステム等の技術革新とは直接に関係ない伝統的な製造物による事故においても重要な意義を持つ[48]。そこで、本稿の問題意識に照らし、以下では①と②について見ていく。

①に関して、指令案9条1項に基づいて原告の開示請求が認められたことに対し、被告が証拠開示に応じない場合に、そのサンクション[49]として、欠陥の推定を認めることにより、被告が証拠開示に応じるようインセンティヴを設定するものと思われる。こうしたアプローチは弁論主義との抵触も懸念される[50]が、欧州議会の第一読会での提案でも残されており、このまま指令として残る可能性が高いであろう[51]。

---

47) 詳細は前稿での I 二 2 から 4 参照。
48) ErwGr.46は、ガラス瓶が通常の使用方法に従って使用した際に割れた例を出して説明する。指令案10条2項c号について証拠確保義務との関係性も指摘される（vgl., Spindler, a.a.O.(Fn.16), CR 2022, 698）が、詳細は、前稿での注102参照。ドイツ法における証拠確保義務について、林誠司「医療過誤訴訟における検査結果収集義務――相当程度の可能性論と証明軽減の相克」北法66巻3号（2015）1頁以下が詳しい。
49) AI責任指令に関する同旨の規定に対する指摘であるが、David Bomhard/ Jonas Siglmüller RDi 2022, 506, 509がその旨を指摘する。
50) Bomhard/Siglmüller, a.a.O.(Fn.49), 509が、AI責任指令において同旨の規定が設けられていることについて、本文で示したものと同旨の指摘を行う。
51) この規定の目的と効果のずれやインセンティヴの設定の問題性について、前稿での I

②に関しては、例えば、サイバーセキュリティとの関係で、指令案が製造物安全法を明示的に考慮しているとされ[52]、技術革新・情報科学技術の進展による新たな製造物リスクの対応にとって、重要な立証責任推定の規定と考えられる。こうした規定は、指令案が、1985年指令のオーバーホールの目的の1つとして、EUおよび構成国において、市場監視に関する法規定の一致とともに製造物監視に関する法規定の一致の必要性を挙げていたこと[53]から、その目的を達成する意味でも重要な規定である。また、こうした規定は、指令案7条1項が、欠陥の判断に当たり、一般公衆の期待とともに、EUまたは国内法に基づいてあらかじめ定められる安全性を基準としていることとも対応するものである。

AIシステムを備えた製造物の安全性は、事前的な公法的な規制と、事後的な民事責任による規律とによる、公私協働で進めていくのが望ましいと考えられる[54]。指令案10条2項b号が設けられたことは、AI技術の進展・情報科学技術の進展に対し生じる新たな製造物リスクに対し、公私協働による製造物の安全性の促進という観点を意識させる上で重要性を持つとともに、公法上の規制があることで、私法上の救済が実現しやすくなっており、被害者救済を容易にするという意味で、特に法実践のレベルにおいても重要性を有する。指令案は、技術革新や情報技術の進展により生じる新たな製造物リスクに対し、欠陥および欠陥の推定規定を通じて、公私協同の1つのあり方を示したものと評価できよう[55]。

二2②も参照。
52) Mayrhofer, a.a.O.(Fn.32), S.398. さらに前稿での注95も参照。
53) ErwGr.4.
54) Wagner, a.a.O.(Fn.17), 233は、AIシステムに関する規制において大量の行為に関するルールが定められており、責任負担者の保護法規違反の民事責任の決定にとって道しるべになるものとする。指令案10条2項b号の規律が指令となり、また、それに対応した規律が国内法において設けられることで、公法的な規制は被害者の保護を目的とする強制力を持つものであれば、過失責任のみならず、欠陥に基づく製造物責任にとっても、重要な役割を果たすであろう。詳細について、前稿でのⅠ二2③およびそこでの注97参照。
55) Wagner, a.a.O.(Fn.5), 719は、AIシステムに対して、私法によるアプローチのほうが公法によるアプローチよりも、より適切な行為操縦（抑止）ができるになる旨を説くが、本文に示した公私協同のアプローチの理解は、公法による事前的規制と私法による事後

15　技術革新・情報科学技術の進展に伴って生じる新たな製造物リスクと欧州製造物責任指令案の応接

(2) 因果関係に関する推定規定

　ドイツ法では、因果関係に関して表見立証がしばしば援用されており、被害者の立証負担の緩和が図られていた[56]。指令案では、10条3項において、製造物が欠陥を有し、かつ、発生した損害が、当該欠陥から典型的にそれに対応する種類のものであることが確定される場合には、製造物の欠陥と損害との間の因果関係があると定められている[57]。これは、ドイツ法での表見立証 Anscheinsbeweis を想起されるもの[58]）と評価される。指令案は、ドイツ法において、従前の法発展があることから[59]、指令として採択後、国内法に置換される際も、スムーズに導入され、また法実務にも受け入れられるものといえよう。

(3) 蓋然性にとどまる場合の欠陥、因果関係、または双方の推定規定

　原告は、被告より証拠開示を受けても、さらに欠陥および因果関係の推定規定をもっても、欠陥または因果関係の存在、あるいはその両方について立証することができない場合がある。
　こうした場合において、指令案は、10条4項において、製造物の欠陥、因果関係、またはその両方について、立証することが過度に困難であって、かつ、製造物の欠陥、因果関係、またはその両方について、原告が蓋然性を

　的救済という両アプローチの利点を生かすものと考えられる。この問題について、前稿での注98および注99も参照。
56) Wagner-MK ProdHG §1(Fn.3), RdNr.86 は、1985年指令において因果関係の立証責任は原告にあるとされるが、表見立証について、（立証責任を転換するものではなく）柔軟な対応を可能とするにとどまり、その時々において具体的な事例に関係づけられて運用されるものであるから、ドイツ法での表見立証の運用は、同指令と一致するものと評価する。また、Wagner は、同じ箇所において、欧州司法裁判所 EuGH の立場（後掲（注59）参照）を踏まえて、責任の空文化を避けるために、表見立証をおおように用いるべきとしていると述べることも、その前提として、表見立証が広く認められるとしても、立証責任の転換を認めるほどのものでないのであれば、因果関係の立証責任の原則との抵触はないという理解があるものと思われる。
57) ErwGr.47.
58) Mayrhofer, a.a.O.(Fn.32), S.429.
59) EuGH も表見立証のアプローチを採用している（NJW 2017,2739, RdNr.43（EuGH 2017年6月21日 C-621/15））ことから、この規定は EU レベルでの従前の法発展を踏まえたものと評価できよう。さらに、前稿での注108参照。

391

もって立証するならば、欠陥、因果関係またはその両方についてあるものとする。

　欠陥および因果関係について、その立証が被害者にとって過度に困難である場合に、その立証責任が緩和されており、それだけ被害者の救済の道は広がることになる。指令案はこうした規定を置く理由[60]として、被害者である原告は、情報開示を受けても、技術的複雑さまたは経済的複雑さを理由に、欠陥、因果関係、または、その両方の立証を行うことが困難な状況に陥ることや、各構成国では、立証の程度として高度な蓋然性を求めているために、被害者の損害賠償請求が貫徹できなくなっていることを挙げる。そして、この技術的複雑さまたは経済的複雑さの例として、特に革新的技術により製造される医薬品、機械学習による複雑さ、医薬品や日用品と健康問題との間の因果関係の立証のため、原告にAIシステムの機能状況について説明することが強いられる場合のように、原告によって説明されるべき情報およびデータの複雑さおよび因果関係に関する複雑さを挙げる。指令案は、こうした理由を踏まえて、指令案10条4項の推定規定を置いたのである。

　指令案10条4項に対して、学説では、法的安定性と柔軟性を持った解決が十分に可能となると評価する立場がある[61]。その一方で、体系的な観点からの批判および実質的な観点からの批判が見られ[62]、いずれもこの規定を削除すべきとする厳しいものである。前者の批判を見ると、欠陥について、同条2項で挙げられる事情が認められない場合に、欠陥の蓋然性があると考えられるのか、また、因果関係について、同条3項の水準に満たない場合でも、蓋然性がある場合に因果関係の推定を認めるとすれば、因果関係の立証水準を引き下げることとなり正当性を欠くものであって、行き過ぎであるなどとして、この規定は削除すべきとする。後者の批判を見ると、蓋然性が認めら

---

60) ErwGr.48.
61) Mayrhofer, a.a.O.(Fn.32), S.430f.
62) 前者の批判について、Wagner, a.a.O.(Fn.17), 216 und ders., a.a.O.(Fn.27), 9、後者の批判について、Boris Handorn, MPR 2023,16,23. さらに、Handorn は、同じ箇所において、この批判と合わせて、技術的複雑さまたは経済的複雑さのように、指令案10条4項ではあまりに多くの不確かな法概念をもって操作を行っているという批判も加える。

れば、欠陥等が推定されるとすると、AIシステムや医薬品に関して、疑いがあれば推定が認められることになってしまい、こうしたことは技術または技術革新を嫌悪する態度であり、制定法となるべきではないとする。

　指令案10条4項にはこうした厳しい批判が向けられる。それでも、同条5項では、同条2項から4項における推定の反証を認める規定が置かれており、反証が可能であれば、製造者側にとっては過剰な負担とならないとも考えられ、同条4項に向けられる厳しい批判も、同条5項の解釈を踏まえれば、受け止めることはなお可能とも考えられる。しかし、同条5項でのその反証可能性は、表見立証と同じ水準ではないと理解する立場もあるように、相当程度高度な水準が設定され得るとも考えられる[63]。仮に、そうであれば、同条2項から同条4項に基づいて推定が認められると、同条5項でのその反証が困難であり、実質的には、立証責任が転換されていると理解することもできる[64]。このように考えると、同条5項の反証の厳格さと相まって、同条4項での蓋然性がある場合の推定規定は、欠陥や因果関係、あるいはその両方について、低い水準での立証責任の転換を認めることになりかねない。このことで、立証責任の原則を定める同条1項との緊張は高まり、かつ、同条4項に対する上述の体系的観点および実質的観点から見た批判はそれだけ適切なものと考えられる[65]。このように考えていくと、上述の批判でも示唆されるように、立証に関する規律は、同条2項および同条3項の規律で十分であると考えられよう。

　AI技術の進展・情報科学技術の進展により登場する新たな製造物リスクを前にして、原告となる被害者の立証緩和の要請があるとしても、それを実質的に立証責任の転換まで認めるほどの正当化が可能か、指令案10条4項

---

63) Spindler, a.a.O.(Fn.16), 698. 前稿での注117も参照。
64) Kapoor/Klindt, a.a.O.(Fn.45), 71.
65) Michel Faure/Shu Li, JETL 2022, 1, 21は、指令案に対するものはないが、AIシステムを搭載した製造物における事故において因果関係の立証責任を転換することで、過剰抑止をもたらし付保可能性が否定される旨の説明を行う。Faure/Liのこうした懸念は、実質的に因果関係の立証責任の転換となりうる指令案10条4項にも等しくあてはまろう。詳細について、前稿での注115参照。

に向けられる学説の批判は、あらためて同規定のその理由づけ・正当化が十分ではないことを質すものと考えられる。しかし、欧州議会の第一読会においてこの規定案は維持されていることから、今後指令案が採択され、この規定の最終的な取扱いとドイツ法への置換、そしてその後の運用について、それぞれどのようになされるか、注視していくべきである。

V　おわりに——残された検討課題

　本稿は、冒頭に示した問題意識に基づき、技術革新・情報科学技術の進展により生じる新しい製造物リスクに関係する範囲で、ドイツ法の視点から、指令案をダイジェスト的に分析・検討した。指令案は、製造物概念を拡張化し、かつそれに対応して責任主体を多様化し［→Ⅱ］、欠陥概念を可動化し［→Ⅲ］、さらに証拠開示と立証負担の規律を整備すること［→Ⅳ］によって、AI技術や情報科学技術の進展により生じる製造物リスクに対し、欠陥に基づく製造物責任の枠組みで対処する可能性を開いたものと評価でき[66]、本稿での分析・検討からもこのことは裏づけられたと考えられる[67]。これに対し、証拠開示および立証責任に関する規律の一部に対し、厳しく批判する立場から明らかにされるように、詰めるべき理論的・実際的課題も残されており、こうした規律に関して、指令として採択され後、ドイツを含む構成国への置換およびその後の運用状況について、特に、注視すべきと考えられる。

　最後に、本稿での問題意識を踏まえて、製造物責任において今後検討すべき課題として、①欠陥判断の前提として、消費者期待基準によるか、リスク／効用基準によるか、②製造物責任の根拠である欠陥責任の法的性質をどの

---

[66]　Wagner, a.a.O.(Fn.17), 219f. dazu auch ders., a.a.O.(Fn.27), 10 und Spindler, a.a.O.(Fn.16), 704. これらの見解の指令案に対する評価の詳細について前稿での注129参照。

[67]　本稿では取り上げることができなかったが、指令案は、損害賠償の項目についても1985年指令よりも、細分化し、主に職業目的ではないデータの無効・変造も損害賠償の対象となり（指令案6条1項a号）、物損に関して留保額が設けられておらず、さらに賠償限度額の制限も設けられていないことが特に注目されよう。詳細について、前稿のⅠ二5参照。

ように行うか、③特にAIシステムとの関係で、未知の危険が登場した場合にどのように対処すべきか、④③の場合において、欠陥責任ではなく、危険責任による対処可能性はないか、⑤製造物の安全性に関し、公私協働をどのように図っていくべきか、⑥指令案において責任限度額が設けられないことで技術革新への負担とならないか、また、過失に基づかない責任において責任限度額を設けないことは、伝統的なドイツ法の理解においてどのように受け止められるか、⑦製造物責任を負う責任主体がいないか、いたとしても資力に乏しい場合に、補償基金をどのように構想するか（指令案8条5項）などが検討されるべきと思われる[68]。しかし、すでに紙幅も尽きており、いずれも筆者の今後の検討課題としたい[69]。はなはだ不完全な論考であることをお詫びして、本稿を閉めたい。

【付記】本稿は、中央大学特定課題研究費「製造物責任法理の基礎的考察を踏まえた解釈論の提示――墺・独・欧法との比較を通じて」の助成を受けた成果の一部である。

---

68) 指令案8条5項は、欧州議会の第一読会において取り上げられている。vgl., ErwGr. 41.
69) 以上の検討課題において、さらにその内容や方向性などの詳細につき、前稿の「おわりに」で示したところも参照。

第 4 章　AI・自動運転等のリスク

16　電動キックボードと危険責任の正当化
　　――多様なモビリティの民事責任の
　　　あり方を検討する素材として[1]

中央大学教授　前田　太朗

I　問題意識――日本法の状況

　2023年に施行された道路交通法の一部を改正する法律（令和 4 年 4 月27日法律第32号）に基づき、特定小型原動機付自転車（以下、「電動キックボード」とする）の運行供用者は、自動車保険の付保が強制され、これによる事故については、自動車損害賠償保障法（以下、「自賠法」とする）の適用に基づき厳格な責任を負うこととなった。電動キックボードによる事故は、近年上昇傾向にあると考えられ[2]、第三者との事故の関係で、危険責任でありかつ責任保険制度がある自賠法により対処されることで、被害者である第三者の救済が図られている。しかし、電動キックボードに対し、なぜ危険責任が

---

[1] 筆者は、日本交通法学会第55回定期総会（2024年 5 月18日）での個別報告（「技術革新によるモビリティの多様化と民事責任法の対応――ドイツ法に示唆を受けて」）の機会を頂戴した。本稿は、同報告のうち、特に電動キックボードの危険責任化に焦点を絞り内容を再構成したものである。
[2] 道路交通法改正以降の23年 7 月から12月までの電動キックボードの事故は85件であり、死者はいなかったが、負傷者86名とされる。さらに、相手車両として、同じ期間の総計として、四輪24件、自転車 9 件、歩行者17件、単独事故34件とされる（https://www.npa.go.jp/publications/statistics/koutsuu/jiko/R05bunseki.pdf）。さらに、警視庁によると、2023年 1 月末から 7 月末までにかけての資料であるが、他の二輪車量よりも単独事故の割合が多いとされ（約41.7％）、さらに車両相互等の事故も58.3％を占めているとされる（https://www.keishicho.metro.tokyo.lg.jp/kotsu/jikoboshi/torikumi/kotsu_joho/kickboard.files/202308.pdf）。

16 電動キックボードと危険責任の正当化

課されるのか——一方で、改正法の審議過程では原動機付自転車とパラレルに考えられることが指摘されたが[3]、他方で、原動機付自転車よりも危険性は低く、自転車と類似の交通ルールに服すべきという考え方も改正過程では示されていたように[4]、電動キックボードについて、その大きさ・規格が普通自転車程度であって、かつ、出力が一般の原付自転車より低いこと[5]を踏まえると、電動キックボードが自賠法の対象となるほどの危険性を持つものかは疑問が残されていよう。確かに、今回の改正について、被害者救済を確保し、新しいモビリティの社会への需要を促すという社会政策的観点から正当化することは可能であろう。しかし、こうした政策的観点を踏まえた責任の正当化は、もろさをも有する。すなわち、新しいモビリティの普及で社会的な利益があることから、むしろ厳格な責任を課さないほうがよいと考えられるようになった場合、将来的には電動キックボードに対する民事責任が緩和される危険性もはらんでいるのである。電動キックボードの運行供用者は、どのような理由で自賠法の責任を負うのか、理論的正当化が求められている。

日本に先駆けて電動キックボードが普及するドイツでは、車両保有者の危険責任を定める道路交通法（StVG）が、規律対象とする車両の最高速度を20km/hに限定しており（StVG 8 条 1 号）、E-Scooter（電動キックボード）による事故は、危険責任による規律に服していない。これまでも、最高速度制限

3) 第208回国会参議院内閣委員会議録第 9 号16頁に挙げられる楠芳伸政府参考人（警察庁交通局長）発言参照。改正の経緯について、上原啓一「道路交通法改正の内容と主な国会論議——レベル 4 の自動運転の実現に向けた制度の創設、電動キックボードの交通ルールの整備など」立法と調査449号 3 頁以下、佐藤典仁「自動運転レベル 4 と電動キックボード等の新しいモビリティ実現のための道路交通法改正の方向性」NBL1215号（2022）47頁以下が詳しい。
4) 宮城卓志「令和 4 年改正道路交通法による『特定小型原動機付自転車』の交通ルールの整備について」国際交通安全学会誌47巻 3 号（2023）37頁およびそこで引用される「多様な交通主体の交通ルール等の在り方に関する有識者検討会報告書」71頁（https://www.npa.go.jp/bureau/traffic/council/saisyuhoukokusyo.pdf）参照。
5) 特定小型原動機付自転車について、①原則として車道を走行し、②車両の大きさ・幅は190cm×60cmまでと、普通自転車と同じ程度とされ、③定格出力については0.6kW 以下で、0.6kWを超える一般の原動機付自転車より低出力である。また④最高速度について、最高速度20km/h までとされ、最高速度が30km/h 以下である一般の原付自転車よりも遅い。なお、最高速度 6 km/h 以下や安全装置を稼働させるなどして特定小型原動機自転車は特例特定小型原動機付自転車として、歩道を走行できる。

第4章　AI・自動運転等のリスク

に対する批判が学説を中心として強まっていたが、モビリティの進展による事故の増大を前にして、その必要性が意識され、2023年1月に開催された第60回ドイツ交通法曹大会 Deutscher Verkehrsgerichtstag でもテーマの1つとして取り上げられ、学説においても、速度制限の意義、新しいモビリティがもつ危険性の特徴を踏まえた議論が活発化し、同大会においても電動キックボードを危険責任の規律対象とすべきとする立場を支持している[6]。上記理論的課題を抱える日本法に対し、ドイツ法における近時の状況は有益な示唆を与えるものと考えている。

II　ドイツ法の状況

1　電動キックボードに関する制定法および民事責任の規律の概観

ドイツにおいて、2019年に公布・施行された電気車両に関する法令 Elektrokleinstfahrzeuge-Verordnung（eKFV）により、電動キックボードが、公の交通に関与することが可能となった[7]。同法令が施行されるまで、保有者等に付保義務が課されておらず、また、私保険においても、動力化された

---

6) Arbeitskreis VI E-Scooter, Krankenfahrstühle, langsame Landmaschinen – ist unser Haftungsrecht noch zeitgemäß? Empfehlung 3（https://deutscher-verkehrsgerichtstag.de/media/Editoren/Empfehlungen/2022_empfehlungen_60_vtg.pdf））。「例えば電動キックボードのように、型式に基づいて6km/hから20km/hの間で走行することができる速度の遅い自動車の新しい危殆化の可能性は、とくに、その利用が増えることが予想可能であって、かつ交通領域が狭いものであるために、こうした車両が、〔StVG8条1号で危険責任を免除されない自動車と〕同様に危険責任に服するべきであろうというほどに高いものであろう」とする（亀甲括弧内は筆者が文脈に応じて意味を補充したものである。以下同じ）。
7) 電動キックボードは、eKFV10条各項で走行可能箇所が規律されており、市街地では、歩道・自転車道共通の道、歩道・自転車道分けられた道および自転車走行レーンと自転車道路を走行可能とされ、これらの道路がない場合には、自動車道路あるいは交通の穏やかな領域が走行可能とされる（さらに別途の例外も設けられている）。さらに、歩道での走行はモーターを切った状態でも許されていない。また、郊外でも同様の規律が設けられている（vgl., Rainer Heß/Dirk Figgener, NJW-Spezial 2019, 585; Marco Schäler, SVR 2019, 292, 295）。

車両に起因する事故については保険の対象から外されていたとされていた状況[8]であった。これに対し、eKFV に基づいて、電動キックボードは、eKFV 1 条 2 項および道路交通法 StVG 1 条 2 項に基づいて、自動車に当たり、また、StVG 1 条 3 項で自動車とされない電動アシスト付自転車（Pedelecs）に当たらないことから、電動キックボード保有者は、強制責任義務法 PflVG 1 条に基づき、責任義務保険に関して付保義務を負う[9]。このことで、保険会社に対する直接請求（保険法典 VVG115条）も可能となったことから[10]、電動キックボードにより損害を被った第三者の保護の拡充を図ることが可能となった。

　電動キックボードによる事故の被害者が保険によるこうした保護を受けるためには、電動キックボード保有者に民事責任が成立する必要がある（PflVG 1 条、VVG115条参照）。自動車であれば、その運行に際して事故が生じているならば、StVG 7 条 1 項に基づいて当該自動車の保有者の危険責任が認められる。しかし、電動キックボードは、その運行に際して第三者に損害を惹起したとしても、その型式に基づいて、最低速度 6 km/h を下回らず、かつ最高速度が20km/h を超えるものではないため（eKFV 1 条 1 項柱書[11]）、StVG 8 条 1 号に基づいて、危険責任の規律から排除されることになる[12]。そ

---

8) Christian Tomson/Andrea Wieland, NZV 2019,446.
9) Tomson/Wieland, a.a.O.(Fn.8), 448.
10) Robert Koch, NJW 2020,183,184; Michael Burmann/Rainer Heß, Handbuch des Straßen verkehrsrechts Bd.1,Werkstand 48 EL August 2023, 10. Elektromobilität, E. Elektrokleinstfahrzeuge-Verordnung, RdNr.112 und 133.
11) 速度以外にも、電気的に駆動する車両であって、座席を持たず自立した形でバランスがとれる車両であること（1号）、運転・操作ハンドルの高さが、座席を有する車両であれば、最低でも50cmの高さを、座席を持たない車両であれば、最低でも70cmの高さを必要とすること（2号）、モーターの出力について、0.5kw を超えないこと、あるいは、自己でバランスをとるために少なくとも出力の60％を必要とする場合には、1,400ワットを超えないこと（3号。さらに出力に関しては各種法令の基準を満たすことも求めている）、全体の幅について70cmを超えないこと、全体の高さについて140cmを超えないこと、そして、全長について200cmを超えないこと（4号）、そして、運転手を除いた最大の車両の重量について、55kgを超えないこととされる（vgl., Heß/Figgener, NJW-Spezial 2019, 585）。ドイツは、電動キックボードに対し、日本とほぼ同規格（前掲（注4）参照）の規制を設けている。
12) Tomson/Wieland, a.a.O.(Fn.8), 448; Koch, a.a.O.(Fn.10), 184; Rüdiger Balke, SVR

のため、被害者は、電動キックボードの保有者／運転手にドイツ民法典BGB823条1項に基づく不法行為責任（あるいは道路交通法規違反が保護法規に当たる場合には、BGB823条2項に基づく不法行為責任）が成立しなければ、その救済は受けられない状況にある[13]。

2　電動キックボードによる事故の傾向と下級審裁判例の状況

2022年の統計資料によると、電動キックボードに関する事故件数は8,260件、そのうち36.2％が単独の事故とされる。また、全交通事故件数で人損が問題となったのが28万8,000件であり、そのうち電動キックボードによる事故が2.9％（2021年は2.1％）を占めるとされる[14]。事故件数は、全体からするとわずかであるが、増加していることには間違いなく、第三者に対する事故も増えているといえよう。

そして、電動キックボードに起因するその保有者および運転手の民事責任が問題となる事故について、事故件数の上昇と相まって、近時において、「裁判所は取り組んでいる」[15]状況にあるとされる。しかし、下級審の状況を見ると、BGB823条1項および2項に基づく不法行為責任では、走行中の過失の立証や、歩道や道路縁に停めていたことについての過失さらには電動キックボードの転倒に関する因果関係について、いずれも被害者に立証責任が課されることもあって、保有者側の責任が認められない傾向にあるといえる[16]。

2022, 18, 19; Hans-Georg Bollweg /Vincent Wächter, NZV 2022, 370, 376; Jost Hennig Kärger, DAR 2022, 16, 17f.; Beck OGK §8 StVG, RdNr.7.2［Walter］.
13) Tomson/Wieland, a.a.O.（Fn.8）, 448; Heß/Figgener, a.a.O.（Fn.7）, 585; Koch, a.a.O.（Fn.10）, 184.
14) vgl.,https://www.destatis.de/DE/Presse/Pressemitteilungen/2023/05/PD23_N028_462.html#:~:text=Insgesamt%20registrierte%20die%20Polizei%20im,verletzt%20und%207%20651%20leicht.;https://www.adac.de/news/e-scooter-unfaelle/
15) Rainer Heß /Michael Burmann, NJW 2023, 3060; Stephan Miller, Gefährdungshaftung bei langsam fahrenden Kraftfahrzeugen in: 60. Deutscher Verkehrsgerichtstag 2022,161,164f. は、事故件数について正確には把握できていないという留保の下、電動キックボードによる事故について特に都市部では、交通の流れ、交通密度が高い中で、電動キックボードが用いられることに加え、歩行者ゾーンでの走行や、2人乗り走行、さらにアルコールや薬物影響下での乗車が考えられることから、相当数の事故が発生しやすくなっているとする。
16) NJW 2020, 3121（LG Münster, 2020年3月9日08 O 272/19　走行中の電動キックボード

StVG 8 条 1 号は、電動キックボードによる事故の被害者の救済にとって大きな障害となっているといえ、逆にこの規定の適用がなければ、上記問題から解放され、電動キックボードによる事故の被害者の救済は図りやすくなると考えられる。

3　StVG 8 条 1 号の正当化と判例および改正法による位置づけの変化

StVG 8 条 1 号に対し、1970 年代以降、その削除も含めて議論の対象となり[17]、近時において電動キックボードの導入とそれに対する事故の可能性および現実化、そして交通法曹大会でのテーマとなったことなどを契機に、ドイツ法では、さらに活発な議論がなされている。

この議論状況を分析・検討するに当たり、まず確認すべきは、StVG 8 条 1 号は、最高速度 20km/h を超えない自動車をどのような理由づけをもって危険責任の適用から免除しているのか、その理由づけを明らかにすることである。その理由づけが正当なものであれば、それだけ改正するためのハードルも高いものと考えられ、それに応じて電動キックボードの危険責任が認められるハードルも高いと考えられよう。そのため、同規定を支える理由づけを明らかにする必要がある。StVG は、1952 年にその前身である KFG の民

と自動車の衝突事故）；DAR 2022,464（AG Frankfurt a.M.29 C 2811/20 2021 年 4 月 22 日　道路縁に停められていた電動キックボードが何らかの原因で倒れ、傍に自動車が毀損した事例）；r+s 2023,677（AG Berlin-Mitte 2023 年 5 月 9 日 151 C 60/22　歩道上停められていた電動キックボードが何らかの原因で倒れ、傍に自動車が毀損した事例）；DAR 2024,30（OLG Bremen 2023 年 11 月 15 日 1 U 15/23　歩道上に停められていた電動キックボードに、目の不自由な者が衝突し、その者が転倒した事例）；Ewald Ternig, SVR 2021, 35,37 は、BGB823 条 1 項および 2 項の立証責任について、具体的に可能な場合もあるが、「常にはそうではない」と指摘する。

17) Bollweg/Wächter, a.a.O.(Fn.12), 372 が、1970 年代における StVG 8 条 1 号に関する動向を簡潔にまとめている。それによると、1973 年のドイツ交通法曹大会で、低速度車両に対し危険責任を拡張することが提案され（dazu auch Dirk Looschelders,VersR 2022,1469）、その後、1976 年に連邦政府は、StVG 8 条において、速度制限の規律を置かない規律を提案した。しかし、その後の政治的な経過の中で、速度の遅い自動車に対し危険責任を拡張することに対し、事故数が少ないにもかかわらず、これに対し被害者保護を与えることで、建設業および農業への財政上の負担が増大することへの懸念があることから、法務委員会は根拠づけが十分ではないと見て、立法化に至らなかったとされる。

事責任に関する規律をほぼそのまま引き受けていることから（BGBl 1952 Ⅰ,S.837)[18]、KFGでの免除規定の起草過程を見ていこう[19]。

(1) 危険責任免除を支える理由づけ
——2つの理由づけの意義・機能と関係性
ア　2つの理由づけ

　KFGは、その7条において、危険責任を根拠として、自動車の保有者に、その有責性を問わずに責任を課す[20]。この根拠を、モーターの駆動力による高速度に基づく危険性に見ている。これに対し、KFG8条2号では、荷物の運搬に利用され、かつ、時速20km/hを超えない自動車については、同7条の危険責任を免除しており、その理由を、荷馬車より早く走行できない自動車であれば、交通の安全に対し、自動車運行と結びつく特別な危殆化という責任厳格化のための特別な視点が当てはまらないこと[21]、つまり、低速度の自動車は危険性が低いため[22]、危険責任が免除されるという理由づけに支えられていた（以下、「α」とする）。KFGの起草過程においては、自動車の有する危険性について、その速度に着目し、早ければ、それだけ危険性が高く、逆に遅ければ、それだけ危険性が低いものとして、KFG7条に基づく

---

18) Olaf von Gadow, Die Zähmung des Automobils durch die Gefährdungshaftung, 2002,S.467は、StVGが、KFGの責任義務に関する規定（KFG7条から同20条）を引き受けている旨を指摘する。

19) Bollweg/Wächter, a.a.O.(Fn.12), 370－372が詳細に検討しており、そこで挙げられる立法資料含めて、本稿でのKFGの起草過程の検討は同論文に負うところが大きい。

20) 起草過程を踏まえたときに、自動車の固有の危険性の中心に、駆動力による高速度性に基づく危険性を置くべきと考えられることは、前田太朗「自賠法における『運行』及び『によって』要件の再構成(3)——独法・墺法に示唆を受けて」中央ロー・ジャーナル20巻3号（2023）31頁～32頁で検討したところを参照。その上で、その当時の自動車技術やその設備による制約を受けた理解が前提になっている可能性から、起草者が高速度性以外の危険性を自動車の危険性からまったく排除するものではなかった可能性もあると考えられる。詳細について、前田・前掲32頁参照。

21) Verhandlungen des Reichstages Bd.4 Nr.264, 3247（1906年に示された立法提案での理由づけである）。なお、自動車の運行に際しての事故を保有者に帰責するKFG7条の規定の起草過程において、自動車の駆動力による高速度の危険性が、責任の正当化において重視されていたことについては、前田・前掲（注20）28頁～34頁において、検討を行っており、本稿での検討とも重なる（そのため、後掲の参照文献については紙幅の制約もあることから、拙稿での引用に代えることをご海容いただきたい）。

22) Dieter Medicus, DAR 2000, 442.

危険責任の賦課[23]とKFG 8条に基づく危険責任の免除に関する理由づけとは、速度を基準として裏腹の関係に立ち、両条のそれぞれの理由づけが密接に関係づけられていた。また、モーターの駆動力による速度の高低に着目する危険性理解は、いわゆる機械工学的理解[24]に支えられるものである。

さらに、KFG 8条2号では、1909年の規定では、荷物の輸送に利用される自動車という制限も設けており、これは、戦争時におけるトラックの有用性という国家的な利益に配慮しており[25]、そうした自動車を利用する活動を保護するという政策的な理由づけも考慮されていたと考えられる[26]（以下、「β」とする）。

その後、1923年にKFG 8条2号が改正され（RGBl 1923 I S.743f.）、荷物の輸送に利用される自動車という制限が外され、最高速度20km/hを超えない自動車について、KFG 7条の責任を免除するという規定となった[27]。この改正では理由として明示されていないが、学説での同改正に対する評価を踏まえると、1909年のKFGと同様に、低速度の自動車は危険性が低いというαと、低速度の自動車を利用する活動の保護というβ、それぞれの理由づけにより、KFG 8条1号が支えられていると考えられる[28]。

---

23) 前田・前掲（注20）47頁に挙げられる各文献参照。
24) 前田・前掲（注20）48頁に挙げられる各文献参照。
25) Verhandlungen des Reichstages, Bd.253 1909,7588.
26) George Eger, Das Reichsgesetz Über den Verkehr mit Kraftfahrzeugen : vom 3. Mai 1909 (RGBl. 1909 Nr. 26 S. 437 ff.), 1911,S.188f, は、1909年に制定されたKFGにおいて、トラック及び速度制限を考慮した免除の目的は、「軍需管理品のトラックを厳格な責任から守ること」にあったとする。Reinhard Greger/Martin Zwickel, Haftungsrecht des Straßenverkehrs,6.Aufl.,2021,§22 RdNr.22.4, S.542は、StVG 8条1号の根拠として、StVGの前身である1909年のKFGによる厳格責任によって「『スピード狂 Autoreiserei』の結果に対し対処されるべきとされ、かつ、速度の遅い車両を〔この厳格な責任に〕関係づけると、道路交通が〔速度の遅い車両と〕等しい速度の荷馬車を過剰な負担にさらしてしまうという憂慮が支配的であった」ことに見出す。このGreger/Zwickelの、荷馬車を用いた活動に対するKFG 7条の厳格責任賦課による過剰な負担への懸念という指摘から、KFG 8条2号によってこの責任を免除することで、荷馬車を使った活動の保護が図られていることが示唆されていると考えられる。
27) 草案（RT-Drs. 1920/1924 Nr.3638, S.3726-3728）では、この削除は提案されておらず、第33委員会の決議で削除提案が理由なしで示され（RT-Drs. 1920/1924 Nr.6050, S.7356）、これを下に1923年にKFGはKFG 8条2号を含む一部規定が改正された。
28) Bollweg/ Wächter, a.a.O.(Fn.12), 371は、1923年改正について、αと同旨の理由を挙げ、

403

イ　両理由づけの機能とその関係性

αは、KFG 7 条の厳格な責任の理由づけと密接に関係するものであり、また、機械工学的理解という基本的な考え方により支えられるものであることから、内実を伴う理由づけと考えられる。そして、αにおいて、低速度の自動車は危険性が低いと評価されるため、これだけで、KFG 7 条の責任を免除する理由づけとしては十分とも考えられる。

そうであれば、なぜβも根拠として持ち出されるべきかが問われる。βは、低速度の自動車を使用する活動の保護を考慮するものであって、αにおいて、当該車両が危険責任を負うほどの危険性を持たないという消極的な結論が出されることを前提に、すでに結論が出されていることについて、当該車両を用いる産業が重要であったり、保護に値するものとすることで、KFG の厳格な責任を除外されてもやむを得ないものということを支持する機能を有すると考えられる。つまり、KFG 8 条 2 号では、αにおける評価が決定的に重要であることから、主たる機能を担い、βは、これを補足的・従的にこれを結論の妥当性から支持すると考えられるため、あくまで従たる役割を担うと考えられる。

(2)　KFG 7 条・StVG 7 条 1 項の展開および個別の改正法と StVG 8 条 1 号の位置づけの変化

KFG 8 条 2 号、これを引き受けた StVG 8 条 1 号は、その後の StVG 7 条 1 項の「運行に際して」要件の判例の展開および StVG の個別の改正法により、StVG 内でのその位置づけ・意義を大きく変容させた。

ア　判例の展開および個別の改正法の確認

一方で、判例は、自動車の有する危険性を、自動車が交通に関与することにその危険性を見出し、自動車の駐停車に起因する事故についても、StVG 7 条 1 項に基づいて当該自動車の運行に際して生じた事故と判断し、当該自動車の保有者の危険責任を肯定する[29]。いわゆる交通工学的観点により支え

Medicus, a.a.O.(Fn.22), 442f. は、同改正について、βと同旨の理由を挙げる。

29) BGHZ 29,163（1959年1月9日 VI ZR 202/57）; Werner Full, Zivilrechtliche Haftung im Straßenverkehr, Großkommentar zu §§ 7 bis 20 Straßenverkehrsgesetz und zum Haftpflichtge-

16　電動キックボードと危険責任の正当化

られる判例の展開により、自動車の危険性は、駆動力による高速度のみに着目するものではなく、高度に複雑化しかつ多様化した機械としての危険性をも自動車の有する危険と見るように変化し、このように広く自動車の危険性をStVGの対象とすることで、被害者の保護を拡張していっているものと評価できる[30]。

　他方で、StVGは、規律対象となる自動車を拡大している。まず2002年に、それ自体では駆動力を持たないトレーラーについて、その保有者の危険責任を導入した（BGBl 2002,S.2674）。この責任を導入した理由として、トレーラーが牽引車と一体となることでその危険性を高めているとし、さらに、被害者が事故の原因となった牽引車の同定が困難であること――つまり、トレーラー保有者の責任を肯定することで被害者の救済を図りやすくするという実際上の理由――も挙げられている[31]。さらに、2021年に、レベル4の自動運転に対応するため、自動運転自動車に関する規律が導入された（BGBl 2021,S.3108）。この改正において、自動運転自動車について、運転手を観念できず、有責性責任を問うことができず、また、最高速度20km/hを超えない場合には[32]、StVG 8条1号により危険責任が免除されてしまうことから、被害者の保護を欠ける危険性があった[33]。そこで、この改正により、自動運

---

　　setz, 1980, §7 StVG RdNr.61, S.107; Beck-OGK,StVG §7 RdNr.89[Walter]. 先行研究において、RGでは機械工学の観点が支配的であったとするものも見られるが、判例の展開を見ると、むしろ、自動車交通の状況や技術的展開を踏まえて、RGは、KFG 7条の運行に際しての規範を変化させており、こうした先行研究の指摘は、ドイツ法におけるRGの判例展開の評価として必ずしも正鵠を得ていないことについて、前田・前掲（注20）51頁〜52頁注212参照。

30）Lukas Piroth/Thomas Schmitz-Justen, NZV 2020,293,296.
31）BT Drs.14/7752 S.29. 2020年の改正により、トレーラーの責任はStVG 7条1項から独立し、StVG19条で規律されることとなった（BGBl. 2020,S.1653）。この改正で対外的責任の規律に関して変更はないとされる。
32）Michael Stöber/ Marc-Christian Pieronczyk, DAR 2020, 609,610はこの当時の技術水準から、低速度でしか自動走行ができない自動車が多く、2021年改正はこのことに対応したとする。
33）Michael Burmann / Rainer Heß / Katrin Hühnermann / Jürgen Jahnke, Straßenverkehrsrecht, 28.Aufl., 2024, §8 StVG RdNr.6a.; dazu auch Peter Hentschel/Peter König/Peter Dauer, Straßenverkehrsrecht, 47.Aufl., 2023, StVG §8 RdNr.2a, S.246.; BT-Drs 19/27439, S.31は、StVG 8条1号により危険責任が免除され、また運転手もいないことからStVG18条が適

405

転自動車については、StVG 8 条 1 号による免除がない旨の規定が設けられた。

こうした改正においても、起草者は、トレーラーおよび自動運転自動車の保有者の危険責任を、明示的に交通工学的観点を踏まえて説明するものではない。しかし、いずれの自動車もそれ自体において駆動力による高速度は想定できないものであり、こうした自動車の交通への関与の危険性が問題となっているとすれば、交通工学的な観点に親和的な改正であったと考えられる[34]。

　イ　アの展開を受けた StVG 8 条 1 号に対する理論上・実際上の課題

こうした改正は StVG 8 条 1 号を直接的に改正するものではなく、その維持が図られたため[35]、StVG の体系において評価矛盾が生じる危険性が高まっている。すなわち、改正の対象とならなかった低速度の自動車の駐停車中の事故とトレーラーまたは自動運転自動車の駐停車中の事故で、前者では、StVG 8 条 1 号で危険責任が免除されるため、その保有者または運転手の有責性責任のみが問題となり、後者では、StVG 8 条 1 号が適用されないため、その保有者の危険責任が問われることになる。判例の展開により運行に際しての事故と評価される駐停車中の事故では、そもそも当該自動車の速度は問題となっていないにもかかわらず、StVG 8 条 1 号があることにより自動車の最高速度に応じて法的処理が左右されることで、交通工学的な観点に基づ

用できないことから生じる状態の除去のため、改正する旨を説明するが、この状態は、本文に示したものと考えられる。同様に、juris PK-Straßenverkehrsrecht §8 StVG RdNr.8 [Laws/Lohmeyer/Vinke] も、改正のない状態で生じることを弊害とし、その除去の必要性を説くが、この弊害は本文で述べたものと考えられる。

34) トレーラー保有者の責任について、juris PK-Straßenverkehrsrecht (Fn.33), §8 StVG, RdNr.25は、交通工学的観点から正当化できることを指摘する。Greger/Zwickeln, a.a.O.(Fn.26), §3 RdNr.3.24, S.50f. も、被害者の加害車両の同定可能性とともに、この観点を挙げる。自動運転自動車についても、交通への関与によるその速度差に基づく危険性を捉え、交通工学的観点から厳格な責任の正当化が考えられよう。

35) jurisPK-Straßenverkehrsrecht (Fn.33) §8 StVG RdNr.7. 2002年の第二債務法改正では、StVG 8 条 1 号の削除案も示されていたが、最終的に政治的な理由から改正に至らなかったとされる。Christian Huber, Das neue Schadensersatzrecht, 2002, §4 RdNr.114, S.193; Boollweg/Wächter, a.a.O.(Fn.12), 370.

くと理論的に正当化できない矛盾が生じていると評価できよう[36)37)]。また、被害者に視点を向けると、加害自動車を選択できず、加害自動車の最高速度いかんで、その救済のアプローチおよび救済の実現が異なり、その結果、被害者の保護を欠く危険性も生じさせ、実際面においても深刻な課題が生じる状況にある[38)]。

(3) (2)を踏まえたStVG 8 条 1 号を支える 2 つの理由づけの機能および関係性の変化とStVG 8 条 1 号の廃止の可能性

StVG 8 条 1 号は、判例の展開および個別の改正法を受けてもなお、αとβの 2 つの理由づけにより正当化できるものか。

αは、低速度の自動車が危険責任を課すほどの危険性を有さないため、これを免除するという理由づけである。αは、立法当時のKFG 7 条の自動車の危険性の理解と密接に関係し、かつ、機械工学的観点から支持できるものであったことから、KFG 8 条 2 号を支える理由づけとして意義も説得力も持ち得ていた。しかし、交通工学的観点に基づいて、StVG 7 条 1 項において、自動車の固有の危険性の理解が変容したことで、αは責任を根拠づける規範およびそれを支える理由づけとの関係性を失った。そして、交通工学的

---

36) Bollweg/Wächter, a.a.O.(Fn.12), 378; dazu auch Balke, a.a.O.(Fn.12), 20.

37) トレーラーにおいて、最高速度20km/hを超えない自動車に牽引される場合には、その危険性が低いと考えられるため、StVG 8 条 1 号の免除があるとされる（BT Drs. 14/7752, S.31 14/7752, S.31では、評価矛盾の回避としてこうした説明を行う）。このことで、トレーラーを牽引する自動車がStVG 8 条 1 号の免除を受けるか否かで、トレーラー保有者の負う責任の正当化根拠が異なることになる。また、StVG 8 条 1 号の免除を受ける自動車に牽引されている場合と、トレーラーがそうした自動車から切り離されて停められている場合とでも、保有者の責任の正当化根拠が異なってしまう。いずれの場合においても、StVG 8 条 1 号を維持しつつ、低速度の自動車が危険責任に服するとしたため、交通工学的観点に基づくと、StVGの体系内で評価矛盾が生じていると考えられる。vgl.,Bollweg/Wächter, a.a.O.(Fn.12), 373 und Looschelders, a.a.O.(Fn.17), 1473.

38) Bollweg/Wächter, a.a.O.(Fn.12), 378は、「学説ではしばしば問題化されていないが、被害者保護の観点」を「無視することはできない」とし、Looschelders, a.a.O. (Fn.17) は、低速度車両であっても、危険責任を根拠づけるほどの危険性があり、強制保険も強制されている場合があり資力も耐えられるまた保険料の上昇も概観可能なほどにとどまると考えられるもかかわらず、被害者はその保有者への危険責任に基づく請求が排除され、運転手に対する損害賠償請求に固定されてしまうとして、被害者の保護が後退することを懸念する。Hans-Josef Schwab,DAR 2011, 129,130が、被害者間で異なることが平等原則に反すると指摘することも、本文で述べた疑問と同旨の問題性を指摘するものであろう。

第4章　AI・自動運転等のリスク

観点を前提とすれば、αの想定する上記の自動車の危険性理解は、そもそも理論的正当性を持たない。こうしたことから、αはその説得力も意義も失った。このように、αを根拠にして、今日なお StVG 8 条 1 号の規律も正当なものとして支えることは難しい状況である。

学説において、StVG 8 条 1 号に対し「時代遅れ」[39]という批判が向けられるが、以上の検討を踏まえると、この批判は、αの前提とする上述した自動車の危険性理解が交通工学的観点を前提とすればおよそ正当なものではなく、かつ、KFG 起草当初からとられていたこの危険性理解を今日なお正当性がないにもかかわらず維持し続けることに向けられていたと考えられる。このように、StVG 8 条 1 号に向けられた「時代遅れ」という批判は、αに端的に向けられていたと考えられるのである。そして StVG 8 条 1 号において主要な理由づけであるαがその意義・役割を失ったのであれば、この規定は廃止されるべきという方向性は十分な説得力を持つとも考えられる[40]。

βはどうか。低速度の自動車を用いた活動の保護という観点は、かつてのαとの関係を脱し、StVG 8 条 1 号において独自のかつ重要な機能を担うと考えられる。すなわち、低速度の自動車であっても、交通工学的観点を踏まえ、危険責任が課されるほどの危険性を有するため、その保有者に危険責任が課され得るとしても、βから当該自動車の使用する活動・事業の保護の要請を考慮して、当該自動車の危険責任を免除するという機能、つまり危険責任の積極的な免除機能を（も）担うと考えられる。C‐W. Canaris が、農業・建設機械について、交通工学の観点に立って、危険性は高いものであっても、そうした事業の社会政策的な保護の観点から、危険責任が免除されている旨を説くことは――こうした理解が今なお当てはまるかは疑問が残

---

39) Medicus, a.a.O.(Fn.22), 443.
40) Medicus, a.a.O.(Fn.22), 444 が、StVG 8 条 1 号を支える「歴史的な根拠は、本質的に考慮されないものとなっている」ことを理由に、同規定の削除を主張している。Medicus の示すこの歴史的な根拠は、本稿で示したαと同旨のもの（前掲（注22）で挙げた ders.442 参照）であると考えられるため、Medicus の上記指摘は、本文の指摘を端的に表現するものと考えられる。

408

るとしても[41]——、まさに、βの理由づけの現代的意義を説くものと考えられる[42]。このように考えると、βがStVG 8条1号を支える重要な意義・役割を担っていると考えられる。もちろん、問題となる自動車の有する危険性がそもそも低いと考えられる場合に、βがそうした結論をさらに支持し、当該自動車を用いた活動の保護を示すという意義・機能も有する。一見すると、KFG 8条2号におけるβの意義・機能と同じとも考えられるが、αがその意義・機能を低下させたため、βのこうした意義・機能は、今日において、相対的にその重要性を増したと考えられる。

StVG 7条1項における判例の展開および個別の改正法により、StVG 8条1号を支えるαとβのそれぞれの意義・役割が変わり、それに伴って両理由づけの関係性も変化した。すなわち、αは、その意義・役割を大きく後退させ、むしろStVG 8条1号はβにより支えられており、βはその意義および役割を増していると考えられる。

このようにαとβの理由づけの意義・そして両者の関係性を踏まえると、βがStVG 8条1号において主要な役割を担っていると考えられることから、同規定を直ちに削除すべきともいえず、また、実質的にみても、この規定を一律廃止することで、低速度の自動車を使用する活動の保護という政策的な保護を考慮する制定法上の結節点を失うことが懸念されよう[43]。

---

41) Bollweg/Wächter. a.a.O.(Fn.12), 378は、後掲（注42）に示すように、Canarisのアプローチを支持するものの、この旨を指摘する。
42) C-W. Canaris, JBl 1995, 2, 12f ; Bollweg/Wächter, a.a.O.(Fn.12), 376は、Canarisの指摘について、交通工学の理解を前提にし、自動車の責任を根拠づける危険性をその高速度性からだけで説明できるものではないとし、併せて、「多くの低速度の自動車は、——例えば自己走行型の作業機械のように——その低速度と、しかしとくにその大きさ及び重量によって、さらに特別に高度な危殆化の可能性が示されること」を示唆しているとし、「それゆえに、法政策において、速度の遅い自動車の保有者は引き続き危険責任から解放されうるであろうかが問われるべきである」とする。Looschelders, a.a.O.(Fn.17), 1475も、当該自動車の危険性、付保可能性による保有者の負担の軽減とともに、経済・政策的観点も考慮に入れる。
43) Bollweg/Wächter, a.a.O.(Fn.12), 378は、StVG 8条1号の廃止により電動車いすが危険責任に服することになるが、その危険性の低さとともに、電動車いすが身障者の社会生活への平等に正当化される参画に資し、特別な社会的機能を果たすものであることを理由に、危険責任を課すべきではないとする。ここからも、βの意義・役割の大きさが示唆される。

第 4 章　AI・自動運転等のリスク

　これに対し、①法技術的課題および②実際上の問題から、StVG 8 条 1 号の規定は廃止を免れられないと考えられる。①について、StVG 8 条 1 号は、明確に速度制限を設けていることから、β を踏まえかつこの趣旨を直接的に反映した規定と理解することは難しいだろう。

　さらに、②について、StVG 8 条 1 号を維持することで実際上の問題も生じている。下級審ではあるが、r+s 2023, 677（AG Berlin-Mitte 2023 年 5 月 9 日 151 C 60/22）は、電動キックボードの保有者への StVG 7 条 1 項の類推適用の可否および StVG 8 条 1 号の適用制限に関し、次のように判断しこれを否定した。すなわち、eKFV の立法者は、その立法時において、電動キックボードの運行による危険性は認識できたのであり、しかし、StVG 8 条 1 号が本稿で示した α の理由付けにより支えられており、同車両について、StVG 8 条 1 号の適用を除外することは必要ないものとされた、として、電動キックボードについて StVG 7 条 1 項の責任が認められないことは、立法計画に反した欠缺ではないと評価し、この規定の類推適用を否定した[44]。さらに同判決は、StVG 8 条 1 号の改正については、立法者による判断に服し、裁判所の判断に服するものではないとしており、ここから、同規定の目的論的縮減も否定していると考えられる[45]。StVG 8 条 1 号をそのままの形で維持することは、一部下級審が示すように StVG の類推解釈の障害となり、被害者救済にとって実際上深刻な障害となる。

　以上を踏まえると、StVG 8 条 1 号を廃止することは避けられないであろう[46]。

---

44) dazu auch DAR 2022, 464（AG Frankfurt a.M. 29 C 2811/20 2021 年 4 月 22 日）.
45) Nikklas-Jens Biller-Bomhardt, NZV 2023, 314 は、同判決に対し、StVG 7 条 1 項の類推適用の否定および同 8 条 1 号の目的論的縮減の否定に照準を合わせたものとする。この判決よりも先に、Looschelders, VersR 2022, 1469, 1473 は、立法計画に反した法の欠缺が必要であるものの、1909 年の KFG の立法者およびその後の個別の改正法での立法者の考えから、StVG 8 条 1 項を原則として維持する立場であるため、この欠缺は認められず、制限的解釈（目的論的縮減）アプローチは難しい旨を指摘していた。dazu auch jurisPK-Straßenverkehrsrecht (Fn.33), §8 StVG, RdNr.7 ; Medicus, a.a.O.(Fn.22), 443 も結論同旨。
46) 2022 年のドイツ交通法曹大会（前掲（注 6）参照）でも、Empfehlung の 1 において、「立法者は、StVG 8 条 1 号を、基本的に改正すべきであろう。速度の遅い自動車に対する危険責任の一般的な制定法上の排除は、道路交通における変化した状況を前にしても

410

StVG 8 条 1 項を削除することで、一方で、最高速度をもって、危険責任の免除は正当化できないため、低速度の自動車であっても、自動車と評価されるならば、StVG 7 条 1 項で危険責任を賦課される対象となる。他方で、危険責任を免除する必要があると考えられる自動車に関して、StVG 8 条 1 号を支えていたβをこの規定から切り離し、別途考慮する必要がある。本稿の問題意識である電動キックボードの危険責任の正当化に関して、こうした 2 つの要請を踏まえたアプローチが重要なものとなる。

4 衡量要素を踏まえた電動キックボードの危険責任の正当化

(1) 2つのアプローチと衡量要素の明確化

近時、ドイツ法では、StVG 8 条 1 号を廃止した場合に、個別の自動車に応じて危険責任の免除の規律を検討するアプローチと、要素を明らかにし衡量判断に委ねるアプローチが示されている。しかし、いずれのアプローチでも、(3)の最後で示した 2 つの要請に適うものであるとともに、衡量要素を踏まえて検討することでも共通している。そこで、問題となる衡量要素を見ていきたい。論者によってニュアンスはあるが、①問題となる自動車の危険性、②付保義務の状況および保険料負担の重さの程度、③βを考慮した危険責任免除の正当化というように、学説では 3 つの要素が挙げられている[47]。この 3 つの要素は、次に示すように理論上あるいは実際上、危険責任を判断するうえで必要なものと考えられる。すなわち、StVG が危険責任を根拠とするものであるから、問題となる自動車がどのような危険性を有するか、この危険性が、「特別な危険」と評価できるかが明らかにされるべきであるため、①の要素は重要である。従来と異なり、厳格な責任が新たに課されるとすれ

はや時代に適っていない」とする。
47) Looschelders, a.a.O.(Fn.17), 1475f. は、前者のアプローチをとりつつ、本文に示した 3 つの要素を列挙する。Kärger, a.a.O.(Fn.12), 18f. は、2 つのアプローチを示し、特に③を重視する。Bollweg/Wächter, a.a.O.(Fn.12), 377は、StVG 8 条 1 号について、その維持の可能性とともに、これを廃止するとした場合に両アプローチがあることを示すが、いずれのアプローチでも、「保険法も考慮に入れなければならない」とし、①および②の要素も考慮する。

ば、当該自動車の保有者の賠償責任の負担とその事前的対応が必要であり[48]、付保の状況および想定される保険料の上昇の可能性について考慮する必要があるから、②の要素も重要である。また、上述したように、危険責任が認められるほどの危険性を有しながらも、当該自動車を使用した活動の保護が必要であれば、その責任を免除するというβを踏まえた政策的判断を行うべき場合もあることから、③の要素を取り入れる必要がある。

(2) 電動キックボードの危険責任の正当化

以上の要素を踏まえて、電動キックボードの危険責任の正当化を考える[49]。

①について。Jost Hennig Kärger は、農作業用機械を例に、連邦の道路を走行すると、速度差による危険性が生じる旨を指摘し、電動キックボードについては、事故の頻度と人損および物損の一般性から、高度な危険性があるとする[50]。後者の危険性を詰めて考えると、電動キックボードにおいて、事故の頻度および人損および物損の一般性があることを裏づけるのは、電動キックボードの最高速度が20km/hであって、そうした低速度の車両が交通に関与することによるものであって、そこでは他の車両との速度差が事故の危険性を高めていると考えられるならば、速度差の危険性が、ここで厳格な責任を課すことの理由と考えられよう。また、Dirk Looschelders は、電動キックボードは、重量および大きさからは、危険責任を正当化するほどの危険性はないが、その普及の程度と交通密度の高いところで使用されることを

[48) Karl Larenz/C-W. Canaris, Lehrbuch des Schuldrechts Bd.2, Besonders Teil,1994, S.605は、危険支配の観点と関係づけて、責任保険の締結の可能性が重要であるとし、その趣旨として、責任義務保険は、実際の危険源に対し危険が現実化しないよう実効性ある措置を講じるという意味での支配ではなく、賠償義務の負担に備えるためのものであることを指摘する。Looschelders, a.a.O.(Fn.17), 1475も、Canaris の指摘を踏まえて同旨を説く。

49) StVG 8条1号の免除を受ける各自動車においても同様のアプローチで危険責任の成否を考えていくことになろう。しかし紙幅の関係もあり、本稿の検討対象である電動キックボードに限定して検討を進める。

50) ders., DAR 2022,18; Miller, a.a.O.(Fn.15), S.161-S.163は、総論的に、速度の遅い自動車の交通関与による速度差により危険性が生じていることを挙げ、具体例として、作業用車両の有する危険性の判断において、車両の重量および大きさとともに、道路で使用された場合の速度差を考慮要素に挙げる。

16　電動キックボードと危険責任の正当化

理由に相当の危険性があるとする[51]。Looschelders により指摘される上記危険性の内容を考えると、危険性も、最高速度が低い車両が交通に関与することによる速度差による危険性が含まれていると考えられる。

　いずれの見解も、当該自動車の交通への関与に基づく危険性を前提とするものであり、交通工学的観点から支持でき、さらに電動キックボードの有する危険性の内実を、他の交通関与者との速度差による危険性と捉えるものと考えられる。駐停車中の事故であっても、StVG 7 条 1 項の運行に際しての事故と捉えられること、および、現在の解釈論および立法状況に照らせば、それ自体駆動力を持たないトレーラー保有者の危険責任や低速度の自動運転自動車の危険責任も認められていることを踏まえると、上記電動キックボードの想定される危険性は、危険責任に服するほどのものとして評価できよう。

　また、電動キックボードの危険性が、危険責任の根拠となる「特別な危険」として評価できるかも確認しておこう。「特別の危険」となるかの定式に照らすと、問題となる危険源について、(i)損害発生の蓋然性と(ii)――万一発生した場合の――損害が発生した場合の損害（額）の深刻さとを考慮し、さらにその前提として、(iii)当該危険源に対する支配（不）可能性の程度をも併せて考慮する[52]。危険責任に服する自動車の場合、損害発生の頻度が高く、その事故数から問題となる損害の額も大きなものとなると考えられ、あわせて、交通工学の観点に基づいて、交通への関与による危険性は支配に限界があり不可避的なものであるために、こうした形で事故と侵害・損害が発生し

---

51) ders., a.a.O.(Fn.17), 1475. Looschelders の電動キックボードに関するこの危険性理解は、前掲（注 2）で示した2020年のドイツ交通法曹大会での Empfehlung 3 と同旨であり、今後の議論に大きな影響を与えよう。なお、Bollweg/Wächter, a.a.O.(Fn.12), 376は、作業機械を例に、速度の遅さに加えて、その重量と大きさを踏まえて、危険性の判断を行う一方で、電動キックボードを念頭に電動車両一般に関して、StVG 8 条 1 号の免除がなくなれば、強制保険の付保が義務づけられていること、火災への対応が可能となること、有責性の立証が不要となることなど、実際上の被害者救済の拡張の意義およびメリットを挙げる一方で、電動キックボードが有する危険性それ自体の指摘はない。
52) 本文で示した「特別な危険」の定式化は、オーストリア法の展開によるものである。B.C. Steininger, Verschärfung der Verschuldenshaftung, 2007, S.27f. そして同見解を踏まえた Helmut Koziol/Peter Apathy/Bernhard A. Koch, Österreichisches Haftpflichtrecht, Bd. III, 2014, A1, RdNr.6, S.10f. 参照。

ていると考えられる[53]。このように、自動車の有する危険性は、「特別な危険」を有するものと評価できる。電動キックボードの危険性も、交通密度の高いところでの利用により事故の頻度は高く、交通事故であることから人身損害の額もそれに伴って多くなり、さらに、交通工学の観点に基づいて、低速度の車両の交通への関与による速度差の危険からその不可避性が考えられることを踏まえると、自動車の危険性とパラレルなものと評価でき、特別な危険と評価できるものであろう。

②について。電動キックボードは、eKFV 1 条 2 項および StVG 1 条 2 項に基づいて、自動車に当たり、また、StVG 1 条 3 項で自動車とされない電動アシスト付自転車に当たらないことから、電動キックボード保有者は、PflVG 1 条に基づいて責任義務保険について付保義務を負う[54]。すでに強制的に責任義務保険をかけることが電動キックボード保有者に課されているものの、さらに危険責任として拡張されることで、保険料負担が上昇する可能性もある。しかし、理論的に見たときに、BGH が StVG 7 条 1 項の広範な判断を支える説示において、「継続する判例に基づくと、この責任メルクマールは規範の包括的な保護目的に沿って広範に解釈されるべきである。というのも、StVG 7 条 1 項に基づく責任は、自動車の使用によって許された形で危険源が開設されるということの対価だからである」としており、電動キックボードが①で見たように、危険責任を課すことが正当化されるほどの

---

53) Helmut Koziol, Österreichisches Haftpflichtrecht I, 4.Aufl., 2020, C 3 RdNr.19, S.391は、αとβの両要素の協働作用で「特別な危険」を判断するとして、αの要素の例として交通事故を、βの要素の例として原子力損害をそれぞれ挙げる（dazu auch Steininger, a.a.O.(Fn.52), S.27）。この説明を踏まえると、一方で、交通事故では、事故の蓋然性が高ければ、事故の数も増え、αの要素が強く、その上で、個々の損害は原子力損害と比べ低いため、βの要素は低いとも考えられるが、損害発生の蓋然性が高ければそれに伴って事故数も多いと考えられ、それに伴って発生する損害（額）も深刻なものとなると考えられ、危険責任を課すことが正当化されるほどの危険性を持ち、特別な危険と評価できる。これに対し、原子力損害は、事故の蓋然性は低いためαの要素は低いが、ひとたび事故が発生すれば深刻な損害が発生するため、βの要素を満たし、危険責任を課すことが正当化されるほどの危険性を持ち、特別な危険と評価できる。Kozioらの説明はこのように理解することができよう。

54) Tomson/Wieland, a.a.O. (Fn.8), 448.

16 電動キックボードと危険責任の正当化

危険性を有するものであれば、同様の説明が当てはまると考えられる[55]。このように電動キックボードの保有者が危険責任を負うことについて正当化されるならばその責任負担に当たり必要な保険料の上昇も甘受すべきと考えられる[56]。

③について。電動キックボードは新しいモビリティであり、その普及は社会政策的に歓迎すべきものとも考えられ、責任を緩和するという方向性も考えられる。しかし、①で見たように、電動キックボード保有者が危険責任を負うことは正当化されるのであって、それにもかかわらず電動キックボードを使用する活動を積極的に保護し、危険責任を免除するとして、被害者に電動キックボードの危険を負担させるべきではないと考えられる[57]。また、②で確認したように、強制的な責任義務保険制度が機能していることも、この結論を支持しよう。

5　ドイツ法検討のまとめ

このように、①から③の要素に基づいて、電動キックボードの保有者に対する危険責任は正当化される。ドイツ法の検討により示唆される上記アプローチは、電動キックボードと同様に重要なモビリティである電動自転車や電動バイクなどに対しても当てはまり、危険責任の規律の可否およびその正当化において重要な役割を果たすと考えられ[58]、さらに、今後新たに登場す

---

55) Looschelders, a.a.O.(Fn.17), 1475は、利益とリスクの一致と端的に説明するが、これは、本文で示したBGHのStVGに関する危険責任の正当化に関する説示と通底するものだろう。
56) Kärger, a.a.O.(Fn.12), 18f. は、電動キックボード保有者が危険責任を負うことで保険料が上昇することについて、被害者救済のため甘受すべきとしつつ、保険料はそこまで上昇しないとする。Miller, a.a.O.(Fn.15), S.165も保険料の上昇について概観可能な範囲にとどまるとする。
57) 以上について、Looschelders, a.a.O.(Fn.17), 1476.
58) 問題となる車両に対し、本稿のアプローチを当てはめてみよう。①電動自転車について、Pedelecsでは、最高速度が25km/hであり、電動キックボードより早いものの、モーターによる駆動力は、速度の上昇に反比例して下がり、あるいは運転手が漕ぐことで、遮断される（Greger/Zwickel, a.a.O. (Fn.26), §3 RdNr.3.16, S.49）ため、①について、危険性が低く、②について、強制保険がない。さらに、③について、自転車の社会的効用の大きさと①での危険性の低さからすると、危険責任を課すべきではないであろう。StVG

415

るであろうモビリティに対し、危険責任の規律を考える上でも重要なものとなろう。

＜補論──リチウムイオン・バッテリーによる発火事故とその帰責の問題＞
　電動キックボードは、リチウムイオン・バッテリー（以下、単に「バッテリー」とする）を動力源とすることから、これを原因とする火災の危険性があることは、eKFV制定当初から指摘されていた[59]。電動キックボードが発火（以下、「自己発火」という）した事例を判断した裁判例はまだないが、

　1条3項は電動自転車について、上記仕様のものについてStVGの規律対象とならないとすること（vgl., Beck OGK (Fn.12), §7 StVG, RdNr.68.1 [Walter]）は、以上から正当化できよう。近時、欧州司法裁判所の自動車保険指令に関するNJW 2023, 3636判決（2023年10月12日 C 286/22）において、運転の始動段階から一定の速度までは機械力で加速するが、それ以降は人間の筋力による車両では、人間の筋力によらずに機械の駆動力で加速する自動車による生じ得る人損・物損の深刻さと比較可能なほどの深刻さはないとして、前者に該当する自転車については、同指令の対象となる車両に当たらないとしているが、Raine Heß/Michael Burmann, NJW 2024, 1078は、同判決を踏まえて、StVGのPedelecsに対する上記規律により、同7条1項に運行危険を否定することについて、「ヨーロッパ法に適ったもの」評価する。②最高速度が45km/hに達する電動自転車SPedelecsについて、人間の筋力と駆動力の関係性が切断され、Pedelecsとは異なり、むしろ原付自転車との並行性から、①について満たされ、②についてもStVG 1条2項の自動車に当たるため、PflVG 1条で付保が強制される。また③について、危険責任を課さないことで保護すべき理由が原付自転車と同様に認められない。したがって、危険責任の対象とすべきである（①および②について、vgl., Christian Armbrüster, NJW 2023, 3639.）。③電動車いすは、最高速度6 km/hを超えないものであれば、①について、歩道を走行し、大きさ・重量はあるものの、低速度であることから、危険性が低いと考えられまた、②についても、付保が強制される車両ではない。さらに、③について、身障者の社会参画という社会政策的に見て支持すべき利益があることを踏まえると、危険責任の対象とすべきではないであろう（vgl., Bollweg/Wächter, a.a.O.(Fn.12), 378）。④最高速度が6 km/h以上15km/hまでの電動車いすについては、②について、付保が強制されることや、また、①について、こうした車両が交通に関与することによる速度差から、電動キックボードに比する危険性あるものと評価できるものの、やはり③について、身障者の社会参画という社会政策上の利益があることから、危険責任の導入は否定すべきであろう（vgl., Looschelders, a.a.O.(Fn.17), 1476）。

59）Koch, a.a.O.(Fn.10), 183は、電動キックボード走行中の事故とともに、リチウムイオン電池により惹起される火災・爆発の報告が増えているとする。Berz/Heß, a.a.O.(Fn.10) RdNr.127は、総論的に、電動車両において、エネルギーを伝えるエネルギー貯蔵装置を要するとし、これが自己発火する危険性がある旨を説く（dazu auch Hannes Schüle, r+s 2023, 567.）。

16　電動キックボードと危険責任の正当化

　StVG 8条1号で危険責任が免除されない電動バイクに関して、その車両からバッテリーを外して充電していた際に火災が発生した事例について、この火災による事故が、StVG 7条1項の「運行に際して」の事故となるかが問題となった。BGH は、自動車の自己発火事例については、自動車の特定の運行事象または特定の運行設備との間での時間的・場所的近接性を認め、運行に際しての事故と判断している[60]。これに対し、この事例では、BGH は、バッテリーが電動バイクから外されていたこと（構成要素化の論拠）、このことは、それまで当該バイクに使われていなかったバッテリーが後にそのバイクに組み込まれることになっており、この目的のために事前に充電される場合と異ならないこと（状況比較の論拠）から、「こうした事例では、バッテリーはもはや運行設備ではないか、依然としてそうではない」として、当該バッテリーによる火災について、StVG 7条1項の運行に際しての事故ではないとした。

　この判決では、バッテリーが電動バイクから切り離されており、運行設備を構成していなかったと考えられたため、構成要素化の論拠が当てはまらず[61]、そして、状況比較の論拠が、StVG 7条1項の運行に際しての事故ではないとした判断において重要なものと考えられる[62]。同判決では、どのような場合に当該自動車の保有者に危険責任が認められるかは判断していないためその射程は慎重に判断されるべきである[63]。同判決が示した理由づけを踏まえると、構成要素化の論拠と状況比較の論拠とを踏まえて判断していくことになろう。例えば、バッテリーが電動車両に装着されたままで充電されて

---

[60] BGHZ 199,377 判決（2014年1月21日 VI ZR 253/13）を契機として、学説および一部下級審から厳しい批判が向けられていたが、DAR 2021,87判決（2020年10月20日 VI ZR 374/19）および同日の2つの判決（VI ZR 158/19および VI ZR 319/18）において、自動車の自己発火事例は、運行に際しての事故と判断される判例の立場が固まっている。BGH における自動車の自己発火事例に関しては、すでに、前田太朗「不法行為法における責任原理の多元性の意義とその関係性(10)」愛学60巻3＝4号（2019）57頁注1350において、その問題状況の端緒を示した。
[61] Benjamin Krenberger, jurisPR-VerkR 13/2023 Anm.1 ; dazu auch, Nikklas-Jens Biller-Bomhardt, NVZ 2023,315.
[62] Biller-Bomhardt, a.a.O.(Fn.61), 315は、この論拠が説得力を持つとする。
[63] Dirk Figgener / Friederike Quaisser, NJW-Spezial 2023,169.

第4章　AI・自動運転等のリスク

いる際に発火した場合には、バッテリーは運行設備を構成し、またバッテリーの状況比較を行う論拠が当てはまらないことから、自動車の自己発火の事例と同じく、運行に際しての事故と評価される可能性はあろう[64]。こうした理解に対しては、バッテリーを外して充電するか、それとも電動車両に接続したままで充電するかは、偶然に左右されるため、運行に際しての事故と評価すべきではないという立場もある[65]――こうした立場からは、モビリティのバッテリー火災に関して、同判決とは別の判断アプローチが求められよう。同判決を受けて、電動車両におけるバッテリー火災に関し、運行に際して生じた事故と評価するための基準や判断のアプローチに関し、解釈論として詰めるところが残されている[66]。

電動キックボードに対してStVG 7条1項に基づく危険責任が認められることとなった場合において、電動キックボードのために使用されるバッテリーによる火災についても、この責任の対象となるかが、被害者救済にとって重要な問題となり[67]、上述の解釈論に関する問題がスライドすることになる。

Ⅲ　日本法への示唆

日本法において、電動キックボードの運行供用者に対し、自賠法の危険責任を課し、また、責任保険の付保を強制したことは、ドイツ法の検討から見られたように、そして、日本においてもドイツと同様の車両の規格および走行可能区域の確定をしていることから、Ⅱ4(1)および(2)で示した電動キックボードの危険性などに関する①から③の評価に基づく危険責任の正当化のアプローチは、日本法にもパラフレーズできるものと考えられる。その上で、

---

[64] Biller-Bomhardt, a.a.O.(Fn.61), 315.
[65] Schüle, a.a.O.(Fn.59), 568.
[66] Biller-Bomhardt, a.a.O.(Fn.61), 315.
[67] Bollweg/Wächter,a.a.O.(Fn.12), 376で、電動キックボードの保有者がStVG 8条1号で危険責任の免除を受けなくなれば、充電池による発火事例について、StVG 7条1項で責任を負うであろうとする。

418

電動キックボードは、バッテリーを搭載していることから、電動キックボードの普及に伴って、自己発火の危険性も高まると考えられ、これを、当該電動キックボードの運行によって生じた事故として判断できるかが今後問題となってこよう。日本法では自動車全般において自己発火の問題に関する理論的展開が深まっておらず、この問題について理論的・実務的展開が見られるドイツ法に示唆を受けながら、総論的にもこの検討を加速させていくことが求められよう。

　将来において、電動キックボードにとどまらず多様なモビリティの登場が想定され、それに応じてさまざまな危険性が生じることが想定される。こうした多様なモビリティとそれらが有する多様な危険性に対し、自賠法に基づき危険責任の規律を及ぼすことが可能か——こうした判断を安定的に行っていくことが被害者の救済の確保の観点に基づくと、何よりも重要なものと考えられる。そして、被害者の救済が確実に図られるとなれば、多様なモビリティはそれぞれ社会に受容されやすくなると考えられる。電動キックボードに関する自賠法の適用の正当化は、今後の新たに登場することが想定されるモビリティの民事責任を考えるに当たって、試金石ともいえる。本稿は、その1つのアプローチをドイツ法に示唆を得て示したものである。今後さらに議論が活発に行われ、理論的検討が深まることを期待し、本稿を終える。

【付記】本稿は、科学研究費基盤研究（C）20K01378の助成を受けた成果の一部である。

第5章

デジタル社会のリスク

17 情報通信サービスにおけるリスクへの対応

早稲田大学名誉教授・弁護士　後藤　巻則

I　はじめに

1　情報通信サービスの重要性

　日本社会は先進国の中でも最速のスピードで高齢化が進み、同時に人口減少が止まらない。加えて過疎化の問題、首都圏への人口一極集中の問題など、多くの課題を抱えている[1]。こうした深刻な問題の解決に向かって、デジタルを活用することが不可欠の課題となっている。

　デジタル技術は製造業や小売業等の生産性を高めるとともに、新たな財やサービスを生み出し、消費や企業の設備投資の増加につながる成長の源泉といえる。そこでは、テレワーク、サプライチェーンの組替えといった働き方や物流の流れ、さらには医療問題、雇用問題などの構造的な課題がさまざまな分野にわたって横断的に関わってくる。

　こうした中で、情報通信サービス[2]の分野において、誰もが安心して利用

---

[1] 角田美穂子＝フェリックス・シュテフェック『リーガルイノベーション入門』（弘文堂、2022）3頁。
[2] ここで、「情報通信サービス」とは、携帯電話やインターネットなどの電気通信サービス、およびこれを利用して情報を提供したり、その媒介をしたりすることをいう。日本標準産業分類は、情報通信業を通信業、放送業、情報サービス業、インターネット附随サービス業、映像・音声・文字情報制作業の5つに分類しているが、本稿での情報通

17　情報通信サービスにおけるリスクへの対応

できる信頼性の高いサービスを提供することは、わが国の社会全体のイノベーションを促進し、デジタル化・DX（デジタルトランスフォーメーション）の推進を支える基盤となり、上記のような社会的課題を解決するための鍵となる。

2　情報通信サービスにおけるリスクの高まり

　他方で、情報通信サービスは、通信技術の発展に伴い進化し続けており、その高度化・複雑化が増大する中で、これに伴うさまざまなリスクも顕在化してきている。

　例えば、2022年7月2日にKDDI株式会社で発生したネットワーク障害は、同日に同社が実施したメンテナンス作業におけるルータの経路誤設定により約15分間の通信断とその後の通信障害が生じたことが原因で発生したものであるが、それが他の機器にも影響を及ぼし、全国規模に影響が拡大する結果となった。

　この通信障害の影響時間は、同日午前1時35分から7月4日午後3時までトータルで61時間25分であり、影響を受けた範囲は、auやUQモバイル、povoのスマートフォンや携帯電話を利用するユーザ（個人・法人）にとどまらず、物流関係では、宅配便の配送状況更新、配送ドライバーへの連絡、自動車関連では、つながるクルマ向けのサービス利用、銀行関係では、店舗外のATM利用、交通関連では、空港スタッフ用無線機やバスのICカード使用、行政サービス関連では、気象観測点のデータ収集、水道検針など、広範囲な業種、生活インフラに影響を及ぼすことになった[3]。

　この通信障害を理由とする顧客への補償として、約款返金（通信障害期間中、24時間以上連続してすべての通信サービスを利用できなかった、またはそれと同程度の状態の顧客271万人に対して、契約料金プランの基本料等の2日分相当

信サービスは、放送業や映像・音声・文字情報制作業は含まない。
3）「2022年7月2日に発生した通信障害について」KDDIサステナビリティ統合レポート2022・17頁（https://www.kddi.com/extlib/files/corporate/ir/ir-library/sustainability-integrated-report/2022-online/pdf/kddi_sir2022_j06.pdf）。

第5章　デジタル社会のリスク

額を請求額から減算）に加えて、お詫び返金（通信障害期間中にスマートフォン、携帯電話およびホームプラス電話を契約していたすべての顧客3,589万人に対して請求額から200円〔税抜〕の減算。ただし、povo2.0は基本使用料が0円であることから、返金に替えてデータトッピング〔1GB／3日間を進呈〕）を行うことがKDDIから公表された[4]。

3　情報通信サービスにおける各種のリスク

　上記の例は、電気通信サービス[5]の停止等に関するリスクの問題であるが、そのほかにも電気通信サービスにおける各種のリスクが指摘されている。すなわち、①サイバー攻撃の複雑化・巧妙化によるリスク、②サプライチェーンや外国の法的環境による影響等のリスク、③電気通信サービスに係る情報の漏えい等のリスク、④電気通信サービスの停止等のリスク、⑤情報の外部送信や収集に関連したリスクなどである[6]。

4）「7月2日に発生した通信障害について」（https://www.kddi.com/extlib/files/corporate/ir/library/presentation/2023/pdf/kddi_220729_shougai_qybBYn.pdf?_ga=2.229196572.1287623508.1713500521-1536644943.1713500519）。
5）電気通信サービスは、電気通信事業法においては、「電気通信役務」という文言で同法の適用を画する概念として定義されている。同法において電気通信事業とは、電気通信役務を他人の需要に応ずるために提供する事業をいい（同法2条4号）、電気通信役務とは、電気通信設備を用いて他人の通信を媒介し、その他電気通信設備を他人の通信の用に供することをいう（同条3号）。そして、電気通信事業を行うことができる資格（電気通信事業者）について登録制（同法9条）と届出制（同法16条1項）を採用し、基本的には、電気通信事業者（同法2条5号）が行う事業について同法の規制対象としている。これに該当する電気通信サービスとしては、固定電話・携帯電話事業、インターネット接続サービス、利用者間のメッセージ媒介サービス、ウェブ会議システム等がある（総務省「電気通信事業ガバナンス検討会報告書」（2022年2月）71頁）。
　電気通信事業を営む者のうち、上記の電気通信事業法2条3号の要件を充足しない者（他人の通信を媒介せず、かつ電気通信回線設備を設置しない者）については、電気通信事業者に該当せず、登録・届出は不要で、原則として電気通信事業法の適用はないが、例外的に同法の適用がある場合が個別的に規定されている（同法27条の12・29条・157条の2など）。こうした事業としては、SNS、オンライン検索サービス、オンラインショッピングモール、オンラインオークションモール、各種情報提供サービス等がある（「電気通信事業ガバナンス検討会報告書」71頁）。
6）「電気通信事業ガバナンス検討会報告書」16頁〜19頁。情報の外部送信や収集に関連するリスクの事例としては、例えば、2018年3月には、Facebookに登録された8,700万件の個人情報が米大統領選の選挙運動等に不適正に利用されていたことが報じられている

さらに、電気通信サービスに該当しない情報通信サービスに関しても、システムを構成する OS やアプリケーションといったソフトウェアの不具合による障害、サーバーの設定、ネットワークの設定を誤ってしまったことで、システム機能の一部または全部が使えなくなったといった障害など、情報通信サービスに関わるさまざまな場面で問題が生じている。

とりわけ、サイバーセキュリティの分野では、リスクゼロにすることは難しいのが実情であり、リスクゼロを目指すのではなく、インシデント（ユーザがサービスを満足に利用できない状況）の発生を前提とする考え方が標準となっている[7]。こうしたリスクの受忍ということも含めたリスクへの対応が重要な課題となる。

そこで、本稿では、これらの情報通信サービス分野における各種のリスクへの対応について、情報通信サービスにおける私的利益の保護［→Ⅱ］と公共的利益の保護［→Ⅲ］に分けて検討する。具体的には、前者では情報通信サービスにおける私的利益が侵害された場合の損害賠償の問題、後者では情報通信サービスにおける公共的利益を保護するためのリスクの回避の問題について考察し、まとめる［→Ⅳ］。

Ⅱ　情報通信サービスにおける私的利益の保護

情報通信サービスにおいて法益侵害の事態が生じ、その法益の帰属主体であるユーザ（個人、法人）が被害者になった場合には、被害者の私的利益（個別的利益）を侵害したことに基づく不法行為責任ないし債務不履行責任が問題となる。その態様には各種のものがあるが、本稿の問題関心に従い、次の事例を検討する。

（「電気通信事業ガバナンス検討会報告書」18頁）。
7）杉山一郎＝寺門峻佑編著『サイバーセキュリティ対応の企業実務』（中央経済社、2023）18頁・50頁。

第5章　デジタル社会のリスク

1　私的利益侵害の各種の事例

(1)　通信障害によって営業利益の損失等が生じた事例

　この類型の事件としては、古いものであるが、著名な世田谷ケーブル火災事件がある。旧日本電信電話公社世田谷電話局管内の地下通信用ケーブル専用溝（洞道）内で火災が発生し電話ケーブルが焼損したため、一般加入電話約8万9,000回線、データ通信回線・専用線など約3,000回線が不通となり、電話が不通となったため出前や注文がとどまったとして地元の飲食店主Ｘら90人が原告となり、旧日本電信電話公社の承継人であるＹ（日本電信電話株式会社）に対して、総額4,700万円余の損害（売上減少の営業損害、通信途絶のため商売がどうなってしまうか悩まされた精神的苦痛による慰謝料）の損害賠償請求をした事件である。

　Ｘらは、その請求の根拠として、公衆電気通信役務提供契約の債務不履行責任、国家賠償法1条1項の責任、使用者責任、営造物責任、土地工作物責任を主張した。Ｙは、これを争い、公衆電気通信役務の不提供には、旧公衆電気通信法109条（加入電話が5日以上通信不能な場合の損害賠償責任の限度額を電話使用料の5倍としていた。同条1項3号）が排他的に適用されるから、Ｘらの請求は主張自体失当であると主張した。

　裁判所は、第1審・控訴審ともＸの主張を認めなかったが、その根拠づけは異なり、第1審はＹの帰責事由はないなどとして、Ｘのいずれの主張も否定し（東京地判平成元・4・13判時1319号78頁）、控訴審は旧公衆電気通信法109条の規定が、民法、国家賠償法の規定に優先して排他的に適用されるとして、Ｘらの控訴を棄却した（東京高判平成2・7・12判時1355号3頁）。

(2)　セキュリティ対策等に不備があり、個人情報等が流出した事例

ア　裁判例

　この種の事件としては、①ウェブサイトに送信した個人情報が流出した事件（東京高判平成19・8・28判タ1264号299頁）[8]、②クレジットカード情報がイ

8）本判決の評釈として、浦川道太郎「インターネット上の個人情報の流出とホームページ開設者の使用者責任」私法判例リマークス38号（2009）66頁参照。

ンターネットサイトから流出した事件（東京地判平成25・3・19LEX/DB 25511452）[9]、③ソフトウェアのセキュリティ対策の脆弱性により商品を注文した顧客のクレジットカード情報を含む個人情報が流失した事件（東京地判平成26・1・23判時2221号71頁）[10] などがある。

　①判決

　事案は、エステティクサロンを経営するY会社のウェブサイトに利用者Xらが送信した個人情報が、Y会社がウェブサイトの制作・保守の業務を委託しているA会社が管理するサーバーから流出したというものであり、判決は、Yは、使用者として、Aのサーバーの安全対策上の注意義務違反につき使用者責任を負うとし、この場合のプライバシー侵害によるXらの慰謝料としては、3万円が相当であるとした。

　Aの責任を認める理由としては、Aは、インターネットおよびイントラネットシステム構築、WWWホスティングサービス、サーバー構築およびウェブサイトのコンテンツ作成などを事業の目的とする企業であるから、その提供する業務に関する技術的水準として、「個人情報を含む電子ファイルについては、一般のインターネット利用者からのアクセスが制限されるウェブサーバーの『非公開領域』に置くか、『公開領域』（ドキュメントルートディレクトリ）に置く場合であっても、アクセスを制限するための『アクセス権限の設定』か『パスワードの設定』の方法によって安全対策を講ずる注意義務があった」にもかかわらず、Aは、上記注意義務を怠ったとして、民法709条による不法行為責任を負うとした。

9）本判決の評釈として、森田果「クレジットカード情報を流出させた加盟店の責任——加盟店の決済代行業者への責任が認容された事例」ジュリ1499号（2016）107頁参照。
10）本判決の評釈等として、滝澤孝臣「ウェブサイトにおける商品の受注システムを利用した顧客の情報が流出した場合に同システムを導入したユーザに対する同ユーザから同システムの設計・保守等を受託していたベンダの同システムの構築に係る債務不履行責任が認められた事例」私法判例リマークス51号（2015）30頁、上山浩「ソフトウェアのセキュリティ対策の脆弱性により情報流出が生じた事件の判決の実務的検討——東京地裁平成26年1月23日判決」NBL1055号（2015）36頁、伊藤雅浩「判例研究　情報システム障害・事故におけるIT事業者の責任」一橋ローレビュー創刊号（2015）67頁（https://www.law.hit-u.ac.jp/lawschool/wp-content/uploads/2023/03/HLR1_5.pdf）参照。

第 5 章　デジタル社会のリスク

　②判決

　事案は、何らかの不正なアクセス等が行われることによって、顧客のクレジットカード情報が流出したという事案につき、Y（共同購入クーポンサイトを運営している会社）との間でクレジット決済サービス契約を締結していたX（決済代行会社）が、Yの債務不履行によってYの顧客のクレジットカード情報が漏えいし、これによりXが損害を被ったと主張して、損害賠償を求めたというものである。

　判決は、Yは、「契約者は、会員のカード情報及びIPS決済システム……を第三者に閲覧、改ざん又は破壊されないための措置を講じるとともに、契約者のサイトを第三者に改ざん又は破壊されないための措置を講じるものとする」との本件約款に基づく本件義務を履行したものということはできないとして、Xの請求を認容した。

　その理由として、「いかなる程度のセキュリティ対策を取るかについては、当該セキュリティ対策を取るために必要となる費用や当該サイトで取り扱っている情報の内容とそれに応じた秘密保護の必要性等の程度を勘案して、適切な程度のセキュリティ対策を取ることが必要というべきである。そして、本件サイトは、クレジットカードの情報という機密性の高い情報を扱うサイトであるから、それに応じた高度のセキュリティ対策が必要というべきであり、クレジットカードの情報という機密性の高い情報を扱わない通常のウェブサイトと比べると、費用を要する高度のセキュリティ対策を実施すべき」であるにもかかわらず、Yは、特別なセキュリティ対策をとっていたという主張立証はなされていないとした。

　③判決

　事案は、X（インテリア商材の卸小売および通信販売等を行う会社）が、Y（情報処理システムの企画、保守受託等を行う会社）との間で、Xのウェブサイトにおける商品の受注システムの設計、保守等の委託契約を締結していたところ、ウェブサイトで商品の注文をした顧客のクレジットカード情報が流失したため、顧客対応等が必要となり、損害を被ったと主張して、XがYに対し、委託契約の債務不履行に基づき損害賠償金1億913万円余りの支払を求

めたというものである。

　判決は、情報流失の原因は、脆弱性を狙った攻撃手法として一般的なSQLインジェクション攻撃が本件ウェブアプリケーションに存在した脆弱性を突いたことによるもので、これによりクレジット情報が流出したと認定した上、本件システム発注契約を締結した当時の技術水準に沿ったセキュリティ対策を施したプログラムを提供することが、黙示的に合意されていたこと、およびSQLインジェクション対策を講じていなければ、第三者がSQLインジェクション攻撃を行うことにより本件データベースから個人情報が流出し得ることはYにおいて予見可能であり、予見可能性がなかったために過失がない旨のYの主張は理由がないことを指摘し、Yは債務不履行責任を負うとして、請求額の一部について相当因果関係を肯定し、Yに対し2,262万円余りの支払を命じた。

イ　情報通信事業者が負うべき注意義務

　このように、裁判所は、ウェブサイトの制作・保守の業務を受託した会社に事故発生当時におけるその業務を行う事業者としての技術的水準に基づく注意義務を要求し（①判決）、その技術的水準の判定に関し、クレジットカードの情報という機密性の高い情報を扱うサイトの保守業務を行う場合には、それに応じた高度のセキュリティ対策を求め（②判決）、システム開発事業者（以下、「ベンダ」という）Yとユーザ企業（以下、「ユーザ」という）Xとの間に明示的な合意がない場合であっても、ベンダがユーザに対して事故発生当時の技術水準に沿ったセキュリティ対策を施したプログラムを提供するという「黙示の合意」があったと認定し（③判決）、いずれも情報通信事業者の不法行為責任（①判決）ないし債務不履行責任（②③判決）を肯定している。

　②判決と③判決においては、情報流出は、いずれも不正アクセスを原因とするものと結論づけられているが、不正アクセスは、その痕跡を残さない手法を用いることが可能で、流出原因の立証は困難な場合が少なくない[11]。そ

11）上山・前掲（注10）36頁。

れに加え、セキュリティ対策の具体的内容が契約書に明記されていない場合に、ベンダが当該不正アクセスを防ぐことのできるセキュリティ対策を講ずる債務を負っていたかどうかという点も問題になる。そのため、ベンダが債務不履行責任を負うかどうかの判断は一層困難となる。

　この点につき、③判決は、(1)2011年4月、本件サーバに外部から不正アクセスがあり本件流出が発生したこと、(2) 4月14日午前10時31分から同36分までの5分間に海外IPアドレスから1,508回に及ぶSQLインジェクション攻撃がされ、同日に外部との通信が成功したこと、(3)他に本件流出の原因が認められないことなどを考慮すれば、同日のSQLインジェクション攻撃により本件流出が発生したと認められるとした上で、ベンダとユーザの間に「黙示の合意」があったとして、ベンダがその不正アクセスを防ぐことのできるセキュリティ対策を講ずる債務を負っていたとした。

　この判決では、ベンダとユーザの間における「黙示の合意」を導く際に、経済産業省が2006年2月20日、「個人情報保護法に基づく個人データの安全管理措置の徹底に係る注意喚起」と題する文書において、SQLインジェクション攻撃によってデータベース内の大量の個人データが流出する事案が相次いで発生していることから、独立行政法人情報処理推進機構（以下、「IPA」という）が紹介するSQLインジェクション対策の措置を重点的に実施することを求める旨の注意喚起をしていたこと、およびIPAが、2007年4月、「大企業・中堅企業の情報システムのセキュリティ対策〜脅威と対策」と題する文書において、ウェブアプリケーションに対する代表的な攻撃手法としてSQLインジェクション攻撃を挙げ、SQL文の組立てにバインド機構を使用し、またはSQL文を構成するすべての変数に対しエスケープ処理を行う等により、SQLインジェクション対策をすることが必要である旨を明示していたことを指摘している。

　すなわち、③判決は、書面に明記されていないことを理由に、システムの仕様に関するベンダの債務不履行責任を否定した判決もある中で[12]、行政に

---

12) 東京地判平成21・2・18Westlaw2009WLJPCA02188008、東京地判平成23・8・26 Westlaw2011WLJPCA08268017。

よる注意喚起等を参照し、業界において対策をとることが要求されていると考えられるようなセキュリティ対策については、明示的な合意がない場合であっても、Yの債務不履行に基づく損害賠償の問題となることを肯定し、他方で、セキュリティ対策の具体的措置として、本件システムにカード情報を保存する場合に暗号化すべき債務をYが負っているかという点については、厚生労働省および経済産業省の個人情報保護法に関するガイドラインやIPAが公表していた文書において、保存場所の限定や暗号化は「望ましい」と指摘されるにとどまっていることなどを挙げて、Yの債務を否定している。

このようにベンダの民事責任の成否を判断するに当たって、行政上の注意喚起やガイドライン等を参照しつつ判断しており、日進月歩の技術的進展が著しいこの分野における問題解決の手法を示したものとして注目される[13]。

(3) サイバー攻撃により各種の損害が生じた事例

上記②判決および③判決で問題となった不正アクセスもサイバー攻撃の一種であるが[14]、サイバー攻撃は巧妙化・高度化が進み、これによる被害件数も増加の一途を辿っている[15]。サイバーリスクの内容としても、当初は個人情報の流出事案が主なもので、漏えいした個人情報の主体から精神的損害に係る損害賠償請求がされたり、個人情報保護法上の問題となることはあるものの、事業を中断するほどの深刻度ではなかったといえよう。ところが、昨今のサイバーリスクは、事業継続の中断を引き起こすほどのリスクにその深刻度が変容している[16]。

---

[13] システム開発に関する訴訟については、森・濱田松本法律事務所編・飯田耕一郎＝田中浩之＝渡邉岳『システム開発訴訟〔第2版〕』(中央経済社、2022) 参照。同書10頁は、システム開発に関する訴訟につき、契約の成立自体については契約書がないとなかなか認定されないが、開発すべきシステムの範囲や内容、納期等の個別の契約条件については、裁判所は、契約書に記載されていない合意の成立を柔軟に認める傾向にあるとする。

[14] サイバー攻撃には、不正アクセス以外にも種類があり、サーバに負荷をかけ、サービス停止などの被害が発生するDDoS攻撃や、データの不正入手や改ざんにつながる脆弱性を突くなどの手法がある。

[15] 「電気通信事業ガバナンス検討会報告書」16頁。

[16] 山岡裕明「サイバーリスク・デューデリジェンスの実務とその重要性」NBL1265号 (2024) 35頁。TrendMicro社が公表した「サイバー攻撃による法人組織の被害状況調査」

第 5 章　デジタル社会のリスク

　この問題につき、一般企業がサイバー攻撃を受けた場合と医療施設がサイバー攻撃を受けた場合では、損害に係わる事情が異なる面があるので、両者を分けて検討する。

　　ア　一般企業がサイバー攻撃を受けた場合
　企業活動においてデジタルに依拠したプロセスが増えている今日、サイバーセキュリティが不十分で大きなインシデントにつながった場合には、さまざまな費用負担が発生する。これに伴い当該企業に生ずる損害としては、次のようなものが考えられる[17]。

① サイバーインシデント対応に必要な各種作業を実施するに当たり、当該企業に発生する費用。

② サイバーインシデントにより当該企業の保有する情報（他社から預かっていた情報を含む）が漏えい、滅失、毀損し、取引先等の第三者に損害を生じさせ、これに伴い、当該第三者から損害賠償請求を受けることによって、当該企業が被る損害。

③ サイバーインシデントにより当該企業の業務システムを稼働させることができなくなったことによって、当該企業が得られるはずであった利益が得られなくなったことによる損害。

④ その他、ランサムウェア攻撃における身代金の支払や行政への罰金・課徴金等の支払による損害、サイバーインシデントによって被る風評被害、ブランドイメージの低下、株価低下などによって被る損害。

　以上の①～④のような損害につき、当該企業は、攻撃者に対して不法行為責任を追及できるはずであるが、攻撃者は、海外のハッカー集団であることも多いことなどから、実際に攻撃者の発見・責任追及に至ることには極めて困難な面がある[18]。

（2023年11月1日）によると、ランサムウェア攻撃による業務停止期間は、国内平均13.0日、海外平均15.1日となっており、ランサムウェア被害経験組織の累計被害額の平均は1億7,689円となっている（https://www.trendmicro.com/ja_jp/about/press-release/2023/pr-20231101-01.html）。

[17] 杉山＝寺門編著・前掲（注7）291頁～293頁。
[18] 杉山＝寺門編著・前掲（注7）146頁～147頁。

なお、当該企業（ユーザ）からシステム開発の委託をされた委託先（ベンダ）において、脆弱性を有するシステムを開発し、そのことが原因でユーザに損害が発生した場合には、ベンダに対して債務不履行に基づく損害賠償請求が可能である。この場合に、システム開発委託契約に明記されたセキュリティ対策を施していないシステムをユーザに提供していたときはもちろん、明示的な合意がないときであっても、その当時の技術水準に沿ったセキュリティ対策を施したシステムを提供するという「黙示の合意」があったとして、ユーザからベンダに対して債務不履行責任を追及することが可能である（前記③判決）。もっとも、この場合の損害についてシステム障害と相当因果関係が認められるのはどの範囲の損害であるかが、さらに問題となる。

　これに関する裁判例の蓄積は少ないが、例えば、上記③判決は、脆弱性があるシステムを構築したというベンダの債務不履行について、当該システム停止後の顧客への謝罪関係費用、コールセンター費用、調査のための費用、事故対応会議に出席するための交通費など、インシデントに起因して直接発生した費用はすべて損害として認め、売上げの損失についても一部認めているものの、システムが停止し、別の会社のアプリケーションを利用したウェブサイトに移行するまでの期間は、「被告との契約に基づき提供された本件アプリケーション等のサービスによる利益を享受していた」として、当該システムの構築費用、その後の保守料、およびサーバ利用料については相当因果関係のある損害として認めていない。

　セキュリティの脆弱性があるシステムを構築したベンダの債務不履行責任を認める以上、当該システムの構築費用そのものも損害となり得ると思われるが、裁判所は、システムが停止していた期間が損害に当たるかについて言及しておらず、疑問が残る[19]。

イ　医療施設がサイバー攻撃を受けた場合

　医療施設へのサイバー攻撃も深刻になっている。例えば、2022年10月31日には、大阪急性期・総合医療センターの電子カルテシステムなどがサイ

---

[19] 他の裁判例も含めた検討として、影島広泰「システム障害と相当因果関係のある損害」NBL1244号（2023）26頁以下。

第 5 章　デジタル社会のリスク

バー攻撃を受け、多くのサーバがランサムウェアに感染し、最終的なシステムの復旧には73日間を要し、報告書の公表時点で、調査・復旧費用は数億円、診療制限に伴う逸失利益は10数億円以上と見込まれている[20]。

　医療施設には、医療情報等のセンシティブな情報に加え、クレジットカード等の金融情報も存在することが多く、損害額が高額になる可能性がある。また、医療施設でのシステム障害は、「電子カルテが見られず、患者の診断や治療に必要な判断が難しくなる」、「医療機器が操作できなくなり、検査や手術ができない」、「輸血・投薬システムが停止し、患者に必要な血液や薬品が届かない」などの事態を生じさせ、患者の健康や生命に危険を及ぼすおそれがある。

2　情報通信サービスにおける損害賠償の制度設計

　情報通信サービスにおける以上のような私的利益の侵害態様を踏まえて、そこでの損害賠償制度の適用をどう考えるべきか。世田谷ケーブル火災事件を振り返ることを通して、この点につき若干の検討を加える。

(1)　世田谷ケーブル火災事件における損害賠償

ア　損害賠償額の制限

　世田谷ケーブル火災事件の控訴審判決は、旧公衆電気通信法109条 1 項 3 号の規定は、民法と国賠法に優先して排他的に適用されるとして、飲食店の店主らの損害賠償請求を否定した第 1 審判決を結論として支持した。

　その理由を引用すると、「公衆電気通信法は、電電公社において公衆電気通信役務を合理的な料金であまねく、かつ、公平に提供することを図ることによって、公共の福祉を増進することを目的としていたものであり（同法 1

---

[20] 地方独立行政法人大阪府立病院機構大阪急性期・総合医療センターが2023年3月28日に発表した情報セキュリティインシデント調査委員会の報告書（https://www.gh.opho.jp/pdf/report_v01.pdf）。なお、この事例は代表的なものであるが、警察庁の報告書によると、医療福祉分野におけるランサムウェアの被害件数は、2021年上期が 2 件だったのに対し、2022年下期は11件である（警察庁サイバー警察局「サイバー事案の被害の潜在化防止に向けた検討会（2023年 3 月）」報告書 4 頁（https://www.npa.go.jp/bureau/cyber/pdf/20230406_2.pdf））。

条)、公衆電気通信役務の不提供につき前述の限定賠償制度を採用していたのも、このような電気通信事業のもつ公共性に由来すると解されるのである。すなわち、電電公社は、全国規模における膨大な数の利用者に対し可能な限り低廉な料金で良質の電気通信役務を公平に提供するという公共性の高い責務を有し、そのため時代の電気通信技術水準に見合う設備と技術力を保持し、更にはその強化を図ることを可能にする健全な財政基盤の維持が要請されていたものである。一方、電気通信業務のもつ技術的要因あるいは人為的要因に起因する事故の発生は不可避であるため、その損害の補塡を予定しなければならないが、全国規模で展開される電電公社の電気通信役務の提供における利用者数の膨大さに応じていったん事故が発生した場合、被害を受ける利用者が極めて多数に上ることが予想されるだけでなく、利用者にとって電気通信役務の利用内容は多種多様であって、その利用によって利用者が享受する経済的価値もまた大小様々であるため、事故によって利用者が受ける損害も様々であり、高額に上ることが予想されることから、電電公社においてすべての損害の賠償に応じるとするならば、財政的負担は極端に重いものにならざるをえなかったのみならず、このような事態に対処するため、利用料金水準の決定に当たり損害補塡に必要な財政負担を考慮するとしても、あらかじめ電気通信役務の提供が不能になった場合に受ける損害額をすべて的確に量定することは困難であり、仮にこれをある程度技術的に量定しえたとしても一部の利用者の損害額が高額に上る場合があり、これを利用料金額に反映させるとすれば、一部利用者の損害補塡のため一般利用者に対し高額な料金を負担させることとな」るとして、公衆電気通信法109条の規定が民法および国家賠償法の債務不履行ないしは不法行為に関する一般規定に優先して排他的に適用されるものと判示した。

イ　故意・重過失の取扱い

また、電電公社側に故意または重大な過失（故意・重過失）がある場合と、単なる過失の場合とで、損害賠償の額に差異を設けていない点については、同判決は、「具体的事案によっては故意・重過失がある場合と単なる過失があるに止まる場合の区別が必ずしも容易でなく、一方電電公社の通信役務の

性格上事故が起きた際被害を受けた利用者が極めて多数に上るため、その損害賠償事務は公平かつ迅速に処理されるべき要請が強いことや右賠償額が被害を受けた利用者において代替通信設備を利用するために通常必要と見られる費用の額との比較上これよりも著しく低額であるためおよそこの意味における損害賠償としてほとんど無意味に近いとまでは直ちにいいがたい」こと等に鑑みると、同条が損害賠償の額を制限したことは、やむを得ない措置として是認し得ると判示している。

(2) **情報通信サービスと約款による対応**
　ア　**情報通信サービスにおける責任制限**

　上記のように、世田谷ケーブル火災事件の控訴審判決は、(1)電気通信役務を合理的な料金であまねく、かつ、公平に提供することを図るという公共的責務、(2)電気通信技術の持つ技術的な要因あるいは人為的要因に起因する事故発生の不可避性、(3)利用者数の膨大さ、(4)利用内容の多種多様性による電電公社の財政的負担の増大、(5)利用料金水準の決定に当たり損害填補に必要な財政負担を考慮することの困難性、(6)一部利用者の損害填補のために一般利用者が高額な料金負担を負うことを挙げ、旧公衆電気通信法109条による損害賠償額の制限を根拠づけている。

　1980年代の世界的な規制緩和、市場化の流れを受けて、1984年に電電公社の分割民営化のため、日本電信電話株式会社法と電気通信事業法が新たに制定された（翌年施行）。そして、電気通信事業法附則3条により公衆電気通信法は廃止された。

　旧公衆電気通信法1条は、「この法律は、日本電信電話公社及び国際電信電話株式会社が迅速且つ確実な公衆電気通信役務を合理的な料金で、あまねく、且つ、公平に提供することを図ることによって、公共の福祉を増進することを目的とする」と規定していたが、電気通信事業法1条も、「この法律は、電気通信事業の公共性に鑑み、その運営を適正かつ合理的なものとするとともに、その公正な競争を促進することにより、電気通信役務の円滑な提供を確保するとともにその利用者等の利益を保護し、もって電気通信の健全な発達及び国民の利便の確保を図り、公共の福祉を増進することを目的とす

る」と規定し、旧公衆電気通信法1条と同様に、電気通信役務の提供による公共の福祉の増進を、同法の目的として掲げている。

　その意味では、旧公衆電気通信法が謳う「公共の福祉」に連なる電電公社の公共性は、電気通信事業法の制定を通して、電気通信事業に受け継がれたといえる[21]。

　もっとも、世田谷ケーブル火災事件の控訴審判決における上記(1)～(6)の判示内容については、そのすべてが事業の公共性に係わる内容のものとも読めるが、直接に事業の公共性について言及している部分は、(1)のみである。そのため、(2)～(6)の判示内容は、事業の公共性とは区別されるものと考えると[22]、それらは、事業の公共性の有無はともあれ、情報通信サービスにおける損害賠償法理を考えるための視点を示したものと見ることができよう。

　そして、約款制度が、不特定多数の者を相手とする画一的な取引のための制度であることから、旧公衆電気通信法の廃止に伴い、電気通信事業者の損害賠償責任を制限するための立法的な対応が存在しなくなったことを受けて、

---

[21] 舟田正之『情報通信と法制度』（有斐閣、1995）77頁によれば、「公共の福祉」という用語は、多くの経済法規に共通して用いられているという意味では、他の諸法の目的規定に見られる「国民経済の民主的で健全な発達」と同様な抽象的な概念にすぎないが、電気通信法制に固有の意味内容という面では、それは「電気通信事業の公共性」（電気通信事業法1条）と同義であって、いわゆる高度情報社会において、「個人、家族、企業、行政機関等社会のあらゆる構成員を相互に結びつける電気通信ネットワークを形成することによって、情報の円滑な流通と必要とする情報への自由なアクセスを確保すること」が、「公共の福祉」に連なるという判断を表現しているとする。

[22] 事業の公共性を損害賠償の判断においてどう位置づけるかについては、道路公害や空港公害などに関して論じられており、最高裁は、国道43号線訴訟上告審判決（最判平成7・7・7民集49巻7号1870頁）において、①侵害行為の態様と侵害の程度、②被侵害利益の性質と内容、③侵害行為のもつ公共性の内容と程度、④被害の防止に関する措置の内容等の4点を主に考慮し、公共性を考慮事由の1つとしているが、学説では、損害賠償の判断に際して公共性を考慮すべきでないとするものが有力に唱えられている。これは、「公共性が高い施設によって特別の犠牲を払った者については、それだけ補償の必要が大きいのであり、その負担は社会に転嫁されるべきである」とするものであり（大塚直『環境法BASIC〔第4版〕』〔有斐閣、2023〕489頁参照）、道路公害や空港公害を対象とするものではあるが、損害賠償額の制限を志向する世田谷ケーブル火災事件判決とは異なる見方を示している。こうした議論状況を踏まえると、事業の公共性という観点から損害賠償額の制限を根拠づけることには疑問の余地もある。そのため、世田谷ケーブル火災事件における(2)～(6)の判示内容は、事業の公共性とは区別されるものとして捉えるのが適切であろう。

電気通信事業者の責任を制限する法技術として約款による対応が採用され、現在、約款による同趣旨の取扱いが情報通信サービスに広く及んでいることは、情報通信サービスに係る損害賠償の制度設計として適切なものであると思われる。

イ　故意・重過失の場合の責任を減免責する条項の有効性

もっとも、情報通信サービスにおける損害賠償として問題となるのは、賠償額の制限だけではない。現在、各種情報通信サービス契約で用いられている約款では、利用者の過去6か月の平均使用料金の日割分を損害とみなすなどとするとともに、情報通信事業者に故意・重過失があった場合の責任を減免責する条項は無効とするのが通例である。

故意による責任を減免責する契約条項は、判例上古くから無効とされてきたが（大判大正5・1・29民録22輯200頁）、重過失による責任を減免責する条項については明確でなかったところ、最判平成15・2・28判時1829号151頁は、ホテルの宿泊客がフロントに預けなかった物品等で事前に種類および価額の明告のなかったものが滅失、毀損するなどしたときにホテルの損害賠償義務の範囲を15万円の限度に制限する宿泊約款の定めにつき、ホテル側に故意または重大な過失がある場合に損害賠償の範囲が制限されるとすることは「著しく衡平を害するものであって、当事者の通常の意思に合致しない」と判示し、重過失による責任を制限する条項も無効であるとした。もっとも、消費者契約法8条1項2号および4号では、消費者契約において事業者の故意または重過失による場合の損害を賠償する責任の一部を免除する条項を無効としており、事業者間契約においても故意・重過失の場合に賠償の範囲を制限する条項が無効となるかどうかが問題となる。

しかし、学説上、故意・重過失による責任を減免責する条項は、債権者の利益を一方的に害するものであり、信義則（民1条2項）に違反し、または公序良俗（同法90条）に反する不当なものとして、無効であるとする見解が支配的であり[23]、故意・重過失の場合の責任を減免責する条項が無効である

---

23) 潮見佳男『新債権総論Ⅰ』（信山社、2017）526頁。なお、その条項が定款約款中の条項であれば、その条項は契約内容にならない（民法548条の2第2項）。

ことは、事業者間契約においてもあてはまると考えられる[24]。

世田谷ケーブル火災事件のように、Yの責任を全否定してしまうと、Yの事故防止へのインセンティブを削ぐことになろう。また、たとえ責任を認めたとしても責任制限規定によって賠償額を常に低額に抑えるのであれば、これと同じことになろう[25]。したがって、事故防止の観点からも、故意・重過失による責任を減免責しない現在の約款規定は、基本的に適切なものと思われる。

　ウ　重過失の認定

このように故意・重過失による責任を減免責する条項を無効とする約款条項において、どのような場合に情報通信事業者に重過失が認められるか。

「重過失」の意義については、「通常人に要求される程度の相当な注意をしないでも、わずかの注意さえすれば、たやすく違法有害な結果を予見することができた場合であるのに、漫然これを見すごしたような、ほとんど故意に近い著しい注意欠如の状態」とする最高裁の判決がある（最判昭和32・7・9民集11巻7号1203頁）。この判決は、過失を故意に近いという側面で捉えているが、通常の市民ならば軽過失と判断される事実が、専門家においては重過失と評価される傾向は、諸判決において明確に見られるところである[26]。

例えば、書留郵便について、郵便業務従事者の故意・重過失による不法行為についてまで免責または責任制限を認める規定は憲法17条に反し、無効だとした最大判平成14・9・11民集56巻7号1493頁は、「郵便官署は、限ら

---

24) システム開発のベンダを受託者とするシステム開発業務委託契約中には、多くの場合、「契約金額を上限として」賠償するという規定があるが、上記③判決も、賠償額の上限を定めた条項について、委託者が支払うべき料金を低額にするという機能があることなどを理由に、一定の合理性があるとしつつ、受託者が故意を有する場合や重過失がある場合にまで賠償範囲を制限することについては、著しく衡平を害するものであって、当事者の通常の意思に合致しないとして、当該規定は無効であるとしている。
25) 樋口範雄「判批」判評379号（判時1352）(1990) 45頁。
26) 澤井裕『失火責任の法理と判例』（有斐閣、1989）53頁、道垣内弘人『「重過失」概念についての覚書』『平井宜雄先生古稀記念・民法学における法と政策』（有斐閣、2007）556頁。

れた人員と費用の制約の中で、日々大量に取り扱う郵便物を、送達距離の長短、交通手段の地域差にかかわらず、円滑迅速に、しかも、なるべく安い料金で、あまねく、公平に処理することが要請されているのであ」り、賠償対象や範囲に制限を加えることは正当であるが、「書留郵便物について、郵便業務従事者の故意又は重大な過失による不法行為に基づき損害が生ずるようなことは、通常の職務規範に従って業務執行がされている限り、ごく例外的な場合にとどまるはずであって、このような事態は、書留の制度に対する信頼を著しく損なうものといわなければならない。そうすると、このような例外的な場合にまで国の損害賠償責任を免除し、又は制限しなければ法１条に定める目的を達成することができないとは到底考えられず、郵便業務従事者の故意又は重大な過失による不法行為についてまで免責又は責任制限を認める規定に合理性があるとは認め難い」とした。

この判決は、郵便業務の公共性を前提としつつも、通常の職務規範に従って業務執行がされていて、なお例外的に生じる損害につき、「重大な過失」を考えているのであり、郵便業務従事者がその専門性ゆえに課せられている職務規範が、重過失判断の中身に取り入れられている[27]。

前掲最判昭和32・7・9のように、「ほとんど故意に近い」ということを重過失の重要な要素と見るときには、行為者の注意義務の程度を考慮せず、「わずかの注意さえすれば、たやすく」予見できることを要件とすることになる。

しかし、前掲最判平成14・9・11は、重過失の判断において専門家が通常に従っている注意義務をもとに、それとの差異を問題としている。情報通信事業サービスにおける重過失の認定もこれと同様であり、情報通信事業者が専門家として負う注意義務を基準として重過失の認定をすべきことになる[28]。

(3) 保険による損害負担の分散

情報通信事業において事故が発生すれば、被害を受ける利用者が極めて多

---

27) 道垣内・前掲（注26）554頁。
28) 伊藤・前掲（注10）76頁参照。

数に上り、損害もさまざまである。また、事故の発生は不可避ともいえる。

そのため、保険を利用して損害負担の分散を図ることが、この問題への適切な対応と考えられる。その場合に、世田谷ケーブル事件に関係する判例評釈等においては、損害を電信電話公社の側で事前に予測して計算するのは困難であり、また、同公社が保険に入って保険料を電話料金に転嫁することは、一般の利用者にとって不利益であるから、利用者のほうが保険に入るなどの手段をとって損害負担の分散を図ることが望ましいとの提言がなされていた[29]。

しかし、サイバーインシデントへの対応が喫緊の課題となっている今日、塡補範囲の不確実性や保険数理上のリスク評価の難しさが伴うサイバー保険を活用するに当たっては、例えば、医療施設、銀行、大手企業に対しては強制保険を義務づけるといった選択肢もあり得るであろう[30]。

もっとも、塡補範囲の設定や損害結果の認定などの問題の多くは、サイバーセキュリティの法制度と密接に関連する。そのため、サイバーセキュリティの法制度構築の一環としてサイバー保険をどのように制度化するかが課題である[31]。アメリカにおいて、サイバー保険は、営利性を有する私保険だけでなく、サイバーリスクマネージメントの補助手段でもあり、権利侵害者の不明、損害範囲の不確定など特定の経済的損失の一部をカバーするという考え方があるが[32]、こうした方向も注目される。

---

[29] 樋口・前掲（注25）45頁、藤岡康宏＝藤原正則「世田谷ケーブル火災と電々公社（現NTT）の損害賠償義務の存否」私法判例リマークス1号（1990）105頁、住田英穂「東海村臨界事故における風評被害と損害賠償」茨城大学政経学会雑誌73号（2003）101頁。
[30] 王学士「サイバー保険の理論的基礎考察（中）」NBL1265号（2024）12頁参照。
[31] 王学士「サイバー保険の理論的基礎考察（上）」NBL1264号（2024）14頁。
[32] 王学士「サイバー保険の理論的基礎考察（下）」NBL1266号（2024）25頁。

Ⅲ 情報通信サービスにおける公共的利益の保護

1 情報通信事業における公共的利益

　情報通信サービスにおけるリスクが上記Ⅰで指摘したようなものであるとすると、情報通信サービス、とりわけ電気通信サービスにおける保護法益としては、私的な個別的利益にとどまらず、公共的（集団的）な利益も考える必要がある。

　このような法益として、「電気通信事業ガバナンス検討会報告書」は、法益の主な帰属主体が社会である場合と国家である場合を挙げている。

　すなわち、法益の主な帰属主体が社会である場合としては、国民生活や多様な社会経済活動の確保に大きな支障を生ずるおそれ、ひいてはデジタル社会の実現が停滞するおそれの防止、サイバー犯罪による経済的損失の防止、健全な言論環境の確保、災害時における通信手段の確保、電気通信サービスに係る制度そのものに対する信頼の維持等が挙げられる。

　また、法益の主な帰属主体が国家である場合としては、機密データ等の窃取による国家的な利益侵害の脅威、健全な民主主義システムの確保（フェイクニュースの投稿による選挙への影響等）、要人に関する情報の悪用の防止、機密データ等の窃取の防止、サイバー攻撃による政府機関や重要インフラの機能停止の防止等が挙げられる。

　そして、国民が安心して利用することができる電気通信サービスの提供を確保することは、個人的法益だけでなく、社会的法益や国家的法益を支えているものであるとする[33]。

2 公共的利益保護のためのリスクの回避

　個人に帰属する私的・個別的法益の侵害については、その者を被害者とす

---

33)「電気通信事業ガバナンス検討会報告書」20頁〜21頁・39頁。

る不法行為ないし債務不履行に基づく損害賠償の請求が可能である。しかし、民法の損害賠償制度は、伝統的には個別的な法益が侵害された場合を対象としており、上記のような情報通信サービスの提供を受ける者の集団的な利益は念頭に置いていない。

そこで、情報通信サービスにおける公共的利益の保護を図るための方策が必要になる。

(1) 電気通信事業法による規制の進展

この点につき、電気通信事業法による規制の進展が注目される。

電気通信事業法は、1985（昭和60）年4月に施行され、日本電信電話公社と国際電信電話株式会社の独占事業であった電気通信事業に競争原理が導入された。その後、現在までに多くの新規事業者が参入し、競争原理の下で、IP・デジタル化、モバイル・ブロードバンドなどさまざまな通信技術の進展と導入が行われ、料金の低廉化・サービスの多様化・高度化がめざましく進展してきている。電気通信サービスのイノベーションやダイナミズムを維持しながら、信頼できる電気通信サービスの提供を確保する観点からさまざまな政策や制度見直しが行われてきている。

特に電気通信サービス提供における事故やIoT化に伴うサイバー攻撃の深刻化への対応としては、電気通信事業者による事故防止の取組みを適切に確保することを目的として、電気通信設備に対する管理規程や統括責任者等に関する制度が2014年に導入され、サイバーセキュリティ対策の強化に係る制度整備が2018年に行われた[34]。

さらに2022年改正では、大規模な事業者が取得する利用者情報について適正な取扱いを義務づけ、事業者が利用者に関する情報を第三者に送信させようとする場合、利用者に確認の機会を付与することなどが必要になった。

(2) 電気通信事業ガバナンス検討会の提言

電気通信事業法の2022年改正を準備した「電気通信事業ガバナンス検討

34）「電気通信事業ガバナンス検討会報告書」67頁。

第5章　デジタル社会のリスク

会報告書」は、同法の同年改正に盛り込まれた部分とそうでない部分があるが、全体として、「デジタル社会における基幹的・中枢的なインフラである電気通信事業の円滑な提供を図るための管理の仕組み（電気通信ガバナンス）を強化していく」ことを求めている。具体的には、単独の事業者による適切な確保が困難になってきていることを踏まえて、「①事業者の内部統制によるガバナンス」を「②社会全体の仕組みによるガバナンス」によって促進していくという構造を基本的な考え方とする[35]。

ア　事業者の内部統制

「電気通信事業は、技術の進展が著しいことから、その進展を阻害しないという観点への配慮が必要である。そのため、電気通信事業ガバナンスの強化に向けた仕組みについては、電気通信事業を取り巻く環境の変化によって顕在化した新たなリスクへの対応として内部統制の強化を通じた事業者自らによる取組の向上を基本とすべきである」とする[36]。

イ　社会全体の仕組みによる規制

その上で、「グローバルプレーヤーを含む様々な事業者等によって電気通信サービスが提供される環境下においては、多様な個人的法益、社会的法益、国家的法益の侵害につながるおそれに対処することが単独の事業者では困難になってきていることから、政府による規制・ガイドライン等の新たな枠組みを構築し、各事業者の取組や事業者間の連携・協力を推進していくなど、政府も関与する共同規制等の仕組み」によって、「事業者自らによる取組を促進していくという方向を目指すべきである」とする[37]。

これは、民間の自主規制とそれに対する一定の政府補強措置により問題の解決や抑止を図る規制手法であり、「①電気通信事業に係る情報の漏えい・不適正な取扱い等に対するリスク対策、②通信ネットワークの多様化等を踏まえた電気通信サービスの停止に対するリスク対策、③情報の適正な取扱いや電気通信サービス提供等に関する利用者等への情報提供を実施していく観

---

35)「電気通信事業ガバナンス検討会報告書」42頁〜43頁以下。
36)「電気通信事業ガバナンス検討会報告書」44頁。
37)「電気通信事業ガバナンス検討会報告書」44頁〜45頁。

点からは、事業者自らの内部統制によるガバナンスを基本としつつ、政府による規制・ガイドライン等はそれを阻害せず官民が連携しながら、利用者の利益が確保できるように適切な規律となる官民共同規制の実施体制を整えることが重要である。また、利用者側の意見についてもよく踏まえることも重要である」とし、そのため、「これらの施策の導入・施行に向けては、関係する事業者団体、関係する電気通信事業者、消費者団体などの関係するステークホルダーとの間で官民連携した共同規制の実施体制の構築に向けて検討していくことが重要である」とする[38]。

(3) ガバナンスの強化による公共的法益の保護

電気通信事業ガバナンス検討会報告書は、その全体を通じ、電気通信事業の円滑な提供を図るための管理の仕組み（電気通信事業ガバナンス）を強化していくという方向の規制を目指し、そのための官民共同規制の実施体制の構築を提案しているが、このことは、電気通信事業を含む情報通信サービスにおける公共的利益の保護のあり方について、一定の示唆を与えるものと思われる。

すなわち、情報通信サービスが社会インフラとなっている今日において、情報通信サービスにおけるガバナンスの強化や官民共同規制などを通じた保護を図ることが重要である。

Ⅳ　小　括

本稿では、情報通信サービスにおけるリスクの高まりや、各種のリスクを指摘した上で、情報通信サービスにおいて保護すべき利益について、私的利益が侵害された場合の損害賠償の問題と、公共的利益を保護するためのリスクの回避の問題について検討した。

情報通信サービスにおいて私的利益が侵害された場合には、不法行為ないし債務不履行に基づく損害賠償が問題となるが、①情報通信事業者が負う注

---

38)「電気通信事業ガバナンス検討会報告書」63頁。

意義務については、行政上の注意喚起やガイドライン等が参照されていること、②サイバー攻撃があったような場合には、一定のリスクは受忍すべきとする解決があり得ること、③情報通信事業者の責任について一定の制限を設けつつ、故意・重過失による責任を減免責する条項は無効とする現在の約款実務は基本的に適切であること、④この場合の情報通信事業者の重過失の有無については、専門家としての客観的な基準によって判断すべきこと、⑤損害賠償とともに、保険による損害負担の分散を図るべきこと、⑥情報通信サービスにおける公共的利益の保護も考える必要があり、電気通信事業におけるガバナンスの強化など、行政や事業者による対応が重要であること、を指摘した。

　行政や事業者による対応は、公共的利益を保護するためのリスクの回避という点で重要であるが、これに加えて、情報通信サービスが広く普及し、一定のリスクは受忍すべきであるという認識も共有されてきている今日、私的利益の侵害に基づく損害賠償についても、行政による立法等や官民共同規制との関係で、その違反を損害賠償責任に結びつける手法を探る必要がある。これについては、③判決において、情報通信事業者が負う注意義務につき、行政上の注意喚起やガイドラインが参照されていることなどが参考になる。

　情報通信サービスにおける情報の漏えい・不適正な取扱い、サービスの停止等が生ずると、情報漏えい等の防止によるユーザのプライバシーの保護、サービスの円滑な提供を通じたユーザの利便性の確保、ユーザによる自由な情報発信や知る権利の保障等といった私的利益に対する侵害につながる。その意味では、情報通信サービスの規制は、私的利益の侵害に基づく損害賠償のみで足りるものではない。この分野では、科学技術の進展を反映させた上での行政による規制と民事責任との一体的な対応が特に求められる。

　情報通信サービスにおける行政によるガバナンスメカニズムを私法にどう取り込むか、行政規制違反行為を不法行為法でどう評価するかといった点を含め、考察すべき点は少なくないが、これらについてはあらためて検討することにしたい。

Society5.0のデジタル・リスクと デジタル災害による被害者救済

早稲田大学教授 肥塚 肇雄

I はじめに

　わが国は、狩猟社会（1.0）、農耕社会（2.0）、工業社会（3.0）、そして情報社会（4.0）からさらに発展したSociety5.0を構築しようとしている。Society5.0はサイバー空間の構築が前提とされており、その空間がリアル空間と融合していわば社会のインフラとなる点で、従来の社会とは大きく異なる。このようなSociety5.0はサイバー空間とフィジカル空間とが融合してフィジカル空間の経済の発展を支援しながらフィジカル空間の社会的課題を解決するシステムであり、この構築を目指すことは社会のデジタル化を推し進めることを意味する。本稿においては、このように重要なインフラがデジタル化されている社会を「デジタル社会」という。

　デジタル社会において、先端科学技術の粋を結集して実現が大きく期待されている代表例が、特定自動運行用自動車の社会実装化である。

　特定自動運行用自動車の社会実装化を例にすると、複数台の人工知能（Artificial Intelligence. 以下、「AI」という）搭載特定自動運行用自動車が道路上を走行し、それらはメーカーのシステムとそれを駆動させるシステムAIに紐づけされて運行することになる。複数台のAI搭載特定自動運行用自動車は限定領域を特定自動運行しながら、車両の位置情報から、車体がセンサーの役割を果たすとともに車両周辺の気象、天候、人流、および車流等々

第 5 章　デジタル社会のリスク

のさまざまなリアル情報まで収集してシステムに送り、システムにおいては、併せて他の車両からも膨大なリアル情報を収集してビッグ・データ化しAIで最適な交通情報を分析し解析して最適な情報としてAI搭載特定自動運行用自動車に送る。このようなダイナミックなシステムが構築されて特定自動運行用自動車が特定自動運行することが可能となる。複数台のAI搭載特定自動運行用自動車を紐づけるシステムはデータを擁するデータ基盤でもある。後述するMaaS（Mobility as a Service）が構築されると、各種モードのデータ基盤がAPI（Application Programming Interface）で連携されるようになり、データ連携基盤ができあがる。

　マクロ的には、このような、データ基盤を擁するシステムが連携されAIにより駆動する大きなデータ連携基盤が社会インフラとして形成されるとき、新しいリスクが生まれる。それは、AIにより駆動する大きなデータ連携基盤に対するサイバー攻撃、基盤の劣化または人為的作為等を原因としてデジタル機能が全部障害または一部障害となり、たとえば、個々の特定自動運行用自動車の特定自動運行が停止したり、デジタル・マネーによる決済が一時不能となったり、停電が生じたりして都市機能が一時停止するようなリスクである。このようなデジタル社会のデジタル・インフラから生じるリスクは「デジタル・リスク」（または「スマートリスク」）と称すべきであり、その具体化による被害をもたらすものは「デジタル災害」と称するのが適切である。本稿においては、このような「デジタル・リスク」および「デジタル災害」には、ミクロ的に見た場合の、個々の特定自動運行用自動車の特定自動運行の機能制御が不全となって、歩行者や走行中バイクまたは運行中自動車と衝突するリスクおよびこのような事故が発生した場合の災害を含めない。

　従来は、特定自動運行用自動車の民事責任のあり方をめぐって被害者の救済が論じられてきた。本稿においては、デジタル空間には、スマート・シティが構築されると、分野ごとのシステムが連携されSystem of Systemsが形成されていく。このように形成される大規模デジタル空間における「デジタル災害」による被害者が被る損害は、個別の車載AIの不具合から特定自動運行用自動車の自動制御機能の低下による事故とは機序が異なるように

思われる。そこで、「デジタル災害」により損害を被った被害者はどのような法的スキームの下に救済されるべきかが問題となる。したがって、本稿の考察目的は、Society5.0に内包される「デジタル・リスク」から発生する「デジタル災害」によって損害を被った被害者を、無過失責任または条件付無過失責任を導入しない場合に、どのような法的救済措置を講じるべきかについて、その措置の大枠を考察するものである。ただし、本稿においては、人身損害に絞る。

　「デジタル災害」が発生しないように「デジタル・リスク」を抑止することについては、Society5.0においてはそもそも「人」の関与が著しく減少することから、近代私法の原則（権利能力平等の原則、所有権絶対の原則および私的自治の原則）の裏返しとして認められている「過失責任の原則」が必ずしも妥当するとはいえず、したがって、「デジタル・リスク」に対し不法行為法の抑止機能や予防機能が働くとは考えにくい。

　なお、デジタル社会を構築しその際導入されたインフラの全部または一部が「製造物」に該当しそこに「引渡時」に通常有すべき安全性を欠いている「欠陥」が認められれば、メーカーに製造物責任の問題が発生するが、本稿においては、製造物責任の問題は考察の対象外とする。すなわち、デジタル社会において、「引渡時」に「欠陥」のないインフラが構築されていることが前提である。

II　Society5.0における「デジタル災害」の特徴

1　Society5.0の意義と「デジタル・リスク」

　Society5.0とは、超スマート社会[1]ともいわれ、サイバー空間とフィジカル空間を高度に融合させたサイバー・フィジカル・システム（Cyber Physical

---

1) 超スマート社会とは、ICTを最大限に活用し、サイバー空間とフィジカル空間（現実世界）とを融合させた取組みにより、人々に豊かさをもたらす未来社会をいう。Society5.0もこれに含まれる。狩猟社会、農耕社会、工業社会、情報社会に続く社会とい

第 5 章　デジタル社会のリスク

System：CPS）により経済発展と社会的課題の解決を両立する人間中心の社会をいう[2]。このような社会においては、近代私法の原則の前提である「人」と「物」の境目がデジタル化の前において曖昧になり、近代私法の原則を前提とするリスクの発生とリスクに対する法的対処方法が変化するように思われる。その一端が、フィンテック（FinTech）のうち、保険とデジタル技術が融合したインシュアテック（InsurTech）である。

サイバー・フィジカル・システムはありとあらゆる存在を情報化しデータ化してあらゆる存在を抽象化する。近代私法の原則の前提とする「人」と「物」の融合も例外ではない。データ空間においては、「人」と「物」との区別は相対化され単なる情報に置き換わるのである。たとえば、Society5.0は各領域にそれぞれ装備されているデータ基盤が連携し合い、さらに領域を超えて分野横断的にそれぞれのデータ基盤が連携し合うという背景を基礎にして進展する。このようにあらゆる存在が情報化され、これらのデータが駆動してSociety5.0が動く。それを動かすいわゆる都市OSが形成されAI[3]がデータを基に社会を駆動させる。Society 5.0はデータ駆動社会[4]とも称され

う意味が込められている。抽象的であるが、「必要なもの・サービスを、必要な人に、必要な時に、必要なだけ提供し、社会の様々なニーズにきめ細かに対応でき、あらゆる人が質の高いサービスを受けられ、年齢、性別、地域、言語といった様々な違いを乗り越え、活き活きと快適に暮らすことのできる社会」をいう。2016年1月22日に閣議決定された第5期科学技術基本計画（「科学技術基本計画」11頁）参照。

2）前掲（注1）「科学技術基本計画」11頁。

3）デジタル社会においてAIを活用することによるAIリスクおよびAI災害については「デジタル・リスク」および「デジタル災害」の一部に該当する。EUにおけるAI法（the EU Artificial Intelligence Act）、について、大塚直＝石巻実穂「〔翻訳1〕非契約上の民事責任ルールのAI（人工知能）への適合性に関する欧州議会及び閣僚理事会指令（AI責任指令）案」環境法研究16号（2023）207頁以下、同「〔翻訳〕欠陥製品に対する責任に関する欧州議会及び閣僚理事会指令案」環境法研究17号（2023）205頁以下、柴田龍「AIによる権利侵害と民事責任」新美育文＝浦川道太郎＝古谷英恵編『不法行為法研究（4）』（成文堂、2023）93頁以下、小塚荘一郎「AI製品に対応したEUの製造物責任ディレクティヴ改正」情報法制研究15号（2024）37頁以下等参照。

4）データ駆動型社会とは、サイバー・フィジカル・システム（CPS）がIoT（Internet of Things）によるモノのデジタル化・ネットワーク化によってさまざまな産業社会に適用され、デジタル化されたデータが、インテリジェンスへと変換されて現実世界に適用されることによって、データが付加価値を獲得してフィジカル空間を動かす社会をいう。経済産業省産業構造審議会商務流通情報分科会情報経済小委員会「中間とりまとめ～ＣＰＳによるデータ駆動型社会の到来を見据えた変革～」（2015）5頁。

18 Society5.0のデジタル・リスクとデジタル災害による被害者救済

るに値する。

　このような動きの下、社会のインフラがデジタル化されると、従来には存在しなかったデジタル・インフラに係るリスクが発生する。このリスクが前述したデジタル・リスク（またはスマート・リスク）である。すなわち、データ基盤またはデータ連携基盤がさまざまな領域に張り巡らされ、これらの基盤がインフラを形成する。「デジタル・リスク」はフィジカル空間における賠償リスク、すなわち、法律上の損害賠償責任を負担するという損害を負う可能性の発生機序とは大きく異なる。第1は、データ基盤またはデータ連携基盤から生じ得る特定困難なリスクがある。それがデータ・リスクである。データ・リスクとは、経年劣化、誤操作およびウイルス感染等を原因とするデータ基盤またはデータ連携基盤の破損、データを読み取る部品の損壊およびファームウエアの障害等の物理的障害について生じる特定困難なリスクである。データ基盤またはデータ連携基盤自体の物理的障害ではなく、データ基盤またはデータ連携基盤のもとで、ファイルにより保存されているデータが、システム・ファイルの損壊により障害リスクも生じさせ得る。これもデータ・リスクに含まれ得る。たとえば、人為的な誤操作によるデータまたはフォルダを削除されると、そのデータにアクセスできなくなる。この典型がハッカーによるハッキングによってデータ基盤またはデータ連携基盤に保存されている重要なデータまたはフォルダが削除されるリスクである。このようなことが発生すると、どのデータまたはファイルが強制的に削除されたかを特定することが著しく困難になり、さらに復旧することが時間の経過とともに困難となる。そのうえ、ファイル・システムが損壊しデータ構造が崩れてしまうファイル・システム障害も発生し得る。この場合も、データ基盤またはデータ連携基盤で保存されているファイル・システムのうち、損壊しデータ構造が崩れてしまったものを特定することが著しく困難となるだけでなく復旧が難しくなる場合がある。

　第2は、データ基盤またはデータ連携基盤により保存・管理されているデータを活用することによるAIリスクである。すなわち、ここにいうAIは、Society5.0のサイバー・フィジカル・システムを駆動させる、データ連

第 5 章　デジタル社会のリスク

携基盤に集積されたビッグ・データ化された情報群を操作・管理しリアル空間の課題に対する最適解を導く役割を果たす人以外の知的活動である。Society5.0においては、管理者としての「人」が後退しそれに代わってAIを通して「人」が「物」を間接的に管理するように見えるが、AIが深層学習により独立して「認知→予測→判断→操作」することになるから、「AI」が「人」の身体の延長線上にあるものとして「物」を間接的に管理しているかは疑わしい。これと同様のことは、「人」が「人」に一定の行為を請求する権利（債権）を発生させる契約にも生じ、変化をもたらす。すなわち、「人」がAIを介してAIを相手に（この場合はAIの背後に「人」が存在する）または「人」を相手に契約を締結させるようになる。このようにAIが「人」の手から離れて独立してデータを介して「物」や「人」を管理することになることから、AIに不具合、機能障害または機能低下が生じることによるリスクが発生する。Society5.0においては、「人」と「物」、「人」と「人」との間に自立したAIが介在すること（「人」⇔AI⇔「物」、「物」⇔AI⇔「物」）によって生じ得るAIリスクが内在する。

このように、Society5.0には、データを保管する基盤等の損壊およびファイルシステムの障害等のデータ・リスクならびにAIリスクが考えられ、これらの2つはデジタル・インフラに内在する「デジタル・リスク」なのである。

2　従来の賠償リスクと近代私法の原則

賠償リスクとは、前述のとおり、法律上の損害賠償責任を負担するという損害を負う可能性と定義する。このような賠償リスクは、契約に基づいた債務不履行責任を負う可能性かまたは不法行為に基づいた損害賠償責任を負う可能性かのいずれかまたは双方である。契約に基づく場合の賠償リスクは、私的自治の原則による契約を締結した一方の債務者が陥る可能性としての債務不履行に基づく加害リスクである。他方において、不法行為に基づく場合の賠償リスクは、その多くは、所有権絶対の原則のもと、所有物を管理または保管する者が他人の権利または法律上の利益を侵害する可能性という加害

リスクである。

　不法行為に基づく賠償リスクのほうが個別的に締結する契約を基礎とする加害リスクよりもより範囲は広い。

　不法行為に基づく加害リスクの典型の1つが、土地の工作物の設置または保存の瑕疵に基づく賠償リスクである。すなわち、土地の工作物の設置または保存の瑕疵があることによって他人に損害が生じた場合、その土地の工作物の占有者が損害賠償責任を負うが、その工作物の占有者が損害の発生を防止するのに必要な注意を尽くしたとき、その工作物の所有者が最終的に無過失責任を負う（民法717条）。第1次的に土地の工作物の占有者が責任を負うが、所有者は最終的に無過失責任を負う。もっとも、損害の原因について他にその責任を負う者があるときは、占有者または所有者がその者に対し求償権を行使し得る（同条3項）。土地の工作物の所有者は、当該工作物について直接排他的な支配権（コントロール権）を有し当該工作物の設置または保存の瑕疵について適切に管理し得る立場にあったことから、最終的な責任を負うのである。

　その他、所有者に責任を負わせる法規制がある。たとえば、建物について、建築基準法において、その所有者、管理者または占有者は、当隊建物の敷地、構造および建築設計について常時適法な状態に維持するように努める義務が課されている（8条）。土地の境界について、民法において、隣地の竹木の枝が境界線を越えるとき、その竹木の所有者に当該枝の切除を求められる場合があると定められている（民法233条1項・3項）。

　近年、空家が放置されその影響が深刻な社会問題となってきた。すなわち、空家が放置され、空家に対し放火がなされたり違法薬物の取引場所となったり景観が悪化するだけでなく、ゴミが不法投棄されたり雑草が生い茂って衛生環境が悪化する等、空家の近隣住民にさまざまな悪影響を与える事例数が多くなったのである。そこで、2014年に空家等対策の推進に関する特別措置法（平成26年法律第127号）が制定された。同法によれば、空家等の所有者または管理者に、周辺の生活環境に悪影響を及ぼさないよう、空家等の適切な管理に努める責務を課した（5条）。さらに、そのまま放置すれば倒壊等

著しく保安上危険となるおそれのある状態または著しく衛生上有害となるおそれのある状態、適切な管理が行われていないことにより著しく景観を損なっている状態その他周辺の生活環境の保全を図るために放置することが不適切である状態にあると認められる空家等を「特定空家等」に指定し（2条2項）、市町村長は当該特定空家の所有者等に対して助言または指導し、これに従わない場合には勧告すること、勧告に係る措置をとることを命じることができる。当該措置を命じたのに、当該措置を履行しない場合、行政代執行法（昭和23年法律第43号）の定めに従って、自ら義務者のなすべき行為をしまたは第三者になさせることができるし（22条）、命ぜられた者を確知できないとき、市町村長は命令対象者の負担において当該措置を行いまたは措置実施者に当該措置を行わせることができる[5]。

このようにある「物」の所有者が当該物に対する直接排他的な支配権（コントロール権）を有するがゆえに、適切に管理し得る立場にあったことから、賠償リスクを負うのである。したがって、所有者対所有物との関係において賠償リスクが生じる。他方、契約に基づく債務不履行による賠償リスクは、契約者間において生じるので、債権者対債務者との関係において賠償リスクが生じる。このように従来の賠償リスクは所有権絶対の原則または私的自治の原則の下に生じるといえよう。

3　「所有から利用へ」とデジタル技術の進展

わが国においては、大量生産大量消費の高度経済成長期からバブル経済を

---

5) 消防法（昭和23年法律第186号）においても、消防長または消防署長等は火災の予防に危険であると認められた物件の所有者等は必要な措置を命じることができるが、当該所有者等が不確知等の場合は、その者等の負担において、当該消防職員に当該物件について必要な措置をとらせることができる（3条2項・5条の3）。その他、危険物の貯蔵または取扱い等については、11条の5、12条、12条の2・12条の3、12条の5、12条の6、13条、13条の24、14条、14条の2、14条の3、14条の3の2、16条の3、16条の3の2、16条の5、16条の26に定める。その他の危険物については、原子炉の所有者に相当する原子力事業者の原子炉の運転等に対し規制し、原子炉の運転等により発生した原子力損害について賠償責任を定め（原子力損害の賠償に関する法律〔昭和36年法律第147号〕3条）および自動車の運行に対して規制を加え賠償責任を定めている（自動車損害賠償保障法〔昭和30年法律第97号〕3条）。

経て、それ以降商品としての「物」が売れなくなってきたといわれている。物質的に豊かになったわが国の社会においては、個人のライフ・スタイルや価値観が多様化し、規格品である大量生産された「物」には消費者の需要を満たさなくなってきたのである。すなわち、消費者は購入した「物」それ自体に価値を見いだすより「物」を活用または利用して得られることに価値を置くようになってきたと捉えることができる。

確かにスマート・フォンは、一見すると同じ規格品の商品に見えるが、それを購入して利用する段階になると、購入者のライフ・スタイルまたは価値観に合致したアプリケーション・ソフトをダウンロードして購入者自身の仕様のスマート・フォンが作り上げられる。このような動きは、消費者の消費活動において、「物」の購入からサービスの購入へと変化を生み出す。特にモビリティ[6]の領域に著しい。従来は、事業者の視点から、「人」や「物」を運ぶという「運輸」という概念がわが国の社会の標準的に普及していた[7]が、こんにち的には、利用者の視点に立った「移動」（モビリティ）という視点からの移動サービスが展開されてきている。その基礎をなすものは、まだ実験段階のところが多いが、MaaS という考え方である。MaaS とは、地域住民や旅行者1人ひとりのトリップ単位での移動ニーズに対応して、複数の公共交通やそれ以外の移動サービスを最適に組み合わせて検索・予約・決済等を一括で行うサービスであり、観光や医療等の目的地における交通以外のサービス等との連携により、移動の利便性向上や地域の課題解決にも資する重要な手段となるものをいう[8]。近年においては、インターネットを介して

---

[6] 「移動」（モビリティ）という言葉は、従来の「運輸」または「輸送」という事業者の視点からする言葉と異なって、利用者の視点から行われるサービスとしての「人」や「物」の物理的空間移動を表す。

[7] 1970年代初めまで、個人が荷物を送る手段は郵便小包と鉄道小荷物に限られており、これらのサービスは荷造りが煩雑であった。しかも利用者はその荷物を最寄りの郵便局や駅に持ち込まなければならず、配達日も明確に定められていなかったため、利用者にとっては非常に不便で手軽に日常的に利用できるものではなかった。1976年から、小口の配当というサービスを商品化した宅配便システムをスタートさせたのがヤマト運輸である。ヤマトホールディングス株式会社『ヤマトグループ100年史』164頁〜168頁（https://www.yamato-hd.co.jp/100th-anniversary/assets/pdf/top/143_198.pdf）。

[8] https://www.mlit.go.jp/sogoseisaku/transport/sosei_transport_tk_000193.html

第5章　デジタル社会のリスク

個人と個人の間で使っていないモノ・場所・技能などを貸し借りするサービス[9]が生まれている。これをシェアリング・エコノミーという。たとえば、空家がある場合、部屋を探している人に対し当該空き家を貸し出す民泊サービスが生まれたり、ドライバーが自動車を使って目的地まで移動する場合、相乗りする希望者を探し出し、目的地までのガソリン代や有料道路使用料等を同乗者とシェアするサービスも生まれたりしている。

　このように、従来の規格品を大量に生産し大量に消費する時代から、個人のライフ・スタイルまたは価値観に合わせたサービスが提供されるという「所有から利用へ」という時代に移行しており、このようなシェアリング・エコノミーを可能にした背景には、Society5.0の構築に向けたデジタル化の進展がある。

　わが国において、デジタル技術が進展しさまざまな領域において利活用が進んでいる。デジタル化の対象は、無体財産を除いては、基本的に現実空間における「人」と「物」であり、それらからデータを収集しサイバー空間においてビッグ・データ化してそれをAIにより分析し現実社会の課題を解決するというシステムの社会における活用が社会のデジタル化の意味である。このようなデジタル化はビッグ・データをAIにより分析し最適解を導くことにもなるから、スマート化とも称される。ビッグ・データ化されたデータは「人」に関するものであるか「物」に関するものであるかは問わない。つまり、データの世界においては、「人」のデータか「物」のデータかは意味をなさない。

　上記のビッグ・データ化されたデータは各事業体が管理しAIを用いて活用することになるので、各事業体はデータ基盤を備えることになる。社会のデジタル化が進展すればするほど、データこそが新しいビジネスを生み出す起爆剤となる。これに対し、他の事業体のデータ基盤との連携、さらに他の分野の事業体とのデータ基盤についての連携がなされず、各事業体が管理するデータだけで閉じられ完結してしまうと、イノベーションが起きる可能性

9）https://sharing-economy.jp/ja/

は低くなってしまう。しかし、各企業にとっては事業の目的に係るデータは事業を遂行する上で著しく重要な根幹部分である場合があるので、非公開扱いまたは機密扱いされることが多い。したがって、ある企業または団体が有する全データを、すべて他の企業または団体と共有または連携することは極めて困難であるが、一部はオープン・データ化されたり共有または連携されたりする部分もある。

　問題は、リアル世界から収集した情報がデータ化された部分のうち、複数の企業または組織と共有または連携された領域において、ハッキングやデータの漏洩等を完全に防ぎ適切に管理することは難しく、ハッキングのリスクや情報漏洩のリスクがつきまとうことである。デジタル・インフラが社会にすみずみまで整備されると、太陽嵐（solar storm）の影響によってデジタル・インフラに電磁パルス（Electromagnetic Pulse: EMP）障害が発生したり、サイバー攻撃だけではなく、デジタル社会の内外に存在するテロリスト等の電磁パルス攻撃が局地的に行われたりするリスクがあり[10]、これらが具体化することによってデジタル・インフラが特定の地域、国または世界規模で機能不全になるおそれがある。

　デジタル・リスクが具体化して「デジタル災害」が発生しそれによる損害のうち、人身損害のほか、「所有から利用へ」と被害者の被る損害の対象は所有権の可能性が低くなり、利用権の可能性が高まり、利用権損害の原状回復が求められるように思われる。しかし、本稿においては、利用権損害の回復の必要性について指摘するに留める。

4　Society5.0から生じ得る「デジタル災害」とその特徴

　Society5.0が構築されると、情報通信網が交通、医療・介護、教育、行政、防犯・防災・減災、決済及びエネルギー等の分野に張りめぐらされAIで制御された各データ基盤と連携され情報が流通しこれらが社会の重要なインフラとなることから、万一あるデータ基盤において不具合が生じると、都市機

10）たとえば、一政祐行「ブラックアウト事態に至る電磁パルス（EMP）脅威の諸相とその展望」防衛研究所紀要18巻2号（2016）1頁以下。

能が停止し、デジタル災害が発生する可能性が高まる。2024年7月19日頃、アメリカ、フランス、オーストラリア、マレーシア等々の世界各国において、米国の企業によるセキュリティ・ソフト・ウエアの更新の際不具合（バグ）があり大規模なシステム障害が発生し、各航空会社の航空券の発券ができなくなったり、銀行のATMが機能障害に陥ったり、放送が中断したり，さまざまな障害が生じた[11]。これも「デジタル災害」の一種である。このようにデジタル化が進展すればするほど、デジタルの性質上垣根は存在しないので、国境や分野を超えて障害が拡大する。

　「デジタル災害」はSociety5.0のようなデジタル社会またはデータ駆動型社会において見られる特有な災害である。従来から、自然災害は、暴風、豪雨、豪雪、洪水、高潮、地震、津波および噴火その他異常な自然現象または大規模な火災もしくは爆発その他その及ぼす被害の程度においてこれらの類する原因により生じる被害（災害対策基本法〔昭和36年法律第223号〕2条1号の「災害」の定義参照）は認められるところであった。災害対策基本法の「災害」の定義（2条1号）には、「国民の生命、身体又は財産に生じる被害」が含まれていない（ただし、同法3条1項）。しかし、今日でも、大規模な地震や地球規模における気候変動を原因とする自然災害が起こり、人々の生命、身体または財産に甚大な被害がもたらしている。このような大規模自然災害について、人類はその発生予測がある程度可能であったとしても、それが発生しないようにまたは発生した場合であっても自然災害の規模を縮小させるように管理またはコントロールする技術を持っているわけではない[12]。

　1955年、わが国においては、原子力基本法が制定され、わが国における原子力利用がスタートした[13]。1973年と1978年のオイルショックが起き、原

---

11) 日本経済新聞2024年7月25日付（https://www.nikkei.com/article/DGXZQOGN24EGR0U4A720C2000000/）。
12) たとえば、台風制御に対する取組みがなされている。森信人「台風制御〜ムーンショット目標8での取り組み〜」日本気象学会2023年度夏季大学（2023）1頁〜5頁。
13) 経済産業省資源エネルギー庁「日本における原子力の平和利用のこれまでとこれから」（2018）（https://www.enecho.meti.go.jp/about/special/tokushu/nuclear/nihonnonuclear.html）。なお、1951年に米国が世界に先駆けて原子力による発電を成功させた。

18　Society5.0のデジタル・リスクとデジタル災害による被害者救済

子力発電に対する期待が高まった。しかし、その後、1995年12月 8 日に、高速増殖原型炉「もんじゅ」ナトリウム漏洩事故が発生し、1999年 9 月30日、東海村 JCO 臨界事故が発生し、日本国内で初めて被害者 2 名が事故被曝により死亡するという痛ましい結末を迎えた。また、救助に当たった消防署員、臨界状態に対応した作業員および事故施設周辺の住民等が被曝した。これよりも前、1986年 4 月26日、チョルノービリにおいて最悪の原子力発電所事故が発生し被害は著しかった[14]。このような一連の原子力事故を受けて、「原子力災害の危険性は，万全を期して安全確保に取り組んだとしても存在するもの」という認識から、迅速な初期動作の確保、国と地方公共団体との有機的な連携の確保、国の緊急時対応体制の強化、原子力事業者の責務の明確化等について定めることにより、原子力災害対策を強化し、原子力災害から国民の生命・身体・財産を保護することを目的として、1999年、原子力災害対策特別措置法（平成11年法律第156号）が制定され[15]施行された。同法には、「原子力災害」が定義された。すなわち、原子力災害とは、「原子力緊急事態により国民の生命、身体又は財産に生ずる被害」（同法 2 条 1 号）をいうと定義する。ここにいう「原子力緊急事態」についても定義がなされている。すなわち、原子力緊急事態とは、原子力事業者の原子炉の運転等（原子力損害の賠償に関する法律〔昭和36年法律第147号〕 2 条 1 項に規定する原子炉の運転等をいう）により放射性物質または放射線が異常な水準で当該原子力事業者の原子力事業所外（原子力事業所の外における放射性物質の運搬の場合にあっては、当該運搬に使用する容器外）へ放出された事態をいう。このような原子力災害が発生すると、原子力発電所の周辺の住民に生命、身体または財産に甚大な被害が発生してしまう。2011年 3 月11日の東日本大震災を機に発生した福島第一原子力発電所事故により、周辺住民は多大な損害を被ったことは記憶に新しい。

　これに対し、「デジタル災害」は、Society5.0等が構築された社会のデジタ

14）1979年、スリーマイル島（米国）で原子力発電所事故が発生した。
15）文部科学省『平成18年文部科学白書』（国立印刷局、2007）426頁（https://www.mext.go.jp/b_menu/hakusho/html/hpab200601/002/013/007.htm）。

第5章　デジタル社会のリスク

ル・インフラに発生したデジタル社会固有の新たな災害である。この新たな災害は困ったことに原子力災害に比べて人為的に惹き起こされやすい。すなわち、「デジタル災害」は、Society5.0が構築された後の社会を維持運営するために不可欠なシステムまたはシステムを稼働させるプログラムの障害によりサイバー・フィジカル・システムの一部または全部の機能不全となりそこから発生するさまざまなシステム障害だからである。デジタルそのものやサイバー・フィジカル・システムそのものは、自然の力や原子力のような圧倒的な力をもって社会インフラを破壊するエネルギーを備えていない。しかし、Society5.0構築後においては、社会の基本的なインフラはデジタル化されデジタル・システムにその一部または全部が組み込まれる。少なくとも現在の生活が進歩し現在の生活の延長線上通勤通学において特定自動運行用自動車が公共交通の重要な役割を担い、運賃や買物の支払は中央銀行が発行するデジタルマネーにより行われ、住空間の一部に医療機関における健康検査機能が装備され日々の食事のカロリー計算および消費カロリー量等のデータは収集され、医療においては診療所機能を医療AIが担うことは遅かれ早かれ実現するように思われる。この社会基盤において、「デジタル災害」が起きることは社会の機能が一部または全部停止することを意味し、早急に復旧しなければ、都市の機能が大規模災害や原子力災害が起きたのと等しい程度に停止する。どの範囲まで生じるかは社会のデジタル化の範囲の程度と深化によるので、そのときにならなければわからないが、可能性としては次の一部または全部が起こり得る。すなわち、発電所からの電気の供給が停止し、公共交通機関も停止し、デジタルマネーを使った決済が不能となり、人流から物流までが停止すると思われる。その結果、慢性疾患を患う者および救急患者は行き場を失うし、ライフ・ラインも停止することから、多数の生命の危機が生じ得るのである。

　このように、Society5.0はそれに内在的する新たな「デジタル・リスク」を抱え込むのである。

Ⅲ　被害者救済

1　責任保険法理に基づく被害者救済

(1)　責任保険契約と責任関係

　責任保険契約とは、「損害保険契約のうち、被保険者が損害賠償の責任を負うことによって生ずることのある損害をてん補するもの」（保険法17条2項括弧書。この括弧書は保険法2条の定義規定とは別ものである。）をいう。責任保険契約は加害者が損害賠償責任を負うことによる損害をてん補するための損害保険契約の一種であって、被害者保護はあくまでも責任保険契約の機能として認められるにすぎない[16]。

　責任保険契約の給付はもちろん損害保険契約の一種である以上は、被保険者の損害をてん補することである。しかし、責任保険契約によりてん補される対象が、被保険者の法律上の損害賠償責任を負うことによる損害であることから、被保険者を加害者とし、その加害者の行為により損害を被った被害者が存在しなければならない。したがって、第1段階は、加害者は被害者に対して法律上の損害賠償責任を負う関係が成立していることを必須とし、第2段階は、責任保険契約による給付の効果はこのような被害者と加害者との間の緊張関係を緩和化することになる[17]。

　そうすると、責任保険契約に求められる給付は、第1段階としては、加害者が対峙する被害者との関係において、加害者の権利を保護するものである（権利保護給付）。第2段階としては、理念として、保険者が、加害者の負う法律上の損害賠償責任を免責させ解放させるものであり、現物給付である（責任免脱給付）。

---

[16]　ただし、自賠責保険契約は、被害者保護のため（自賠法1条）というわが国の政策実現のために責任保険法理が用いられている公保険契約の一種であることから、被害者のための保険である。戸出正夫「自賠責保険と自動車保険の関係・異同」『自動車保険の法律問題（金判別冊3号）』（1991）8頁。

[17]　以下の記述は、倉澤康一郎『保険法通論』（三嶺書房、1982）106頁以下による。

第5章　デジタル社会のリスク

　責任保険契約の保険者は、加害者が法律上の損害賠償責任を負うことによる損害をてん補することから、保険者は加害者が負う法律上の損害賠償責任の額が「適正」か否かについて、加害者とともに強い利害関係を有する。加害者の負う法律上の損害賠償責任の額が法律上の和解、裁判外の和解、判決、仲裁または調停等により「適切」に確定するに当たり、加害者が自己の利益を守るため防御を尽くすことが求められる。このように「適正」な法律上の損害賠償責任の額を確定させことにつき、保険者は加害者とともに利害関係があることからも、保険者が加害者の権利を保護するため、訴訟・仲裁・調停等に要した費用はてん補対象とされたり保険者が訴訟代行や示談代行を行ったりする場合もある。

　他方において、保険者が被保険者に対して負う責任免脱給付はやや複雑である。すなわち、保険者が被保険者の支払うべき賠償金を肩代わりして被害者に支払うことによって保険者が被保険者の責任免脱給付を履行することが責任免脱給付である。この場合は、責任保険契約の内容として、例えば、自動車保険契約において、法定（自賠法16条1項）または約定（標準自動車保険普通保険約款賠償責任条項11条）を根拠とし契約外の被害者に損害賠償額の支払請求権（直接請求権）が付与されており、第三者のためにする契約（民法537条）の一種と見ることができるし、このことは、被保険者の負う法律上の損害賠償債務に着目すれば、被保険者が負う債務を保険者が責任保険契約を締結した効果として併存的債務引受を行うことを意味する。

　もちろん、被保険者が被害者に対し賠償金を支払った後に、保険者に対し支払った賠償金相等額を保険金として請求することも可能である。

　このような責任保険契約を活用して被害者を救済する場合、当然のことながら、被害者が存在しなければならないから、被保険者と被害者との責任関係の成立が前提となる。被害者の数だけ被保険者の契約に基づく債務不履行責任か不法行為に基づく損害賠償責任かのいずれかまたは双方の発生が必要である。

(2)　**責任保険契約による被害者救済の限界**

　責任保険契約に基づく被害者救済には、被保険者と被害者との間に責任関

係が成立することが要件とされる。Society5.0においては、フィジカル空間における分野横断的にデータ基盤が連携され、サイバー世界とフィジカル世界とが融合することから、従来のSociety5.0以前の社会のように、「人」と「人」、「物」と「物」、さらに、「人」と「物」がそれぞれ形をもって形の上から独立して存在する状態においては、事故が発生し損害を被った者が存在した場合、事故原因については、相対的にではあるが、Society5.0よりも究明しやすいと思われる。

　たとえば、原子力損害が発生した場合の事故原因については、原子力損害の賠償に関する法律（昭和36年法律147号。以下、「原子力損害賠償法」という）により原子力事業者（原子力損害賠償法2条3項）に責任が集中されることが明記されている。すなわち、同法3条1項の規定に基づき、原子炉の運転等の際、当該原子炉の運転等により原子力損害を与えたときは、当該原子炉の運転等に係る原子力事業者がその損害賠償責任を負う旨、および同法4条1項の規定に基づき、原子力事業者以外の者は、その損害賠償責任を負わない旨が定められている。このように、原子力損害については、原子炉の運転等を行う者が原子力事業者であることから、事業者に責任を負わせていると考えられ、近代私法の原則に照らして、整合性がある。

　その上で、原子力損害賠償法8条の規定において、原子力損害賠償責任保険契約（以下、「原子力責任保険契約」という）を定める。すなわち、原子力責任保険契約とは、原子力事業者の原子力損害賠償責任が発生した場合において、原子力事業者が一定の事由による原子力損害を賠償することにより生ずる損失を保険者がてん補することを約し保険契約者が保険者に保険料を支払うことを約する契約である（同条）。このように、原子力責任保険契約においては、同法3条1項および4条1項の規定により、原子力損害賠償責任が被保険者である原子力事業者に法律により集中しており、実質的にも原子力事業者が原子炉の運転等（同法2条1項）を行うことから、原子力損害の発生原因において不明確になることはない。これに対し、車載AIおよびシステムAI等が協調して進行する特定自動運行用自動車（道路交通法75条の12第2項2号イ）に運行供用者（自賠法3条）が存在するかという問題とは同一

第5章　デジタル社会のリスク

に議論しにくいように思われる。すなわち、特定自動運行用自動車は、自立的に深層学習する車載AIおよびシステムAI等が協調し合って運行することから、その使用についての利益および支配権が特定自動運行用自動車の所有者にあるかシステム所有者にあるのか誰にあるのかが直ちに明確ではなく、かつ、事故原因も製造段階にあるかハッキングであるか等一義的に明確ではないからである。

　Socoety5.0におけるサイバー・フィジカル・システム等のインフラにおける「デジタル災害」が発生した場合、Society5.0はデータ駆動型社会でもあるから、IoT（Internet of Things）から、さらにはIoH（Internet of Human）から情報が蓄積されたデータ基盤が複数連携されていく可能性があり、実際上そのようにデータ連携基盤が構築されると、システムが駆動しなくなった場合またはシステムの機能が低下した場合、その原因を特定することが容易である事案もあるであろうが、何が原因かを特定することが著しく困難である事案数が多くなるように思われる。とりわけサイバー攻撃が原因かシステムの特定のリアル部品が原因か否かその他の何かが原因かについて短時間にかつ経済的負担をかけずに特定することは至難の技であろう。そうだとすれば、「デジタル災害」が発生した場合の加害者と被害者との間の責任関係において、誰が加害者かは一義的に明白ではなく、また、加害者に無過失責任または条件付無過失責任を課す場合を除いては、被害者にとって加害者の故意または過失を立証することは著しく困難であり、迅速な被害者救済は難しくなるであろう。

　そもそも根本的な課題は、データ連携基盤がありAIによってサイバー・フィジカル・システムが駆動する状況下において、「デジタル災害」による損害について賠償責任を負う者が誰なのかについて経済的コストもかけないでかつ比較的短時間において明確に究明することが著しく困難であるということである。

2　被害者救済基金等公的基金による被害者救済

　デジタル・インフラから生じた人身損害に対して、公的基金を設立して被

害者の救済の財源を公的基金に求め救済することが考えられる。このような被害者救済のための公的基金とは、国等の公的な財源を基本的原資として災害等により被災した者を一般的抽象的に救済するものである[18]。したがって、一種の社会保障政策として行われるものと理解される。公害健康被害の補償等に関する法律（昭和48年法律第111号）に基づく補償給付（3条）ならびに公害保健福祉事業（46条）および公害健康被害予防事業（68条）がある。これらの財源は公害原因者に課せられた賦課金、納付金、交付金および補助金等（48条〜51条）である。また、独立行政法人医薬品医療機器総合機構法（平成14年法律第192号）に基づく「副作用救済給付」[19]がある。この給付に要する費用は許可医薬品製造業者等からの拠出金である（19条）。これに対し国は事務費の2分の1を補助しているとされる[20]。近時は、近時は、基金ではないが、公的資金を財源として、国等による新型コロナウイルス感染症（COVID－19）対策関連事業が行われていた[21]。また、2024年1月1日に発

---

18) リーマン・ショック時の金融システミック・リスクにおいては、"too big to fail"が議論され、決済機能を金融機関が決済機能を有するがゆえに、公的資金に注入して金融機関の倒産リスクを回避するという措置の妥当性について議論がなされた。溝渕彰＝肥塚肇雄＝前原信夫「わが国における総合的金融監督体制の法的検討とセーフティネットの見直し」生命保険論集191号（2015）67頁以下〔肥塚〕、71頁以下〔肥塚〕。このような公的資金の注入とは別に、銀行預金者を保護するために預金保険機構による救済や保険者に対する預金保険機構や生損保契約者保護機構による救済もある。AIシステムに起因する損害のてん補と基金との関係については、中原太郎「現代無過失責任論の一断面――AIシステムに起因する損害の填補をめぐる議論を題材にして」法時96巻8号（2024）55頁〜51頁参照。
19) 副作用救済給付（独立行政法人医薬品医療機器総合機構法16条）の財源は副作用拠出金（許可医薬品製造販売業者等〔薬機法12条1項〕による拠出金〔19条〕）である。その他「感染救済給付」（同法20条）の財源は、感染拠出金（許可生物由来製品製造販売業者等〔薬機法12条1項〕による拠出金〔21条〕）である。AIシステムに起因する損害のてん補と基金との関係については、中原太郎「現代無過失責任論の一断面――AIシステムに起因する損害の填補をめぐる議論を題材にして」法時96巻8号（2024）55頁〜51頁参照。
20) https://www.pmda.go.jp/relief-services/adr-sufferers/0001.html
21) 新型コロナウイルス感染症（COVID－19）について、感染症の予防及び感染症の患者に対する医療に関する法律（平成10年法律第114号）44条の2第3項の規定に基づき、厚生労働大臣から、令和5年（2023年）5月7日をもって同法の新型インフルエンザ等感染症と認められなくなる旨が公表された。これに伴い、同月8日に同法の5類感染症に位置づけられることとなった。このため、「新型コロナウイルス感染症対策の基本的対処方針」（令和3年11月19日新型コロナウイルス感染症対策本部決定）は、令和5年（2023

第5章　デジタル社会のリスク

生した能登半島地震による被災者に対する国等の支援事業も行われた。
　このように公的基金は、個別具体的な特定の被災者を対象にして救済する性質のものではなく、一般的に被災者を救済するものである[22)][23)]。したがって、公的基金の中には、個別具体的な特定の被害者を救済を予定するものもあり得るであろうが、基本的には、行政機関が公的基金を原資として一般的に事業形態で被害者を救済するものである。ただ、たとえば、公的基金を財源とする「デジタル災害被害者給付制度」により被害者救済を図ろうとしても、被害者を手厚く救済することには限界がある。

3　災害保険化による被害者救済

　「デジタル災害」を原因とし人身損害を被った被害者を救済することは加害者の特定困難性との関係から、「デジタル災害」に係る特別法を制定し無過失責任または条件付無過失責任を導入しても困難である。そこで、保険契約を活用して被害者救済を図る途を探るとすれば、災害保険化構想の下、「デジタル災害」について賠償義務者が存在しなくても、まずは人身損害を

　年）5月8日に廃止された（https://www.kantei.go.jp/jp/singi/novel_coronavirus/th_siryou/kihon_r_050427.pdf）。
22)　交通事故において、ひき逃げ事故または自賠無保険車事故による被害者を救済するための政府保障事業がある（自賠法72条）。この事業に上記の被害者が救済を政府に求めると、保障金が支払われる。すなわち、政府が個別具体的な交通事故の加害者に代わって賠償金の立替払をし、その限りで被害者を救済するものである。政府は保障金を被害者に支払った後、被害者が加害者に対して有する損害賠償請求権に代位する（76条1項）。このように政府保障事業は一般的抽象的に被害者を救済する公的基金とは性質が異なる。この保障金の原資は自動車ユーザが支払う賦課金（78条）であり、一種の保険料的な性質を有する。そして、政府保障事業が適用される事故原因は、いわゆる泥棒運転を行った者も含めて、自動車側にあるため、政府保障事業は被害者に保障金を給付して賠償義務者が支払うべき賠償金を立替払するものである点で、民事責任の要素が残っている。
23)　犯罪被害者等給付制度がある。これは、犯罪被害者等給付金の支給等による犯罪被害者等の支援に関する法律（いわゆる犯罪被害者等給付金支給支援法〔昭和55年法律第36号〕）に基づき犯罪被害を受けた者（2条3項）を犯罪被害者と定義し、このような具体的な被害者を想定して遺族給付金、重症病給付金および障害給付金が支給される（4条）。これらの原資は国の一般財源である。

被った被害者に保険金を給付し救済するものが考えられる[24]。このように「デジタル災害」に起因して発生した人身損害をてん補する災害保険を「デジタル災害保険」と称する。

　このような「デジタル災害保険」は、デジタル・インフラの所有者またはそれを管理する者が保険契約者となり、被害者が被保険者となり、被保険者が「デジタル災害」を保険事故として人身損害を受けた場合に、保険金請求権者に保険給付を与えるものである。「デジタル災害保険」の保険者は民間の損害保険会社になるが、その性質上公保険に分類されることから、国の再保険が求められるであろう。そうすると、「デジタル災害保険」は法律上の根拠が求められることになる。したがって、「デジタル災害保険」の担保範囲に人身損害だけでなく、利用権損害を含めるかは立法政策の検討課題となる。そして、「デジタル災害保険」の保険料はデジタル・インフラの利用料に上乗せして、デジタル・インフラの利用料を徴収する上記の保険契約者が保険者に支払うことになる。ただ、被害者の被った人身損害に対する完全補償は難しいと思われる。

　「デジタル災害保険」により被害者救済を図ることは、責任関係における加害者の法律上の損害賠償責任の有無を確定する必要がないことから、抑止機能について不安が残る。さらに、被保険者である被害者が「デジタル災害保険」は公保険であるから、損害がてん補された場合、被害者が加害者に対する損害賠償請求権を行使する機会または損害賠償請求訴訟を提起して裁判を受ける権利を奪ってしまうのではないか、したがって、この点で、国家は基本権保護義務に違反するのではないかが問題となる。

24）その典型は、MaaSまたはスマート・シティのリスクに対応する災害保険である。この場合の災害保険はMaaS圏内またはスマート・シティ圏内のリスクを包括して担保することになるであろう。

Ⅳ　「デジタル災害保険」による被害者救済の法的課題

1　不法行為機能

　不法行為には各種の機能があるとされる。すなわち、不法行為には、①公平に損害をてん補・配分する機能（損害てん補・配分機能）、②加害者に損害を賠償させる責任を負わせて不法行為を抑止する機能または加害者に制裁を加える機能（抑止・制裁機能）、③過失責任において他人の「権利又は法律上保護される利益」を侵害しないように行動すべき義務の履行を担保する予防機能および④「権利又は法律上の保護される利益」の侵害に対して不法行為が加害者に損害賠償責任を負わせ権利または利益を保護する機能（権利・利益保護機能）があることが指摘されている[25]。「デジタル災害」が発生しそれにより人身損害および利用権損害を被った被害者に対し「デジタル災害保険」が適用される場合、被保険者が傷害を被った事実を立証することによって被害者に保険給付がなされるから、被害者救済の実質化につながるが、上記の不法行為の機能のうち、②抑制・制裁機能および③予防機能が特に果たされ得るのかが懸念される。

　そもそも「デジタル災害」の発生を抑止することは強く求められるが、仮に「デジタル災害」が地震、ハリケーンまたは竜巻のように人為的ではなく自然発生するものと同様に位置づけられるとすれば、「デジタル災害」の発生自体に対し責任主体を探し出しその者に不法行為責任を問い得ることはできない。しかし、「デジタル災害」が生じるのは人為的原因であると捉えるならば、「デジタル災害」発生の原因について究明し責任原因と責任主体を

25）さしあたり、四宮和夫『不法行為（事務管理・不当利得・不法行為　中巻・下巻）』（青林書院、1992）265頁〜268頁。不法行為法の目的として、損害てん補、抑止、制裁および個人の権利保護が挙げられている。田中洋「不法行為法の目的と過失責任の原則」現代不法行為法研究会編『不法行為法の立法的課題（別冊NBL155号）』（2015）19頁〜25頁。

明らかにすることになるであろうが、明らかにヒューマン・エラーによる被害であることでない限り、それは困難である。せいぜい「デジタル災害」から派生した2次的損害について、適切な管理を怠る等の過失があれば、それぞれの管理者に責任が生じ得ることになる。

　不法行為機能のうち、②抑制・制裁機能および③予防機能について議論できる対象は上記の第2次的損害であろう。第2次的損害については、不法行為責任の免責を認めず、さらに、被害者が加害者の損害賠償請求訴訟を提起する不法行為訴権も制限されないと考えられることが妥当であろう。

　「デジタル災害」の発生の抑止については、スマート保安が推進され、システムを監視するAIに期待することになるであろう[26]。これは次のような意味を含んでいる。すなわち、今日までは、他人の権利または法益を侵害しないように人の行動変容を促すものは、法令であり、その1つが抑止機能や予防機能があった不法行為法であったが、デジタル社会においては、一般的抽象的に人の行動変容を促すものは法令ではなく、デジタル技術でありそれを駆動させるソフトウェアであるということである。デジタル・インフラについての人の関与は格段に少なくなるゆえ、不法行為法の機能も縮小することは必然である。

2　被害者の裁判を受ける権利

　被害者が被った人身損害および利用権損害については、「デジタル災害保険」から保険給付がなされる点では、被害者の人身損害の全額または一部ならびに利用権損害がてん補されるので、被害者救済はその限りで図られる。「デジタル災害」には、前述の通り、一般的に、その発生自体に不法行為が成立しないと考えられる。しかし、「デジタル災害」が人為的原因であるこ

---

26) 経済産業省は、スマート保安を推進している。すなわち、IoTやAIなど安全性と効率性を高める新技術を導入して産業保安における安全性と効率性を常に追求し事業・現場における自主保安力の強化と生産性の向上を持続的に推進するとともに、規制・制度を不断に見直すことによって、将来にわたって国民の安全・安心を創り出すことである。経済産業省スマート保安官民協議会「スマート保安推進のための基本方針」（2020年6月29日）（https://www.meti.go.jp/shingikai/safety_security/smart_hoan/pdf/kihon_hoshin.pdf）。

とが明らかである場合には、不法行為に基づき被害者の加害者に対する損害賠償請求権が発生するので、保険会社が、「デジタル災害保険」の保険給付後に、この請求権に対して請求権代位を行うことになる。それによって、被害者が加害者に対する損害賠償請求訴訟を提起する権利が失われてしまう。そこで、裁判を受ける権利（憲法32条）が奪われることになるのではないかが問題となる。

そもそも請求権代位は、損害保険契約において被保険者が事故太りまたは焼け太り等の利得を受けることを禁止する原則（利得禁止の原則）、保険契約が締結され被保険者である被害者が保険給付を受けた結果、加害者が免責されることの不合理性を排除すること（有責第三者の免責阻止）および被害者と保険会社が保険会社の保険給付後は被害者が加害者に対して有する損害賠償請求権等が保険会社に移転することについての合理的意思を根拠に認められるものであって[27]、被害者が保険給付を受けなければ、加害者に対する損害賠償請求権は被害者のもとに存在するものであるから、もし被害者が加害者に対し損害賠償請求訴訟を提起したいのであれば、保険会社から保険給付を受けないという選択を行うことによって、被害者の裁判を受ける権利は被害者のもとにとどまるのである。被害者が保険会社から保険給付を受け取りながら、被害者がなお加害者に対する損害賠償請求訴訟を提起することは被害者に利得を生じることになるので、認めることはできない。

したがって、請求権代位により、被害者の加害者に対する損害賠償請求訴訟を提起できなくなったとしても、裁判を受ける権利を侵害したことにはならない。

3 国の基本権保護義務

国の基本権保護義務とは、第三者による侵害から個人の基本権を保護するために、国家は積極的な措置を講じなければならないとする義務をいう[28]。すなわち、わが国においては、私人間において、日本国憲法が定める人権が

---

27) 山下友信『保険法（下）』（有斐閣、2022）400頁以下。
28) 山本敬三『公序良俗論の再構成』（有斐閣、2000）64頁・199頁・202頁・248頁・271頁。

侵害されるおそれがある場合には、日本国は人権侵害が起きないように法律を制定する等の立法的措置を講じ、場合によっては、法律等に基づいて行政的措置も講じ、さらに、裁判を受ける権利に基づき、被害を受けそうな者または被害を受けた者は訴訟を提起し裁判所に救済を求めることができることが保障される必要があると解される。このような基本権保護義務が認められるかについては争いがある[29]。

　仮にわが国においても、国の基本的保護義務を肯定した場合、「デジタル災害」の発生について、前述のように自然災害の発生と同様に捉えたとき、原則的には、「デジタル災害」発生に対し責任主体を探し出しその者に不法行為責任を問い得ることはできない。そうすると、不法行為法に依拠しては被害者の基本権保障が図られないことになる。そこで、「デジタル災害」が例外的に人為的原因により発生した場合には、人身損害および利用権損害を受けた被害者の基本権が保障されるように、不法行為に基づき被害者の加害者に対する損害賠償請求権と不法行為訴権は保障されるべきであろう。被害者が「デジタル災害」により傷害を被ったことを立証することによって、「デジタル災害保険」により迅速な救済の途を拓くことが国の基本権保護義務を果たしたことになる。

V　結びにかえて

　以上をもって、「Society5.0が抱えるデジタル・リスクから生じるデジタル災害と被害者救済」についての考察を了える。Society5.0に係る法的議論は徐々に活発化されている。しかし、その議論は、たとえば、特定自動運行用自動車（レベル4）およびレベル3の自動運転車の事故の民事責任の議論かもう少し範囲を広げたMaaSに関する民事責任の議論のようにややミクロ的な考察が中心であったように思われる。その証左として、スマート・シティにおける民事責任については議論がほとんどなされていない。他方において、

29）山本・前掲（注28）199頁〜201頁。

第 5 章　デジタル社会のリスク

　Society5.0における AI の活用と民事責任の問題は EU の AI 法の制定にともない、議論がなされつつある。
　しかし、本稿において考察したように、AI の活用の民事責任に係る議論や特定自動運行用自動車の民事責任の議論、さらには先進医療活用のあり方としては、それらを包摂するマクロ的な視点からの議論と、個別のデジタル技術活用による民事責任というミクロ的な視点からの議論とは峻別すべきではないか。
　本稿においては、特定自動運行用自動車の民事責任等のミクロ的な視点からの議論は考察しなかった。むしろマクロ的な視点から、デジタル社会のインフラにおけるリスクを認め、「デジタル・リスク」から「デジタル災害」の発生と捉えて考察した。
　自然災害によって被害を被った者が多数存在しても、自然災害それ自体に違法性は認められず、誰に対しても不法行為責任を問い得ない。ただ、自然災害に起因して発生する第 2 次損害については、損害の発生について管理者に過失が認められれば、被害者に対し損害賠償責任を負うことはあり得る。これと同じように、デジタル社会のインフラに内包された「デジタル・リスク」が具体化したデジタル災害それ自体については、人の関与がほとんど少なく十分に認められず、サイバー・フィジカル・システムがインフラとして駆動していることから、自然災害と同様に捉え得るものと思われる。そこで、「デジタル災害」に起因して発生する第 2 次損害を除いては、「デジタル災害」には違法性が認められず、誰に対しても不法行為責任を問い得ないように思われる。むしろデジタル・インフラを管理する者が加入しデジタル・インフラから利便性を享受する者を被保険者とする「デジタル災害保険」および／または公的な財源に基づいた被害者救済制度を創設して被害者を救済すべきであろう。
　最後に、デジタル社会を構築しその際導入されたインフラの全部または一部が「製造物」に該当しそこに「引渡時」に通常有すべき安全性を欠いている「欠陥」が認められれば、メーカーに製造物責任の問題が発生する。

【付記】本稿は、科学研究費基盤研究（C）研究課題 / 領域番号22K01285「MaaSプラットフォームと契約責任・被害者救済についての法的研究」（2022-04-01〜2025-03-31）の成果の一部である。

終　章

終　章

19　総　括
──科学技術の発展に伴う多様な
リスクと不法行為法（拡張版）

早稲田大学教授　大塚　　直

　最後に、科学技術の発展に伴う具体的なリスクに対する不法行為（および差止）法のあり方に関し、大塚・本書「問題提起」論文Ⅳに触れた5点のうち、今後の不法行為法のあり方について重要と考える3つの点（②、④、⑤）を取り上げて、総括しておきたい。過失責任・危険責任の判断枠組み［→Ⅰ］、（AIに関する不法行為責任の議論を素材とした）両責任の関係［→Ⅱ］、不法行為法の機能、補償・基金との関係［→Ⅲ］である。このうち、Ⅱに関しては、近時のAIに関する不法行為責任の議論を素材としつつ、過失責任と危険責任（厳格責任）について取り上げることにしたい。

Ⅰ　過失責任・危険責任の判断枠組みの再構成
──科学技術の発展に伴うリスクへの対応に関する
考え方の整理（現行法の下での解釈論）

1　前提となる理論
──「加害段階における類型化論」とその現代的適用

(1)　「加害段階における類型化論」
　過失責任の判断枠組みの再構成については、大塚・本書「公害・環境・原

───────
＊私法学会の報告論稿でもあるNBL1272号の論文と重複が多いことについてはお断りしておきたい。

発リスクと不法行為法」論文(以下、「大塚・本書『環境』論文」という)で部分的に触れた。その前提としては、過失の判断枠組みに関する多数説の定式(予見可能性を前提とする結果回避義務違反)があるが、「加害段階における類型化論」はより詳細な枠組みを示している。これは元来、錦織成史教授の見解を嚆矢とするが[1]、これを継承・発展させた潮見佳男教授は、過失を、行為者の意思形成・意思決定・行為操縦過程に対する事前的視点からの行為無価値判断をもって捉えるとし[2]、過失における行為義務には、抽象的危殆化段階における行為義務と、具体的危険段階における行為義務とが観念されるとし、「予見義務」、「情報収集義務」を抽象的危殆化段階における行為義務であるとし、具体的危険段階における行為義務とともに「行為義務(結果回避義務)」として位置づけた。

この見解においては、過失が事前判断であるとし、行為義務を課する前提として具体的危険の存在を必須としない裁判例の立場(公害・薬害に関する裁判例)を正当化することも意図しており[3]、星野英一教授[4]および筆者[5]の主張する、現代型不法行為における「事前の思慮(Vorsorge)」の重要性を説く立場を過失の判断枠組みに組み込むことも意図されていた[6]。目的的行為論の影響を受けたこの見解の元来の趣旨と、この理論の現代的適用の双方を取り入れることが適切であろう。

----

1) 錦織成史「民事不法の二元性(3・完)」論叢98巻4号(1976)81頁。
2) 潮見佳男『不法行為法Ⅰ〔第2版〕』(信山社、2009)278、297頁。「加害段階における類型化論」は、本来は、過失の本質を行為義務(結果回避義務)として捉えつつも、行為者の意思を重視し、予見可能性の要否・扱いに関する学説の対立を止揚し、裁判例の立場に理論的根拠を与えるものと理解されたものである(吉村良一「民法学のあゆみ」法時69巻8号〔1997〕104頁参照)。すなわち、意思形成・意思決定の過程をも「行為」に含めることにより、人の意思の要素も行為義務の中身に含めることが正当化されるとしたのである(中原太郎「平成民法学の歩み出し6——不法行為責任と行為・危険・権利」法時94巻1号〔2022〕130頁)。
3) 潮見佳男『民事過失の帰責構造』(信山社、1995)第1章。
4) 星野英一「故意・過失、権利侵害、違法性」『民法論集第6巻』(有斐閣、1986)320頁・322頁。
5) 大塚直「不法行為における結果回避義務——公害を中心として」『加藤一郎先生古稀記念・現代社会と民法学の動向(上)』(有斐閣、1992)56頁。
6) 潮見・前掲(注2)279頁・297頁、同・前掲(注3)98頁。

終　章

(2) 侵害段階型事案と危殆化段階型事案の区分

　この見解は、近時、橋本佳幸教授[7]、中原太郎教授[8]など[9][10]に支持され、影響力が増している状況にある。橋本教授はこの見解をさらに発展させ、過失の事例を①侵害段階型（直接侵害）と②危殆化段階型（間接侵害）に区分されるが[11]、重点は後者にある。

　従来、過失を「定型的な処理が行われるケース」（行為パターンとしての過失が問題となるケース）と、「事前の思慮が必要なケース」に二分する考え方は多くの論者によってとられてきたが[12]、これらは上記の①と②にほぼ対応するものといえよう。ここでは、「侵害段階型事案」と「危殆化段階型事案」という呼称を用いておきたい。

　すなわち、①侵害段階型事案は古典的な不法行為類型であり、他人の権利・法益を直接侵害する行為を対象とする。自動車の運転における前方不注意や一部の医療行為に見られる。この類型では、予見可能性と結果回避義務違反が必要となるが、適切なパターンからの逸脱が問題となる際には、回避義務違反に重点が置かれることになる。

　一方、②危殆化段階型事案は、判例が創出した現代的な不法行為類型であ

---

7) 橋本佳幸＝大久保邦彦＝小池泰『民法Ⅴ〔第2版〕』（有斐閣、2020）137頁、窪田充見編『新注釈民法(15)』（有斐閣、2017）340頁〔橋本佳幸〕。
8) 中原太郎「過失責任と無過失責任──無過失責任論に関する現状分析と理論的整序の試み」現代不法行為法研究会編『不法行為法の立法的課題（別冊NBL155号）』（2015）43頁。
9) 大塚直＝前田陽一＝佐久間毅『民法6（有斐閣アルマ）』（有斐閣、2023）136頁〔大塚直〕。
10) 澤井博士が、潜在的抽象的危険の保持者に、積極的な調査義務（予見義務）が課されるとし、調査することによりその危険が「顕在的具体的危険となり、発生確率の低い危険がより蓋然性の高い危険となるならば、損害回避措置義務を生じ、その懈怠は『過失』となる。したがって、潜在的抽象的危険を放置することは調査義務違反である」とすること（澤井裕『テキストブック事務管理・不当利得・不法行為〔第3版〕』〔有斐閣、2001〕175頁）も、この考え方に類似している。
11) 窪田編・前掲（注7）340頁〔橋本〕。
12) 星野・前掲（注4）、澤井・前掲（注10）174頁以下（より細かく、古典的過失、現代的過失、行為パターンとしての過失、物の瑕疵・欠陥を通じてみた過失の4類型を挙げる）。吉村良一『不法行為法〔第6版〕』（有斐閣、2022）78頁以下は、「一般市民の日常生活から生じた事故の場合」、「業務活動に伴う事故の場合」、「高度の危険性をともなった企業活動から生ずる事故の場合」を区分する。

り、過失不法行為責任の追及を危殆化行為の段階まで前倒しする。この類型は、元来抽象的危険はあるが、社会的有用性のある行為を対象とする。社会的有用性のある工場・高速度交通機関・施設の活動、新規の医薬品製造・販売、新規の医療行為が挙げられる。この場合にも予見可能性が問題となるが、予見可能性といっても、行為から生ずる危険な結果を予見するために調査すべき義務が問題となることが多い。

このような区分をする意義としては、②危殆化段階型事案においては、①侵害段階型事案と異なり、過失不法行為責任における、予見義務としての調査研究義務の賦課、ハンドの定式等比例原則的衡量[13]の利用可能性といった特質が見られる点を挙げることができる。

2 事件類型別の比例原則的衡量のクライテリア

本稿における過失の再構成については、①科学的不確実な事案への対応と、②比例原則的衡量の2つが課題となる。②については、大塚・本書「環境」論文で指摘したように、特に、A健康ベース基準、B経済的・技術的実行可能性基準、Cハンドの定式（CBA）の基準のいずれを用いるかが問題となるが、事前配慮が必要な被害類型別に検討すると次のようになろう[14]（欠陥に関する被害類型も含む）。被害類型別のリスクについて、冒頭の大塚・本書「問題提起」論文Ⅱに触れたリスクのタイプと対応させるため、「冒頭（番号）」として併記する。

ⅰ（冒頭①）公害、ⅱ（冒頭③）原発事故（国賠）についてはすでに触れたので割愛する。

ⅲ（冒頭④）食品の場合、1)被害者に対する健康被害の可能性はあるし、直ちに人体に摂取されるため、生命身体に直接的なリスクを及ぼす蓋然性が極めて高く、人間の生存に不可欠な重大性を持ち、社会通念上本来安全なも

---

13) この概念については、大塚・本書「問題提起」論文の（注13）参照。
14) 加害者の活動が健康被害を及ぼす蓋然性が相当程度高い場合には、個人の尊厳の観点から、回避コストは考慮し得ないと考える。また、事故（損害）の発生が社会的に許容されていない場合には、回避コストは考慮すべきでない。

終　章

のであるべきであり[15]、国民の安全性への期待が最も高いこと、2)被害者には（代替性のない）受益はないこと、被害者が欠陥食品を選択したわけではないことなどから、製造物責任法の欠陥の判断である消費者期待基準として、A健康ベース基準が用いられることが適当と考えられる（「健康を害する虞れ」の証明について、東京高判昭和53・11・27訟月24巻12号2650頁〔下山・本書論文参照〕）。

　iv（冒頭⑤）医薬品の場合、1)被害者に対する健康被害の可能性はあるが、2)被害者にはまさに健康に関わる受益があり、被害者が（十分な情報の下に）選択しているのであれば、副作用が発生しても、直ちに過失（欠陥）は認められない。裁判例にも見られるように、適応に関する限定について十分な配慮の上、製造物責任の設計上の欠陥に関して、（ハンドの定式やリスク効用基準を反映した）有用性の判断が重要になる。これはCに当たる。指示警告上の欠陥については、回避費用は問題にならない場合が多いと思われる。多くの薬害訴訟の結果、薬機法等による対応が進んでおり、行政法規に基づくリスク評価の重要性が増している（米村・本書論文参照）[16]。

　v（冒頭②[17]の一部である）欠陥自動車のケースについては、1)被害者に

15) 食品製造業者は、考えられるあらゆる手段を用いて食品の安全性を確保する義務がある（福岡地判昭和52・10・5判時866号21頁）。
16) （冒頭⑥、⑦に関して）予防接種については問診義務が厳格化され、危険責任に近い扱いがなされている（米村・本書論文）。医療事故では医療水準が問題となるが、定型化された水準がなくこれが適用されない場面があり（米村・本書論文参照）、新しい治療法の場合にはその効用と〔有害事象の頻度×重大性〕の衡量となること（瀬川・本書論文参照）、医療においては、手段債務であること、（他のケースに比べて）限られた時間の中で最善の判断を要する場面が多く、その不確実性（医療技術的不確実性）自体を吟味する猶予に乏しい場合が多いことも重要な特徴である。なお、個々の患者の自己決定が問題となる場面では、説明義務違反が重要となり、比例原則的衡量を一般的に行うことは困難となる。総じて医療分野では、新たな科学技術のように一定の時間をかけてその導入が行われるべきものと異なり、不確実性を正面から捉える（予防原則的配慮をする）場面は相当限定される（クローン技術の活用、再生医療は例外であるが。米村・本書論文参照）。
17) （冒頭②の）機械・施設の事故に関しては、単純なミスによる事故についてはここでは扱わない。自動車事故については自賠法があり、運行供用者の危険責任類似の仕組みが整っており、過失責任でも欠陥責任でもないため、比例原則的衡量は基本的に行われない。鉄道事故に関しては、事故回避システムの設置懈怠（JR福知山線脱線事故においては、自動列車停止装置の未設置）については、民法717条の工作物責任における鉄道シス

対する人身被害の可能性はあり、2)被害者には受益はあるが、代替性があり、受益は健康に関わるものではない。そして、一般的に自動車の販売は許容されていることから、製造物責任の設計上の欠陥に関する消費者期待基準として、Ⓑ技術的経済的に最高水準のレベルを求めることになろう（製造物責任法に関しては、同法4条の開発危険の抗弁が適用され得る）。

　ⅵ（自然災害による点で冒頭⑮の一例であり、施設の事故という点で冒頭②にも関連する）水害（未改修河川での溢水型の水害）による治水施設の破壊の場合の国家賠償法2条の瑕疵については、1)人身被害の可能性はあるが、2)自然災害に基づくものであることを踏まえつつ、河川の管理と道路その他の営造物の管理では判断基準が異なるとされ、治水事業には財政的、技術的、社会的制約があること、すべての河川に対して相当の治水施設を完備するには相応の期間を要することが考慮される（大東水害訴訟判決〔最判昭和59・1・26民集38巻2号53頁〕[18]）。学説上は、計画高水量内で堤防が決壊した場合に瑕疵があるとする立場が多いが、Ⓒ（CBA）のクライテリアを用いる立場があること[19]、被災者が危険に接近しているケースを指摘する立場もあること[20]が参考になる（下山・本書論文参照）。

　これらをまとめると――、

　⑴　（ア）加害者の活動が健康被害を及ぼす可能性があれば「回避コスト不考慮」に働き、さらに、（イ-1）継続的侵害であれば、損害発生から一定期間経過した段階で加害者が故意責任を負うことになり、回避コストは考慮されない（ⅰ。もっとも、最高裁は公共性を一定の場合に考慮する）。（イ-2）

テムの通常有すべき安全性の問題となる（窪田充見＝大塚直＝手嶋豊編著『事件類型別不法行為法』〔弘文堂、2021〕95頁〔窪田充見〕。なお、踏切事故に関する最判昭和46・4・23民集25巻3号351頁参照）。経済的技術的実行可能性のクライテリアを用いることが考えられる。航空機事故に関しては、旅客の損害については、改正ワルソー条約と国内航空運送約款により輸送人の過失が推定され、地上損害については、民法709条が適用されるが、実際には無過失責任と同様の扱いがなされている（詳しくは瀬川・本書論文参照）。
18)　改修済河川での破堤型水害に関しては、多摩川水害訴訟判決（最判平成2・12・13民集44巻9号1186頁）参照。
19)　加藤雅信『現代不法行為法学の展開』（有斐閣、1991）216頁。また、アメリカの連邦水法（洪水対策法）はCBAのクライテリアを用いていることが参考になる。
20)　阿部泰隆『国家補償法』（有斐閣、1988）225頁。

終　章

　これに対し、損害が事故または自然災害に基づく場合には、回避コスト考慮の必要が生じるのが原則である（ⅳ～ⅵはこの原則がそのまま適用される）。もっとも、（イ-2）の例外として、直接摂取され国民の安全に対する期待が最も高い食品（ⅲ）については、事故による場合であっても回避コストは考慮されないとするのが適当と思われる。また、原発事故（ⅱ．国賠訴訟）は、自然災害に基づく事故であっても、（人身損害を含めた）莫大な損害の可能性があるため、公共性との衡量は行われず、A 安全基準（それを超える場合にはB 現在の科学技術的基準）に対する対応が要求されると考える。

　(2)　(1)の場合であっても、被害者が同時に特別の受益を受ける場合、損害の発生が被害者の選択の結果であるとか、（容認したという意味で）危険への接近がある場合には、回避コストが考慮され、C ハンドの定式に当たるものが用いられるのが原則であるが（ⅳ、ⅵについてはこの原則がそのまま適用される）、公害の場合（ⅰ）は、加害者に（継続的に）地域の専用権を与えてはならないことに鑑み、危険への接近があっても、過失相殺がなされるにとどまる。

　──というように整理できよう[21]。製造物責任に関しては、欠陥の判断の（消費者期待基準またはリスク効用基準を用いる）際に、各種の製品につき上記の点を踏まえて検討することが望まれる[22]。

　こうした中、冒頭②等に関連する AI（冒頭⑧）に伴うリスク（特に、機器の行動が完全に AI の判断に委ねられる場合）をどう扱うか。責任について検

---

21) 結局、加害者の活動が健康被害を及ぼす可能性がある場合においてハンドの定式が用いられるのは、被害者が同時に受益者である場合ということになる。
22) 差止めが問題となるのは公害（ⅰ）と原発リスク（ⅱ）である。ⅰについては、健康被害の可能性が相当程度ある場合には公共性が考慮されず（裁判例もこれを支持する）、A 健康ベース基準が要求され（また、それを超える場合には B 技術的・経済的に最高の水準が要求されることがある）、そうでない場合には、公共性が、被害の蓋然性×（発生した場合の）損害の重大さと比較衡量される（国道43号線訴訟最高裁判決〔最判平成7・7・7民集49巻7号2599頁〕）。ⅱに関するクライテリアの用い方は、本文に述べたのと同様である。
　なお、本文の記述について、通常の不法行為訴訟か国賠訴訟かによって、回避コスト重視の度合い、法令違反重視の度合い、法律の構造の重視の度合いなど、相違点は生じうるが、そのような相違を踏まえた上で、このような指針はたてられるものと考える。

討する際に機器自体に着目をするか、AI に着目するかが問題となる（橋本・本書論文参照。さらに後述 II 参照）[23]。

なお、このように、事件類型別の比例原則的衡量のクライテリアを掲げたが、ご批判も多いものと思われる。また、社会の変遷とともに用いられるクライテリアが修正される場合もあり得る。本稿で指摘したいのは、このようなクライテリアの視点の重要性であり、このような視点についての議論が行われることになれば望外の喜びである。

3　過失の判断枠組み等に関する試論

以上の検討および大塚・本書「環境」論文を踏まえて、過失の判断枠組み等に関する試論を要約すると、以下のようになる——。

(1)　侵害段階型事案：上述したように、古典的な不法行為類型であり、他人の権利・法益を直接侵害する行為を対象とする。

(2)　通常の危殆化段階型事案：（一定の時間の幅における事前の判断が問題となる事案）において、抽象的リスク（科学的不確実性がある場合を含む）があれば、その段階で加害者に（予見義務としての）調査義務（配慮義務）が発生する（予見義務に裏づけられた予見可能性の問題）。適正な調査の結果、「不合理なリスク」[24]が判明すれば、結果回避義務が発生する。結果回避義務については、比例原則的衡量が行われる（その内容については、2参照）。行政基準は、結果回避義務の判断において重要な参考資料とされる。

(3)　予防的な危殆化段階型事案：枠組みは(2)と同じともいえるが、ⅰ）抽象的リスクに対処する高度の調査義務が課され、適正な調査の結果、「無視できないリスク」しか判明しなかった場合であっても、リスク削減義務が発生するという判断過程を創設したい。「不合理なリスク」は支配的なリスク

---

[23] AI に着目する場合には、上記の定式によれば、健康被害の可能性は生じるであろうが、事故の問題となる。被害者の受益や選択は問題となり得るが、被害者に特有の受益や選択ではなく、これらの点を重視すべきではないであろう。（EU の改正製造物責任指令案のように）AI システム等が製造物として扱われる場合には、消費者期待基準として B 技術的経済的な実行可能性基準が適当であろう。

[24]「不合理なリスク」の概念については、大塚・本書「環境」論文（注49）参照。

終　章

評価者の見解に基づくのに対し、「無視できないリスク」とは、調査の結果なお科学的不確実性が残る場合を意味しており、このリスクの判断は、少数だが有力なリスク評価者の見解を指す（大塚・本書「環境」論文Ⅱ2⑷参照）。
ⅱ）結果回避義務としては、リスク削減義務にとどまる（科学的に不確実であり、全面的な結果回避措置までは求めにくい）。（後述する）AIに関する不法行為において、──仮に過失責任を前提とするとして──調査義務を果たしても（AIのブラックボックス性に由来する）不確実性が残る場合に、AIに学習させた情報の開示をすることも、リスク削減措置の1つとなり得る[25]。

このような科学的不確実性に対する配慮は、科学技術の発展に伴い重要性を増しているが、従来の過失責任を強化し、活動の自由に対する制約を与えることにもなるため、このように解釈するケースは、一定の時間の幅における事前の判断が問題となる事案において、①生命健康侵害の可能性があり[26]、②継続的侵害（またはこれに匹敵する要素）がある場合に限られる必要がある（大塚・本書「環境」論文Ⅱ2⑷）。具体的には食品公害、公害、原発事故（国賠）[27]が挙げられる。ハイリスクAIがここに含まれる可能性もあろう。

⑵と⑶の違いは、まず、適用範囲について⑶は調査義務を履行してもなお科学的不確実性が残り、かつ、上記の①（生命健康侵害の可能性）および②

---

[25] 刑法学では、予見可能性と結果回避義務の関連性を重視する立場（新過失論）が、下級審裁判例及び学説上有力化しており（井田良『変革の時代における理論刑法学』〔慶應義塾大学出版会、2007〕150頁以下、高橋則夫『刑法総論〔第4版〕』〔成文堂、2018〕221頁。福知山線列車脱線転覆事件最高裁決定〔最決平成29・6・12刑集71巻5号315頁〕小貫芳信補足意見参照）、その中には、予見し得る結果発生の危険が抽象的なものに限られる場合に対しては弱い結果回避措置が対応するとの考え方が示されている（土井和重「大規模事故における刑法の対応」刑事法ジャーナル64号〔2020〕25頁）。また、本文の点を予防原則と関連させて論じることも可能である（今野正規「リスク社会と民事責任（4・完）」北大法学60巻5号〔2010〕1310頁）。なお、調整義務を履行しても、「無視できないリスク」も発見できない場合も残り得る。AIではこの点も問題になり得るが、検証により徐々に安全性を向上させることが必要となる。
[26] 1960年代の有力な学説においても、「人の生命・健康に大きな影響を及ぼすものの製造については、無過失責任ないしそれに近い厳格な責任を認めるべきであろう」とされた（加藤一郎編『注釈民法⑲』〔有斐閣、1965〕139頁〔加藤一郎〕）。
[27] 具体的には、福島原発事故国賠訴訟における建屋水密化措置、昭和20年代に発症した水俣病患者などが例として挙げられる。また、ほかに、津波避難に関する学校関係者等の安全確保義務も例として挙げられる（大塚・本書「環境」論文（注52））。

（継続的侵害またはこれに匹敵する要素がある）に該当するケースに限られるが、(2)は生命健康侵害に限られず、財産権侵害の場合も含まれる。次に、調査義務履行後のリスクについて、(2)は、不合理なリスクを発見できたら結果回避義務が発生するのであるが、(3)は、（不合理なリスクが発見できる場合には(2)と同様であるが、さらに）無視できないリスク（リスク評価者の一部が気にするリスク）だけを発見できる場合を問題とする。また、結果回避義務の内容について、(2)は事件類型により上記の比例原則的衡量の結果、全面的な結果回避措置の義務が発生するが、(3)はリスク削減義務にとどまる。

　(4)　（純粋の）危険責任（または無過失責任）事案：危険責任は、特別法に規定がある場合に問題となる。必要な安全措置を講じること（社会生活上必要な注意の遵守）によっても損害発生を十分に回避できない状況において「特別の危険」がある場合に、危険責任の問題となる。

　(5)　欠陥（瑕疵）責任事案：製造物責任、工作物責任（民法717条）、営造物責任（国賠法2条）で定められているが、AIに関して、EUで製造物責任指令を改正する動きがあることが注目される。

　このうち、(4)、(5)は（純粋な）危険責任、欠陥責任であり、特別法・特別規定が必要となり、そのような規定があれば、直ちにその適用の有無が判断される（もっとも、上述したように、欠陥責任における比例原則的衡量は過失責任のそれと連続している）。

　(1)から(3)は民法709条に基づく過失責任であり、(4)、(5)に該当しない場合における裁判所の判断が必要となる。(1)と(2)は、上記の「加害段階における類型化論」を基礎としており、被害事案を侵害段階型事案と危殆化段階型事案に区分するものである。(3)予防的な危殆化段階型事案は、(2)危殆化段階事案において加害者が調査義務を適正に履行した結果、科学的不確実性（無視できないリスク）が残る場合に対応する。この点の追加が、本稿のささやかな特色の1つである。

　(4)危険責任は、予見可能性（予見義務）を問題とせずに不法行為責任を負わせる事案類型をカテゴリカルに形成している点にその特徴があるといえる。なお、「特別の危険」は高度の、かつ、完全には統御できない危険とされ

終　章

が[28]、Koziolおよびオーストリアの判例では、この概念を実質化し、危険性の質を考慮し危険責任規定の類推適用を認めており、そこでは「特別の危険」の判断基準として、「損害発生の高度の蓋然性」、「損害額の異常な大きさ」のほか、「損害に対する支配不可能性」が挙げられる[29][30]。危険責任立法に関して一言しておくと、わが国では、従来、危険責任立法がなかなか導入されない中で、裁判所が、公害訴訟を中心に、709条（または国賠法1条）の過失厳格化の解釈をすることによってかなりの部分が補われてきたものといえよう（「過失の衣を着た無過失責任」[31]）。この点に関しては、新たな科学技術の発展の結果生ずるリスクについて、わが国では、社会が、不法行為責任システムおよび裁判所の判断に相当依存しているという傾向、国会が公法によるリスク規制立法にも危険責任立法にもなかなか動かないという傾向を指摘できる。

---

28) 橋本ほか・前掲（注7）252頁〔橋本〕。ケッツ＝ヴァグナーは、さらに、危険責任（無過失責任）が正当化される領域として、①その危険が、市民が普通に暮らすことで他人に与えるような危険の程度を超えている危険源、②市民の間で不均衡に配分されている危険源、③その損害の発生があらゆる注意措置の遵守によっても排除できない危険源、という意味での「特別の危険」への対処に適しているとする（ケッツ＝ヴァグナー（吉村良一ほか監訳）『ドイツ不法行為法』〔法律文化社、2011〕248頁）。
29) わが国での紹介として、前田太朗「不法行為法における危険責任の意義に関する一考察」私法80号（2018）135頁。他方、カナーリスは、危険責任の妥当性の基準として、①危険の誘因および危険の支配、②利益とそれに対応するリスクの同属性、ならびに③危険の不可避性を挙げる（K. Larenz / C.W. Canaris, Lehrbuch des Schuldrechts, Besonderer Teil II /2, 13. Aufl., 1994, S. 604ff. 増ធ栄作「ドイツにおける民事責任体系論の展開(2)」立命館法学239号〔1995〕106頁）。また、オーストリア法における損害賠償法改正草案1304条2項は、責任主体の判断のために、危険源に対する特別な利益があること、コストを負担していること、実際の処分権限があることを考慮要素として挙げている（前田太朗「不法行為法における責任原理の多元性の意義とその関係性の検討(1)」中央ロー・ジャーナル18巻3号〔2021〕70頁）。
30) アメリカ法では、Restatement (Third) of Torts: Liability for Physical and Emotional Harm, §20（2010）は、「異常に危険な活動」について、①すべての行為者が合理的な注意を払ったとしても、なお当該行為が物理的損害を生じさせる予見可能かつ相当重大なリスクを生じさせるものであること、②当該行為が通常は行われていないものであることの2つの要件を満たすものとしており、この3要素もその中に含まれると見ることはできよう（但し、「損害に対する支配不可能性」についてはややニュアンスが異なるし、②が追加されている）。
31) 徳本鎮『企業の不法行為責任の研究』（一粒社、1974）106頁。

II　過失責任と危険責任（ないし厳格責任）
——近時のAIに関する不法行為責任の議論を素材とした立法論

　過失責任を維持するか危険責任（厳格責任）を導入するかは、近時、AIとの関係で、EU指令案などにおいて世界的な関心事となっている。AIに関する不法行為責任を素材としつつ、立法論を含め、過失責任と危険責任（厳格責任）の関係、責任主体のあり方を検討しておきたい[32]。

1　AIに関する不法行為責任の特徴等

(1)　AIの関する法の展開

　2024年6月、EUではAI法（AI Act）がEU規則[33]として採択された。わが国でも生成AIをはじめとするAIに関する規制立法の検討も開始されたようである。一方、AIに関する不法行為責任については、EU法に大きな動きがあり、またアメリカ法でも学説で検討がなされている。

　特にEUでは、製造物責任法を強化し、（AIにも関連して）、対象となる製造物、製造者をデジタル・サービスに拡張し、また、一定の場合に、プロバイダーに対する証拠開示命令と欠陥および因果関係の推定を認めるとともに（4(2)(a)参照）、AIに関する民事責任としてハイリスクAIについて（プロバイダー、ユーザーの双方に対して）過失の推定＋証拠開示命令を導入する考え方が指令案に取り入れられ、後者ではプロバイダー（開発者、製造者）とユーザー（利用事業者）が同等に責任を負うこととされていることが注目される。

---

[32]　執筆時期が重なったため、大塚直「AIと不法行為責任（序説）」『潮見佳男先生追悼・財産法学の現在と未来』（有斐閣、近刊）、同「AIに関する不法行為責任——Society5.0の議論に焦点を当てつつ」環境法研究19号（信山社、2024）133頁と重複する点があること、そのため、脚注はできるだけ簡素化したことを、お詫びとともにお断りしておく。

[33]　REGULATION (EU) 2024/1689 of the European Parliament and of the Council of 13 June 2024.（自動運転システムは、ハイリスクAIシステムを定める付属書Ⅲ2〔「重要なイン

終　章

(2) AI に関する不法行為責任

　不法行為との関係で AI の特徴は、その自律性のためのブラックボックス性、特に、時々刻々と自律的に学習し変化すること[34]にあり、そのため、個々の損害発生時における被害者の救済困難性が挙げられる。これは一種の不確実性の問題であり、大塚・本書「環境」論文で触れた科学的不確実性に関連する課題である。そして、新たな技術である AI による侵害と環境侵害に対する対応に関して、EU の視点から見た共通点としては、新たな科学技術を導入はするが、損害発生の予防、リスクの最小化の努力を行うべきこと、それについては、基本権に対する（国の）保護義務が関連することを挙げることができる。

　AI のブラックボックス性を重視するときは、(1) AI に関して証明困難を前提とした不法行為訴訟を探るべきか、それとも、(2) AI に関して不法行為訴訟をあきらめて補償の途を探るべきか、が問われることにもなる。(2)は、裁判の否定ともいえるが、このようなことが果たして適切か、という問題も発生することになる。

　不法行為法との関係では、①不法行為システムの設計において AI のこの特殊性をどのように反映させるか、②不法行為システムをこの問題に活用するとした場合、危険責任（厳格責任）と過失責任のどちらで対処するか、③誰を責任主体とするか、④その際、不法行為法の事故の抑止の機能をどの程度重視するか、⑤上記の AI の特徴を考慮しつつ、一定の場合に補償を志向する考え方をどのように評価するか、などが問題となる。

　以下では、わが国の従来の学説の議論について一瞥し［→ 2］、次に、経済産業省から報告書が公表されたアジャイル・ガバナンスの中の代表的な見解を取り上げ、欧米の動向と比較しつつ、評価を加え［→ 3］、さらに、過

　フラ：道路交通……の管理及び運行における安全確保の構成要素として用いられる目的の AI システム」）に当たる）

34) さらに、構成要素間の相互作用に伴う不確実性につき、稲谷龍彦＝プラットフォームビジネス研究会「Society5.0 における新しいガバナンスシステムとサンクションの役割（上）」法時 94 巻 3 号（2022）99 頁。

失責任と危険責任の関係や責任主体のあり方に関して展望しておきたい［→4］。

2　AIに関する不法行為責任についての従来のわが国の学説

⑴　AIの問題事例タイプと、既存法との関係

　この点については、基本的に、橋本・本書論文に委ねることとし、いくつかの点を摘出するにとどめる。

　第1に、AIによる人身侵害が問題となるケースは、1)AIが人の判断や行動を補助したり支援したりすることが予定されているケース、2)AIが人の判断や行動に代わることが予定されているケース、の2つに大別できる[35]。1)の例としては、医療分野が挙げられる（米村・本書論文参照）。そこでは、医師法により医師の責任が前提とされ、AIの判断は補助的扱いを受ける[36]。このような扱いをしている理由は、医師が行う医学的判断は相当に高度であり、AIの性能は当面、医師の判断を代替する水準には到底及ばないこと、将来AIの性能が格段に向上しても、AIの判断の信頼性や精度には一定の限界が残るため、患者の身体の安全のためには、AIが判断を誤るリスクに備えて、医師による最終判断を介在させる仕組みが不可欠と考えられている[37]ことが挙げられる。2)の例としては、自動運転（完全自動運転）のケースが挙げられる。

　第2に、AIに関する不法行為のケース全体を取り上げて整理するものとしては、橋本教授の見解が注目される[38]。

　教授は、不法行為制度の目的を損害の塡補と権利法益の保護にあるとした上で、医療分野と機械装置の自動運転では不法行為法に求められる対応が異

---

35) 白石友行「AIの時代と不法行為法」千葉大法学論集37巻3号（2022）9頁。
36) 米村滋人「AI機器使用の不法行為における過失判断──医療・介護分野での責任判断を契機に」法時94巻9号（2022）48頁以下。
37) 宍戸常寿ほか「座談会・AIと社会と法──専門家責任」論究ジュリ29号（2019）130頁〔橋本佳幸発言〕。
38) 宍戸ほか・前掲（注37）141頁以下〔橋本発言〕、橋本佳幸「AIと無過失責任」法時94巻9号（2022）54頁以下。

終　章

なるとされ、次のように整理する。すなわち――、

　1)　医療分野（診療行為）について：医師とAIの協働関係が想定され、医師の過失責任において従前どおりの水準の権利利益保護が実現される。ゆえにAIを対象とする新たな立法的対応は不要である。

　2)　自動車の自動運転について：被害者は運転者の責任を追及できなくなるが、人身被害との関係では自賠法3条の運行供用者責任が成立するし、責任保険による裏打ちもあるため、不法行為責任の保護は質的に低下しない。ゆえに新たな立法的対応は不要である。

　3)　自動車以外の機械装置の自動運転について：①現行法上、運行供用者責任に対する規律が欠けており（せいぜい民法718条の類推適用がなされるにとどまる）、そのため、不法行為法としても一定の立法的対応が要請される。具体的には、鉄道、航空機、船舶などの機械装置について、一定の確率で事故が起きる危険をはらんでいることから、特別の危険として、権利法益保護の制度目的から、無過失責任を導入すべきであり、当該機械装置による事故について、設備の保有者に対して、運行供用者責任に準じた責任を課すべきである[39]。②①が難しい場合においても、少なくともAIによる（自動車以外の）自動運転の機械装置が期待される動作から逸脱したこと（欠陥）によって事故が生じた場合について、機械装置の保有者がその責任を負う。民法717条による土地工作物の所有者の責任がこれに最も近い構造を持つ。

　このように、教授は、AIについても基本的に現行制度の考え方を維持し、延長させ、機械と行為を分け、それぞれ、危険責任、過失責任を課することとされる。

　そして、施設・機械の稼働に伴う無過失責任による規律には、純粋の危険責任と瑕疵責任の2種類があり、1)正常状態で動作している場合にも事故の発生が定型的に想定される事案では、純粋な無過失責任が課され、具体的には自動車、原子炉等で問題となる一方、2)正常な状態・動作では何らの作用や危険も伴うものではない事案では、瑕疵責任が課され、具体的には土地工

---

39)　橋本・前掲（注38）57頁。

作物、製造物で問題となるとされる[40]。

　第3に、自動運転に関しては、論文が多く出されてきたが、議論の軸となるのは「自動運転における損害賠償責任に関する研究会報告書」（国土交通省自動車局、2018年。以下、『報告書』という）である。同研究会は、レベル3以上のシステムの実現に向けた政府全体の「自動運転に係る制度整備大綱」（2018年。以下、『大綱』という）に反映するため、特にレベル3～4における民事責任のあり方を検討し、『報告書』では、自動運転システム利用中の事故により生じた損害賠償責任を誰が負担すべきかについて、以下の3案に整理したうえで、最終的に【案①】を採用し、自賠法の既存の運行供用者責任を維持した（なお、近時、デジタル庁に設置された「AI時代における自動運転車の社会的ルールの在り方検討サブワーキンググループ」の報告書（2024年5月）が公表されたことも注目される[41]）。

　【案①】従来の運行供用者責任を維持しつつ、保険会社等による自動車メーカー等に対する求償権行使の実効性確保のための仕組みを検討する。

　【案②】従来の運行供用者責任を維持しつつ、新たに自動車メーカー等に、

40）橋本・前掲（注38）56頁。
41）同報告書は、自動運転に関して確定した方向を示したものではないが、新たな論点の指摘が多くなされている。すなわち、第1に、「自動運転車の場合においては、自動運転車が保安基準等に適合する性能を発揮していた場合には自動運転車の設計又は製造に係る過失及び欠陥が存在しないと判断される蓋然性が高まることから、保安基準等を上回る安全性に向けた投資がかえって妨げられる可能性」がある点が指摘されたこと、第2に、「自動運転車メーカーと運送事業者とが協業して旅客運送事業を行うという新たなビジネスモデルも検討されており、更なる自動運転車の普及が見込まれている。このため、2026年初頭予定とされているロボットタクシーの実装までに、改めてレベル3及びレベル4の普及期における運行供用者責任について整理することが求められる」とされたこと、第3に、「中長期的には、レベル5のオーナーカーに係る運行供用者責任の考え方についても、技術の進展や新たなビジネスモデルの状況も踏まえつつ検討していくことが求められる」とされ、注として、「レベル5のオーナーカーにおいて、オーナーが運行供用者となるものと考えられるが……オーナーが車両を所有しているのみにすぎず、運行に対する支配を及ぼしていない者について、運行供用者責任を認めるのは適切ではないとの指摘もあった」とされたこと、第4に、「AI等を含むソフトウェアを組み込んだ製造物である自動運転車については、ソフトウェア自体に不具合があった場合やソフトウェアのアップデート後に不具合が生じた場合の取扱いを含め、製造物としての欠陥の有無をどのように判断するか、立証の困難さについてどのように考えるか等という点が課題となる」とされたことである。いずれも重要な論点であり、2018年の国土交通省

終　章

自賠責保険料としてあらかじめ一定の負担を求める仕組みを検討する。

【案③】従来の運行供用者責任を維持しつつ、自動運転システム利用中の事故については、新たにシステム供用者責任という概念を設け自動車メーカー等に無過失責任を負担させることを検討する（すべてのレベルの自動運転に自賠法を適用することを前提とする）。

(2) 責任主体

責任主体に関しては、第 1 に、学説上、AI 稼働者の責任の追及が重視されることが多い。AI 一般についてこのような傾向があるが、自動運転車について特に運行供用者の責任の追及を重視する見解が多い。完全自動運転の場合、もはや運転者による制動は予定されていないから、自動運転装置だけで安全な運行が確保できなければ自動車に構造上の欠陥・機能の障害があることになるが、運行供用者には自動運転装置を含む自動車の機能を維持するよう注意する義務（ハードウェアが正常に機能する注意を払う義務、ソフトウェアや情報を適宜アップデートする義務）が認められ得ると指摘される[42]。

第 2 に、製造者（システム開発者。以下「製造者等」という）の責任追及を指摘するものもあるが、相対的に少ないようである[43]。この場合には欠陥、つまり、通常有すべき安全性が基準となるとするものが多い[44]。

欠陥の証明については、被害者の証明困難への対処が必要となる。すなわち、AI の自律性から、被害者において欠陥があったとの評価を根拠づける

の『報告書』だけでは解決できない問題が顕れていると見るべきであろう（なお、途中までの議論状況について、佐藤典仁＝飯野悠介＝中山優「モビリティ（自動運転・ライドシェア）に関する最新の議論状況」ひろば77巻 2 号〔2024〕57頁）。

[42] 藤田友敬「自動運転と運行供用者の責任」同編『自動運転と法』（有斐閣、2018）137頁以下。

[43] 欠陥責任を追及する場合には、機械それ自体の欠陥に加えて、自動運転システムに関係する欠陥が含まれる（橋本・前掲（注38）59頁）。

[44] リスク効用基準を用いる場合には、社会全体の効用をもって欠陥を否定すべきではないことについて、後藤元「自動運転車と民事責任」弥永真生＝宍戸常寿編『ロボット・AI と法』（2018）179頁以下、同「自動運転をめぐるアメリカ法の状況」藤田編・前掲（注42）94頁（当該技術をより安全なものにするためのコストと便益を比較すべきであるとする）。なお、欠陥については従来の概念はほとんど役に立たない可能性があり、合理的な人間であれば回避できた事故のリスクをある技術のせいで回避できなくなったかという基準しか、残されなくなる可能性があると指摘するものもある（佐藤智晶「シンギュラリティと法」青法60巻 2 号〔2018〕208頁以下）。

具体的事実について立証することには困難が伴う[45]。この点から、欠陥を推定する立法提案がなされるとともに、被害者の証明困難や被害者の便宜に配慮して、現在の自動車事故の解決に倣う形で、AIの稼働者を第1次的な責任主体として措定する見解が有力に唱えられている[46]。その上で、危険の支配や必要な措置をとらせるためのインセンティブの付与の観点から、開発者や作成者およびAIを組み込んだ物の製造者に対しては求償訴訟とする案[47]（『報告書』【案①】でもある）、さらに、集積したEDR（イベント・データ・レコーダー）のデータを分析して全体の事故に対して自動車メーカー側（生産物賠償責任保険側）が負担すべき責任割合を算出し一定の拠出金を運行供用者側（自動車保険側）に還元する案（『報告書』【案②】でもある）[48]も主張されている。

なお、浦川道太郎教授は、製造物責任の追及を容易にすること（欠陥の推定規定、自動車メーカーの因果的責任の規定）を提言されている[49]。重要な指摘である。

(3) 自動運転車とハッキング

自動運転車のハッキングの場合には、どのような責任が生ずるであろうか。わが国の学説上は、ハッカーに対する民法709条責任を追及する、泥棒運転と同視して自賠法の政府保障事業による救済をする（自賠法71条以下）との指摘のほか、自動走行車に関連する通信情報手段や運行ソフトの安全性に対

---

45) 浦川道太郎「自動走行と民事責任」NBL1099号（2017）36頁、白石・前掲（注35）27頁。
46) 浦川道太郎「自動運転における民事責任のあり方」ひろば71巻7号（2018）26頁、窪田充見「自動運転と販売店・メーカーの責任」藤田編・前掲（注42）190頁以下、山口斉昭「自動走行車における欠陥概念とその責任」『瀬川信久先生＝吉田克己先生古稀記念・社会の変容と民法の課題（下巻）』（成文堂、2018）361頁。
47) 浦川・前掲（注45）36頁、同「自動運転における事故損害と民事責任」『交通事故紛争処理センター創立50周年記念論文集・交通事故紛争解決法理の到達点』（第一法規、2024）414頁（以下、『50周年記念』として引用。『報告書』がこの点について具体的な方策を提示していないことにも言及する）、藤田友敬「自動運転をめぐる民事責任法制の将来像」藤田編・前掲（注42）278頁以下、白石・前掲（注35）32頁。
48) 浦川・前掲（注45）36頁。
49) 浦川・前掲（注45）36頁。

終　章

する期待の大きさを考慮し、システム側に無条件の責任を課する方法も考えられるとの指摘がなされているが[50]、それ以上の検討はなされていない。

　では、ハッキングの場合の運行供用者責任はどうなるか。これについては、『報告書』は、運行供用者に保守点検義務違反がある場合を除き否定する[51]。運行支配と運行利益が認められないというのである。その上で、『報告書』は、上記の学説の指摘と同様に、運行供用者の上記義務違反の場合以外は、政府保障事業により損害の塡補を受けるとの結論を示している（なお、政府が、損害の塡補後、自動車メーカー等に求償する可能性も指摘する）[52]。

(4)　自動運転に関する将来展望に関する議論

　上記のように、国土交通省の『報告書』の【案①】が採用され、自賠法の既存の運行供用者責任が維持されたのであるが、この国土交通省自動車局の研究会の座長を務めた藤田友敬教授の、2022年の座談会における次の指摘は極めて注目される。すなわち──、

　現行の自賠法の制度が「長期的にそのままでいいか」、「一般消費者である自動車ユーザー（が）……自動運転車の起こした事故について一次的な責任主体となって被害者に賠償した上で、メーカーに求償してくださいという仕組みが、最適なリスク配分と言えるか」は「疑問」であるとされ、具体的には、「自動運転が高度化した状態で起きる事故は、運転者の過失とは無関係に起きることが多くなる」とし、この「場合についても、自動運行装置の安全性を全くコントロールできないユーザーを最終的なリスクの負担者とすることが最適なリスク配分になっているかは疑問」があるとされる。そして、「自動運転の民事責任に関する論点」は「技術革新によって従来の法制度の前提となっていた利害状況や政策判断自体が揺らぐ可能性がある問題」「の

50）浦川・前掲（注45）36頁。
51）『報告書』15頁。
52）なお、すでに、わが国においても、自動運転システムの欠陥やハッキングによる事故に対処するため、被害者救済費用補償特約などと呼ばれる保険が販売されているとのことである（小塚荘一郎ほか「座談会・自動運転」ジュリ1574号〔2022〕59頁〔藤田友敬発言〕）。

ような性格を持って（いる）」とされる[53]。

3　Society5.0におけるアジャイル・ガバナンスの議論と欧米の動向

　近時、企業活動や社会活動のデジタル化・複雑化・グローバル化等を背景として、変化が速く複雑で将来の見通しが立てづらい環境が生じており、従来のガバナンス手法は機能不全を起こしつつあるとの問題意識の下に、いわゆるSociety5.0におけるガバナンス（アジャイル・ガバナンス）のあり方を検討すべく経済産業省に「Society5.0における新たなガバナンスモデル検討会」が設置され、2020年、2021年に報告書が公表された（「GOVERNANCE INNOVATION」「GOVERNANCE INNOVATION Ver.2」）。アジャイル・ガバナンスとは、サイバー・フィジカルシステム（CPS）やSystem of Systems（SoS）によって生じる、複雑で変化が速く、不明確な環境に対応し、イノベーションとリスク管理を両立するために、ガバナンスのプロセスに敏捷性と柔軟性を持たせることを企図したガバナンスモデルである[54]。

　ここでは、同検討会のメンバーでもあり、アジャイル・ガバナンスにおける制裁のあり方に関する代表的な論者である稲谷龍彦教授の考えを取り上げ、さらにEU指令案の状況やアメリカ法におけるGeistfeldの提案についても確認的に触れておきたい。

(1)　Soceity5.0におけるサンクションに求められる機能と民事責任・事故補償

　稲谷教授は、CPS-SoSのリスク特性として、構成要素間の相互作用の事前予見が不可能であるとして不確実性を重視し[55]、先端科学技術者と立法者

---

[53] 小塚ほか・前掲（注52）59頁以下〔藤田発言〕（さらに、「技術革新と法の役割について」「まず技術革新を妨げないようにするためにすぐに手当てをしないとまずい課題と、長期的に対応しなくてはならない課題を切り分ける必要があります」とする）、藤田・前掲（注42）278頁以下、後藤・前掲（注44）『ロボット・AIと法』182頁。
[54] 稲谷龍彦＝深水大輔「アジャイル・ガバナンスとそのシステムデザイン――企業におけるアジャイル・ガバナンス実装の前提として」商事2289号（2022）32頁。
[55] 稲谷教授によれば、AIに関しては、原因について因果関係の認定は難しいが、どのシステムの相互作用によるかは明らかになること、データセットに関して追加学習をさせ

終　章

の情報ギャップのため、事前規制は陳腐化の危険があるとともに、（安全技術を含む）新たな技術開発に対して萎縮効果があるとする。そして、さまざまなステークホルダーによる自主規制・共同規制の活用を推奨し、知識と情報をより多く持っている主体により多くの権限を与える戦略を採用すべきであるという。

　教授は、社会にAIが浸透するSoceity5.0におけるサンクションに求められる機能として、①ステークホルダー間での知識・情報の共有促進と機会主義的行動の抑止とを両立し得る認証制度の必要、②コモンズの悲劇とアンチコモンズの悲劇の双方に対処できる法制度の必要、③蓋然的なリスクと計算不可能な不確実性の双方への適切な対処を促進するために、厳格責任を基調とする責任制度を整備し、責任あるリスクマネジメントのインセンティブを与えることの必要、④拡大する情報の非対称性と域外適用に適切に対処するために、訴追延期合意制度（DPA）に代表される、インセンティブ整合的な制裁制度の活用の必要、の4点を指摘する。

　そして、不法行為と関連する、③責任あるリスクマネジメントを実現し得る民事責任法制としては、「蓋然的なリスクを発現させるAIの規制には」「過失責任や『欠陥』を基礎とする無過失責任は」「不適合である」とし、さらに「裁判所（又は行政機関）の制度的能力の限界により、適切な『注意水準』の設定が困難なため、非効率を生じうる」という。むしろ、「蓋然的に挙動するAIの生じる計算可能なリスクについては、端的に厳格責任」とし、「計算不可能な不確実性の領域については、免責して公的な補償で対処する」ことを提案する。背景事情としては、（公的機関と開発者等の）情報のギャップの存在と、萎縮効果の阻止の必要が挙げられる。

　稲谷教授の見解の要約によると、「1）最初にステークホルダー自身が製品・サービスの費用便益を分析し、必要な情報を開示し、また要求されてい

ることが必要となる場合が多く、そのような注意喚起をすることはできること（ただし、データセットのどれが問題だったかを特定することはできない）が指摘されている（2024年2月3日の科学研究費研究会における稲谷教授の講演「Society 5.0における新たなガバナンスシステムと規制・責任・制裁の一本的改革」〔オンライン〕による）。

る場合には認証を受ける。事故時には、情報提供や調査協力を行い、2) リスクのケースであれば、被害者に補償金（この点は、厳格責任としての「賠償金」というべきものと思われる—筆者注）を支払うことで事件は終了する。このとき、情報提供や調査協力を行わなければ、制裁金や認証取消の対象となる。一方、3) 不確実性のケースであると認定されれば、補償金支払が免除される代わりに公的被害補償がなされ、事故調査委員会などの専門家の監督下で、改善措置の検討及び履行が求められる。これらが行われなければ、やはり制裁金や認証取消の対象となる。」「そして、これらの事故対応過程で表出された情報や知識は共有され、将来の認証基準や技術標準にも反映される。」（番号は筆者による。なお、DPAとの関係についても述べるが、省略する）。

(2) ヨーロッパにおける議論の動向

(a) EU指令案と、自動運転に関するドイツ法の動向

AIに関する不法行為責任についてのEU指令案として、2022年に、民事責任指令案と、改正製造物責任指令案（以下、「改正PLD案」という）が公表されている[56]。ごく簡単にまとめておくと――、

㋐ 民事責任指令案では、プロバイダー（AI製品・サービスの提供事業者）、ユーザー（利用事業者）が被告となり得ることを前提としつつ、一定の要件が付されているものの、AIシステムに起因する損害に関して、①ハイ

---

56) 大塚・前掲（注32）潮見先生追悼、同・前掲（注32）環境法研究19号138頁注(1)。民事責任指令案について、COM (2022) 496 final 2022/0303 (COD)。改正PLD案について、COM (2022) 495 final 2022/0302 (COD)。両指令案について、福岡真之介「AIと民事責任・製造物責任」NBL1237号（2023）28頁以下、柴田龍「AIによる権利侵害と民事責任」新美育文ほか編『不法行為法研究(4)』（成文堂、2023）93頁以下、小塚荘一郎「AI製品に対応したEUの製造物責任ディレクティヴ改正」情報法制研究15号（2024）37頁以下。両者の翻訳として、大塚直＝石巻実穂「〔翻訳１〕非契約上の民事責任ルールのAI（人工知能）への適合性に関する欧州議会及び閣僚理事会指令（AI責任指令）案」環境法研究16号（信山社、2023）207頁、同「〔翻訳〕欠陥製品に対する責任に関する欧州議会及び閣僚理事会指令案」環境法研究17号（信山社、2023）205頁。EUの両指令案では、主に「厳格責任」（ないし「無過失責任」）の語を用いるが、ドイツ語版では、一部「危険責任」の語も用いている。両指令案についてはその後改正作業が進展しているが、大枠は変わっていない。なお、改正PLD案に対するドイツ法からの視点について前田太朗・本書論文、AIと民事責任を巡るヨーロッパの動向について中原・本書論文、AIと民事責任を巡るドイツの議論について長野・本書論文参照。

終　章

リスク AI システムについて証拠開示命令が出されること（3条）とし、②（ハイリスク AI か否か、被告がプロバイダーかユーザーかで異なる要件の下に）因果関係についての推定規定を設けている（4条。ハイリスク AI については、被告がプロバイダーであり、AI 規則に従って設計・開発されている場合には、因果関係の推定規定は適用されない。4条2項）。③ハイリスク AI システムに関する被告の過失の判断基準は AI 規則案に則っており、プロバイダーまたは AI 規則の下でプロバイダーの義務の対象となる者と、ユーザーとで異なる要件が掲げられる（4条2項および4条3項）。この点の相違は、AI 規則における関連する要件に基づくものである（プロバイダーの義務の方が相対的に重くなる）。

　(イ)　改正 PLD 案では、①純然たるソフトウェアを対象となる製品に含め（4条1項）、AI システムプロバイダーを含むソフトウェアの開発者又は生産者は製造者として扱われること、②データの損失・破損による損害も賠償の対象としたこと（4条6項(c)）に加え、③一定の要件が付されているものの、（ハイリスク AI か否かの区別なく）証拠開示命令が出されることとし（8条）、④欠陥、および欠陥と損害との因果関係についての推定規定を設けている（9条2項・3項）。欠陥の推定の要件（①被告が証拠開示命令を遵守しなかった場合、ⅱ製品が EU 法または国内法で定められた強制的な安全要件を満たしていないことを原告が立証する場合、または、ⅲ損害が通常の使用中または通常の状況下における製品の明らかな誤作動に起因するものであることを原告が立証する場合。9条2項）の中に、規制基準の不遵守が含まれていることが注目される。また、裁判所が、事案の技術的または科学的な複雑さのために、原告が製品の欠陥、因果関係、またはその双方を証明することが過度に困難であると判断した場合には、原告が①製品が損害の発生に寄与していること、およびⅱ製品に欠陥があった可能性が高いか、もしくはその欠陥が損害の原因である可能性が高いか、またはその双方であることを、十分関連性のある証拠に基づき証明したときは、製品の欠陥、欠陥と損害との因果関係、またはその双方を推定されること（9条4項）も特記すべきであろう。

　(ウ)　自動運転に関するドイツ法の動向についても一言しておく。レベル

3 および 4 について、道路交通法の改正を2017年に行っており、そこでは（自動車の運転者の存在を要件とした上で）保有者に第 1 次的責任を認めつつ、運転者、製造者の責任も認められた。保有者については不可抗力の場合に免責とする規定が維持されており、そこでは、これはオーバーライドする義務（1 b 条）が前提とされていた。その後、2021年に同法はさらに改正されたが、完全自動運転の場合においても保有者に第 1 次的責任を認めること、不可抗力の場合には免責とすることが維持された（7 条）。自動運転システムの欠陥による事故の場合、不可抗力には当たらないと解されている。被害者に対して手厚い保護をしている既存の体制を維持することが選択されたものである[57]。

(b) Wagner の議論——改正 PLD 案を中心として

改正 PLD 案に関して、（上記と一部重複する点もあるが）製造物責任にも詳しいドイツの著名な民法学者である G.Wagner の所説について簡単に触れておきたい[58]。

(ア) Wagner は、改正 PLD 案について、従来の製造物責任制度を一貫してデジタル時代に適合させるものであるとして、高く評価する。製造物責任指令の改正案は「大ヒット」であるとしている。2 点挙げておきたい。1) 改

---

[57] G. Wagner, Produkthaftung für autonome Fahrzeuge-die zweite Spur der Straßenverkehrshaftung, NJW2023, S.1313.（無過失責任、強制保険および直接請求の組み合わせである）。もっとも、連邦参議院が、運転者と自動車保有者の責任を軽減し、製造者に応分の危険責任を負わせることによって、製造者の責任を重くすることを求めていたが、2021年の同法改正に反映されなかったことを批判していることにつき、金岡京子「EU 指令改正による自動運転車の製造者責任の拡大と保険への影響——ドイツ法との比較法的考察」損害保険研究85巻 4 号（2024）155頁注27。既存のシステムと同様のものを製造者について構築することは不可能ではないであろうが、自動車保有者が加入する自動車保険による支払を経ないで、被害者が製造者等に直接損害賠償請求をする制度設計に対しては否定的な見解が多い（もっとも、将来どう変化するかは明らかではない。自動車製造者が自動車保有者に自動車責任保険における責任を負わなくて済むような保険を提供する試みが始まっていること、自動運転車の製造者等が加入する事業責任保険について強制保険制度を設けるべきかが議論されていること、さらに、自動運転車の製造者も自動車保険の被保険者とする自動車保険の設計が検討されていることについて、金岡・前掲151頁以下）。そこでは、自動車保有者が加入する自動車保険者から製造者が加入する事業責任保険者へ求償することが考えられている。

[58] 大塚・前掲（注32）環境法研究19号140頁以下に詳細に触れた。

終　章

正 PLD 案は、ソフトウェアの製造業者と、トレーニングデータを含むデジタルサービスの「供給業者」の両方について、デジタルシステムの責任を包括的に課している。これは、製造物責任法をデジタル化に適応させるものである。2) AI の賠償責任は、改正 PLD 案で一元的に規定されている。これはまた、賠償の支払義務が、製品の製造者に向けられ、その稼働者（オペレーター）に向けられないことを意味する。経済のデジタル変革は、製造者による管理を減少させるのではなく、増加させるものであるから、このような変革は推奨される。効率的な損害回避に資するコントロール効果を及ぼすためには、損害コストを最も安価に回避できる主体に、損害コストを配分することが極めて重要である。これこそが、改正 PLD 案が保障するものである。

特に 2) に関しては、上述した筆者の見解とまったく同様である。この点に関しては、2020年の欧州議会の AI に関する民事責任の規則案では、稼働者の責任を拡大することを目指しており[59]、これに対して欧州委員会は AI システムの民事責任について製造者責任を中心にしようとしたのである。Wagner は、これを「正しい対応」であるとする。それは、AI の自律学習の特徴を踏まえつつ、システムの使用者は AI の「行動」に対して何のコントロール力も持たないが、製造者はシステムをプログラムしたからである。デューデリジェンスのレベルを上げることによって損害の発生を回避できない者に損害賠償責任を課するべきではない。責任のコントロール機能に依存する損害防止の観点からは、稼働者の責任を支持するものは何もない。これに対し、製造者は、AI システムの価格を、使用程度と整合するように設定する機会があり、製造者の責任を正しく設定すればそのインセンティブも与

---

[59] すなわち、ハイリスク AI システムの稼働者に無過失責任を導入する考え方であり、ドイツ道路交通法7条以下で確立された責任制度を、修正された形ですべてのデジタル・ハイリスク・システムに拡大することを狙っていた。ここにいう「稼働者(operator)」には、フロントエンド・オペレータと、バックエンド・オペレータが含まれ（民事責任規則案3条(e)(f)）、前者は保有者、後者は製造者とほぼ同一であった。そして、同規則案11条2文によれば、バックエンド・オペレータの責任については PLD が優先的に適用されることになっていたが、同規則案の適用が排除されるのか、それとも、PLD と併行して適用されるのかについては争いがあった（G. Wagner, Produkthaftung fuer das digitale Zeitalter---ein Paukenschlag aus Bruessel, JZ 78, 2023, S. 3.）。

500

えられる。もちろん、稼働者にも責任はあるが、それはBGB823条の過失責任である。EU委員会の指令案は、この前提を十分に考慮しているという。

そして、Wagnerは、AI民事責任指令案が将来危険責任としての無過失責任の可能性の追求をまだ「完全にテーブルから外したわけではない」ことを批判しているが、このように（欠陥を要件としない）危険責任導入に反対する理由として、まず、稼働者の危険責任とすることが事故抑止の観点からおかしいという点を挙げている[60]ことは特筆すべきであろう。

なお、ドイツの道路交通法7条に基づく保有者の責任について、Wagnerは、運転者が運転行動に影響を及ぼすことを前提としているとする[61]。そして、運転者は、従来は自動車の挙動を決定してきたが、自動運転車の速度や方向（走行状況）には影響を及ぼさない。むしろ、自動運転車のメーカーは、運転者がシステムの運転挙動に影響を及ぼさないようにすることが重要であり（そうでないと非常に危険になる）、民事責任法の観点からは、システムに対してコントロールすることができる当事者を責任主体とするのが当然である、すなわち、製造者が安全性確保の責任を効果的に果たすために必要な経済的インセンティブを付与しなければならないとするのである[62]。この点は、完全自動運転の場合には、運行供用者には運行支配を観念しにくいとの筆者の意見[63]とも一致するものといえる。

---

60) Wagner, a.a.O., JZ 78, S.4（「厳格責任を（選択肢から）外すべきである。なぜなら、稼働者はAIシステムの責任の対象として間違っているからである」）. なお、多くの分野ではデジタル自律システムの導入により事故数の減少が予想されていること（G.Wagner, Verantwortlichkeit im Zeichen digitaler Techniken, VersR 2020, S.727.）のほか、過剰抑止になることも理由に挙げているようである（この点に関し、2024年4月14日の科学研究費研究会で前田太朗教授の「EUにおける製造物指令案改正後のドイツ法を踏まえた概観」の報告を聞かせていただいたことに感謝する）。

61) Wagner, a.a.O., JZ 78, S. 2.

62) Wagner, a.a.O., JZ 78, S. 3.

63) 運行供用者性および運行支配性については、最判平成30・12・17民集72巻6号1112頁は「社会通念上その運行が社会に害悪をもたらさないよう監視、監督すべき立場にあった」か否かで判断する立場を示しており、同事件では、名義貸与をして自動車の名義上の所有者兼使用者となっていた（そして、同車の実質的な所有者であり加害者である兄とは、住居および生計を別にしていた）弟につき、運行供用者と認めている。ただ、同事件の車の名義貸与者においても、幾ばくかのコントロール可能性は有していたといえる。この事案は、(1)まさに自らの意思で名義貸をして兄の運転を可能にし、責任を引

終　章

　(イ)　改正 PLD 案は、欠陥の定義を拡大し、製品が市場に投入された後に、特にアップデートやアップグレードを通じて、現場で製品に影響を与えることによって製造者が引き起こしたセキュリティ上の欠陥を含めることとした。

　指令案 7 条にいう経済事業者は、損害の原因となった欠陥が、製品が上市された時点では存在しなかった蓋然性が高い場合には免責される（10条 1 項(c)）。しかし、欠陥が関連サービス[64]に起因する場合（同条 2 項(a)）、欠陥がソフトウエアのアップデート・アップグレードに起因する場合については、製品が製造業者の管理下にある限り、免責されない（同項(b)）。欠陥が、安全性を維持するために必要なソフトウエアのアップデートやアップグレードの不履行に起因する場合も同様である（同項(c)）。最後の点は、安全性を維持するために必要なソフトウエアのアップデートやアップグレードの不履行が製品の欠陥につながった場合には、同項(c)の免責規定を適用できないこと、すなわち、製造者は、本指令案上、製品の安全性を維持するために必要であれば、製品の上市後にアップデートやアップグレードを提供する義務を負うことを意味している[65]。製造者のアップデート・アップグレードの義務は、上記の、欠陥概念がサイバーセキュリティに拡張されている点を実効あらしめるものにすることとなる[66]。デジタルシステム製品のソフトウエアについては、流通に置かれた後に損害が発生する場合においても、製造者がデジタルシステム製品に影響を及ぼすことが通常であり、その使用期間中、影響が

　受けたこと、(2)住居が異なっていても監視・監督する可能性はあったことから、完全自動運転車についてただ目的地を決めボタンを押す行為と比較しても、相対的にはコントロール可能性があったと見ることができる。
　なお、完全自動運転車について、目的地を決めボタンを押すだけで保有者や運転車は運行支配を有するとの議論があるが、それだとタクシーの乗客も運行供用者になってしまうのではないか、という問題がある。

64) 関連サービスとはデジタルサービスの製品への組み込み、相互接続を指す（4 条 4 項）。
65) Wagner, a.a.O., JZ 78, S. 7.
66) G.Spindler, Die Vorschläge der EU-Kommission zu einer neuen Produkthaftung und zur Haftung von Herstellern und Betreibern Künstlicher Intelligenz —— Die haftungsrechtliche Einordnung von Software als Produkt nach Unionsrecht -endlich CR2022, S.698 も、セキュリティーの脆弱性のリスクはそのシステムを製造した者が負うべきリスクであるとする。

及んでいる[67]。Wagner によれば、そのため、製造物責任法のこの点の改正は必須であるとされるのである。わが国においても同様の問題状況があると考えられる。

　(c)　小　括

　このように、EU の 2 つの指令案においては、（完全自動化された自動運転の場合を含めて）AI に関しては、危険源として保有者と製造者（システム開発者、システム管理者）の責任は（過失責任に関しては）少なくとも同等であり、どちらも責任の主体とするのが適当であると考えられていること、Wagner がその理論的な基礎づけをしていることが注目される。

(3)　アメリカ法の状況

　（自動運転を含めて）AI に関する人身侵害についての責任のあり方に関し、現在アメリカ法をリードしている学者である Geistfeld の見解を概述しておく。

　(a)　Geistfeld の提案

　Geistfeld によれば、2024 年 2 月現在、この点に関する米国の法学者の見解は 2 つのタイプに分かれる[68]。

　第 1 は、AI が原因となるすべての人身侵害に対して、（欠陥を要件としない）厳格責任としての製造物責任を課することであり、米国の法学者の多くはこれを支持している。そこでは、欠陥についての証明を要求するときは、不法行為法の事故抑止と損害填補の機能の両方が実現されなくなるとして、厳格責任としての製造物責任のルールがこの問題をエレガントに解決するという。要件としては「当該自動運転車が他の車両、人、又は財産と接触した（偶発的な）衝突事故」であることで足りるとしたり、「実質的な分析や詳細な説明なく、欠陥の有無を問うことなく責任を負う」などとされる。

---

67) 他方、変更されていないハードウエアの欠陥については、流通におかれた時点が基準となる（Wagner, a.a.O., JZ 78, SS. 6, 7.）。
68) 大塚・前掲（注32）潮見先生追悼。M. A. Geistfeld, "Artificial Intelligence as a Systematizing Force for Tort Law in the United States."(2024 年 2 月 29 日科学研究費研究会「AI と不法行為——環境訴訟との共通点・相違点を踏まえて」（オンライン）における講演。翻訳を予定している）。

終　章

　第2は、行政の安全規制の基準と不法行為法上の義務を負う基準を完全に一致させる立場である。連邦規則に依拠する考え方である。自動運転に関しては、この基準は性能基準とすべきであり、個々のケースではなく、自動運転車車両群としての衝突率を問うものとなるとする（そして、これによって、（欠陥の）因果関係の判断が確率的なものとなるとする）。

　Geistfeld 自身は、第2提案を重視している。第1提案について、Geistfeld は、AI に起因するすべての人身侵害が製造者によって賠償される場合、消費者は、事実上、当該製品やサービスとともに終身保険を購入することになるが、これは、従来、自動車について保険会社に対して年単位で自動車保険の保険料を支払っていた額に比べて相当の出費となり、製品の価格がかなり上昇する結果となることなどを指摘する。[69]

(b)　ハッキング等サイバー攻撃の問題

　Geistfeld によれば、自動運転に関する最大の懸念は、ハッキング等のサ

---

[69] AI に関する不法行為責任についての考え方は、諸外国の状況を極めて概括的に捉えると、次の4つに分かれるといえよう。
　1）　従来の不法行為責任体系に（危険責任を含む）AI に関する不法行為を組み込む見解（橋本教授、『報告書』【案①】、B. Soyer and A. Tettenborn, "Artificial Intelligence and civil liability—do we need a new regime?", International Journal of Law and Information Technology, 2022, vol.30, pp.385-397.）。
　2）　製造物責任法を強化し（AI システムおよび AI 対応製品を対象とし、デジタルサービスのプロバイダーのような経済的事業者も責任主体とし、技術的・科学的に複雑な事例について欠陥および／または因果関係を推定する）、また、AI に関する民事責任としてハイリスク AI について過失の推定＋（プロバイダー、ユーザーに対して）証拠の開示を命ずる見解（EU 改正 PLD 案および EU AI 民事責任指令案）。
　3）　AI に関する責任についてシステム供用者（または製造者）についてすべて厳格責任としつつ、不確実性のあるケースでは免責とする見解（稲谷教授。すべて厳格責任とする立場はアメリカの学者にも相当数存在する〔Geistfeld の第1案〕、『報告書』【案③】はこの点も含める）。
　4）　AI について行政による規制を導入し、不法行為の過失・欠陥の基準をそれと整合させる見解（Geistfeld の第2案）。
　このほか、補償、保険にシフトする立場や、AI の法人格を認め、人間（稼働者）に代位責任を認める立場（A. Beckers and G.Teubner, Three Liability Regimes for Artificial Intelligence, 2021, pp.138 et s.）がある。後者は、1）の一種と見ることもできる。なお、2）の、EU AI 民事責任指令案では、将来、厳格責任へ移行する可能性のあることが指摘されている。

イバー攻撃である。この点について概述しておく[70]。彼はハッキングされた自動運転車による衝突の際の製造物責任に関しても触れており[71]、わが国の議論においても参考になろう。

Geistfeld によれば、ハッカーは自動走行車の所有者に対して「身代金」を要求する可能性があるし、運転に対して悪意を持って干渉し、乗客が身の危険にさらされる可能性がある。サイバーテロの場合には、自動車運転が大規模に不能となる状況を惹き起こす可能性さえある。そこで、Geistfeld は、ハッキングその他のサイバー攻撃による衝突事故について、製造者責任を検討する必要があるとする。

(ア) 前提問題

サイバー攻撃による被害について第１義的に責任を負うのはサイバー攻撃をした者であることは当然である。しかし、Geistfeld は、製造者は、車両のサイバー攻撃は予見可能な被害であり、製造者に、第三者による違法な行為のリスクから消費者を保護する義務が課されることは、企業が消費者の秘密情報への（第三者からの）不法なアクセスを防止する義務を負い、また、家主がテナントを予見可能な犯罪から保護する義務を負うのと同様であるとされる[72]。この点は、サイバー攻撃による損害について製造者が責任を負うための前提となる問題であり、わが国でもこのような議論の検討が必要となる。

(イ) サイバー攻撃に関する警告、欠陥

Geistfeld は、上記のように、一般的には、衝突事故に関して、製造者は、完全自動運転車が市販前に十分にテストされ、かつ、予見可能な衝突の固有のリスクを十分に警告した場合には、不法行為法上の義務を果たしたことになるとする。しかし、ハッキングによる衝突については、テストおよび警告の義務を満たしても、製造者は不法行為責任を免れるわけではない。すなわ

---

70) この点については、大塚・前掲（注32）潮見先生追悼で触れた。

71) M. A. Geistfeld, "A Roadmap for Autonomous Vehicles: State Tort Liability, Automobile Insurance, and Federal Safety Regulation," 105 Cal. L. Rev. p.1660 et s.(2017).

72) Geistfeld, *supra* note 71 at 1661.

ち、第1に、自動運転車が商業的に流通する状況では、ハッカーにとって不法な利益を得る期待が高まる（「身代金」の例を想起されたい）。第2に、事前テスト段階では過去のハッキング例、特に強力なハッカーのリスクが検討されるが、自動運転が要求される多様な「コンピュータ、センサーその他の構成部分」は、「攻撃者の侵入の可能性や範囲を拡大させる」のであり、ハッカーはシステムの異なる脆弱性を探索し続ける（「もぐら叩き」ゲーム）。現在のサイバー攻撃のリスクにとどまらないのである。

　運転システムがサイバー攻撃に耐えるように合理的に設計されているか、すなわち、同システムに欠陥がないかについて、リスク効用テストおよび（直接証拠がなくても、状況証拠による間接的な証明によって欠陥の存在を推定する）いわゆる「誤作動の法理（malfunction doctrine）」を用いて判断すべきであるとされる。

　Geistfeldによれば、この場合に、過失責任を問うのでは十分でなく、厳格責任を問う必要がある。なぜなら、過失責任ルールには立証上の障害があり、製造者には合理的に安全な品質管理をするインセンティブが働かない。他方、絶対責任を課するべきではない。なぜなら、絶対責任を製造者に課する場合には、製品価格や保険料金が消費者に転嫁され、消費者が過大な負担をすることになるからである。

　Geistfeldが製造者に対して欠陥責任としての厳格責任を負わせることが適当であるという一応の結論をとる理由として注目されるのは、「注意を確保するための最も安全な方法は、どのような予防措置をとるべきかを決定する者にリスクを負わせることである」としていることである[73]。その上で、Geistfeldは、「安全のインセンティブを生み出す」ツールとして、厳格責任の方が過失責任よりも優れているとする不法行為リステイトメント（第3次）[74]を引用する。

---

73) Geistfeld, *supra* note 71 at 1664. (O.W. Holmes Jr., The Common Law 117(1881) を引用する)
74) Restatement (Third) of Torts: Products Liability § 2 cmt. a.(1998)；Geistfeld, *supra* note 71 at1665.

(ウ) 製造者の不法行為上の責任を過失責任に限定する可能性

さらに、Geistfeld は、サイバー攻撃に関して、製造者の責任を過失責任に限定する可能性として、2つの考え方を検討する。

第1は、製造者が、システムの問題のある性能を十分に警告することにより、システムの誤作動に基づく厳格責任を回避できる可能性である。すなわち、リスク調整保険料の開示により、リスクが具体化される結果、消費者の合理的な期待を裏切らないシステムが提供されたものとすれば、衝突事故が生じても、それを誤作動と認めることはできなくなる余地があることを指摘する。しかし、Geistfeld は、結論として、この考え方を否定する。それは、サイバー攻撃のリスクの特殊性のためである。すなわち、製造者は、あらかじめサイバー攻撃に関するリスクを正確に確定できない。ハッキングの可能性を警告するだけでは、一般の消費者が期待する製品の性能が確保されたと認められるかは明らかでないとするのである[75]。

第2は、自動運転車を「安全でないことが不可避である製品」であるとして、厳格責任を課さない考え方である。不法行為リステイトメント（第2次）は、§402A のコメント k で、この種の製品について厳格責任を免除する考え方を示しており[76]、自動運転車が「安全でないことが不可避である製品」に該当するか、が問題となるとされるのである。従来、この種の製品の例としては、医薬品とワクチンが挙げられている。わが国の製造物責任法の制定の際も、国会で、血液製剤について同法の欠陥に当たらないとすることが審議されており[77]、同様の議論が行われている点が注目される。

Geistfeld は、コメント k に該当するためには、①システム的なリスクであり、当初の段階での HIV の血液製剤への混入のように、検証が不可能で

---

75) Geistfeld, *supra* note 71 at 1669.
76) Restatement (Second) of Torts, §402A cmt. k. (1965). ただし、コメント k では、他の領域にこの考え方を及ぼす可能性について「政策バランスが全く同じである他の分野があることを示唆するわけではない」としている。
77) 第129回衆議院商工委員会議録第8号平成6年6月15日1頁（田中健治政府委員）、第129回参議院会議録第22号平成6年6月17日3頁（羽田孜国務大臣〔内閣総理大臣〕）、通商産業省産業政策局消費経済課編『製造物責任法の解説』（通商産業調査会、1994）104頁。

終　章

あることが必要であるという。さらに、②（個人が有効な選択肢を持たない）「救命のための製品」はコメント k の「安全でないことが不可避である製品」の対象となるが、コメント k の対象が「救命のための製品」に限定されるかが問題となるという（ちなみに、自動運転車は「救命のための製品」とはいいがたいとされる）[78]。そして、製造者がハッキングされた車に関して責任保険に加入できない場合、また、テロによるサイバー攻撃のようなシステム的な責任リスクが製造者の破産の危険をもたらす場合、コメント k に該当するかは、極めて重要な意味を持つことになるとする[79]。

　Geistfeld が挙げる上記 2 点のうち①が満たされる場合は、わが国の製造物責任法でも、欠陥がないとされるか、または開発危険の抗弁が成立するであろう。自動運転車ないし自動運転システムに対するハッキング等のサイバー攻撃が検証不可能かは、重要なポイントの 1 つになると思われる。

(4)　評　価

　筆者としては、当面、EU の改正 PLD 案および民事責任指令案の立場を支持するが、ここでは、稲谷教授の提案および Geistfeld の提案を含めて検討したい。

(a)　**稲谷教授の提案の評価**

(ｱ)　この議論の特徴

　極めて広範なパースペクティブの下、大胆な提言をするものであるが、AI が席巻する今後の社会に対する真摯な取組みを行おうとするものと考えられる。

　稲谷教授の見解の特徴（長所）としては、次の 3 点を挙げることができる。

　第 1 に、AI にまつわる被害について厳格責任を導入するとともに、厳格責任制度だけに丸投げにせず、放っておくと（厳格責任にしたところで）原因究明をしなくなること（そこには、企業が関連情報を開示しないことを含む）

---

78) わが国の製造物責任法立法の際にも、これら 2 点のほか、警告表示がなされていること、他に代替する治療法がないことを理由として、現在の科学技術の水準の下で技術的に排除できないウイルス等の混入や免疫反応等による副作用は欠陥に該当しないと解された（通商産業省産業政策局消費経済課編・前掲（注77）104頁）。
79) Geistfeld, *supra* note 71 at 1670 et s.

508

を危惧し、その点についても配慮して不確実性のケースでは公的補償をする制度設計をしていることにある。これは、証拠開示を求めるEU指令案、改正PLD案の考え方とも発想が類似しているが、さらに、(刑事事件に関連して) 企業に情報を開示させることの困難性についての教授の経験に基づきつつ、AIのブラックボックス性 (検証困難性) に正面から取り組もうとするものであり、滋味掬すべきものを含んでいると思われる。

従来、畑村洋太郎教授の「失敗学」の議論などで、事故調査の際の情報を明らかにする必要性から、元来、事故調査と責任追及は区別すべきことが主張されてきたが[80]、稲谷教授は、AIに関して、そのブラックボックス性から、従来とは質の異なる課題に直面していることに直截に対処しようとするものといえる[81]。

第2に、公的補償の理由として、Soc.5.0を導入することにより、国民誰もが選択の余地のないリスクに陥ることにあるとしている点が注目される[82]。そこでは、AIを基礎とする「CPS Soceity5.0においてはどうしても防ぎきれない予期せぬリスクの発現があり得る」[83]との認識の下にその安全性向上を目指す真摯な姿勢が示されており、この点については被害者の基本権を重視するEUの立場[84]とも通じるところがあるといえよう。

ちなみに、この点に関しては、AIについてコントロール可能性を考慮し

---

80) 畑村洋太郎『失敗学のすすめ』(講談社、2000) 218頁。なお、大塚直「事故調査による真相究明と、民事責任の事故抑止機能」法時91巻1号 (2019) 84頁以下。
81) もっとも、前掲 (注55) に触れたように、深層学習をするAIについてはデータセットに関して追加学習をさせることが必要となる場合が多く、そのような注意喚起をすることはできるといわれる。
82) 前掲 (注55) の稲谷教授の講演による。
83) 宍戸常寿ほか「座談会・アジャイル・ガバナンスを担う企業の役割」NBL1209号 (2022) 67頁〔稲谷龍彦発言〕。
84) AI Act 2条 (「本規則の目的は、域内市場の機能を向上させ、人間中心の信頼できるAIの導入を促進することであり、同時に、域内におけるAIシステムの有害な影響に対して、健康、安全、並びに民主主義、法の支配、及び環境保護を含む憲章にうたわれている基本権の高水準の保護を確保し、イノベーションを支援することである」) 参照。なお、EUのAI法制において、基本権実現が目的とされていることについて、わが国での文献として、山本龍彦「AI法制と憲法──EUのAI法制から何を学ぶか?」自由と正義75巻6号 (2024) 21頁参照。

終　章

つつ基本的には製造者（開発者）に責任を負わせるが、対応不可能な部分については公的補償とするか、それとも、コントロール可能性は考慮せず、支配を観念的に捉えて利用者（運行供用者を含む）に（変形された責任集中として）責任を負わせる[85]かという選択の問題がある。当初からコントロール可能性を考慮しない考え方に対しては、そのような主体に責任を負わせる合理的な理由があるかが問題となろう[86]。

　第3に、稲谷教授の見解は、（上述した点と重なるが）製造者を含めたステークホルダーの責任を論じており、責任主体を稼働者にしていないことも重要な特徴であろう。

　(イ)　疑問点と反論

　しかし、疑問点もないわけではない。

　第1は、稲谷教授が責任主義からの脱却を目指すとしている点である。これはAIの特質を踏まえたものともいえるが、法の支配を失うことになり得るという根本的な法的な課題となる。もっとも、民事責任に関する教授の見解は、厳格責任の導入と、不確実性のケースにおける公的補償であり、これ自体が、責任主義からの脱却や法の支配からの逸脱と直結するわけではない。責任主義からの脱却についてはSoc.5.0の構想との関係では問題が残るが、民事責任に関する指摘は他と独立して捉えることもできよう。

　第2に、上記3(1)における、同教授のいう、2)リスクのケースと3)不確実性のケースの相違は明確でないとの批判があり得る。

　しかし、この点については、標準的な探索方式で探索できないもののみを

---

85) 橋本・前掲（注38）57頁。
86) この点は、土壌汚染対策立法において、原因者不明の場合の汚染除去等に関して、土地所有者の義務を極限まで認めるか、それとも、一定の限度を超える部分については公的負担によるかの選択肢の問題に類似している（桑原勇進「状態責任の根拠と限界──ドイツにおける土壌汚染を巡る判例・学説を中心に（4・完）」自治研究87巻3号〔2011〕106頁～107頁は、ドイツの判例、学説を検討しつつ、公的負担が必須とする）。相違するのは、AIに関する被害の場合、被害者は、開発者・製造者（原因者）でも保有者でもない場合が多いが、土壌汚染の場合、現土地所有者自身が汚染除去等をしなければならず費用負担の義務を課されること、および、コントロール可能性は（AIによる被害の場合は事故発生時の問題であるが）土壌汚染の場合は、かつての汚染時の問題であることである。

不確実性のケースと捉えれば、明確になるともいえよう（この点は Geistfeld の第 2 提案とも通じる）。この点については規格化も検討されており、明確化をすれば対処できると思われる。このように捉えた場合の稲谷説は、民事責任に関してみれば、《厳格責任＋（不確実性の場合の）一種の開発危険の抗弁[87]》ということになるのではないか。もっとも、標準的な探索方式で探索できないものであったかについては、（稲谷教授の議論とは異なり）裁判所の判断が必要となると考える（その際に鑑定などを用いることが考えられる）。

　第 3 に、AI には純粋な厳格責任（危険責任）を課するほどの特別な危険があるか、という問題はあり得る。ハイリスク AI に限って、さらに CPS に関連するものに限って危険責任とする方法もあろう。なお、AI のブラックボックス性は特別な危険を肯定する要素にはなるであろう。

　第 4 に、そもそも規制および規制基準をどう考えるかという問題がある。AI 技術の発展のためにも厳格な規制をすることは困難であり、Geistfeld のいう性能基準のような概括的基準しか設けられないと考えられるが、そのことを前提としても、そのような基準を、証拠開示義務を課するか否か、因果関係の推定を行うか否かの判断（EU 民事責任指令案および改正 PLD 案参照）、欠陥の推定を行うか否かの判断（EU 改正 PLD 案参照）、さらにはそもそも欠陥であるか否かの判断（Geistfeld 第 2 提案参照）に用いるかどうかである。稲谷教授は、AI に関する開発者と行政庁との情報のギャップを理由として規制（基準）に対して信頼を置いていない。情報ギャップが存在することは事実であるが、行政の基準を——そのまま欠陥の判断に用いることができないとしても——証拠開示義務の有無や欠陥および因果関係の推定の有無を区

---

87) もっとも、標準的な探索方式を基準として判断することになれば、AI については、通常の製造物責任よりも開発危険の抗弁が認められやすくなる（あるいは、欠陥が認められにくくなる）であろう。これは AI の深層学習というブラックボックス性に基づくものといえる。なお、実際に計算不可能なリスクがあったかは事故時に判断されることになり、そこでは利害関係のない専門家の鑑定が必要となるが、「不確実性」のケース「であると誤って判定され」る場合があるとしても「それより後の段階では既知のリスクへと変換が始ま」り、「認証や企業のリスクマネジメント活動に跳ね返り」「制度の進化のサイクル」が起こること（稲谷ほか・前掲（注34）116頁〔稲谷発言〕）が重要である。

終　章

分する基準として用いることは考えられるであろう。

　　㋒　小　括

　このように、稲谷教授の≪厳格責任＋不確実性のケースにおける免責（補償）≫の議論は、AI のブラックボックス性を真剣に捉えるという意味では評価できると思われる。

　なお、筆者は、AI に関する不法行為責任立法について、≪過失責任／欠陥責任を前提としつつ、証拠開示命令＋過失／欠陥、因果関係の推定≫を軸とする EU の両指令案を支持するが、システム開発者がなお十分な開示をしないとの状況が確認された場合には、稲谷説のような≪厳格責任＋不確実性のケースでの補償≫という考え方の導入が検討されるべきである。

　(b)　Geistfeld の提案の評価

　Geistfeld の 2 つの提案について簡単に評価を加えておきたい。

　第 1 提案は、製造者・開発者に対して欠陥を要件としない（完全な）厳格責任としての製造物責任を課する立場であり、いわば製造者に対する変形した責任集中をしていることになる（この点、わが国の自賠法が保有者を中心とする運行供用者に対する変形した責任集中を課していることとある意味で対照的である）。他方、第 2 提案は、第 1 提案による製造者の負担の過剰を回避するため、製造者の責任を規制基準不遵守の場合に限定しようとするものである。

　第 2 提案については、確かに明確性（その結果として、技術開発の萎縮につながりにくい）の点では評価できる。しかし、規制が確実なものとなるか（事故の抑止につながるか）、また、逆に過剰なものとなるおそれはないかという疑問がある。保安基準をクリアすれば欠陥がないとしたのでは、安全性の向上につながらないとの議論は、わが国でも、上述した、デジタル庁に設置された「AI 時代における自動運転車の社会的ルールの在り方検討サブワーキンググループ」の報告書（2024年 5 月）で行われている[88]。また、規制

---

88) なお、小塚ほか・前掲（注52）63頁〔佐藤典仁発言〕（さらに、「欠陥との関係において……これを満たしていればいいという基準に変容していく可能性がある」とするが、この点は明らかではないであろう）。

をクリアすれば被害者は責任を追及できなくなるのでは、被害者保護に欠けるという問題が生ずる。自動運転車に巻き込まれた被害者は、社会における新たな科学技術導入に伴う犠牲者であり、補償の必要性は高いとすると、——仮にこの第2提案を支持するとしても——、規制をクリアした場合には、上記の稲谷説のように補償を必要とすべきであろう。

4　過失責任と危険責任（厳格責任）の関係、および責任主体のあり方に関する展望

(1)　過失責任と危険責任の関係

　科学的不確実性と危険責任・過失責任の関係については、大塚・本書「環境」論文で概述した。（AIとの関係を念頭に置きつつ）立法論を視野に、危険責任と過失責任の特質に鑑みると、危険責任の導入支持の理由としては、①損害の十全な填補をし[89]、安全性向上の「最適な」インセンティブを付与できること、②（具体的な対応は事業者に委ねられることになるため）事業者と（裁判官と）の情報のギャップ、裁判官の判断能力の低さに対して対応できることが挙げられる。他方、危険責任の導入反対（過失責任の維持）の理由としては、①（危険責任の導入は）イノベーションに対する萎縮効果を与え、また、未知のリスクに対して損害保険が用いられにくいこと、②過失責任の場合には、裁判所により基準が立てられ公表されるため、過失責任の方が、事業者にとって対応すべき措置が明確になること[90]が挙げられる。

　上記の点について2つ指摘しておく。1つは、危険責任の導入支持理由の①において、安全性向上の適切なインセンティブを与えられるかは、責任の主体を誰にするかによって変わり得るのであり（この点は後述する→(2)）、さ

---

[89]　アメリカ法では、異常に危険な活動に従事する者に対して、厳格責任（無過失責任）を課することを正当化する理由として、①活動を諦めさせること、②通常以上の注意をさせ事故を抑止すること、③損害を分散すること（コストの内部化）が挙げられており、損害の填補は挙げられていない（J.W. Glanon, The Law of Torts, 324-325（4th ed., 2010）。樋口範雄『アメリカ不法行為法〔第2版〕』〔弘文堂、2014〕257頁）。

[90]　不法行為法の機能としての「行為規範型の抑止——積極的一般予防」とされる観点である（田中洋「不法行為法の目的と過失責任の原則」前掲（注8）別冊NBL155号22頁）。

終　章

らに、社会全体における安全性の向上のためには、事業者からの情報の開示が極めて重要になり、この点は単に危険責任を導入しただけでは達成されにくいことである。もう1つは、過失責任維持の理由の②は、裁判所のエラーがあっても一定の幅の中にとどまるため、行為者は適正な行動に誘導されるという点[91]と、国際法上形成されつつある、リスクの発生源の管理者・利用者に対してリスク（ないし科学的不確実性）を最小化する努力を義務づけるという観点（予防原則）からは、その義務づけの基準を規範として明確化することが重要であり、この役割は過失責任が果たしやすい[92]という点の、2点から支持されることである。

このように、科学的不確実性への対応が危険責任の導入を促進する面はあるが、それが必須なわけではなく、不確実性に対応するためには過失責任の高度化も重要であり、また、危険責任の導入の際にも、責任主体、情報開示などに留意が必要である。EUの両指令案を参照しつつ、ハイリスクAIを製造物とした上で欠陥責任を基本とし、さらに不確実性のある場合に開発危険の抗弁を認め、また、過失責任の場合には欠陥や因果関係の推定、証拠開示命令を定める方法は、1つの対応策であろう[93]。

---

91) 西内・本書論文参照。
92) 危険責任はこの点が表に出されず、（行政などとともに）責任者が事故後も検証のコストを怠れば新技術の安全性向上は見込めない可能性がある。なお、未知のリスク（「科学的不確実性のあるリスク」という程度の意味だろう）に対して過失責任と危険責任のいずれが優位に立つかについて学説上議論がなされてきた（前田・前掲（注29）中央ロー・ジャーナル18巻3号83頁注49）。藤岡康宏『民法講義Ⅴ』（信山社、2013）13頁注12が、過失責任の問題発見・解決能力を評価している点が注目される。
93) 大塚・前掲（注32）潮見先生追悼参照。なお、上記の議論とは別に、「特別の危険」（ドイツ・オーストリア法）、「異常な危険」（アメリカ法）とは何かを探求し、それに該当すれば積極的に危険責任を導入すべきものとする立場もあり得る。「特別な危険」、「異常な危険」について前述した（〔→Ⅰ3(4)〕、前掲（注30））要素、Koch が挙げる両責任のスペクトラムに関する考慮要素に関する議論（B. A. Koch, The Grey Zone Between Fault and Strict Liability... and Where to Place AI, *in* S. Lohsse, R. Schulze and D. Sraudenmayer (eds.), Liability for AI (2023), p.27. 中原太郎「現代無過失責任論の一断面」法時96巻8号〔2024〕47頁参照）は、このような立場に連なり得る（なお、澤井・前掲（注10）88頁も、〔概括的ではあるが〕同様の視点からの議論を展開している）。このような議論は、両責任の関係を捉える上で極めて有用であるが、危険責任の類推適用を認めない立場に立つときは、あまりに細かい要素の列挙は必要性が乏しいであろう。

(2) 責任主体のあり方に関する2つの考え方[94]

責任主体のあり方に関しては、上述したように、EUなど、AIに関して立法を含めた議論が行われている。

(a) AIに関する不法行為責任についての2つの考え方

AIに関する不法行為責任に関しては、上述したように、責任主体のあり方について大きく2つの立場が存在する。

第1は、AIの投入に伴う加害を、①AIの出力が人の行為に利用される場合と、②AIによって機械が自動運転される場合に分け、①については行為者(利用者)の過失責任とし、②については(機械や施設の)稼働者に危険責任を課する立場である。この立場は、製造者についても欠陥責任を課するとする②について、AIに基づく特別の危険というよりも、機械や施設に関する特別の危険とそれについての支配に重点を置いている点に特色がある。

第2は、特にEU法においては、(上述したように)製造物責任法を強化し、AIにも関連して、一定の場合に、プロバイダーに対する証拠開示命令と欠陥および因果関係の推定を認めるとともに、AIに関する民事責任としてハイリスクAIについて(プロバイダー、ユーザーの双方に対して)過失の推定と証拠開示命令を導入する考え方が指令案に取り入れられ、そこではプロバイダー(開発者、製造者)の製造物責任を重視しつつ、過失責任についてはプロバイダーとユーザー(利用事業者)が同等の責任を負うこととされているが、これを参照しつつ、(完全自動化された自動運転の場合を含めて)②の場合のAIに関しては、危険源として保有者と製造者(システム開発者、システム管理者)の責任は少なくとも同等であり、どちらも責任の主体とするのが適当であること、自動運転車のケースにおいて、完全自動運転の場合には、運行供用者には運行支配を観念しにくいこと[95]、現行自賠法3条の運行供用者責任の免責事由として、構造上の欠陥または機能上の障害がないことを要

---

94) 中原教授は、伝統的な危険責任原理について、「『なぜ特別の危険の実現について責任を負わなければならないか』を明瞭に示すわけではない……誰が責任を負うべきかが明瞭でない」とする(中原太郎「過失責任と無過失責任」前掲(注8)別冊NBL155号54頁)。
95) 運行供用者性および運行支配性について、前掲(注63)参照。

件としている点については完全自動運転の場合には改正の必要があることを指摘する立場である[96][97]。

　第1の立場は、支配領域に発生した事象について責任を負うとし、支配領域を観念的に捉える立場を基礎としており、第2の立場は、損害発生のコントロール可能性がある者に責任を負わせる立場を基礎としている。いずれの立場も損害の塡補を不法行為法の目的と考えているが、第2の立場は損害の発生の抑止を不法行為法の重要な機能と捉えるのに対し、第1の立場は、損害発生の抑止を不法行為法の機能として重視しない点が異なっている（この点で第1の立場は、危険責任導入支持の理由である4(1)①を失うことになる）[98]。

　第1の立場のように危険責任における支配領域を重視する場合においても——この立場は、ドイツ法において危険責任を施設に連結させる考え方[99]を踏襲していると思われるが——自律学習をするAIに関しては施設等の稼働者に制御可能性がない場合が多く、それがまさにAIの特質に由来していることが問題なのではないか[100]。なお、より根本的な問題として、ドイツ法の

---

96) 大塚・前掲（注32）潮見先生追悼、同・前掲（注32）環境法研究19号149頁以下。
97) このような考え方の前提には、①自賠法の前提には、自動車事故の95％が運転者の過失に基づく法令違反であるという状況を背景としていたが、完全自動運転の場合にはこの点が大きく変わってくること（肥塚・後掲（注103）参照。他方、従来型のハードを起因とする損害については自賠法を維持することは可能であるとする）、②AIの本質はその機能にあり、基盤のような有体物の所有（保有）を基準として責任を負わせる考え方は採りにくいことが挙げられる。
98) 事故抑止機能については、過失責任と無過失責任は同等とする見解もあるが（ケッツ＝ヴァグナー・前掲（注28）244頁）、これは事故抑止のコントロール可能性がある者を責任主体とすることを当然の前提にしている場合の議論であり、およそコントロール可能性のない者を責任主体とすれば、事故防止機能は過失責任と同等にはなるものではないと考えられる。
99) 例えばドイツ環境責任法の立法趣旨との関係で、橋本佳幸『責任法の多元的構造』（有斐閣、2006）182頁。従来、自動車における保有者について見ても、危険を支配している者には（間接的にせよ）危険の制御可能性があったと見られるが、完全自動運転車に関してはそれが失われるのではないか、が問題となると思われる。
100) 第1の立場の問題点としては、1)稼働者は自らのコントロール可能性とは関係なく責任を負わされることになるが、このような責任の課し方は公正とはいいがたいのではないかという点、2)極度に観念化した支配概念の活用は、AIのブラックボックス性を追認し、結果的に事故発生原因の隠蔽を進める可能性があるが、これは新たな科学技術が導入される際に、その導入は認めつつも社会においてそのリスクを最小化する努力を続ける必要があるとの立場を採用するときは、阻害要因となり得るという点を指摘できる。

危険責任においては、このように「支配」を極度に観念的に捉える余地を含み得るとすると、英米法の厳格責任（strict liability）とは異なる性格を有しており、この点をもってドイツ法の危険責任特有の問題として、それを相対化して捉える必要についても検討を要するであろう。これは本稿で扱うことが困難な大きな問題点であり、将来の課題としたい[101]。

(b) **AI の制御困難性について**

(a)で触れた、AI に関する不法行為の責任主体についての考え方の相違は、上述した AI の特徴であるブラックボックス性とも関連している可能性がある。AI のブラックボックス性の中身は、①（損害発生に対する）制御可能性が低いこと、②（損害発生後の原因追及に当たっての）検証可能性が低いことの 2 つに分け得る。①に関しては（②についてはⅢ 2 (2)参照）、AI については確かに一般的に制御可能性が低いのであるが、そうした中でも、開発者やシステム管理者と、ユーザーとのどちらが（相対的にみて）制御可能性が高いかが問題となり得る。

さらに AI については――イノベーションの速度が極めて速いこと、および国際競争上イノベーションを阻害しない要請があることのため――十全な規制を行いにくいこと、他方で、（一般には事故は減ることが想定されるが、例えば完全自動運転の場合のハッキングのように）むしろリスクが増大するケースも考えられることから、不法行為に関して（損害の塡補機能だけでなく）事故の抑止機能も重要となると考えられる。そして、不法行為責任のこの機能を重視するときは、相対的に見て（損害発生の）制御可能性が高い者に責任を課することが考えられる[102]。

---

2)は生命・身体・健康侵害が関わる分野では特に重要であろう（大塚・前掲（注32）環境法研究19号164頁）。
101) 中原・前掲（注93）47頁はこのような発想を論じる。
102) 情報通信サービスの停止に伴うリスク、サプライチェーンの影響等のリスク、サイバー攻撃の複雑化・巧妙化によるリスク（特に、病院がサイバー攻撃を受けた場合のリスク。AI を通じた通信によって発生するリスクを含む）についても、上記(1)、(2)と同様の問題が生じる（後藤巻則・本書論文参照）。

終　章

(3) AI および完全自動運転車に関する議論

関連して、(1)(2)を踏まえた上で、AI および完全自動運転車に関する議論について触れておきたい。

(a) AI の進展と製造物責任法

まず、AI の進展に伴い、製造物責任法の見直しが必要と考える。上述した EU の改正 PLD 案の改正点は、AI の進展（さらに循環経済の進展）に基づくものであり、基本的には、わが国でも早急に導入すべきものと考える。特に重要な点として、①製造物の定義にソフトウエアとデジタル・サービス（関連サービスを含む）を追加すること、上市後の製品の改変者も製造者となり得ることを定めること、②欠陥の定義を拡大し、製品が市場に投入された後に、特にアップデートやアップグレードを通じて、現場で製品の影響を与えることによって製造者が引き起こしたセキュリティ上の欠陥を含めること、③欠陥の判断の要素に AI の自律学習を含めること、④製造者の責任を電子商取引におけるプラットフォームやその他の仲介者まで拡大すること、⑤証拠開示命令が出されることとすること、⑥製品の欠陥と因果関係の推定規定を入れることなどが挙げられる（さらに、⑥についてはどのような要件での推定を認めるかの議論が必要となる）。

(b) 完全自動運転車と自賠法（その 1）

より具体的な問題として、完全自動運転車について、自賠法は維持できるか。

㋐　今日のわが国における課題として、完全自動運転における民事責任の問題がある。この点については、1)運行供用者には事故に対するコントローラビリティがないことから、運行供用者については危険責任を維持しにくい[103]こと、2)現行自賠法 3 条の運行供用者責任の免責事由として、構

---

103) この点を明快に示す記述として、肥塚肇雄「MaaS 時代における自動運転事故の民事責任と保険──被害者救済の最適なあり方を指向して」『丸山秀平先生古稀記念・商事立法における近時の発展と展望』（中央経済社、2021）176頁（「運行供用者が条件付き無過失責任を負う（自賠法 3 条）こととされる基礎は、自動車の運行による交通事故の約 95％が法令違反（ヒューマンエラー）が原因であり、かつ、運行供用者が自動車の運行について支配し得たことに求められる。……自動運転車が遠隔操作されている場合を除

上の欠陥または機能上の障害がないことを挙げていること、すなわち、製造者の責任を運行供用者が肩代わりすることについては疑問が呈されてきたが[104]、完全自動運転車ではさらに矛盾が増幅することから、このような変形された責任集中に合理的な根拠はないことを指摘できよう。

　1)は上記の藤田教授の見解と発想において類似している。2)に関しては、上記のように、EUの両指令案においても、アメリカ法の議論においても、保有者としての運行供用者について変形された責任集中とするような立場は存在しないことも注目される。

　㈲　上記1)に関し、藤村和夫教授は、「自動運行システム（に関与する者）」を運行供用者とする解釈を展開する[105]。この見解は、事故に対するコントローラビリティのある者に責任を課するという観点からは極めて注目される。ただし、EU改正PLD案にも見られるように、プロバイダーに当たる者は製造者概念のほうに含めるのが適合的であり、元来ドイツ法の「保有者」概念を基礎とする「運行供用者」概念に「自動運行システム（に関与する者）」を含ませることにはやや無理があるのではないか。また、自動運行システム管理者が、自動運行システム車の所有者その他同車を使用する権利を有する者でない場合には同車の保有者とはいえず（自賠法2条3項）、仮に運行供用者責任が成立するとしても、自賠責保険は機能しないことになる

　　いては、道路上を自動走行中にアクセル、ブレーキおよびハンドル操作を行うのはAIであって、具体的に『自動車』の運行を支配し得る『者』は存在しない。……したがって、運行供用者は存在しないのである」）。

104）野口好弘「運行供用者責任についての一考察」ジュリ432号（1969）131頁、藤村和夫「運行供用者責任と製造物責任」同『交通事故賠償理論の新展開』（日本評論社、1998）77頁、同「自動運行システム車の事故と責任」『植木哲先生古稀記念・民事法学の基礎的課題』（勁草書房、2017）228頁（自賠法の制定後に製造物責任法が成立し、被害者の欠陥責任追及の途が開かれたことから、「自動車の原始的瑕疵というべき欠陥・障害についてまで（一旦）運行供用者に責任を負わせ、その求償させることが依然として合理的であるといえるかは極めて疑問」とされる。さらに、「自動運行システム車においては……とりわけ運行供用者、運転者がその欠陥・障害を治癒することがおよそ叶わないシステムについてまで運行供用者に責任を負わせることの合理的根拠は見いだせない。もはや、被害者を保護するためということのみを以て運行供用者への帰責を正当化することはできない」とされる）。

105）藤村・前掲（注104）『民事法学の基礎的課題』230頁。

終　章

（自賠法11条）という問題点も指摘されている[106]。

　(ｳ)　同時に、自動車保険についても課題が発生する。すなわち、現行の自動車保険を維持するときは、本来は製造者等が負担すべき損害賠償金の部分を保有者が加入する自動車保険で負担し続けることになるため、迅速な被害者救済になるとはいえ、このような制度を維持し続けることが妥当であるかが問題とされているのである（『報告書』【案②】参照）[107]。

　(c)　完全自動運転車と自賠法（その2）

　とはいえ、わが国において、完全自動運転車の場合に、既存の自賠法と強制保険の仕組みによる十全な被害者救済に対してメスを入れる結果となることには反対の見解が多いと考えられる。

　この点は、EUの改正PLD案およびAI民事責任指令案の考え方と、自賠法ないしドイツ道路交通法の考え方の相違に基づくものともいえる。

　この点に関してより詳しく検討すると、金岡京子氏の指摘するように[108]、EUの改正PLD案のような規定に基づき、製造物責任の分野において、自動車事故被害者救済のような仕組み（被害者の立証責任の軽減、強制保険、被害者の直接請求権、保険会社および事故原因調査の専門家との協力による保険金支払体制）が構築された場合、手厚い被害者救済が実現する可能性はあると考えられる。

　もっとも、改正PLD案において、①製造者が製造物責任を十分カバーできる責任保険に加入することの法律上の義務づけ規定が存在しないこと、②被害者による責任保険者への直接請求権を法律上の権利として保障する規定が存在しないこと、③製造物責任については開発危険の抗弁による免責規定が存在することから、被害者保護の実効性確保のために、構成国の国内法で

---

106) 藤村・前掲（注104）『民事法学の基礎的課題』230頁。
107) 藤田・前掲（注42）277頁以下、後藤・前掲（注44）『ロボット・AIと法』182頁以下、金岡京子「高度自動運転者の運行に係る制度整備課題──ドイツ道路交通法との比較法的検討」損害保険研究80巻3号（2018）75頁。国交省報告書の第2案は、自賠責保険の拠出者にメーカーを加えることを提案していた（窪田・前掲（注46）193頁参照）。この場合、運行供用者に対する強制保険に関しては、仮にそれを維持するにせよ、その保険料は大幅に引き下げるべきであろう。
108) 金岡・前掲（注57）170頁。

改正 PLD 案を上回る被害者保護規定が定められない限り、被害者保護の実効性は十分とはいえない。

　そして、このうち、①と②は修正して導入することが可能であると考えられるが、③は製造物責任法の基本的な考え方であり、修正困難であると考えられる。さらに、③に関しては、製造物責任法が（自賠法ないしドイツ道路交通法と異なり）欠陥を要件としていること自体が、既存の運行供用者責任よりも加害者（である製造者）の責任を限定しているともいえる。

　結局、新規に AI に関連して民事責任を検討する際には、EU の改正 PLD 案や民事責任指令案のように製造者＝システム管理者の責任を基本とすべきであるが、自動運転車に関しては自動車に関する既存法に基づく民事責任の考え方が根づいており、いわばゼロから検討することが困難であるという課題がある。今後、自賠法のシステムが存続していけば、AI に関連する責任全体の中で、孤立した考え方に基づくものとなることも考えられるが（これをもって、孤立して被害者救済を過剰に行っていることになると見るかは判断が分かれるであろう）、それにも増して、既存法の十全な被害者救済の考え方を維持する発想が根強いということであろう。筆者としては、完全自動運転車については自賠法のシステムの維持は困難であると考えるが、このような難しい課題があることも認識しなければならない[109]。

　(d)　**製造物責任の欠陥、（損害との）因果関係**

　㋐　わが国の現行法では自動運転車のシステムについて製造物責任法の適用はなく、一般不法行為で扱われ、システム製造者の過失が認められることは極めて難しいが、仮に EU の改正 PLD 案におけるように製造物責任法の対象とした場合はどうか。

---

109) 金岡氏は、レベル4以上の自動運転による事故については、自動運転車の製造者側が損害賠償責任を負う割合が高くなることが予想されるところから、①自動運転車の製造者等は、製造物責任を十分補償できる事業者責任保険に加入して、自動車保険者からの求償または被害者からの請求に備えるか、②自動車保険の被保険者として、自動車保険の保険料を払って、自動車保険の枠組みの中で損害賠償責任を負う手段を選択する必要があるとする（金岡・前掲（注57）172頁）。上述した点と重なるが、②は『報告書』【案②】と類似している。

終　章

　完全自動運転に関して、製造物責任法において欠陥要件を（その証明を容易にしつつ）維持する場合には、設計上の欠陥については、平均的な人間の水準との比較を基礎とする考え方が示されているが、同車両の導入段階ではそうであるにせよ、次第に完全自動運転車の間での比較に移行することが考えられる[110]。また、指示警告上の欠陥としては、道路事情に関して山道や雪道の自律走行の際の注意事項についてシステム管理者からの告知の必要などが考えられる。この指示警告は、（自動車の購入者だけでなく）国民全体に対して行われるべき場面が出てくるだろう。

　(イ)（欠陥要件を持つ）製造物責任に関して、さらに、将来、欠陥要件のない危険責任を検討する際に、AI の不確実性にどのように対処するかは重要な課題となる。従来も不確実性の問題は危険責任に含まれていたと見る余地もあるが、AI のブラックボックス性から、そもそも計算不可能なリスクであれば対処不能であり、その点について責任を課しても事故の抑止につながらないとの議論はあり得る。これは AI の性質によるものであり、計算不可能なリスクを伴いつつ技術開発を進行することが許容されているためであると見ることもできる。

　しかし、これについては、新規の科学技術の発展の必要性と、安全性のための事故の抑止の双方の観点を満たす考え方を導入すべきであると考えられる。すなわち、ブラックボックス性のリスクを伴いつつも科学技術上の最善の対応をしていれば、欠陥としない判断に導きやすくなると捉えるべきであるし、（仮に製造物責任において欠陥を要件にしないとしても）開発危険の抗弁に相当するものを認めるべきものといえるのではないか（ただし、アップデート、アップグレードが必要なことが明らかになった後は、製造者のアップデート等が義務となる）。当該事案においては、開発危険の抗弁に相当するも

---

110) Geistfeld の見解について、大塚・前掲（注32）潮見先生追悼参照。ドイツでも自動運転車に関連して、欠陥の判断について合理人を基準とするか（G. Borges, Haftung für selbstfahrende Autos, CR 2016, 275f.）、合理的な AI を基準とするか（Wagner, a.a.O., VersR 2020, S.727f.）について争われている。なお、自動運転において事故が起きた後の時点で個別のケースを見ると、人間の運転者が防げたはずのものも存在することについて、小塚ほか・前掲（注52）56頁〔藤田発言〕。

のを認め、免責するが、検証の結果、この点に関する規範が示された後には、不確実性は失われていき、次回同様の事故が起きた場合には、不確実性のあるケースとして扱われないという点が重要であるといえよう。この立場は――AIの性質と、従来の科学技術の性質との異同についてさらに検討が必要と思われるものの――上記の稲谷説の発想を民事法上基礎づけることにつながるであろう。

　(e) 小　括

　より具体的に見ると、筆者が推奨するEUの改正PLD案を採用する場合、被害者が製造者の責任を追及する際の、欠陥および因果関係の推定の要件をどのように設定するか（さらに、EUの民事責任指令案を採用した場合に、過失の判断基準や因果関係の推定の要件をどのように設定するか、も問題となる）。この点については、製造者が過剰な責任を負わされることになれば、（関係者の納得が得られない）不正義が生ずるほか、技術開発の阻害（上記のAI開発の国際競争）等の問題が発生する。逆に、製造者の責任が過少となれば、被害者の損害の塡補が不十分とされてしまう。そのため、要件の設定において両者のバランスをいかにとるかは重要な問題となろう。

　この議論との関係で、わが国の自賠法における運行供用者の危険責任およびその変形された責任集中制を維持すればこのような困難を解消できるとの意見もあろうが、現行の自賠法については、完全自動運転の場合には、保有者等の運行供用者にいわれなき責任を課する（一種の）不正義が発生すると解するときは、それを維持することは難しい（むしろ、中間責任性を強調し、免責の第3要件は削るべきである）。この点では、理由のない責任の賦課を避け、また、不法行為法の事故の抑止の機能を発揮させるために、被害者の損害の塡補をいわば十全に行っている現行の自賠法を修正し、被害者は保有者等の運行供用者の（推定された）過失か、（製造者・システム提供者が関連する）自動運転システムの（推定された）欠陥を証明しなければならないと考えられる。もっとも、この結論に関しては、現行自賠法の被害者救済の十全性を維持する観点からの反論は当然考えられるところであり、（上述したように）議論が白熱するであろう[111]。

終　章

　さらに、これらの点との関係では、プロバイダー（システム管理者）に（欠陥を要件としない）厳格責任を課し、ただし、不確実性がある場合には免責を認める稲谷説が極めて簡明であり、不正義もなく、立法上の要件設定に関する困難も伴わないものとして、ある意味で理想的ともいえる。ただ、不確実性の場合に公的補償を認めることについて現実的・政治的問題があることは否定できない。

　この点に関しては、不確実性がある場合に開発者を免責とし、その際の被害者の救済のために補償基金を創設するが、拠出金については関係者から徴収するという方法もあろう（なお、ほかに、これとは別に、不法行為責任の追及自体を諦め、無過失の補償を認める考え方も主張されている。→Ⅲ 2 (2)）。

Ⅲ　不法行為法の機能、補償・基金との関係

1　不法行為法の機能

(1)　不法行為法の機能と、事故補償との関係

　今日、不法行為法の機能に関しては、損害塡補機能が第一義であることについてはほぼ異論がないが、損害発生（事故、不法行為）抑止機能も重要であることが指摘されてきた[112][113]。近時、AIに関する不法行為の検討にあた

---

111) 別の観点から見ると、EU民事責任指令案の対応は、誰にも責任集中をしていない点に特色がある。これに対して、①わが国の自賠法は、保有者を中心とする運行供用者に対する変形した責任集中の仕組みを入れており、②アメリカのGeistfeldの第1提案も、製造者を中心とする変形された責任集中の仕組みを考えているともいえる。しかし、①は、完全自動運転の場合には、公正な責任を課するという観点からは問題となるし、②は、不確実性や開発危険の抗弁に当たるものを考えないと、製造者・開発者に過剰な負担を課することになる。したがって、EUの改正PLD案および民事責任指令案の対応を採用するか、②において、不確実性や開発危険の抗弁を導入し、その際に被害者への損害塡補の十全性を図るために補償を考える稲谷説を採用するかが検討されるべきことになろう。

112) 平井宜雄『債権各論Ⅱ』（弘文堂、1992）4頁以下。なお、不法行為法に複数の性格があることを認めるものとして、内田貴「現代不法行為法における道徳化と脱道徳化」棚瀬孝雄編『現代の不法行為法』（有斐閣、1994）135頁。

113) さらに、もう1つの機能である制裁機能の重要性について指摘するものとして、窪田

り、再度考察すべき課題が生じていると思われる。この点に関する議論をご
く簡単に要約すると以下のようになろう。

　不法行為責任制度が損失の分配を決定し被害者に生じた損害を救済するた
めのシステムとして欠点を有することは、加藤雅信教授の「総合救済システ
ム」論をはじめ学界において論じられてきた[114]。第1は、被害者救済の非実
効性と不公平性である。第2は、不法行為制度による、潜在的加害者の社会
活動への萎縮効果である。

　では、事故補償システムを導入し不法行為訴権を廃止すればよいのか。こ
の点に関しては、議論の結果、不法行為訴権の廃止には2つの問題があるこ
とが明らかになった。第1は、モラルハザードの発生であり、第2は、賠償
額が十分な額に達しないこと（さらに、給付が定額となること）の問題であ
る[115]。第1点からは、不法行為法の損害発生の抑止や制裁の機能があらため
て注目されるに至った[116]。こうして、不法行為訴訟と事故補償制度は併存す
ることが求められるようになったのである。

(2) 不法行為法の事故抑止機能の進展

　従来、不法行為法法学は、損害塡補機能を中心に置き、問題を「被害者対
加害者」の矯正的正義の観点でのみ捉えてきた。事故の抑止は主に規制によ
るべきものと考えられてきた。しかし、公害・薬害、製造物事故、原発事故
など被害者が多数に及び、特に、人身損害が発生する事案で、損害賠償請求
の事故抑止機能が重視されるようになった。アメリカ法では不法行為の抑止

　　　充見「不法行為法における法の実現」『岩波講座・現代法の動態(2)』（岩波書店、2014）
　　　77頁以下。
114）加藤雅信編著『損害賠償から社会保障へ』（三省堂、1989）、窪田・前掲（注113）86
　　　頁、手嶋豊「不法行為法は『不運な死』にどのように向き合うのか」前掲（注8）別冊
　　　NBL155号253頁。
115）加藤雅信＝平林美紀「社会保障と損害賠償」『講座社会保障法第1巻・21世紀の社会
　　　保障法』（法律文化社、2001）260頁。
116）吉村良一「不法行為と『市民法論』」法の科学12号（1984）36頁・44頁、宇佐見大
　　　司「『総合救済システム』論」法時65巻10号（1993）90頁、棚瀬孝雄「不法行為責任の道
　　　徳的基礎」同編・前掲（注112）3頁・7頁、窪田・前掲（注113）87頁、廣峰正子『民
　　　事責任における抑止と制裁』（日本評論社、2010）31頁、大塚直「政策実現の法的手段─
　　　─民事的救済と政策」『岩波講座・現代の法(4)政策と法』（岩波書店、1998）192頁。

終　章

は不法行為法の主要な目的であるとされている[117]。わが国では、懲罰的損害賠償のように実損を超える賠償を認めることには批判が強く（最判平成9・7・11民集51巻6号2573頁）、不法行為の抑止は不法行為法の目的とは認めがたいが、その重要な機能であることは、今日の学説において認められている。

　不法行為の抑止が論じられた比較的最近の例を2つ挙げておきたい。1つは、2018年の原子力損害賠償法改正に関する議論である。福島原発事故後、原子力損害賠償法における原子力事業者の不法行為責任を無限責任から有限責任に変更するかが問題とされたが、同年の同法改正において無限責任が維持された。有限責任とする場合には、（原子力事業者の過失が認められない場合において）限度額を超えた損害について公的負担の可能性が提案されたが、そこでは、原発の事故抑止のためにはいかなる責任形態が必要か、についても論じられた[118]。もう1つは、認知症患者が不法行為をおかした場合の監督義務者の不法行為責任に関する議論である。JR東海事件に関して最高裁判決（最判平成28・3・1民集70巻3号681頁）は、714条の解釈において「準法定監督義務者」の概念を打ち出し、結果的に遺族の不法行為責任を認めなかったが、この概念との関係で、（他の要請とともに）不法行為法の事故の抑止機能の重要性が学説上有力に主張された[119]。

---

117) D.B. Dobbs, The Law of Torts, p.12 (2000)（そして、不法行為の抑止、損害の填補という不法行為法の目的は、①矯正的正義、②社会的効用・政策、③手続、④潜在的コンフリクトに組み込まれるという）; Geistfeld, Essentials Tort Law, 43 (2008). アメリカ法の不法行為の抑止目的についてのわが国での紹介として、樋口・前掲（注30）90頁、森田果＝小塚荘一郎「不法行為法の目的」NBL874号（2008）11頁。フランス法においても、「多衆侵害」事案が発生したことにより、加害者と被害者の個人的な紛争という、民事責任の古典的なモデルは崩壊し、民事責任の使命は、「潜在的な責任主体の利益と被害の利益とを調和させつつ、当初の限界を乗り越えなければならなかった」とされる（アンヌ・ゲガン＝レキュイエ、中原太郎訳「フランス法における多衆侵害の賠償」法学82巻2号〔2018〕38頁）。

118) 大塚直「原子力損害賠償法の改正と危険責任立法——責任の範囲および責任主体の関係を中心として」『吉村良一先生古稀記念・現代市民社会における法の役割』（日本評論社、2020）177頁。

119) 米村滋人「法律判断の『作法』と法律家の役割」法時88巻5号（2016）2頁、窪田充見「判批」ジュリ1491号（2016）62頁。筆者によるものとして、大塚直「責任無能力者と監督義務者責任をめぐる現代的課題——監督義務者責任をめぐる対立する要請への対処」ひろば76巻8号（2023）9頁以下。

さらに、損害の塡補を求めつつ同時に（場合によっては間接的に）事故（さらに違法行為）の抑止（さらに制裁）を企図する訴訟（およびそれを認める裁判例）だけでなく、最近では、不法行為訴訟を認容させることによって被告に行為義務を課し、社会においてこれを明確にして違法行為を抑止することを主たる目的として、名目上の損害賠償（少額賠償）を求める訴訟が提起され[120]、相当数の裁判例が、これを認めている（在外日本人の選挙権国賠訴訟〔最大判平成17・9・14民集59巻7号2087頁〕、同性婚の戸籍がないことに対する国賠訴訟〔札幌地判令和3・3・17判時2487号3頁──ただし、棄却〕など、国賠法1条訴訟が多いが、弁護士会の照会拒否に対する賠償請求訴訟〔最判平成28・10・18民集70巻7号1725頁──ただし、権利法益侵害がないとして否定[121]〕、個人情報漏洩事件訴訟〔ベネッセ事件。最判平成29・10・23判時2351号7頁〕、早稲田大学江沢民事件訴訟〔最判平成15・9・12民集57巻8号973頁〕のように、民法709条に基づくものも少なくない）。これらの訴訟には、（賠償額が少なくても）爾後の行為規範の形成に効果がある者（国、公的企業に近い団体など）を被告とする傾向も見られる。不法行為法の違法行為抑止機能と、行為規範形成効果が、社会において重要性を増していると見ることができる。

(3)　**科学技術の進展との関係で今日不法行為法の役割として求められているもの**

　他方、本書の課題である科学技術の進展との関係では、AIに限らず、近時、イノベーションのスピードが法改正のスピードを上回るといわれる状況（ペーシング問題）にどのように対処するか、技術の発展を阻害せず、安全性を確保するにはどのような方法が適切か、が問われている。第1に、安全性の向上に関しては、本年6月に採択されたEUのAI Actは、システミックリスクを伴う汎用AIモデルのプロバイダーに、提供したもののリスクにつ

---

120) 名目的損害賠償については、かつては否定的な学説が有力であった（我妻栄『事務管理・不当利得・不法行為』〔日本評論社、1937〕153頁。ただし、慰謝料は認める）。
121) 依頼者や弁護士の法的利益については裁判例が分かれることにつき、大塚直「近時の事件における不法行為の複雑性に関しての概観」藤村和夫編集代表『複雑困難事件と損害賠償Ⅰ』（青林書院、2023）37頁以下。

いて自らアセスメントを行い技術文書として保持することを義務付けており[122]、ペーシング問題への対応のあり方を示したものといえる。第2に、技術の発展を阻害しない点については、総合救済システム論が指摘した上記の第2点である、不法行為法の萎縮効果の防止が必要となる。

わが国では、AIに関する公法制定の動きが鈍い[123]中、私法（不法行為法）はどのような対応をすべきか。第1点に関しては、少なくとも、不法行為法の事故抑止機能を適正に働かせることは考慮しておいた方がよいであろう（第2点に関してはAIに関連して後述する。2(2)参照）。そして、安全性の向上のためには危険／厳格責任が考えられるが、上述したように、危険／厳格責任にも（萎縮効果の点に）デメリットはあり、むしろ裁判所による行為規範の設定とその公表・明確化という点では過失責任（さらに欠陥責任）にもメリットがあることを再確認しておきたい。

2　損害賠償と、基金、公的負担の関係

上述したように、損害発生の抑止・制裁の機能を維持するため、不法行為訴訟は維持しつつ、これを（当面、個別領域において）事故補償制度によって補うことが求められる。

(1)　補償制度と拠出金

補償制度には、⑴民事責任を保障するための補償制度（例：公害健康被害補償制度、建設アスベスト給付金制度[124]）と、⑵民事責任とは無関係の補償制度（例：医薬品副作用被害救済制度〔ただし、因果関係は必要〕、石綿健康被害補償制度）に分かれる。補償制度に関しては、正義性、効率性、法規範の実効

---

[122] 付属書XI第2部。53条は「汎用AIモデルの提供者は、次のことを行わなければならない：(a) AI事務局及び国の権限ある機関の要請に応じて情報を提供する目的で、付属書XIに定める情報を含む、トレーニング及びテストの過程並びに評価結果を含むモデルの技術文書を作成し、かつ、最新の状態に維持する」とする。
[123] 生成AIを中心とするAIに関してようやく規制立法の検討が政府で開始された模様である（2024年5月17日、同5月23日朝日新聞）。
[124] 最高裁判決が出された後も、アスベスト建材メーカーが拠出金を払おうとしていないことは大きな問題である（渡邉・本書論文は、建材メーカーの補償費用負担スキームを検討する）。

性（違法行為の抑止を含む）の観点から、原因者に拠出させることを第 1 義に考えるべきであるが、その例外はかなり多い。

各種の補償基金制度が充実しているフランスに関するクネチュの議論[125]によると、補償基金が設けられている損害の性質として、①社会倫理的考慮、②社会的に動機づけられた個人の行為、③現代的な技術、④政治的に動機づけられた犯罪、⑤国に帰せしめ得る行為から生じた損害が挙げられており、いずれも相当の理由があると見られる[126]。そして、③は現代的技術を社会（さらに国）において許容していることを理由とするものであり、新たな科学技術の導入によるリスクについて補償基金を導入することは、その代表例といえる。もっとも、その際、損害賠償システムと補償基金システムのバランスをどうするかについては、議論が必要となろう。事故の抑止の観点[127]、AI システムの技術変革リスクを社会全体で負担すべきであるとの認識の形成の必要[128]などが問題となる[129][130]。

---

125) わが国での紹介として、中原太郎「損害填補制度としての補償基金に関する基礎的考察——クネチュの所説を中心に」『河上正二先生古稀記念・これからの民法・消費者法（Ⅰ）』（信山社、2023）511頁以下。

126) さらに、⑥原因の追及や寄与度の算定が困難であり、これらを重視すると被害者の迅速な救済の妨げになる場合（例：医薬品副作用被害救済制度）が挙げられよう。

127) この点に関し、（フランスにおけるような）回顧的な補償基金は損害の填補という観点では優れており、「事前に評価しにくいゆえに付保困難であり、人々の通常の活動に起因しないゆえ相互扶助の対象としにくい」（中原・前掲（注125）534頁）部分について優先的に回顧的な補償基金を活用することは積極的に行われるべきであると思われる。他方、（わが国の財政規律の観点から議論の必要は乏しいと思われるが、一般論として）科学技術の発展に伴うリスク全般について回顧的な補償基金システムを用いるときは、本稿が対象とする事故の抑止との関係で問題を生ずるであろう。自動運転車事故の被害者の補償について、その原資を（強制責任保険の保険者・被保険者のほか）システムの開発者・管理者に拠出させるべきであるとのフランス学説（M. Monot-Fouletier et M. Clément）の指摘について、中原・前掲（注93）50頁。

128) 中原・前掲（注93）50頁。

129) 本稿は、損害賠償との関係で AI に対処することに焦点を当てて議論を進めてきた面がある。これに対して、AI に関して損害賠償による事故の検証は断念し、（シンプルともいえるが）迅速な損害填補と萎縮効果防止を目的として、（無過失補償としての）事故補償の制度を設け、事故の検証については、別個の調査に委ねる議論もありうるであろう。これは、医薬品副作用被害救済制度に近い考え方である（山口・本書論文参照。なお、山口教授自身は、自賠法の制度の維持を主張するため、この立場を採用しているわけではない）。この点、後述するように、事故の検証自体を諦めることは適当ではない。

終　章

(2)　AIと不法行為法──AI特有の問題点

　AIについては、上述したように、そのブラックボックス性により、事故後の検証困難性が問題となる。この場合、1)検証を基本的に諦めて不法行為法での対応を諦め、事故補償に向かうアプローチと、2)何らかの形での検証の道を模索し、不法行為法による対処、不法行為法の事故抑止の機能を残そ

　　その場合には、──いわばミュータントを社会に導入することとなるともいえるため──当該AIを受け入れることの可否についての（社会における）自覚的検討が必要となるであろう。
　　このような事故補償の方式による場合には、事故の抑止は、事後に、検証結果を踏まえて、関係者から拠出金を徴収することにより、対応することが考えられる。
　　そして、この方式による場合には、稼働者が賠償責任を負うことについての上記の問題点もなくなるため、その点で推奨しうる面もある。もっとも、これは事故における現場の実態を考慮していないとの誹りを受けるかもしれない。それは、開発者やシステム管理者が（知的財産を含めさまざまな観点から）事故の検証（解明）に協力的でない場合に、そのような事態を打開する方法がないからである。開発者等に厳格責任を課しつつ、不確実性のある場合には（抗弁によって）免責する上記の方式（Ⅱ4(3)(e)）は、企業からの情報の吸い上げという観点を踏まえたものということができる。
130)　また、自賠法を前提としつつ、保険の仕組みを修正する案も提案されている。『報告書』【案②】（従来の運行供用者責任を維持しつつ、新たに自動車メーカー等に、自賠責保険料としてあらかじめ一定の負担を求める仕組みを導入する案）はその例であり、注目されるが、完全自動運転の場合には、なぜ運行供用者が責任を負い続けるかという問題は残る。
　　また、車載AIについて「自動運転事故傷害保険」（ファーストパーティ保険）に進むことを構想する（他方、システムAIについては公的基金によるとする）案（肥塚・前掲（注103）179頁以下）も提案されており、興味深いが、これは製造者の責任を前提とするものである。すなわち、肥塚教授は、完全自動運転車については自賠法3条を適用できず、責任保険を活用できないとの理解の下に、新たな構想として、製造者が不特定の被害者を被保険者として「自動運転事故傷害保険」契約を保険会社と締結することとし、被害者には、保険金を保険会社に請求できることの代わりに、直接加害製造者に対して損害賠償を請求する訴権を制限する（もっとも、保険会社が直接加害製造者に対して求償訴訟を提起することは認める）ことを提案するのである。被害者の救済を容易にする点で注目されるが、仮に事故の検証を諦めるとすれば、AIの安全性の継続的向上のためには問題があろう。また、事故の抑止の観点からは、各製造者の保険料を事故の損害と対応させる必要が生じる（前掲（注129）参照）。
　　さらに、教授は、本書論文では、事故の検証を諦める立場（2(2)の第1の立場）を採用する。そこでは、市民の基本権との関係についても言及されるが、EUのAIに関する民事責任指令案でも指摘されているのは、AIに伴う被害のリスクの回避に関する基本権であり、損害の塡補（それが完全な塡補になるかの問題もあろうが）をすれば基本権が保護されているとは考えられていないことを指摘しておく。

530

うとするアプローチの2つの途があるが、この点に関して次の指摘をしておきたい。

　第1に、1)は、従来から、失敗学などで論じられている、事故の原因と責任の追及は必ずしも事故の予防につながらないとする考え方に関連する。もっとも、この考え方は検証されているものではなく、そもそも原因と責任の追及を止めれば事故の予防につながるわけではない。問題は、加害者からの（事故に関する）情報の開示をいかに巧妙に行うかにあり（AIに関してはそのブラックボックス性からこの点が従来以上に重要になる）、そのための仕組みを考える必要がある。

　第2に、AIについて事前の規制では対処しきれない（事前規制は行うべきであろうが、無理に事前規制をすると過剰規制となり得るため、不法行為法による事後対応のほうが望ましい面もある）とすると、不法行為法の事故抑止の機能を失うことは相当に危険であろう[131]。検証を続け、情報の開示を進めることによって、（EUのAI Act 2条にも見られるように）AIの安全性を少しでも向上させる努力を続けることは、社会におけるAIに対する信頼を獲得するために必要な道である。1)の方法を採用した場合には、AIのブラックボックス性はまさに闇に包まれたまま放置され、半永久的に人知の及ばないものになるのではないか。

　標準的な探索方式で探索できないもののみを不確実性のケースと捉えて開発危険の抗弁による免責をすること（この場合には、被害者に対しては補償が必要となる[132]）、さらに、証拠開示命令、欠陥や因果関係の推定などを活用することによって、萎縮効果を回避しつつ2)の方法を遂行することは可能であると考える。

---

131) 大塚・本書「問題提起」論文Ⅲ3(3)で触れた、もう1つの新たなリスクである、気候変動（環境）リスクに関して、検証を諦めることは、（回復不能な）損害の拡大につながり、あり得ないと考えられるが、AIに関して検証の諦めの可能性が指摘されるのは被害が個人の領域に留まることが多いからかもしれない。もっとも、同じタイプのAIによって各所で被害が発生するのであれば、一部の個人の損害にとどまるという問題ではないであろう。むしろAIの特徴は、検証しようとしてもAI自体が進化していく点にあるが、その点に対応する必要があると考えられる。

132) 稲谷ほか・前掲（注34）99頁・104頁参照。

終　章

IV　結びに代えて

　最後に、不十分ながら結びに代えて一言しておく。
(1)　科学技術の進展に伴うリスクと不法行為法
　科学技術の進展に伴い、今後ともリスクは続くし、安全の観念により過敏な近代の意識[133]から、不安はむしろ増大する可能性が高い。AI等の発展に伴い、健康被害リスクは、一般的には低減することが多いと考えられるが、未知の（さらに科学的に不確実な）リスクや、既知であっても度外視されがちなリスクについては注意が必要である。特に、この10年強の間に起きた、震災に伴う原発事故、メキシコ湾油濁事故[134]等のいわゆるブラックスワン問題を忘れるべきではない。完全自動運転の場合におけるハッキングによる大規模な人身被害の防止のために、開発者に経済的技術的に実行可能な（最善の）措置をとらせることに思いが至るかという点も同様の問題である[135]。これらの点は、過失における予防的危殆化段階型に関する筆者の議論に関連するし、また、危険責任（ないし厳格責任）の導入に関する議論[136]、不法行為責任導入の場合の責任主体の議論とも関連する。
(2)　「問題提起」に挙げた各点に関する方向性
　大塚「問題提起」論文Ⅰでは、本書の企画で扱いたいテーマとして3点を掲げた。すなわち──、
　第1に、リスクないし不確実性に対して不法行為法はどのように対応すべきか。その対応において、過失責任と無過失責任（危険責任、厳格責任）はどのように扱われるべきか。

---

133) 大塚・本書「問題提起」論文（注7）参照。
134) 大坂・本書論文参照。
135) AIに関しては、本稿で扱いきれなかった問題点がある。19世紀後半からの産業化は、自然人がコントロールできないリスクを作り出し、危険責任、厳格責任、専門家の責任はそれに対する対応策として生まれたものであった。これに対し、現代におけるAIは自然人の判断能力を代替する域に進んでおり、民法・不法行為法がこれをどう受け止めて対応するかが問われているのである（瀬川・本書論文参照）。
136) その過失責任との相違については、Ⅰ3(4)、Ⅱ4(1)参照。

第2に、さまざまなリスクや不確実性に関する事件類型がある中で、不法行為法は、社会における効用や加害者の犠牲にされる利益との関係でどのような衡量を行うべきか、また、行うべきでないか。

　第3に、リスクや不確実性に対する対処において不法行為法の損害発生抑止の機能はどのように捉えられるべきか。社会に新たに導入される科学技術が人身侵害を惹き起こし得る場合において、その安全性のために不法行為法はどのような寄与をすべきか。損害発生抑止機能との関係で責任主体をどう考えるべきか。

　最後に、これらの3つの点に関して簡単に方向性を示しておきたい。第1点については過失に予防的危殆化段階型を導入することが考えられる。また、AIによって機械が自動運転される場合については、欠陥責任（ないし厳格責任）＋（不確実性に対する）開発危険の抗弁による対処を行うことが必要となろう。第2点については、比例原則的衡量として各事件類型における衡量の仕方について方向性を示した。第3点については、──不法行為法に関しては、リスクによって発生した損害の塡補はもちろん重要であるが──、リスクに対する損害の塡補等を通じて、事故を抑止し、社会を統御する手段としての不法行為法という観点が重要になっているのであり[137]、この点は、新たな科学技術の導入に関して特に注目されるべきであると思われる。先端科学技術は社会にとってCBAを満たす限り導入が要請されるが（その場合のLossの判断は見込みで行われる）、その導入とともに、リスクの低減への努力は継続的に行われるべきであり[138]（これは被害者の基本権を侵害しないために

---

[137] これに対し、社会の利益と関連する問題には不法行為法は対応すべきでないとの議論もあり得るであろう。矯正的正義のために過失という帰責事由が問題となっているのに、ここに当該個人の利益に還元できない社会的効用（厚生）の最大化といった観点を入れるのは正当でないとするものとして、藤岡康宏「私法上の責任」同『損害賠償法の構造』（成文堂、2002）53頁。また、矯正的正義について、吉田邦彦『民法解釈と揺れ動く所有論』（有斐閣、2000）197頁。

[138] EUの改正PLD案で、AIに関するアップデートの義務が認められていることはこの点に関連する（わが国の現在の状況ではリコールについて民法709条の問題となる）。

終　章

必要な点である[139]）、導入後も、当該科学技術の安全性向上にインセンティブを与える必要がある。このインセンティブ付与に関して、（他の手法〔規制等〕とともに）不法行為法の役割が重要となると考えられるのである。不法行為の責任主体決定の際には、このような不確実性のあるリスクに対処するため、損害発生の抑止を考慮する必要があり、責任主体にはその抑止のためのコントローラビリティがあることが重要になると思われる。

【後記】校正時に、前田太朗「EUにおける製造物責任指令改正案のドイツ法を踏まえた概観——日用品に搭載されたAIシステムによる人身侵害事例を例にして」国民生活研究64巻1号（2024）22頁以下に接した。重要な論文である。

---

139) EUのAI民事責任指令案が重視している点である（指令案説明文書・前掲（注56）参照）。基本権保護義務について、桑原・本書論文、下山・本書論文参照。

執筆者一覧
（五十音順、＊は編著者）

大坂　恵里（おおさか・えり）
東洋大学法学部教授（環境法、民法）
　主要著作として、『原発事故被害回復の法と政策』（共編著、日本評論社、2018）、『スリーステップ　債権各論』（共著、成文堂、2022）、「原発事故賠償に見る民事司法制度」須網隆夫編『平成司法改革の研究』（岩波書店、2022）、「環境リスク管理における費用負担」小賀野晶一＝黒川哲志編『環境法のロジック』（成文堂、2022）など。

大塚　直*（おおつか・ただし）
早稲田大学法学学術院教授（民法、環境法）
　主要著作として、『環境リスク管理と予防原則』（監修編著、有斐閣、2010）、『震災・原発事故と環境法』（共編著、民事法研究会、2013）、『環境法〔第4版〕』（有斐閣、2020）、「第719条（共同不法行為者の責任）」「第722条A（損害賠償の方法〔417条の準用〕）」大塚直編『新注釈民法(16)』（編著、有斐閣、2022）、『民法6（有斐閣アルマ）』（共著、有斐閣、2023）など。

黒沼　悦郎（くろぬま・えつろう）
早稲田大学法学学術院教授（商事法）
　主要著作として、『金融商品取引法〔第2版〕』（有斐閣、2020）、『会社法〔第2版〕』（商事法務、2020）、「地球 sustainability と資本市場──ESG 投資の可能性と限界」中村民雄編『持続可能な世界への法──Law and Sustainability の推進』（成文堂、2020）、「サステナビリティに関する情報開示(3)──日本の動向」日本取引所グループ金融商品取引法研究会研究記録（2023）など。

桑原　勇進（くわはら・ゆうしん）
上智大学法学部教授（環境法）
　主要著作として、『環境法の基礎理論』（有斐閣、2013）、『中国環境法概説Ⅰ　概論』（信山社、2015）、宇賀克也編『ブリッジブック行政法〔第3版〕』（共著、信山社、2017）、上智大学環境法教授団編『ビジュアルテキスト環境法』（共著、有斐閣、2020）など。

執筆者一覧

肥塚　肇雄（こえづか・ただお）
早稲田大学法学学術院教授（先端科学技術と法、リスクと法）
　近時の著作として、「運行サービスと安全性をめぐる法規制・被害者救済と課題」現代消費者法59号（2023）、「自動運転事故の法的責任とサイバーセキュリティ」月刊車載テクノロジー 9 巻10号（通算77号）（2022）、「MaaS 時代における自動運転事故の民事責任と保険——被害者救済の最適なあり方を指向して」野田博ほか編『丸山秀平先生古稀記念・商事立法における近時の発展と展望』（中央経済社、2021）など。

後藤　巻則（ごとう・まきのり）
早稲田大学名誉教授（民法・消費者法）、弁護士
　主要著作として、『消費者契約の法理論』（弘文堂、2002）、『消費者契約と民法改正』（弘文堂、2013）、「第709条 D Ⅵ（取引関係における不法行為）」窪田充見編『新注釈民法⒂』（有斐閣、2017）、『条解消費者三法〔第 2 版〕』（共著、弘文堂、2021）、「定型約款（第548条の 2 、第548条の 3 、第548条の 4 、附則第 1 条・第33条」渡辺達徳編『新注釈民法⑾Ⅱ』（有斐閣、2023）など。

下山　憲治（しもやま・けんじ）
早稲田大学法学学術院教授（行政法、環境法）
　主要著作として、『リスク行政の法的構造』（敬文堂、2007）、『行政法（日評ベーシック・シリーズ）』（共著、日本評論社、2017）、「原発事故国賠訴訟の現状と論点」法律時報94巻 1 号（2022）、「危機に対応する手法の在り方——制度設計の観点から」公法研究84号（2023）など。

瀬川　信久（せがわ・のぶひさ）
北海道大学名誉教授（民法）
　主要著作として、『不動産附合法の研究』（有斐閣、1981）、『日本の借地』（有斐閣、1995）、「民法709条（不法行為の一般的成立要件）」広中俊雄＝星野英一編『民法典の百年Ⅲ』（有斐閣、1998）、「不法行為法の将来——保護法益と義務の拡大」瀬川信久ほか編『民事責任法のフロンティア』（共編著、有斐閣、2019）など。

長野　史寛（ながの・ふみひろ）
京都大学大学院法学研究科教授（民法）
　主要著作として、『不法行為責任内容論序説』（有斐閣、2017）、「福島原発事故と不法行為責任内容論（損害論）——10年間の成果と今後の展望」法学論叢188巻 4 ＝ 5 ＝ 6 号（2021）、「危険責任の拡張と権利論」法律時報96巻 8 号（2024）など。

中原　太郎（なかはら・たろう）
東京大学大学院法学政治学研究科教授（民法）
　主要著作として、「事業遂行者の責任規範と責任原理(1)〜（10・完）──使用者責任とその周辺問題に関する再検討」法学協会雑誌128巻1号〜8号（2011）、129巻9号、10号（2012）、「損害塡補制度としての補償基金に関する基礎的考察──クネチュの所説を中心に」沖野眞已ほか編『河上正二先生古稀記念・これからの民法・消費者法(I)』（信山社、2023）など。

西内　康人（にしうち・やすひと）
京都大学大学院法学研究科教授（民法、消費者法、法と経済学）
　主要著作として、『消費者契約の経済分析』（有斐閣、2016）、「組合（第667条〜第688条）」山本豊編『新注釈民法⒁』（有斐閣、2018）、丸山絵美子編『消費者法の作り方』（共著、日本評論社、2022）など。

橋本　佳幸（はしもと・よしゆき）
京都大学大学院法学研究科教授（民法）
　主要著作として、『責任法の多元的構造』（有斐閣、2006）、「第709条　A　不法行為法に関する総説，B　不法行為の成立要件」窪田充見編『新注釈民法⒂』（有斐閣、2017）、『民法Ⅴ〔第2版〕（LEGAL QUEST）』（共著、有斐閣、2020）など。

前田　太朗（まえだ・たろう）
中央大学大学院法務研究科教授（民法）
　主要著作として、「不法行為法における責任原理の多元性の意義とその関係性の検討(1)〜（3・完）」中央ロー・ジャーナル18巻3号、4号（2021）、19巻1号（2022）、「EUにおける製造物責任指令改正案のドイツ法を踏まえた概観──日用品に搭載されたAIシステムによる人身侵害事例を例にして」国民生活研究64巻1号（2024）など。

山口　斉昭（やまぐち・なりあき）
早稲田大学法学学術院教授（民法）
　主要著作として、『人身損害賠償法の理論と実際』（共編著、保険毎日新聞社、2018）、『医療事故の法律相談』（共編著、青林書院、2019）、『複雑困難事件と損害賠償Ⅰ・Ⅱ』（共編著、青林書院、2023）など。

執筆者一覧

米村　滋人＊（よねむら・しげと）
東京大学大学院法学政治学研究科教授（民法、医事法）
　主要著作として、『医事法講義〔第2版〕』（日本評論社、2023）、『生命科学と法の近未来』（編著、信山社、2018）、『デジタル技術と感染症対策の未来像』（編者、日本評論社、2024）、「人格権の権利構造と『一身専属性』(1)〜(5・完)」法学協会雑誌133巻9号、12号（2016）、134巻1号、2号、3号（2017）など。

渡邉　知行（わたなべ・ともみち）
成蹊大学経済学部教授（民法、環境法）
　主要著作として、「旧優生保護法訴訟における改正前民法724条後段の効果の制限」成蹊法学94号（2021）、「建設アスベスト訴訟における改修・解体作業従事者に対する建材メーカーの責任」成蹊法学98号（2023）、「共同不法行為論の現状、問題点の概要」藤村和夫編集代表『複雑困難事件と損害賠償Ⅰ』（青林書院、2023）など。

多様なリスクへの法的対応と民事責任

2024年10月12日　初版第1刷発行

編著者　　大　塚　　　直
　　　　　米　村　滋　人

発行者　　石　川　雅　規

発行所　　㈱商　事　法　務
　　　　　〒103-0027　東京都中央区日本橋3-6-2
　　　　　TEL 03-6262-6756・FAX 03-6262-6804〔営業〕
　　　　　TEL 03-6262-6769〔編集〕
　　　　　https://www.shojihomu.co.jp/

落丁・乱丁本はお取り替えいたします。　印刷／そうめいコミュニケーションプリンティング
©2024 Tadashi Otsuka, Shigeto Yonemura　　　　　　　　　Printed in Japan
Shojihomu Co., Ltd.
ISBN978-4-7857-3121-2
＊定価はカバーに表示してあります。

JCOPY ＜出版者著作権管理機構　委託出版物＞
本書の無断複製は著作権法上での例外を除き禁じられています。
複製される場合は、そのつど事前に、出版者著作権管理機構
（電話03-5244-5088、FAX 03-5244-5089、e-mail: info@jcopy.or.jp）
の許諾を得てください。